한국 근·현대 100년 속의 가톨릭교회 (중)

한국 근·현대 100년 속의 가톨릭교회 (중)

2004년 11월 8일 교회 인가
2005년 12월 5일 초판 1쇄 펴냄

지은이 · 근·현대 한국가톨릭연구단
펴낸이 · 정진석
펴낸곳 · 가톨릭출판사
편집 겸 인쇄인 · 박항오
편집 · 오화수
표지디자인 · 정호진

주소 · 서울특별시 중구 중림동 149-2
등록 · 1958. 1. 16. 제2-314호
전화 · (02) 360-9114 (대)
   (02)360-9172(영업국)
지로번호 · 3000997

ISBN 89-321-0890-0 04230
   89-321-0757-2 (전3권)

값 12,000원

ⓒ 근·현대 한국가톨릭연구단, 2005

http://www.cph.or.kr

중림동 서적성물센터 (02)360-9178/ FAX (02)393-8554
명동대성당 서적성물센터 (02)776-3601, 3602/ FAX (02)776-1019
가톨릭회관 서적성물센터 (02)777-2521/ FAX (02)777-2520
수원지사 (031)254-4105/ FAX (031)254-4106
미주지사 (213)383-3389/ FAX (213)383-3358

한국학술진흥재단 연구 프로젝트

한국 근·현대 100년 속의 가톨릭교회 (중)

근·현대 한국가톨릭연구단 지음

이 논문은 2002년도 한국학술진흥재단의 지원에 의하여 연구 되었음.
(KRF-2002-072-AM1030)

가톨릭출판사

간 행 사

'근·현대 한국가톨릭연구단'은 2002년 한국학술진흥재단의 기초 학문 지원사업 근·현대 연구 프로젝트(KRF-2002-073-AM1030)에 선정되어 지난 3년간 '한국 근·현대 100년 속의 가톨릭교회'라는 연구 과제를 수행하여 왔다. 이 연구 프로젝트는 20세기 100년간 한국 근·현대 사회문화 변동기에 가톨릭교회가 한국 사회에 미친 영향을 객관적으로 평가하여 향후 발전적인 교회-국가관계, 가톨릭의 한국화 방안을 모색하기 위한 연구 작업이다. 본 연구는 격동의 한국 근·현대 100년의 역사 속에서 가톨릭교회가 한국 사회와 상호 작용해 온 발자취들을 시기별로 나누어 천착하였다. 연구 대상 시기는 크게 구한말, 일제강점기, 해방 이후로 구분하였다. 그러나 시기 구분이 어려워 주제별로 연구해야 하는 분야도 있었다.

3개년 연구 프로젝트를 진행하면서 2차년도의 연구 결실들을 모은 것이 바로 이번에 발간하게 되는 『한국 근·현대 100년 속의 가톨릭교회 (중)』이다. 중권에서는 시기적으로 일제시대를 다룬 연구 논문들이 있는가 하면, 주제에 따라 해방 이후 1960년대까지 연구한 논문들도 있다. 2차년도 연구 결과는 기존의 연구들에서 시도하지 못했던 영역과 주제들에 대한 심층적 접근을 통하여 가톨릭과 한국 사회, 가톨릭과 한국문화, 가톨릭과 한국 종교의 활발한 상호 관계를 고찰함으로써 소기의 연구 성과를 달성하였다.

본 연구는 학제 간 작업을 요청하는 것이기에 사상·문화와 정치·사회 두 영역에 속하는 여러 학문들이 협동하는 방식으로 접근하였다. 분과의 구성은 처음에는 사상·문화 분과와 정치·사회 분과로 나누어서 공동 연구를 진행하였다. 그러다가 2차년도부터는 연구의 집중도를 높이고 연구의 질을 더욱 심화하기 위하여, 분과별 모임을 4개로 좀 더 세분화하여 역사·문화·신학·사회과학 분야로 나누었다.

연구 내용은 토착 종교, 민속과 문화 전통, 종교성과 신심, 경전 해석, 문화 간 교섭, 교회사와 세속사의 관련, 신학교 교육, 여성 운동, 근대화, 시민사회의 형성과 발전, 가톨릭 사회 교리, 사회복지, 법·제도적 분야 등을 다루었다. 이를 통하여 근현대 100년 속에서 종교 간의 만남이 제시하는 삶의 근본적인 의미, 이 과정에서 수용 주체인 한국인이 갖는 고유한 종교문화적 특성과 창의적 잠재력의 측면, 창조적 변형을 시도하면서도 전통적인 요소들을 고수하는 특성들을 고찰하였다.

이러한 연구 과정을 통해 가톨릭교회가 근대화의 통로이면서 촉진자 역할을 한 측면들을 부각시키는 결과를 가져왔다. 교회와 국가 관계에서 정교분리 원칙을 지키면서도 양자의 영역이 상호 어떻게 관여해 왔는지를 살펴보는 것도 종교의 수용 과정이 사상적으로만 이루어지는 것이 아님을 잘 보여주었다. 이처럼 학제적인 연구를 통하여 가톨릭교회와 한국 사회가 형성해 온 역동적인 관계를 파악하여 외래 종교의 수용 과정에서 작용하는 다양한 변인들을 포착하고, 이를 연결하는 이론을 구축한 것이 이 연구의 중요한 성과라고 할 수 있다. 이 연구 결과는 한국 근·현대 100년 이전과 그 이후의 단절된 역사를 사상과 문화의 영역에서 복원하는 데에 기초 자료로 활용될 수 있을 것으로 기대한다.

끝으로 이 연구가 지속될 수 있도록 연구비를 지원해준 한국학술진흥재단에 감사드린다. 아울러 본 연구의 중요성을 이해하고 상권에 이어 중권을 기꺼이 출판해주신 가톨릭출판사의 박항오 사장 신부님과 이 책이 나오도록 수고해주신 가톨릭출판사 편집부원께도 감사드린다. 그동안 본 연구단에 애정 어린 관심과 격려를 보내주신 많은 분들에게도 진심으로 감사드린다.

2005년 11월
근·현대 한국가톨릭연구단
연구 책임자 박일영

사상 · 문화 분과

일제강점기 주교들의 결정 사항과 선교 정책
장동하 … **11**

외국 선교회의 한국 선교
장정란 … **61**

성신대학의 사제 양성 교육
노용필 … **115**

역사적 · 비판적 성서 연구 방법론과 한국 가톨릭교회의 근대화 (I)
이성우 … **143**

한국 가톨릭 신심과 그 역사적 배경
최경선 … **173**

일제 시대 토착 종교와 가톨릭의 만남
박일영 … **215**

한국 가톨릭의 토착화 현상에 대한 민속학적 접근
김영수 … **237**

천주가사의 음악적 특성 (I)
김수정 … **273**

한국 근·현대 100년 속의 가톨릭교회 (중) 차례

정치·사회 분과

독재, 산업화, 그리고 민주화와 한국 가톨릭교회
김녕 … 307

한일합방 이후 한국 가톨릭 지도자들의 국가관 연구
나정원 … 365

근·현대 100년의 한국 사회와 가톨릭 사회 교리 수용사
김어상 … 395

가톨릭교회와 근대적 사회사업의 도입과 발전
박문수 … 421

일제 시대 가톨릭 여성 운동
강영옥 … 457

미 군정기-장면 정부, 종교 정책 변동과 가톨릭교회
김재득 … 487

사상 · 문화 분과

일제강점기 주교들의
결정 사항과 선교 정책
― 「경향잡지」에 발표한 내용을 중심으로 ―

장동하

(가톨릭대학교 교수 · 한국근대사)

I. 머리말
II. 1915년 「포교 규칙」(布敎規則)과 천주교회의 대응
III. 1911~1920년 주교들의 결정 사항 분석
IV. 1921~1939년 주교들의 결정 사항 분석
V. 맺음말

I. 머리말

　한국 천주교회는 천주 신앙을 매개로 조직되고 의례를 거행하는 신앙 공동체로서 한국 사회에 존재하며 한국 역사와 함께 하고 있다. 인적·물적 조직을 갖추고 있는 신앙 공동체로서의 한국 천주교회는 시나브로 교회가 존재하는 한국 사회로부터 영향을 받고, 또 일정한 영향을 끼치며 존재하고 있다. 이러한 기본적 인식 아래 비교적 최근에 와서 일제강점기 천주교회사에 대한 연구가 왕성하게 진행 중이다. 이들 연구 대부분은 천주교회의 활동에 주목하였다. 그러면서 교회 활동의 주체가 누구이며, 그 구성원들이 전개한 구체적 활동을 중심으로 한국 사회에서 교회가 어떤 모습으로 존재하고 있었는지를 추적하고 있다. 이러한 연구는 한국 사회에 존재하는

교회의 구체적인 모습과 실상을 파악하고, 이를 통해 한국 역사 안에서 천주교회는 과연 무엇이었는가를 이해하고자 하는 노력의 일환이라고 할 수 있다. 그동안 일제 강점기 한국 천주교회사 연구자들은 대체적으로 크게 세 가지 주제에 주목하면서 연구를 진행하여 왔다.

첫째는 한말 근대화와 교회 활동과의 관계를 추적한 연구들이다. 이들 연구는 교회가 개항기부터 진행한 언론,[1] 교육,[2] 사회사업,[3] 건축,[4] 출판[5] 등 여러 활동에

---

[1] 송유재, 「광무년대의 경향신문 연구」, 이화여대 석사 학위논문, 1968; 조광, "경향신문의 창간 경위와 그 의의", 『경향신문』(영인본), 한국교회사연구소, 1978; 전선부, 「애국 계몽운동기 경향신문의 논설 분석」, 고려대 석사 학위논문, 1978; 최종고, "한말 경향신문의 법률 계몽운동", 『한국사 연구 26』, 1979; 최기영, 「구한말 '경향신문'에 관한 일 고찰」, 『한국 천주교 창설 이백주년 기념 한국 교회사론 문집 I』, 1984; 황명숙, "대한제국 말기 천주교의 실업 진흥론─경향신문' 논조를 중심으로", 『교회사 연구 6』, 1988; 안홍균, "『별』보에 대한 한 연구", 『교회사 연구 6』, 1988; 김보경, 「한말 천주교의 민족운동론 소고─경향신문(1906~1910) 논설 분석을 중심으로」, 숙명여대 석사 학위논문, 1991; 최기영, "한말 천주교회와 '월남 망국사'", 『아시아문화 12』, 한림대학교아시아문화연구소, 1996.

[2] 김하찬, "구한말 천주교회의 초등교육에 대한 소고", 「박상일 수녀 화갑 기념론 문집」, 동 간행위원회, 1974; 이정빈, "한국 교육에 미친 신·구교 영향에 관한 연구", 「임한영 회갑 논집」, 동 간행위원회, 1974; 김치동, 「구한말 천주교회의 교육사업에 관한 고찰」, 서울대 석사 학위논문, 1975; 김영순, 「한국 천주교에 있어서의 여성 교육─1795~1910년을 중심으로」, 경희대 석사 학위논문, 1976; 노명신, 「한국 천주교 신학 교육의 교육사적 의의 설정 시고」, 이화여대 석사 학위논문, 1978; 최상룡, "천주교 교육사업에 대한 연구─구한말을 중심으로", 고려대 석사 학위논문(1980), 『교육 사상 연구 1』, 1992; 이충호, "구한말 천주교회의 교육 활동", 『역사 교육 논집 4』, 경북대 역사 교육과, 1983; 황명숙, 「대한제국 말기 천주교의 교육·실업 진흥론」, 이화여대 석사 학위논문, 1986; 이원용, 「조선 후기 천주교 교육사업이 한국 교육사에 끼친 영향」, 건국대 석사 학위논문, 1992; 곽원규, 「대한제국 말기 천주교의 교육활동」, 충북대 석사 학위논문, 1993; 김중복, 「구한말 천주교의 교육 운동 연구」, 한국교원대 석사 학위논문, 1996; 문형만, "일제하 식민교육과 종교 교육의 갈등─식민 교육과 미션계 학교 교육의 관계를 중심으로", 『근대 민족 교육의 전개와 갈등』, 한국정신문화연구원, 1982; 오인탁, "일제하 민족 교육과 종교 교육의 갈등", 『근대 민족 교육의 전개와 갈등』, 한국정신문화연구원, 1982; 노영택, "일제하 한국 천주교 교육사업 연구", 『최석우 신부 화갑 기념 논총』, 1982; 최석우, "한국 분도회의 초기 수도 생활과 교육사업", 『사학 연구 36』, 한국사학회, 1983; 노영택, "일제하 한국 천주교회의 교육사업 연구 (2)", 『한국 교회사론 문집 I』, 1984; 노영택, 「일제하 한국 천주교회의 교육사업 연구」, 『가톨릭 교육 연구 1』, 효성여자대학교 가톨릭교육연구소, 1986; 윤선자, "1910년대 일제의 종교 규제 법령과 조선 천주교회의 대응", 『한국 근·현대사 연구 6』, 1997.

[3] 유홍렬, "천주교 보육원(고아원)의 유래─우리나라에 있어서의 최초의 고아 구제사업", 『향토 서울 9』, 서울특별시사편찬위원회, 1960; 박상일, 「한말 및 일제 시대의 사회사업에 관한 연구」, 중앙대 석사 학위논문, 1971; 노명신, "한말·일제하 샬트르성바오로수녀회의 육영사업", 『한국 교회사론 문집 I』, 1984; 노명신, "한국에서의 프랑스 여자 수도회의 활동", 『교회사 연구 5』, 1987;

주목하였다. 이들 연구들은, 한말 한국에 진출한 각국 선교사들이 자국에서의 교육과 체험을 바탕으로 선교 활동 과정의 하나로 여러 활동을 전개하였으며, 이 과정에서 교회가 근대화에 기여했다는 것을 밝혀주었다. 이처럼 선교사들이 전개한 출신 지역 중심의 근대화의 이식과 활동은 어느 정도 밝혀지고 있다. 하지만 연구들의 결과를 통해 한국의 근대화란 무엇인지, 각국 선교사들이 전개한 것이 정말 근대화인지 등에 대한 담론은 아직 형성하지 못하고 있다. 또한 선교사들의 활동 과정에 참여한 한국인 신자들의 근대 의식 형성의 문제도 미흡한 실정이다. 둘째는 일제강점기 총독부와 교회의 관계에 주목한 연구들이다. 이 연구들은 최근에 교회와 국가 권력과의 관계를 중심으로 종교 자유 문제, 총독부와 각 종교 간의 협조와 갈등 관계, 또는 일방적인 억압 등으로 세분하여 진행되고 있다.6) 이들 연구를 통해 총독부의

김정옥, "일제하 프랑스 선교사의 활동", 『교회사 연구 5』, 1987; 노길명, "한국 사회의 변동과 기독교의 역할", 『현대 사회와 기독교』, 1982; "가톨릭과 한국 사회의 발전", 『가톨릭 사회과학 연구 2』, 1983; "박해기・개화기 한국 천주교회와 사회 개발", 『한국 교회사론 문집 I』, 1984; "구한말 프랑스 선교사의 사회문화 활동", 『교회사 연구 5』, 1987; 심홍보, 『한국 천주교 사회복지사 연구』, 가톨릭대 석사 학위논문, 1999.

4) 유홍렬, "서울과 최초의 양옥 건물―명동대성당 건립을 중심하여", 『향토 서울 4』, 서울특별시사편찬위원회, 1958; 김주, 『한국 초기 성당 건축에 관한 연구―1980~1945년까지의 건축을 중심으로』, 이화여대 석사 학위논문, 1982; 고도영, 『한국 초기 성당 건축 공간에 관한 연구―1890~1945년까지의 건축과 그 배경을 중심으로』, 단국대 석사 학위논문, 1984; 김정신 "한국 천주교회 성당 건축의 변천에 관한 연구", 『한국 교회사론 문집 I』, 1984; 문홍길, "명동성당 건축 양식의 연구", 『한국 교회사론 문집 I』, 1984; 김정신, "교회 건축가 알빈 신부와 그의 작품에 관한 연구", 『단국대학교 논문집 21』, 1987; 문홍길, "한국에서의 프랑스 회건축 양식의 수용 과정", 『교회사 연구 5』, 1987; 이기웅, 『천주교 감곡성당 건축의 변천에 관한 연구: 1890년부터 1960년까지 건축된 종교・주거・교육 시설을 중심으로』, 목원대 석사 학위논문, 1998.

5) 오세완, "한국에서의 프랑스 선교사들의 출판・언론 활동", 『교회사 연구 5』, 1987; 서영호, 『한국 천주교회의 출판 활동에 관한 연구: 1784~1945』, 중앙대 석사 학위논문, 1995.

6) 최석우, "한국 교회사에 나타난 교회와 국가", 『사목 83』, 1982; 김진소, "개화기・일제 치하의 한국 천주교회와 역사의식", 『새오람 9』, 1986; 최석우, "일제 시대의 교회와 국가의 관계", 『새오람 9』, 1986; "한불 조약의 체결과 그 후의 양국 관계", 『한불 수교 100년사』, 한국사연구협의회, 1986; "파리외방전교회의 한국 진출의 의의―한국 진출을 전후한 시기의 국가와 교회의 관계를 중심으로", 『교회사 연구 5』, 1987; 노길명, "개화기의 한국 가톨릭교회와 국가와의 관계", 『가톨릭 사회과학 연구 4』, 1987; 노영택, "일제하의 교회와 국가", 『가톨릭 사회과학 연구 4』, 1987; 이태재, "교회와 국가", 『가톨릭 사회과학 연구 4』, 1987; 노길명, "조선 후기 한국 가톨릭교회의 민족의식", 『성농 최석우 신부 고희 기념 한국 가톨릭문화 활동과 교회사』, 1991; 김정송, "일제하 민족문제와 가톨릭교회의 위상", 『교회사 연구 11』, 1996; 노영타, "일제 시대의 교회와 국가", 『교회와 국가』(오경환 외), 1997; 윤선자, 『조선총독부의 종교 정책과 천주교회의 대응』, 국

종교 정책이 낱낱이 파헤쳐졌으며, 총독부 정책에 대응해 나간 교회의 대응 형태가 정리되었다. 특히 총독부가 3·1운동 이후 펼친 종교 정책의 본질은 한국 병합을 완결하기 위한 수단에 불과하였다. 그럼에도 불구하고 각각의 종교 단체들은 일제가 내세운 규칙들을 따르면서 법인화를 통해 기득권을 인정받고자 하였다는 사례 연구들이 지속적으로 발표되었다. 이처럼 종교란 누구를 위하고 무엇을 위한 종교인지 그리고 일제강점기 한국의 기성종교들은 무엇이었는가 하는 정체성에 관한 연구들이 진행 중에 있다. 셋째는 독립운동과 천주교회의 관계를 추적하는 것이다. 민족의 운동과 교회의 관계를 고찰하는 하나의 방법으로 민족운동가와 교회 지도자에 대한 연구가 이루어졌다.7) 한말의 민족운동과 교회의 관계에 가장 많은 관심이 모아진 대상은 안중근이었으며,8) 안중근과 관련하여 빌렘 신부가 연구의 대상이 되었다.9)

민대 박사 학위논문, 1997; 윤선자, "간도 천주교회의 설립과 조선인 천주교 신자들의 간도 이주", 『전남 사학 10』, 1996; "식민지 시기의 종교와 국가", 『종교와 국가』(오경환 외), 1997; "1915년 '포교 규칙' 공포 이후 종교 기관 설립 현황", 『한국 기독교와 역사 8』, 한국기독교역사학회, 1998; "일제하 명동성당의 사회적 위치와 역할", 『한국 근·현대사 연구 9』(1998. 12.).

7) 조광, "일제 침략기 천주교도의 민족 독립운동", 『사목 42』, 1975; 노영택, "일제하 천주교의 민족운동", 『한국 근대 종교 사상사』, 원광대학교출판부, 1984; 양한모, "일제하 민중과 천주교회", 『새으람 9』, 1986.

8) 창해 노방실, 『안중근전』(1914), 상해, 대동편집국 인하대학교 한국학연구소, 『한국학 연구』 별집, 1992에 수록; 「이해」, 『단재 신채호 전집』 하, p.149; 김갑득, 「안중근에 관한 일 연구—국권 회복과 관련하여」, 이화여대 석사 학위논문, 1975; 이강효, 「안중근 의사와 독립운동」, 『나라 사랑』 34, 외솔회, 1979: 최서면, "안중근 자전고", 『나라 사랑 34』, 외솔회, 1979: 이현종, "살신 보국으로 광복 운동한 안중근", 『나라 사랑 34』, 외솔회, 1979; 신용하, "안중근의 사상과 국권 회복 운동", 『한국 사학 2』, 한국정신문화연구원, 1980: "안중근의 사상과 의병 전쟁", 『한국 민족 독립운동사 연구』, 을유문화사, 1985로 재개; 이주호, "신앙인 안중근론", 『최석우 신부 화갑 기념 한국 교회사 논총』, 1982; 박성수, "민족 수난기의 기독교 신앙", 『광장 109』, 1982; 井上泉, "安重根とキリスト教", 『キリスト教学』, 立教大學キリスト教学會, 1984; 윤경로, "안중근 사상 연구", 『민족문화 3』, 1985: "사상가 안중근의 생애와 활동", 『한국 근대사의 기독교사적 이해』, 역민사, 1992에 수록; 최석우, "안중근의 신앙심과 애국심", 『교회와 역사 129』, 1986; 천주교정의구현전국사제단, 『안중근(도마) 의사 추모 자료집』, 1990에 수록; 최이권, 「안중근 의사의 생애와 사상—정의감과 평화 사상을 중심으로」, 안중근 기념관, 『안중근 의사의 생애와 사상』, 1991; 노길명, "안중근의 가톨릭 신앙", 『교회사 연구 9』, 1994; 조광, "안중근의 애국 계몽운동과 독립 전쟁", 『교회사 연구 9』, 1994; 최석우, "안중근의 의거와 교회의 반응", 『교회사 연구 9』, 1994; 홍순호, "안중근의 동양 평화론", 『교회사 연구 9』, 1994; 윤선자, "안중근의 천주교 신앙과 애국 계몽운동", 『안중근의 의열과 동양 평화론』(안중근 의사 의거 제89주년 기념 학술 심포지엄), 안중근 의사 숭모회(1998. 10. 28.).

9) 빌렘 신부의 한국 이름은 홍석구이다. 신용하, "안중근의 사상과 의병 운동", 『한국 사학 2』, 1980; 윤경로, "초기 한국 개신교 측의 천주교관", 『최석우 신부 화갑 기념 한국 교회사 논총』, 한국교회

또한 조선 후기와 일제 식민 통치하에서 교회 최고 지도자였던 뮈텔 주교에 대한 연구가 진행되고 있으며,10) 이어 장면,11) 노기남 주교12) 등의 연구가 축적되었다. 식민 통치하에서 독립운동과 교회의 관계는 시기적으로, 사안별로 연구가 진행되었

사연구소, 1982; 이주호, "신앙인 안중근론",『최석우 신부 화갑 기념 한국 교회사 논총』, 한국교회사연구소, 1982; 윤경로,「신・구교 관계의 역사적 고찰」,『기독교 사상』(1984/2); 윤경로, "한국 개신교와 천주교의 역사적 관계",『한글 성서와 겨레문화』, 기독교문사, 1985; 윤경로,「사상가 안중근의 생애와 활동",『민족문화 3』, 1985(윤경로,『한국 근대사의 기독교사적 이해』, 역민사, 1992에 수록); 최석우, "해서 교안의 연구",『한글 성서와 겨레문화』, 기독교문사, 1985(최석우,『한국 교회사의 탐구 II』, 한국교회사연구소, 1991에 수록); 노길명,『가톨릭과 조선 후기 사회 변동』, 고려대학교 민족문화연구소, 1988; 송순희,「해서 교안 연구」; 이원순,『조선 말기 사회의 '교안' 연구』; 최대근,「로마 가톨릭교회와 개신교의 한국 선교 정책 비교 연구」, 한신대 석사 학위논문, 1991; 노길명, "안중근의 가톨릭 신앙",『교회사 연구 9』, 1994; 조광, "안중근의 애국 계몽운동과 독립전쟁",『교회사 연구 9』, 1994; 최석우, "안중근의 의거와 교회의 반응",『교회사 연구 9』, 1994; 오경환, "안중근과 인천 천주교 초대 주임 빌렘 신부",『황해문화 2』, 새얼문화재단, 1994; 신광철,「해서 교안에 나타난 천주교와 개신교의 관계」, 1995년도 한국 종교 학회 춘계 학술 발표회(1995. 5. 13.) 발표문; 윤선자, "'한일 합병' 전후 황해도 천주교회와 빌렘 신부",『한국 근・현대사 연구 4』, 1996.
10) 뮈텔 주교의 한국 이름은 민덕효이다. 다니엘 부셰(Daniel Bouchez), '모리스 꾸랑과 뮈텔 주교",『최석우 신부 화갑 기념 한국 교회사 논총』, 1982; 김정송,「뮈텔 주교의 대한 인식과 선교 정책 (1890~1919)」, 이화여대 석사 학위논문, 1990: "뮈텔 주교의 조선 인식과 선교 방침(1890~1919)—정치・사회적 측면을 중심으로",『성농 최석우 신부 고희 기념 한국 가톨릭문화 활동과 교회사』, 1991; 김승호,「뮈텔 주교 재임 시기의 교회와 사회」, 가톨릭대 석사 학위논문, 1996; 장동하,「뮈텔(Mutel) 신부의 활동과 주교 선출 과장",『가톨릭신학과 사상 27』(1999/봄), 가톨릭대학교출판부; "개항기 천주교회와 종교 자유 문제—1884년 묄렌도르프의 제안을 중심으로",『한국 근・현대사 연구 12』(2000/봄), 한국 근・현대사 학회; "개항기 교회의 선교 정책과 전통 사회와의 충돌",『한국 천주교회사의 성찰과 전망』, 사목 연구 총서 9, 한국천주교중앙협의회, 2000; "한말 교안의 성격",『민족사와 교회사』, 한국교회사연구소, 2000; "명동 주교좌 본당의 설정과 성장",『민족사와 명동 성당』, 천주교 서울대교구 주교좌 명동교회, 2001; "초대 주한 프랑스 공사의 외교 정책과 한국 천주교회",『가톨릭 신학과 사상 39』(2002/봄), 가톨릭대학교출판부; "개항기 교회의 재건 운동과 복음화",『인간 연구 4』, 가톨릭대학교인간학연구소, 2003; "개항기 프랑스의 외교 정책과 종교 정책",『가톨릭신학과 사상 43』(2003/봄), 가톨릭대학교출판부; "개항기 교회 재건 운동과 교구장들의 선교 정책",『인간 연구 5』, 가톨릭대학교인간학연구소, 2003; "조선교구장 뮈텔 주교와 주한 프랑스 공사 프랑뎅의 갈등",『가톨릭 신학과 사상 45』(2003/가을), 가톨릭대학교출판부; "제3대 주한 프랑스 공사 프랑뎅 재임 시기 교안 연구",『가톨릭신학과 사상 47』(2004/봄), 가톨릭대학교출판부.
11) 이종훈, "장면: 가진 자의 편에 선 구도자",『청산하지 못한 역사』(반민족문제 연구소 편), 청년사, 1994; 조광,「장면의 생애와 신앙에 관한 연구」, 운석 장면 선생 탄신 100주년 기념 학술회의 발표문(1999. 8. 27.); 허동현,「장면의 정치 활동과 사상에 관한 연구—부정적 장면 상에 대한 비판적 검토를 중심으로」, 운석 장면 선생 탄신 100주년 기념 학술회의 발표문(1999. 8. 27.); 허동현,『건국・외교・민주의 선구자 장면』, 분도출판사, 1999.
12) 박태영, "노기남: 호교 위해 신을 판 성직자",『청산하지 못한 역사』, 1994.

다. 직접적인 독립운동과 관련하여서는 3·1운동에 대한 교회의 태도,[13] 간도교회가 전개한 독립운동이 주 연구 대상이었다.[14] 그리고 1930년대 독립운동과 교회의 관계를 설명하는 데 '신사참배' 문제가 거론되었다. 이 문제는 신앙과 관련해서는 종교의 문제이지만, 민족문제와도 매우 밀접한 관련을 갖는다.[15] 그리고 1930년대 후반부터 1940년대는 일제의 총동원 정책에 대한 교회의 태도를 중심으로 연구가 진행되었다.[16] 신사 정책에서 분명하게 드러난 일제의 종교 소멸 정책은 중일전쟁을 시작으로 본격화된 대륙 침략 정책과 더불어 강화되었다. 한국의 종교 단체를 자신들의 침략 전쟁을 위한 동원 체제로 편성하고, 인적·물적으로 협력하게 만들었으며, 종교 단체의 관할권을 탈취하고 종교 단체를 해산시키기도 하였다. 따라서 이 시기 모든 종교 단체들은 전시 총동원 체제로 편성되었고, 천주교회도 예외가 아니

---

[13] 조광, "일제 침략기 천주교도의 민족 독립운동", 「사목 42」, 한국천주교중앙협의회, 1975; 최석우, "한국 종교 운동사―천주교", 『한국 현대문화사 대계 IV』, 고려대학교민족문화연구소, 1980; 조광, 『한국 천주교 200년』, 햇빛출판사, 1989; 최석우, "일제하 한국 천주교회의 독립운동―3·1운동을 중심으로", 『교회사 연구 11』, 1996; 윤선자, "3·1운동기 천주교회의 동향", 『전남 사학 11』, 1997.

[14] 조광, "일제 침략기 천주교도의 민족 독립운동", 「사목」 42, 1975; 최석우, "한국 종교 운동사―천주교", 『한국 현대문화사 대계 IV』, 1980; 윤선자, "천주교 신자들의 간도 이주와 간도 천주교회의 민족운동", 「부산 교회사보 11」, 1996; 조광, "일제하 무장 독립 투쟁과 조선 천주교회", 『교회사 연구 11』, 1996; 윤선자, "간도 천주교회의 민족운동", 우송 조동걸 선생 정년기념 논총 II 『한국 민족운동사 연구』, 1997; 신광철, "일제 강점기 한국 천주교회와 민족운동―교권과 교도의 자리", 『한국 민족운동사 연구 19』, 1998; 윤선자, "민족운동과 교회―안중근 의거와 민족운동에 대한 교회의 태도", 『한국 천주교회사에 관한 대희년 심포지업』, 한국천주교중앙협의회, 1999.

[15] 최석우, "한국 종교 운동사", 『한국 현대문화사 대계 IV』, 고려대학교민족문화연구소, 1980; 이만열, 『한국 기독교와 역사의식』, 지식산업사, 1981; 한석희, "전시하 조선의 신사참배와 기독교인들의 저항", 『식민지 시대 한국의 사회와 저항』, 강재언 편, 백산서당, 1983; 최석우, "한국 천주교회와 로마 교황청", 『한국 교회사론 문집 I』, 1984; 김용자, "교황 비오 11세와 동양 선교 정책", 『한국 교회사론 문집 II』, 1985; 김승태, 「일본 신도의 침투와 1910·1920년대의 신사 문제」, 서울대학교 국사학과 석사 학위논문, 1986; 韓晳曦, "神社參拜の强要と抵抗", 『日本の朝鮮支配と宗教政策』, 未來社, 1988, p.161; 이진구, 「신사참배에 대한 조선 기독교계의 대응 양상 연구」, 서울대 석사 학위논문, 1988; 김성건, "한국 기독교와 신사참배 문제, 1931~1945", 『종교와 이데올로기』, 민영사, 1991; 김승태 엮음, 『한국 기독교와 신사참배 문제』, 한국기독교역사연구소, 1991; 노치준, 『일제하 한국 기독교 민족운동 연구』, 한국기독교역사연구소, 1993; 정동훈, 「일제 강점기하의 한국 천주교회와 신사참배에 관한 고찰」, 가톨릭대 석사 학위논문, 1994; 윤선자, "일본 군국주의 종교 정책과 조선 천주교회의 신사참배", 『한국사 연구』 98, 1997.

[16] 윤선자, "일제 전시하 총동원 체제와 조선 천주교회", 「역사 학보」 157, 1998.

었다. 중일전쟁 이후 일제가 전개한 '국민정신 총동원' 운동에 교회가 적극 참여하고 개별 단체를 조직하였던 것은 일제의 압력과 강화된 종교 규제, 신사참배를 허용한 이후 전시 체제화하고 있는 일제의 통치 정책에 대한 교회의 인식 등 여러 요소가 복합적으로 작용한 결과라는 연구가 진행되었다.

본 연구는 이러한 기존의 연구 결과들을 분석·검토하면서, 일제강점기 총독부의 한반도 지배 정책에 대해 천주교회 지도자이자 책임자인 주교들은 어떤 방식으로 대응하며 선교 정책을 수립하고 실행하였는지를 살펴보는 데 그 목적을 두고 있다. 주교들은 과연 일제의 한반도 지배에 대해서 어떻게 생각하였으며, 총독부가 한국을 지배하고 주민을 통제하기 위해 펼친 제반 정책에 대해 그들은 어떤 태도를 취하였는가? 특히 일제가 종교를 통제하기 위해 전개한 여러 정책들에 대해 주교들은 어떤 대응책을 마련하였으며, 총독부와 어떤 관계를 유지하고 있었는지를 추적하게 될 것이다. 본 연구의 목적을 위해 가장 먼저 일제가 1915년에 시행한 「포교 규칙」을 분석하고자 한다. 「포교 규칙」에 대한 분석을 통해 일제는 어떻게 천주교회를 간섭하고 직접적으로 통제하였으며, 이에 대해 주교들은 어떤 대응책을 마련하면서 교회 정책을 세우려고 하였는지 점검해 볼 것이다. 「포교 규칙」은 일제강점기 전반에 걸친 종교 정책이자 총독부의 한반도 종교 정책을 이해하는 데도 매우 중요하기 때문이다. 이어 주교들의 결정 사항에 대한 분석을 시도하였다. 주교들의 결정 사항을 분석하고자 한 것은 이 자료들이 주교들의 개별적 판단을 넘어 당시 주교회의의 결정 사항이자 주교회의의 기록이기에 한국 천주교회 전체에 대한 정책 결정의 산물이기 때문이다. 특히 주교들의 결정 사항을 분석하기 위해 당시 교회의 공식 기관지였던 「경향잡지」에 발표된 내용들을 분석 대상으로 삼았다.17) 왜냐하면 「경향잡지」는 당시 교회의 공식 기관지였을 뿐만 아니라, 많은 신자들이 탐독하였던 까닭에 주교들의 정책과 가르침 등 교회 정책들이 교회 구성원들에게 직접적으로 영향

---

17) 한국 천주교회는 조선교구 설정 150주년을 기념하면서 1980년 당시 주교회의 사무총장이 「경향잡지」 창간호부터 면밀히 조사하여 대부분의 자료들을 수집하고 정리하였다. 본 논문은 당시 정리·간행되었던 자료집 『한국 주교회의 기록 사료 1857~1980』을 주요 분석 대상으로 삼았다. 이 자료집은 당시 사무총장이었던 이종홍 신부 이름으로 30부 한정판, 두 권의 책자로 간행되었다. 이종홍, "한국 주교회의 기록 사료 1857~1980", 『한국 주교회의 기록 사료—부록』, 주교회의사무처, 1981.

을 주었기 때문이다. 또한 「경향잡지」에 주교들 서명으로 공포된 자료들은 주교회의의 공적인 기록이자 당시 주교들의 교회 정책 방향을 담고 있었고, 또한 이 자료들은 주교회의라는 공식 명칭이 없을 따름이지 사실상의 공동 사목과 관련된 주교회의 기록이기도 하기 때문이다.[18] 그러므로 이 기록들을 분석함으로써 주교의 가르침과 당시 주교회의의 모습과 공동 사목 결정의 방향을 볼 수 있으며, 교회 지도자들이 구상하고 있는 교회를 살펴볼 수 있다.[19]

아울러 필자는 주교들의 결정 사항에 대한 분석을 두 시기로 나누어 구체적인 정책의 모습을 찾아보고자 하였다. 첫째 시기는 1910년부터 1920년까지, 둘째 시기는 1921년부터 1940년까지로 나누었다. 본래 일제의 정책 변화에 따른 시기로 구분하자면 1910년 강제 합방부터 1919년 3·1운동 시기까지 그리고 소위 문화 통치라 부르는 1920년부터 1930년까지, 1931년 만주 침략부터 1945년 해방까지 세 시기로 나누어야 할 것이다. 그런데 필자가 분석한 결과로는 일제 통치 방식의 변화에 대한 교회의 대응 또는 주교들의 결정 사항 발표라는 측면에서 볼 때 시기별 특성이 그리 두드러지게 나타나고 있지 않다.[20] 따라서 1910년 강제 합방 시기부터 3·1운

---

[18] 1931년부터 1958년까지 한국 천주교 주교회의와 관련된 사료들은 주교회의 사무처에 보존되어 있지 않다. 그 이유는 당시 주교회의 사무를 담당하는 부서가 따로 존재하지 않았기 때문이다. 한국 천주교 주교회의 사무처에는 1959년부터의 자료가 보관되어 있으며, 1974년부터 현재까지는 봄과 가을에 정기적으로 개최된 주교회의 의안집과 임시총회 회의록이 정리되어 있다. 참조: 이종흥, "서문—주교회의 기록 사료집의 부록을 내면서", 『한국 주교회의 기록 사료—부록』, 주교회의사무처, 1981.
[19] 1906년 창간한 「경향신문」과 「보감」에 주교회의와 관련된 기록을 남기기 시작한 것은 조선교구 설정 100주년 기념 주교회의를 개최한 시기부터이다. 「경향잡지」는 1931년 9월 13일부터 25일까지 개최한 조선교구 시노드에 관한 기록을 남기고 있다. 그리고 그 이전의 기록에 대해서는 1857년의 주교회의 개최 사실을 간단히 보도하고 있다. "대저 1857년에 장 주교께서 안토니오 안 신부를 당신 부주교로 삼아 성모영보첨례 날 밤에 주교 성품에 올리시고 즉시 양위 주교가 주교회의를 거행하셨도다. […]", 「경향잡지」 제715호, 25권, 1931, p.364.
[20] 1920년대는 한국 천주교회의 선교에도 큰 구조적 변화가 있었다. 그동안 프랑스 파리외방전교회 소속 선교사들이 담당하던 서울교구와 대구교구가 분할되면서, 독일과 미국의 선교회가 진출하고 교구의 분할과 교구장에도 변화가 있었다. 또한 일본의 대외 정책에 따른 선교사 파견국과의 협조·대립 관계, 유럽의 전쟁에 따른 프랑스와 독일의 대립 관계 등도 있었다. 이러한 국가별 대립 관계와 정책의 변화 그리고 각국 선교회의 입장과 개별적 주교들의 결정 사항에 관한 연구는 너무 방대한 주제이기에 여기서는 향후 과제로 남겨 두었다. 따라서 시기 구분에 있어서도 「경향잡지」에 공포된 내용만을 근거로 삼을 수밖에 없었다는 한계를 밝혀 둔다.

동의 결과 총독부의 여러 시행령들이 종교에 영향을 직접적으로 미치는 시기인 1920년까지를 첫 번째 시기로 그리고 1921년부터 「경향잡지」에 주교들의 발표 내용이 나타나는 1939년까지를 두 번째 시기로 나누어 분석하였다. 특히 주교의 결정 사항으로 공포된 사항은 아니지만, 1938년 서울교구장 라리보 주교가 작성한 「서울 교구 보고서」에 대한 분석도 시도하였다. 이 보고서에 대한 분석을 통해 일제의 여러 정책들에 대해 주교들이 총독부와 어떻게 합의를 도출해 오면서 선교 정책을 수립하였는지 살펴보게 될 것이다. 이 밖에 주교들과 관련된 다양한 문서들의 발굴, 특히 주교들의 교황청 방문과 관련된 기록과 미국 메리놀회와 독일의 오틸리엔수도회의 기록들을 통해 총독부 정책에 대한 주교들의 다양한 입장과 한국 선교에 대한 각국 선교회의 정책에 관한 연구는 필자를 포함한 일제강점기 연구자들의 과제라 할 것이다.

그러나 필자가 시도하려는 교회 지도자인 주교들의 결정이 곧 교회를 말하는 것은 아니며, 또한 그들이 곧 교회를 의미하는 것도 아니다. 그러나 교계제도 안에서 그들은 교회의 최고 책임자였으며, 성직자들과 신자들에게 막대한 영향을 미치면서 교회의 나아갈 방향을 제시하고 구현시켰기에, 그들의 정책 결정을 통해 위로부터의 교회상을 그려 볼 수는 있다. 이러한 점에서 본 논문은 장점과 더불어 분명한 한계를 지니고 있다 할 것이다. 가시적 측면에서의 얼개를 잡는 장점이 있는 반면에, 교회 구성원 전체를 대상으로 하지 못한다는, 그래서 전체적인 교회상을 그리지 못한다는 뚜렷한 한계가 있는 것이다. 앞으로 한국 천주교회에서 활동한 다양한 선교단체 소속의 선교 목표와 구체적 활동, 각 본당 성직자들의 사목 실상 그리고 구체적인 의견을 개진하고 활동을 전개하였던 수많은 단체와 신자들의 신앙생활 모습에 대한 연구를 통해 일제강점기 한국 천주교회의 교회상을 세우는 것은 앞으로 연구를 통해 수행해야 할 과제일 것이다.

II. 1915년 「포교 규칙」(布敎規則)과 천주교회의 대응

일제는 강제 병합 후 한국을 완전히 통치하기 위한 방침에 따라 각종 법령들을 공포하고 시행해 나갔다. 특히 1910~1920년대 천주교와 직접적으로 관련된 법령으로는 1911년 8월 23일의 「조선 교육령」과 10월 20일의 「사립학교 규칙」, 1915년 3월 24일의 「개정 사립학교 규칙」과 8월 16일의 「포교 규칙」을 들 수 있다. 총독부는 이러한 법령들을 공포하면서 교육과 종교의 자유를 제한하거나 규정하려 했던 것은 아니라고 밝히고 있다. 그러나 총독부는 한국을 완전히 지배하기 위해 선교사들이 진행시켜 왔던 교육과 종교의 영역을 통제하고 장악해 나가기 시작하였다. 특히 「포교 규칙」을 통해 일제는 종교 자유를 보장하고 선교 행위를 공인한다는 미명 아래 종교계를 통제하기 시작하였다. 먼저 사립학교에 관한 규칙들에 대해 간략히 살펴본 후, 총독부가 「포교 규칙」을 통해 어떻게 종교계에 대한 통제를 추진해 나갔는지 살펴보기로 하겠다.

일제는 조선 지배 정책의 하나로 특히 「사립학교 규칙」과 「개정 사립학교 규칙」을 통해 한국 학생에 대한 교육을 완전히 장악하는 동시에, 선교사들로 하여금 교육에서 완전히 손을 떼게 하였다. 먼저 「사립학교 규칙」을 통해 사립학교의 인가를 총독의 권한 아래 두면서, 모든 사립학교 교육을 총독의 관리하에 두었다. 그리고 사립학교에 대한 전반적인 운영과 교육 조직을 통제하기 위해 인사권과 교육권을 간섭하면서 한국 학생에 대한 교육을 완전히 장악해 나가기 시작하였다.[21] 총독부는 자신들의 직접적인 관리 밖에 존재하는 사립학교들에 대해 어떠한 방법을 통해서든 통제할 필요성을 느꼈다. 왜냐하면 교육을 통해 조장될 수 있는 독립 고취 의식과 일제에 저항하려는 사상적 조류를 조기에 차단시킬 필요가 있었기 때문이었다. 따라서 일제가 조선 통치를 관철시키기 위해 계획한 교육 통제 수단으로 등장한 것이 사립학교에 대한 규칙들이었다. 특히 이러한 규칙을 통해 선교사들이 설립하여 운영하던 사립학교에서 종교 교육과 의식을 금지시켰다. 이처럼 총독부가 규칙을 통해 교육과 종교의 분리를 주장하면서 내세운 본래의 목적은 교육으로부터 선교사들을 완전히 분리시켜 교육을 완전히 장악하여 자기들의 통제하에 두고자 한 것이다.[22] 「개정 사립학교 규칙」에는 이러한 총독부의 목적이 가장 적나라하게 드러나

---

21) "새로운 학교법으로 인해 상당수의 시골 학교들이 사라지게 되었다"(「1910년도 보고서」), 명동 천주교회 200년사 자료집 제1집, 「서울교구 연보 (II)」 1904~1938, 한국교회사연구소, 1987, p.92(이하 「서울교구 연보 (II)」로 약칭하기로 하겠다).

고 있다. 모든 학교의 교과목을 통제하고, 교사들에게 일본어 학습을 의무화하였으며, 고등보통학교로 학교명까지도 바꿀 것을 강요하였다. 특히 교사 자격 조건의 강화와 사립학교 설립에 대한 기준 강화, 상급 학교 진학의 조건 강화 등을 내세우는 한편, 선교사들이 운영하는 학교에서 종교 교육과 의식을 금지시킨 것은 선교사들을 교육의 현장에서 완전히 손을 떼게 하려는 술책이었다.23) 이렇게 함으로써 일제는 한국 통치를 위한 식민지 교육 체계를 완전히 장악해 나갔을 뿐 아니라, 이러한 규칙을 통해 한국에서 교육과 선교 활동을 전개하던 기독교계 선교 단체들을 간섭하기 시작하였다. 「사립학교 규칙」을 통해 선교사들의 교육 영역의 활동을 통제하고 장악하기 시작한 일제는 이제 선교사 활동의 근본 영역인 종교 활동에까지 간섭과 통제를 시작하였다. 이러한 선교사들과 선교 단체에 대한 철저한 통제를 위해 마련한 것이 바로 「포교 규칙」이었다.24)

한국의 모든 종교 활동을 통제하기 위해 만들어진 「포교 규칙」은 부칙 4개조를 포함하여 총 19조로 구성되어 있다. 모든 종교 활동의 자유를 보장하고 보호한다는

---

22) 당시 사립학교는 한국인이 설립한 경우도 있었고, 치외법권적 지위를 이용해 선교사들이 운영하는 경우도 있었다. 천주교회의 경우, 「사립학교 규칙」으로 가장 큰 피해를 본 것은 성오틸리엔 베네딕도회가 신자 교사를 양성하기 위해 개교한 숭신학교(崇信學校)이다. 이 학교는 1911년 9월 16일 23명의 학생으로 개교하였는데, 1912년에는 26명이 지원하였으나 1913년에는 4명만이 지원하였다. 총독부에서 고등교육을 제지하여 사범학교를 계속할 수 없었으므로 제1회 졸업생을 배출하고 폐교할 수밖에 없었다. 이 밖에 「사립학교 규칙」과 관련된 상세한 연구는 다음을 참조할 수 있다. 최석우, 『한국 천주교회의 역사』, 한국교회사연구소, 1982, p.359; 윤선자, "사립학교 규칙과 천주교회의 대응", 『일제의 종교 정책과 천주교회』, 경인문화사, 2001, pp.57-69.
23) "또다시 총독부에서 2개의 법령이 나왔는데, 이것들은 우리 사업을 돕기 위해 만들어진 것은 아니다. 그중 하나는 모든 종류의 학교에 해당되는 것으로 절대적인 종교적 중립(中立)을 명하고 있다. 즉 교내에서는 수업 시간과 수업 시간 밖에서도 종교 교육을 금지시키고 있다. 기존의 학교에 대해서는 이 법령을 실시하기까지 10년의 유예가 주어지고 있으나, 지방 관청에서 즉시 이 법령에 응하도록 강요하고 있다. 이것은 가톨릭 학생들에게 학교를 다니는 기간 중에 종교 교육을 시키려는 목적에서 우리가 막대한 비용으로 운영하는 학교들 대부분이 조만간에 멸망하게 되는 것을 뜻한다"("1915년도 보고서"), 「서울교구 연보 (II)」, p.127.
24) 1915년 8월 16일에 발포된 「포교 규칙」에 대해 「경향잡지」는 세 차례에 걸쳐 본문만을 게재하였다. 따라서 주교들은 발포(發布)된 지 두 달 반이나 지나고 난 후에 「경향잡지」에 게재하였는데, 아무런 해설도 어떠한 입장 표명도 하지 않았다. 따라서 「경향잡지」 독자인 신자들은 이를 통해 주교들이 무엇을 알리려 했는지 알 수 없었다(「경향잡지」, 제336호, pp.475-476; 제337호, pp.497-499; 제338호, pp.523-252 참조.

명분 아래 「포교 규칙」을 통해 철저히 통제하겠다는 발상이었다. 이는 특히 민족 종교나 유사 종교를 통한 한국인들의 일제에 대한 저항을 차단하기 위한 목적이기도 하였으나, 규칙의 내용을 보면 기존의 모든 종교적 활동에 대해서도 철저하게 감시하고 통제하려는 의지가 담겨 있다.25) 그렇다면 「포교 규칙」은 천주교에 어떠한 영향을 주고 있는지 「포교 규칙」의 전문에 대한 분석을 통해 알아보기로 하겠다. 먼저 「포교 규칙」 제1조를 보면, 한국 내의 종교에 대해 크게 세 가지로 분류하고 있다.

> 제1조. 본령(本令)에서 종교라 칭함은 신도(神道), 불도(佛道) 및 기독교(基督教)를 일컫는다.26)

일본의 신도를 가장 먼저 내세워 한국 내의 종교임을 분명히 규정하고 제1조에서 언급하고 있는 세 종교 이외의 종교에 대해서는 철저히 배제하고자 하였다.27) 따라서 한국 민간신앙과 관련된 종교에 대해서는 종교 활동으로 간주하지 않음을 분명히 하면서, 종교에 관한 판단 여부를 총독의 권한 아래 귀속시켰다.

> 제6조. 조선 총독이 필요하다고 인정할 때에는 제3조 이외의 교파 또는 종파에 대하여 포교 관리자를 둘 수 있다. 전항에 의하여 포교 관리자를 두는 때에는 10일 이내로 제3조 제1항 각 호의 사항을 조선 총독에게 신고하여야 한다. 이를 변경할 때도 같다.
> 제7조. 전 조의 포교 관리자에 대해서는 제4조와 제5조의 규정을 준용한다. 제3조 이외의 교파 또는 종파에서 규약 등에 의해 포교 관리자를 두는 때에는 제4조·제5조

---

25) 「포교 규칙」에 대한 제정과 이에 따른 상세한 연구는 다음을 참조할 수 있다. 윤선자, "포교 규칙과 천주교회의 동향", 『일제의 종교 정책과 천주교회』, pp.69-83.
26) 「경향잡지」, 제336호, p.475.
27) 신도와 불교의 경우는 제3조를 통해 따로 규정해 놓음으로써 기독교와 분리해 놓았다. "제3조. 신도(神道) 각 종파 또는 내지(內地)의 불도(佛道) 각 종파에서 포교를 하고자 하는 때에는 그 교파 또는 종파의 관장(管長)은 포교 관리자를 정하고 아래의 사항을 갖추어 조선 총독의 인가를 받아야 한다. 제1호. 종교와 그 교파, 종파의 명칭; 제2호. 교규(教規) 또는 종제(宗制); 제3호. 포교의 방법; 제4호. 포교 관리자의 권한; 제5호. 포교자 감독의 방법; 제6호. 포교 관리 사무소의 위치; 제7호. 포교 관리자의 성명(氏名)과 이력서. 전항 각 호의 사항을 변경하고자 할 때에는 조선 총독의 인가를 받아야 한다."

와 전 조 제2항의 규정을 준용할 수 있다.
　제15조. 조선 총독은 필요한 경우 종교와 유사한 단체로 인정하는 것에 대해 본령(本令)을 준용할 수 있다. 전항에 의하여 본령을 준용할 단체는 이를 신고해야 한다.

　제6조, 7조, 15조를 통해 제1조에서 언급한 세 종교뿐만 아니라, 이외의 종교에 대한 판단도 총독이 그 권한을 가지고 있음을 분명히 하였다. 이로써 민간신앙과 관련된 종교들은 조선 총독의 판단 여부에 따라 종교로 인정할 수도 있고, 미신 행위 또는 사상운동을 하는 단체라는 미명 아래 탄압할 수 있는 근거를 확립해 놓은 것이다. 이처럼 총독의 권한은 종교에 대한 판단 여부뿐 아니라 종교에 대해 언제라도 규제할 수 있는 포괄적이며 전폭적인 권한을 가지고 있었다.

　제4조. 조선 총독은 포교의 방법, 포교 관리자의 권한과 포교자 감독의 방법 또는 포교 관리자를 부적당하다고 인정할 때에는 그 변경을 명령할 수 있다.

　조선 총독은 제4조를 근거로 각 종단의 대표자를 바꿀 수 있을 뿐 아니라, 대표자의 권한을 제한하고, 선교의 방법에 대한 변경도 명령할 수 있었다. 한마디로 한국 내의 종교를 장악하고 선교 활동의 체계와 조직에 대해서 언제든지 바꿀 수 있었다. 당시 서울교구와 대구교구 교구장들은 특히 제4조에 민감한 반응을 보이며 총독에게 의견서를 제출하여 천주교에는 해당 사항이 없다는 답변을 받아 냈다.[28] 그러나 총독부의 종교에 대한 통제와 간섭은 대표자뿐 아니라, 선교에 종사하는 모든 이들, 선교사, 한국인 신부, 회장 등 모든 인적 구성과 조직에 걸쳐 이루어졌다.

　제2조. 종교 선포(宗敎宣布)에 종사하고자 하는 자는 다음의 사항을 구비하여 포교자

---

[28] "법령 제4조에는 총독의 뜻에 맞지 않을 때 사람이나 포교 방법을 바꾸도록 총독에게 재량권을 인정하는 것까지 규정하고 있다. 이 조항에 대해 본인은 의견서를 제출하지 않을 수 없었는데, 이 조항은 우리와 전연 관계가 없고 다만 신도(神道)나 불교(佛敎)에 해당되는 것이라고 대답하였다. 그렇다고 믿고 싶지만 그 같은 조항이 전혀 없었더라면 우리는 더 안심할 수 있었을 것이다"("1915년도 보고서"), 「서울교구 연보 (II)」, p.128.

(布敎者)될 자격을 증명할 문서와 이력서를 첨부하여 조선 총독(朝鮮總督)에게 신고해야 한다. 단, 포교 관리자(布敎管理者)를 설치한 교파(敎派), 종파(宗派) 또는 조선 사찰(朝鮮寺刹)에 소속한 자에게는 제2호의 사항을 생략할 수 있다.
  제1호. 종교와 그 교파, 종파의 명칭.
  제2호. 교의의 요령.
  제3호. 포교의 방법.
전항 각 호에 둔 사항을 변경하고자 할 때는 10일 내로 조선 총독에게 신고해야 한다.
제5조 포교 관리자는 조선에 거주하는 자라야 한다. 포교 관리자는 매년 12월 31일 현재를 기준으로 소속 포교자 명부를 작성하여 다음해 1월 31일까지 조선 총독에게 신고하여야 한다. 전항의 명부에는 포교자의 성명과 거주지를 기재하여야 한다.
제8조. 종교 선포에 종사하는 자가 성명을 변경하거나 거주지를 이전하거나 또는 포교를 폐지할 때에는 10일 내로 조선 총독에게 신고하여야 한다.
제12조. 포교 관리자와 조선 사찰의 본사 주지(本寺住持)는 각 그 소속 사원, 교회당, 설교소 또는 강의소 별로 매년 12월 31일 현재 그 신도 수와 그 해의 신도의 증감 수를 다음해 1월 31일까지 조선 총독에게 신고하여야 한다. 전항의 신고는 포교 관리자를 두지 않는 교파, 종파와 조선의 사찰에 속하지 않는 교회당, 설교소 또는 강의소에 있는 각각 그 포교 담임자로부터 신고하여야 한다.
제13조. 포교 관리자를 두고 있는 교파, 종파에 속한 자 또는 조선의 사찰에 속한 자는 본령에 의하여 허가를 받아야 하며, 또 신고하고자 할 때는 포교 관리자 또는 본사 주지의 부서(副書)를 첨부하여야 한다.

　총독은 제2조를 근거로 선교 활동에 참여하고 있는 모든 사람들에 대한 자격 조건을 내세워 그들의 활동을 파악하고 감시하고 통제하였다. 특히 선교 방법까지도 신고하여 승인을 받도록 함으로써 사실상의 종교 간섭의 틀을 마련해 놓았던 것이다. 또한 제5조와 제8조를 근거로 매년 선교 활동에 종사하는 사람의 주거지를 사실상 제한할 수 있었으며, 그들의 동태를 철저히 파악할 수 있었고, 신고를 빌미로 선교 활동을 규제해 나갈 수 있었다. 아울러 매년 각 지역의 신자 증감에 대한 보고를 통해 한국인들의 종교 활동 전체를 감시해 나갔다. 따라서 위의 조항들은 총독부의 정책에 따라 언제라도 종교 활동을 강제할 수 있고 총독부가 마련한 체계로 한국의 종교를 재편할 수 있었다. 이와 같이 종교의 인적 구성에 대한 통제와 같은 맥락에서 물적 토대가 되는 부분에 대해서도 강제하였다.

> 제9조. 종교의 용도에 제공하기 위하여 교회당, 설교소 또는 강의소의 류(類)를 설립하고자 하는 자는 다음의 사항을 갖추어 조선 총독의 허가를 받아야 한다.
> 제1호. 설립에 필요한 이유.
> 제2호. 명칭과 소재지.
> 제3호. 부지의 면적과 건물의 평수, 그 소유자의 성명과 도면.
> 제4호. 종교와 그 교파, 종파의 명칭.
> 제5호. 포교 담임자의 자격과 그 선정 방법.
> 제6호. 설립비와 그 지변(支辨) 방법.
> 제7호. 관리와 유지 방법. 전항 제5호에 의하여 포교 담임자를 선정할 때 설립자 또는 포교 관리자는 그의 성명과 거주지를 구비하고 이력서를 첨부하여 10일 내로 조선 총독에게 신고하여야 한다. 이를 변경할 때도 같다.
> 제10조. 전조 제1항 제2호 내지 제7호의 사항을 변경하고자 할 때는 그 사유를 구비하여 조선 총독의 허가를 받아야 한다.
> 제11조. 종교의 용도에 제공하는 교회당, 설교소 또는 강의소의 류(類)를 폐지할 때는 10일 내로 조선 총독에게 신고하여야 한다.
> 제14조. 제9조 제1항 또는 제10조에 위반하는 자는 백 원 이하의 벌금 또는 과태료에 처한다.

「포교 규칙」이 종교에 대한 철저한 통제와 관리를 목적으로 이루어졌음을 반증하고 있는 제9조는 천주교의 경우 성당과 공소 등의 신설과 폐지뿐 아니라, 본당신부와 보좌신부의 파견마저도 신고하고 허락을 받게 하였다.[29] 게다가 성당과 공소의

---

29) "또 다른 법령은 포교(布敎)에 관계되는 것으로 금후 선교사, 신부, 회장들은 그들이 사목 활동을 할 수 있기 위해서는 총독부의 허락을 받아야 한다. 뿐만 아니라 사제관, 성당 또는 공소를 설립하기 전에 사전 허락을 신청해야 하고, 그 허락은 설립 이유가 타당하고 생활 수단이 충분하다고 인정될 때만 주어진다. 그런데 우리의 새로운 설립은 단번에 이루어지는 것이 아니고, 여

관리와 유지에 따른 비용까지도 보고하게 함으로써 선교 자금 내역까지 파악하여, 총독부는 천주교의 인적 구성은 물론 물적 토대까지 완전히 파악할 수 있었다. 이로써 총독부는 천주교를 비롯하여 모든 종교 활동 상황을 상세히 파악하며 통제할 수 있었다.30) 이상에서 살펴본 총독부가 「포교 규칙」을 통해 실시하고자 한 제반 규정들을 각종 규제 사항별로 세분하여 보면 다음 표와 같다.

표 1. 「포교 규칙」에 나타난 '신고' '인가'와 '허가' 사항 비교표.

규제 사항	내 용
신고 사항	1. 종교 선포에 종사하고자 하는 자(제2조). 2. 포교자 명부(제5조). 3. 제3조 이외의 종파와 교파의 포교 관리자 설정 시(제6조). 4. 종교 선포에 종사하는 자의 성명 변경이나 거주지 이전, 포교를 폐지할 때(제8조). 5. 포교 담임자를 선정할 때(제9조). 6. 종교 용도로 교회당, 설교소, 강의소를 폐지할 때(제11조). 7. 포교 관리자, 본사 주지는 소속 사원, 교회당, 설교소, 강의소 별로 신도 수와 신도의 증감 수 매년 신고(제12조). 8. 조선 총독이 종교와 유사 단체로 인정한 단체(제15조). 9. 제2조와 제3조에 해당하는 자(제18조). 10. 시행 현재 포교 관리자를 두었거나, 교회당, 설교소, 강의소의 관리지에 해당하는 자(제19조).
인가 사항	1. 신도 각 종파와 불도 각 종파에서 포교를 하고자 하는 교파나 종파(제3조).
허가 사항	1. 종교 용도로 교회당, 설교소, 강의소를 설립하고자 할 때(제9조). 2. 교회당, 설교소, 강의소의 명칭과 소재지 그리고 관리와 유지 방법을 변경할 때(제10조). 3. 포교 관리자가 있는 교파, 종파에 속한 자 또는 조선 사찰에 속한 자(제13조).
기타 사항	제1조(종교 규정), 4조(조선 총독의 권한), 7조(제4조·5조 준용 기준), 14조(위반자 벌금과 과태료), 16조(시행 시기), 17조(통감부령 제45호 폐지).

러 상황에 의해 이루어진다. 그러므로 경우에 따라서는 관(官)에서 요구하는 상세한 자료를 어떻게 제공할 것이며, 또 당국으로부터 어떻게 허가를 기다릴 것인가가 문제이다"("1915년도 보고서"), 『서울교구 연보 (II)』, pp.127-128.

30) 그 밖에 사항은 '부착'을 통해 시행 시기와 절차를 공시하였다. "제16조. 본령은 대정 4년 10월 1일부터 이를 시행한다; 제17조 명치 39년 통감부령 제45호는 폐지한다; 제18조. 명치 39년 통감부령 제45호 제1조, 제2조와 제3조에 따라 인가를 받은 자는 본령 제2조의 신고를 하며, 또는 제3조의 인가(認可) 혹은 제9조의 허가를 받은 자로 간주한다. 단 본령 제2조에 해당하는 자에 대하여는 동조 제1항 제2호의 사항, 본령 제3조에 해당하는 자에 있어서는 동조 제1항 제2호 제4호의 사항, 본령 제9조에 해당하는 자에 있어서는 동조 제1항 제3호 제5호의 사항과 함께 포교 담임자의 성명과 이력서를 구비하여 본령 시행일로부터 3개월 이내로 조선 총독에게 신고하여야 한다; 제19조. 본령 시행의 현 시기에 종교 선포에 종사하며 포교 관리자를 두었거나, 종교의 용도로 제공하는 교회당, 설교소, 강의소의 류(類)의 관리자로서 전조에 해당하지 않는 자는 본령 시행일로부터 3개월 내로 제2조, 제3조 또는 제9조의 사항을 구비하여 조선 총독에게 신고하여야 한다. 전항에 따라 제9조의 사항을 신고한 자는 본령에 의해 허가를 받은 자로 간주한다."

위의 표는 「포교 규칙」이 한국에 있는 종교를 철저히 강제하기 위한 목적에서 작성되었음을 분명하게 보여주고 있다. 「포교 규칙」은 종교 자체에 대한 판단 여부뿐만 아니라, 종교 행위와 관련된 모든 사람에 대한 규제, 종교적 의례를 위한 장소에 대한 통제, 종교에 참여하는 사람들의 변화에 대한 감시 감독 등 종교에 대한 총체적 규제를 담고 있다. 그 가운데서도 「포교 규칙」은 철저히 사람을 통제하고자 하였음을 볼 수 있다. 총독부는 「포교 규칙」을 통해 언제든지 자기들의 잣대로 거부할 수 있는 사항을 만들어 두었다. 이것이 바로 허가 사항에 해당하는 조항인데, 이 사항은 많은 사람들이 모일 수 있는 장소와 그들에게 구체적으로 직접적인 영향을 줄 수 있는 책임자에 대해 강제하도록 하였다. 이것은 「포교 규칙」이 바로 한국인들과 종교에 종사하는 종사자들을 통제하기 위한 목적에서 작성되었음을 여실히 보여주는 것이라 할 수 있다. 결국 「포교 규칙」에 규정한 각종 물질적 통제와 인적 통제 그리고 각각의 종교에 대한 다양한 통제 방법들의 궁극적 목적은 한국의 종교를 구성하는 인적 구성원들에 대한 통제에 있었던 것이다.

일제는 한국에 대한 완전한 통치를 이루기 위해 그동안 치외법권 영역으로 간주하던 외국인 선교사들이 주로 활동하는 사립학교와 종교에 대해 신고와 승인이라는 체계를 갖추어 통제하기 시작하였다. 「포교 규칙」의 시행 초기 천주교회의 뮈텔과 드망즈 주교는 두 문제에 주목하였다. 첫째는 「포교 규칙」 제2조에서 언급하고 있는 '포교 관리자'를 누구로 볼 것인가 하는 문제로서 주교 직책과 그의 권한과 관련한 문제였다.[31] 이 문제와 관련해 주교들은 총독부에 문의하고 천주교의 특성을 들어 설명하였다.[32] 천주교의 여러 특성을 무시한 채 진행되는 「포교 규칙」은 다양한 문제를 불러왔다.[33] 마침내 두 주교를 천주교의 관리자로 지명한다는 허락을 받은

---

31) "주교 직책을 무시하고 선교사와 총독부 사이에서 일을 처리하려는 「포교 규칙」 문제로 서울의 총독과 뮈텔 주교와 서신 교환을 계속하고 있다. 제4조는 총독에게 주교들을 폐위시킬 권한을 주고 있다. 후자의 오류에 대해서는 두고 보겠지만, 전자는 그 적용이 시급해졌으므로 즉시 항의를 해야 한다." Archives des Mission Etrangères de Paris(파리외방전교회 고문서로 이하 A-MEP 약칭한다), "드망즈 주교 일기"(1915. 10. 12.), 『드망즈 주교 일기』, 가톨릭신문사, 1987, p.151.
32) A-MEP, "뮈텔 주교 일기"(1915. 10. 15.), 『뮈텔 일기』 5, 한국교회사연구소, 1998, p.457.
33) 한 가지 예로, 성오틸리엔베네딕도회에 대한 관리자 문제를 들 수 있다. "[…] 일본인들은 교회법을 도무지 이해하지 못한다. 일본인들은 베네딕도 회원들에게 가톨릭과 다른 종파가 되라고 제의했다. 이 제의에 아빠스는 물론 항의했다. 그러자 그들은 주교를 공동 관리자로 받아들이도록

후 「경향잡지」에 「포교 규칙」의 내용을 신고34) 관보를 통해 관리자로 임명된 것을 확인한 후 서류들을 갖추기 시작하였다.35) 주교들은 관리자 문제가 해결되자, 새로 적용된 규칙을 받아들이면서 1915년 연말은 이에 관한 제반 서류들을 갖추는 데 소진하였다.36) 둘째는 제4조의 포교 방법, 포교 관리자의 권한과 포교자 감독의 방법, 포교 관리자에 대한 변경과 관련된 총독의 권한 문제였다.37) 이 문제와 관련해 다양한 논의가 진행되었으나, 그 시행과 관련해 천주교 측과 어떤 협의가 진행되었는지 자세히 알 수 없다. 그러나 1920년까지도 확실한 해결은 없었던 것으로 보인다. 드망즈 주교가 1920년 교황청을 방문하는 아드리미나38) 기간 동안 포교성성

제의했다. 그러나 이 제의 역시 지장이 없지 않았으므로 아빠스가 거절했다. 나는 우리의 일들이 분명하기를 바라는데 사실 베네딕도 회원들은 면속권(교구 주교의 재치를 받지 않는 자치권)이 있으므로 그들에 대해 행정권이 없는 주교가 그들의 장상처럼 보이는 것은 적합하지 않다. 그러므로 잘했다고 아빠스를 치하했다." A-MEP, "뮈텔 주교 일기"(1915. 12. 13.), 『뮈텔 일기 5』, 한국교회사연구소, 1998, p.472.

34) A-MEP, "드망즈 주교 일기"(1915. 10. 14.), 『드망즈 주교 일기』, 가톨릭신문사, 1987, p.152; A-MEP, "뮈텔 주교 일기"(1915. 10. 16.), 『뮈텔 일기』 5, 한국교회사연구소, 1998, p.457.

35) "드망즈 주교와 나를 관리자로 지명한다는 것이 마침내 관보에 발표되었다. 그래서 「포교 규칙」이 요구하는 여러 가지 신고 및 허가 신청 서류를 인쇄하는 일에 착수했다." A-MEP, "뮈텔 주교 일기"(1915. 11. 13.), 『뮈텔 일기 5』, 한국교회사연구소, 1998, p.464.

36) "사와다 씨를 만나러 총독부에 갔다. 오늘 아침에 시청에서는 「포교 규칙」 관련 서류 1부만을 받기를 거절하고 3부를 요구했으므로 특혜를 청하러 갔다. 총독부에서는 가능한 한 빨리 남은 2부를 제출할 것을 약속하고 우선 1부만을 제출하도록 허락했다. 그리고 이 2부에 대해서는 나의 서명도 면제해주었다." A-MEP, "뮈텔 주교 일기"(1915. 12. 21, 23~24.), 『뮈텔 일기 5』, 한국교회사연구소, 1998, p.474: A-MEP, "드망즈 주교 일기"(1915. 12. 9, 18.), 『드망즈 주교 일기』, 가톨릭신문사, 1987, pp.160-161.

37) "주교 직책을 무시하고 선교사와 총독부 사이에서 일을 처리하려는 「포교 규칙」 문제로 서울의 총독과 뮈텔 주교와 서신 교환을 계속하고 있다. 제4조는 총독에게 주교들을 폐위시킬 권한을 주고 있다. 후자의 오류에 대해서는 두고 보겠지만, 전자는 그 적용이 시급해졌으므로 즉시 항의를 해야 한다." A-MEP, "드망즈 주교 일기"(1915. 10. 12.), 『드망즈 주교 일기』, 가톨릭신문사, 1987, p.151. "법령 제4조에는 총독의 뜻에 맞지 않을 때 사람이나 포교 방법을 바꾸도록 총독에게 재량권을 인정하는 것까지 규정하고 있다. 이 조항에 대해 본인은 의견서를 제출하지 않을 수 없었는데, 이 조항은 우리와 전연 관계가 없고 다만 신도(神道)나 불교(佛敎)에 해당되는 것이라고 대답하였다. 그렇다고 믿고 싶지만 그 같은 조항이 전혀 없었더라면 우리는 더 안심할 수 있었을 것이다." "1915년도 보고서", 「서울교구 연보 (II)」, pp.127-128.

38) '아드리미나(정식 명칭은 Ad limina Apostolorum)는 교회법에 따라 모든 주교들이 성 베드로와 성 바오로의 묘지를 참배하고, 교황에게 순종하는 뜻을 표하는 것을 말한다. 이 기간 동안 주교는 자신이 관장하는 교구의 상태를 보고해야 하는데 이를 위해 주교는 5년마다 정기적으로 로마를 방문해야 한다. 이를 아드리미나라고 부른다. 『한국 가톨릭 대사전』, 한국교회사연구소, 1985, p.757 참조.

장관에게 이 문제를 보고하였고39) 교황께도 보고했던 것으로 미루어 보아 이것이 미해결 상태로 이어졌음을 알 수 있다.40) 「포교 규칙」이 시행되기 이전부터 일제 강점에 따른 총독부의 제반 규칙 제정과 집행으로 선교사들은 천주교회 입교자의 감소에 대해 고민하고 있었다.41) 그런데 「포교 규칙」을 시행하는 과정에서 경찰들이 제반 조사를 담당하면서 신자들의 신앙 활동에까지 간섭하여 신자들의 성사 생활마저 힘들게 하였다.42) 또한 총독부가 의도적으로 권장하는 신도와 일본 불교는 교회의 선교 활동마저 위축시키는 결과를 가져왔다.43) 게다가 「포교 규칙」의 시행으로 천주교회는 선교 활동과 성당과 강당, 수녀원 등의 건립에 총독부의 허락을 받아야 했다.44) 특히 선교 활동의 사전 허락은 신자 증가율의 급격한 감소의 한 원인

---

39) "〔포교성성 장관〕 반 로숨(Van Rossum) 추기경을 방문하고, 「교세 보고서」와 「대구교구 지도서」 2부를 그에게 제출했다. 우리 교구에 관해 이야기를 나누었는데, 그는 방인 성직자들에게 동등권을 주는 조항에 대해 진심으로 나에게 치하했고, 또 교황 파견 선교사라는 직함이 아무 의미가 없으며 필요하다면 방인 성직자들에게 그 직함을 줄 것이라고 하며 변경시키지 말라고 했다. 조선의 일본인들에 관해 그에게 오랫동안 설명했다. 그는 내가「포교 규칙」의 본문을 그에게 보인 데 대해 만족스러워하며 푸마조니(Fumazoni) 주교에게 지시를 내렸다." A-MEP, "드망즈 주교 일기"(1920. 1. 24.), 『드망즈 주교 일기』, 가톨릭신문사, 1987, pp.327-328.

40) "〔교황 성하 알현〕「포교 규칙」에 관한 일본 법률에 대해, 총독이 그런 권한을 갖고 있다니! 그 법의 본문을 갖고 오기를 정말 잘하셨소 본인은 교황 사절이 아니라 외교권을 지닌 교황대사를 임명하고 싶소. 그러나 중국에서 반대가 있은 후 교황 사절로 만족할 수밖에 없었소. 〔…〕" A-MEP, "드망즈 주교 일기"(1920. 1 .26.), 『드망즈 주교 일기』, 가톨릭신문사, 1987, pp.330-331.

41) "일본의 영향도 무관하지는 않을 것이다. 고위 당국에서는 우리들의 전교 사업에 대해 자유롭게 놔두고, 때로는 적극 호의적인 태도를 보이기도 하는 반면, 하위 일선 관계자들 중에서는 이를 막으려는 사람들을 때때로 만나게 된다. 상황이 어떻든 간에 선교사들은 새로 개종을 하는 수가 점점 줄어들고 있다고 이구동성으로 말하고 있다. 즉 종교를 알고 이에 입교하려고 원하는 경향이 과거보다 줄어들고 있는 것이다." "1913년도 보고서", 「서울교구 연보 (II)」, pp.114-115.

42) "1916년도 보고서", 「서울교구 연보 (II)」, p.136.

43) "우리들의 성무 집행은 또한 당국에 의해 아주 권장되고 있는 신도(神道)와 불교의 선전 때문에 방해를 받고 있다. 개신교의 추진력 또한 그 기세를 잃지 않고 있다. 우리의 활동 수단이 매우 감소되었을 때 개신교의 여러 종파들은 인원 면에서 또한 재정 면에서 우리를 10배 이상 능가하게 되었다." "1917년도 보고서", 「서울교구 연보 (II)」, p.141.

44) "또 다른 법령은 포교(布敎)에 관계되는 것으로 금후 선교사, 신부, 회장들은 그들이 사목 활동을 할 수 있기 위해서는 총독부의 허락을 받아야 한다. 뿐만 아니라 사제관, 성당 또는 공소를 설립하기 전에 사전 허락을 신청해야 하고, 그 허락은 설립 이유가 타당하고 생활 수단이 충분하다고 인정될 때만 주어진다. 그런데 우리의 새로운 설립은 단번에 이루어지는 것이 아니고, 여러 상황에 의해 이루어진다. 그러므로 경우에 따라서는 관(官)에서 요구하는 상세한 자료를 어떻게 제공할 것이며, 또 당국으로부터 어떻게 허가를 기다릴 것인가가 문제이다." "1915년도 보고서",

이 되었다.45) 그 결과 일제강점기 내내 「포교 규칙」은 천주교회의 선교 활동에 위축을 가져오고, 종교 활동에 대한 경찰의 철저한 감시와 통제 아래 놓이게 되었다. 총독부는 「포교 규칙」을 통해 종교 활동의 승인이라는 미명하에 천주교회를 비롯한 한국 내 모든 종교를 통제하였으며, 궁극적으로 선교사는 물론 신자인 한국인에 대한 감시와 통제의 수단으로 활용하였던 것이다.

III. 1911~1920년 주교들의 결정 사항 분석

「사립학교령」과 「포교 규칙」으로 선교사들의 활동이 강제되고 종교 활동이 감시받는 상황에서 천주교회의 책임자들은 어떻게 신자들을 이끌고 있었을까? 교회의 정책을 수립하고 선교 활동을 이끌었던 교회의 최고 책임자인 주교들은 신자들에게 무엇을 가르치고 있었을까? 이를 살펴보기 위해 1911년부터 1920년까지 「경향잡지」에 주교 명의로 발표한 기록을 정리하였고, 그 결과 다음과 같이 총 19건이 조사되었다.

표 2. 1911년부터 1920년까지 「경향잡지」에 수록된 주교 가르침

주교 서명	발표연월일	발표 내용	비 고
뮈텔	1911. 11. 14.	소재 관면 공포	대내/소재/교회법
뮈텔	1912. 8. 15.	국상을 당하여, 경문 반포	대외/부음/기도 요청
뮈텔	1913. 6. 18.	만국 천주교 신자의 전대사	대내/전대사/기도 요청
뮈텔	1913. 10. 10.	출판물 읽기 권유서	대내/출판물/권유
뮈텔·드망즈	1914. 8. 6.	서양 난리로 인한 신공 반포	대외/1차 대전/기도 요청
뮈텔	1914. 8. 25.	교황 비오 10세 승하	대외/교황/기도 요청
뮈텔	1914. 9. 5.	교황 베네딕도 15세 등극	대내/교황/알림
뮈텔·드망즈	1914. 12. 4.	소재 관면	대내/소재/교회법
뮈텔·드망즈	1915. 3. 6.	세계대전을 위한 평화기도 반포	대외/1차 대전/기도 요청
뮈텔·드망즈	1915. 11. 6.	파란(波蘭) 성교회를 위하여 기구 반포	대외/1차 대전/기도 요청
뮈텔·드망즈	1917. 9. 5.	만국의 평화를 위하여 경문 반포	대외/1차 대전/기도 요청
뮈텔·드망즈	1917. 12. 15.	대·소재에 관한 반포	대내/대·소재/교회법
뮈텔·드망즈	1918. 4. 15.	지정된 성교회법을 반포, 효유서	대내/교회법/교회법

「서울교구 연보 (II)」, pp.127-128.
45) 참조: 윤선자, 『일제의 종교 정책과 천주교회』, pp.77-83.

일제강점기 주교들의 결정 사항과 선교 정책

뮈텔·드망즈	1918. 5. 5.	미사예물에 관한 반포	대내/미사예물/교회법
뮈텔·드망즈	1919. 2. 6.	병인년 치명자 치명사적 조사, 별보	대내/순교자/알림
뮈텔·드망즈	1919. 3. 8.	기구 반포	대외/1차 대전/기도 요청
뮈텔·드망즈	1919. 7. 22.	경문정지, 별보	대외/1차 대전/알림
뮈텔·드망즈	1920. 4. 27.	미사 예물에 관한 반포	대내/미사예물/교회법
뮈텔	1920. 11. 1.	부주교 선정 공포	대내/주교 임명/알림

당시 한국 천주교회를 책임지던 주교는 파리외방전교회 소속의 서울교구장 뮈텔 주교와 대구교구장 드망즈 주교였다. 위의 표에서 알 수 있듯이, 이들 두 주교의 공동 명의로 발표한 기록이 12건 그리고 「경향잡지」를 서울교구에서 간행하였던 까닭에 서울교구장 뮈텔 주교 단독으로 발표한 기록이 7건이었다.46) 발표 내용을 중심으로 살펴본 결과 대외 문제로 발표한 것이 7건이었다. 대외 문제에 대해서는 대부분 기도를 요청하는 내용으로, 제1차 세계대전과 관련해 6건과 당시 일본 천황 사망과 관련해 1건이었다. 교회 소식과 신앙생활과 관련해 대내 문제로 발표한 내용은 12건이었다. 대·소재를 지키는 문제와 관련하여 3건이 발표되었고, 미사 예물과 관련하여 2건, 교황의 서거와 즉위를 알리는 문제와 관련하여 2건 그리고 전대사, 출판물, 교회법, 순교자, 보좌 주교 임명과 관련해 각각 1건씩 발표하였다. 가장 많은 관심을 표명하고 있던 문제를 비롯해 몇 가지 발표 내용을 분석해 보고자 한다.

"지금 서양에 큰 난리가 난 연고로 성 교회 주교와 신부들도 불가불 전장에 나가기 위하여 서양에로 들어가게 되니, 성 교회의 큰 재앙이라. 모든 교우들은 인자하신 천주께 간절히 기구하여 이런 환난을 면하여주시기를 바라며, 또한 신부들이 수만 리 해륙 험로에 무사히 다녀오며, 전장에서도 갖가지 위험을 면하여주시며, 또한 속히 회정하게 하여주시기를 주 성모께 간절히 기구할지어다. 이러므로 경성 대구 양 주교는 모든 신자들에게 명하노니, 주일과 첨례 날에 성모덕서도문(聖母德敍禱文)과47)

---

46) 발표된 내용을 볼 때, 공동 명의로 발표한 것이든 단독으로 발표한 것이든 한국 천주교회 전체에 해당하는 사항들이기에 필자는 내용 분석함에 있어 동일하게 다루기로 하겠다.
47) '성모덕서도문'은 성모호칭기도(聖母呼稱祈禱)의 옛말이다. 성모를 공경하는 여러 호칭들을 부르며 성모께 드리는 일련의 탄원기도이다. '천상 은총의 성모여' '지극히 지혜로우신 동정녀여' '천사들의 모후여' 등을 호칭하며, 각 호칭 때마다 '우리를 위하여 빌으소서'라고 반복한다. 『한국 가톨릭 대사전』, 한국교회사연구소, 1985, p.624, 630 참조.

세축문을 외울 것이오 매일 만과에도 위에 말한 뜻을 두고 성모덕서도문과 세축문을 염할지어다."48)

1914년 제1차 세계대전으로 프랑스 선교사들은 본국의 군대 징집에 응할 수밖에 없었다. 그들은 한국에서 선교하지만 엄연한 프랑스 국민이었기에 조국의 명령에 따를 수밖에 없었다. 따라서 한국에서 선교하던 선교사들 가운데 징집된 선교사는 서울교구에서 12명, 대구교구에서 4명이었다. 이로 인해 한국 천주교회는 신학생 교육뿐 아니라49) 선교 활동에도 커다란 어려움에 직면할 수밖에 없었다.50) 따라서 한국의 주교들은 조속히 평화가 정착될 뿐 아니라, 참전한 선교사들을 위해 신자들에게 기도를 요청하였다. 교황청 역시 수차례에 걸쳐 평화 기원을 위한 기도를 부탁하였다.51) 특히 선교 정책에 있어 교회의 보호와 성사 생활을 무엇보다도 중요하게 생각하고 있던 주교들은 본당 지역 선교 책임자인 신부들의 징집으로 생긴 공백을 가장 우려할 상황으로 인식하였던 것이다. 또한 선교를 중심으로 교세 확장을 우선적 과제로 인식한 주교들에게 영세자 감소는 매우 중요한 문제가 되었다. 실제로 선교사들이 징집되자 주교들의 우려처럼 영세자의 감소가 뚜렷이 나타나고 있었다.52) 주교들이 이 문제에 대해 얼마나 고심하였는지는 7번의 대외 문제 관련 결정 사항들 가운데 6번이 제1차 세계대전과 관련한 것이었다는 점에서 확인할 수 있다. 그

---

48) "신공 반포―서양 난리로 인한 신공 반포",「경향잡지」제307호, 제8권, 1914, p.337.
49) "…신학교의 3명의 신부 중 2명이 전쟁에 소집되어 떠났고, 기낭(Guinand, 진보안) 신부 혼자서 모든 강의를 맡게 되었다. 이 일만으로 벌써 과중하므로 새로 모집하는 신학생들의 교육을 더 맡는다는 것은 불가능한 일이었고, 따라서 기다릴 수밖에 없다." "1914년도 보고서",「서울교구 연보 (II)」, p.124.
50) "동원령(動員令)으로 인해 10개 본당의 선교사들과 신학교의 교수 신부 2명이 소집되어 갔으므로 공석 중인 본당들은 이웃 본당신부들에게 위임해야 했다." "1918년도 보고서",「서울교구 연보 (II)」, p.148.
51) "평화기도 반포―세계대전을 위한 평화기도 반포",「경향잡지」제321호, 제9권, 1915, p.97; "기구 반포―파란(波蘭: 폴란드) 교회를 위하여 기구 반포",「경향잡지」제337호, 제9권, 1915, p.481; "경문 반포―만국의 평화를 위하여",「경향잡지」제381호, 제11권, 1917, p.385; "별보―기구 반포",「경향잡지」제416호, 제13권, 1919, p.119; "별보―경문정자",「경향잡지」제426호, 제13권, 1919, p.313.
52) 1914년 보고한 교세 통계보다 1915년 교세 통계는 서울교구에서 654명, 대구교구에서 134명의 영세자 감소가 나타나고 있었다. "1915년도 보고서",「서울교구 연보 (II)」,「대구교구 연보」참조.

래서 전쟁이 지속되는 기간 동안, 주교들은 신자들과 함께 징집되어 간 선교사들의 무사 귀환과 세계의 평화를 기원하였다. 한편, 「포교 규칙」이 시행되던 1915년의 폴란드 교회를 위한 기도와 애긍 시사 문제는 특히 총독부와 수차례 마찰을 빚기도 하였다.

> "8월 15일에 파란 지방 주교들이 … 이번 참혹한 전쟁 환난에 빠진 파란 성 교회를 기구함과 시사함으로 도와주기를 간청하는 사연이라 … 모든 신자들에게 간절히 부탁하노니, 양력 11월 21일(음력 10월 15일)에 성인열품도문을 염하며, 파란 교우들을 위하여 평화의 근원이신 천주께 기구하여 이 혹독한 환난을 빨리 그치게 하며, 또한 환난 중에라도 신덕을 잃지 말고 모든 고난을 감수 인내하는 덕을 저 교우들에게 주시게 할 것이오, 또 각 사람이 마음대로 다만 몇 푼이라도 파란 교우들에게 시사하는 뜻으로 본당신부께 드려 본 주교께로 올려 보내게 할지어다."53)

전쟁의 참화 속에 있던 폴란드 주교들의 도움 요청을 받은 주교들은 기도와 함께 물질적인 도움을 주려고 시도하였다. 그런데 이 시기는 막 「포교 규칙」이 반포되어 시행을 앞두고 있던 때였다. 총독부에서는 이 문제에 대해 매우 민감하게 반응하였다.54) 그리고 마침내 뮈텔 주교는 관할 경찰서에 소환되어 이 문제에 대해 자초지종을 질문받기도 하였다.55) 이처럼 「포교 규칙」이 발표되자마자 총독부는 이미 종교 활동에 대한 간섭과 강제를 시행하였음을 확인할 수 있다. 제1차 세계대전과 관련한 교황청의 협조 요청은 평화 협정이 체결되어 끝나게 되었다. 여기서 확인할 수 있는 것은, 당시 한국의 주교들은 한국의 상황 변화보다는 교황청의 지시와 제1차 세계대전에 대해 더 많은 관심을 표명하고 있었다는 사실이다. 물론 종속적 측면이 강한 교계제도의 특성상 한국 주교들은 교황청의 요청과 명령을 충실히 따를 수밖

---

53) "기구 반포―파란(波蘭: 폴란드) 교회를 위하여 기구 반포", 「경향잡지」 제337호, 제9권, 1915, pp.481.
54) "경관 2명이 폴란드를 위한 모금을 조사하러 왔는데 특히 그것이 의연금인지 아닌지를 알고 싶어 했다. 그들에게 (경향)잡지의 호소문을 보여주고 또 폴란드 주교들의 호소문을 영역한 사본도 한 장 주었다." A-MEP, "뮈텔 주교 일기"(1915. 12. 10.), 『뮈텔 일기 5』, 한국교회사연구소, 1998, p.471.
55) A-MEP, "뮈텔 주교 일기"(1915. 12. 11.), 『뮈텔 일기 5』, 한국교회사연구소, 1998, pp.471-472.

에 없었다. 그렇다 하더라도 많은 대외 관련 문제 발표에서 한국의 현실과 신자들의 처지와 관련한 문제가 하나도 없었다는 것은 당시 주교들은 한국 문제보다 유럽 문제에 더 많은 관심을 기울이고 있었다는 사실을 뒷받침해주는 것이다. 또한 교황청과 주교들이 바라는 세계 평화와 관련한 결정 사항들을 보면 당시 세계에 대한 인식의 한계가 분명하게 드러난다. 교황청이 요청한 세계 평화는 전쟁이 벌어지고 있던 유럽의 평화였으며, 주교들이 인식한 세계 역시 모국 프랑스를 포함한 유럽 중심의 강대국이었지만, 강대국의 지배를 받거나 이미 식민지화된 국가들의 평화는 아니었다. 그래서 교황청과 주교들의 세계 평화는 일제 식민지 신자들에게 아주 먼 나라를 위한 평화 기원이었고, 많은 한국인들에게는 이해할 수 없는 구원에의 동참처럼 비춰졌을 것이다. 이러한 모습은 1918년 11월 11일 휴전 협정이 성립되고, 1919년 6월 강화 조약이 체결되는 사이 한국에서 발생한 3·1운동에 대해 주교들의 선교 지역의 현실을 외면하려던 태도에서도 잘 드러나고 있다. 교황청의 명령과 지시에 대한 절대적 순종, 유럽 중심주의적 세계관, 식민지 한국의 현실과 한국인들의 독립 희구를 향한 소망을 무시한 주교들의 태도는 곧바로 입교자 감소와 냉담자의 증가로 나타났다.56) 주교들의 태도와 결정이 한국인과 신자들에게 얼마나 냉소적으로 받아들여지고 있는지를 잘 보여주는 것이라 할 수 있다. 이런 모습은 세계대전과 다른 대외 문제와 관련해 발표한 메이지 천황의 서거에 대한 기도 요청에서도 잘 드러나고 있다.

"국상을 당하여 일반 신자가 마땅히 애도하는 마음과 국가를 사랑하는 정을 표하기 위하여 어장례일(御葬禮日)까지 매 주일과 파공첨례에 아래의 경문을 외울지니, 성당이나 공소에 모여 외울 것이로되, 각기 집에서 욈도 무방하고, 책이 없는 자와 무식한 자는 천주경, 성모경, 영광경 각 다섯 번씩 대송할지어다."57)

---

56) "…위안적인 개종이 국내에서는 점점 드물어지고 있다. 이 나라의 정치적 상황이 그 주요 원인이다. 올 봄에 '독립을 위한 운동'(3·1운동)이 전국에 걸쳐 일어났는데, 이 운동이 대중적이었기 때문에 종교에 몰두한 사람에게 그 운동을 못하게 하는 데는 거의 기여하지 못했다. 그러나 본인은 우리 가톨릭이 이 운동에 가담하지 않음으로써 정부에 대해 충성의 좋은 모범을 보였다고 말할 수 있다. 당국은 이것이 오로지 성 교회의 규율과 교리에 기인하는 예외적인 것인 만큼 더욱 더 그것을 주목하였다." "1919년도 보고서", 「서울교구 연보 (II)」, p.153.

일제의 한국 지배를 사실상 인정하고 있던 뮈텔 주교는 1912년 7월 30일 천황 사망 소식을 듣고 총독부에 조의를 표하였다.58) 그리고 「경향잡지」에 장례일까지 신자들이 기도할 내용을 담은 경문을 반포하면서 주일과 축일에 국가를 위해 드리는 기도문의 형식까지 갖추었다.59) 이처럼 주교가 취한 발 빠른 행동은 선교의 자유를 인정해준 총독부에 대한 응답의 표현이었으나,60) 엄연히 한국에 왕이 국부로서 존재하는데 그러한 상황에서 천황을 국부로 인정하고 받아들여 국상으로 표현한 주교들의 태도는 분명 신자들에게 받아들이기 힘든 것이었다. 게다가 천황의 사망에 대해 국가를 위한다는 명분을 내세우며 신자들에게 기도를 요청한 것은 주교들과는 전혀 다른 입장을 가지고 있는 신자들에게 한국 천주교회 최고 통치권자로서 자신의 태도를 강요했다고 볼 수 있다. 나아가 교구장 자신의 태도를 교회의 공식적인 입장으로 천명함으로써 선교사와 신자들에게 자신의 입장을 무조건 따르도록 강제하였던 것이다. 그의 이러한 자세는 직접적인 선교의 대상이 되는 대다수 한국인들의 정치적 태도와 정서와도 크게 배치되는 것이었다. 뿐만 아니라 교회의 의식 있는 젊은이들과 신자들의 정서와 완전히 다른 것이었다. 물론 당시 한국에서 선교 활동을 하던 선교사들 대부분은 20세기 초 전개되던 강대국들에 의한 약소국의 병합을 당연한 것으로 인식하면서 그들 스스로 의식적으로 근대주의를 전파하였다.61) 프랑스 선교사들은 1907년 7월 프랑스와 일본이 협정을 체결하기 전까지는 일본의 한국 지배에 대해 부정적이었으나, 협정이 체결되고 초대 통감이었던 이토 히로부미의 선교 자유 보장이 있은 후에는 이를 비판하지 않았으며, 후에는 오히려 일제의

---

57) "경문 반포―국상을 당하여", 「경향잡지」, 제259호, 제6권, 1912, p.337.
58) A-MEP, "뮈텔 주교 일기"(1912. 7. 30.), 『뮈텔 일기 5』, 한국교회사연구소, 1998, p.151.
59) 국가를 위해 기도하는 형식을 취하였는데 기도문은 '성신강림송, 성교회와 중인을 위하여 하는 경문, 열품도문'이다. 「경향잡지」, 제259호, 제6권, 1912, p.337.
60) A-MEP, "드망즈 주교 일기"(1912. 9. 13.), 『드망즈 주교 일기』, 가톨릭신문사, 1987, p.57.
61) 논란의 여지가 많은 부분이지만, 대부분의 선교사들은 자신들이 교육받고 성장한 고국에서의 문명과 제도 그리고 제도들에 대해 한국이 받아들이고 습득해야 할 중요한 가치로 생각하였다. 그리고 그들은 선교 활동 과정에서 의식적이든 무의식적이든 이러한 가치들을 정착시키면서 한국인에게 영향을 주었다. 최근에 많은 논란이 되고 있는 한국의 근대화 문제와 결부하여 종교 분야의 경우, 선교사들에 대한 개별적 활동과 개인별 연구가 축적되어야 한다고 생각한다. 이러한 연구를 통해 서구 크리스차니즘(Christianism)이 한국 근대화에 영향을 준 것은 무엇이고, 그 결과는 무엇인가를 밝힐 수 있을 것이다.

통치를 칭찬하기까지 하였다.62) 물론 일제 통치에 대한 정치적 상황을 고려해 볼 때 주교는 교황 파견 선교사로서 자신의 역할이 무엇인가를 숙고했을 것이다. 그리고 교회의 안전과 신자들의 영혼 구령에 따른 교세 확장을 주교의 최우선 과제로 인식했음이 분명하다. 그렇다 하더라도 자신이 선교를 책임지고 있는 교구가 소속된 국가 그리고 선교의 최종 목표이자 직접 선교의 대상이 되는 한국인과 한국 사회보다는, 현재의 교회와 신자들의 안위를 우선했다는 교회 중심주의적 사고를 벗어나지 못한 분명한 한계를 드러내고 있다. 그러기에 뮈텔 주교는 한국에서 수십 년간 신자들과 함께 살아 온 성직자로서 교회 내에서는 칭송을 받았으나, 한국 사회와 한국인들에게 그는 천주교회의 선교만을 책임 맡고 있던 프랑스 국적의 이방인 주교였으며, 교황 파견 선교사로서 서울교구 교구장이었다는 한계를 여실히 보여주고 있다고 볼 수 있다.

한편, 대외 문제를 제외하고, 교회 대내 문제와 관련한 발표들은 신앙의 실천적 생활 문제들이었다. 여기에는 신앙생활 가운데 지켜야 할 내용들과 교회 소식 알림이 대부분으로 모두 12건이 발표되었다. 대·소재를 지키는 문제와 관련하여 3건이 발표되었고,63) 미사 예물과 관련하여 2건, 교황의 서거와 즉위를 알리는 문제와 관

---

62) "오늘 저녁 7시 반에 통감부에서 만찬이 있었다. 이 만찬은 에든버러로 휴가를 떠나는 해리스 (Harris) 주교를 위해 베푼 것인데 한국의 모든 외국인 단체장들이 참석했다. 〔…〕 샴페인을 터트릴 때, 이시즈카 씨가 선교사들과 그들의 활동을 존경하고, 예나 지금이나 그들을 보호하기로 작정한 통감부를 위해 건배하자고 했다. 이 말은 즉시 일본어로 번역되었다. 해리스 주교는 가톨릭이나 프로테스탄트가 모두 한결같이 한국인들에게 법과 행정 당국을 존중하도록 가르치고 있기 때문에 한국에서 이루어지고 있는 개화 사업에 선교사들이 정신적으로 협조할 것을 통감부에 다짐한다고 영어로 대답했다. 이어 나는 한국말로 해리스 주교가 한 말에 동의하며, 그 이상 덧붙일 말은 없다고 말했다." A-MEP, "뮈텔 주교 일기"(1910. 5. 17.),『뮈텔 일기 4』, 한국교회사연구소, 1998, pp.463-464.
63) 대·소재(大小齋)란 단식재(斷食齋)와 금육재(禁肉齋)를 말한다. 가톨릭에서 단식재란 사람을 구원하기 위해 고난하고 죽으신 예수 그리스도를 생각하며 죄와 욕정의 사슬을 끊고, 자신을 완전하게 그리스도께 봉헌하기 위해 음식물의 양과 종류를 제한하고 그것을 지키는 행위를 말한다. 이러한 단식은 하느님께 대한 순종과 이웃에 대한 사랑의 표현으로 단식으로 절약한 음식물을 가난한 이웃을 돕는 데 사용한다. 여기서 대재(大齋)란 완전한 단식을 의미하며, 소재(小齋)란 금육재를 뜻한다. 구약과 신약 시대에도 단식재는 중요한 종교 의식으로 활용되었는데, 오늘날의 단식재는 1966년 교황 바오로 6세의 규정을 따르고 있다. '단식은 그날 점심 한 끼만을 충분하게 하고 아침과 저녁에는 그 지방의 관습에 따라 음식의 양과 질을 조절할 수 있으며, '단식에 대한 적절하고 효과적인 규정은 각국의 주교협의회'에 맡기고 있다. 이 규정에 따르면 세계 교회 신자들이 지켜야 할 단식

련하여 2건이었다. 대·소재 관련 사항은 신자들의 실천적 신앙생활에 있어 지켜야 할 사항으로 강조되었다. 「경향잡지」 조사에서 처음으로 등장하는 것도 이와 관련한 것인데, 1911년 11월 14일 뮈텔 주교 명의로 발표되었다. "금년 7월 2일에 비오 10세께서 파공첨례(罷工瞻禮) 날에64) 대·소재를 당하면 그날 대·소재는 영원히 관면하시는 뜻을 칙령으로 반포하셨다. 금년 12월 8일 성모 잉태 축일에 소재는 관면이 됨을 공포함"이라는 내용이다.65) 두 번째로 같은 취지의 금육재를 지키지 않아도 된다는 내용이 1914년 12월 4일에도 발표되었다.66) 세 번째로 발표한 것은 1917년 새로운 교회법에 따라 대·소재의 내용이 바뀌게 된 것을 상세하게 알려주는 것이다.

"교황 폐하께옵서 개정하신 성교회 법률은 내년 성신강림주일부터 시행할 것이나, 대·소재에 관한 법률은 지금부터 시행하기를 은혜로이 허락하신지라. 본 주교는 이 새 법률과 이와 교황 폐하께 받은 관면을 의지하여 대·소재의 규조를 이 아래 반포하여 사랑하는 모든 신자들로 하여금 이제부터 은혜를 받게 하노라. 제1조 소재날에 모든 육찬과 육미즙액은 금한 것이나, 계란류와 우유류와 돼지기름은 금하지 아니 한 것이니라. 제2조 봉재67) 때에 육찬과 어찬을 한 자리에서 겸하여 먹기를 금하지 아니하

은 재의 수요일과 성 금요일이다. 이때는 신자 가운데 만 21세부터 61세 이하의 모든 신자들이 각 국의 주교협의회 규정에 따라 단식을 지켜야 한다. 금육재는 만 14세 이상 신자이면 누구나 지켜야 한다. 다만 병중이거나 단식을 할 수 없는 환경에 처한 사람들은 예외로 하고 있다. 참조: 『한국 가톨릭 대사전』, 한국교회사연구소, 1985, p.204, 268.

64) 가톨릭교회에서 말하는 의무적인 축일의 옛말이다. 교회에서 정한 것으로 모든 이가 미사에 참여하면서 심한 육체노동을 삼가야 하는 매우 중요한 축일들을 말한다. 이런 축일에 대해 정하는 것은 나라에 따라 조금씩 차이가 있다. 옛 교회법에 따르면 주일을 비롯하여 성탄, 천주의 모친 마리아 대축일, 공현, 승천, 성체, 성모승천, 성모의 원죄 없으신 잉태 대축일, 요셉, 베드로, 바오로 모든 성인의 날 이었다. 그러나 제2차 바티칸 공의회 이후 대폭 감소되었다. 현재 한국 교회의 의무 축일은 모든 주일과 예수 성탄 대축일, 천주의 성모 마리아 대축일, 성모승천대축일이다. 『한국 가톨릭 대사전』, 한국교회사연구소, 1985, pp.927-928, p.1191; 참조 『교회법』 제1244-1253조.

65) "소재 관면 공포", 「경향잡지」 제258호, 제5권, 1911, p.481.

66) "소재 관면", 「경향잡지」, 제315호, 제8권, 1914, p.529.

67) 『한불자전』(1880)에 따르면, 봉재(封齋)란 '사순재'(四旬齋) 또는 '사순절'(四旬節)을 뜻한다. 교회에서 오랫동안 써 온 이 말은 1968년부터 '사순절'로 바뀐다. 봉재수일(封齋首日)이란 봉재를 지키기 시작한 첫날을 뜻하는 것으로 사순절이 시작인 '재의 수요일'을 말한다. 참조 『한국 가톨릭 대사전』, 한국교회사연구소, 1985, p.498.

니라. 제3조 대재 겸 소재를 지킬 날은 다음과 같으니, 제1항 망예수성탄날, 제2항 봉재 때에 매 주일 둘째 통고날,68) 제3항 망예수부활날[다만 망부활 대소재는 오시(五時)까지만 지키고, 오후부터는 대재와 소재를 다 면함이라]. 제4조 그저 소재를 지킬 날은 다음과 같으니, 제1항 주년 매 주일 둘째 통고날, 제2항 사계 소재 때에 첫 영복날과 둘째 영복날, 제3항 봉재 주일 성회례의 날(다만 내년에는 정초 인고로 관면이 있음이라),69) 제4항 봉재 때 둘째 영복날, 제5조 만일 주일날이나 파공첨례날에 대재나 소재를 당하면 이 대·소재는 면하는 것이니라. 제6조 소재는 만 7세(일곱 돌 된 때)부터 지킬 것이니라. 제7조 대재는 만 21세(스물한 돌 된 때)부터 만 59세(쉰아홉 돌)까지 지킬 것이니라. 1917년 12월 15일, 경성주교 민 아오스딩, 대구주교 안 필노랴노."70)

이처럼 당시 신앙생활에서 지켜야 할 세세한 사항들은 교황청으로부터 하달되어 전 세계 신자들에게 반드시 지켜야 할 사항으로 제시되었다. 한국 천주교회도 예외가 아니어서, 주교들은 교황청의 지시를 따라 신자들에게 알렸고, 신자들은 이를 반드시 지켜야 할 사항으로 인식하고 실천하고자 노력하였다.71) 그리고 신자들은 이 사항을 어기거나 지키지 못하면 죄를 지은 것으로 고해성사를 보아야 했다. 이처럼 주교들은 교황청의 방침과 가르침을 신자들에게 그대로 전해주면서 성사 생활과 신자로서 지켜야 할 규칙들에 대해 강조하였다. 그렇게 함으로써 신자들로 하여금 현실적이며 사회적인 문제에 눈을 돌리지 못하게 하는 한편, 교회 생활에만 충실하게 하였다. 즉 일제가 허락하고 지시한 틀을 존중하고 그대로 따르면서 주교들은 자신들이 생각하기에 순수한 종교적 문제라는 것에만 관심을 집중하도록 신자들을 이끌었다. 이러한

---

68) 통고(痛苦)는 고통을 의미하는 것으로, 예수 그리스도가 인류를 구원하기 위하여 당하신 고통이나 성모 마리아가 당한 고통을 옛 기도서에서 통고라 하였다. 『한국 가톨릭 대사전』, 한국교회사연구소, 1985, p.1187 참조.
69) 성회(聖灰)는 전년도 성지주일(聖枝主日)에 사용한 나뭇가지를 태워 만든 재를 말한다. 재의 수요일 미사 중에 신자들은 이 재를 이마에 바르는데 인간의 죽음과 통회가 필요하다는 것을 상기시키기 위해 행해진다. 준성사(準聖事)인 성회례(聖灰禮)는 이 재(灰)를 축성하는 의식을 뜻한다. 축성은 재의 수요일에만 할 수 있다. 참조: 『한국 가톨릭 대사전』, 한국교회사연구소, 1985, p.671.
70) "대소재에 관한 반포", 「경향잡지」 제387호, 제11권, 1917, p.529.
71) "성년(聖年)은 모든 본당에서 재고해자와 영성체자의 수를 증가시킴으로써 좋은 결실을 초래하였고, 이 같은 성과는 계속되었다." "1914년도 보고서", 「서울교구 연보 (II)」, p.122.

모습은 교회의 공식 기관지에도 그대로 반영되었다. 지나치게 종교 문제만을 다루게 되자, 「경향잡지」의 많은 독자들이 흥미를 잃으면서 구독률이 급속히 감소하였다. 이에 주교들은 교회 출판물을 자주 읽기를 권장하기도 하였으나, 한번 떠난 독자들을 잡기는 어려웠다.72) 많은 신자들 역시 교회 소식 자체에 대한 관심도 중요하지만 새롭게 변한 현실을 어떻게 받아들이고 사회의 구성원으로서 무엇을 하여야 하는가 하는 문제를 고민하였기 때문이다. 이러한 신자들의 갈망에 주교들은 제대로 방향을 제시하거나 인도하지 못했다고 보여진다. 이 밖에 교회 내 문제에 대한 가르침으로 1913년의 전대사 반포,73) 1917년 새롭게 바뀐 교회법에 대한 가르침과74) 1919년의 한국 순교자 시복 사건 진행 과정에 대한 알림,75) 두 차례에 걸친 미사 예물 변경 건,76) 1920년의 서울교구의 보좌주교로 드브레 신부를 임명하였다는77) 공지 사항이 각각 1편씩 발표되었는데, 대부분이 공지 사항에 해당하는 것들이었다.

---

72) "권유서, 출판물 읽기 권유서", 「경향잡지」, 제287호, 제7권, 1913, pp.433-444.
73) "만국 천주교 신자의 전대사", 「경향잡지」, 제280호, 제7권, 1913, pp.265-268.
74) 개정 교회법에서 신자들에게 필요한 것만을 따로 알려주어 돌아오는 성신강림축일부터 지킬 것을 지시하고 있다. 주교는 칠성사와 사규에 관한 것이 신자들에게 해당한다고 보고 있다. 특히 성세와 견진의 경우 대부·대모를 줄인 것은 혼배조당을 줄이고자 한 것이며, 혼배 조당을 줄인 것은 전교 지방의 혼배 조당에 대한 불편을 해소하기 위함이라고 설명하고 있다. 또한 수도자와 차부제 이상의 성직자는 대부 대모를 설 수 없으며, 혼배할 수 있는 연령을 늘린 것과 대·소재 관면은 모두 사람들을 위함이라고 설명하고 있다. "지정된 성교회 법률 반포, 효유서", 「경향잡지」 제395호, 제12권, 1918, pp.145-151.
75) "별보―병인년 치명자들의 치명사적 조사", 「경향잡지」 제415호, 제13권, 1919, p.49.
76) "포고―미사 예물에 관한 반포", 「경향잡지」 제440호, 제14권, 1920. p.169.
77) 드브레(Devered, Emile Alexandre Joseph) 주교의 한국명은 유세준(兪世俊)이다. 1877년 1월 7일 루쿠르(Roucourt) 지방에서 태어나 1898년 9월 15일에 파리외방전교회에 입회, 1899년 9월 23일에 사제품을 받고 1899년 11월 15일 한국으로 출발하였다. 강원도 원주 본당에서 사목하였고, 1906년부터 신학교에서 신학생들을 가르쳤다. 1921년 5월 1일 성성식을 갖고 보좌주교로 일하는 한편 병인박해 순교자들의 시복 추진과 서울교구 지도서를 출판하였다. 1926년 1월 17일 갑자기 졸도하여 선종하였다. "[…]작년 12월 16일에 우리 교구 내에 모든 신부들에게 부주교 간선할 일을 통지하여 상의하고 부주교 되기에 물망 있는 신부 수위를 권천하여 금년 봄에 교황 폐하께 올리고 서임하여 주시기를 간청하였더니 […] 지난 31일 오후 5시 반경에 프랑스 파리로부터 전보 한 장이 도착하여 내게 보고하니 '유 신부 주교'라 하였으니 이는 성상 폐하께서 용산예수성심신학원 신부 에밀니오 유 신부로서 부주교를 임명하심이라. […]" "별보―부주교 선정 공포", 「경향잡지」 제457호, 제14권, 1920, p.481. A-MEP, "뮈텔 주교 일기"(1919. 12. 16.; 1920. 10. 31.; 1920. 11. 1.), 참조 『뮈텔 일기 6』, 한국교회사연구소, 2002, p.320, 397, 398.

1911~1920년까지 일제강점기에 주교들은 총독부의 지시대로 종교의 순수한 내적 문제만을 다루고자 하였다. 주지하는 바와 같이,「경향잡지」는 1906년 10월 19일 창간하였던「경향신문」의 부록인「보감(寶鑑)」에서 출발하였다.「경향신문」은 당시 애국계몽운동에 참여하면서 시사 문제를 다루는 동시에 신자들에게는 올바른 교리 지식을 제공하였다.[78] 그러나 일제 강점 후 총독부는「경향신문」이 순수한 종교 문제만을 다루도록 강제하여,[79] 교회는 결국 신문을 폐간할 수밖에 없었다.[80] 신문이 폐간되자 교회는 부록인「보감」을 격주간「경향잡지」로 변경하여 계속 간행하였다.[81] 따라서「경향신문」에서 다루었던 계몽적이고 대외적인 측면을 다룰 수 없었으므로,「경향잡지」는 다분히 교회 소식과 교리 해설, 교회법 해설, 전교 활동 소식 등에 큰 비중을 둘 수밖에 없었다. 그러므로 일제의 간섭과 강제로「경향잡지」는 출발부터 공식적으로 시사적인 문제나 정치적인 문제를 다룰 수 없는 한계를 지니고 있었다. 또한 교황 파견 선교사로서의 주교들이 처한 시대적 역사 인식과 정치적 한계 상황에 대해 십분 이해가 되지만 한편으로 아쉬움이 남는 것도 사실이다. 주교 자신들의 역량으로 충분히 대처할 수

---

[78] 당시「경향신문」은 시사문제 논설, 국내외 소식, 문예 작품, 계몽적인 기획물 등 시사성을 띤 내용과 생활에 필요한 상식을 게재하였다. 또한 논설란을 통해서 개화, 교육, 법률, 의병, 행정, 종교 등의 문제도 다각도로 다루었다. 그리고 부록인 보감을 통해서는 신자들을 위해 교리 해설, 교회사, 교회법 강좌 등의 문제를 두루 소개하였다. 그러나 일제 강점 후 총독의 강요로 1910년 12월 30일 제220호를 끝으로 폐간할 수밖에 없었다. 참조: 조광, "경향신문의 창간 경위와 그 의의",「경향신문(영인본)」, 불함문화사, 1978; 최종고, "한말 경향신문의 법률 계몽운동",「한국사 연구」제26집, 1979; 최기영, "구한말 경향신문에 관한 일 연구",「한국 교회사론 문집 I」, 한국교회사연구소, 1984.
[79] A-MEP, "뮈텔 주교 일기"(1910. 4. 25.; 1910. 5. 4.; 1910. 12. 5.),「뮈텔 일기 4」, 한국교회사연구소, 1998, p.458, 460, 505.
[80] "드망즈 신부가 우리는 계속 신문을 발행할 생각이고 따라서 일본법에 따라 보증금을 내겠다는 말을 하러 다시 경시청에 갔다. 그런데 총독부에서 원하는 것은 결코 그것이 아닌 것 같다. 토의 끝에 마침내 신문 발간 3일 전에 교정지 4부를 검열 위원회에 보낸다는 조건으로 보증금 없이 신문을 계속 발행할 수 있다는 동의를 받았다. 그리고 저녁 때면 교정지를 돌려줄 것도 약속받았다." A-MEP, "뮈텔 주교 일기"(1910. 12. 9.),「뮈텔 일기 4」, 한국교회사연구소, 1998, pp.505-506.
[81] 마침내「경향신문」은 1910년 12월 30일 제220호로 폐간되었다. "영사관에 갔다. 드망즈 신부가 일본인들의 강요로 신문이 바뀌게 되는 것을 설명하기 위해 동료 신부들에게 보낸 회람의 사본을 파이야르 씨에게 전했다. 검열차 보낸 교정지 첫 호부터 거기에 나오는 대단치도 않은 소식들에 관한 십여 개의 기사들을 줄을 그어 멋대로 삭제해 버렸다. 요컨대 그들은 우리 신문을 원치 않고 있는 것이다. 그럼에도 불구하고 우리는 그중 몇 가지들을 보존해 두었다가 그것을 매달 15일마다 간행할 종교 잡지를 만들 것이다." A-MEP, "뮈텔 주교 일기"(1910. 12. 28.),「뮈텔 일기 4」, 한국교회사연구소, 1998, p.508.

있는 문제들에 대해서 아무런 언급이 없었기 때문이다. 우선 주교들은 일제 강점에 따른 교회의 정책 변화에 대한 입장 표명을 하지 않았으며, 이미 모든 신자들이 알고 있는 1909년 10월의 안중근 의거에 대해서도 어떠한 공식적인 표명 없이 애써 눈을 감으려 하였다. 그뿐만이 아니었다. 1919년 3·1운동과 관련해 많은 신자들과 교회가 관련되었으나 이에 대해 어떠한 공식 입장 표명도 없이 사안별로 대처하려 하였다. 특히 1919년 3·1운동은 신학생이 퇴교하기도 하고, 서품식까지 연기할 정도로 교회 내외적으로 큰 사건이었다.82) 그러나 주교들은 만세 운동에 대해 금지할 것만을 강조하였지 왜 신학생들까지 참여하는지에 대해 진지한 고민이 이루어지지 않았다. 결국 그들은 총독부가 공포한 법령에 의해 인정된 교회의 사회적 지위와 주교의 직책과 권리만을 고수하고자 하였지 한국인과 신자들의 처지를 애써 외면하였다고 밖에 볼 수 없다. 이처럼 주교들은 총독부의 존재를 인정하면서 철두철미하게 교회 문제만을 다루겠다는 뜻을 표명하였다. 그러나 한 사회 내에 존재하는 현실적인 조직으로서의 한국 천주교회는 부단히 한국 사회와 환경의 변화로부터 영향을 받고 있었다. 그런데 주교들은 한국 천주교회의 책임자로서 자신들의 관할 지역에서 일어나는 사회 변화에 대해서는 애써 외면하였던 것이다. 그들은 국가 권력과의 관계에서 스스로 국가 행정과 정책에 대해 불간섭주의를 표방하며 오직 교세 확장과 교회 보호에만 치중하는 교회 중심주의적 태도로 일관하였던 것이다. 또한 교황청에 대한 절대적 순명과 유럽과 강대국 중심주의적인 세계관을 가지고 교회와 신자들이 처해 있는 한국 현실과 한국인들의 독립 희구를 향한 열망마저도 외면하였던 것이다. 따라서 한국인들의 관점에서 볼 때 한국 천주교회의 책임자인 주교들은 프랑스 국민이자 교황 파견 선교사로서, 한국에 선교하러 온 분명한 타인이자 이방인으로밖에 보이지 않았던 것이다.

---

82) "올해 우리 용산신학교에서는 독립운동 때문에 온갖 주의를 기울였음에도 불구하고 몇몇 학생들이 거기에 가담한 것으로 인해 좀 어려웠다. 철학과와 신학과 학생들은 이 때문에 그들의 성소를 잃은 것 같고 신학교를 떠났다. 그래서 징계 처분으로 올해에는 서품식을 거행하지 않았다." "1919년도 보고서", 「서울교구 연보 (II)」, p.157; 최석우, "일제하 한국 천주교회의 독립운동—3·1운동을 중심으로", 『교회사 연구』 제11집, 한국교회사연구소, 1996, pp.37-58 참조.

IV. 1921~1939년 주교들의 결정 사항 분석

총독부는 3·1운동 이후 1920년대 들어 통치 방식을 전환하였다. 소위 문화 통치라는 이름의 더욱 치밀하고 기묘한 방법으로 독립을 향한 민족의 힘을 분열시키고 완전 통치를 이행해 나갔다. 종교계에 대해서도 사립학교에서의 종교 교육을 완화하고, 교회 설립을 허가에서 신고로 전환하면서 유화 정책을 펼쳐 나갔다. 이는 종교계의 재산을 인정해주는 법인화 정책을 통해 기득권을 인정하고 선교 활동을 보장해주는 한편, 교계로 하여금 총독부의 정책에 추종하도록 하였다. 총독부는 다양한 회유책을 이용하며 한국 식민지 통치를 위해 천주교회를 끌어들였다.[83] 또한 1930년대 총독부는 '황국신민화'를 통해 한민족 말살 정책을 수행하였다. 이때 일제는 국가 신도(神道)를 중심으로 종교는 물론이고, 정치·사회·문화·교육·사상을 비롯한 전 분야에 걸쳐 천황 중심의 일본 군국주의의 체제를 통해 황국신민화를 관철시켜 나갔다. 한편, 1920~1930년대 한국 천주교회는 각국의 다양한 선교 단체들이 들어와 여러 지역의 선교를 담당하며 활동하는 변화를 맞이하였다. 기존의 파리외방전교회 이외에, 독일의 베네딕도수도회(1921년부터 함경도와 간도 지역), 미국의 메리놀외방전교회(1923년부터 평안남북도 지역), 아일랜드의 성골롬반외방전교회(1933년부터 강원도와 전라남도 지역)가 각각 다양한 설립 이념과 활동 방법을 통해 한국에서 선교 활동을 담당하였다. 이처럼 각국의 교육 배경과 정서 그리고 활동 방법이 다른 1920~1930년대 주교들은 총독부의 정책에 대해 매우 다양한 의견을 개진하면서 1931년 한국 교회 설정 100주년을 기해 자주 주교회의를 개최하였다. 그렇다면 총독부의 여러 정책에 대해 주교들은 과연 어떤 반응과 태도를 보였을까? 한국 천주교회의 책임자들인 주교들은 1920~1930년대에 어떤 문제를 가장 중요한 것으로 인식하여 그 대안을 제시했을까? 1921년부터 1939년까지 「경향잡지」에 기록된 주교들이 공포한 내용을 정리하면 다음과 같다.

---

83) 윤선자는 "경성구 천주교회 유지 재단"에 관한 연구를 통해 천주교회의 법인화 과정을 통해 총독부의 정책에 교계가 어떻게 종속되어 갔으며 일제에 협력해 나가게 되었는지를 연구하고 있다. 윤선자, "1920년대 일제의 기독교 회유 정책과 천주교회의 조응(照應)", 『일제의 종교 정책과 천주교회』, pp.197-241.

표 3. 1921년부터 1939년까지 「경향잡지」에 수록된 주교 가르침

주교 서명	발표년월일	발표 내용	비 고
뮈텔·드망즈	1921.01.24.	성 요셉을 성 교회의 주보로 정한 지 5)주년	교내/한국주보/알림
드브레	1921.02.17.	병인년 치명자 26위, 복자 조사	교내/순교자/알림
뮈텔·드망즈·보니파시오	1922.03.31.	경축과 삼일기구 반포	교내/경축/알림
뮈텔·드망즈·보니파시오	1922.05.10.	불쌍한 아라사 인민, 별보	교내/기부 요청/알림
뮈텔·드망즈·보니파시오	1922.05.28.	주일과 파공 첨례날에 매괴경에 관한 포고, 별보	교내/전례/알림
뮈텔·드망즈·보니파시오	1923.03.31.	치명자 시복조사 시작, 삼일기구 반포	교내/순교자/기도 요청
뮈텔·드망즈·보니파시오	1924.01.15.	만국 전교 박람회	교내/박람회/물품 기부
뮈텔·드망즈·보니파시오	1924.02.09.	82위 치명자 복자품에 오르시길, 기구 반포	교내/순교자/기도 요청
드브레	1925.05.05.	79위 시복식, 별보	교내/순교자/알림
드브레	1925.07.06.	영광의 시복식 거행, 별보	교내/순교자/알림
뮈텔·드망즈·보니파시오	1925.07.20.	새로 나신 복자를 향하여 하는 축문	교내/순교자/기도 요청
뮈텔·드망즈·보니파시오	1925.08.20.	조선 치명자의 시복식 반포와 고유서	교내/순교자/복자 선포
뮈텔·드망즈·보니파시오	1926.03.25.	성년 경축 전대사 반포	교내/경축성년/기도 요청
뮈텔·드망즈·보니파시오	1926.11.15.	개정한 문답 반포	교내/문답 반포/교리
뮈텔·드망즈·보니파시오	1926.12.25.	국상을 당하여, 기구 반포	교외/국상/기도 요청
뮈텔·드망즈·보니파시오	1927.09.15.	복자첨례	교내/순교자/기도 요청
뮈텔	1928.01.21.	황해도를 감목 대리 지방으로 설정, 교서	교내/감목대리/알림
뮈텔·드망즈·보니파시오·바트리시오	1929.03.15.	특별 경축 전대사 반포	교내/전대사/기도 요청
뮈텔·드망즈·보니파시오·테오도로·요한	1931.08.10.	전 조선 주교회의를 위하여, 기구 반포	교내/주교회의/기도 요청
뮈텔·드망즈·보니파시오·테오도로·요한	1932.10.15.	전교회주일, 특보	교내/전교 주일/기도
드망즈·보니파시오·테오도로·요한	1933.01.27.	민 대주교 각하의 상을 당하여	교내/뮈텔 서거/기도 요청
드망즈·보니파시오·아드리아노·테오도로·요한	1933.09.30.	전 조선 열위 주교의 통첩/전교회 권고	교내/전교회/권고
드망즈·아드리아노·요한·빅토리오·루치오	1934.05.28.	인류 구속 1900주년 특별 경축 전대사	교내/전대사/기도 요청
드망즈·아드리아노·요한·빅토리오·루치오	1934.10.15.	전교회 주일, 전교회 가입, 특별 훈시	교내/전교 사업/권고
드망즈·아드리아노·요한·루치오·빅토리오	1935.03.28.	인류 구속 1900주년 경축을 마침에, 신공 반포	교내/1900주년 경축/기도 요청
드망즈·아드리아노·요한·루치오·빅토리오	1937.01.12.	만국 성체대회에 관한 명령, 별보	교내/만국 성체대회/기도 요청
아드리아노	1937.07.28	비상시에 대한 우리의 의무	교외/국가 충성/권고
아드리아노	1938.07.23.	효유/강원 지역 분할 성골롬반회	교내/교구 분리/알림
아드리아노·광주교구장	1939.06.23.	효유서/강원도 춘천교구	교내/교구 분리/알림

　1921년부터 1939년까지 주교 명의로 「경향잡지」에 발표한 기록을 정리해 보면 위의 표 3과 같이 총 29건으로 나타났다. 그리고 당시 천주교회의 교구 분할로 1930년대 후반으로 갈수록 서명 주교가 증가하고 있다. 반면, 「경향잡지」를 발간하던 서울교구 교구장 또는 보좌주교 단독으로 발표한 것은 6건인데 비해, 나머지 23건은 주교들 공동 명의로 발표되었다. 그리고 대외적인 문제로 발표한 것이 2건으로 나타나는데, 이는 1920년대 들어서면서부터 주교들은 「경향잡지」를 통해 철저히 교회 문제만을 다루고 있음을 보여준다. 대외적인 문제와 관련해서는 천황의 죽음과 관련한 기도 요청과 일제의 만주 침공 이후 일제에 대한 충성을 권고하는 발표문이 각각 1건씩 나

타나고 있다. 대내적으로는 한국 순교자 시복과 관련한 발표가 가장 많았고, 성년 경축과 전대사 관련 발표가 그 뒤를 이었으며, 전교 사업과 교구 분리와 관련한 발표들이 각각 그 뒤를 이었다. 이들 발표가 대부분 단순한 알림과 기도 요청의 형태로 발표된 것도 특징으로 나타나고 있다. 그렇다면 주교들은 시대적으로 민감한 문제와 많은 관심을 표명하고 있던 문제에 대해 어떤 시각과 자세를 가지고 있었는지, 몇 가지 사례 분석을 통해 알아보고자 한다.

"지금 국상을 당하여 일반 신자와 특별히 학생들은 마땅히 애도하는 마음과 국가를 사랑하는 정성으로 천주께 기구함이 요배식(遙拜式)을 대신할 뿐 아니라 또한 더욱 유효하도다. 이러므로 일반 교우와 교우 학생들은 이제로부터 어장례일(御葬禮日)까지 모든 주일과 모든 파공첨례날에 이 아래 정한 경문을 성당이나 혹 공소에 모여 염할 것이로되, 각 집에서 염함도 가하고, 책이 없는 이와 책을 볼 줄 모르는 이는 천주경, 성모경, 영광경 각 5번씩 대송할지어다."[84]

1926년 12월 26일 일본 천황(大正)이 사망하였다. 1912년의 경우, 드망즈 주교가 일본 방문 중에 있었기에 뮈텔 주교는 메이지 천황의 사망 소식을 접하자 단독 발표를 통해 신자들에게 기도를 지시한 바 있다.[85] 다만 1912년과 다른 점이 있다면, 한국의 모든 주교 공동 이름으로 발표하였으며, 특별히 학생들의 참여를 독려하였다는 점이다. 그런데 이 문제는 일제가 실시한 신사참배 문제와 무관해 보이지는 않는다. 일제는 1919년 7월 18일 조선 신사의 창립을 공포하고 1925년 남산에 신사를 완공한 후 한국인들에게 신사참배를 종용하였다. 신사참배에 대해 한국 천주교회는 1922년 공포하고, 23년 간행한 『서울교구 지도서』 제22항에서 '신사참배를 하거나 신사에서 행해지는 예식들에 참석하는 것은 그것이 어떤 목적이든 간에 금지된다'라고 하였다. 이에 따라 신자들은 신사참배를 교회에서 금지하는 예식으로 받아들이고 있었다. 그런데 1924년 10월 강경(江景) 공립 보통학교에서 신자 학생

---

84) "기구 반포—국상을 당하여", 『경향잡지』, 제604호, 제20권, 1926, p.553.
85) "경문 반포—국상을 당하여", 『경향잡지』, 제259호, 제6권, 1912, p.337 참조.

들이 신사참배를 거부하는 사건이 발생하였다. 이 사건은 교회의 가르침과 일제의 신사참배 정책이 충돌한 사건이자 동시에 당시 한국 사회 초초로 공론화된 사안이었다. 이때 일제는 신사참배 거부가 학생들 동맹 휴학으로 연결될 것을 우려하여 학생들에게 정학 내지 퇴학 처분을 주장하였다.86) 이러한 배경 속에 교회의 신사참배에 대한 입장을 주지시키는 동시에, 학생들을 구제하기 위한 방편으로 특별히 학생들에게 기도에 참여할 것을 강조하고, 신자들에게도 다른 일반적인 시민 예식보다 기도에 참여할 것을 권고하였던 것으로 보인다. 특히 1912년과 달리 교육계와 종교계를 완전히 장악한 일제는 학교와 종교계에 천황의 사망에 대해 정식으로 조의를 요구하고 있었다.87) 따라서 천주교회 측은 이 요구를 완전히 거부할 수는 없는 상황이었기에, 종교적으로 행해지는 의식에 참여하는 것보다 오히려 기도하는 것을 명분으로 내세워 이 문제를 해결하고 있었다.88) 그러나 이미 1912년 발표문 분석에서도 지적하였듯이, 교회는 일제의 한국 강제 점령에 대해 의문을 제기하기보다 그것을 기정사실로 받아들였다. 따라서 1926년의 발표에서도 한국인들이 천황에 대해 어떻게 인식하느냐 하는 근본적인 문제보다는 천황 사망에 따른 참여 예식이 천주교의 교리나 의식에 배치되느냐 아니냐만 판단하고 있다. 이러한 주교들의 인식은 주민들의 개종과 신자들의 냉담화를 초래하는 하나의 원인이 되었다고 여겨진다. 이와 유사한 일제에 대한 기본적인 인식에 기초한 대외 관련 발표문이 「비상시에 처한 우리의 의무」라는 제목으로 1937년 7월 28일 서울교구장 라리보 주교 단독으

---

86) 한편, 천주교회는 1925년에 간행한 『천주교 요리』에서도 신사참배를 이단으로 엄금하였다. 또 1932년 반포된 『한국 교회 지도서』에서도 신사참배를 미신으로 규정하고 신자들의 참석을 금하였다. 그런데 1932년 일본 천주교회가 신사참배에 대해 애국심과 충성심의 발로에서 우러나는 시민적 예식이라는 이름 아래 허락하였다. 일본 천주교회의 신사참배 허용으로 한국 천주교회에서도 『천주교 요리』 1932년도에 발행한 것부터 그 내용을 '신사에서 행해지는 예식들에 참여하는 것은 애국심의 표현인 한에서 허용된다'로 개정하였고, 1933년 연례 주교회의에서도 이를 용인하였다. 마침내 1936년 로마 교황청이 신사참배의 허용을 통고하자, 이를 빌미로 주교들은 그 동안의 모든 금지 조치들을 무용으로 돌리고 교황청의 판단을 그대로 받아들임으로써 신자들만 혼란스럽게 되었다. 참조: 윤선자, "1930년대 일제의 종교 통제 정책 강화와 천주교회의 황국신민화 과정", 『일제의 종교 정책과 천주교회』, pp.246-255.
87) A-MEP, "드망즈 주교 일기"(1927. 2. 8.), 『드망즈 주교 일기』, 가톨릭신문사, 1987, p.572.
88) A-MEP, "드망즈 주교 일기"(1926. 12. 26, 28.), 『드망즈 주교 일기』, 가톨릭신문사, 1987, pp.570-571.

로 게재되었다. 당시 서울교구는 1933년 뮈텔 주교 사망으로 라리보 주교가 후임 교구장으로 부임하는 등 커다란 변화가 있었다. 하지만 그는 전임 교구장의 기본적인 교회 정책을 그대로 계승하였으며, 일제와 한국 사회 현실 인식에 대해서도 뚜렷한 차이를 보이지 않았다.

"비상시에 처한 우리의 의무, 천주십계 중 제4계는 다만 부모에게 대한 의무뿐만 아니라, 제왕과 국가에 대한 의무도 포함되어 있음은 우리 교우들이 누구나 다 익히 알고 있는 바이다. 국가에 대한 이 의무는 평상시에도 잘 지켜야 함을 물론이나, 현금과 같은 국가의 비상시를 당하여는 그 의무가 더 한층 중하여짐은 장황한 설명을 기다릴 것 없이 명백한 것이다. 그러므로 일반 남녀 교우들은 혹시 촌락에 돌 수 있는 헛된 풍설에 미혹하지 말고, 절대 안심하여 각각 자기 직무에 충실하는 동시에 당국의 지휘하는 바를 따르며, 모든 이 한가지로 마음과 뜻을 합하여 천주께 열심히 국가의 행복을 위하여 기구함으로써, 국가에 충성을 표하고, 우리의 의무를 다할지니 국가의 행복은 또한 우리의 행복이다. 경성 원 주교."[89]

라리보 주교의 발표가 있을 당시, 일제는 1931년 9월 18일 만주 침략으로 대륙 침략 전쟁을 시작하고, 1937년 7월 7일 북경 근교의 루거우차오(蘆溝橋)에서 선전 포고도 없이 중일전쟁을 일으켰다. 그리고 이를 계기로 한반도를 대륙 침략의 전진 기지로 삼으면서 전시 체제로 몰아갔다. 뮈텔 주교와 마찬가지로 라리보 주교 역시 이미 일제의 지배를 당연한 것으로 간주하였다. 그래서 일본을 한반도를 지배하고 있는 실질적인 국가로 인정하였던 그는 총독부의 요구를 그대로 따르면서 신자들에게 일제에 대한 충성을 요구하였다. 분명 주교는 자신이 책임지고 있는 한국 신자들은 일본의 국민이고, 신자들의 국가는 일본이라는 의식 아래 이 글을 작성하였다고 밖에 볼 수 없다. 게다가 그는 십계명의 제4계명인 '부모에게 효도하라'를 한국인들의 심성에 보편적으로 심어져 있는 충효 사상으로 확대 해석하고, 다시 일제를 국가로 내세우면서 일제에 충성하는 애국심으로까지 확대 적용시키고 있다. 그런데 대다수 한국인뿐

---

[89] "비상시에 처한 우리의 의무",「경향잡지」제858호, 제31권, 1937, p.377.

아니라 신자들까지도 일제를 국가로 인정하기보다 한국에 대한 침략국으로 이해하고 있었다. 그래서 독립을 희구하며 일제 강점에 저항하는데, 그런 일제를 국가로 인정하고 애국하라고 하니 신자들조차도 주교의 명을 받아들이기 힘들었을 것이다. 이처럼 라리보 주교 역시 전임 교구장 뮈텔 주교처럼 일제에 의해 강제로 식민지가 된 한국에 대해 그리고 한국인들의 정서와 독립 의식에 대해 어떠한 의식도 갖고 있지 않았음을 확인할 수 있다. 한마디로 그 역시 자신이 책임을 맡고 있는 교회의 안위에만 관심이 있을 뿐, 교회를 구성하는 인격체들의 현실과 그들의 정서 그리고 독립을 희구하고 있는 의식에 대해서는 전혀 고려하고 있지 않음을 엿볼 수 있다. 독일이 프랑스를 침공하는 제1차 세계대전 때 한국에서 선교하던 프랑스 선교사들은 조국의 징집으로 전장에 나갔고 4명이 전사하였다. 마찬가지로 한국은 일제의 침략으로 나라를 강탈당하고 식민지 상황에 놓여 있었다. 만약 주교가 자신의 고국인 프랑스가 독일의 식민지가 되었다고 가정해서 생각했더라면 아마도 한국인과 신자들을 보다 이해할 수 있었을 것이다. 그러나 그를 비롯하여 한국에 파견된 주교들 대부분은 이런 입장에서 한국의 현실과 신자들을 바라보지 않았다. 그들은 신자 이전에 한 국가의 국민으로서 지니고 있는 주권 의식과 민족적 자존심을 일체 고려하지 않았던 것이다.

한편, 교계 내의 문제로 발표한 것들 중에는 한국 순교자의 시복과 관련하여 신자들의 신심을 증진시키기 위한 것이 가장 많았다.[90] 그리고 교황청의 성년(聖年) 경축과 신앙생활과 관련된 전대사를 베푸는 문제,[91] 전교 사업과 관련한 발표,[92]

---

90) "복자조사―병인년 치명자 26위", 「경향잡지」 제464호, 제15권, 1921, pp.73-76; "별보―삼일기구 반포", 「경향잡지」 제514호, 제17권, 1923, p.457; "기구 반포―82위 치명자 복자품에 오르시길", 「경향잡지」 제525호, 제18권, 1924, p.49; "별보―기쁜소식", 「경향잡지」 제565호, 제19권, 1925, pp.193-194; "별보―조선 성회의 영광의 시복식 거행", 「경향잡지」 제569호, 제19권, 1925, p.289; "경문 반포―새로 나신 복자를 향하여 하는 축문", 「경향잡지」 제570호, 제19권, 1925, pp.313-315; "조선 치명자 시복식 반포와 고유서", 「경향잡지」 제571호, 제19권, 1925, pp.362-369; "복자첨례", 「경향잡지」 제621호, 제21권, 1927, pp.385-387.

91) "경축과 삼일기구 반포", 「경향잡지」 제490호, 제16권, 1922, pp.121-130; "성년경축 전대사 반포", 「경향잡지」 제586호, 제20권, 1926, pp.121-125; "특별 경축 전대사 반포", 「경향잡지」 제657호, 제23권, 1929, pp.97-101; "인류 구속 1900주년 특별 경축 전대사 반포", 「경향잡지」 제782호, 제28권, 1934, pp.249-254; "인류 구속 1900주년 경축 종료에 대하여 교황 성하께서 루르드 주교께 보내신 교서와 5교구 주교께서 반포하신 신공", 「경향잡지」 제802호, 제29권, 1935, pp.161-167.

92) "특보―위전교회주일", 「경향잡지」 제743호, 제26권, 1932, pp.433-435; "전 조선 열위 주교의

교구 분리와 관련된 발표가 많았다.93) 그 밖에 한국 교회 주보에 대한 기념,94) 기부금,95) 전례,96) 교리 문답,97) 만국 전교 박람회98)와 성체대회 관련 각 1건,99) 서울 감목 대리구 설정,100) 주교회의 개최 소식,101) 뮈텔 주교 서거102) 등에 관해 각각 1건씩 발표되었다. 여기서는 순교자 시복과 전교 사업 관련 발표를 중심으로 주교들이 신자들에게 강조한 것이 무엇이었는지를 살펴보기로 하겠다.

교황청에서 시복 추진을 위한 조사가 본격적으로 시작되자, 주교들은 한국 신자들이 피로써 신앙을 증거한 순교자들의 후손임을 거듭 강조하기 시작하였다. 특히 신자들로 하여금 기도하는 중에 순교자들의 삶을 반추하고 목숨 바쳐 지킨 교회와 신앙을 더욱 견고히 하도록 이끌었다. 그리고 현세보다는 천국에서의 영광을 강조하며 세상의 일이란 영혼을 구하는 데 장애되는 것이 많으므로 더욱 신앙생활에 매진하도록 신자들의 결속을 다지고 있다.103) 이를 위해 주교들은 세세한 기도의 절차를 제시하기도 하였다.104) 드디어 교황청은 1925년 5월 4일 한국 순교자의 시복을 결정하고,105) 7월 5일 교황 비오 11세는 한국 천주교회 79위 순교자에 대해 시복식을 거행하였다. 주교들은 이 시복식 이후 신자들과 함께 교회가 번성하고 많은 성직자들이 나와주기를 기도하였다.

통첩", 「경향잡지」 제766호, 제27권, 1933, p.409; "특별 훈시―전교회주일", 「경향잡지」 제791호, 제28권, 1934, p.537.
93) "효유", 「경향잡지」 제858호, 제31권, 1938, p.337; "효유서", 「경향잡지」 제861호, 제33권, 1939, p.265.
94) "기구 반포―성 요셉을 교회 주보로 정한 지 50주년 기념", 「경향잡지」 제462호, 제15권, 1921, p.25.
95) "별보―불쌍한 아라사(俄羅斯: 러시아) 인민", 「경향잡지」 제503호, 제16권, 1922, p.433.
96) "별보―주일과 파공첨례날에 매괴경에 관한 포고", 「경향잡지」 제504호, 제16권, 1922, p.457.
97) "개정한 문답 반포", 「경향잡지」 제601호, 제20권, 1926, pp.481-483.
98) "만국 전교 박람회―교황 칙령 대개", 「경향잡지」 제524호, 제18권, 1924, pp.25-28.
99) "별보―만국 성체대회에 관한 명령", 「경향잡지」 제845호, 제31권, 1937, pp.1-2.
100) "교서―황해도를 감목대리 지방으로 설정", 「경향잡지」 제630호, 제22권, 1928, pp.25-26.
101) "특보―기구 반포―전 조선 주교회의를 위하여", 「경향잡지」 제715호, 제25권, 1931, pp.337-338.
102) "4교구 열위 주교 각하의 하명서(민 대주교 각하의 상을 당하여)", 「경향잡지」 제746호, 제27권, 1933, p.41.
103) "복자 조사―병인년 치명자 26위", 「경향잡지」 제464호, 제15권, 1921, pp.73-76.
104) "기구 반포―82위 치명자 복자품에 오르시길", 「경향잡지」 제525호, 제18권, 1924, p.49.
105) "별보―기쁜소식", 「경향잡지」 제565호, 제19권, 1925, pp.193-194.

"…특별히 너희에게 구하나니, 조선을 위하여 천주께 전구하여주소서. 대저 너희는 이 지방에서 살았고, 이 지방에서 많은 고난을 당하고 치명까지 하셨사오니, 전능하신 천주께 기구하여 이 지방에 성교회를 날로 번성하게 하시고, 탁덕의 수를 더하사 지극한 열정으로 힘을 써 교우로 하여금 더욱 더욱 주의 계명을 착실히 지키고, 냉담자는 회두하고, 열교인은 진교에 돌아오게 하시며, 외교인은 이단을 버리고 진주(眞主)를 알아, 홀로 자기를 조성하시고 구속하신 주이심을 승복하게 하소서. 우리들은 너희를 영화로이 기억하게 되었사오니, 실로 즐겁고 용약하도소이다. 비나니, 자비하신 아비께 구하사, 우리와 우리 친척과 은인의 영육에게 요긴한 은혜를 얻게 하사, 하여금 우리들이 죽을 때까지 항구히 예수그리스도의 신덕을 보존하고, 우리들은 비록 피를 흘리지 못할지라도 주의 성총 지위에 있어 선종하는 은혜를 얻게 하소서. 아멘. (계) 복자 로렌조와 안드레아와 모든 치명자여, (응) 우리를 위하여 빌으소서 (세 번 외오라). 천주경, 성모경, 영광경, 각 한 번…"106)

주교들이 이처럼 순교자에 대한 신심을 강조한 것은 물론 한국 순교자들이 바로 신자들의 모범이 되는 신앙인이었기 때문이었다. 그래서 순교자들처럼 신앙의 덕을 닦고, 믿음을 행하며 교회의 가르침을 따르도록 독려하였다. 그리고 주교들은 신앙의 근본에는 변함이 없음을 제시하는 한편, 시복된 선조들의 신앙이야말로 모든 신자들이 마땅히 걸어가야 할 길임을 한국 순교자 축일에 누차에 걸쳐 강조하였다.107) 그러나 천주교 이외의 모든 종교들이 행하는 행위들은 잘못된 길로 접어든 것이요, 천주교 이외의 문화와 예식은 악한 것이라는 그들의 인식은 당시의 신학적인 인식의 한계와 소위 서구 근대 우상주의라 할 수 있는 오리엔탈리즘적 인식의 한계를 역력히 드러내는 것이라고 할 수 있다.108) 이처럼 주교들은 신자들에게 한국 순교자의 삶을 강조하면서 천주교 신자됨이 무엇인지를 제시하였고, 이를 통해 신자들의 결속을 다지고 교회 공동체의 하나됨을 강조하였다. 그러나 주교들의 천주 신앙 공동체의 유일성을 지나치게 강조할 경우 자칫 신자들로 하여금 다른 이들과의 사회생활을

---

106) "경문 반포—새로 나신 복자를 향하여 하는 축문",「경향잡지」제570호, 제19권, 1925, pp.313-315.
107) "복자첨례",「경향잡지」제621호, 제21권, 1927, pp.385-387.
108) "조선 치명자 시복식 반포와 고유서",「경향잡지」제571호, 제19권, 1925, pp.362-369.

극도로 피하게 할 위험성을 갖고 있었다. 그리고 지나친 순교자신심의 강조는 신자들로 하여금 세상을 악한 것으로 규정하게 만들어 개인 구원의 신앙만을 강조하게 하는 결과를 가져올 수도 있었다. 주교들은 의도적이든 아니든, 신자들로 하여금 사회 현실과 민족 문제에 관심을 두지 않도록 하기 위해 순교자신심과 성사 생활만을 지나치게 강조하였다는 비판이 충분히 제기될 수 있었다. 한편, 1930년대 초 주교들은 전교에 대해 강조하였다. 이는 교황청이 전교를 강조한 때문이기도 하지만,[109] 신자 증가의 둔화와 선교 자금의 어려움에서 비롯된 것이기도 하다. 1931년 주교회의에서 전교주일을 지내고 전교회의 뜻을 이어 신자들로 하여금 전교회에 가입하여 스스로가 전교의 일꾼이 되도록 결정하였다. 이러한 결정에 따라 신자들에게 전교의 중요성과 목적을 강조하였다.

"…이 회(전교회)가 설치된 이후 점점 왕성하여 지금까지 백여 년 동안에 매년 전 세계 전교사들을 크게 도와주는 도다. 이 회의 작년 통계표를 거하건대, 전교회 전 수 합된 총 금액은 합 80,000여 원이니, 이 어찌 놀랍고 유명한 사업이 아니리오. 교우들이 전교회에 든 이는 다 알거니와 전교회의 목적은 두 가지라. 일(一)은 외교인의 귀화함을 위하여 기구함이니, 이러므로 이 회에 든 자 매일 천주경, 성모경, 각 한 번과 「성방지거 사베리오여, 우리를 위하여 빌으소서」, 한 번을 염할 것이오, 이(二)는 매년에 전교회전을 내어 전교사들을 도와줌이니 이러므로 이 회에 든 자 매년에 회전 1원씩을 내어 본부에 보냄이라. 두 가지 본분을 준행하는 회원은 허다한 전대사와 한 대사를 얻어 입는도다…."[110]

이처럼 주교들은 교회의 존립 이유와 목적이 복음을 전하는 전교에 있음을 제시하면서 '전교회'의 존립이 이러한 교회의 정신에 근본하고 있음을 신자들에게 제시하였다. 그리고 기도와 물질적인 후원으로 전교회가 운영되고 있음을 설명하고, 이 사업이 확장될 수 있도록 신자들의 적극적인 참여를 촉구하였다. 신자로서 전교 사

---

109) "전 조선 열위 주교의 통첩", 「경향잡지」 제766호, 제27권, 1933, p.409.
110) "특보—위전교회주일", 「경향잡지」 제743호, 제26권, 1932, pp.433-435.

일제강점기 주교들의 결정 사항과 선교 정책

업에 참여하지 않는다면, 그는 복음을 제대로 이해하지 못할 뿐 아니라 예수의 제자됨을 포기하는 것과 같은 행위라고 전교회 가입을 독려하였다.111) 전교회의 활동은 교세 확장의 기본이 되는 것이기에 교회와 신자를 우선하는 선교 정책을 확립하고 있는 주교들로서는 이에 대한 강조가 새삼스러운 것이 아니었다고 할 수 있다. 따라서 주교들은 신자들에게 전교회 가입을 독려함으로써 교회 자립과 교세 확장이라는 두 가지의 목적을 이루려 하였던 것이다.

1921년부터 1939년까지 「경향잡지」를 통해 주교들이 발표한 내용은 대부분 신자 생활의 본분과 지켜야 할 사항, 권고 등이었다. 이러한 시기에 점점 교묘하게 펼쳐진 총독부의 식민지 정책은 주로 한국인의 정신을 개조하는 방향으로 진행되었다. 특히 교육과 종교계에 대한 철저한 통제와 감시 때문에 어떻게 해서든지 교회를 유지하고 보존하면서 신앙의 단일성을 유지하는 것이 주교들의 큰 과제로 등장하였다. 그런데 주교들은 이미 한국이 일제에 식민지화된 것을 기정사실로 인정하고 무비판적으로 받아들인 상태였다. 따라서 주교들은 일제 식민지 정책에 반대하는 것에 대해 국가 체제를 위협하는 것이요, 정부 시책에 저항하는 것으로 받아들였다. 따라서 총독부에서 시행하는 모든 시책에 대해 별다른 이의를 제기하지 않은 채 순응하였고, 이는 결국 총독부 정책에 협조하는 결과를 초래하였다. 따라서 총독부의 정책을 중시하는 주교들의 자세는 교회 정책을 펼치는 데 매우 소극적이고 제한적일 수밖에 없었다. 그래서 그들은 스스로 적극적인 선교 정책을 확립하고 추진하기보다는 교황청의 지시나 주일 교황대사의 지시를 그대로 따르고자 하였다. 특히 신사참배 문제의 경우에서 잘 드러나고 있다. 주교들은 「경향잡지」를 통해 공식적으로 이 문제를 공론화하지 않았다. 그러나 총독부에서 신사참배를 지시하자 처음에는 교리적인 이유와 의식에 내포된 미신 행위 문제로 거부하였다. 그러나 교황청의 지시에 따라 용인하고 신자들로 하여금 신사참배에 문제가 없으므로 참여해도 좋다고 하여 혼란을 야기하였다.112) 위에서 살펴본 대외적인 분석에서도 이러한 모습을 찾아볼

---

111) "특별 훈시—전교회주일", 「경향잡지」 제791호, 제28권, 1934, p.537.
112) 분명 한국인에게 신사참배는 시민적이며 종교적인 의식만을 의미하는 것이 아니었다. 신사참배는 일제의 한반도 지배를 인정하고, 일제의 군국주의 국가 체제를 용인하는 것이었다. 따라서 한국인에게 신사참배 행위는 일제에 대한 투항이자, 동시에 친일을 약속하는 상징적 행위를 의

수가 있었다. 1926년의 「국상을 당하여」에서는 아직 신사참배 문제에 대한 교회의 태도가 확립되지 않았기에 예식에 참여하는 것과 관련하여 매우 어정쩡한 태도를 취하였다.113) 그러나 신사참배 문제를 애국적인 행위로 용인한 이후에 발표된 1937년 「비상시에 우리의 의무」에서는 애국을 강조하면서 국가의 지시에 적극적으로 따를 것을 강조하고 있다. 이러한 결정은 일반인들은 물론 신자들에게까지 큰 혼란을 가져왔다. 신자들은 교회의 가르침대로 실천하고 주교의 결정에 따라 행동하였는데, 결과적으로 모순적인 행동을 하게 되었다. 어떤 때는 반대하라고 하고 어떤 때는 참여해도 좋다고 하여 혼란을 가중시키고, 일관성 없는 처신을 하게 함으로써 이웃으로부터 신뢰심을 잃게 만들었다. 이러한 교회의 태도와 신자들의 행동은 천주교에 입교하거나 개종하려는 이들에게 악영향을 주었음은 분명하다. 반면 순교자신심을 강조하고 전교를 강조한 것은 신자들에게 신앙의 단일성을 보존하고 공동체의 결속을 강화하는 데 긍정적인 효과를 가져왔다. 그러나 개인의 신앙과 구원에 대한 강조, 천국에 대한 열망을 불러일으키는 가르침은 신자들로 하여금 적극적인 사회생활을 하고 현실을 직시하며 환경을 개선시키거나 자기 성취를 이루는 데 소극적인 성향을 갖도록 만들었다.

한편, 「경향잡지」에 발표된 주교들의 결정 사항은 아니지만, 1938년에 작성한 라리보 주교의 「서울교구 보고서」는 일제의 여러 정책들에 대해 주교들이 총독부와 어떻게 합의를 도출해 오면서 선교 정책을 수립하였는지를 잘 보여주고 있다. 1937년 7월 7일 중일전쟁을 일으킨 일제는 식민지 한국을 전쟁의 도가니로 몰아넣었다. 그리고 다양한 법규로 한국인을 규제하고 통제하였다. 총독부의 시책에 아무리 협조를 잘

미하는 것이었다. 이런 사실은 일제 역시 신사참배 거부를 명백한 민족적인 항거요 국가 체제에 대한 저항으로 판단하였던 점에서 잘 드러나고 있다. 그리고 신자들에게 신사참배를 허용하였다는 것은 교회가 일제의 정책에 더욱 협조하기 시작하였다는 것을 의미한다. 한국 천주교회의 신사참배에 대한 금지와 허용이라는 태도 변화에 대한 상세한 연구는 다음을 참조하였다. 윤선자, "1930년대 일제의 종교 통제 정책 강화와 천주교회의 황국신민화 과정", 『일제의 종교 정책과 천주교회』, pp.245-280.

113) "한국인들에게 신사참배를 시키기 위해 올해 일본 당국이 기울인 노력에 특별히 유의해야 한다. 총독부는 교우들을 신사참배에 참여시키기 위해 각별히 애를 썼다. 즉 종교적 이념이 전혀 없는 시민적 의식이라고 믿게 하려 했다. 이런 목적으로 종교국 관하에 두었던 천황(天皇)과 용사들에게 바쳐진 신사(神社)들을 앞으로 내무부 관하에 두도록 하였다. 불행히도 이 변화를 제외하고 모든 것이 신도(神道) 의식의 체제로 계속되고 있다. 그러므로 가톨릭은 그 의식에 참석할 수가 없다." "1925년도 보고서", 「서울교구 연보 (II)」, p.212.

하는 종교라 해도 예외는 아니었다. 총독부는 중일전쟁을 일으키고 난 후, 각종 법규와 법령, 포고령 등을 통해 질서를 유지한다는 명목으로 천황에게 충성을 강요하였다. 특히 총독부는 학교, 사회단체, 종교 등의 일정한 조직체들에게 이를 종용하였다. 성당이나 교회, 사람들이 모이는 곳이면 어디나 일장기를 걸게 하고, 일장기를 향해 깊은 절을 하게 하는 한편 자신들이 만든 선서를 하도록 하였다. 이른바 국민정신 총동원령을 내린 것이다. "첫째, 우리는 일본 국민이다. 그러므로 우리는 경건하고 충실하게 조국에 봉사할 것을 맹세한다. 둘째, 일본 국민인 우리는 서로 긴밀히 결합되고 또 이 결합을 위해 전력을 다할 것이다. 셋째, 우리 일본 국민은 고통과 제한을 참아받으며 최선을 다해 조국을 찬양할 것이다."[114] 그들은 한국인들도 일본 국민이며, 일본 국민으로서 조국인 일본을 위해 충성을 다할 것을 세뇌시키기 시작하였다. 또한 총독부는 천주교에 다음과 같은 시행을 요구하였다. 첫째, 성당 안에 일장기를 게양하게 하고, 성당을 출입할 때마다 일장기 앞에 경례를 하게 하였다. 둘째, 미사를 거행하거나, 성체강복을 하거나, 성당에서 조만과(早晩課) 기도를 할 때에 참석하는 신자들과 함께 일본 국가를 부르게 하였다. 셋째, 신자들의 기도 모임을 할 때마다 위에 언급한 세 가지 선서를 하게 하였다. 이러한 총독부의 명령에 대해 서울교구 라리보 주교는 세 가지 사항을 실행하는 것에 대한 문제를 제기하고, 천주교 측에서 할 수 있는 것들을 가지고 타협안을 제시하였다. 먼저 주교는 성당이라는 장소는 미사와 기도 등 순수한 종교 의식만을 위한 장소라는 점을 상기시키며, 일반 시민이 하는 성격의 의식을 성당 내에서 할 수 없다고 지적하였다. 총독부는 주교의 지적을 참조하여 교회의 참여를 끌어내었다. 그 결과 양측이 합의한 것은, 첫째, 성당 안이 아니라 성당 입구에 국기 게양대를 세우고, 그 앞에서 지시대로 경례, 선서 등을 하기로 하였다. 둘째는 국경일과 일정하게 정한 날에 국가의 평화와 번영을 위해 천황의 지향을 따라 공동기도를 드리기로 확정하였다. 셋째, 이러한 날에는 또한 일본 군대와 전쟁의 희생자들을 도와주기 위해 신자들이 헌금하기로 합의하였다. 주교는 성당이 순수한 종교 예식을 하는 장소임을 내세워 총독부가 제시한 성당 안 일장기 게양을 성당 밖으로 끌어내고, 일본 국가를 부르는 대신 공동 기도를 하기로 합의한 것이다. 그리

---

114) "1938년도 보고서", 「서울교구 연보 (II)」, pp.286-287.

고 기도 모임 때 선서하는 것 대신 일정한 헌금을 하기로 하였다. 그러나 이런 타협안은 한국인 신자들에게는 이해할 수도 없고, 받아들일 수도 없는 것이었다.

　성당 안이든 밖이든 일장기를 게양한다는 사실이 변한 것은 없기 때문이다. 신자들은 제 나라를 잃고 일제하에 사는 것도 서러운데, 그나마 기도로 위안을 삼으려고 하는데, 성당 입구에 턱 하니 일장기가 버티고 있고, 독립을 위한 기도를 하는 것도 안타깝기 그지없는데, 일제를 위해 기도하고 헌금마저 하라니 기가 막혔던 것이다. 주교의 이런 결정에 신자들이 반발하고 저항한 것은 당연한 일이었다.115) 신자들의 반발과 저항이 있었다는 사실만 놓고 보더라도, 일본의 한국 지배를 인정하고 총독부의 정책을 수용한 주교의 결정 사항들은 어떤 식으로든지 문제가 있었던 것이다. 이런 문제로 인해 라리보 주교는 1931년 한 보고서에서 책임자로서 자신이 처한 상황과 교회 정책을 이렇게 토로하고 있다. "여러 가지 어려움 외에 우리가 일본의 식민지하에 있기 때문에 오는 또 다른 어려움을 지적해야 하겠다. 물론 우리는 정치 문제에 관여할 생각은 추호도 없다. 그러나 양편의 이 감정에 신중을 기하지 않을 수 없다. 이편은 우리가 저편을 든다고 비난하기 쉽고, 또 저편도 그만큼 우리를 의심하기 쉽다. 아니다. 교회는 단지 질서의 편이고, 이것이 없으면 구령(救靈)을 위해 일하는 것이 불가능하다. 이것이 바로 우리의 정치적 계획(notre plan politique)이다."116) 주교들의 고민과 그들의 선교 정책에 대한 선택을 단적으로 보여주는 대목이 아닐 수 없다. 그러나 그들의 고민은 대부분 라리보 주교의 생각처럼, 오직 신자들과 한국인의 행동을 감정에서 비롯한 것으로 보았고, 자신들이 한국에 온 목적과 목표는 오로지 '영혼의 구령'에 있다는 것을 분명히 했다는 점이다. 물론 주교들이 일제의 강점에 대해 비판하거나, 나서서 신자들을 이끌면서 독립운동을 할 수는 없었다. 그들은

---

115) "…총독부는 온갖 법규와 법령 또는 포고령을 통해 질서를 유지하려고 애쓰고 있다. 총독부에서는 천황에 대한 충성의 표시로서 국민정신(forces spirituelles de la Nation)을 총동원시키고 있다. 이러한 목적에서 총독부에서는 그것을 특히 사회단체와 종교 단체에 호소하고 있다. 그러나 여러 곳에서 경찰이 한국인 신부들에게 정부의 지시를 넘어 요구하는 경우가 가끔 있다. … 처음에는 이 새로운 조처가 가톨릭 공동체 안에 동요를 일으켰지만, 점점 그 지시들의 목적을 더 잘 이해하게 되어 전반적으로 지켜지게 되었다." "1938년도 보고서", 「서울교구 연보 (II)」, pp.286-287.
116) "1931년도 보고서", 「서울교구 연보 (II)」, p.261.

분명히 선교사였고, 그들은 타국인이었으며, 그들은 강대국이 약소국을 지배하는 것은 당연하다고 교육받은 사람들이었다. 또한 그들 대부분은 오리엔탈리즘의 시각을 가지고 자신들의 우월성을 내세우며 서구와 한국인들의 삶과 문화를 문명과 야만이라는 관계로 대비하여 이해하기도 하였다. 따라서 그들은 일제가 한국을 식민 지배하고 있다는 대전제를 당연한 것으로 받아들였고, 총독부가 펼치는 여러 정책에 대해 한국의 야만적 문명을 근대화시키고, 무질서의 상태를 질서 정연한 사회적 체제로 나아가게 하는 하나의 과정에서 비롯한 것으로 이해하고 받아들였다. 따라서 그들은 총독부를 국가 권력의 구체적인 실체로 인정하였고, 교리나 예식, 교계 질서에 반대되거나 저촉되지 않는 한, 총독부가 시행하는 모든 시책을 반드시 지켜야 할 것으로 인식하였던 것이다. 즉, 한국을 식민 지배하는 일제와 총독부가 한국 사회를 근대 문명으로 이끌고 발전시키는 것이라고 보았던 것이다. 그래서 주교들은 핍박받는 민족에게, 국가를 잃고 이리저리 유랑하는 한국인에게 민족과 사회문제에 관심을 기울이기보다 자신들의 가르침만을 잘 따르는 것이 신앙생활을 잘 하는 것이라고 가르쳤다. 그리고 자신들이 제시하는 길을 잘 따르는 것이야말로 구원에 이르는 길이라고 하였다. 나아가 주교 자신들이 제시하는 교회 정책을 잘 이행하는 것이 신자와 교회를 보호하고 유지하는 길이요 신앙을 굳건히 하는 것이라고 설득했던 것이다. 그러나 그들이 신자들에게 제시한 길은 현실을 있는 그대로 받아들인다는 것을 전제로 성립한 것이었다. 그런데 그것은 신자 자신들을 강제하고, 자신들의 나라를 빼앗은 일제를 받아들이고, 총독부가 내리는 규칙과 제도를 잘 지키라는 것이었다.

V. 맺음말

본 연구는 일제강점기 총독부의 한반도 지배 정책에 대해 천주교회 지도자이자 책임자인 주교들은 어떤 방식으로 대응하며 선교 정책을 수립하고 실행했었는지를 살펴보는 데 그 목적이 있었다. 주교들은 일제의 한반도 지배에 대해서는 어떻게 생각하였으며, 총독부가 한국을 지배하고 주민을 통제하기 위해 펼친 제반 정책과 종교 통제를 위해 전개한 정책에 대해 그들은 어떤 태도를 취하면서 대응해 왔는가를 추적해 보고자 하였다. 이를 위해 1915년 시행한 「포교 규칙」에 대한 분석을 통해 일제는 어떻게 천주교회를 간섭하고 직접적으로 통제하였으며, 이에 대해 주교들은 어떤 대응책을 마련하면서 교회 정책을 세우려고 하였는지를 주목하였다. 이어 주교들의 결정 사항에 대해 「경향잡지」에 공포된 것을 중심으로 분석을 시도하였다. 주교들의 결정 사항은 한국 천주교회 전체에 대한 정책 결정의 산물이기 때문이었다. 이 기록들을 분석함으로써 주교들의 공동 사목 결정의 목표를 볼 수 있으며, 교회 지도자들이 구상하고 있는 교회를 그려볼 수 있었다. 그리고 마지막으로 주교의 결정 사항으로 공포된 것은 아니지만, 1938년 서울교구장 라리보 주교가 작성한 「서울교구 보고서」에 대한 분석을 통해 일제의 여러 정책들에 대해 주교들이 총독부와 어떻게 합의를 도출해 오면서 선교 정책을 수립하였는지를 살펴보고자 하였다. 이상에서 제기한 문제들에 대해 살펴본 내용을 정리하는 것으로 맺음말을 대신하고자 한다.

첫째, 총독부는 「포교 규칙」을 통해 종교 활동의 승인이라는 미명 아래 천주교회를 비롯한 한국 내 모든 종교를 통제하였다. 총독부는 궁극적으로 「포교 규칙」을 선교사는 물론 신자인 한국인에 대한 감시와 통제의 수단으로 활용하고자 하였다. 「포교 규칙」의 시행 초기 뮈텔 주교와 드망즈 주교는 두 문제에 주목하였다. 첫째는 「포교 규칙」 제2조에서 언급하고 있는 '포교 관리자'를 누구로 볼 것인가 하는 문제와 주교 직책과 권한에 관한 문제였다. 이 문제로 주교들은 수차례 총독부에 문제를 제기하며 문의하였고, 자신들이 천주교회의 관리자로 임명되자 그들은 자신과 교회에 적용되는 규칙을 수용하였다. 둘째는 「포교 규칙」 제4조의 포교 방법, 포교 관리자의 권한과 포교자 감독의 방법, 포교 관리자에 대한 변경과 관련된 총독의 권한 문제였다. 이 문제와 관련해 다양한 논의가 진행되었으나, 그 시행과 관련해 천주교 측과 어떤 협의가 진행되었는지 자세히 밝힐 수 없었다. 그러나 드망즈 주교가 1920년 교황청을 방문하는 아드리미나 기간 동안 포교성성 장관과 교황께도 이 문제를 보고했던 것으로 미루어 미해결 상태로 이어졌음을 짐작할 수 있다. 한편, 「포교 규칙」 시행 이전부터 선교사들은 천주교회 입교자의 감소에 대해 고민하고 있었다. 그런데 「포교 규칙」의 시행으로 경찰들의 간섭이 심해지자, 신자들의 성사 생활마저 힘들게 되었다. 게다가 「포교 규칙」의 시행으로 천주교회는 선교 활동과 성당과 강당, 수녀원 등의 건립에 총독부의 허락을 받아야 했다. 특히 선교 활동의 사전 허락은 신자 증가율의 급격한 감소의 한 원인이 되었다. 「포교 규칙」은 일제강점기 내내 천주교회의 선교 활동과 신앙생활을 감시하고 통제함으로써 교회 성장에 커다란 장애가 되었다. 이처럼 「포교 규칙」은 종교를 구성하는 물적·인적 자원에 대한 감시와 통제가 목적이었다. 그러나 「포교 규칙」의 본질적 핵심은 총독부의 식민지 통치 정책 가운데 가장 난제로 등장한 한국인을 강제하기 위해 종교를 구성하고 있는 인적 구성원들을 감독하는 데 있었다는 사실을 확인할 수 있었다.

둘째, 1911~1920년의 결정 사항들을 검토해 본 결과, 주교들은 총독부의 지침을 준수하며 종교 문제만을 발표하였다. 물론 일제의 강요로 「경향신문」에서 다루던 계몽적이고 대외적인 측면을 다룰 수 없었으므로, 「경향잡지」는 다분히 교회 소식과 교리 해설, 교회법 해설, 전교 활동 소식 등에 큰 비중을 둘 수밖에 없었다. 그러나 대외 문제로 많은 발표를 하였던 주교들은 한국의 상황보다는 교황청의 지시와 제1차 세계대전에 더 많은 관심을 표명하고 있었음을 확인할 수 있었다. 또한 교황청과 주교들이 바라는 세계 평화와 관련한 결정 사항들을 보면, 당시 세계 평화에 대한 인식의 한계가 분명하게 드러나고 있었다. 교황청과 주교들이 인식한 세계 평화는 유럽의 평화이거나 주교들의 모국 프랑스를 포함한 유럽 중심의 강대국들의 평화였지 강대국의 지배를 받거나 이미 식민지화된 국가들의 평화는 아니었다. 그 결과 많은 한국인들은 교회에서 말하는 세계 평화에 대해 이해할 수 없었고, 그러기에 천주교회가 말하는 세계 평화에 대한 동참 요구는 허구이자 허상처럼 이해되었다. 이러한 모습은 주교들이 한국에서 발생한 3·1운동의 현상을 철저히 외면하였던 태도에서도 잘 드러나고 있었다. 이처럼 교황청에 대한 절대적 순종, 유럽 중심주의적 세계관, 식민지 한국의 현실을 외면하고, 한국인들의 독립 희구를 무시한 주교들의 태도는 곧바로 입교자 감소와 냉담자의 증가로 나타났다. 게다가 주교들은 일제 강점에 따른 교회 정책 변화에 대해 신자들에게 어떠한 입장 표명도 하지 않았고, 1909년 10월의 안중근 의거에 대한 공식적인 표명도 없이 애써 눈을 감으려 하였다. 이처럼 주교들은 교회 내의 문제에 대해서만 다룬다는 태도를 표명하면서 사회와 국가 권력에 대해 자신들이 먼저 불간섭주의를 표방하였고, 교세 확장과 교회 보호에만 치중하는 교회 중심주의적 태도로 일관하였다.

셋째, 1921~1939년까지 「경향잡지」를 통해 주교들이 발표한 내용은 대부분 신앙생활과 관계된 것이었다. 이 시기 총독부의 식민지 정책은 한국인의 정신을 개조하여 어떻게 황국신민화를 이루느냐에 있었다. 그리고 주교들은 총독부가 추진하는 교육과 종교계에 대한 철저한 통제로부터 어떻게 교회를 유지하고 보존하면서 신앙을 유지해 나갈 것인가 하는 문제를 가장 중대한 과제로 인식하고 있었다. 그러나 이미 일제가 한국을 식민지화하고 통치한다는 것을 기정사실로 받아들인 주교들은 일제가 전개하는 어떠한 정책이라도 그것을 반대하는 것은 국가 체제를 위협하는 것이요, 정부 시책에 저항하는 태도라고 이해하고 있었다. 따라서 총독부에서 시행하는 모든 정책에 대해 별다른 이의를 제기하지 않은 채 순응하거나 협조하는 길이 바로 교회를 보호하고 유지하는 방법이라고 인식하였다. 그러므로 총독부의 시책을 중시하는 주교들의 입장에서 볼 때 교회의 적극적인 선교 정책을 확립하고 전개시키는 데는 분명한 한계가 있었다. 왜냐하면 선교의 대상인 한국인들은 대부분 총독부의 정책에 반대하고 저항하고 있었으며, 일제를 한국을 강탈한 적국으로 간주하고 있었기 때문이다. 따라서 일제의 정책을 수용한 상태에서 수립되는 교회의 선교 정책이 한국인들에게 먹혀들지 않은 것은 당연하였다. 그래서 그들 스스로 적극적인 선교 정책을 확립하고 추진하기보다는, 교황청이나 주일 교황대사의 결정과 지시를 그대로 따르면서 신자들을 통제하는 방법을 선택하였다. 특히 성사 생활과 교회법, 순교자신심을 강조함으로써, 신자들로 하여금 사회 현실과 민족문제에 대한 관심을 갖지 못하도록 이끌었다. 그렇게 하다 보니 모순적인 일들도 나타나게 되었다. 그것은 신사참배에 대한 가르침에서 극명하게 나타나고 있었다. 신자들에게 신사참배에 참여하지 말 것을 권장하고 금지시키다가, 일본 교회와 교황청이 이를 허락하자 이 결정을 그대로 따르던 주교들은 결국 일반인들은 물론 신자들에게까지 큰 혼란을 초래하였다. 어떤 때는 금지시키고, 어떤 때는 허락하여 신자들에게 신앙생활의 일관성을 잃게 하였다. 그 결과 신자들은 이웃에게 신뢰를 상실했음은 물론 천주교회 자체의 명망도 땅에 떨어지게 되었다. 그 결과 천주교에 입교하거나 개종하려는 이들에게 악영향을 주었다. 한편 제한된 활동 범위에서 주교들은 신자 보호와 교회 중심주의적 선교 정책을 선택하였는데, 그것은 성사 생활과 교회법의 준수, 순교자신심과 전교에 대한 강조로 나타났다. 이것은 신자들에게 신앙을 보존하고 신자들만의 결속을 강화하는 데 긍정적인 효과를 가져왔다. 그러나 이를 이행하는 과정에서 개인주의적 신앙과 구원에 대한 강조, 천국에 대한 욕망을 불러일으킴으로써 현실을 외면하는 결과를 가져왔다. 따라서 신자들은 현실을 직시하지 못하고, 적극적으로 자신의 환경을 개선하지 못하게 되었으며, 한국인이면서 민족문제에 관심을 갖지 못하고 참여하지 못하는 결과를 가져왔다. 한편, 1938년에 작성한 라리보 주교의 「서울교구 보고서」를 통해 주교들의 고민과 더불어 일제의 여러 정책들에 대해 총독부와 어떻게 합의를 도출해 왔는지를 확인할 수 있었다. 그러나 일본의 한국 지배를 인정하고 총독부의 정책을 수용하는 입장을 견지하는 주교들이 어떠한 타협안을 도출해 내고 그것을 토대로 정책을 수립한다 하더라도, 식민지 한국의 실정에서는 통용되기 힘든 정책이었다. 라리보 주교의 고민처럼 비록 현실적인 질서가 아닌 교회의 질서를 따르는 결정을 기초로 하여 수립한 정책일지라도 식민지 한국인이 처한 현실과 상황을 적극적으로 고려하지 않는 정책은 신자들에게서조차도 저항을 불러올 수 있었다. 라리보 주교의 결정에 반대했던 신자들처럼 한국 신자들 거의 대부분은 독립 투쟁이나 운동을 적극적으로 전개시키지는 못할지라도, 이웃처럼 이런저런 핑계를 내세워 총독부의 정책에 저항하고 싶어 했음을 확인할 수 있었다. 어느 시대 어떤 조건에서든지 교회가 자신의 역할과 기능을 충실히 이해하기 위해 수립하는 선교 정책이나 신앙생활, 여러 활동은 사람들이 처한 현실의 기초 위에 서지 않으면 안 된다는 사실을 말해주었던 것이다. 결국 일제강점기 한국 천주교회의 책임자인 주교들이 정책을 수립하면서 선택한 것은 구원의 대상인 한국인이 아니라 한국인을 강제하고 옥죄는 일제와 총독부가 제시하는 제도와 질서였다. 따라서 한국 천주교회의 책임자인 주교들은 교회 내에서는 권위를 인정받고 존경을 받았을지 모르나, 한국 사회와 한국인들에게 그들은 강대국의 시민이자 교황 파견 선교사로서 한국에 선교하러 온 분명한 타인이자 이방인으로 비춰질 수밖에 없었던 것이다.

외국 선교회의 한국 선교
— 독일 베네딕도회의 원산교구 시대 (1920~1949년) —

장정란
(가톨릭대학교 전임연구원 · 동서교류사)

Ⅰ. 머리말
Ⅱ. 베네딕도회의 원산교구
  1. 원산교구의 설립
  2. 원산교구의 발전
  3. 원산교구의 폐쇄
Ⅲ. 선교 활동 – 교육사업
  1. 신학교
  2. 해성학교
  3. 교육선교 활동의 의의
Ⅳ. 맺음말

Ⅰ. 머리말

상트오틸리엔베네딕도회의 한국 진출은 조선교구장 뮈텔(Mutel) 주교의 요청으로 1909년 2월 사우어(Sauer, Bonifatius) 신부 등 두 명의 수사 신부가 내한하며 이루어졌다.[1] 뮈텔 주교는 가톨릭 사범학교를 설립, 운영할 계획으로 선교사의 파견을

---

[1] 독일 베네딕도회의 한국 진출과 서울 시기(1909~1927년)의 선교 활동에 관해서는 졸고(拙稿), 「외국 선교회의 한국 선교—독일 베네딕도회의 한국 진출과 교육 활동」, 근·현대한국가톨릭연구단 『한국 근·현대 100년 속의 가톨릭교회 (상)』, 가톨릭출판사, 2003 참고.

요청하였던 것이다. 이들은 곧 서울 백동 낙산 아래 약 3만평의 땅을 매입하여 수도원을 세우고, 원래 목적대로 1910년에 실업 교육을 위한 숭공학교(崇工學校), 1911년에는 사범교육을 위한 숭신학교(崇信學校)를 설립하였다. 그러나 한일합방 이후 사범교육을 독점하려는 일제의 탄압으로 1913년 숭신학교가 폐교되고, 원산으로의 이전이 결정되자 1921년에는 숭공학교도 문을 닫았다.

베네딕도회는 교육사업을 담당하기 위해 한국에 진출하였다. 그러나 그들은 선교 활동을 목적으로 하는 포교 수도회로서 입국 초기부터 본당 사목도 희망하였으나, 당시 조선교구를 맡고 있던 파리외방전교회의 반대로 실현하지 못하였다. 이 같은 사목 활동에 대한 원의(願意)가 결국 서울의 베네딕도회가 원산교구(元山敎區) 시대를 열게 한 주요 원인이다.

1920년 원산교구가 설정되고 교구를 위임받자, 베네딕도회가 선교 사업을 위해 가장 시급한 일은 교구를 담당할 한국인 성직자의 양성이었다. 그리하여 1921년 11월 1일 서울 백동 수도원에 최초의 한국 베네딕도회 서울신학교를 설립하였다.

한편 1921년 5월 초 베네딕도회원으로는 최초로 원산본당에 부임한 에카르트(Eckardt, Andreas, 玉樂安) 신부는 5월 15일에 해성학교(海星學校)의 전신인 빈민 아동을 위한 학교를 개교하고 있다. 신학교와 비교하여 경중을 가릴 수는 없으나, 이 학교는 포교 대상을 위한 선교 수단이라는 점에서, 또한 당시 한국 사회가 가장 필요로 하는 교육을 통한 국민의 계몽에 기여하였다는 점에서 그 의미가 크다고 하겠다.

본고에서는 원산교구의 설립과 발전, 1949년 공산 정권에 의한 강제 폐쇄에 이르기까지의 베네딕도회의 원산 시대 역사를 조감한다. 아울러 여러 불가항력적 원인으로 실패할 수밖에 없었던 서울 시대의 교육 활동이 원산 시대에는 어떻게 전개되었는지 또한 그 선교 활동의 의미를 고찰하고자 한다.

II. 베네딕도회의 원산교구

1. 원산교구의 설립

한국에는 1831년 유일한 교구로서 조선대목구가 설정된 이래 1911년에는 남부 지방에 대구대목구가 창설되었다. 이어 1920년 함경남북도와 간도(間島) 지방을 관할하는 원산교구가 서울교구로부터 분할, 독립되었다. 조선대목구를 책임지고 있는 파리외방전교회로서는 한반도 북부 지역에 뒤늦게 진출한 프로테스탄트에 비해 가톨릭의 포교 성과가 훨씬 뒤떨어졌으므로 이 지역에서 집중적 선교 활동을 전개하는 일이 시급한 과제로 대두되었기 때문이다.

그러나 제1차 세계대전 후 서울교구 산하의 중부와 북부 지방을 위한 인력은 겨우 프랑스 신부 17명과 비슷한 수의 한국인 신부만이 남아 있었고 그들이 1,200만 외인 가운데 6만여 명에 이르는 신자를 사목하기는 어려운 일로, 선교사 본연의 임무인 포교 활동도 거의 불가능하였다.[2]

사우어 원장에 의하면 이미 1913년 로마 포교성성의 꼬티(Cotti) 추기경이 한국 베네딕도회가 특정 전교 지역을 맡아줄 것을 제안하여 숙고 끝에 1914년 전교 지역의 필요성을 밝히는 문서를 모원의 총원장에게 보냈고, 또한 전쟁 중에도 뮈텔 주교와 함께 이 문제에 대해 자주 의견을 나누어 서로가 의도하는 바를 잘 알고 있었다고 하였다. 뮈텔 주교도 사우어 원장과 이에 관해 논의한 사실을 그의 일기에서 여러 차례 언급하고 있다.[3]

뮈텔 주교는 인구가 많고 경제적으로도 번창한 평양을 본부로 하는 서북 지방을 베네딕도회의 포교지로 제의하였다. 그러나 그곳의 전 지역에는 이미 수십 년 전부

---

[2] Renner, F., "Die Berufung der Benediktiner nach Korea und Manchukuo", in: *Der fünfarmige Leuchter* II, St. Ottilien, 1971, p.233
[3] 「뮈텔 주교 일기」, 1919년 11월 24일, 1920년 3월 11일, 3월 18일, 3월 20일, 3월 24일, 8월 4일자. 이 날에 뮈텔 주교는 특별히 북만주(北滿洲) 포교지의 분할 문제를 상의하기 위해 사우어 원장과 만나고 있다.

터 북미(北美) 프로테스탄트 선교 단체들이 진출해서 우세한 위치를 점유하고 있었다. 이런 상황을 고려할 때 베네딕도회는 훨씬 적은 인원으로 이곳에 정착하기는 힘들고 또 설사 정착에 성공하여도 그 발전이 더딜 수밖에 없을 것이라는 점을 인식하였다. 그래서 사우어 원장은 당시 발전 가능성이 높은 도시로 주목받던 원산을 중심으로 한반도 동북 지역 함경도를 선택하였다.4)

사우어 원장이 평안도 대신 함경도를 선택하자 뮈텔 주교는 즉시 이에 동의하였다. 그리고 이 협의 내용이 교황청에서 받아들여져 1920년 8월 5일 함경남북도를 경성대목구에서 분리, 원산대목구5)로 설정하여 상트오틸리엔베네딕도회에 위임하고, 8월 25일자로 사우어 대원장이 초대 대목으로 임명되었다. 새로 설정된 원산교구는 교회 관례상 함경도 도청소재지인 함흥(咸興)의 이름을 따 함흥교구라고 하는 것이 옳으나, 원산에 새 포교지의 구심인 수도원을 두기로 하였으므로 원산교구라고 명명하였다.6)

평양을 중심으로 하는 서북 지방 전교는 1921년부터 미국의 메리놀(Maryknoll)회가 맡게 되었다.

한편 1921년 3월 19일 로마 교황청은 만주(滿洲)의 연길(延吉, 소위 간도 지역)과 의란(依蘭) 지역까지 원산교구에 편입시키기로 결정하였다. 북위 39도에서 48도까지 사이의 약 15만km²에 달하는 지역이다. 본래 만주 지역은 길림(吉林)교구 소속으로 파리외방전교회에서는 단지 이 지역 거주 한국인들의 사목 만을 위임받아 활동하였던 곳이었는데, 이 결정으로 원산교구는 전체 포교지 총길이 1,100km, 총면적 20만 5천km², 인구 합계는 320만 명이나 신자 총수는 11,000여 명에7) 불과한 광활한 지

---

4) Kugelmann, W., "Gründungsbericht der Abtei St. Benedikt in Seoul, ihrer Verlegung nach Tokwon und Tätigkeit der Benediktiner Ap. Vikariat Wonsan", in: *HWAN GAB 60 Jahre*, Münsterschwarzach, 1973, pp.91ff
5) 대목구(代牧區)란 아직 정식 교계제도가 설정되지 않은 전교지방에서 명의주교가 교황을 대리하여 관할하는 교구를 말한다. 이는 비록 정식 교구는 아닐지라도 교구와 동일한 권리와 의무를 갖는 준교구이다.
6) Renner, F., *op. cit.*, p.235
7) 렌너는 7,500명이라고 하였으나 오류이다. 당시 만주지역 신도 총수가 7,500여 명이었으며, 거기에 원산본당 신자 640여 명, 내평본당 중 원산교구 소속 신자 196명, 의란 지역 2,500명을 합하면 11,000여 명 정도가 옳다. Lenz, P., "Erinnerungen aus der mandschurischen Mission",

역을 관할하게 되었다. 이곳은 행정 구역상 셋으로 나뉘어 있었으므로 교회 행정 구역도 셋으로 분할하였다.8)

새로운 포교 중심지를 결정하는 것은 중요하고도 어려운 일이었다. 가능하면 전체 포교지의 중간 위치에 자리 잡는 것이 유리하나, 베네딕도회는 북쪽으로 뻗친 새 포교지의 남단에 위치한 원산을 선택하였다. 이는 당시 원산의 여건을 고려하여 심사숙고한 선택이었던 듯하다. 우선 원산은 1876년 강화도 조약 이래 인천, 부산과 더불어 개항한 3개 개항장 중 하나로 빠른 속도로 발전한 큰 항구 도시였다. 따라서 경제적으로 윤택하여 신자들의 재정적 도움이 크게 필요한 초기 교구를 위한 적격지였다. 이 위에 가능하면 한국 가톨릭교회의 심장부인 서울과 가까운 곳에 새 포교지의 구심을 두는 것이 유용하였으므로 원산을 택하였다.

수도원은 덕원(德源)에 설립하기로 결정하였다. 수도원 외에도 학교, 작업장, 성당, 전교 시설 등을 갖추기 위해서는 넓은 부지가 필요했으므로 수도원 재정을 고려하여 원산 시내에서 4km 정도 떨어진 덕원군 북성면 어운리(德源郡 北城面 於雲里)에 자리 잡았다.9) 또한 덕원이 수도 생활에 적합하도록 조용하고 수려한 자연 경관을 지니고 있다는 점도 참작되었다. 수도원 명칭은 마침 지명(地名)의 의미 '덕의 원천'이 수도회 정신에도 부합했으므로 베네딕도회원으로는 최초로 원산본당에 부임하여 신자 한 명 없는 이곳에 한옥 한 채와 부지를 매입한 에카르트 신부가 제의하여 '덕원수도원'(德源修道院)으로 정하였다.10)

덕원수도원 건립은 1922년 에카르트 신부로부터 시작되어 그의 후임으로 1924년 원산본당에 부임한 슈미트(Schmid, Chrysostomus, 金時練) 신부가 책임을 맡아 수행하였다. 수도원은 건축 기사인 피어하우스(Vierhaus, Kajetan) 신부가 로마네스크 양식

Der fünfarmige Leuchter, 11, St. Ottilien, 1971, p.265 참조.
8) Renner. F., op. cit., p.235.
9) 1949년 당시 수도원은 임야 100헥타르, 밭 15헥타르, 논 7헥타르를, 신학교는 논 4헥타르, 밭 3헥타르를 소유하였고, 인근 10여 개 마을에 전답 440헥타르를 소작으로 빌려주고 있었다. 이는 당시 한국의 경제 수준에 비추어 보면 수도원의 자립을 위한 물질적 기반을 충분히 확보한 것이었다고 할 수 있다. Ibid., p.244.
10) St. Ottilien 소장 「Chronik der Kongregation von St. Ottilien」, Archiv St. Ottilien, 1950, 덕원수도원 연대기, 1927년 8~12월(이하 해당지 연대기라고 약칭함).

의 중세 독일 수도원을 본 따 설계하고, 1926년 7월 기공하였다. 팡가우어(Fangauer, Paschalis) 수사의 정지 작업을 시작으로 게르네르트(Gernert, Petrus) 수사가 공사 총감독으로서 60여 명 중국인 벽돌공과 석공을 지휘하며 건축하였다. 수도원 건립에 든 약 150만 개의 벽돌은 원산교도소 벽돌 공장에서 달구지를 이용하여 운반해서 썼다. 기타 목공, 철공, 함석 일 등도 각 전문 장인(匠人) 수사들이 담당하였다.

수도원 공사가 늦어져 서울에서 덕원으로의 이주는 예정보다 몇 주간 지연되었는데, 파리외방전교회 측에서는 10월 10일까지 베네딕도회의 서울 체류를 기꺼이 허락하였다.11) 마침내 10월 10일 서울수도원에 남았던 신부들이 그 일주일 후에는 마지막 정리를 끝낸 수사들이 덕원으로 떠남으로써 서울 시기를 종결하였다. 당시 신문들은 베네딕도회의 공적을 높이 평가하며 그들이 서울을 떠나는 것을 아쉬워하였다.12)

베네딕도회는 1927년 11월 16일 성 젤트루드(Gertrud) 첨례 날에 수도원 축성식을 겸한 입주식으로 드디어 덕원수도원 시대를 열게 되었다.

1921년 5월 1일 사우어 원장이 명동성당에서 주교로 성품되자 베네딕도회는 경성대목구로부터 함경도 남부의 원산과 내평(內坪) 두 개 본당과 간도 지역의 삼원봉(三元峰), 용정(龍井), 팔도구(八道溝)의 세 개 본당 등 총 다섯 개 본당, 신자 약 8,300명을 인수받았다. 이에 독일인 신부 14명, 한국인 수사 3명을 포함한 수사 12명의 베네딕도 선교사들은 각 본당에 부임하였다. 에카르트 신부는 원산본당, 슈넬(Schnell, Sebastian, 成來純) 신부는 내평본당으로 부임하였다. 용정본당에는 히머(Hiemer, Kallistus, 任竭忠 또는 任渴忠), 팔도구본당에는 퀴겔겐(Kügelgen, Canisius, 具傑根), 삼원봉본당에 다베르나스(d'Avernas, Kanut, 羅國宰) 신부가 부임하였다. 삼원봉본당은 다베르나스가 부임 후 곧 원산본당 보좌로 전임되어 일시 공석이었다가 1922년 자일라이스(Zeileis, Victorin, 徐) 신부가 후임으로 부임하였다. 의란에는 뒤늦게 1924년 푸친(富錦)에 슈바인베르거(Schwein- berger, Mainrad, 沈培義)와 렌쯔(Lenz, Philippus, 延)신부가 파견되어 본당을 창설하였는데, 그 후 1926년 가을 푸친 남쪽 자무쓰(佳木斯)에도 본당을 신설하며 렌쯔 신부가 부임하였다. 이때 악케르만(Ackermann, Raymundus, 田)이 푸친 보좌

---

11) Ibid.
12) Kugelmann, *op. cit.*, pp.95-96.

로, 바이드너(Weidner, Romuald, 元)신부가 자무쓰 보좌신부로 각각 부임하여 1934년 의란포교구를 카푸친회에 인계할 때까지 선교하였다.13)

독일의 상트오틸리엔모원에서도 계속해서 선교사들을 파견하였다. 원산교구 포교 지역이 넓고, 아프리카 포교지가 전쟁으로 붕괴되어 한국에 선교 인력을 집중시킬 수 있었기 때문이다. 1921년 1월에 중국학을 전공하고 후에 중국 연길 분원 수도원장을 거쳐 연길교구 초대 교구장이 된 브레허(Breher, Theodor, 白化東)를 위시한 다섯 명, 1922년 2월에는 서울신학교 교수 겸 수도원장으로 재임하다가 1930년 상트오틸리엔 보좌주교를 거쳐 베버 총원장 서거 후 총원장이 된 슈미트 등 네 명이 합류하였고, 그 후 3년 내에 여덟 명의 신부와 네 명의 수사가 추가로 파견되었다. 한편 수도회 산하 뮌스터슈바르짜흐(Münsterschwarzach)와 슈바이클베르그(Schweiklberg) 수도원에서도 총 다섯 명의 신부와 한 명의 수사가 파견되어 1925년 현재 원산교구 소속으로 모두 28명의 신부가 있게 되었다.14)

한편 이 무렵 서울수도원에도 세 명의 한국인 수사 서원자와 두 명의 수련자가 있었다. 그들 중 황 보니파시오와 김재환(플라치도)이 1923년 6월 9일 최초의 한국인 수사로 첫 서원 후 1926년 8월 15일에 종신허원을 하였다. 이 종신서원 날, 김 레오나르도와 옥 마오로가 첫 서원을 하였고, 이에 앞서 1924년 8월 11일 방삼덕(Vincencius)이 첫 서원을 하였다.15)

교구 설립 당시 빈약했던 원산교구의 교세는, 교구 설정과 함께 베네딕도회의 정예 인력을 기반으로 발전하기 시작하였다. 서울수도원이 덕원으로 이전하는 1927년 11월 당시 함경도에서만 회령(會寧, 1925년), 청진(淸津, 1926년), 함흥(咸興, 1927년) 및 덕원 본당이 설립되었다. 간도와 남만주 지역에도 1922년 11월 간도의 중심지 연길(延吉)에 브레허를 분원장으로 하여 연길 분원 겸 본당을 설립하였고, 이어 혼춘(琿春)에 팔지(八池, 1923년)와 혼춘(琿春, 1924년)본당, 연길에 대령동(大嶺洞, 1926년), 길림성 돈화(敦化)에 돈화본당(1926년)이 설립되었다. 이 지역은 대부분 교우촌에서 출발하여

---

13) 서울수도원 연대기, 1924년 4~8월 및 1926년 1~7월, 덕원수도원 연대기 1934년 1~7월.
14) Renner, F., *op. cit.*, p.236.
15) 서울수도원 연대기 1923년 1~7월 및 1926년 후반기.

공소로 유지되다가 본당을 이루었다.

교세 발전에 있어 특히 주목할 인적 자원은 한국인 회장들이다. 회장은 전교 회장과 공소 회장으로 구분되어 임명되었는데, 전교 회장은 유급이었다. 회장은 넓은 포교지에 비해 부족한 선교사의 역할을 대신할 수 있는 유용한 존재로서 1836년 파리외방전교회 선교사들의 입국 이래로 그 역할은 절대적이었다. 우선 회장은 선교사들의 가장 큰 애로점인 언어의 장애가 없고, 같은 민족으로서의 공통 정서가 있어서 한국어와 한국 습속에 익숙하지 않은 선교사와 신자들 사이의 중개 역할을 하였다. 또한 회장들은 예비자를 모으고, 교리 학습을 담당하고, 교회 내외의 행정 사무를 맡아 수행하였다. 베네딕도회에서도 적은 수의 선교사가 방대한 지역을 담당해야 하는 포교 여건상 많은 전교회장을 필요로 하였으나, 재정적 어려움으로 충분한 유급 전교회장을 채용하지는 못하였다.[16]

서울수도원 마지막 연대기 보고에 의하면, 1927년 8월 현재 원산대목구의 교세는 총인구 320만 명 중 신자 총수 14,005명, 예비자 수 1,092명, 총 14개 본당, 176개 공소가 있었고, 활동 인원도 주교 1명, 신부 27명, 수사 25명(유럽인 16명, 한국인 7명, 한국인 청원자 2명), 수녀 25명(유럽인 9명, 한국인 청원자 16명), 회장 192명(전교 회장 22명, 공소 회장 170명)이었다.

주요 선교 활동인 교육사업과 관련하여 학교 남교사 64명, 여교사 14명이 40개 학교에서 1,747명의 남학생과 752명의 여학생, 총 2,499명의 학생을 가르치고 있고, 의료사업과 관련해서는 4개 시약소에서 8,500건의 약품을 투약하였다. 1926년 부활절부터 1927년 부활절까지 1년 동안 영세자는 총수 성인 406명, 어린이 761명, 임종 대세자 81명, 사망 유아 세례자 302명으로 총 1,550명이었다. 기타 견진자 64명, 혼배자 166명, 종부성사 256명, 사망자 367명, 고해자 44,877명, 영성체자 86,951명이었다. 연대기 기록자는 '우리 (베네딕도) 선교사들의 원산교구에서의 활동에 축복을 내려주신 주님과 또한 고향의 은인들에게도 감사드린다'라고 하며 포교 성과에 만족하고 있다.[17]

---

16) 서울수도원 연대기 1927년 1~8월, 덕원수도원 연대기 1930년 전반기.
17) 서울수도원 연대기 1927년 1~8월.

2. 원산교구의 발전

1927년 서울수도원의 덕원 이전 이후 1940년까지는 교구가 정착, 발전한 시기이다. 이 시기는 일본이 만주사변(1931년)을 신호탄으로 한국에 이어 본격적으로 만주와 중국에서 패권을 장악하려는 야심을 드러내기 시작하고, 조선총독부는 한국에서 경제적 수탈은 물론, 신사참배, 제3차 교육 개혁령(1938년)을 통한 일본어 교육, 창씨개명(1940년) 등 소위 '내선일체'(內鮮一體) 정책을 강행하여 나간 한국 근·현대사의 불우한 시기였으나, 베네딕도회는 이 시기에 새로 맡은 교구의 정착과 성장에 성공하였다. 그 성공은 교육 활동을 가장 주되고 중요한 사업으로 택하고 그 밖에 의료 활동, 출판 활동 등을 병행한 선교 방법에 힘입었다고 하겠다. 이 시기에 특기할 것은 독일 툿찡(Tutzing)의 포교성베네딕도회 수녀들이 1925년 11월 원산교구에 진출하여 사목을 돕기 시작하였다는 사실이다.

포교지 전교 사업에는 수녀들의 도움이 필수적이었다. 당시 동아시아 지역에서 특별히 중요한 수녀들의 역할은 남성 선교사들의 접근이 어려웠던 여성들을 상대한다는 것이었다. 수녀들은 여성들을 대상으로 전교 활동, 교리 교육, 자선사업, 의료사업 등을 담당하고, 유치원과 학교를 운영하는 등 일당백(一當百)의 소임을 수행하였다.

베네딕도회가 원산교구를 맡게 되면서 사우어 주교는 1921년 11월 27일 독일 방문 길에 툿찡의 포교성베네딕도수녀회 모원을 방문하여 원산교구에 수녀들을 파견해줄 것을 요청하였다.18) 이에 툿찡에서는 사우어 주교와 파견 계약을 맺었고 1925년 11월 21일 첫 원산 분원장이 되는 히르쉬(Hirsch, Mathilde)를 위시한 4명의 수녀들이 원산에 도착하였다.19) 이들은 원산성당 뒤에 방 4칸짜리 일자형 벽돌집을 지어 임시 수녀원으로 삼고 한국어 공부에 전념하여 1926년부터 여성과 아동 및 노인들 교리 강좌, 해성국민학교, 해성유치원, 호수천사빈딘학교, 빈민을 위한 시

---

18) 포교성베네딕도수녀회는 1884년 상트오틸리엔의남자베네딕도수도회를 창설한 암라인 (Amrhein, Andreas) 신부에 의해 그 이듬해인 1885년 창립되었다. 포교성베네딕도수녀회에 관해서는 포교성베네딕도수녀회편, 『원산수녀원사』, 분도출판사, 1988 참조.
19) 위의 책, pp.78-83.

약소, 농아학교 등을 운영하였다. 수녀들은 처음 5~6년간은 주로 원산본당을 중심으로 활동하다가, 그 후 원산교구 내 고산(高山), 회령, 함흥, 청진, 흥남(興南) 등지에 분원을 설립하며 진출하여 포교 활동을 전개하였다.

툿찡 모원은 1927년 4월 29일자로 교황청 포교성성으로부터 원산수녀원 설립과 수련원 개설을 인준받아 6월 6일 정식 수녀원(Priorat)으로 승격되었다. 수녀원 첫 지원자는 1925년 12월에 지원한 팔도구본당 한 요안나와 내평본당 임 골롬바였다.[20] 정식 수련원이 개원된 1927년 6월에는 이미 14명의 지원자가 있었다.

한편 연길교구에는 교구장 브레허 주교의 요청으로 1931년 올리베타노성베네딕도수녀회 수녀 6명이 내한하여 활동하기 시작하였다.

1928년에는 원산교구로부터 의란포교구(依蘭布敎區)와 연길지목구(延吉知牧區)[21]가 분할되었다. 사우어 주교는 당시 여러 문제점, 즉 동북부 변방의 의란이 1922년 전에는 재치권 상 북만주교구에 있어서 원산교구에 속하게 되었으나, 실제로 너무 멀리 떨어져 있다는 점과 원산교구의 본당과 신자 수가 증가하였다는 점을 들어 관할지역을 분할하여 이 지역을 하나의 교구로 설정할 것을 교황청에 여러 차례 요청하였다. 그러나 분할 요청의 근본적 이유는 베네딕도회의 빈약한 선교 자금과 부족한 포교 인력에 있었던 듯하다.[22] 수도원 재정은 1차 세계대전이 끝나고 10여 년이 지났으나 극히 어려웠다. 특히 1920년대 말 세계 대공황으로 인해 해외로부터의 원조가 끊겼고, 일제의 수탈로 국내 경제난이 심각하여 신도들로부터의 도움도 기대할 수 없었다. 또한 교구의 선교 사업이 본격화되며 인력도 턱없이 부족해 도리어 외부의 지원이 절실한 지경이었다.

이 청원으로 1928년 7월 3일 원산에서 가장 먼 총면적 9만 9천㎢, 인구 60만 명의 흑룡강성 의란이 새로운 독립 포교구로 독립하였다. 그러나 이미 베네딕도회 신부들이 1924년 이래로 본당을 창설, 4명의 신부가 사목하고 있었으므로 우선은 그

---

20) 위의 책, pp.88-90 참조.
21) 지목구(知牧區)란 주교가 아닌 성직자가 관할하는 교구를 말하며, 어느 단계까지 교세가 발전하면 대목구로 승격한다.
22) 덕원수도원 연대기 1934년 1~7월.

대로 사우어 주교 관할하에 두었다. 1933년 9월 1일 마침내 교황청 포교성성이 티롤의 카푸친(Tiroler Kapuchiner) 수도회를 후계로 정하자 베네딕도회는 1934년 5월 이 지역을 완전히 인계하였다.23)

독립된 또 다른 지목구는 남만주의 연길로 총면적 5만 8천㎢, 인구 100만 명이었는데, 그중 5분의 3이 이주(移住) 한국인이었다. 1928년 7월 19일 연길지목구가 설정되고 이듬해 2월 5일 브레허 신부가 초대지목으로 임명되며 감목대리구(監牧代理區)로 승격하였고, 1937년 4월 13일에는 대목구(代牧區)로 정식 교구가 되었다.24)

이에 원산교구 관할 지역은 총 면적 5만3천㎢, 인구 220만 명인 함경남북도로 한정되었다.25)

원산교구청이 1929년 5월 1일자로 작성한 의란과 연길 분할 이전의 마지막 총 교세 통계표에 의하면, 본당은 원산교구에 6개(공소 60개), 연길대리구에 8개(공소 147개), 의란포교지에 2개(공소 19개), 신자수는 원산 2,922명, 연길 12,257명, 의란 1,272명이었다. 성직자는 원산에 베네딕도회 신부 16명, 유럽인 수사 20명, 한국인 수사 6명, 유럽인 수녀 10명, 한국인 수녀 청원자 22명이 있었고, 연길에는 베네딕도회 신부 15명, 의란에는 베네딕도회 신부 4명, 유럽인 수사 1명이 있었다. 전교 회장은 원산 55명(유급 25명, 무급 30명), 연길 196명(유급 18명, 무급 178명), 의란 10명(유급 2명, 무급 8명)이었다.26)

의란과 연길 분할 이후 원산교구는 신고산(新高山, 1930년), 영흥(永興, 1931년), 고원(高源, 1933년), 북청(北靑, 1935년), 흥남(興南, 1935년), 나남(羅南, 1936년)에 본당을 설립하고 활발한 전교사업을 전개하였다. 덕원수도원은 그 구심점으로서 원산 포교지에 있어 수도 생활과 문화적 선교의 중심이 되어, 교구 내의 사목, 교육사업, 의료사업, 인쇄 출판, 농공업 기술의 개량과 전수 등 선교 정책을 결정하고 활동을 주도하였다.

덕원수도원에서는 비록 숭공학교와 실험, 실습하는 학생은 없을지라도 공업과 농업 활동은 계속되었다. 목공장과 철공장에서는 원산교구와 인근 교구에서 필요로 하

---

23) Lenz, P., *op. cit.*, pp.261-270 참조. 의란의 면적과 총인구 수 등은 다른 논문과 출입이 있으나 최초로 직접 의란의 전교를 담당했던 렌쯔 신부의 기록을 채택한다.
24) Renner, F., *op. cit.*, p.244ff.
25) *Ibid.*
26) *Ibid.*, p.247.

는 모든 건축용 자재들과 공예품, 예를 들면, 각종 문, 창문틀, 제대, 고해소, 영성체대, 경칩, 자물쇠 등을 생산하였다. 새롭게 칠공장과 제화(製靴) 작업장도 운영하며, 이 분야를 맡을 한국인 수사들도 양성하였다.27)

농장도 확장되어 1932년 현재 산림, 숲, 평지 65헥타르와 경작지 50헥타르를 소유하게 되었다. 경작지 중 10.5헥타르는 수도원에서 직접 경작하고, 멀리 흩어진 일부 땅은 소작을 주었는데, 수확의 반을 받는 것이 당시 한국의 소작 관례여서 베네딕도회에서는 쌀, 수수, 콩, 감자 등을 소작료로 받았다. 자신들 경작지에서는 채소, 호밀, 보리, 귀리, 감자를 심어 수도원 생필품으로 자급자족하였다.28) 1929년 가을에는 제분소도 세웠다. 그 밖에 서울에서 시작한 양봉과 원예를 한층 좋은 조건에서 계속할 수 있었는데, 덕원포도원에서 수확한 포도로는 미사주를 만들어 원산과 연길교구에 공급하였고, 새롭게 목축을 시작하여 젖소, 한우, 돼지 등을 길러 우유와 고기를 얻었으며, 사료용 옥수수와 무도 재배하였다.29)

이 같은 농업 경영은 자급자족의 의미 외에도 한국민에게 선진 농업 기술을 소개하려는 깊은 뜻도 있었다. 새롭고 과학적인 영농법을 실현하여 보여줌으로써 한국 농민들에게 자극을 주고 그들을 계몽하고자 한 것이다. 특히 양봉과 포도 재배는 새로운 서구식 영농 방법을 도입함으로써 한국 농업사에서도 큰 의미를 갖는다. 베네딕도회의 이와 같은 의지는 농장을 명소로 만들어 군청과 일본인을 위한 농업 학교에서는 호밀 재배법과 그 사용법을 문의하였고, 일본 육군 병참부에서는 제빵법을 적어 가기도 하였다.30)

덕원수도원의 출판 인쇄 활동은 한국 가톨릭 출판의 역사에서 매우 중요한 의미를 지닌다.31) 베네딕도회는 서울수도원에서도 이미 소규모 인쇄소를 운영하였으나, 그것은 자체 수요를 충족시키기 위한 시설이었다. 그러나 덕원에서는 1927년 신학

---

27) 덕원수도원 연대기 1929년 9월 1일~12월 31일.
28) 덕원수도원 연대기 1932년 7~12월.
29) *Ibid.*
30) 덕원수도원 연대기 1931년 7~12월.
31) 덕원과 연길의 출판 인쇄 활동에 관해서는 Kaspar, A., "Die Veröffentlichungen der Benediktinermissionare in Tokwon und Yenki", in: *HWAN GAB, 60 Jahre Benediktinermission in Korea und in der Manchurei*, Münsterschwarzach, 1973, pp.112-131.

교 내에 인쇄소 설립에 착수하여 1930년부터 작업을 시작하면서 1939년 연길인쇄소가 설립되기까지는 원산과 연길교구는 물론 평양교구 등 다른 지역을 위해 출판 가능한 모든 책을 출간하였기 때문이다.

인쇄기는 처음에는 발판이 달린 일본 제품을 사용했는데, 후에는 가로 30cm 세로 40cm 크기의 수동 롤러식 두 대를 썼다. 수동식 종이 재단기(裁斷機)와 활자 주조기(鑄造機)도 함께 사용하여 한 책 당 적게는 수백 부, 많을 때는 15,000부 씩 출간하였는데, 대부분의 서적은 판을 거듭하여 인쇄되었다. 인쇄소 책임자는 피셔(Fischer, Ludwig, 裵) 수사였고, 교정 작업은 원장 로트(Roth, Lucius, 洪泰華) 신부와 신학교의 한국인 교사가 맡았다. 이곳에서는 전례서와 교리서, 즉 성경, 미사 경본, 성가집, 성사 안내서, 성무일도, 기도서, 전교서, 설교서, 교화적 내용의 신심서 등을 출간하였다.32) 이와 함께 교회 서적이 아닌 학술서, 교양서, 농업, 공업, 건축에 관한 기본서 및 어학 관련 책 등 실용 서적도 간행되었다. 어학책은 주로 선교사를 위한 한국어와 일본어 학습용이었다.33) 잡지나 팜플렛 등도 만들었는데, 1933년부터 1939년 제7호까지 해마다 간행된 덕원 신학생들의 교우지 『신우(神友)』도 인쇄되었다. 그 밖에 교회 학교 학생들을 위한 교과서도 출판하였을 것으로 추정된다. 원산교구에서 펼친 의료 활동은 교육 활동과 함께 외교인에게 가장 효과적이고 인상적인 전교 방법이었다. 더구나 이는 가톨릭의 박애 정신을 잘 드러내 보여주는 인간주의적 포교 방법이기도 하였다.

베네딕도회가 국가의 인가를 받아 정식으로 의원을 개원한 것은 1928년 5월부터다. 수도원의 손님 방 한 칸에 진료와 응급 치료를 위한 의무실을 개설했는데, 그 방은 동시에 약국이기도 하였다. 그라머(Grahmer, Josef, 咸要燮) 수사가 한국인 최초로 허원(1923년 6월 9일)한 김재환 수사의 도움을 받아 운영하였다. 그라머 수사는 1928년 서울에서 의사 자격증을 받은 후 정식 개원하였으나, 실제로는 인가 전에도 매일 20~30명의 환자들을 무료로 치료하고 있었다.34) 정식 개원 후에는 환자가 급격히 증가하여 매

---

32) Ibid., pp.112-131.
33) Ibid., pp.126-129; 덕원수도원 연대기 1936년 후반기.
34) Kugelmann, W., op. cit., pp.109ff.

일 50~60명 정도를 진료하였다.35) 1929년에는 원산 가는 대로변에 진료실 두 개, 환자 대기실 및 약국 각각 하나씩을 갖춘 작은 병원을 신축하였다.

당시는 과중한 노동량과 영양 부족, 불결한 위생, 건강에 관한 지식의 부족 등으로 위장병과 폐병을 앓는 사람이 많았다. 1929년 당시 덕원본당 보좌이던 담(Damm, Fabian, 卓世榮) 신부는 한 독일 가톨릭 잡지 기고문에서 "농부와 여성들은 직업병적 중증 류마치스, 위장과 대장, 이질 등 소화기 계통의 병을, 아이들은 피부병, 결막염, 중이염을 흔히 앓고 있고, 특히 기생충에 감염되어 있다. 한국 사람들은 덥고 습한 여름에는 말라리아, 춥고 건조한 겨울에는 폐렴, 늑막염, 폐결핵 등을 많이 앓는다. 가끔 티푸스 등의 전염병도 만연한다"고 썼다.36)

의원에서는 극빈자에게는 약을 무료로 주고 그 외의 환자들은 원가만 지불하도록 하였다. 당시 일회 진료비는 대략 50전으로 무료 환자가 많아 하루 수입은 38원에 불과하였는데, 반면 지출은 인건비를 계산하지 않고도 35원이나 되었다. 그리하여 1928년 5월 개원으로부터 1929년 1월까지 무료 제공한 약값만 2,720엔(5000마르크 이상)에 이르렀다. 이 비용을 감당하기 어려워 점차 무료 진료 및 시약을 축소하였으나 영적 이익이 너무 커 그만둘 수는 없었다.37) 개원 1년 후 모원에 보고한 연대기에는 이러한 전교 수단으로서의 의원의 역할을 설명하고 있다.

"이러한 자선 사업을 통해 수도원과 본당이 맺은 결실은 적지 않습니다. 우리가 한국 국민들, 특히 아주 가난한 사람들의 신체적 곤경에 도움을 줌으로써 우리 수도원이 널리 알려지고, 외교인들 사이에서 존경과 신뢰를 얻게 되었습니다."38)

다시 말하자면, 병원은 그리스도교 정신을 펼쳐 보이는 대표적 자선 활동이었으므로 재정적 어려움이 아무리 커도 포기할 수 없는 것이었다. 이 두 명의 수사는

---

35) 덕원수도원 연대기 1928년 7월~1929년 1월 31일 및 1929년 9월 1일~12월 31일.
36) Damm, F., "Ärztliche Missionshilfe", *Die Katholische Missionen*, Nr. 9, 1929, p.183.
37) Grahmer, J., "Koreanische Krankennot", in; "Missionsblätter" 1930; 덕원수도원 연대기 1928년 7월~1929년 1월 31일.
38) 덕원수도원 연대기 1928년 7월~1929년 1월 31일.

1928년 5월 개원으로부터 1930년 1월까지 1년 9개월 동안 104명에게 임종 대세를 줄 수 있었다.39) 1934년부터 1935년의 1년 동안에만 진료 환자 21,065명, 시약 27,210회, 왕진은 2,070번에 달하였다.40)

한편 포교베네딕도수녀회에서도 원산, 고산, 청진, 홍남 등지에서 의료 활동을 펼쳤다. 그로(Groh, Hermetis) 수녀는 원산 수녀원 앞에 작은 시약소(施藥所)를 개설하고 무료 진료를 시작하였는데, 후에 게르스트마이어(Gerstmayer, Fruktuosa) 수녀와 암만(Amman, Othmara)수녀가 함께 일했다. 이곳에서 치료한 환자는 1928년 한 해 동안 4,700명이었는데, 그 환자 중 400명이 교리를 배웠고, 입교 의사를 밝힌 중환자들에게는 영세 준비도 시켰다. 이 시약소는 인근 주민들의 좋은 평판을 얻었으며, 많은 사람을 입교시키는 데 효과적이었다.

베네딕도회는 이상 의료사업, 인쇄 출판, 농공업 기술의 개량과 전수 등 한국인의 일상생활에 유용하고 밀착된 활동을 통해 선교함으로써 원산교구는 짧은 기간에 크게 성장하였다. 1940년 당시 원산교구는 본당 12개, 공소 89개, 신자 11,004명, 예비신자 1,695명, 신부 34명(베네딕도 회원 29명과 한국인 재속신부 5명), 수사 31명(유럽인 24명, 한국인 7명), 수녀 33명(툿쩡 소속 유럽인 15명과 한국인 18명), 회장 115명으로 교세가 발전하였다. 이외에 국가 공인 학교 12개에 남녀학생 5,159명(그중 신자 913명), 비인가 학교 15개교에 학생 1,425명(신자 723명), 교사 총수 83명이었다.41)

3. 원산교구의 폐쇄

일본의 '대동아공영권(大東亞共榮圈) 건설'을 내건 군국주의로 일제하의 한국은 물론 한국 가톨릭교회도 많은 어려움을 겪었다. 일제가 신사참배를 강요하자 '불가'(不可)로 반발하던 교회는 1936년 '허용'(許容)으로 돌아설 수밖에 없었고, 중일전쟁 발발 후 덕원수도원에서는 전쟁 1주년인 1938년 8월 7일 관청의 지시로 특별미

---

39) 덕원수도원 연대기 1929년 9월 1일~12월 31일.
40) "Missionsblätter" 1935.
41) Renner, F., op. cit., p.251.

사를 봉헌하고, 미사 후 천황에게 충성도 맹세하였다.[42]

원산교구는 1940년 1월 12일에 덕원면속구(德源免屬區)[43]와 함흥교구(咸興敎區)로 재분할되었다. 교황청 포교성성은 덕원수도원을 원산시 및 인접한 안변군, 문천군, 고원군 등 총 4개 지구를 관할하는 독립수도원으로 지정하여 덕원면속구(3.625k㎡)로 독립시키고, 원산교구의 나머지 지역(49.375k㎡)은 함흥교구로 설정하였다. 함흥교구는 당시 일제의 방침대로 일본인 수장(首長)에게 맡겨질 예정이었다.[44] 그러나 면속구와 교구가 정식으로 분리되었음에도 교구를 맡을 성직자의 부족으로 함경도의 모든 본당은 그대로 베네딕도회 관할 아래 있었고 사우어 주교에 의해 관장되었다. 그리고 해방 후 공산정권의 수립, 한국전쟁, 남북한 분단의 고착으로 이와 같은 상황은 현재까지 그대로 지속되고 있다.

1941년 12월 일제가 태평양전쟁을 일으키고 전시 체제로 돌입하자 한국 교회는 이 침략 전쟁을 '성전'(聖戰)으로 인정하며 적극 협력할 수밖에 없었다. 일제는 전쟁 도발 직전 한국의 모든 사회와 종교 단체의 책임자를 일본인으로 대체할 계획을 세웠는데, 가톨릭교회에 대해서도 예외가 아니었다. 서양인이 관리자인 단체에는 교체 독촉이 더욱 심했다. 그러나 서울교구장 라리보(Larribeau, Adrianus, 元亨根) 주교는 총독부가 일본인 주교를 앉히기 전 비밀한 계획으로 노기남(盧基南) 신부의 서울교구장 임명 결정을 교황청으로부터 받아내는 데 성공하였고, 평양교구도 홍용호(洪龍浩) 신부가 교구장으로 임명됨으로써 서울과 평양교구는 한국인 교구장이 관할하게 되었다. 그러나 대구교구와 광주교구는 일본인 교구장이 착좌하였다.[45] 태평양전쟁 발발과 함께 일본의 준적성국으로 분류된 미국과 아일랜드 선교사들은 평양교구, 광주지목구, 춘천지목구에서 감금, 추방되거나 강제로 사임하였다.[46]

---

42) 덕원수도원 연대기 1938년 6~12월.
43) 면속구(免屬區)란 어느 교구에도 속하지 않은 채 수도원장이나 또는 고위 성직자가 교구 주교에 속하는 관할권을 행사하는 곳을 말한다. 우리나라에는 유일하게 1940년 1월 12일에 덕원면속구가 설립되었고 이를 오늘에 이르기까지 존속시킴으로써 침묵의 교회를 위하여 특별한 배려를 하고 있다.
44) Renner, op. cit., p.248.
45) 윤선자, 『일제의 종교정책과 천주교회』, 경인문화사, 2001, p.303 이하.
46) 미국인 선교사 35명, 아일랜드인 선교사 32명 등 총 67명의 선교사가 피검되었다. 위의 책,

외국 선교회의 한국 선교

　베네딕도회는 독일이 1940년 9월 일본, 이탈리아와 체결한 삼국동맹의 동맹국 선교회로서 제1차 세계대전 때와는 달리 상대적으로 안정되어 있었다. 그럼에도 불구하고 독일인 선교사들 역시 경찰의 감시를 받고 실제로 여행 제한 및 여행증 발급, 이주 금지, 3개월마다의 거주 신청 경신, 외국과의 서신 검열 등 규제를 받았다. 1942년 10월 15일에는 원산 성당의 종(鐘)이 강제로 헌납되고, 공소의 종, 촛대, 철제 문고리, 철책 등도 강제 수거되었다. 1943년 8월에는 원산 해성학교가 교실 3개만 남겨두고 모두 징발 당했고, 1945년 7월 16일에는 덕원신학교가 일본 군대에 의해 강제 점유되기도 하였다.

　이와 같은 일제의 탄압하에서도 베네딕도회는 발전을 이루었다. 1944년 함경도 교세 현황은 덕원면속구에 본당 3개, 공소 35개소에 신자 5,370명, 예비자 753명, 신부 22명(외국인 20명, 한국인 2명), 수사 37명(외국인 25명, 한국인 12명), 수녀 36명(외국인 13명, 한국인 23명)이었다. 함흥교구는 본당 9개, 공소 31개소에 신자 5,474명, 예비자 274명, 신부 16명(외국인 11, 한국인 5명), 외국인 수사 1명, 수녀 19명(외국인 6명, 한국인 13명)으로, 교구와 면속구를 모두 사우어 주교가 관장하였다.47)

　1945년 해방과 함께 소련군이 북한으로 진주하며 공산 정권이 수립되자 종교 탄압 정책을 추진하였다. 1946년 2월 9일 김일성을 위원장으로 하는 '북조선 임시 인민 위원회'가 설립되고, 곧 이어 3월 5일 '북조선 토지 개혁령'이 발효되었다. 이는 종교계의 재정원을 박탈하여 뿌리부터 고사시키려는 정책이었다. 이 토지 개혁령의 직격탄을 맞은 베네딕도회는 소유지가 건물과 그 대지로 국한되어 5헥타르로 줄어 생계마저 위협받게 되었다.48) 이 이전 1945년 8월 22일에 이미 회령본당 파렌코프 (Farrenkopf, Witmar, 朴偉明) 신부가 소련군에게 연행되어 이유 없이 살해당하였다.

　1948년 9월 9일 김일성의 '조선 민주주의 인민공화국'이 수립되자 종교 탄압이 본격화되었다. 베네딕도회도 그 대상이었다. 1948년 12월 1일 포도주 불법 제조 및 탈세 혐의로 수도원 경리 엔크(Enk, Dagobert, 嚴光豪) 신부가 체포되었다. 1949년 3월 24일에

---
　　p.304, 주 71번.
47) 한국 교회사 연구소(편), 『함경도 천주교회사』, 함경도천주교회사간행사업회, 1995, p.365.
48) 당시 북한의 종교 탄압 실상에 관해서는 최석우, 『한국 천주교회의 역사』, 한국교회사연구소, 1982, p.379 이하 참조.

는 해성학교 부교장 오병주가 정치 보위부에 체포되었다가 석방되고, 4월 28일에는 덕원 인쇄소 책임자 피셔 수사가 반공산주의 선전물 인쇄 혐의로 체포되었다. 드디어 5월 9일에는 정치 보위부가 수도원을 점령하고 교구장 사우어 주교, 수도원 원장 로트 신부, 부원장 슐라이허 신부, 신학교 교수 클링사이즈 신부를, 이어 5월 11일에는 다시 신학교 교장 로머 신부 등 독일인 신부 8명과 수사 22명, 한국인 신부 4명을 체포하였다. 그리고 한국인 수사 26명과 신학생 73명을 합친 99명을 내쫓고 수도원과 신학교를 몰수하였다.49) 한편 원산본당을 위시한 다른 모든 본당의 베네딕도회 신부 및 수사들과 한국인 재속 신부들이 체포, 구금되고, 성당을 포함한 모든 교회 재산이 몰수당하였다. 또한 각 본당 수녀들도 체포되었다. 이로써 베네딕도회의 덕원수도원은 폐쇄되고, 원산시대는 종말을 고하게 되었다. 연길의 성 십자가 대수도원은 이보다 이른 1946년 5월 중국 공산당에 의해 선교사들이 연금 혹은 추방되며 폐쇄되었다.

덕원수도원을 비롯하여 원산, 고원본당 등에서 체포된 외국인 성직자들 66명은 평양 인민 교화소(平壤人民敎化所)로 압송되었다가, 자강도 전천군(慈江道 前川郡)에 위치한 일명 옥사독 강제 수용소로, 다시 만포 수용소(滿浦收容所), 관문리 수용소로 이송되어 구류되었다.

1950년 10월 3일 체포된 성직자 중 로트, 스테거, 엔크 등 독일인 신부 6명과 한국인 신부 3명이 처형당하고, 사우어 주교를 비롯한 18명의 신부, 수사, 수녀들이 수용소에서와 '죽음의 행진'으로 사망하였다. 나머지 신부 12명, 수사 12명, 수녀 18명 등 42명의 생존자는 4년 반 동안의 강제 노동 후 1954월 1월 22일 독일로 송환되었다.50)

III. 선교 활동 – 교육사업

원산교구 설정 후 베네딕도회는 성공적인 선교를 위해 가장 먼저 신학교와 포교

---

49) 『함경도 천주교회사』, p.382 이하 참조.
50) 생환자 명단은 『함경도 천주교회사』, pp.418-420에 실려 있다. 이들 중 베네딕도회 소속 신부 일곱 명과 수사 두 명이 1956년부터 다시 한국에 입국, 활동을 시작하며 본격적인 왜관 시대를 열게 되었다.

지의 학교 설립을 결의하였다. 신학교는 교구 내 사목을 담당할 한국인 선교사를 양성한다는 의미에서 필수적이고 시급한 일이었고, 전교 지역 내의 교회 학교 건립은 빠른 기간에 가장 효율적인 선교 방법이라는 데 이의가 없었기 때문이다. 실제로 교육기관의 설립과 운영이 전교에 미치는 영향력은 숭신학교와 숭공학교를 건립했던 베네딕도회가 누구보다 잘 알고 있었고, 애초에 베네딕도회의 한국 진출 목적도 교육사업을 담당하기 위한 것이었다.51)

이 장에서는 베네딕도회 신학교와 원산교구 최초의 국가 공인 교육 기관인 해성학교를 중심으로 원산교구 시대 베네딕도회의 교육 선교 활동에 대하여 살펴보고자 한다.

1. 신학교52)

베네딕도회가 한국에 진출하여 활동하던 초기 서울 시대에는 관할 포교지가 없었으므로 직접 사목을 담당할 사제 양성의 필요성을 느끼지 못하였다. 그러나 원산교구가 설정되자 베네딕도회로서 가장 시급한 일은 교구 내 사목을 담당할 한국인 사제의 양성이었다. 적은 수의 외국 선교사 파견에 의존하기보다 선교지에서 필요한 인력을 자체 양성한다는 의미와, 언어와 습속이 같은 동일 민족으로서 정서적으로 공통적 유대감을 갖는 현지인 성직자는 선교에도 큰 성과를 거두리라는 기대 때문이었다.53) 또한 더 나아가 신학교는 궁극적으로는 한국인에 의한, 한국의 가톨릭교회를 이룰 미래를 위한 씨를 뿌리는 것이고, 신학생들은 그 배아(胚芽)라고 인식하였다.54)

---

51) 베네딕도회의 초기 교육 선교 활동에 관해서는 최석우, "한국 분도회의 초기 수도 생활과 교육사업", 『한국 교회사의 탐구 II』, 한국교회사연구소, 1991; 장정란, 앞의 책 참조.
52) Eckardt, A., "Das knaben- und Priesterseminar des Apostolischen Vikariats Wonsan, Korea", in: *Die Katholische Missionen*, 55. Jahrgang, 1927; Romer, A. "Unser Knabenseminar in Tokwon, Korea", in: "Missionsblätter", Jg. 33, 1929; Heiss, R., "Das Priesterseminar St. Willibrord im Apostolischen Vikariat Wonsan in Korea", in: *Lumen Caesis*, St. Ottilien, 1928, p.271ff.
53) Eckardt, A., *op. cit.*, p.265; Son Chi-Hun, "Studien zur benediktinischen Missionsmethode von 1909 bis 1949 in Korea und in der Mandschurei", Lizentiatarbeit, Universität München, 1996, p.78.
54) Heiss, R., *op. cit.*, p.278ff

당시 서울과 대구교구에 각각 하나씩 신학교가 있었으나 베네딕도회는 서울 백동 수도원 안에 베네딕도회 고유의 신학교를 설립하고 사제 양성을 시작하였다.55)

신학교는 크게 두 시기로 나눌 수 있다. 신학교가 개교한 1921년 11월부터 1927년 6월까지의 서울신학교 시기와, 수도원과 함께 원산으로 이전한 1927년 11월부터 신학교가 폐쇄되는 1949년 5월까지의 덕원신학교 시대이다.

1) 서울신학교
① 연혁 및 교무 일반

베네딕도회는 덕원으로의 이전을 준비하며 1921년 11월 1일 서울수도원 내에 원산교구를 위한 신학교를 개교하였다.

학업 과정은 예비과 2년, 중등과 6년, 철학과 2년, 신학과 4년으로 총 14년이었다. 예비과와 중등과가 소신학교(小神學校) 과정이고, 철학과와 신학과가 대신학교(大神學校) 과정이다.56) 입학 지원 자격은 4년제 보통학교 졸업생이었다.

초대 교장은 숭공학교 교장이던 로머(Romer, Anselm, 盧炳朝) 신부이고, 사감은 다베르나스 신부가 담당하다가 1926년에는 원산본당 보좌이던 슈넬 신부가 그 직책을 이어받았다. 또한 일반 과목을 가르치기 위해 두 명의 한국인 교사도 채용하였다.

학교 교사(校舍)는 숭공학교를 함께 쓰다가 1923년 6월 학교가 폐교되자 여름방학 후 9월부터는 신학교가 학교 건물을 독차지할 수 있었다.

1921년 개교 당시 신입생은 11살에서 15살 사이의 소년 15명이었다. 그러나 매년 신입생을 받기에는 지원자가 너무 적어 1941년까지는 매 2년마다 신입생을 뽑고 그 이후부터 해마다 신입생을 받았다. 신학생 지원자의 부족은 수도회에는 걱정거리였던 듯하다. 1924년 성탄 미사 후 모든 학생들에게 피리, 하모니카, 성인전, 사전, 새 신학교 모자 등 각자 원하는 선물을 준 후, 교장 로머 신부가 아기 예수

---

55) 베네딕도회가 서울신학교 시대를 마감하던 1927년 9월 현재, 3개 신학교 학생총수가 230명이었는데, 그중 베네딕도회 신학생이 42명이었다. 원산교구 소속 신자 12,000명 대비 상당히 많은 숫자이다. Eckardt, A., op. cit., p.266.
56) Heiss, R., op. cit., p.271ff

구유 앞에서 새 학년에는 각자 학생 한 명씩을 데려올 것을 약속하자는 훈화를 하고 있다.57)

학년은 통상 9월에 시작하여 다음 해 6월 말에 끝났는데, 신학생들은 아직 어리고 집이 멀어 홀로 기차를 갈아타며 20시간이 넘게 여행하는 것이 어려워 한국인 교사 한 명이 매 방학과 개학 때 학생들을 인솔하였다. 가끔은 신부들도 학생들 방학을 기다렸다가 원산 등지까지 동행 인솔하였다. 또 다른 부담은 많은 교통비였다. 철도청에서 매년 기차 요금의 50%를 할인 받았으나, 편도에만 학생 42명에 총 400엔(800마르크)의 여비가 들었기 때문이다.58)

수도원과 신학교가 덕원으로 이전하는 1927년에는 여름방학 후 예년과 달리 두 달 늦은 11월 1일 덕원의 새 신학교에서 시작하기로 하였다.59)

교복으로는 학생 각자가 마련한 한복을 입었다. 바지, 저그리에 조끼나 두루마기를 입고 검은 학생 모자를 쓴 모습을 사진에서 확인 할 수 있다.

② 학생수

학생들은 대부분 만주의 간도 지역 출신으로, 교구 인수 당시 함경도의 두 개 본당이 있던 원산과 내평 지역 지원자는 드물었다. 1921년 개고 당시 신입생 15명 중 14명이 간도에서 왔다.60) 그 후 학생 총수는 1923년에 33명, 1925년 4월에 29명

---

57) 서울수도원 연대기 1924년 12월~1925년 부활절.
58) 서울수도원 연대기 1927년 1~8월.
59) 위와 같음.
60) Romer, A., *op. cit.*, 만주 지역 지원자가 많은 것은 간도에 1897년 한국인 천주교 신자들로 교회가 창설되면서 영토상으로는 중국에 속하나 교회 영역으로는 한국에 속해 있어서 여전히 원산본당을 관할하는 조선교구 성직자가 간도 천주교회 신자들을 돌보았기 때문이다. 간도 이주민 중 가톨릭 신자의 비율은 높지 않으나, 당시 한국 천주교회 신자 비율과 비교하면 거의 5배에 가까웠는데, 그 원인은 매년 많은 영세자를 배출하였기 때문이다. 간도의 신자들은 거리상 가까운 원산, 내평, 안변 출신들이 많았다. 또한 간도 천주교회는 이주 초기부터 고육 운동을 통해 자립과 협동심을 키우며 민족 교육에 열심이었는데, 그러던 중 원산교구를 맡게 된 베네딕도회가 간도 지역도 관할하며 교육 선교에 주력하면서 간도의 가톨릭교회는 교육적인 면에서 크게 발전하였다. 이와 같은 역사적 배경이 베네딕도회 서울신학교에 만주 지역 신학생 지원자가 압도적으로 많은 원인이었을 것이다. 윤선자, 앞의 책, p.157 이하 참조.

이었다. 당시 학생들의 출신 본당은 원산 1명, 내평 3명, 삼원봉 2명, 용정 11명, 팔도구 11명, 혼춘 1명 등으로 함경도 지역이 4명, 만주 지역은 25명이었다. 그들 중 8명만 3학년이고, 나머지 21명은 아직 1학년이었다.[61] 그러나 5개월 후 새 학년이 시작되는 1925년 9월 12일에는 원산과 만주에서 19명의 학생이 지원하여 예비과 18명, 2학년 17명, 3학년 7명으로, 3개 학년 총 47명이었다. 그중 5명은 중도에 학업을 포기하였다.[62]

1927년 서울신학교 마감 당시의 총 학생수는 42명이었다.[63]

③ 교수진과 교과목

학습 교과는[64] 우선 2년 과정의 예비과에서 보통학교 교과목을 보완하고, 라틴어 학습을 시작하였다. 당시 한국의 4년제 보통학교에서는 도덕, 국어, 일본어, 한문의 읽기와 쓰기, 산수, 한국 향토지(鄕土誌) 등을 가르쳤으나 철저하지 못하여 신학교 예비과에서 보충 교육을 시행한 것이다. 다음 중등과 6년 동안에는 라틴어를 집중적으로 학습하며 교리, 기하, 대수, 한국어, 일본어, 역사, 지리 및 화학, 물리를 공부하였다. 중등 과정의 마지막 학년부터는 독일어 학습도 시작하였다.[65] 학생들은 수학은 어려워하였으나, 나머지 과목은 흥미 있게 공부하였다.[66]

중등과 5학년 시간표를 예로 본다면, 한 주(週)에 29시간 학습하였는데, 교리 3시간, 라틴어 6시간, 한문과 고전(古典) 2시간, 작문 1시간, 일본어 4시간, 대수 2시간, 기하 1시간, 물리 1시간, 동양사 2시간, 서양사 1시간, 자연과학 2시간, 지리, 체조, 미술, 음악 각 1시간씩 배정되었다.[67]

---

61) 서울수도원 연대기 1924년 12월~1925년 부활절.
62) 서울수도원 연대기 1925년 5월~12월; Eckardt, A., *op. cit.*, p.266 참조. 1925년 학생 숫자에는 출입이 있는데, 서울연대기의 각 과 학생수 합계, 에카르트, 로머의 기록이 일치하여 42명이 옳다. 연대기에서 48명 중 4명이 탈락하였다는 것은 오류이며 47명 중 5명 탈락이 바르다.
63) 서울수도원 연대기, 1927년 1~8월.
64) Eckardt, A., *op. cit.*; Romer, A. *op. cit.* 참조.
65) 에카르트는 6학년부터라고 하였는데 로머는 5학년 때부터 시작한다고 하였다.
66) Romer, A., *op. cit.* 참조.
67) Eckardt, A., *op. cit.*, p.266.

교사진은 신부 3명, 한국인 교사 2명이었다. 라틴어와 교리는 로머 교장을 비롯한 신부들이 교수하였다. 물리학은 처음에는 다베르나스 신부가, 그 뒤를 이어 1926년부터 에카르트 신부가 가르쳤다. 수학과 지리는 한국인 교사가 맡아 교수했는데, 그중 원 요한 선생은 베네딕도회 설립 사범학교인 숭신학교 출신이었다. 사우어 주교도 가능하면 강의를 맡아, 1925년 12월 초부터 포교사목신학 입문과 교회법을 수업하였다.68) 음악은 1924년 7월 노이기르그(Neugirg, Placidus, 俞順和) 신부가 한국에 부임하며 수업을 시작하였는데, 이듬해 9월에 브란들(Brandl, Alexius, 張仁德) 신부가 내한하며 1926년부터 풍금 연주법을 지도하였고 또 미술도 가르쳤다. 1925년 성탄절에 신학교는 수도원으로부터 오르간을 한 대 선물 받았다.69)

④ 일과(日課)

신학생들의 생활 시간표는 다음과 같았다.

5시 15분 기상하여 아침기도, 6시에 미사, 7시 아침 식사. 7시 15분부터 9시까지 자율학습, 9시부터 12시까지 오전 수업, 12시 점심식사, 12시 30분부터 13시 30분까지 매일 번갈아 노래, 체조, 독서시간, 14시부터 16시까지 오후 수업, 16시부터 16시 30분까지 자유 시간, 16시 30분부터 묵주기도, 17시부터 19시까지 자율학습, 19시 저녁식사, 19시 15분부터 20시까지 자유 시간, 20시 기도 후 21시까지 자습, 그 후 취침이다.
자유 시간에는 오락, 운동, 게임 등을 번갈아 했는데, 학생들은 축구와 테니스를 특별히 좋아하였다. 비 오는 날이나 겨울철 저녁에는 교실에 함께 모여 주사위 놀이, 윷놀이, 서양 바둑 등을 하며 놀았는데, 한국식 장기와 서양장기 두는 것을 제일 좋아했다. 또 이때는 하모니카를 불거나, 풍금을 치거나 하며 활기가 넘쳐 마치 "집시 가족들" 같았다.70)
매주 목요일과 일요일 및 공휴일 오후에는 교장이나 사감 신부와 함께 도시 근교로

---

68) 서울수도원 연대기 1925년 5~12월.
69) 위와 같음.
70) Eckardt, A., op. cit., p.268.

산책을 나갔다.

⑤ 특별 활동

특별 종교 활동으로는 매일미사와 기도 외에 한 주에 한 번 내지 두 번 신앙 모임을 가졌다.

학생들로 성가대를 조직하여 미사 때마다 10여 명이 미사 성가를 도왔고, 일요일과 축일미사에는 그레고리안 성가를 불렀다. 이 성가대는 신학생, 신자들은 물론 일반인들에게도 성가 및 성 음악을 이해, 보급시키는 데 공헌하였다. 특히 1924년 성탄미사는 창미사로 봉헌하였는데, 미사 후 부른 조선어 성가 '고요한 밤, 거룩한 밤'은 가장 아름다웠다고 연대기에 기록되었다.[71]

모든 신학생은 미사에 복사(服事)를 하고, 정례적으로 매년 6월 원장 신부와 함께 성체거동을 거행하였다.

고학년 신학생들은 신앙 수련을 위한 특별 피정을 하였다.

2) 덕원신학교

① 연혁 및 교무 일반

1927년 서울수도원이 덕원으로 오며 신학교도 수도원에서 약 200m 떨어진 곳에 자리 잡았다. 덕원에서의 새 학년은 1927년 11월 1일 시작하기로 하였으나, 학교 건물 공사의 지연으로 한달 늦은 12월 1일자로 개교하였다.

학교는 말(馬) 편자 형태인 'ㄷ'자 2층 건물로 중앙이 세로 26m, 가로 14.5m, 좌우 양측이 각각 세로 35.5m, 가로 9.5m로 총면적은 1.200㎡이었다.[72] 신학교는 건축 기금 기증자에게 감사하는 뜻으로 그 이름을 따서 빌리브로드신학교(Das Priesterseminar St. Willibrord des Apostolischen Vikariats Wonsan)라고 명명하였다. 이 신학교는 수도원 성당과 더불어 건축학적으로 덕원에서 가장 아름다운 건물이어서 사우어 주

---

71) 서울수도원 연대기 1924년 12월~1925년 부활절.
72) 덕원수도원 연대기 1927년 8~12월.

교는 '덕원의 보석 상자'(Das Schmuckkästchen von Tokwon)라고 부르며 자랑스러워하였다.73) 그러나 신학교 건물은 1938년 9월 23일 원인을 알 수 없는 화재로 전소되는 불운을 겪었다. 학생들은 수도원 이곳저곳에 흩어져 수업을 계속하며, 평양교구의 메리놀회에서 빌려준 착수금과 네델란드 보험회사의 화재보험금 16만 마르크(8만엔)로 10월 중순 복구를 시작하여 12월 26일에 완공하였다.74)

신학교는 1935년 2월 10일 함흥도청으로부터 정식 설립인가를 받았다. 1933년부터 일제 당국은 인가를 종용했으므로 신청하였던 것이다. 이에 따라 교수 신부와 일반 교사들도 모두 인가를 얻고, 5월 1일 공식개교를 통보 받은 후 1935년 5월 14일 개교식을 거행하였다.75)

학업은 서울신학교 과정과 동일하게 지속되어 예비과 2년, 중등과 6년의 소신학교(小神學校) 과정과, 철학과 2년, 신학과 4년의 대신학교(大神學校) 과정의 총 14년이었다. 그러나 1935년 국가 공인 후에는, 중등 과정 5년, 고등 과정 2년, 철학과 2년, 신학과 4년으로 인가가 나서 소신학교 7년, 대신학교 6년, 총 13년으로 학업 과정이 1년 줄었다.76)

그러므로 소신학교는 1921년 11월 1일 서울수도원에서 개교하였으나, 국가의 정식인가는 1935년 2월 10일에야 획득한 셈이다.

한편 대신학교는 1934년 9월 9일에야 시작되었다. 덕원신학교에는 신학 과정을 전담할 교수가 없었으므로 1932년에 2년의 철학 과정을 마친 학생 두 명을 대구 성유스티노신학교로 보내 신학 과정 2년을 수료시키고, 이들이 돌아온 후 대신학교를 열었기 때문이다.77)

신입생은 지원자의 부족으로 서울신학교 때부터 2년에 한 차례씩 모집하였는데,

---

73) 덕원수도원 연대기 1938년 6~12월; Kugelmann, W., *op. cit.*, p.105.
74) 덕원수도원 연대기 1938년 6~12월.
75) 학교가 정식 인가를 받은 데 따른 이점은 국가의 인정을 받았다는 점과, 학생과 교사들의 철도 요금 40% 할인 혜택이었다. 그러나 관청의 감독을 감수하고, 관공서가 요구하는 잡무 처리에 시간과 정력을 써야 하는 것은 단점이었다. 덕원수도원 연대기 1936년 전반기.
76) 덕원수도원 연대기 1935년 전반기.
77) 덕원수도원 연대기 1932년 7~12월 및 1934년 7월~1935년 1월.

점차 지원자가 늘자 1941년부터는 매년 학생을 받았다. 1928년부터는 평양 메리놀회에서도 중등 과정에 학생들을 보내기 시작하였는데, 덕원 학생들과 모든 과정을 함께 공부하였다.

신 학년은 9월 초에 시작해 이듬해 6월 말에서 7월 초에 졸업식과 종업식으로 마무리하였다. 대개 6월 끝 주일에 이틀 동안 기말시험을 치렀는데, 어느 때는 사우어 주교가 매일 3시간씩 여러 날에 걸쳐 철학과와 신학과 학생들을 직접 철저히 시험한 일도 있었다. 그 후 치른 시험에 대해 진심으로 (그 실력을) 인정해주었다.[78] 학년 말 시험을 마치면 다음 며칠 동안은 자연 속에서 지내며 해수욕을 하는 등 즐겁게 지낸 후 여름방학을 시작하였다.[79] 그러나 1936년부터는 신 학년을 4월 1일에 시작하여 이듬해 3월 말일에 끝냈다.[80] 1935년 2월 10일 신학교가 함흥도청으로부터 공식 인가를 받고 5월 1일 공식 개교 한 이후 일본 학제를 따라야 했기 때문인 듯하다.

방학은 더위 때문에 여름방학이 두 달 반 정도 되었고, 성탄절과 부활절 방학은 짧았다.[81] 겨울 방학에 대한 언급은 없는 것으로 보아 아마도 성탄절부터 1월 6일 삼왕내조(三王來朝)까지 약 열흘의 짧은 성탄방학과, 부활절의 성주간부터 부활주일 다음 월요일까지가 부활절 방학이었던 듯하다. 이 같은 방학 제도는 유럽의 학제를 그대로 따른 것이다. 여름방학에는 학생들이 집으로 돌아갔는데, 서울신학교 때와 마찬가지로 연길교구 학생들을 위해서 매번 교사나 신부 한 사람을 인솔자로 딸려 보냈다.[82]

교복은 집에서 각자 마련한 바지, 저고리, 조끼와 두루마기 등 한복을 입었는데, 대개 겨울에는 검은색, 여름에는 흰색이었다. 겨울에는 검정, 여름에는 흰 모자를 썼다. 이 교복은 언제부터인가 윗저고리에 단추 다섯 개가 있는 일본학생복과 같은 검정양복이 되었는데, 1935년 개교식 사진에는 양복 교복을 입고 있어서 그 이전에 교복을 지정하여 입힌 듯하다.

1930년 6월 28일에 덕원신학교 최초의 소신학교 졸업생이 배출되었다. 이준성

---

78) 덕원수도원 연대기 1937년 전반기.
79) 덕원수도원 연대기 1928년 1~7월.
80) 덕원수도원 연대기 1936년 전반기.
81) Eckardt, A., *op. cit.*, p.268.
82) 덕원수도원 연대기 1931년 7~12월.

(李俊成), 최병권(崔炳權), 김충무(金忠武), 한윤승(韓允勝) 등 4명이다. 이들이 2년 과정의 철학과에 진학함으로써 베네딕도회신학교의 대신학교 교육이 시작되었다.83) 그러나 덕원신학교에 신학 과정을 전담할 교수가 없어 2년의 철학 과정을 마친 김충무와 한윤승을 1932년 9월 대구성유스티노신학교로 보내 신학 과정 2년을 수료시켰다. 그 후 이들이 돌아와 신학과 3학년이 되고, 신학과 1학년 7명, 철학과 1학년 5명 등 총 14명으로 체제를 갖추었으므로 실제로 덕원신학교는 1934년 9월 9일에야 대신학교 교육이 시작되었다고 할 수 있다.84)

1936년 성삼주일에는 연길교구 출신 김충무와 한윤승이 서품되었다. 1921년 11월 1일 서울에 소신학교를 설립한 지 14년 6개월 만에 최초의 덕원신학교 출신 사제가 탄생한 것이다. 이어 1938년 3월 21일에는 원산교구 소속 임화길(林和吉)과 김보용(金寶容)이 사제품을 받았고, 4월 초 수난주간 토요일에 최병권이 질병 때문에 뒤늦게 서품되었다. 이에 드디어 베네딕도회는 현지인 사제를 양성하여 선교에 동참시키는 새로운 장을 열게 되었다.

1941년 12월 일본은 태평양전쟁을 일으키며 전시 체제로 돌입하였다. 이 시기에 일본은 소위 '내선일체'(內鮮一體)의 표어를 내걸고 민족 말살 정책을 감행하였는데, 이 정책 수행을 위해 특별히 동원된 것이 교육 기관이었다. 이미 1936년 3월부터 각급 학교 졸업식에서 일본인 교사가 덴노(天皇)의 칙서를 엄숙히 낭독하여야 했고, 1937년 중일전쟁 발발 이후에는 매월 6일 모든 학교에서 전쟁 경위와 애국정신을 고취시키는 계몽 수업이 의무화되었다. 또한 출전 일본인을 위해 소신학생들은 역에 나가 '반자이'(萬歲)를 외치며 전송하여야 했다.85) 한편 1939년부터 신학교 모든 수업의 일본어 강의가 의무화되고, 그 위에 1940년에는 일본인 교사 두 명을 추가 채용해야만 했다.86)

---

83) 덕원수도원 연대기 1930년 전반기. 『함경도 천주교회사』(p.305)에서 1929년 9월에 대신학교가 시작되어 1930년 6월에 졸업하고 이때부터 신학과를 시작하였다는 것은 오류이다. 1929년 9월에는 중등 과정 6학년을 위해 원장 신부가 철학 입문을 강의해주었을 뿐이다.
84) 덕원수도원 연대기 1932년 7~12월 및 1934년 7월~1935년 1월.
85) 덕원수도원 연대기 1937년 7월~1938년 7월.
86) Kugelmann, W., op. cit., p.107.

이런 중에도 덕원신학교는 1942년부터 1946년 5월까지 한국 가톨릭교회의 통합 신학교 역할을 수행하였다.

종교 교육기관에 대한 총독부 학무국의 입장은 그리스도교의 각 교파는 하나의 신학교만 있으면 된다는 것이었다. 그리하여 천주교에 대해서는 1942년 2월 16일자로 정식 인가(正式認可) 없는 용산신학교의 폐교를 명령하였다. 당시 용산신학교는 대신학교로, 소신학교는 혜화동 동성학교 을조(乙組)로 운영되고 있었다. 갓 주교가 되었던 노기남 서울교구장은 대신학교를 소신학교에 통합시키는 방식으로 용산신학교를 유지하려 하였으나 학무국의 허가를 받지 못하였다. 그리하여 다시 대신학교 학생은 덕원신학교로 전학시키고, 일본군이 징발 예정이던 용산신학교 건물은 성모병원(聖母病院) 분원을 개설한다는 명분을 대어 가까스로 일제의 승인을 얻었다. 사우어 주교는 서울교구의 대신학생 전학 요청을 기꺼이 수락하여, 1942년 4월 새 학년부터 용산신학교 대신학생들은 덕원에서 학업을 계속할 수 있었다. 1943년에는 대구 성 유스티노 신학교가 총독부에 의해 폐교당하여, 결국 대구 대신학생들도 모두 덕원신학교로 오게 되었다. 그리하여 1943년 당시 덕원신학교는 본래 예정 인원 60여 명을 초과하여 학생 총수 100여 명을 헤아리며, 해방 후 1946년 5월 서울과 대구 신학생들이 돌아갈 때까지 덕원에서 함께 공부하였다.[87] 덕원신학교는 1935년 2월 10일에 정식 인가를 받았고, 또한 일본의 동맹국인 독일 신부들이 운영하는 학교였으므로 일제에 의해 폐교당하지 않은 듯하다.

중일전쟁 발발 후부터 제2차 세계대전 종전까지 신학생들은 부역에 자주 동원되었다. 종전 직전인 1945년 7월 16일에는 일본군이 신학교를 압류하여 8월 15일 해방되던 날까지 군인들이 주둔하기도 하였다.

1949년 5월 11일 수도원과 신학교가 공산 정권에 의해 폐쇄되자 덕원신학생들 대다수는 남하하여 서울 혜화동의 '경성천주공교신학교'(京城天主公敎神學校)로 가서 서울, 대구신학교 학생들과 함께 공부하였다. 압류된 덕원신학교는 그 후 농과대학으로 사용되었는데, 소련 교수들도 불려와 강의하였다.[88]

---

87) Kaspar, *op. cit.*, p 108; Kugelmann, W., *op. cit.*, p.108.
88) 임화길(林和吉) 신부의 목격 체험담, 『함경도 천주교회사』, p.403 참조.

폐쇄 전까지 덕원신학교에서는 베네딕도 회원을 제외하고도 해마다 평균 두 명의 교구사제를 배출하여, 덕원에서 공부하고 사제로 서품된 교구신부와 베네딕도회원의 수는 도합 40명에 달했다.[89]

1945년 이후 덕원, 함흥, 연길교구 출신으로 남한에서 서품된 성직자는 윤공희(尹恭熙), 최명화(崔命化), 지학순(池學淳), 김영근(金永根), 김성도(金成道), 이경우(李慶雨), 김남수(金南洙), 정환국(鄭桓國), 함영상(咸英相), 김계춘(金啓春), 김병도(金秉濤), 이동훈(李東勳), 양덕배(梁德培) 등이다.

② 학생 수

학생 총수는 1927년 6월 서울신학교 마감 당시 총 42명이었다. 그런데 12월 1일 덕원신학교를 개교할 때는 27명의 학생이 추가로 입학하여 이듬해 새 학년이 시작되는 1928년 9월에는 7학년 5명, 5학년 12명, 2학년 19명, 예비과 27명으로 총 63명이었다. 학년이 하나씩 건너뛰는 것은 매년 신입생을 받기에는 지원자가 너무 적어서 1941년까지는 격년으로 신입생을 받았기 때문이다.

1929년 9월 새 학년에는 아홉 명이 탈락하여 8학년 4명, 6학년 11명, 3학년 14명, 1학년 25명으로 총 54명[90]이었다.

1931년에는 원산교구 18명, 연길교구 33명, 총 51명의 신학생이 있었다.[91]

1932년에는 10명의 신입생이 늘어 총 52명이 되었는데, 철학과 2명, 8학년 및 졸업반 6명, 5학년 9명, 3학년 12명, 1·2학년 20명이었다. 나머지 3명은 수도원에서 원산 보통학교로 통학시켰는데, 신학교 지원 조건이 보통학교 졸업이었으나, 학교를 다닐 수 없었던 자격 미달 학생들은 일단 입학시켜 수도원에서 보통학교에 보낸 듯하다.[92]

1934년 9월 현재 학생 총수는 39명으로 대신학생 14명, 소신학생 25명이었다.

---

89) Kugelmann, W., op. cit., p.108.
90) 덕원수도원 연대기 1929년 9월 1일~12월 31일에는 11명이 탈락하여 총 52명이라 하였는데, 1928년과 1929년의 학년 학생 분포를 보면 9명 탈락에 학생 총수 54명이 옳다.
91) 덕원수도원 연대기 1931년 7~12월.
92) 덕원수도원 연대기 1932년 1~7월.

대신학생은 신학과 3학년 2명, 1학년 7명, 철학과 1학년 5명이다. 신학과 3학년 2명은 대구신학교에서 2년간 신학을 공부하고 돌아온 김충무, 한윤승이다.[93]

1935년 9월 새 학년에는 대신학교 17명, 소신학교 33명으로 총학생 수가 50명으로 늘었는데, 그중 6명은 평양교구의 메리놀회에서 보낸 대신학생이었다.[94] 평양교구에서는 1936년에도 5명의 중학 졸업생을 보냈다.

1937년에는 재학생 총수 46명이던 것이 73명으로 증가하였다. 평양교구에서 6명, 연길교구에서 9명, 원산교구 8명의 총 23명이 1학년에 입학하였고, 그 위에 평양에서 중학을 졸업하고 고등과에 진학하려는 준비 과정생 5명도 보냈기 때문이다.[95] 또한 이 해 10월 28일에는 7명의 독일 대신학생들이 덕원신학교에서 공부하기 위해 덕원에 왔다. 그중 4명은 원산교구, 3명은 연길교구에 배속되었는데, 그로부터 2개월 후 연길교구에 소속될 신학생이 한 명 더 도착하여 각각 4명이 되었다. 독일 신학생을 선교지에서 직접 교육시킨다는 의미에서 획기적인 계획이고 실천이었다.[96]

현존 덕원수도원 연대기가 1939년 5월 보고문까지 남아 있으므로[97] 그 이후 학생 수는 미상이었는데, 아이러니하게도 조선총독부 경무국 보안과에서 고등계 형사들을

---

93) 덕원수도원 연대기 1934년 7월~1935년 1월.
94) 덕원수도원 연대기 1935년 후반기.
95) 덕원수도원 연대기 1937년 전반기.
96) 이들의 환영식에서 임화길 부제는 자신이 직접 작성한 독일어 환영사를 읽었고, 프룀머(Frömmer)가 라틴어로 답사하였다. 덕원수도원 연대기 1937년 7월~1938년 7월.
97) 원산본당에서 본원인 상트오틸리엔에 해마다 보내던 연대기 보고서가 1933년부터 3년 주기가 되었다. 즉 1933년 5월 1일부터 1936년 5월 1일까지, 1936년 5월부터 1939년 5월까지 3년치 보고서를 몰아서 써서 보냈다. 그 이유를 1936년 연대기 기록자는 "주민들의 이동이 증명하듯, 매우 불안정하고 국내 정치가 변혁되는 시기에는 특별히 기록할 만한 큰일은 없다. (그래서) 원산본당 연대기가 마지막 나온 것이 1933년 5월이었다"라고 하였다. 원산본당 연대기 1933년 5월 1일~1936년 5월 1일 참조. 또한 1939년 연대기 기록자는 그간 본당이 처한 위기와 성당 건축에 대한 걱정이 전혀 해소되지 않아, 새 성당에 관해 보고할 때까지는 연대기를 쓰지 않겠다고 결심했고, 드디어 1938년 9월 25일에 성당 봉헌식을 거행하였다고 기록하였다. 베네딕도회의 한국 진출 이후 해마다 한 차례나 반년마다 혹은 분기별로 상세하게 기록, 보고하던 연대기를 끊은 것은 일제가 민족 말살 정치를 시작하면서 교육 기관에 대해 감시를 강화하였는데, 1936년 연대기 기록자가 "매우 불안정하고 국내 정치가 변혁되는 시기에는 특별히 기록할 만한 큰일은 없다"고 언급하였듯 분쟁거리를 피하려는 의도가 아니었을까 추측할 수 있다. 현존 원산교구 연대기는 1939년 5월까지의 기록이다.

동원하여 조사한 「치안 상황 고등(기독교 관계, 1940)」 중 「1939년 7월 기독교에 관한 조사표」의 "각 교파 경영의 교역자 양성기관 조사" 기록으로 덕원신학교 1939년 학생 수를 알 수 있다. 이에 의하면 중학교 1학년 20명, 2학년 없음, 3학년 11명, 4학년 없음, 5학년 4명, 고등학부 1학년 4명, 2학년 4명, 철학부 1학년 없음, 2학년 7명, 신학부 1학년 2명, 2학년 1명, 3학년 2명, 4학년 14명으로 총 69명이었다.98)

1942년에는 서울의 용산 신학생이, 1943년에는 대구 신학생이 모두 덕원신학교로 오게 되어, 1943년부터 1946년 5월까지 덕원신학교는 학생 총수 100여 명을 헤아리게 되었다.

③ 교수진과 교과목

덕원신학교는 우수한 자질을 갖춘 교수진으로 구성되어 있었다. 베네딕도회는 자신들이 배출할 한국인 성직자의 수준을 높이기 위해서는 학덕이 높은 교수가 필수적이라고 인식하였고, 특히 철학과 신학 교수는 반드시 박사 학위 소지자를 보유하려 하였다. 또한 한국은 유럽보다도 교육의 가치를 훨씬 중요하게 여기고 교육열도 더 높다고 판단하여, 그에 부응하는 교육을 실시하면 그 보답이 선교의 성공으로 이어지리라고 확신하였다.99) 그 결과 덕원신학교는 1921년 신학교 설립 이후 일제 말기까지 한국에서 가장 많은 박사 학위 소지자 교원을 보유한 신학교였다.100)

또한 교수진에는 수도원 신부들이 대거 참여하였다. 예를 들어, 1935년 수도원의 11명 신부 중 8명이 신학교의 주 직책을 맡으며 강의하고 있었는데, 당시 학생은 50명에 불과하였고, 일반 교사도 4명 있었다. 이는 신학교라는 특성적 이유 외에, 교수 신부들의 언어상의 어려움도 고려했기 때문이다. 고급 강의에는 한국어 학술 용어는 물론 한자 표현까지 알아내어 사용해야 했으며, 그 위에 아직 한국어로 번역된 적이 없는 전문 용어의 개념 정의와 해설이 외국인 교수 신부에게는 큰 부담이었으므로 강의 준

---

98) 김승태(편역), 『일제강점기 종교 정책사 자료집—기독교편, 1910~1945』, 한국기독교역사연구소, 1996, p.350.
99) 덕원수도원 연대기 1930년 7~12월.
100) 『함경도 천주교회사』, p.306.

비에 충분한 시간을 할애할 수 있도록 많은 교수를 확보하였던 듯하다. 그리하여 베네딕도회 신학생들은 당시 최고 수준의 학식을 갖춘 다양한 분야의 전문가들로부터 철저한 교육을 받았음에 틀림없다.

덕원신학교의 소신학교 학습 교과과정은 서울신학교의 연속이니만큼 동일하였다. 1928년 9월 21일 새 학년 시작 당시 덕원신학교는 다섯 명의 신부, 두 명의 한국인, 한 명의 일본인 교사 등 총 여덟 명의 교사가 있었다. 교장은 로머 신부, 사감은 슈넬 신부였는데, 1934년부터는 비테를리(Bitterli, Timotheus, 李聖道)가 사감 직책을 이었다.[101]

여덟 명의 교사는 7학년, 5학년, 2학년, 예비과 등 4개 학년 강의를 맡았다. 슈미트 원장 신부는 몇몇 학년의 교리와 5학년 물리, 레오폴드 다베르나스 부원장 신부는 두 개 학년의 미술(소묘)과 7학년 물리, 교장과 사감 신부는 전체 학년의 여러 과목을 가르쳤다. 음악은 이미 1924년 서울신학교에서부터 음악교육을 시작한 노이기르그 신부와 젊은 신임 두라흐(Durach, Ephräm) 신부가 맡았는데, 특히 두라흐 신부는 다섯 개의 바이올린으로 구성된 관현악단을 지도하였다.[102] 라틴어는 로머 교장 신부가 담당하였다. 일반 중학교에 비해 라틴어와 독일어가 추가되어 학생들의 부담이 많았으므로 영어는 교과과정에 넣지 않았다.[103]

1929년 9월 21일 새 학년 때는 신부 3명, 평신도 교사 3명으로 총 6명의 교사가 있었다. 평신도 교사는 전 해에 한국인 교사 둘에 일본인 하나였는데, 이 해에는 한국인이 한 명 줄고 대신 일본인이 한 명 늘었다. 원장 신부는 주 2시간의 철학과 8학년 라틴어, 6학년 물리학, 교장 신부는 나머지 3개 학년의 라틴어, 사감 신부는 모든 학년 교리와 유럽의 역사와 지리를 가르쳤다. 한국인 평신도 김(金) 교사는 한국어, 한문, 한국사, 한국 지리 등 한 주에 28시간을 맡아 교사 중 가장 수업 시간이 많았다. 일본인 교사 후카호리(Fukahori)는 수학과 실과(實科)를 합쳐 주당 22시

---

101) 덕원수도원 연대기 1934년 7월~1935년 1월 참조. Kugelmann은 비테를리가 1937년에 사감 겸 교사가 되었다고 하였으나 오류이다.
102) 노이기르그 신부는 일반 음악 과목을 맡고 두라흐 신부는 악기 연주를 담당한 듯하다. 노이기르그 신부는 수도원 성가대도 비약적으로 발전시켰다. 덕원수도원 연대기 1929년 2~9월.
103) 덕원수도원 연대기 1928년 7월~1929년 1월 31일.

간 강의하였다. 이 해에 일본에서 온 25세의 와세다(早稻田)대학 문과 졸업생인 일본인 교사 하야시(林)는 모든 학년 일본어를 가르쳤다. 그러나 하야시 선생은 늑막염으로 1930년 3월 말에 수업을 중단한 후 곧 고향으로 돌아갔고, 후카호리 선생도 부인의 지병으로 학교를 그만두었다.104) 이 세 명 교사의 월급은 도합 300엔으로 1년 총액 7,000마르크가 넘었다. 물론 신부 교수들은 급여를 받지 않았다.105)

1935년에는 쿠겔만(Kugelmann, Willibald, 孔樂道) 신부가 소신학교 교사로 들어와 3학년 라틴어, 초급 독일어 두 반, 종교학을 가르쳤다. 전례학과 교부학은 밀레만(Millemann, Honorat) 신부가 담당하였다.106)

소신학교에서는 1939년부터 일본어로만 가르쳐야 했으나, 로머 교장 신부와 쿠겔만 신부는 일본어로 수업하지 못했다.

1940년에는 영어도 선택 과목이 되어 조르거(Sorger, Gregorius) 신부가 맡았고, 1941년부터 1942년까지 보이론(Beuron)수도원의 람로트(Ramroth, Odilo) 신부가 성서를 강의하였다. 교회사는 내평 출신 덕원신학교 졸업생 재속 신부 최병권이 맡았는데, 1941년부터는 세계사도 가르쳤다.107)

1940년 당시 신부 교사 10명, 일반인 교사는 한국인과 일본인 각 2명씩이었는데, 해방 후에는 일본인 교사 2명 자리를 한국인 교사가 채웠다.108)

대신학교는 1930년 6월 덕원신학교 최초로 4명이 소신학교를 졸업하고 2년 과정의 철학과에 진학하면서 시작되었다.

대신학교에서는 윤리학, 교의신학, 교회법, 교회사, 성서신학 및 교부신학 등을 특히 비중을 두어 교수하였다. 철학은 원장 슈미트 신부가 라틴어로 가르치기 시작하였는데, 대신학교 학장으로 예정되었던 슈미트 신부가 1930년 상트오틸리엔모원

---

104) 덕원수도원 연대기 1929년 9월 1일~12월 31일 및 1930년 전반기.
105) 덕원수도원 연대기 1929년 9월 1일~12월 31일.
106) Kugelmann, W., op. cit., pp.105-106.
107) Kaspar, A., op. cit., pp.105.
108) Kugelmann, W., op. cit., pp.105-106; 김승태(편역), 앞의 책, p.350. 김승태 "치안 상황 고등 (기독교 관계, 1940)" 중 "1939년 7월 기독교에 관한 조사표"의 '각 교파 경영의 교역자 양성기관 조사'에 의하면 당시 동양인 교사는 당직강, 서정덕, 한승서, 김진홍이다. 최병권 신부는 학교 이사로 등재되어 있다.

의 대원장 보좌로 임명되자, 오틸리엔 본부에서는 오틸리엔의 철학 교수 클링사이즈(Klingseis Rupert, 吉世東) 신부를 보냈다.

1934년 당시 대신학교에서는 슐라이어 신부가 교리신학과 성서, 브란들 신부가 교회법, 클링사이즈 신부가 윤리신학과 주당 11시간의 철학 및 철학과를 위한 교회사를 강의하였다. 브란들 신부는 음악도 수업하였다. 로트 원장 신부는 소신학교 독일어 및 교리를 맡았고, 로머 교장 신부는 모든 학년의 라틴어를 담당하여 주당 20시간을 강의하였다. 새 사감이 된 비테를리 신부는 두 개 학년 교리를 맡았다. 기타 정규 과목은 한 명의 한국인과 두 명의 일본인 교사에게 일임되었다. 새로 설강한 교리교수법과 설교학은 원산 본당의 담 신부와 콜러(Kohler, Eligius, 景道範) 신부가 신학교를 왕래하며 담당하였다.109)

음악은 학생들이 좋아하고 재능을 발휘하는 과목이었다. 노이기르그 신부와 두라흐 신부가 담당했는데, 1931년부터는 휘셔(Fischer, Wolfram, 許) 신부가 맡아, 관현악단도 확대시켜 지도하였다. 1933년 두라흐 신부가 귀국하자, 1934년부터는 당가 신부이던 노이기르그가 다시 음악교육을 맡았다. 1934년 당시 39명의 신학생 중 13명이 풍금이나 피아노, 11명은 현악기, 15명은 관악기를 배우고 있어 일인일기(一人一技)의 특기 교육을 실행하였다.110) 그러나 무슨 연유인지 1935년 음악 수업이 없어 졌고, 1938년 9월 23일의 신학교 화재로 음악실도 불타서 음악 연습마저 할 수 없이 되었다.111) 그 후 다시 음악 수업을 하였는지는 자료의 미비로 알 수 없다.

④ 일과(日課)

학생들의 하루 일과는 다음과 같았다.

5시 30분 (겨울에는 5시 45분) 기상, 아침기도와 미사, 7시 아침 식사, 8시부터 9시까지 자율학습, 9시부터 12시까지 오전 수업, 수업 중간에 25분간 휴식, 12시부터

---

109) Kugelmann, W., *op. cit.*, pp.105-106.
110) 덕원수도원 연대기 1934년 7월~1935년 1월.
111) 최필선, "한국 가톨릭 악대 연구(1890~1945)",「부산 교회사보」, 부산교회사연구소, 제21호, p.12.

짧은 성체조배 후 점심식사, 자유시간, 13시 15분부터 14시까지 노래, 체조, 독서 시간을 매일 교대로 가졌는데, 날씨가 화창한 날은 삽과 호미로 정원을 가꾸기도 하였다. 14시부터 16시까지 오후 수업, 30분간 휴식, 16시 30분부터 은인(恩人)들을 위한 묵주기도, 17시부터 19시까지 자율학습, 19시 저녁식사, 20시 성체조배기도 후 저학년 어린 학생들은 곧 취침하고 큰 학생들은 21시 15분까지 각자 할 일을 마친 후 잠자리에 들었다. 사순절 동안은 매일 저녁기도 후 반 이상의 학생들이 '십자가의 길'을 따라 기도하고 취침하였다.

아침식사는 고봉으로 뜬 밥과 반찬, 점심식사에는 다시 고봉밥과 김치, 생선, 가끔은 감자도 먹었다. 한 주일에 두 번 쇠고기로 끓인 국을 주었다. 저녁식사도 다시 밥이었다.[112]

⑤ 특별활동

신학생들은 1928년 1월 '덕원신학교 학우회'를 만들며 과외 활동을 시작하였다. 우선 월간으로 30-40쪽에 달하는 회보 「등대(燈臺)」를 발행하였다. 특별한 애정과 인내심을 가지고 열심히 만들고 있다고 하였는데, 언제까지 발행되었는지 알 수 없고 「등대」도 찾을 수 없다.[113]

1933년 3월 17일에는 신학생들의 주도로 신학교 교지『신우(神友)』창간호를 발간하였다. 매년 연감(年鑑) 형식으로 300부씩 덕원 인쇄소에서 간행했는데, 1939년 제7호를 마지막으로 폐간되었다.[114] 일제의 압력에 의한 폐간인 듯한데, 조선총독부 경무국 보안과의 1940년 조선 기독교계의 상황 보고서「치안 상황 고등(기독교 관계, 1940)」중「1939년 7월 기독교에 관한 조사표」의 "각종 교파 기관지 조사"에「신우」가 들어 있다. 이에 의하면 창간 연월일 1933년 6월 25일, 발행 부수(1939년) 700부, 구독료 1부 45전, 최근 1년간 세입 예산 180원, 세출 예산 585원, 편집 발행인 안

---

112) Romer, A. *op. cit.*
113) 덕원수도원 연대기 1929년 9월 1일~12월 31일.
114) Kaspar, A., *op. cit.*, p.126; 덕원수도원 연대기 1936년 1월.

셸름 로메르, 인쇄인 디모데 유스라고 되어 있다.115) 학생들의 교우지를 세입, 세출까지 사찰하며 감시하고, 그보다도 일제가 모든 민족적 문화 활동을 금지하며 한글로 된 신문 및 잡지를 폐간시키자, 「신우」도 폐간한 듯 추측된다.

   신학생들은 행사 때면 그동안 배운 것을 발표하였다. 어학, 음악, 노래, 연극, 재담 등을 공연하였는데, 1932년 교장과 사감 신부 본명 첨례 날은 한국어, 일본어, 라틴어, 독일어로 축사를 하고 축가로 독일 노래까지 불렀다.116) 4년 후 행사 때는 앞서의 4개국 언어 외에 영어, 불어, 중국어 등 3개 국어를 더 추가하여 일곱 나라 말로 길고 짧은 축사를 하고 있다.117)

   음악 특별 활동은 노이기르그 신부와 두라흐(Durach, Ephräm) 신부, 1931년부터는 휘셔 신부와 브란들 신부가 지도하였다. 1928년 가을에 이미 5개의 바이올린으로 구성된 작은 현악단을 두라흐 신부가 지도하고 있었고, 1931년경부터 휘셔 신부가 본격적으로 관현악단을 조직하여 활동을 시작하였다. 1932년에는 첼로와 트럼펫, 호른 같은 많은 새 악기를 보충하고 단원도 크게 늘려 오케스트라로 불릴 만한 큰 규모로 성장하였다. 당시 찍은 사진 자료를 보면 악대 부원이 총 25명이고 관악기, 현악기, 타악기를 골고루 소지하고 있다.118) 1933년 두라흐 신부가 귀국하자, 1934년부터는 다시 노이기르그 신부가 관현악단 지휘를 맡았다.119) 브란들 신부도 음악 교사로 수업하며 관현악단도 지휘하였다.120) 악단은 각종 종교음악회, 축일 행사, 운동회, 자선 음악회 등에서 홀로 혹은 해성학교 관현악단과 함께 공연하였는데, 이 공연은 많은 사람들을 불러 모아 교회 홍보에 즉각적 효과를 내며 크게 기여하였다. 1934년 당시 39명의 신학생 중 13명이 풍금이나 피아노, 11명은 현악기, 15명은 관악기를 배우고 있어 일인일기(一人一技)의 특기 교육이 실행되었음을 알 수 있는데, 이는 모든 학생이 의무적으로 악기 하나씩을 선택하여 바이올린이나 풍금 등으로 반

---

115) 김승태(편역), 앞의 책, p.346.
116) 덕원수도원 연대기 1932년 1~7월.
117) 덕원수도원 연대기 1936년 전반기.
118) 덕원수도원 연대기 1932년 7~12월; 최필선, 앞의 논문, pp.11-12 참조.
119) 덕원수도원 연대기 1937년 7월~1938년 7월.
120) 덕원수도원 연대기 1936년 전반기 및 1938년 1월.

외국 선교회의 한국 선교

주할 수 있게 함으로써 후일 사목에 대비하려는 목적이었다.121)

각종 행사에 빠지지 않는 것이 연극 공연이었다. 1928년 성탄절에는 예수회 시메온(Simeon, Nic.) 신부의 단막 작품 '목동 다윗'을 26일에는 수도원 식구들을 위해, 27일에는 일반 교우들을 위해 공연하였다. 1931년 스테파노 첨례 때는 수도원을 위해 '요셉과 그의 형제들'을 공연하며 '조선 농부들의 라디오'라는 작품도 동시에 보여주었는데, 이 공연이 한국인들의 배우로서의 재능을 알게 해주었다고 연대기에서는 칭찬하였다.122) 1932년 성탄 이튿날에는 '한 불교 대학생의 개종'이라는 장막극에 이어 한국 사람들이 언제나 좋아하는 희극 몇 편도 일반을 대상으로 공연하였다.123) 1935년에는 마침 축사(畜舍)가 비어 성탄절 연극을 위한 유일무이한 절호의 기회여서 학생들은 축사를 무대 삼아 '아시시의 성 프란치스코, 그의 생애와 죽음'을 공연하였다. 12월 26일에는 이에 덧붙여 흥겨운 희극 한 토막도 레퍼토리에 넣어서 교우 및 외인 남성들, 이튿날은 여성들을 위해 공연하였다.124) 학생들은 연극이라는 과외 활동을 통해, 교인들의 신심을 고양시키고, 외교인들에게는 교회를 알리는 기회로 삼으려 한 듯하다.

수학여행과 소풍도 갔는데, 주로 덕원에서 가까운 금강산, 안변(安邊)의 석왕사(釋王寺), 삼방(三防) 등을 탐방하였다.

종교 행사로는 매년 6월 정례적으로 '성체거동'이 있었고, 일 년에 한 차례씩 한 주 내지 두 주일 간 피정을 하였는데, 그때는 한국인 신부가 초청되어 피정을 지도하였다.

신학생들은 매달 토론회도 개최하였다. 크고 작은 주제로 강연하며 연설법도 익혔는데, 교사들도 자주 참석하여 자신의 전공 분야를 주제로 발표하였다.

또한 학생 누구나 독일 상트오틸리엔신학교와 레겐스부르그(Regensburg)주교좌신학교의 또래 학생들과 우정을 나누는 라틴어 펜팔활동을 하였다.

---

121) 덕원수도원 연대기 1934년 7월~1935년 1월 및 1935년 전반기.
122) 덕원수도원 연대기 1931년 7~12월.
123) 덕원수도원 연대기 1932년 7~12월.
124) 덕원수도원 연대기 1935년 후반기.

2. 해성학교

1920년 원산교구 설정 후 베네딕도회 최초의 원산본당 주임신부로 부임한 에카르트는 그가 1921년 상트오틸리엔 본원에 보낸 연대기 보고서에서 '우리 교구는 팔쯔(Pfalz) 지방을 제외한 바이에른(Bayern)만큼 넓은데도 학교는 하나도 없습니다'라고 하여 교회에서 학교를 설립하는 것이 가장 시급한 과제라는 것을 역설하였다.[125]

베네딕도회가 교육 선교를 표방한 것은 그 성과가 근본적, 지속적이며, 파급 효과도 컸기 때문이다. 그러므로 학교의 설립 목적을 다음과 같이 추정할 수 있다.

첫째, 가톨릭 정신에 입각한 교육을 통해 신자 학생에 대한 체계적 종교 교육을 꾀하려 했을 것이다. 일반 학교에서는 도리어 가톨릭적 교육 정신이 훼손될 가능성이 더 컸기 때문이다.

둘째, 교육을 통해 외교인 학생들에게 종교적 영향을 주어 전교하려는 것이다. 특히 한 학생이 입교하면 주위의 친인척을 교화시킬 수 있어 선교의 파급 효과가 크기 때문이다.

셋째, 가난 때문에 취학할 수 없는 신자 자녀들의 교육을 담당하려는 것이다. 이들을 교육시켜 외교인보다 뛰어난 인재로 길러 빈민층을 벗어나게 하고, 나아가 중산층, 지식층이 되게 함으로써 이들을 통해 사회적으로 영향력 있는 이 계층에 가톨릭을 전파할 수 있게 하려는 것이다.[126]

넷째, 교육의 필요성에 대한 사회적 공감대가 형성되어 있어 이에 부응하려 하였다. 당시 한국은 일제강점기로 민족의 살길은 교육밖에는 없다는 인식이 팽배하여 문맹 퇴치와 애국 계몽운동이 활발하였다. 따라서 이에 공헌함으로써 가톨릭에 대한 긍정적 평가를 기대할 수 있고 그것이 전교로 연결되기를 기대하였다.

다섯째, 교구의 지역 주민들 역시 훌륭한 교육 시설을 원하고 있었다. 학교 설립을 통한 교육 활동은 지역과 교회가 쉽게 유대를 맺을 수 있는 적절한 수단이었다.

---

125) Renner, F., *op. cit.*, p.235에서 재인용.
126) 이는 서울 숭공학교 설립 목적과 동일하다. 장정란, 앞의 책, p.61 참고; 원산본당 연대기 1930~1931년.

특히, 교육은 가톨릭이라는 종교에 대한 신뢰감을 높여 전교에도 큰 효과를 거둘 수 있는 가장 고급하고 확실한 전교 방법이었다.

원산교구 지역은 일찍이 한국에서 포교가 가장 어려운 곳 중 하나로 간주되었다. 1886년 한불조약 체결 후 선교사들의 자유로운 선교 활동에 의해 그 이듬해 원산본당이 창설되었으나, 파리외방전교회 신부들의 수십 년간 전교 활동에도 성과는 미미하였다. 1920년 원산교구 설정 후 베네딕도회 주교좌성당이 된 원산본당을 예로 든다면, 1921년 여름 에카르트 신부가 원산본당을 인수할 당시 신자 수는 268명에 불과하였다. 그러나 베네딕도회는 몇 년 만에 신자를 크게 증가시키고 성인 세례자도 2, 3배가 되었는데, 베네딕도회에서는 그 공을 교육 활동에 돌리고 있다.127)

원산은 통계에 의하면 1920년 말 현재 주민 총수 27,259명으로 그중 한국인 4분의 3, 일본인 4분의 1, 나머지는 외국인 613명으로 외국인은 대부분 중국인이었다. 종교 분포 통계는 1921년 2월 현재 한국인 불교 사찰 1개(신도 461명), 신사(神社) 5개(일본인 신도 1,772명), 불교 사찰 4개(일본인 신도 1,762명 및 한국인 신도 2명), 일본 감리교회(신자 60명), 기독교 교파 4개, 목사 21명(한국인 신자 507명, 유럽 및 미국인 신자 8명)이 있었다.128) 268명(한국인 258명, 일본인 10명)의 가톨릭교인은 통계에 계상(計上)되지도 않았다.

1921년 2월 통계에 원산에서만 프로테스탄트에서 운영하는 학교가 국민학교 2개, 남자 중학교 1개, 여학교 2개, 여성 성서신학교 1개, 중국인 국민학교 1개, 영어 교실 2개 등이었다.129) 1924년 개신교측 선교지 'Mission Field'의 통계에 의한 원산 지역 내 학생 수는 일본 공립학교 1,510명, 한국 공립학교 1,273명, 개신교 학교 1,550명인데, 개신교는 감리교와 캐나다 장로교를 합친 것이었다.130) 이에 비해 원산에 가톨릭에서 설립, 운영하는 학교는 에카르트 신부의 탄식대로 1921년까지 하나도 없었다.

---

127) 1930년 5월 현재 신자 총수는 1,066명이었다. 덕원수도원 연대기 1930년 7~12월 및 원산본당 연대기 1930년 1월 1일~1931년 1월 1일.
128) Renner, F., *op. cit.*, p.234.
129) *Ibid.*
130) 원산본당 연대기 1924년 1~3일.

그러나 교구 설립 당시 전체 포교지를 통틀어 4개 학교, 학생 수가 불과 220명이던 원산교구는, 아직 수도원을 이전하기도 전인 1923년에 이미 36개 학교에 2,080명의 학생들이 있게 되었다.131) 즉 베네딕도회는 원산 외에 함경도의 다른 본당에도 잇달아 학교를 설립하여, 1921년 슈넬 신부가 내평본당에서 근피와 학소리에 각각 학교를 열었고, 1933년 그라프(Graf, Olaf, 金大振) 신부가 회령본당(會寧本堂), 1935년 다베르나스 신부가 고산본당, 1936년 고원본당(高原本堂) 및 북청본당(北靑本堂), 1937년 흥남본당(興南本堂)에 학교를 설립하였다.

간도 지역에는 일찍부터 많은 학교가 설립되었다. 그중 1904년 삼원봉 본당의 라리보 신부가 서숙(書塾)으로 시작해서 1919년 6년제 보통학교인 해성학교로 개편된 학교와, 1918년 팔도구 본당의 최문식 신부가 설립한 조양학교(朝陽學校)가 유명하였다. 베네딕도회는 이 지역을 맡으며 기존의 학교를 발전시키고 또한 새로운 학교도 설립하였다. 히머 신부가 용정(龍井, 1921년), 퀴겔겐 신부가 두도구(頭道溝, 1922년), 에카르트 신부가 명월구(明月溝, 1924년)에 해성학교 등을 세워, 1923년까지 간도 지역에만 사립학교 30개, 1926년까지 41개의 4년제 보통학교를 운영하였다. 그 후에도 다조구(茶條溝, 1928년), 혼춘(琿春, 1929년), 합마당(蛤蟆塘, 1930년), 연길상시(延吉上市, 1931년) 등에 학교를 설립하여, 베네딕도회는 간도 이주 한국인의 교육에 큰 영향을 미치고 전교에 많은 성과를 거두었다. "성당이 있는 곳에 학교가 있고, 학교가 있는 곳에 성당이 있다"132)라는 말은 바로 이를 가리키는 말이다.

그리하여 덕원면속구 독립 전, 1940년 현재 원산교구의 마지막 교세 통계를 보면, 인가받은 학교 12개교, 남녀 학생 수 5,159명(그중 신자 913명)이었고, 인가받지 않은 학교 15개교, 학생 수 1,425명(신자 723명)이었다. 교사는 남녀 합쳐 83명이다.

당시의 원산은 경제적, 사회적으로 함경도에서 가장 발전하고, 주목받는 지역이었다. 원산본당은 주교좌성당으로 원산교구의 구심점이었으며, 해성학교는 원산교구 설립 후 베네딕도회가 가장 먼저 세운 학교였으므로 원산 해성학교를 통해서 원산교구 교육 선교의 실체를 짐작할 수 있다. 비록 규모 등에서는 다소간의 차이가 있겠

---

131) 원산본당 연대기 1923년 1~7월.
132) 「가톨릭 청년」 41호, 1936, p.13 및 p.43.

으나, 설립 목적과 그 운영 체제는 서로 크게 다르지 않았을 것이기 때문이다. 그리하여 원산 해성학교를 중심으로 베네딕도회의 교육 선교 활동을 살펴보고자 한다.

1) 설립 및 교무 일반

해성학교는 빈민 아동을 위한 교육을 목적으로 설립되었다. 1921년 5월 베네딕도회 초대 원산본당 주임으로 부임한 에카르트 신부는 서울 숭공학교 교사로 10년간 함께 일했던 오병주(吳秉珠)를[133] 원산에 초치하여 부임 직후인 1921년 5월 15일 빈곤층 아동을 위한 일종의 무료 야학 강습소를 설립하였는데, 이것이 원산교구 해성학교의 효시이다.

해성학교는 처음 작은 일반 가옥에서 야학으로 학습을 시작하였다. 그러나 개교 3개월 후에는 학생이 늘어 8월 1일자로 주간과 야간학습을 하게 되었고, 이후에도 학생이 계속 늘며 지역 사회에서 학교로 정식 인가를 받자는 요청이 커졌다. 이에 에카르트 신부는 당국의 정식인가를 받아 이듬해인 1922년 3월 7일, 4년제 남녀보통학교로 승격시키며 해성보통학교(海星普通學校)로 명명하였다.[134] '해성'은 '바다의 별'이라는 뜻인데, 학교가 바닷가에 위치해 있고, 또 학교를 성모 마리아에게 봉헌하였기 때문이라고 에카르트 신부는 설명하였다.[135] 이 교명은 1938년 3월 일제의 교육령 개정에 의해 보통학교(普通學校)명을 일본 학교와 똑같게 심상소학교(尋常小學校)로 고치라는 명령에 따라 1938년 4월 1일부터 '원산해성심상소학교'(元山海星尋常小學校)로 바꾸었다. 1941년 4월에는 심상소학교를 다시 국민학교라 개칭하였다가, 1944년에는 '장덕국민학교'(長德國民學校)로 개명하였다.[136]

---

133) 오병주에 관해서는 『함경도 천주교회사』, pp.439-458 참조.
134) '해성'은 이후 베네딕도회에서 설립한 거의 모든 학교에 붙였던 교명이다. 그러나 이미 황해도 황주본당 한기근(韓基根)신부가 1902~1910년까지 운영하던 초등교육기관, 1908년 미리내본당 설립 초등교육기관, 1899년 로베르(Robert, 金保祿) 신부가 대구교구에 설립, 운영하던 초등교육기관이 1908년 정식 인가를 받으며 붙인 명칭으로, 당시 가톨릭교회 설립 초등학교 이름은 대개 해성학교였다. 한국교회사연구소(편), 『한국 가톨릭 대사전』, 한국교회사연구소, 1985, p.1279 참조.
135) "Missionsblätter", 1921년 12월 혹은 1922년 초. 기록 일자를 명기하지 않았는데, 11월이 지났고, 학교는 정식 인가를 기다린다고 하였다.
136) 『함경도 천주교회사』, p.367.

국가 공인 후에는 해성학교도 일반 공립학교와 같은 권리를 갖고, 또 의무를 이행하게 되었다.

학교는 매년 학년을 늘여 6개 학년을 완비하거나, 한 학년을 두 학급으로 운영할 의무가 있었다.137) 해성보통학교는 1925년 10월 학업 연한 4년제를 6년제로 연장하여 이듬해 4월에 6학년 진급생이 있게 되면서 모든 학년을 채우게 되었다. 허가 정원은 남학생 600명, 여학생 300명이었는데, 1926년 현재 남자 9학급, 여자 6학급으로 총 15학급을 이루었다.

1928년에는 제1회 졸업생을 배출하였다.

1933년부터는 원산본당에서 본원인 상트오틸리엔에 해마다 보내던 연대기 보고서가 3년 주기가 되었고 1939년 6월 이후의 연대기는 찾을 수 없어서138) 해성학교에 관한 상세한 정황은 파악하기 어렵다. 다만 입수 연대기의 마지막에 해성학교의 장래에 대한 우려를 토로하고 있다. 즉 일본 총독이 10년 내에 전 국민의 의무 교육 실시를 목적으로 모든 국민학교를 국유화하려 한다는 계획은 이미 여러 도시에서 시작되어 원산에서도 공립학교가 설립되거나 기존 학교에 학급을 증설하여 적령기 아이들을 입학시켰다. 그리하여 개신교 학교는 이미 학생이 절반으로 줄었는데, 해성학교도 언제 같은 운명이 될지 모른다고 염려하였다.139)

학교에서는 1940년 창씨개명(創氏改名) 이후 모든 학적부와 출석부에 2개의 성을 올려야 했고, 1943년 8월에는 학교 교실 3개를 남기고 모두 징발되었다. 이 무렵 학교 교실에 걸려 있던 십자가가 제거되고 대신 카미다나(神棚)가 세워졌다. 그러나 이 같은 여러 어려움에도 불구하고 1944년 무렵 해성학교 총 학생수는 약 1천 명에 달하였다.

해성학교는 1949년 5월 11일, 수도원과 신학교가 공산 정권에 압류될 때 함께 몰수되어 폐교당하고, 그 후 소련군 자녀들을 가르치는 교육장으로 쓰였다.140)

---

137) 원산본당 연대기 1923~1924년 말.
138) 각주 97번 참조.
139) 원산본당 연대기 1936년 5월~1939년 5월.
140) 임화길 신부 목격 체험담, 『함경도 천주교회사』, p.403.

2) 교사(校舍)

1921년 5월 15일 야학 강습소를 시작할 당시 교실은 일반 가옥 온돌방 두 개였다. 학생은 기하급수적으로 늘어 1923년에 이미 300명을 넘어 교사 증축이 불가피하게 되었다고 하니, 이미 그 이전에 교사 마련이 있었을 것이나 자료의 미비로 알 수 없다.

1923년 9월부터 교사 신축을 시작하였으나 재정적 어려움으로 1923년에는 'ㄷ'자 형태의 전체 설계 중 길이 35m, 너비 9.5m의 한 날개만 건축하였다. 이 신축 건물에는 넓은 교실이 4개가 있어 약 250명 학생을 수용할 수 있었다.[141] 1924년 11월 말에야 교사가 준공되었는데, 이로써 건물 1층에는 학생 60명씩을 수용할 수 있는 교실 9개, 중간 건물 2층에는 교실 1개와 교무실, 성당과 제의실을 배정하였다. 성당은 내부 길이 28m, 너비 8.5m에 높이 솟은 천정으로 되어 있었다. 학교와 성당은 총넓이가 1200㎡에 달했는데, 1924년 12월 8일 사우어 주교에 의해 축성되었다.

서울수도원에서는 학교 건축비와 기타 원산본당 시설 설비 자금을 위해 1924년 5월 수도원의 밭 5천 평을 인접해 있던 신설 경성제국대학(京城帝國大學) 부지 일부로 7만 3천엔에 매각하였다.[142] 이 자금은 중요 순서에 따라 연차(年次)로 원산 해성학교, 작은 수녀원, 넓은 사제관, 큰 수녀원 건축 비용으로 사용하였다.

1931년 7월에는 여학교로 쓰던 건물을 헐고 교실 3개를 신축하였고, 1932년 5월부터 8월까지는 지은 지 10년 된 학교 건물을 중수하였다. 이때 모든 학교에 실습을 위한 농지(農地)를 갖추라는 정부의 지시에 따라 학교 운동장을 떼어 633평을 마련하고, 그 대신 학교 앞 광장을 고르게 닦아 1,578평에 달하는 넓은 운동장을 만들

---

141) 원산본당 연대기 1923년 7~12월.
142) 뮈텔『뮈텔 주교 일기』1924년 5월 15일자; Kugelmann은 7만 5천 엔, 독일 가치로 환산하면 15만 마르크라고 하였다. Kugelmann, W., *op. cit.*, p.100. 뮈텔 주교는 베네딕도회의 이 부지 매각에 대해 부정적이었다. 1923년 6월 1일 총독부 교육부장 나가노가 방문하여, 총독부가 베네딕도회의 백동 땅 일부를 대학 부지에 편입시킬 의사를 밝히며 백동수도원의 파리외방전교회 양도 사실 여부를 물었을 때, 뮈텔 주교는 이미 양도되었으며 교회 재산이므로 남에게 매각할 수 없고, 그러려면 교황의 허가를 얻어야 할 것이나 불허할 것이라그 하였다. 부지 매각 경위에 관해서는 『뮈텔 주교 일기』1923년 5월 30일, 6월 1일, 1924년 2월 28일, 3월 6일, 11일, 27일, 4월 10일, 5월 15일 자에 언급되어 있다.

었다. 이에 학부모회에서 400엔 상당의 체조 기구를 기증하여 운동장 양쪽 가에 설치하였다.143) 학부모회는 이외에도 1936년 학교 설립 15주년 기념으로 원산의 유력한 상인들과 함께 7천엔을 모금하여 가사 실습실과 실험실을 위해 기탁하였다. 이 기부금으로 플뢰징거 수사가 실습실 3개를 짓고 실험실용 장, 실험대, 걸상 등을 갖출 수 있었다.144) 또한 1938년 9월에 새 성당이 준공되자 성당으로 사용하던 건물을 학교 강당으로 개조하는 비용 1천 엔을 부담하기도 하였다. 이와 같은 학부모들의 성의는 베네딕도회에 대한 신뢰와 한국 청년들을 위한 교육사업에 대한 그들의 공로를 인정하는 것이라고 베네딕도 선교사들은 자랑스러워하였다.145)

3) 학생 수

1921년 5월 개교로부터 1924년 3월까지의 학생 수는 기록의 미비로 알 수 없다. 1924년 4월에는 3학년까지 있게 되었는데, 학생은 총 470명이었다. 그리하여 교실이 부족하게 되자 여학생은 한 반으로 수업하였으나 남학생은 오전 오후로 나누어 2부제 수업을 실시하였다.146)

1925년 4월에는 신입생 160명이 입학하였다.147)

학교가 6년제가 되며 1926년 4월에는 모든 학년을 채우게 되었다. 1926년 현재 남자 9학급, 여자 6학급 총 15학급으로, 정원이 900명인데, 총학생 수 838명이었다.

해성학교는 상급 학교 진학률이 다른 학교에 비해 높고 지역 주민과 관청의 신뢰가 두터워 지원자가 많았다. 벌써 1927년 3월에는 1학년 입학 지원자 240명 중 140명만 입학시킬 수 있었고, 1928년에도 지원자의 절반만 받아들일 수 있었다. 1928년 당시 학생 총수는 730명이었다.148)

1930년 학년 초(1930년 4월 1일) 학생 총수는 659명으로 남학생 399명, 여학생

---

143) 원산본당 연대기 1932년 1월 1일~1933년 1월 1일.
144) 원산본당 연대기 1936년 5월~1939년 5월.
145) 원산본당 연대기 1936년 5월~1939년 5월.
146) 원산본당 연대기 1924년 1~4월.
147) 원산본당 연대기 1925년 1~7월.
148) 원산본당 연대기 1927년 1월 1일~6월 30일 및 1928년 1월 1일~12월 31일.

260명이었다. 전체 학생 중 천주교 신자는 남학생 78명, 여학생 68명, 총 146명이었고, 예비신자도 255명이나 되었다.149)

현지(現地), 당시(當時)의 사료로 그 정확성과 중요성에서 다른 기록의 추종을 불허하는 연대기 보고서가 원산본당의 경우 1933년부터는 특별히 기록할 것이 없다는 이유로 3년 주기가 되고, 그나마 1939년 6월 이후의 연대기는 찾을 수 없어서 그 후의 해성학교에 관한 상세한 상황을 파악하기 어렵다. 다만 1939년 5월 연대기에서는 일제의 전 국민 의무교육 실시 계획으로 해성학교 입학생이 미달되지 않을까 염려하는 기록이 보인다.150)

1944년 무렵 해성학교 총학생 수는 약 1천 명에 달했다.

4) 교직원 및 교과

교장은 본당신부가 당연직으로 맡았다. 그러나 에카르트 신부는 본당과 공소의 사목 업무 때문에 실제 학교 일은 오병주가 전담하였다. 1927년 5월에는 오병주가 부교장으로 임명되었다.

국가 공인 후에는 교사도 국가시험에 합격한 자격증 소지자를 채용해야 했다. 교사는 1922년에 3명, 1923년에는 남자 4명과 여자 2명의 신자 교사,151) 1924년에는 남자 7명, 여자 3명으로 그중 남교사 세 명과 여교사 한 명은 외교인이었다.152) 자격증을 갖춘 신자 교사가 드물어 종종 서울에서 교사를 구하기까지 하였고,153) 그 후에도 매번 큰 어려움을 겪었다. 교인 교사의 양성을 독점했던 숭신학교를 포기한 부정적 영향이 이렇게 빨리 드러난 것이다.

1926년 교사는 남자 12명, 여자 4명 총 16명이었는데, 이 중 교사의 반 정도와 학생 60명이 신자였다. 한편 1926년 신학기부터 전 해 11월 원산에 도착한 포교성베네딕도수녀회 수녀 두 명이 해성학교 교사로 활동하기 시작하였다. 슈미트(Schmidt, Chr-

---

149) 원산본당 연대기 1930년 1월 1일~1931년 1월 1일.
150) 원산본당 연대기 1936년 5월~1939년 5월.
151) 원산본당 연대기 1923년 7~12월.
152) 원산본당 연대기 1925년 1~7월.
153) 서울수도원 연대기 1924년 1~4월.

ysostoma) 수녀는 음악, 키르흐비흘러(Kirchbichler, Daniela) 수녀는 가사 과목을 담당하였다.

1930년에는 남자 교사 10명과 여교사 4명이 과목을 분담하여 학습하였는데, 그 중 8명만이 신자였다. 1937년 당시에 이미 10년 이상 근속한 교사가 4명 있었는데, 오병주, 이와야 토메(岩屋 トメ), 이겸순(李謙順), 최창희(崔昌曦)가 그들이다.154)

해성학교에서는 일반 공립보통학교 교과과정의 모든 교과목을 똑같이 가르쳤다. 한국어(읽기, 쓰기) 산술, 일본어 등이다.155) 그 밖에 수신(修身), 음악, 도화(圖畵, 미술), 체조, 이과(理科), 한문 등도 포함되었을 텐데 해성학교의 이 부분 관련 기록의 미비로 정확히는 알 수 없다. 교과서도 일반 공립학교와 마찬가지로 조선총독부에서 발행한 것을 썼을 것이다.

그 밖에 해성학교에서는 종교 시간이 별도로 개설되어 있었다. 주로 방과 후에 공부하였다.

5) 수업료 및 교사 급여

수업료는 매월 80전(1.6마르크)이었다.156) 해성학교 설립 때부터 1930년까지는 외교인 학생에게만 수업료를 받고 신자 학생들은 면제해주었다. 그러나 신자 학생 수가 현저히 늘고 학교 재정도 본국의 원조 없이는 유지할 수 없을 지경에 이르자 1931년부터는 거의 모든 신자학생들도 수업료를 내도록 하였다.

그러나 가난한 형편에 수업료는커녕 교과서마저 학교에서 대신 구입해 배부해줄 정도의 학생이 많았으므로 학년 초와 학년 말의 학생 수는 늘 차이가 났다. 1930년의 경우 학년 초(1930년 4월 1일) 학생 총수는 659명이었는데, 이 해에만 남학생 29명, 여학생 30명이 수업료를 내지 못해 학교를 그만두어 학년 말에는 600명의 학생만이 남

---

154) 『원산 수녀원사』, p.166.
155) Sauer, B., "Schule und Katechistenproblem im apostolischen Vikariate Wonsan, Korea", in: *Die Katholiche Missionen*, 1931, p.133.
156) 수업료 액수는 1925년에 매월 80전이라고 하였는데 1931년에도 80전이다. 학부모의 어려운 경제 사정을 배려하여 수업료를 올릴 수 없었던 것 같다. 원산본당 연대기 1925년 1~7월 및 1931년 1월 1일~12월 31일.

아 있었다.157)

교사들 급여는 정교사 자격에 상응하게 지급해야 했다. 1925년 당시 국가가 규정한 각 교사의 초봉은 최저 40엔(80마르크)이었다. 공립학교 교사들은 초봉으로 80엔을 받고 2,3년 후에는 곧 100엔을 받도록 되어 있었는데, 해성학교는 똑같이는 아니어도 급여를 계속 동결할 수는 없었으므로 교사 인건비는 항상 학교 및 베네딕도회 재정에서 그 비중이 가장 컸다.158) 1930년 당시 14명의 교사에게 매달 900엔(1870마르크)이 지급되고 12월에는 그 두 배를 지출하였다.159) 여기에 기타 학교 비품과 겨울 난방비 등을 합치면 매달 2,500마르크, 연간 3만 마르크가 원산해성학교에 소요되었다. 그런데 수업료로 충당할 수 있는 부분은 이 비용의 3분의 1밖에 되지 않았다. 나머지 3분의 2의 경비는 선교를 위해 로마에서 받는 총 지원금의 4분의 3에 해당되어, 교사 인건비를 필두로 학교 운영이 베네딕도회 재정의 가장 큰 부담이었다.160)

신부와 수녀 등 성직자는 물론 급여 없이 봉사하였다.

6) 특별 활동

특별 활동으로는 교리반과 취주악대, 연극 공연 등이 있었다.

종교 교육은 공인학교에서는 금지하였으므로 교과과정에 넣지 못하고 교리반을 만들어 시행하였다. 예비자는 평균 200명 정도였는데, 선교사들은 부모 중 하나라도 신자가 아닐 경우 종교 생활에 익숙해지는 예비 기간을 대략 3~4년으로 잡았다.161) 대여섯 시간 수업 후의 교리 공부는 무리였으므로 1927년 전반기까지는 일요일 12시부터 1시 30분까지 주일학교 교리반을 운영하였다. 신자 교사들이 신부의 지도 아래 교리와 성경의 역사를 가르쳤다.162) 12단 경문과 문답을 배우러 매일 오후 수녀원으로

---

157) 원산본당 연대기 1930년 1월 1일~1931년 1월 1일.
158) 원산본당 연대기 1925년 1~7월; Sauer, B., *op. cit.*, p.131.
159) 12월에 지출액이 두 배가 된다는 것은 상여금 때문인 듯하다. 독일과 일본은 상여금이 12월에 한 번 지급된다.
160) Sauer, B., *op. cit.*, p.132.
161) 원산본당 연대기 1931년 1월 1일~12월 31일.
162) 원산본당 연대기 1926년 7월~1927년 2월 2일 음력설.

오는 아이들도 있었다.163) 그러나 1927년 하반기부터는 교내에 따로 교리반을 만들어 방과 후 신자 교사들이 교리, 성경, 교회사를 지도하였는데, 많은 학생들이 참여하여 소기의 성과를 거둘 수 있었다.164) 1928년에 예비자가 200명에 달하자 슈미트 수녀가 한국인 자원 봉사자의 도움을 받아 가르쳤다.165)

취주악대(吹奏樂隊)는 서울수도원에서 신학생 합창단을 이끌었던 노이기르그 보좌신부가 결성해서 지도하였다. 이 취주악단은 독일식 연주를 하였는데, 본당의 축일과 행사, 학교 체육대회나 기념행사 등은 물론 원산의 다른 학교 행사에도 연주를 의뢰받을 정도로 인기가 높았다.166) 특히 체육대회 때는 운동 경기와 취주악단, 여학생들의 마스게임을 구경하려고 학부형이 아닌 사람들까지 몰려왔는데, 이 또한 전교에 도움이 되었다.167) 1935년과 1936년 봄에는 선교음악회도 개최하였다. 덕원신학교 관현악단에도 지원을 요청하여 노이기르그 신부의 지휘로 취주-현악(絃樂) 합동 연주회를 가졌는데, 결과는 성공적이었다. 행사 며칠 후 예비자 수가 증가한 것이 그것을 증명한다고 하였다.168) 취주악단은 원산본당 소속 큰 공소와 다른 본당에 가서도 선교 음악회를 공연하였다.

학생들은 행사 때에 연극도 공연하였다. 1923년 성탄에는 오병주 선생의 지도로 '이집트의 요셉'을 연습하여 성탄 전야와 그 후 한 번 더 공연하였다. 연극의 마무리로는 신약성서에 나오는 성모영보(聖母領報), 목동들의 예고, 예수의 탄생 등 신약성서의 몇 장면을 연출하여 감동을 주었다. 이 연극은 이듬해 1월 5일 많은 관객을 앞에 두고 재공연하였다.

학생들은 수학여행도 갔다. 1927년 5월 말에 원산의 보통학교 5, 6학년 학생 70명이 서울로 며칠간 수학여행을 와, 백동수도원에 점심식사를 하러 들렀다는 기록이 있다. 아마도 서울수도원을 덕원으로 옮기기 전에 원산교구 최초의 해성학교 졸업생들

---

163) 원산본당 연대기 1927년 1월 1일~6월 30일.
164) 원산본당 연대기 1927년 7월 1일~12월 31일.
165) 원산본당 연대기 1928년 1월 1일~12월 31일.
166) 원산본당 연대기 1926년 7월~1927년 2월 2일.
167) 원산본당 연대기 1926년 7월~1927년 2월 2일 및 1927년 7월 1일~12월 31일.
168) 원산본당 연대기 1933년 5월 1일~1936년 5월 1일.

에게 서울수도원을 보여주려는 의도였던 듯하다.169)

졸업생들을 위해서는 '청년회', '소년회', '소녀회'가 설립되어 있었다. 소년회는 해성학교를 졸업한 18세까지의 소년으로 구성되는데, 18세 후에는 청년회에 가입하였다. 소녀회는 이어서 '가톨릭 부인 및 어머니회'에서 활동할 수 있었다.170)

3. 교육 선교 활동의 의의

일제하 한국 사회가 당면한 과제 중 가장 긴급하고 중요한 것은 교육 문제였다. 그중에도 빈곤한 일반 민중을 위한 교육은 특히 시급했지만 어려움이 큰 과제였다. 1919년 삼일운동 이후 문화정치가 표방되며 신교육령이 반포되고, 여기서 일본은 한국인의 교육 정도를 일본인과 같게 한다는 규준을 내세웠다. 그러나 일본의 교육 방침은 식민지 백성을 그들의 식민 정책에 순응시키는 것이어서, 보통교육에서는 일본 통치에 토대가 되는 일본어를, 실업 교육에서는 정신(精神)은 없는 기술을 교육하였던 것이다. 한국인을 위한 교육기관은 역시 선교사들의 경영을 포함하는 사립학교였다.171)

베네딕도회의 한국 진출은 파리외방전교회보다 훨씬 뒤늦었으나 교육 선교에 있어서는 선구적이었다. 1935년도 각 교구의 인가받은 보통학교 수를 비교해 보면, 서울교구 4개교, 대구교구 2개교, 평양교구 3개교, 원산교구 6개교, 연길교구 10개교다.172) 파리외방전교회 소속 교구 6개교, 메리놀회 소속 3개교, 베네딕도회 소속 16개교로 압도적으로 베네딕도회의 학교 수가 많다. 그럼에도 베네딕도회는 더욱 많고, 한층 고등한 교육 시설을 원하였다. 1930년 8월부터 원산본당 주임이던 담 신부 기록으로 추정되는 연대기는 바로 이러한 베네딕도회 교육 선교의 목적과 그 중요성, 미래의 향방을 집약적으로 보여준다. 즉 베네딕도회가 원산에 진출한 지 10여 년 만에 포교에 큰

---

169) 서울수도원 연대기 1927년 1~8월.
170) 원산본당 연대기 1933년 5월 1일~1936년 5월 1일.
171) 이기백, 『한국사신론』, 일조각, 1969, p.372 이하.
172) 노영택, "일제하 한국 천주교회의 교육사업 연구 (2)", 「한국 교회사 논문집 I」, 한국교회사연구소, 1984, p.256 참고.

성공을 거두며 비약적으로 발전하여 프로테스탄트의 교세를 위축시켰는데, 그 공은 교육 선교에 있다. 그럼에도 불구하고 여전히 프로테스탄트의 교세가 만만치 않았던 그 근원 또한 교육사업이다. 개신교의 다양한 교육 기관은 전국의 모든 대도시에 공통적이며 서울과 평양에는 대학까지 갖추고 있다. 이에 비해 원산교구는 (1932년 당시) 전 교구를 통틀어 인가받은 학교는 해성보통학교 하나뿐이며, 전국적으로도 인가받은 가톨릭 고등교육기관은 남자 중학교(동성상업을 뜻함) 하나뿐이다. 따라서 거의 모든 고위 공직에 프로테스탄트 교인들은 많으나 가톨릭교인은 아주 드물다. 그러므로 교세가 상승하는 원산교구는 직접 중학교를 설립하고, 지식층에게 천주교가 참되고 으뜸가는, 본질적으로 가난한 이들을 위한 종교라는 이미 인식된 여론을 확대시켜야 한다. 무엇보다 지식 계층에서 가톨릭 사상을 대변할 교육받은 신자들이 충분하지 못하면 한국의 천주교는 "박해 시대의 게토(Ghetto)로부터 결코 벗어날 수 없을 것이다"173)라고 하여 교육사업을 서두르고 확산시키며, 특히 고등교육기관을 설립해야 한다는 절박한 속내를 드러내고 있다.

　베네딕도회가 해성학교 같은 초등교육기관을 설립 경영한 목적은 선교와 문맹 퇴치, 국민 계몽 등이었으며 빈민에게 교육의 기회를 베풀어주기 위한 것이었다. 그리고 일차적으로 그 목적은 달성하였음을 앞에서 살펴보았다. 그러나 선교사들은 더 원대하고 장기적인 선교 계획을 갖고 있었음을 알 수 있다. 즉 교육을 통해 가톨릭 지식 계층을 스스로 형성하고, 기존의 지식 계층에게는 천주교가 진실되고, 가난한 이들을 위한 종교임을 인식시켜 가톨릭 사상을 대변할 교육받은 신자들을 충분히 확보하고자한 것이다. 그로써 "박해 시대의 게토"에 머물고 있는 한국 가톨릭을 그에서 벗어나게 하고자 하였다. 이와 같은 베네딕도회의 선교 방법은 중국 명말청초(明末淸初)에 동양 근대 그리스도교의 전래를 수행한 예수회 선교사들을 떠올리게 한다. 즉 예수회 선교사들은 전교 초기 중국의 사대부 지식 계층을 전교 대상으로 삼아 애써 교유했는데, 그들을 통해 절대군주인 황제를 개종시킬 수 있고 또한 그들이 자신과 자신들 종교의 보호 벽이 되어줄 수 있으리라고 믿었기 때문이며, 실제로 소기의 목적을 상당 부분 달성하였다.

---

173) 원산본당 연대기 1932년 1월 1일~1933년 1월 1일.

반면 교육 선교 활동의 가장 큰 어려움은 빈곤한 재정이었다. 학교 운영비가 만만치 않았으나 학생들로부터 수업료조차 제대로 받지 못했는데, 그것은 한국의 경제가 일본인 위주의 경영 체제로 전환되면서 일제의 수탈로 인해 한국 서민들이 빈곤층으로 전락하였기 때문이다. 따라서 재정의 어려움은 비단 가톨릭 학교뿐 아니라 전국의 모든 사립학교가 갖고 있는 문제점이었다.

사우어 주교는 재정 문제를 일본의 가톨릭계 학교와 비교하며, 일본의 마리아니스트회나 성심수녀회에서 세운 학교의 경우, 설립에는 상당한 비용이 투입되나 그 이후에는 자립하는데, 한국의 경우는 빈곤으로 인해서 그것이 불가능하다고 하였다. 이러한 사정으로 교육사업을 포기할 것인가를 자주 고민하지만 즉각 불가하다는 결론에 도달하는데, 왜냐하면 그것은 곧 선교사업을 마감한다는 것과 같은 의미이기 때문이다. 그리고 오히려 베네딕도회 선교 활동의 확고한 토대를 구축하기 위해서 다른 대도시에도 원산 해성학교와 같은 교육 시설을 설립해야만 한다고 역설하였다.174)

베네딕도회의 교육을 통한 선교 활동의 성과는 에카르트의 뒤를 이어 원산본당 주임을 역임한 슈미트 신부의 소감을 통해 잘 알 수 있다.

"우리의 능력이 허락된다면 한국에 이런 학교를 100개쯤 설립하면 좋겠습니다. 학교는 도(道) 전체에서 우리 선교단의 명망을 드높이고 우리와 상관없을 사람들에게 좋은 인상을 줍니다. 대다수 원산 시민들이 가톨릭교회에 호감을 갖는 것에는 학교가 가장 큰 기여를 하였습니다.175)

IV. 맺음말

1930년 덕원수도원 연대기 보고서에서 베네딕도회는 원산교구 설정 후 자신들의 포교가 성공적으로 이루어지고 있는 요인을 다음과 같이 분석하였다.

---

174) Sauer, B., *op. cit.*, p.131.
175) 원산본당 연대기 1926년 7월~1927년 2월 2일.

첫째, 학교의 설립이다. 특히 거의 모든 본당과 공소에 설립한 야학교는 한국 청년들의 배우고자 하는 교육열에 부응하는 동시에 교인을 만드는 지름길이었다. 둘째, 학교 겸 성당의 용도로 쓰이는 공소 건물의 설치. 셋째, 부족한 선교사를 대신하는 순회 전교 회장의 활용. 넷째, 병원과 시약소의 자선 사업. 다섯째, 수도회가 그리스도교 원칙에 입각한 실천적 모범 생활을 보여줌과 동시에 장엄하고 화려한 베네딕도회의 전례 의식(典禮儀式)과 서양식 건축 성당이다. 특히 전례 의식과 성당은 비록 그 본뜻을 알지 못한다고 해도 외인들의 호기심을 자극하고 깊은 감동을 주어 일요일 미사 참례자의 3분의 1이 교인이 아닌 성당도 적지 않다고 하였다.176)

이상의 자체 분석은 설득력을 갖는데, 베네딕도회는 역시 교육을 통한 선교 활동의 공헌을 으뜸으로 인정하고 있다.

베네딕도회가 교육을 통한 선교 방법을 택한 것은 그 성과가 근본적, 지속적이며, 미래지향적이었기 때문이다. 빈곤하여 취학할 수 없는 신자 자녀들을 맡아 가톨릭 정신에 입각한 체계적인 종교 교육을 시키는 것을 일차적 목표로 하였고, 더 나아가 이들을 인재로 양성해 중산층, 지식층에 편입시킴으로써 한국 사회에 영향력을 행사할 수 있는 이 계층에 가톨릭을 전파하려는 것이었다.

사우어 주교는 이와 같은 베네딕도회 교육 선교의 목적이며 동시에 원의(願意)를 독일의 유수한 가톨릭 잡지에서 구체적으로 피력하였다. 즉, 재정적 여건만 허락한다면 서울에서와 같은 숭공학교와 농업학교를 세우고 싶다. 베네딕도회는 독일의 장인(匠人) 자격을 갖춘 우수한 수사들을 보유하고 있고, 일본 총독 사이토(齋藤實) 역시 이러한 실업 교육을 반기고 있어서 가능한데, 원산은 수력발전소로 인해 많은 공장이 건립되므로 공업학교 학생들은 가톨릭 기술자 계층을 형성하고, 농업학교 학생들은 고향에 돌아가 가톨릭 영농 지도자가 될 수 있을 것이라고 하였다.177)

교육 선교를 택한 또 하나의 목적은 가톨릭 교육을 통해 외교인 학생들에게 종교적 영향을 미치고, 이 영향은 결국 주위 친인척까지 교화시킬 수 있어서 선교의 파급 효과가 컸기 때문이다. 이는 곧 근대적 학교를 설립하여 문맹 퇴치와 민족 계몽

---

176) 덕원수도원 연대기 1930년 전반기.
177) Sauer, B., *op. cit.*, p.133

에 기여함으로써 전통적으로 교육을 숭상하는 한국인들의 가톨릭에 대한 긍정적 평가를 기대할 수 있고, 그것이 전교로 연결되기를 기대한 것이다. 이 기대는 어긋나지 않아서 교육을 통한 선교 활동의 성과는 슈미트 신부가 "본연의 임무인 전교 사업에서 가톨릭 사상이 점차 민중 속에 깊이 뿌리내리고 있는데, 이렇게 된 데 가장 크게 기여한 것은 학교입니다. 규정 때문에 종교 교육을 정구 과목으로 다룰 수 없으나, 많은 학생들이 자의로 과외 교리 강의를 듣고, 나머지 학생들과 학부모들도 가톨릭교회에 호감을 품고 있습니다"178)라고 한 데서도 드러난다.

이상과 같이 교육 활동은 원산교구 선교 사업의 핵심이었다. 결국 본당이 설립되면 곧 학교를 세우고, 그 학교는 해마다 발전하며 전교의 첨병 역할을 한 것이다.179)

그러나 간과해서는 안 될 것은 교육사업에 대한 베네딕도회의 인식과 시행은 그 목적을 비록 선교에 두었을지라도 근본적, 궁극적으로는 선교 대상에게 그들을 위한 교육, 유익한 도움을 주려는 교육을 베풀려고 했다는 점과, 또한 베네딕도회는 결국 그것을 증명할 수 있었기에 성과를 거두었다는 점이다.

베네딕도회는 교육 본연의 임무 외에도 학교, 본당, 수도원의 모든 행사를 공개하여 지역 주민들과 더불어 향유함으로써 원산교구 설정 이후 직접 선교는 물론, 수도회의 문화를 통한 간접적 선교라는 수도회 고유의 방법까지 함께 실행하였던 것이다. 곧 가톨릭교회는 이질적인 종교가 아니며 문화를 공유하는 하나의 공동체가 되려 한다는 인식을 심어줌으로써, 이것이 전교로 이어질 수 있었다고 하겠다.

베네딕도회 신학교의 존립 목적에 대해서도 "궁국적으로는 한국인에 의한, 한국의 가톨릭교회를 이룰 미래를 위해 씨를 뿌리는 것이고, 신학생들은 그 배아(胚芽)다"라고 하였다.180) 신학생들이 선교사들과 함께 하는 모든 종교적, 속세적 행사와 경험 외에, 수도회 장상들은 학생들이 베네딕도수도회라는 하나의 큰 관계망(關係網) 안에 속해 있다는 인식을 심어주려고 노력하였다. 그리하여 학생 누구나 독일

---

178) 원산본당 연대기 1927년 7월 1일~12월 31일.
179) Kugelmann, W., *op. cit.*, p.526.
180) 1928년 상트오틸리엔베네딕도회 베버(Weber, Norbert) 총원장의 은경축 기념 논문집에 실린 글이다. Heiss, R., *op. cit.*, p.278.

상트오틸리엔신학교와 레겐스부르그(Regensburg)주교좌신학교의 또래 학생들과 우정을 나누는 편지를 라틴어로 주고받고 작은 선물을 교환하도록 하였다. 이와 같은 배려는 독일 학생들과의 교유를 통해 같은 수도 정신에 입각한 공동체라는 일체감을 주려는 목적 외에도, 자신이 한국인임을 자각하여 결국은 한국인에 의한 한국 베네딕도수도원을 이루어, 한국 교회를 위한 힘과 생명의 원천과 지주(支柱)가 되기를 기대하고 또 희망하였기 때문이다.181) 그로부터 반세기가 지난 후에야 한국 가톨릭교회가 절실하다고 인식한 '토착화'의 기틀을 베네딕도회 선교사들은 이미 이때에 마련하고 있었던 것이다.

---

181) Heiss, R., *op. cit.*, p.278; Son Chi-Hun, *op. cit.*, p.84.

성신대학의 사제 양성 교육

노용필
(가톨릭대학교 연구교수·한국사상사)

I. 머리말
II. 경성천주공교신학교의 인가 획득(1945년)과
    그 사제 양성 교육의 내용
III. 성신대학으로 승격(1947년)과 사제 양성 교육의
    질적 향상
    1. 성신대학 승격
    2. 사제 양성 교육의 질적 향상
IV. 6·25 남북 전쟁기 및 그 이후의 성신대학의
    사제 양성 교육
V. 맺는 말

I. 머리말

1855년에 배론(舟論)에 창설되었던 우리나라 최초의 신학교이자 근대 학교였던 성요셉신학교를 이어서 1885년에는 경기도 여주 부흥골에 예수성심신학교가 개교 되었다가, 1887년에 용산 함벽정으로 옮김으로써 이후로는 이 용산예수성심학교가 사제 양성을 위한 교육을 맡게 되었다. 그리고 1928년 이후로는 대신학교과 소신학 교가 분리되어 대신학교는 그대로 용산에 남았고, 소신학교는 남대문상업학교(후일 의 동성상업학교)에서 담당하게 되었다. 하지만 1942년 2월에 총독부로부터 폐교 통 지를 받아 결국 예수성심신학교는 폐교를 당하고 말았는데, 한국인으로서는 최초로

노기남 신부가 주교품에 오르게 되자, 이에 따른 일제의 교회에 대한 간섭 정책에서 말미암은 것이었다.[1]

　이후에는 서울에 대신학교가 없어진 상태에서 신학생들은 덕원신학교에서 수업을 계속하게 되었다. 이러한 당시 신학교의 실상에 대한 회고록으로는 다음의 것이 있다.

「아름다운 금강산」
내가 덕원신학교에 다니던 시절, 대구의 성유스티노신학교와 서울의 예수성심신학교가 일제에 의해 강제로 폐쇄되는 바람에 대구와 서울에서 공부하던 신학생들이 덕원신학교에 모여 함께 공부하던 때가 있었다.[2]

　이처럼 서울의 예수성심신학교뿐만 아니라 대구의 성유스티노신학교도 일제에 의해 강제로 폐쇄되었기 때문에, 전국의 신학생 모두가 덕원신학교에서 공부할 수밖에 없었던 것이다. 극도로 열악한 이런 상황 속에서도 신학교 교육에 대한 열망은, 사제들에게는 물론 일반 교우들의 경우에도 상당한 위기감까지 지니고 있었던 듯하다. 이러한 일면은 해방 이후 신학교 재건과 발전에 대한 아래의 글에서 잘 드러나고 있는 것 같다.

「신학교를 생각하는 교형자매들!」
어느 지방의 기초는 언제나 그 지방 본토인 성직자들이니 이들이 아니면 그 지방에 교회를 견고하게, 항구하게 세울 수 업는 연고이다. … (중략) … 이처럼 어느 지방교회의 기초가 되는, 가장 필요한 본방인 성직자를 양성하여 내놋는 기관이 곳 신학교이다. 이만큼만 생각하면 신학교가 얼마나 중요한 기관인지 명백히 들어나는 것이다. 근년에 우리 조선에는 해마다 평균 五, 六인의 신부들이 세상을 떠낫다. 그 세상을 떠난 신부들의 뒤를 이어 해마다 새신부를 그만큼 제공하여준 것이 곳 신학교이다. 만일 이렇케

---

1) 노용필, "예수성심신학교의 사제 양성 교육", 「인간 연구」 제5호, 가톨릭대학교인간학연구소, 2003; 근·현대한국가톨릭연구단 지음, 『한국 근·현대 100년 속의 가톨릭교회 (상)』, 가톨릭출판사, 2003, pp.98-100.
2) 장대익 신부, 회고록 『남은 것은 당신뿐입니다』, 기쁜소식, 2001, p.45.

새 신부를 제공하지 못하고 지금까지 나려왔다면 몇해 안 되는 그동안에라도 벌서 수십처의 본당이 목자업는 빈집으로 서잇슬 것이오 또 이대로 단十년, 二十년만 더 지낸다면 조선 가톨릭은 백 년 전 암흑시대로 다시 도라갈 수 밧게 업다. 이만큼만 생각하면 신학교가 얼마나 우리에게 고마웁고 요긴한 기관인지 명백히 들어나는 것이다.3)

지방 본토인 성직자들, 즉 이른바 본방인(本邦人) 사제들만이 그 지방 교회를 견고하고 항구하게 세울 수 있다고 지적하고, 이를 양성하는 것이 곧 신학교인 만큼 신학교 교육이 매우 중요하다고 강조하고 있는 것이다. 더욱이 매년 세상을 떠나고 있는 사제들이 적지 않음을 제시하면서 10년 내지 20년 이대로 가면 사제가 없었던 100년 전의 암흑시대로 되돌아갈 위험성마저 제기하는 정도였다. 이럴 정도로 당시에는 본방인 사제의 배출에 많은 정성을 기울이던 때였다고 하겠다.

이 논문에서는, 이러한 교회 내의 분위기 속에서 사제 양성 교육이 어떻게 이루어져 왔는가를, 경성천주교공교신학교의 인가를 획득하게 되는 1945년부터 이후 설치된 성신대학을 중심으로 하여 그 이름이 가톨릭대학으로 전환될뿐더러 곧이어 대학원 인가를 받아 본격적으로 석사·박사 학위 수여자까지 배출하기 시작해서 교육의 질적 수준이 더 높아지게 되는 1950년대 후반까지로 시기를 한정하여 다루어 보려고 한다. 지금까지 이 시기의 신학교 역사에 대해서는 구체적으로 정리된 바가 전혀 없으므로, 이를 정리하기 위한 초석으로서 이 논문을 작성하고자 하는데, 이를 위한 자료로서는 교회 내의 「경향잡지」 등은 물론이고, 직접 신학교 생활을 하였던 신학생 출신 사제들의 회고록 및 교내 잡지에 기고된 글 등을 주로 활용하게 될 것이다. 이는 근래에 이르러 역사학 분야에서 "주체가 처한 상황은 무엇보다도 개별적인 사례들과 한 눈에 들어오는 공간들 그리고 선명한 사건들을 바탕으로 해서 상세하게 해명될 수 있음"을 표방하는 미시사(微時史)가 강조되고 있는 터이므로,4) 이러한 역

---

3) 「경향잡지」, 1946년 12월호, 제40권 제981호, p.70.
4) 리햐르트 반 될멘 지음, 최용찬 옮김, 「미시사」, 『역사인류학이란 무엇인가』, 푸른역사, 2001, pp.78-79. 다만 그렇다고 해서 거시사, 즉 당시 사회의 전반적인 흐름 자체와의 연결 고리를 간과해서는 안 될 것은 재론의 여지가 없다. 즉, "거시사 없는 미시사는 인식능력을 상실할 것이고 반대로 미시사의 결과를 고려하지 않는 거시사는 실제에의 근접성과 폭넓은 인식을 포기하는 것이나 다름없기 때문이다." 리햐르트 반 될멘, 「미시사와 거시사」, 같은 책, p.146 참조.

사학의 신조류에 발맞추어 이 분야의 연구를 해 나가기 위함이기도 하다.

II. 경성천주공교신학교의 인가 획득(1945년)과 그 사제 양성 교육의 내용

용산예수성심신학교가 폐교된 이후 서울교구의 대신학교 신학생들은 어쩔 수 없이 덕원신학교에 옮겨 가서 학업을 계속하고 있는 한편, 동성상업학교에서 맡고 있었던 소신학교는 그대로 서울에 남아 있었는데, 그것도 애초에는 어찌될지 모른 상황이었던 듯하다. 다음의 「경향잡지」 보도 내용에서 이를 엿볼 수 있다.

「동성상업존속」
국가의 비상시국의 요청에 의하야 국내 학교를 정비하게 됨에 따라 동성상업학교의 압길은 엇지 될가하는 문제가 일반의 주목을 끌고오던중 거 二월하순 학무국으로부터 동성상업학교는 그대로 존속하라는 통첩이 나렷다는데 이는 동교의 내용이 충실하고 교육 방침이 철저하고 이미 취직전선에 나가잇는 동교졸업생의 성적이 양호하므로 동교의 가치가 인정된 것이라 하야 일반의 평판이 자못 높다한다.[5]

이를 보면, 동성상업학교조차도 당시의 일제가 비상시국이라 하여 학교를 정비하려는 방침에 따라 처음에는 어찌 될지 모르는 상황이었다고 하는데, 1944년 2월 하순에 그대로 존속하라는 통첩이 나왔음을 알 수가 있다. 그 이유를 여기에서는 동성상업학교의 교육의 내용이 충실하고 졸업생들의 성적이 양호하고 더욱이 일반의 평판이 자못 높았기 때문이라고 적고 있다. 이는 당시의 동성상업학교는 과정이 상업학교 과정인 갑조(甲粗)와 소신학교 과정인 을조(乙粗)로 나누어져 있던 시절이었기에,[6] 엄밀히 말하자면 을조에는 해당되지 않고 다만 갑조에만 해당되는 것이었다고

---

5) 「경향잡지」, 1944년 3월호, 제38권 제968호, p.31.
6) 최석우, 「한국 교회와 한국인 성직자 양성」, 『가톨릭대학 논문집』 11, 1985; 『韓國敎會史의 探求』 II, 한국교회사연구소, 1991, pp.382-383.

해야 옳을 것이다.

이 기사에서도 풍기듯이 당시 동성상업학교의 졸업생들이 실력이 좋다고 평판이 높고 또한 취직률이 높아서 그에 따라 전국에서 뛰어난 인재들이 동성상업학교로 많이 진학해 오는 상황이었으므로,[7] 일제도 이를 폐교시킬 수는 없는 노릇이었던 것이다. 따라서 소신학교 과정인 을조(乙組)도 역시 존속될 수 있어서, 동성상업학교는 사제 양성을 위한 소신학교로서의 기능도 다해 낼 수가 있었던 것이다.

그렇지만 여전히 대신학교는 폐쇄되어 있는 상태여서, 이를 회복하여 서울교구의 신학생들을 양성해야 하겠다는 교회의 의지는 현실화하기 어려운 실정에 처해 있었다. 이를 타개하여, 기왕의 폐교를 당한 용산의 대신학교보다는 시설 사정이 양호한 혜화동신학교를 대신학교로 지정받아 대신학교의 교육을 재개하려는 노력이 거듭 시도되기도 하였다. 하지만 번번이 수포로 돌아가는 어려움의 연속이었는데, 이러한 당시의 분위기는 다음의 글에서 역력히 잘 우러나오고 있다.

> 「그동안에 … (五, 완) ○신학교」
> 혜화동신학교는 그 설비가 용산대신학교보다 인가를 엇기에 훨씬 더 완비되엇슬 뿐 아니라 당시에는 여러 교구 연합 경영 문제도 업스므로 서울교구 신학생만으로써는 대신학교까지 겸하여도 넉넉하엿다. … (중략) … 교구 당국에서는 여러 방면으로 숙고한 결과 드디어 용산대신학생들을 이미 허가잇는 덕원신학교로 보내어 수학케 하는 동시 혜화동신학교의 인가를 신청하엿다. … (중략) … 처음에는 인가를 청하면 용이하게 내어줄 듯한 당국의 태도는 차차로 달러져 이모저모로 트집을 잡어 인가 신청서를 각하하여 나가더니 나종에는 더욱 악화되어 인가를 엇지 못하는 동안에는 일반 사업학교에 관한 제정을 꼭 지킬 것이오 따라서 종교적 학과를 교수함과 더구나 종교 예식 행사 등을 일체로 중지할 것을 강요하엿스므로 얼마 동안은 신학생들이 백동교회 성당에 나려가 미사 참예를 하기도 하고 학교 내 그윽한 방에서 맞치 군난 때처럼 비밀히 미사를 지내기도 하도록 궁경에 이르럿다. 그때는 각 학교 학생 직원 중에도 경찰의 「스파이」가 잇서 선생들도 언행을 극히 삼가던 살어름판이오 신학교

---

7) 『東星八十年史』, 동성 중·고등학교, 1987, pp.263-267 및 『東星九十年史』, 같은 학교, 1987, pp. 144-146 참조.

경 내에도 종종 수상한 청년이 드나들고 잇스므로 만일 조금이라도 트집잡혀 해산 명령이 떠러진다면 해산할 수 밧게 다른 도리가 잇슬 수 업섯다. … (중략) … 그러턴 것이 1945년 2월에 전문학교영에 의한 천주교신학교의인가가 나렷던 것이다!8)

이 기록을 통해서, 당시에 학교의 설비가 용산신학교보다는 혜화동신학교가 더 완비되어 있으므로, 대신학교의 신학생들을 덕원신학교로 보내고는 혜화동신학교의 인가를 신청하였음을 알 수가 있는데, 일제가 이런저런 트집을 잡아 인가 신청서를 각하하였을 뿐더러, 나중에는 오히려 더욱 악화되어 혜화동의 동성상업학교에서 일반 사업학교에 관한 제정을 꼭 지킬 것은 물론 을조에서마저도 "종교적 학과를 교수함과 더구나 종교 예식 행사 등을 일체로 중지할 것을 강요"하였다는 것이다. 심지어 경찰의 스파이가 학교의 학생과 직원 사이에도 투입되어 감시 대상이 되었고, 따라서 조금이라도 트집 잡혀 해산 명령이 떨어지면 해산할 수밖에 도리가 없는 지경에 이르렀다고 하였다. 그러다가 1945년 2월에 전문학교령에 의하여 신학교 인가가 나기에 이르렀는데, 이리하여 드디어 교회 내에 대신학교가 다시 문을 열게 되었다. 인가와 개교식에 관한 기록으로는 다음의 것들이 무엇보다도 참조될 것이다.

「경성교구신학교인가」
오래전부터 모든 이가 갈망증이던 경성교구신학교는 거二월二十三일부로 사립학교영에 의하야 조선총독부로부터 인가되어 「경성천주공교신학교」라는 명칭으로 새로운 발족을 하게 되엿스므로 해교구는 물론이오 전선천주교회에서 경하함을 마지안는다.
「신학교개교식」
경성교구신학교가 인가된 것은 기보와 갓거니와 동교에서는 모든 준비를 갓춘 후 금 五월一일 성대한 개교식을 거행하엿는데 오전八시반 「오까모도」 주교께서 동교 성당에서 장엄한 대례미사를 지내시고 동十시에는 동교 강당에서 시내 열위신부와 유지 교유들이 참집한 중 동교 직원생도일동이 역사적 개교식을 거행하엿고 동오후七시에는 주교께서 학무국장을 비롯하야 그 이하 요로관인들을 주교택으로 초청하샤 만찬

---

8) 「경향잡지」, 1946년 12월호, 40권 제981호, pp.66-67.

을 갓치하셧다.9)

이 기록들에 따르면, 1945년 2월 23일자로 사립학교령에 의하여 경성교구의 신학교로서 경성천주공교신학교라는 명칭으로 인가가 나왔으며, 5월 1일에는 개교식을 거행하였다고 한다. 다만 이를 보아서는 당시에 학제가 어떠하였는지 대구나 덕원의 신학교와의 위상 설정은 어찌 되었는지 등에 대해서는 전혀 알 길이 없는데, 다행히도 아래와 같은 기록으로서 이런 점들을 알 수가 있다.

「가톨릭大學來歷 —한국 신학교의 발자취—」
1945년 2월 23일 총독부의 전문학교령에 의거하여 인가를 받아 京城 天主敎 神學校라 개칭하고 이 해 大邱의 聖「유스띠노」신학교는 발전적 해체로 서울대신학교에 통합되고 수업년한은 예과 4년, 고등과 2년, 연구과 2년, 본과 4년의 도합 12년으로 하고, 대·소신학교를 합하여 재출발하게 되었다.
1946년 5월에 덕원신학교에 위탁 중이던 대신학생도 다시 병합됨.10)

이에 의거하면, 경성천주공교신학교는 대구의 성유스티노신학교가 해체됨으로써 함께 통합되어 운영되었다고 하는데, 수업 연한은 예과 4년, 고등과 2년, 연구과 2년 그리고 본과 4년으로 도합 12년 과정이었으며, 대·소신학교를 통합하였다고 한다. 게다가 다음 해, 즉 1946년 5월부터는 덕원신학교에 위탁 중이던 대신학생들이 다시 돌아와 생활하게 됨으로써 명실상부한 대신학교로서의 구실을 하게 되었다는 것이다.

이러한 기록에 더하여 경성천주공교신학교의 보다 상세한 운영 실태에 관해서는 다음의 기록에 대한 분석이 요긴하다고 생각된다. 정확한 재학생의 숫자 및 입학생의 수준 등에 대해서까지 조사해 상세히 밝혀 두었기 때문이다.

---

9) 이상의 기록은 모두 「경향잡지」, 1945년 3월호, 제39권 제976호, p 83.
10) Alma Mater 제9호, 1966년, p.204.

「신학교의 내용」
우기경성천주공교신학교의 내용을 보면 국민학교를 졸업한 자가 입학할 자격이 잇는데 예과 四년 고등과二년, 본과四년, 연구과二년하야 수업연한 十二개년이오 현금재학생은 예과一년에 三十명, 고등과一년에 二十명, 二년에 二十一명, 본과一년에 二十一명, 二년에 二十명으로서 전부 一백十四명이며 기중에는 대구 신학생도 포함되어 잇다. 이 신학교를 유지하여 나감에는 전보다 훨신 더 만흔 경비가 필요하므로 경성교구에서는 매 교우가 매년一원식을 부담하여주기를 요청하야 교우들의 분발을 바라고 잇는데 그 부담 방식은 각기 지방에 일임하기로 되는 모양이다.11)

이 기록을 통해서 사제 양성 교육과 관련하여 앞서 살핀 수업 연한 외에 적어도 네 가지 점을 헤아려 볼 수 있는 듯하다. 입학생의 자격, 재학생의 숫자, 대구 신학생의 통참 여부 그리고 재정 상태에 관한 것 등이 그것이다. 보다 구체적으로 살피면 다음과 같다.

첫째로, 입학생의 자격에 관한 것이다. 이와 관련하여서 이 기록에서는 국민학교를 졸업한 자가 입학할 자격이 있다고 했는데, 이는 용산예수성심신학교의 경우와는 다른 것이었다. 1917년과 1926년에 각각 용산예수성심신학교에 입학하였던 윤형중 신부와 장금구 신부가 각자의 회고록에서 밝혔듯이,12) 11세부터 입학하여 그야말로 학력이 천차만별이던 것과는 판이한 것이었다고 보인다.13) 적어도 이때부터는 국민학교는 졸업했어야 신학교에 들어갈 수 있었던 셈인데, 이 역시 소신학교 과정이 통합되어 운영되고 있었기에 가능했던 것이라 하겠다.

둘째로, 재학생의 숫자에 관한 것이다. 예과 1년에 30명, 고등과 1년에 20명, 2년에 21명 그리고 본과 1년에 21명, 2년에 20명이라 명기하였는데, 이 경우 예과는 소신학교의 중학교 과정, 고등과는 고등학교 과정 그리고 본과는 대신학교의 과정으로 보인다. 특히 예과, 고등과, 본과에 각각 1년생으로서 각기 30명, 20명, 21명이 재

---

11) 「경향잡지」, 1945년 3월호, 제39권 제976호, p.83
12) 윤형중 신부, 「신학교」, 유고집 『진실의 빛 속을』, 가톨릭출판사, 1989 및 장금구 신부, 「제1차 개혁」, 『사목 반세기』, 1989 참조.
13) 노용필, 앞의 책, 2003, p.88.

학하고 있음을 명시한 것은 이들이 처음으로 경성천주공교신학교 개교 후 처음으로 입학한 신입생임을 나타내준다고 보이며, 고등과 2년의 21명은 동성상업학교 을조에 재학 중이던 소신학생이 옮겨진 것 그리고 본과 2년 20명은 덕원신학교에서 옮겨 온 대신학생의 숫자를 의미한다고 헤아려진다. 이는 결국 셋째 이 기록을 통해서 알 수 있는 바, 즉 대구 출신의 대신학생들도 여기에 포함되어 재학 중이었음을 아울러 알려주는 것이라 하겠다.

그리고 넷째로 신학교의 재정 상태에 관해 알려주는 점도 여기에는 기록되어 있는데, 신학교를 유지해 나가는 데에 더 많은 경비가 들기 따문에 교우 1인당 매년 1원씩의 부담을 지우고 있음을 알 수 있고, 또한 게다가 이를 각 지방 별로 나누어 책정하고 있음을 읽을 수가 있다. 당시 교회의 재정적 상태를 엿볼 수 있을 뿐만 아니라, 나아가 신학교 교육에 열띤 관심을 기울이고 있던 당시의 일반 교우들에게 동참의 기회를 열어주는 측면도 있었음을 알려주는 게 아닐까 싶다.

한편 당시 신학교의 교육 내용에 대해서는 별반 자료가 닿지 않다. 다만 1946년 9월 당시에 재학하였던 안달원 신부(베드로, 1947년 4월 12일 서품, 1920년 7월 1일~)의 회고록에 다음과 같은 대목이 있음으로 하여 이를 통해서 당시 교육 내용에 대해 살필 수가 있겠다.

「신학과의 교육 내용」
1946년 9월 神學科 開講時 敎授陣은 다음과 같았다.
      學長 莊金口(그리소스토모)   靈性指導
      敎授 崔汶順(요한)   教義神學
      〃 宣鍾完(라우렌시오)   聖書學
      敎授 李在現(요셉)   倫理神學
      經理 申聖雨(마르꼬)

京城天主公敎神學校는 1945년 5월 開校하였고 1946년 5월 聖神大學으로 昇格되었다. 神學 4年인 副祭班의 講義는 聖書學 外는 大部分 重複이었고 固有의 司牧神學과 特殊倫理學만 受講했으나 11월 21일 敍品式(同期 서울敎區 神父들의 司祭品과 同時 우

리는 副祭品 受品) 後는 聖務 實習次 서울 大神學校를 떠나 大邱 主敎舘으로 나와 全 州敎區 副祭가 왔다. 大邱 主敎座 主任 徐正吉 神父로부터 敎會指針書(Directorium C.)를 中心으로 牧會神學을 實習했다.14)

이를 보면, 학장인 장금구 신부(크리소스토모, 1939년 6월 24일 서품, 1911년 3월 6일~1997년 7월 11일)가 영성 지도를 담당하였고, 최민순 신부(사도 요한, 1935년 6월 15일 서품, 1912년 10월 3일~1975년 8월 19일)가 교의신학을, 선종완 신부(라우렌시오, 1942년 2월 14일 서품, 1915년 8월 8일~1976년 7월 11일)가 성서학을, 이재현 신부(요셉, 1936년 6월 6일 서품, 1909년 6월 26일~1950년 9월 17일 납북)가 윤리신학을 교수하였으며, 신성우 신부(1920년 9월 18일 서품, 1893년 4월 25일~1978년 10월 5일)가 경리를 담당하였다고 한다.15) 여기에서 드러난 바대로 당시 신학교에서는 교수 신부의 숫자가 극히 한정되어 있음은 말할 것도 없거니와, 전공 자체도 세분되어 있지 않았음은 물론이었던 것이다. 당시의 교회 사정상 본당 중심으로 사제를 파견하여야 하는 어쩔 수 없는 상황이었다고는 하지만, 신학교 교육에 더 많은 인적 자원이 투입되지 못했던 점은 한계로 지적되어야 할 것 같다.

더욱이 이 회고록에서 주목되는 바는, 첫째 "神學 4年인 副祭班의 講義는 聖書學 外는 大部分 重複이었고 固有의 司牧神學과 特殊倫理學만 受講했다"고 했다는 점, 둘째, 부제서품 후에야 "敎會指針書(Directorium C.)를 中心으로 牧會神學을 實習했다"라고 적은 점이다. 이런 점들은 당시 신학교 교육의 실상을 파악하는 데에 실마리를 던져주고 있다고 보이므로, 이를 거론하고자 하는 것이다.

첫째, 부제반의 강의가 성서학 이외에는 대부분 중복이 되었다고 한 점은 그만큼 당시 신학교의 사제 양성 교육이 체계적으로 정립되어 있지를 못했음을 알려준다고 하겠다. 이전의 것을 수준을 높여서 중복해서 수강하는 것이 훨씬 그 해당 과목 자

---

14) 安達遠, 『回歸線』, 1981, p.80. 다만 이 기록에서 1946년 5월 성신대학으로 승격되었다고 적고 있음은, (곧 뒤에 밝혀지듯이) 실제는 1947년 4월이었으므로 착오가 아닌가 여겨진다.
15) 담당 교수 신부들의 서품 일자 등은 이기명 엮음, 『한국인 가톨릭 사제 서품자(Ⅱ)』, 가톨릭대학 교사목연구소, 1999 참조. 이 논문의 앞과 뒤에서 적어 놓은 사제들의 서품 일자, 생몰연월일 등도 모두 이에서 참조한 것이다.

체의 학업 성취도를 높일 수 있는 장점도 있었겠지만, 새로운 분야에 대한 학업 성취도를 높이는 데에는 오히려 장애 요소가 되었을 가능성이 대단히 농후해 보인다고 하겠다.

둘째, 주교가 정리하여 사목 지침으로 제시해준 『교회 지침서』를 중심으로 목회 신학을 실습하였다는 것은 사제 생활을 해 가는 이들에게는 대단히 현실적으로 도움이 되었을 것이라는 점이다. 『교회 지침서』들이 현장 사목에서 거둔 실제적인 면모들을 담은 것이고, 이에 따른 교회의 가르침을 정리하여 제시한 것이었으므로 그렇다고 하겠다. 다만 부제품 이전에 충분히 습득해야 온당했을 것으로 생각되는 목회신학을 부제품 이후에야 공부하게 되었다는 점은 아쉬움이 남는 듯하다. 부제품을 받으면 본당에서도 신자들과 직접 생활하면서 이미 사목자의 하나로서의 일정한 소임을 하게 되는 터이기 때문이다.[16]

III. 성신대학으로 승격(1947년)과 사제 양성 교육의 질적 향상

경성천주공교신학교는 1947년에 이르러 드디어 정식 대학으로 승격됨으로써, 사제 양성 교육의 질적 향상을 꾀할 수 있는 계기를 맞이하게 되었다. 먼저 성신대학 승격과 관련된 여러 가지 사실들을 찾아보고 난 뒤에, 사제 양성 교육의 질적 향상에 대해 살펴보기로 한다.

1. 성신대학 승격

성신대학으로 승격이 된 것은 1947년의 일이었는데, 정부로부터 인가를 정식으

---

16) 말하자면, 예나 지금이나 좀더 일찍부터, 신학생들이 적어도 부제반 이전부터도 신자들 신앙생활의 여러 행태 등에 접하고 이를 영적으로 지도할 준비를 충분히 교육하도록 신학교에서 해야 하는 것이 아닌가 싶을 것이다. 프로테스탄의 경우, 목사 안수 이전에 전도사로서나 혹은 부목사로서 오랫동안 봉직하게 함으로써 충분한 예비 수련을 거쳐 사목적 미숙련에서 오는 오류를 막을 수 있는 점도 이와 관련하여서는 참조될 수 있다고 본다.

로 얻은 것은 5월 2일의 일이었고, 동월 26일에는 개교식이 노기남 주교 등의 참석 하에 행해졌다고 한다.17) 이러한 성신대학의 인가 및 승격에 대한 교회 내의 평가는 당시 「가톨릭 청년」에 실린 아래와 같은 글에서 잘 읽어 볼 수 있다.

> 「聖神大學昇格! 神學校機構는 이로써 完成」
> 敎會의 中心은 祭壇에 있다. 信徒의 新生도 再生도 이 祭壇에서다 여기서 飢渴을 풀 수 있고 여기서만이 生命의 延長과 增大와 完成과 繁殖이 期待되고 이루어진다. 敎會의 七聖事가 이 祭壇中心으로 이루어지는 때문이다. 이 祭壇에 奉仕할 司祭의 必要性은 敎會와 마찬가지로 重大하다. 司祭없는 會堂은 集會所에 지나지 않고 祭壇없는 敎會는 慈善이나 敎化團體에 지나지 않는 때문이다. 敎會宣道는 司祭養成機關인 神學校 開設과 倂行한다. 이번에 神學校가 完璧을 期하여 「聖神大學」으로 昇格됨에 따라 앞날의 敎會發展이 期待된다.
> 1. 聖神大學昇格까지의 沿革 …
> (四) 完成期
> 一九四七年 四月三十日 聖神大學으로 昇格, 同大學 豫科, 哲學科, 神學科는 서울 惠化洞에 있고, 聖神大學附屬中學校는 元曉路四街一 前聖心神學校에 있다.18)

교회의 중심은 제단(祭壇)에 있음을 지적하며, 이 제단에 봉사할 사제의 필요성은 교회와 마찬가지로 중대함을 강조하였던 것인데, 이번에 신학교가 성신대학으로 승격됨에 따라 앞날의 교회 발전이 기대된다는 평가를 하고 있었던 것이다. 아울러 당시까지의 신학교의 연혁을 상세히 소개하고는, 당시의 실상에 대해 보도하고 있음이 눈에 띈다.

---

17) 「경향잡지」 1947년 6월호, 제41권 제987호, p.93에 보면, 다음과 같은 기사가 실려 있는데, 이를 통해 인가일과 개교일 등을 알 수 있다.
  "「성신대학 인가」―서울 혜화동신학교는 그동안 내용과 시설을 충실히 하야 성신대학으로 인가를 신청하였던 바 거五월二일 정식으로 인가를 받고 동二十六일 오후 四시 노 주교, 원 주교 양위각하를 비롯하야 학무당국 요로 인물들과 교내 교외 많은 내빈이 내참한 중 개교식을 성대하게 거행하였다" 한다.
18) 「가톨릭 靑年」 제45호, 1947년 5월, p.122.

이 기록에서 비록 인가 날짜가 4월 30일이라 하여 5월 2일기라는 기록과는 약간 다른 기록이 보이지만,19) 성신대학으로 승격됨과 동시에 대신학교와 소신학교가 자연히 분리되었음을 구체적으로 기술해주고 있는 것이다. 즉 대신학교의 예과 및 철학과·신학과는 혜화동으로, 성신대학부속중학교는 원효로의 옛 성신신학교 자리에 그대로 남아 있게끔 되었음을 알게 해준다.

당시 성신대학의 승격과 관련된 여러 가지 사정에 대해서는 누구보다도 천주공교신학교의 교장이었다가 승격과 함께 초대 학장으로 이를 담당하였던 장금구 신부의 회고록이 중요한 사실을 많이 담고 있었다고 보아 틀림이 없는데, 여기에 대해서는 다음과 같은 구절이 있다.

> 1년 후에야 총독부로부터 갑종전문학교 정도인 천주공교학교(天主公敎學校)로 인가가 나오고 동시에 내가 교장으로 임명되었다. 그 후 5개월 만에 해방을 맞이하니 그 해에 여러 대학이 우후죽순처럼 나타나기 시작했다. 생각해 보니 사회가 앞으로는 대학 교육을 받지 않고서는 지도자가 되기 어려울 거라고 생각하여 대신학교를 정식 대학으로 인가를 제출하여 만 2년 만에 문교부로부터 성신대학(聖神大學)으로 인가가 나왔다. 그러나 외국 주교님들로부터는 많은 반대를 받았던 것이다. 그러나 오늘에 와서는 반대는 없어지고 오히려 다행한 일로 인증을 받게 되었다고 본다. 나는 자동적으로 성신대학 초대학장으로 인가는 났으나, 해방 직후에 대학 운영은 너무나 어려운 일이 많았다. … (중략) … 그보다도 우선 급한 것이 식생활 문제였다.20)

이 부분의 회고록에서는 2가지 점이, 교회사 정리의 측면에서 기억될 수 있다고 본다. 첫째는, 해방 이후에 여러 대학이 우후죽순같이 나타나기 시작하자 당시 교장이었던 장금구 신부가 "생각해 보니 사회가 앞으로는 대학 교육을 받지 않고서는

---

19) 여기에서는 1947년 4월 30일에 성신대학으로 승격되었다고 하였는데. 인가가 정식으로 나온 것이 (앞서 거론한 「경향잡지」의 기사에서는) 5월 2일이었다고 하므로, 두 기록 사이에 차이가 난다. 4월 30일은 서류상으로 절차를 받아 정식으로 통보받기 이전에 사전 통고된 날이고, 5월 2일은 서류상으로 공식적으로 통보된 날을 가리키는 게 아닐까 한다.
20) 莊金龜,「農岩村'聖召村'의 後裔」, 韓國敎會史硏究所 編,『黃海道天主敎會史』, 刊行事業會, 1984, p.824.

지도자가 되기 어려울 거라고 생각하여 대신학교를 정식 대학으로 인가를 제출하였다"고 한 점이다. 이로써 성신대학으로의 승격 인가 신청이 결국 사회적 변화에 부응하기 위해 내린 결정이었음을 알 수 있는데, 이러한 데에 대한 교회 내부적으로도 반대 여론이 있기도 하였던 모양이다. "외국 주교님들로부터는 많은 반대를 받았던 것이다"라고 밝히고 있는 데에서 읽을 수 있다.[21]

또 하나는 대학 운영이 너무나 어려운 실정이었음을 토로하고 있는 대목이라고 여겨진다. 특히 "그보다도 우선 급한 것이 식생활 문제였다"고 하였음이 여실히 입증해준다고 하겠다. 기숙사 생활을 해야 하는 신학교의 사정상 어느 것보다도 식생활 문제가 원활히 해결되지 못되고 있었던 당시의 사정을 있었던 그대로 적나라하게 보여주는 대목이라 하지 않을 수가 없겠는데, 이러한 실정이 성신대학의 승격 이후에도 연속되고 있었음은 교육의 질적 향상 못지않게 당시로서는 최우선적으로 해결해야만 될 문제점이었던 것이다.

2. 사제 양성 교육의 질적 향상

(방금 보았듯이) 성신대학의 식생활 문제가 원활히 해결되지 못하고 있을 정도로 신학교의 현실적인 여건이 썩 잘 갖추어지지는 못한 상태였지만은, 그 교과과정의 운영만은 원칙적으로 전혀, 오히려 너무나 융통성이 없을 정도로 정확히 준수되고 있었음이 분명하였다. 이러한 면면은 아래의 글에서도 역력히 잘 배어 나오고 있다.

「사제(司祭)로 서품(敍品)받다」
교법(敎法) 1365번에 보면 소신학교에서 고등과를 졸업하고 대신학교에 들어가 철학을 적어도 2년 동안 전공하고, 신학을 또한 4년 동안 전공해야만 신품(神品)의 주체(主體)가 된다고 못 박았다. 내가 교법 1365번에 못 박은 모든 과정을 이수한 것은

---

[21] 정확한 기록이 전해지지 않지만 외국 주교들의 이러한 반대는 신학교 교육이 세속적으로 공개됨을 꺼려한 것은 물론 신학교 교육에 행정적으로라도 정부의 개입이 있을까 우려함에서 비롯한 것이 아니었나 생각된다.

1950년이었다.

교회법 976호에 따라 신학 공부를 시작하면서 삭발례(削髮禮: Tonsura)를 받은 나는 1950년 4월 15일 신학교를 졸업한 후 명동성당에서 노기남(盧基南) 대주교의 집례로 사제로 서품되었다.22)

교법과 교회법에 따라 모든 규정이 정확히 지켜졌음이 이 회고록의 기록들을 통해 확인이 되는 것이다. 일일이 교법 1365번의 규정에 따라 연한을 지켜서 모든 교과과정을 이수했음을 적시하고 있을뿐더러 교회법 976호에 따라 삭발례를 받았다고 하였음이 이런 점을 대변해준다고 하겠다.

이러한 신학교의 교육 과정 중에서 학생들의 자치를 통한 의견 수렴과 개선 방안 유도는 1948년 3월 1일에 제2대 학장으로 부임하였던 윤을수 신부(라우렌시오, 1932년 12월 17일 서품, 1907년 10월 2일~1971년 5월 1일) 시절의 신학교에서도 여전히 이루어지고 있었는데,23) 이러한 점은 다음의 회고록에서 찾아볼 수 있다.

「총학생 회장」
나는 덕원신학교가 폐쇄되기 직전 서울로 내려와 혜화동대신학교에서 학업을 계속했다. 이곳에서 나는 부제가 되기 전 일년 동안 신학교의 총급장을 했다. 지금으로 말하자면 총학생회장인 셈이다. 내 선임자는 김수환 추기경이었다.
당시 총급장은 선거를 통해 뽑았고, 교장 신부의 인준을 받아야 했다. 교장 선생님은 윤을수 신부였는데, 개방적이고 활달했던 윤 신부와 나는 손발이 잘 맞았다. 그 시절 총급장이 하는 일은 주로 학생들의 불편한 점을 교장 신부에게 전달하는 일이었다. 학생들의 요구는 대부분 외출이 자유로웠으면 좋겠다, 빨래를 좀 잘해 달라,

---

22) 林應赦 신부, 『주님의 뜻대로』, 天主教 노량진교회 出版委員會, 1983, p.93.
23) 이런 점은 성신대학 신학생들의 잡지로 발행되던 Alma Mater 2호, 1948년에 게재된 「머릿말」에서 학장이었던 윤을수 신부가 다음과 같이 한 표현에서 읽을 수가 있다고 본다. "… 한 마디 특별히 하고 싶은 것은 성신대학 제1대 학장으로 계시던 금구 장 신부님의 남겨 놓고 가신 넓고 높은 깊고 거룩한 교육 정신을 계속하여 뜻하신 성직을 기르는 데 계속하여 힘쓰기를 약속하며 일반 교수 또는 학생을 대표하여 감사의 뜻을 표하고 창립하고 후원하신 「알마 마뗄」을 잘 진행할 결심을 아뢰고 싶다. …" 『尹乙洙神父遺稿集』 4판, 隣保聖體修道會, 1997, p.323 참조.

아니면 미사 시간을 늦춰 달라, 휴가를 달라 등등 늘 이런 것이었다.
나는 신학생들이 불편이나 어려움을 호소할 때마다 서슴없이 교장 신부에게 전달했고, 윤 신부는 웬만한 사항은 잘 들어주셨다.24)

당시 총급장, 즉 오늘날의 총학생 회장에 해당되는 직책을 맡았던 장대익 신부(루도비코, 1950년 11월 21일 서품, 1923년 1월 10일~)의 회고에 따르면, 총급장은 학생들의 의견을 수렴하여 학장 신부에게 이를 전달하여 학교 운영에 반영되도록 하는 것이 그 소임이었다는 것이다. 당시의 학교 운영에 학생들의 의견을 일정 부분 반영하여 불만을 해소시키고 원만한 학사 행정을 위한 방편이었다고 여겨지는데, 특히 당시에는 학장 신부가 장대익 신부의 회고를 그대로 인용하면 "개방적이고 활달했던" 윤을수 신부여서 더욱이 "웬만한 사항은 잘 들어주셨다"는 것이다.

이렇듯이 신학교 운영에 특히 신학생들의 의견을 반영하기 위해서 윤을수 신부가 노력하였던 것은 그 자신이 외국 유학을 다녀온 경험이 있었기에 그런 것이 아닌가 싶다. 그는 프랑스 유학을 통해 학위를 수여받고 로마에 가서 교회법도 연구했으며, 미국에 가서 교회 사업을 하면서 그곳 한인 교민들과도 두터운 교류 관계를 맺었고,25) 심지어 기독교도인 이승만의 독립운동을 실질적으로 뒷받침해준 적이 있음을 해방 이후에 이승만이 직접 교황사절과 노기남 주교 앞에서 공개적으로 언급할 정도로26) 적극적인 활동을 서슴지 않았기 때문에, 귀국하여 신학교 학장이 되어서도

---

24) 장대익 신부, 『남은 것은 당신뿐입니다』, 기쁜소식, 2001, p.47.
25) 윤을수 신부의 귀국과 성신대 학장 발령 등의 사실은 다음과 같이 「경향잡지」 1948년 8월호, 제42권 제997호, p.60. 기사를 통해서 확인이 된다.
"「윤을수 신부 귀국」—노렌조 윤을수 신부는 一九三八년에 불란서에 유학하여 소르본대학에서 문학박사의 학위를 받고, 다음에 「로마」에 가서 교회법을 연구한 다음 一九四一년에 미국에로 건너가 교회 사업에 종사하면서 고국의 교회를 위하여 많이 활동하더니 거二월二十六일 무사히 귀국하였다. 동二十九일 오후六시에는 시내 「수도그릴」에서 성직자 유지 교우 등 약 90이 모여 금의환향한 동신부의 성대한 환영회가 있었다.
동신부는 그후 주교 비서처장(秘書處長) 성신대학장을 겸임하게 되었다. 서울 주교관에로 보내는 우편물 중 윤신부에게 보내는 것에는 성명까지 기록함이 필요하다. 상기 노렌조 尹乙洙 신부, 출판부에 尹亨重 신부, 종현보좌 바오로 尹炳熙 신부, 세 분이 있는 연고이다."
26) 「경향잡지」 1948년 89월호, 제42권 제1001호, p.124에 보면, 「독립 축원 미사성제」라는 제목 아래에 다음과 같이 적혀 있음에서 이런 사실을 분명히 알 수가 있다. "서울에서는 거6월 20일

이러한 개방적이고 적극적인 활동을 펼쳤던 것으로 판단된다.

윤을수 신부의 경우가 이러하듯이 외국 유학 출신 사제들이 신학교에서 교수직을 맡게 됨으로써 신학교의 교육 내용에도 날로 변화가 생겨났을 뿐만 아니라, 그 영향으로 차츰 신학생들 중에서 외국 유학의 길을 떠나는 경우도 늘어나는 추세였던 것으로 보인다. 윤을수 신부 외에도 당시의 신학교에는 이미 그보다 먼저 부임하여 외국 유학생 출신으로서 교수직을 담당하고 있던 선종완 신부 역시 이러한 분위기를 이끌어 가고 있었다. 이러한 당시 사정은 아래의 글에서 충분히 느낄 수가 있다.

「유학가는 신학생들」
10여 년 전부터 일찍이 원 주교께서 본방인 성직자 양성에 특별히 유의하사 신학생들의 외국 유학을 시작하였으나 참담한 세계대전으로 말미암아 길이 막혀 정지 상태로 나려오다가 이제 교통이 열리기 시작되고 외국 형편로 나어지므로 성신대학에서는 신학생들의 외국 유학을 시작하여 거九月 상순 다음과 같이 선발대가 연구차로 로마에 가는 동 대학 교수 선 신부의 인솔하에 출발하였다 한다. 박 바오로(養雲) 二품자 춘천교구 원주, 柳디오니시오(榮道) 삭발자 서울교구 인천, 白디오니시오(南翼) 대전교구 서산, 이상 三인 「로마」 울바르노대학에. — 黃베드루(旼性) 二품자 서울교구 수원, 朴방지거(成鍾) 서울교구 개성, 이상二인 불란서 파리 성술삐쓰대학에.27)

본방인 사제 양성에 힘 기울여 오던 터에 세계대전이 끝나는 등 외국 사정이 또한 나아져서 유학을 가는 신학생들의 숫자가 이 즈음에 증가하는 추세를 보이고 있

주일 조선인 신부 피정이 끝나는 날 노 주교께서는 국회의원들과 과도정부 부,차장들을 초대하사 오전 10시에는 독립촉성을 기원하는 대례미사성제를 드리시고 동 12시에는 대강당에서 환영다과회를 개최하여 노주교와 교황사절 방주교의 의미심장한 환영사가 있었던 바 당시 국회의원 의장(현금 대통령)이승만 박사는 다음과 같은 요지의 답사를 하여 화기 넘치는 동회를 빛냈다. 「… 내가 미국에 있을 때 다른 교파들은 일인이 무서워 우리 독립운동을 도움기를 주저하고 있었으나, 천주교회만은 확호한 태도로 우리 독립운동을 도와주었습니다. 여기 있는 윤을수 신부와 메리놀전교회 안 신부도 나와 같이 독립운동을 한 분들입니다. …」" 따라서 일제 시대 천주교의 독립운동 참여와 관련하여서는 이 점이 간과되어서는 아니 되리라 보는데, 지금까지 이 사실은 전혀 거론조차 된 적이 없는 듯하다.

27) 「경향잡지」, 1948년 10월호, 제42권 제1003호, pp.155-156.

음을 알려주는데, 동시에 로마로 3명, 프랑스로 2명이 출발하고 있음이 이를 여실히 드러내준다. 특히 이때에 이 기록에서 주목되는 바는 신종완 신부가 이들을 인솔하고 같이 출발하였다는 점이라 하겠다. 이럴 정도로 당시 신학생들의 외국 유학 분위기가 고양되고 있었고, 이는 당시 신학교에서 교수를 담당하고 있었던 신종완 신부와 같은 외국 유학 출신 신부들의 영향이 크게 끼치고 있었음을 알려준다고 할 수 있을 듯하다.

또한 당시 성신대학에서는 새로운 저서들이 간행되어 신학생들의 교육에 질적 향상을 가져올 수 있도록 터전이 닦여지고 있었던 것으로 지적할 수 있겠다. 당시 신간 서적의 간행과 관련하여서는 다음의 「경향잡지」 게재의 광고가 참조가 된다.

「새로 나온 책들」
「신약성서 상편」 四사성경과 종도행전을 합부한 것이다. 전보다 더 주해를 자세히 달았고, 연구하기에 편리하도록 편, 관, 항으로 구분하였다. … (중략) … 편찬자 성신대학 성서부 페이지 六〇〇, 값 六백五十원 송료 二十원.[28]

이 『신약성서 상편』의 편찬자가 성신대학 성서부라 되어 있지만, 실은 당시 성신대학의 성서부장을 맡고 있었던 선종완 신부가 전적으로 자세한 주해를 달고 편, 관, 항으로 나누어 편찬한 것이었는데,[29] 이로써 당시 우리말 맞춤법에 맞는 신약성서를 비로소 쉽게 구해 읽을 수 있는 길이 열려 신학생은 물론이고 일반 교우들까지도 그 혜택을 입을 수가 있게 되었던 것이다. 신앙생활에 있어 가장 기본이 되는 것은 두말할 나위도 없이 성서이므로, (앞서 인용한) 광고 문구 그 자체대로 "전보다 주해를 자세히 달았고, 연구하기에 편리하도록 편, 관, 항으로 구분"한 이 『신약성서』의

---

[28] 「경향잡지」, 1949년 2월호, 제43권 제1007호, p.24.
[29] 1948년판 『복음성서』의 서언에 "우리 한국어로 번역된 사사성경과 종도행전이 절판된 지 오래되므로 … 한글의 새 철자법과 국어의 표준어를 따르기로 힘썼으나 번역 원문은 그대로 존중하였다. 연구의 편의를 돕기 위하여 자세한 주해와 편찬을, 성신대학 성서부장 노렌죠 선종완 신부에게 청하였던 바…"라 되어 있음에서 이런 사실을 알 수 있다. 이성우, "한국 천주교회의 우리말 성서번역사와 우리말 성서번역의 의미", 『인간 연구』 제5호, 가톨릭대학교 인간학연구소, 2003; 근·현대 한국가톨릭연구단 지음, 『한국 근·현대 100년 속의 가톨릭교회 (상)』, 가톨릭출판사, 2003, pp.108-109 참조.

간행이야말로, 신학생들의 성서 공부에도 크게 도움이 되었을 것임이 분명하다고 하겠다.

IV. 6·25 남북 전쟁기 및 그 이후의 성신대학의 사제 양성 교육

터전을 닦아 자리 잡아 가던 성신대학의 사제 양성 교육 역시 민족적인 비극 6·25 남북전쟁을 맞아 커다란 수난을 겪을 수밖에 없었다. 당시 신학생들이 맞닥뜨렸던 상황은 이를 고스란히 견뎌 내야만 했던 장대익 신부의 회고록 가운데 아래와 같은 대목에 그대로 묘사되어 있다.

> 「피난 생활」
> 1950년 6월 25일 서울혜화동대신학교 성당에서 주일미사를 봉헌하고 있는데 갑자기 용산신학교로 피난하라는 전갈을 받았다. 북한의 인민군이 38선을 넘어왔다는 내용이었다.
> 우리 민족의 비극인 한국전쟁이 시작된 것이다. 용산신학교에서 하룻밤을 자고 나니 한강 다리가 파괴됐다는 소식이 들렸다. …
> 나는 일단 동료들과 짐을 꾸려 피난길을 떠났다. 한강 다리는 처참하게 파괴돼 있었다. 어쩔 수 없이 한강 철로를 걸어서 무작정 남으로 남으로 향했다. 거리는 봇따리를 짊어진 피난민으로 인산인해를 이뤘다. …
> 그러던 중 나는 서울의 대신학교로부터 연락을 받았다. 부제반은 모두 대구로 모이라는 전갈이었다.
> 나는 대구 남산동에 있던 대구유스티노신학교에서 사제가 될 준비를 했다. 대구유스티노신학교 옆에는 성모당이 있었는데, 외롭고 힘들 때마다 나는 그곳을 자주 찾았다.[30]

널리 알려져 있듯이 1950년 6월 25일은 주일이었으므로, 대신학교 성당에서 미사를 봉헌하던 중 인민군의 남침 소식에 용산신학교로 피난하라는 전갈을 받았다고 한

---

30) 장대익 신부, 앞의 책, 2001, pp.48-50.

다. 혜화동이 인민군이 서울로 들어오는 진격로인 미아리고개 방면과는 가까운 곳이 었으므로, 그보다는 안전하다 싶은 용산신학교로 피난하도록 했던 모양인데, 하룻밤 지나고 나서는 그곳도 안전한 곳이 못 되었기 때문에, 신학생들은 남녘을 향해 하염없이 보따리를 들고 걸어서 가야만 했다는 것이다. 그러다가 자신은 부제였기에, 부제들이 집합한 대구유스티노신학교에서 사제 교육을 계속할 수가 있었다고 하였다.

그러면 이외의 다른 신학생들은 어떻게 사제 교육을 받고 있었던 것일까? 다음과 같은 기록을 통해서 대략은 살필 수가 있다.

「가톨릭大學來歷 —한국 신학교의 발자취—」
1951년 1월 20일부터 제주도 서귀포에서 피난학교 시작.
1951년 부산 영도에 가교사 건축코 교육 실시.
1951년 12월 31일부로 실시된 교육법에 따라 개편인가(文高 제1194호), 부속중학교는 폐지되고 성신중고등학교로 독립함. 연구과 폐지.
1953년 9월 15일 피난학교는 서울 혜화동 본교로 복귀.[31]

1966년에 발행한 학생들의 교내 잡지 「Alma Mater」에 게재된 이 기록에 따르면, 신학생들은 1951년 초에 제주도 서귀포를 거쳐 부산 영도에 가교사를 건축하고 교육을 받다가, 1953년 9월에 혜화동 본교로 복귀했다고 한다. 아마도 신학생 혹은 사제 누군가의 증언을 듣고 당시의 학생들이 정리한 것이 아닐까 싶은 이 기록과는 약간 다른 기록도 보인다. 다음의 것이 그러하다.

「성신대학 서울에」
전란 중 부산 영도에 있는 공소 강당을 빌어 모든 곤란을 극복해 가면서 수업 중이던 성신대학, 서울 본교사를 사용하던 미군들이 이를 반환하였으므로 十월一일부터는 서울 본교사로 돌아와 새로운 기분으로 수업을 시작하게 되었다 한다.[32]

---

31) Alma Mater 제9호, 1966년, p.204.
32) 「경향잡지」 1953년 9월호, 제45권 제1026호, p.56.

성신대학의 사제 양성 교육

이 「경향잡지」의 기록은 1953년의 것이므로 오히려 더 정확한 것이 아닐까 여겨지는데, 이에 의하면 전쟁 통에 부산 영도에서는 공소 강당을 빌어 수업을 했다고 했고, 서울의 본 교사를 사용하던 미군들이 반환하여 10월 1일부터 본교사로 돌아와 수업을 시작하였다고 한다. 약간의 차이가 서로 있지만, 아마도 훗날의 교내 잡지에 신학생들이 정리한 전자의 것보다는 교회 내의 공식적인 의견을 대변하던 「경향잡지」의 후자의 것이 정확하다고 보는 게 순리일 듯하다.

대부분의 신학생들이 이렇듯이 부산 영도의 공소 강당을 킬어 공부를 계속하고 있었던 데에 비해, 부제반 신학생들은 (앞의 기록에서 보았듯이) 대구유스티노신학교에서 학업을 계속하였고, 드디어는 사제 서품을 받기에 이르렀는데, 이들에 대한 서품식은 전란 동안 잠시 서울이 수복된 사이에 명동성당에서 거행되었다고 한다. 이 얘기는 아래의 기록에 적혀 있다.

「"내 모든 것을 주님께 봉헌합니다"
1950년 9월 28일 한국군과 유엔군이 서울 탈환에 성공했다는 소식이 전해졌다. 소속 교구인 평양교구에는 갈 수 없었지만 나는 서울로 올라와서 사제 서품을 위한 마지막 준비에 들어갔다.
드디어 11월 21일 나는 서울교구 명동성당 제대 앞에 엎드렸다. 성인 호칭기도가 울려 퍼지는 가운데 가장 낮은 자의 자세로 제대 앞에 엎드린 나는 내 모든 것을 온전히 하느님께 봉헌했다. …
그날 나와 함께 서품을 받은 동기는 모두 9명이었다. 김창석 신부를 비롯해 최명화, 김창문, 최익철, 이대권, 이종흥, 백응복, 김덕명 신부가 내 사제 서품 동기들이다.[33]

1950년 가을 소위 9·28 수복 때 서울을 국군과 유엔군이 되찾자, 11월 21일에 명동성당에서 사제 서품식이 거행되었는데, 9명의 사제가 이때 탄생했다고 하였다. 비록 전쟁의 와중에 있기는 하였지만, 성품성사는 제대로 이루어졌음을 이를 통해 알 수가 있는 것이다.

---

33) 장대익 신부, 앞의 책, 2001, pp.52-53.

한편 대신학교가 이상과 같이 6·25 남북전쟁 이후 제주도를 거쳐 부산 영도에서 자리를 잡고 신학생들을 교육하다가 혜화동 교사로 돌아온 것과 달리, 소신학교는 경상남도 밀양 본당신부의 조치로 밀양에 교사를 마련하고 학생들을 가르치고 있었는데, 당시의 실정은 최근 당시에 매일같이 썼던 일기를 묶어 책으로 출간한 김병일 신부(요셉, 1962년 12월 21일 서품, 1935년 3월 28일~)의『고희를 맞는 노 사제의 회상 일기』(가톨릭출판사, 2004년 3월)에 소상히 적혀 있음으로 해서 잘 알 수가 있다.

하지만 앞서의 기록「가톨릭大學來歷」에는 "1951년 12월 31일부로 실시된 교육법에 따라 개편인가(文高 제1194호), 부속 중학교는 폐지되고 성신중고등학교로 독립함. 연구과 폐지"라고 해서 성신중고등학교로 소신학교가 이름이 바뀌었음과, 성신대학의 연구과가 이때에 폐지되었음을 명기해주고 있어 주목되지만, 김병일 신부의 이 일기 기록에는 학교 명칭의 변경일이 1952년 3월 22일 토요일로 되어 있어[34] 차이가 난다. 학교 명칭의 변경을 학교 측에서 신청한 것은 김병일 신부의 일기 기록에 보이는 3월의 그날이고, 정부에서 인가해준 것은 그해 12월의 일이 아닌가 싶은데, 여기에서 일기 기록 가운데 특히 주목하고자 하는 하나는, 당시 소신학교와 대신학교 교육 모두와 관련된다고 여겨지는 아래와 같은 대목이다.

「서울소신학교 생활」

1953년 12월 4일 맑음 … 형민 씨의 말에 의하면, 대학 입시 고사에 대한 우리들의 실력은 다 알고 있다는 것이다. 즉 입학 불능 쪽으로 많이 기울어진다는 뜻이다. 이런 소리를 들었다고 해서 새삼 더 충격을 받은 것은 아니지만, 뇌의 분산함을 정리하지 못한 채 그저 무의미하게 세월만 보낸다는 것은 나의 큰 잘못이라는 생각이 들었다. 1953년 12월 28일 월요일 맑음 … 고3의 국가고시도 시작되었다. 형편없다고들 한다. 그러나 대부분은 쾌활한 표정이다. 아무쪼록 다 붙을 수 있으면 좋겠다.[35]

---

34) 김병일 신부,『고희를 맞은 노사제의 회상일기』, 가톨릭출판사, 2004, p.99에 아래와 같이 적혀있다. "1952년 3월 22일 토요일 흐림, 비. 오늘 오전은 매우 온화한 날씨라 모든 식물이 잘 자랄 것만 같다. 조회 시에는 교장 신부님께서 학교 명칭에 대한 기쁜 소식(당시의 명칭은 성신대학 부속중학교였는데 아마 성신소신학교로 명칭이 바뀐다는 소식일 듯)을 들려주셨다. 봄방학 소식도 물론 있었다. …"

35) 김병일 신부, 앞의 책, 2004, p.204 및 p.220.

이 기록을 보면, 당시는 대학 입학을 위한 국가 자격 고사가 있어 고3 학생들은 이를 통과해야만 대학에 진학을 할 수 있는 제도가 시행되던 때임을 알 수 있고, 따라서 소신학교 학생들도 반드시 이 국가고시에 합격해야 대신학교에 진학할 수 있었는데, 그 합격률이 과히 높지는 못했던 모양이다. 소신학교 출신들이 대신학교에 진학할 기회가 그만큼 줄어들 수밖에 없는 상황이었을 것이다.36) 따라서 이를 뒤집어 말하면 대신학교의 신학생 중에 차지하는 소신학교 이외 출신자들의 비중이 커졌던 것을 알려준다고 하겠다. 말하자면 대신학교가 정식 대학으로서 승격되어 정부에서 시행하는 국가고시에 합격해야 진학할 수 있게 됨으로써, 예전과는 달리 소신학교 출신이면 전부 진학하던 것과는 판이하게 달라졌던 것이라 하겠다.

자연히 성신대학의 입학생들도 여느 대학의 경우와 마찬가지로 적어도 국가고시에 합격해야지만 진학할 기회를 갖게 되었던 것인데, 1955년부터는 편제가 달라져 6년제로 전환하기에 이른다. 다음의 기록들에서 이를 살필 여지가 있다.

「가톨릭大學來歷 —한국 신학교의 발자취—」
1955년 2월 26일 인문계에서 한국 최초의 신학부 예과 제도의 인가를 얻다(文高 제146호) 편제는 신학과 4년, 예과 2년 재학생은 인가 즉시로 예과·본과의 해당 학년에 편입됨.37)
「본교 연혁」
1955년 神學部 編制를 6년제로 개편(文高 제146호) 豫科 2년, 本科 4년 定員 300명.38)

이 기록들을 종합적으로 정리하면, 성신대학이 1955년 2월 26일에 한국에서는 최초로 신학부 예과 제도의 인가를 얻었는데, 예과 2년, 신학과 4년으로 편제를 전환하였고, 재학생들부터 적용되어 해당 학년으로 편입되었으며, 정원은 300명이었다는 것이다. 이렇게 학제를 변경함으로써 효율적인 학사 운영을 위해 체계화를 꾀

---

36) 소신학교 입학생 및 졸업생의 전체적인 동향은 이순용 엮음, 『小神學校 낙산골 못자리 성신중·고교 반세기』, 성신중·고등학교, 1999에 상세히 조사되어 있어 크게 도움이 된다.
37) Alma Mater 제9호, 1966년, p.204.
38) Alma Mater 제11호, 1968년, p.223.

했다고 평가할 수 있을 것이다.

이러한 변화가 추구되던 1955년 당시는, 그 전 해 10월에 취임한 한공렬 신부(베드로, 1939년 6월 24일 서품, 1913년 2월 3일~1973년 3월 7일, 훗날 대주교로 성성, 광주교구장)가 제4대 학장으로 재임 중이었는데,39) 이때에 이런 개혁적인 조치를 취함과 아울러 교내의 미비한 자료들도 이때에 와서 갖추려고 힘을 기울였던 것으로 보인다. 특별히 이미 서품을 받은 사제들의 학적부를, 6·25 남북전쟁 와중의 화재 등으로 인해 소실된 것을 메우기 위해서 본인들이 친필로 작성하여 제출토록 하여 이를 비치하려고 강구하였음이 바로 그것이다.

현재 가톨릭대학교 성신교정 교학과에 1955년 이전에 용산예수성심신학교 출신의 서품 사제 42명의 學籍簿가 보관되어 있는데, 박성춘 신부(레오, 1942년 2월 14일 서품, 1915년 6월 25일~?)의 그것 전면의 비고란에 보면, "記入年月日 1955(4288)年 4月 29日 聖神大學長의 要請에 依하여 記入報告함"이라 기록되어 있어서 구체적으로 알 수가 있다.40) 거의 고정된 위치의 신학교 교정을 배경으로 같은 크기의 동일한 판형의 사진도 일일이 부착한 것으로 미루어서도 당시에 일률적으로 서류를 갖추기 위해 정리 작업을 하였던 것으로 판단된다. 그만큼 학교 행정을 체계적으로 하기 위한 기초 작업을 완비하는 방침을 정하고 실행에 옮겨 신학교가 대학으로 걸맞게 체계가 꾸려져 발전을 거듭하기에 이르렀음이 분명하다고 생각한다.41)

당시의 이러한 고무적인 성신대학의 분위기 속에서 교수 신부들의 연구 활동도

---

39) 「가톨릭大學來歷」, Alma Mater 제9호, 1966년, p.204에 보면, 1954년 10월 말경에 부학장 한공렬 신부가 제4대 학장 취임하였다는 기록이 있다.
40) 노용필, 「예수성심신학교의 사제 양성 교육」, 앞의 책, 2003, p.87.
41) 「경향잡지」, 1957년 7월호, 제49권 제1072호, pp.260-261에 따르면, 다음과 같이 1957년에 성신대학 개교 10주년을 맞이하여 대대적인 행사를 진행하였다고 전한다.
"성신대학 소식」―거六월八일 오전九시 서울 노 주교께서는 대성당에서 성신대 학생들에게 서품식을 거행하셨는데 삭발례 三八명, 一·二품 二○명, 三·四품 九명, 합 六七명이나 되어 한국 가톨릭 유사 이래 처음 보는 장관을 이루었으며 동十일 오후 二시에는 동대학 내에서 성신대학 개교 十주년식을 거행하였는데 내외귀빈 다수 참석한 중 노 주교께서는 역대 학장 장금구 신부, 윤을수 신부, 정규만 신부, 현학장 한공렬 신부에게 기념품을 주시고 十년 근속교수 최민순 신부를 표창하셨으며 기념식 다음에는 「칵텔파티」가 있었고 … (하략) …."
이를 보면, 당시에 그야말로 "한국 가톨릭 유사 이래 처음 보는 장관을 이루는" 거대한 서품식을 거행할 수 있었던 것 자체가 이러한 학교 발전의 결실이라 해야 옳을 것이다.

활발히 전개되어 획을 그을 수 있는 뛰어난 연구 업적을 내기도 하였다. 가장 대표적인 경우로, 선종완 신부의 구약성서 번역을 들어 마땅하다고 본다.42) 그 자신이 직접 쓴 글 가운데서는 다음과 같은 구절이 무엇보다도 눈에 띈다.

> 천주의 말씀인 성서를 모두 그 원문에서 우리말로 옮기려고 오랜 세월을 두고 준비하여 왔으나, 마기 이를 이루려고 보니, 아직도 어려운 점이 많은 중 우리말에 대한 지식 결핍이 가장 큰 것이었다. 이에 한글학회 회원이신 서창제 선생님께 사사하는 한편, 표준말과 맞춤법에 특별히 유의하면서 글을 읽고 쓰기를 힘쓴 지 수삼년, 이제 겨우 구약성서의 첫째권인 창세기(創世記)를 출판하기에 이르렀다.43)

창세기를 우리말로 옮기려고 오랜 세월을 두고 준비해 왔다는 점도 대단히 높이 평가되어 할 터이지만, 가장 놀라운 것은 "우리말에 대한 지식 결핍이 가장 큰 것이었음"을 깨닫고, 한글학회 회원에게 사사를 받았을 정도로 노력하여 표준말과 맞춤법에 특별히 유의하려는 학자적 태도를 견지하였다는 점이라 하겠다. 시대를 뛰어넘어 어느 시기에도 귀감이 될 만한 이러한 학자적 태도를 견지한 성서학자 선종완 신부의 활약은 당시 성신대학 소속 교수 신부의 전범(典範)이었다고 해서 결코 지나치지 않다고 본다. 따라서 당시 성신대학의 사제 양성 교육의 질적 수준 역시 이러한 교수 신부들의 활약에 의해 날로 고양되고 있었다고 해도 좋을 듯하다.

---

42) 성모영보수녀회 엮음, 선종완 신부 유고집 『말씀으로 산 사제』, 성바오로출판사, 1984, pp.34-38의 아래와 같은 부분에서 이러한 평가를 구체적으로 잘 살필 수가 있을 것이다.
"「성서학 교수의 애환」—선종완 신부는 1942년 신품성사를 받고 1976년 선종할 때까지 34년간의 사제생활 중 10년은 해외 유학생활을, 나머지 24년은 가톨릭대학 신학부 교수로서 성서학을 강의했다. … (중략) … 선종완 신부는 1952년 이스라엘에서 귀국하여 그해 9월 성신대학 성서학 교수로 복직하였다. 당시는 6·25전쟁으로 말미암아 대신학교는 부산 영도(影島)에, 소신학교는 경남 밀양(密陽)에 소재해 있을 때이다. … (중략) … 1953년 휴전이 되자 학교가 혜화동 본교사로 옮겨진 다음에도 선 신부는 부산에서부터 시작했던 구약성서 번역을 계속하여 마침내 1958년 6월 30일자로 그 첫째 권인 창세기가 한국천주교중앙협의회에 의해 발간되었으니 우리나라 자국어 구약성서가 최초로 번역된 획기적인 일이었다." 이성우, "한국 천주교회의 우리말 성서 번역사와 우리말 성서 번역의 의미", 앞의 책, 2003, pp.109-110 참조.
43) "머리말", 『구약성서 제1편 창세기』, 한국천주교중앙협의회, 1958, p.5.

V. 맺는 말

　1942년 2월 일제의 천주교회에 대한 간섭 정책으로 용산예수성심신학교가 폐교를 당했고, 그 이후 대신학교 학생들은 덕원신학교로 옮겨가서 학업을 계속할 수밖에 없었다. 교회는 기왕 폐교를 당한 용산의 대신학교보다는 시설 사정이 양호한 혜화동신학교를 대신학교로 지정받아 대신학교의 사제 양성 교육을 재개하려고 곧이어 노력하였지만, 그 노력은 쉽사리 열매를 거두지 못하였다

　그러다가 1945년 2월 신학교 인가가 나와 드디어 대신학교의 문을 다시 열게 되었는데, 경성교구의 신학교로서 경성천주공교신학교라는 명칭으로 5월 1일에 개교식을 거행하였다. 이때에는 대구의 성유스티노신학교가 해체된 상태였으므로, 함께 통합되어 운영되었고, 대·소신학교를 겸하여 12년의 학제로 운영되었던 것이다. 그리고 1946년 5월부터는 덕원신학교에 위탁되었던 대신학생들도 다시 돌아옴으로써 명실상부한 대신학교로서의 구실을 하기에 이르렀다.

　예전의 용산예수성심신학교와는 달리 소신학교 과정일지라도 국민학교는 졸업해야 신학교에 들어갈 수 있었으므로 신학생들의 학력 수준은 전반적으로 향상되었지만, 재정 상태는 여전히 열악하여 교우들에게 신학교 유지비를 지방별로 나누어 책정해서 운영할 정도였다. 그리고 영성 지도는 물론, 교의신학·윤리신학이 중심이 되고 성서학 등을 정규 과정에서 공부하고, 서품 후에는 목회신학을 따로 배우도록 당시의 교과과정이 운영되었다. 하지만 그것마저도 강의가 대부분 중복되는 과정이 개설되어 있어서 사제 양성 교육이 결코 체계적이지 못했음을 드러내었으며, 또한 목회신학을 기껏 부제품을 받은 이후에야 공부하게 되어 있었던 점은 분명 당시 사제 양성 교육의 문제점의 하나로 지적된다고 하겠다.

　그 후 정규 대학인 성신대학으로 승격된 것은 1947년의 일이었는데, 인가를 정식으로 얻은 것은 5월 2일 그리고 개교식은 같은 달 26일에 거행되었다. 대학으로 승격되었기 때문에 동시에 자연히 대신학교와 소신학교가 분리되었고, 따라서 대신학교의 예과 및 철학과·신학과는 혜화동으로, 성신대학 부속중학교는 원효로의 옛 성신신학교 자리에 그대로 남아 있게 되었다. 이와 같이 성신대학으로의 승격을 추

진하여 인가를 받은 것은, 해방 이후 사회에서 점차로 정규 대학이 늘어남에 따라 사제들도 대학 교육을 받아야만 제대로 사목을 할 수 있을 것이라는 교회의 판단에 따른 것이었는데, 당시의 경제적 여건 역시 어렵기 그지없어 가장 급한 식생활 문제마저 걱정하는 실정이었던 것이다.

이런 현실 속에서도 교과과정의 운영만은 원칙적으로 운영하여 내실을 기하게 되었으며, 신학생들의 의견을 수렴하여 학교 운영에 반영하는 전통이 그대로 이어지고 있었다. 더욱이 외국 유학 출신 사제들이 신학교에서 교수직을 맡게 됨으로써 신학교 교육의 내용이 더욱 충실해졌을 뿐만 아니라, 그들의 영향으로 신학생들 가운데서도 외국 유학의 길을 떠나는 경우가 차츰 늘어나는 추세를 보이기도 하였다. 이후 6·25 전쟁 때에는 제주도와 부산을 전전하며 교육이 계속되었고, 1953년 10월 혜화동 본교사로 돌아와 수업을 재개하였는데, 그 와중에도 1950년 11월에는 서울 명동성당에서 서품식이 거행되기도 했었다.

당시에는 정규 대학에 진학하려면 국가고시를 거쳐야만 했던 때였으므로, 대신학교에 입학하는 신학생들의 학력 수준도 향상되어 있었고, 그러다 보니 예전과 달리 소신학교 출신이더라도 전부 진학할 수는 없어서, 소신학교 출신 이외의 신학생들의 비중이 커졌다. 더욱이 1955년부터는 한국에서는 최초로 신학부 예과 제도의 인가를 얻음으로써 예과 2년 신학과 4년으로 운영되었으며, 학교 행정을 체계적으로 하기 위한 작업을 완비함과 아울러 신학교가 정규 대학으로서 발전을 거듭하기에 이르렀던 것이다. 그리고 당시 성신대학의 사제 교육의 질적 수준은 선종완 신부의 『신약성서 상편』과 『구약성서 제1편 창세기』 등 교수 신부들의 저서 출간을 통한 학문적 활약에 의해 날로 고양되고 있기도 하였다.

이러한 성신대학의 사제 양성 교육에 있어 그 초대 학장으로서의 소임을 다하였던 장금구 신부의 다음과 같은 고백은 당시 신학교 교육의 일면을 있었던 그대로 보여줌과 동시에 교수 신부로서의 고충이 무엇이었나를 여실히 드러내 보여준다고 생각한다.

나는 신학생 때 교장 신부님이 어떤 신부의 탈선을 이야기하실 때 눈물을 흘리시는 것을 여러 번 보고 변덕스럽다고 생각한 때도 있지만, 내가 직접 당하고 보니 변덕이 아니었음을 깨닫게 되었다. 또 어려운 일은 학생들에게 성덕을 강조하다 보면 학문과 건강에 결함이 생기고, 공부를 강조하다 보면 성덕이나 건강이 소홀해지고, 건강을 강조하면 성덕이나 학문에 결함이 생기니 균형이 잡힌 신부로 양성하기란 극히 어려운 일임을 절실히 느꼈다. 나중에는 공포심까지 생기기 시작했다.44)

한마디로 공부·건강·성덕을 다 갖춘, 그야말로 '균형이 잡힌' 신부 양성이 얼마나 어려운 일인가를 솔직히 밝히고 있는 것인데, 심지어 '나중에는 공포심까지 생기기 시작했다'고 적어놓은 것이다. 이런 고충의 토로는, 일제 말기로부터 해방 공간을 거쳐 6·25동란에 이르는 파란만장한 한국 현대사의 역사 현장에서, 더군다나 때로는 끼니조차 제대로 신학생들에게 마련해줄 수 없었던 상황 속에서 교수 신부로서의 생생한 체험을 우려낸 것으로서, 이 자체가 바로 당시 경성천주공교신학교와 성신대학의 사제 양성 교육사의 한 장면을 굴절 없이, 또한 여과도 없이 있었던 그대로 드러내 보여주는 것임에 틀림없다.

---

44) 莊金龜, "農岩村 '聖召村'의 後裔", 韓國敎會史硏究所 編, 『黃海道天主敎會史』, 刊行事業會, 1984, p.825.

역사적·비판적 성서 연구 방법론과
한국 가톨릭교회의 근대화 (I)

이성우
(가톨릭대 연구교수·교의신학)

I. 들어가는 말
II. 근대정신
  1. 르네상스와 구텐베르크(J. Gutenberg, 1400~1468년)의 인쇄술 발명
  2. 과학혁명과 계몽주의
  3. 근대의 '새로운' 정신
III. 역사적·비판적 성서 연구의 태동과 역사
  1. 역사적·비판적 성서 연구의 태동: 18세기 후반
  2. 19세기
  3. 20세기
IV. 나오는 말

I. 들어가는 말

현대의 대표적인 성서 연구 방법은 '역사적·비판적 방법'[1]이다. 이 방법론의 근

---

1) '역사적·비판적 방법론'은 독일어 'Die Historisch-Kritische Methode'를 번역한 용어인데, 한국의 성서학계에서는 일반적으로 '역사비평 방법론'으로 통용되고 있다(정태현 편역, 『성서비평 사전』, "역사비평 방법"). 그러나 '역사비평'이라는 용어는 본래 개념이 내포하고 있는 '역사적'(사실성)이고 '비판적'(합리성)인 방법이라는 의미를 분명하게 드러내지 못하기 대문에 본 논문에서는 '역사적·비판적 방법론'이라는 용어를 사용한다. 물론 이 방법론에 속하는 하위 비평들에 관한 한 '비

본 의미는 '역사적'이고 '비판적'이라는 수식어에서 잘 드러난다. 즉 역사적 · 비판적 성서 연구란 성서를 역사적인 관점과 비판적인 시각으로 연구하는 방법이다. 역사 연구의 핵심 과제가 실제로 발생한 사건과 그 원인을 밝히는 것이듯이,[2] 성서를 '역사적'으로 연구한다는 것은 우선 성서에 포함된 각 문서 안에 보도된 이야기들의 역사적 실상(實相)과 각 문서의 생성과 관련된 사항들, 즉 저자, 집필 장소 및 시기, 수신인, 집필에 이용된 자료(출전), 집필 동기, 사회적 배경과 시대상 등을 밝히는 것을 뜻한다.[3] 다시 말해서, 성서를 역사적으로 연구할 때 제기되는 근본 질문은 아래와 같다. 성서의 각 문서에 전해지는 본문에서 실제로 발생한 사건은 무엇인가? 성서의 이야기들 중에서 역사에 해당되는 것은 무엇이고 전설적이고 신화적인 이야기는 무엇인가? 요약하자면 성서를 역사적으로 연구한다는 것은 역사학적 방법론을 성서 연구에 적용하면서 성서의 본문 중에서 역사적인 사실을 탐구함을 뜻한다.

그리고 역사적 · 비판적 성서 연구는 '비판적인 방법'이라는 의미도 들어있다. '비판적인 방법'이란 교회의 권위와 전통적인 가르침(교리, Dogmen)에 의존하지 않고, 인간의 이성을 사용하는 인식 방법을 의미한다. 근대정신에서 진리를 인식하는 유일한 도구는 인간의 이성(Ratio)이다. 보편 · 타당한 진리는 합리적(rational)이어야 하고, 합리적인 것은 논증 가능해야 한다. 따라서 성서를 '비판적으로' 연구한다는 것은 교회의 권위와 전통적인 가르침을 맹목적으로 받아들이기를 거부하고 인간 이성의 합리성에 의거하여 검토 · 비판한다는 태도를 뜻한다. 다시 말해서, '비판적인' 성서 연구는 성서의 본문이 말하고 있는 내용이 합리적으로 논증될 수 있는가를 질문한다. 이렇게 볼 때, '역사적 · 비판적 성서 연구 방법론'은 과학적이고 역사적인 방법으로 성서를 연구한다고 할 수 있다.

실제로 이 방법론은 근대의 과학적 · 역사적 합리주의 정신의 산물이다. 즉 역사적 · 비판적 성서 연구 방법론은 서구의 근대정신에 그 뿌리를 두고 있고, 정치, 사회, 문화의 근대화와 궤를 같이 하고 있다. 다시 말해서, 역사비평은 그리스도교의 성서

평'이라는 용어를 사용한다.
2) E. Krentz, *The Historical-Critical Method*, 김상기 옮김, 『역사적 비평 방법』, 한국신학연구소, 1991, p.66.
3) 김창락, 『성서 읽기/역사 읽기』, 한국신학연구소, 1999, pp.35-36.

학자들이 성서를 이해하기 위한 접근 방법을 탐구한 결과 찾아 낸 연구 방법론이 아니라, 서구의 근대정신(근대화)이 원동력이 되어 태동하고 발전한 '근대적인' 성서 연구 방법론이다. 즉 역사적·비판적 성서 연구는 성서의 본래 의미를 이해하기 위한 목적으로 출발한 것이 아니라, 변화된 시대정신의 잣대로 성서를 연구한 것이다. 또한 역사적·비판적 성서 연구는 어떤 한 학자에 의해 설계되고 발전되어 온 방법론이 아니라, 200여 년 동안 여러 학자들의 생각과 시대정신이 녹아 있는 방법론이다. 역사적·비판적 방법론은 '원문비평', '출전비평', '문학비평', '양식비평', '전승 비평', '편집비평' 등 역사와 함께 계속 발전된 복합적인 방법론이기 때문에 각 비평(시대, 단계)마다 새롭고 독특한 주제와 관심사가 내포되어 있다. 그럼에도 불구하고 이 복합적인 연구 방법론을 '역사적·비판적 방법론'이라는 개념으로 규정하는 것은, 그 모든 비평들의 근본에 역사적·비판적 사고방식이 전제되어 있기 때문이다.

우리의 관심사는 성서 해석의 주된 방법으로서의 역사적·비판적 방법론 자체에 대한 연구에 있지 않고, 근대정신에서 발로한 '근대적인' 성서 연구 방법론으로서의 역사적·비판적 방법과 한국 가톨릭교회의 '근대화' 사이의 연관성에 있다. 이를 위해서 우리는 두 가지 점을 주로 살펴볼 것이다. 첫째, 서구의 근대정신과 역사적·비판적 성서 연구 방법론의 태동 및 발전 역사를 살펴보고, 둘째, 이 방법론의 수입과 한국 가톨릭교회의 근대화를 살펴볼 것이다. 한국 가톨릭교회의 성서학은 역사적·비판적 성서 연구 방법론을 단순히 하나의 성서 연구 방법론으로(주된 학문이론) 수입했는가, 아니면 그 방법론의 뿌리에 자리 잡고 있는 근대정신도 받아들였는가? 일차 연구(I)는 첫째 주제에 집중되고, 이차 연구(II)는 주로 둘째 주제를 취급할 것이다.

II. 근대정신

1. 르네상스와 구텐베르크(J. Gutenberg, 1400-1468)의 인쇄술 발명

'근대'라는 말은 '새로운 시대'(modernus, modern)를 일컫는다.4) 이 말은 일차적으로 르네상스(Renaissance)를 통해 이루어진 정신적·문화적 전환을 그 이전 시대와 구분하는 데 사용하였다. 르네상스는 14~16세기에 걸쳐 이탈리아에서 시작되어 유럽 전역에 확산된 대규모 문화혁명을 두루 일컫는다. 동로마 제국이 멸망(1453년)한 뒤 그 제국에 보존되어 오던 그리스 고전 문헌들이 직접 혹은 이슬람 문화권을 거쳐서 서유럽으로 전해지는데, 때마침 실현된 구텐베르크의 인쇄술 혁명(1455년)이 결정적인 역할을 한다.

르네상스의 문자적인 의미는 '재생'이지만, 실제로는 '새로운 정신의 탄생'을 의미한다.5) 14세기경에 유럽에서 그때까지와는 전혀 다른 새로운 정신이 태동한다. 즉 르네상스는 근본적으로 의식(정신) 혁명, 세계와 인간을 보는 시각의 혁명, 사상의 혁명이다. 14~15세기에 유럽에서 태동한 새로운 정신, 혹은 정신의 소유자들은6) 오래된 전통이 인간에게 전해주는 관념들, 오직 권위의 증거를 근거로 믿을 수

---

4) 신승환, 『포스트모더니즘에 대한 성찰』, 살림출판사, 2003, pp.21-31.
5) 르네상스 정신에 대하여 다음 책을 참조할 수 있다. J. Hirschberger, *Geschichte der Philosophie* 2, Freiburg 1984, pp.9-87.
6) 13~15세기 독일 신비주의는 새로운 시대를 예고하는 예언자였다. 추기경 쿠사누스(Nikolaus Cusanus, 1401~1464년)라는 인물은 과거의 사고방식에서 새로운 사고방식으로 넘어가는 '사고의 전환'을 잘 보여준다. 바젤 공의회에서 공의회 우선권에 반대하며 교황의 절대권을 강력히 옹호하고 관철하여 추기경이 되었다. 그러나 그가 1440년에 발표한 *De docta ignorantia*(배운 무지에 대하여)는 새로운 정신의 태동을 보여준다. 쿠사누스 전에 이미 마이스터 에크하르트(Meister Eckhart)에게서 중세 스콜라 학문과 다른 인식의 변화가 일어난다. 토마스 아퀴나스(Thomas Aquinas)나 스코투스(Johannes Scotus Erigena)는 인간의 진정한 자아(Ich)를 마음(Seele)은 아니지만 영혼(Geist)에서 찾을 수 있다고 보았다. 마음을 통하여 영혼에 도달할 수 있다고 보았다. 스콜라학자들은 그 영혼에서 하느님이 주신 자아, 참 나를 발견할 수 있었다. 나는 내 마음의 내면으로 들어가 영혼을 보고 그 영혼에서 나를 발견한다. 그러나 에크하르트 시대에는 자아 발견의 그 길이 더 이상 불가능해졌다. 쿠사누스는 중세의 신학을 따라가면 무지에 도달한다는 사실을 깨달았다: docta ignorantia! 그러나 그는 동시에 확실한 수학자였다. 그는 수학적인 상징들을 이용하여 영적인 영역에 접근하려고 노력했다. 그는 신학의 불확실성에 반해

있었던 그런 관념들로부터 해방되고자 했다. 자기 자신의 영혼 안에서 그들은 모든 영적 생활의 원천을 찾고자 했다. 즉 개성과 개인의 해방에 대한 갈망(욕구)이 생긴 것이다. 개별적인 인간은 삶에서 지켰던 관념들을 스스로 검토하고자 했다. 바로 그런 갈망에서 지식 습득을 위한 새로운 수단에 대한 욕구가 증가할 수밖에 없었다. 전통적인 '권위'를 맹신하고 맹종하던 사람들은 교회에 가서 그 권위가 가르치는 관념들을 습득했다. 그러나 자기 자신의 생각에 바탕을 두고 자신을 위해 진리와 지식을 찾고자 하는 사람들은 자신들을 권위로부터 해방시켜주는 책을 필요로 했다. 구텐베르크는 사람들이 책을 간절히 갈망하던 시대에 바로 그 책을 사람들 손에 쥐어주었던 것이다. 즉 새로운 정신의 혁명을 가능케 하는 길을 구텐베르크의 인쇄술이 마련한 것이다. 종교개혁도 이런 사회·문화적인 흐름 속에서 일어난다. 루터는 성서를 독일어(모국어)로 번역하였다. 읽고 이해될 수 있는 성서가 온 세상으로 퍼져 나갈 수 있는 길을 구텐베르크가 닦은 것이다. 다시 말해서, 종교개혁은 그보다 앞선 구텐베르크의 인쇄술 발명 없이는 불가능했다.[7]

종교개혁은 이런 정신적(르네상스) 변혁과 사회·문화적(인쇄술을 통한 고전 문헌의 보급) 흐름 속에서 일어난다. 그때까지 유럽 세계는 로마 교황을 정점으로 하는 가톨릭 교회의 권위와 가르침 그리고 질서에 의해 지배되는 일원적인 세계였다. 교황은 지상에 실존하는 하느님의 대리자로서 모든 사안을 판단할 권한과 권위를 가지고 있었다. 르네상스의 새로운 정신은 그런 교회의 권위를 인정하지 않았고, 그 중심에는 네덜란드의 인문주의자 에라스무스(Erasmus von Rotterdam, 1469~1536년)가 있었다. 그는 교황을 정점으로 한 로마 가톨릭 제도 교회의 권위를 인정하지 않고 스스로 성서 연구를 감행한다. 근대적인(주체적, 독자적) 성서 연구의 창시자는 에라스무스라고

수학의 확실성을 간파했다. 그는 후에 데카르트가 그렇듯이 정신적으로 수학자였다. 쿠사누스가 1440년 조심스럽고 상징적으로 한 일, 즉 수학으로 정신 영역을 이해하려고 했던 그 시도를 코페르니쿠스(Nikolaus Kopernikus)는 1543년에 용감하게 외적인 감각 세계에 적용한다: 수학적인 사고, 수학적인 지식! 쿠사누스는 1440년 확실한 수학을 이용하더라도 정신 영역을 이해할 수 없다고 생각했지만, 1543년 코페르니쿠스는 *De revolutionibus orbium coelestium*에서 수학으로 우주 전체를 설명할 수 있다고 생각했다. 다시 말해서, 유럽의 자연과학은 쿠사누스와(*De docta ig- norantia*, 1440) 코페르니쿠스(*De revolutionibus orbium coelestium*, 1543) 사이에(15~16세기) 태어났다.
7) 참조: J. 맨, 『구텐베르크 혁명』, 남경태 옮김, 예지, 2003.

해도 과언이 아니다. 종교개혁 이전까지는 가톨릭교회가 공인하는 불가타(Vulgata) 역본8)이 유일한 성서였고, 성서 해석에 대해서도 교회가 결정권을 갖고 있었다. 그러나 에라스무스는 그리스 고전 문헌에 적용한 연구 방법으로 성서의 원전을 비판적으로 검토하고 번역하여 1516년 희랍어 신약성서를 출판하였다. 그는 제도 교회의 권위를 벗어나 성서를 자유롭게 연구하고 해석하는 근대 계몽주의적 정신의 선구자이다. 루터를 비롯한 종교개혁파는 교황을 하느님의 대리자로 인정하지 않았고, 그 대신 성서를 유일한 권위로 인정하였다. 물론 성서 해석과 관련해서도 교회의 권위를 벗어나 독자적인 해석을 감행하였다. 이런 점에서 성서에 대한 독자적이고 주체적인 연구는 에라스무스를 선두로 한 종교개혁자들에 의해 시작되었다고 볼 수 있고, 제도 교회의 권위를 벗어나 주체적으로 성서를 연구한다는 이 점에 바로 근대 성서 연구의 근본정신이 있다.

2. 과학혁명과 계몽주의

'근대'라는 새로운 시대를 특징짓는 또 하나의 새로운 현상은 자연과학적 사유 방법이다. 이 사유 방식의 특징은 인간을 전통적인 권위나 제도가 아닌 자기 자신에게 의지하도록 한다는 것이다. 이 자연과학적인 사고방식이 바로 인간을 집단과 구분하여 하나의 인격체로 만드는 장본인이다.

자연과학은 '자연'을 과학적인 방법으로 설명한다. 이것은 과학혁명이 이루어지는 17세기 후반에 와서는 자연에 대한 전통적인 미신에 대한 승리를 뜻한다. 그리고 그 당시에는 '기계적인 세계관'이 지배적이었기 때문에 자연에 대한 과학적 설명, 즉 '자연법칙'의 발견은 곧 자연에 대한 정복을 의미하기도 한다. 과학혁명은 곧바로 '계몽주의'를 불러온다. '계몽주의'는 독일 철학자 칸트(I. Kant)의 정의에 의하면 두

---

8) 불가타 역본 성서는 예로니모(340~420년경)에 의해 라틴어로 번역된 작품이다. 예로니모의 번역은 405년에 완료되었지만 6세기 중엽에 와서야 한 권의 책으로 묶어 편찬되었다. 이 번역본은 중세 교회와 트리엔트 공의회(1546)에서 '고전적이고 대중적인 판'(vetus et vulgata editio)으로 인정한 역본 성서이다(정태현 편역, 『성서비평 사전』, "불가타").

가지로 요약될 수 있다. 첫째, 계몽주의란 인간(개인)이 스스로 책임져야 할 미성숙으로부터의 탈출이다. 미성숙은 타인의 인도를 받지 않고 자신의 이성을 사용하지 못하는 무능력과 두려움이다. 둘째, 계몽주의는 모든 면에서 자기 자신의 이성을 사용하려는 용기이다.[9] 이 계몽주의는 세 가지 기본 사상을 내포하고 하고 있다.

첫째, 우주 전체는 완전히 이해될 수 있으며 초자연적인 힘보다는 자연적인 힘의 지배를 받는다. 즉 초자연주의가 거부된다. 뉴턴의 영향으로 자연을 지배하는 것은 초자연적 신이 아니라 인간이 인식할 수 있는 '보편 법칙들'이라는 주장이 일반화되었다. 17세기 후반부터 18세기 후반까지 활동한 계몽사상가들은 '기적'(신의 자연에 대한 개입으로서 초자연적 현상)에 대한 믿음을 완강하게 거부했으며, 모든 종류의 '계시종교'를 과학에 정면으로 대립하는 '비과학'으로 간주하였다.

그렇다고 계몽주의가 신(神) 존재를 전적으로 부정한 것은 아니었다. 대다수의 계몽사상가들은 '이신론'(理神論, Deismus)이라는 견해를 취했다. 이신론에 의하면, 신은 존재하지만 우주를 창조한 다음에는 더 이상 우주에 직접적으로 개입하지 않는다. 우주 자연을 움직이는 힘은 신이 아니라 불변하는 '자연법칙'이다. 이신론자들의 표현을 빌리자면, 신은 '거룩하신 시계공'으로서 태초에 완벽한 시계를 만들었으며, 시계가 규칙적인 법칙에 의해 작동되도록 내버려 둔다.

둘째, '과학적 방법'을 엄격하게 적용함으로써 모든 연구 분야의 근본적인 의문에 답할 수 있다. 즉 과학적 연구 방법에 대한 믿음이 확산된다. '과학적 방법'은 세 가지 인식론적 전제 조건에 근거하고 있는데, 그것을 칸트의 인식론적 개념으로 요약하자면 아래와 같다.

1) 초월적인 인식이 아닌 모든 과학적인 인식은 오직 시간과 공간 내의 인식이며, 따라서 역사적인 인식만이 가능하다: 역사적 제한의 법칙.

2) 모든 역사는 시간선상에서 발생하는 사건의 연속이며, 시간적으로 후에 발생한 사건은 전에 발생한 사건에 의해 유발된다: 인과론적 환원의 법칙.

3) 과학적인 인식의 대상이 될 수 있는 모든 실재는 '세계' 안에 있는 실재이며,

---

9) I. Kant, *Beantwortung der Frage: Was ist Aufklärung?*(1783), Werke VI, p.53.

시간과 공간의 연속선 내에서 나타나는 인과론적 총체 현상의 부분이다. 따라서 과학적으로 인식 가능한 모든 실재는 감각적으로 경험될 수 있고 이성적으로(=인과론적으로) 근거 지울 수 있다. 여기서 합리성과 객관성의 법칙이 나온다. 그와 함께 모든 인식은 외적인, 즉 시간과 공간에 나타나는 실재에 한정된다는 결론이 나온다. 초기 독일 관념철학이 선명하게 제시한 이 세 가지 인식론적 기본 바탕이 곧 '자연과학적' 인식의 조건이다.[10]

계몽주의는 과학혁명의 성과에 힘입어 '과학적 방법'이야말로 인간의 모든 탐구 분야에 적용되는 유일하게 타당한 방법이라는 확신을 내포하고 있다.[11] 18세기에는 모든 자연현상을 연구하는 데 과학적 방법을 적용하려는 열기가 유럽을 휩쓸었다.

그러나 계몽사상가들은 과학적 방법을 자연현상의 연구에 적용하는 데 그치지 않고 '인간의 역사'를 연구하는 데에도 적용하였다. 물질적 자연계를 과학적인 방법으로 완전히 이해할 수 있다고 확신한 계몽사상가들은 인간 세계(인간의 역사) 역시 과학적 방법으로 이해될 수 있다는 믿음에 도달하였다. 이것이 18세기 후반이고, 그 때부터 오늘날 우리가 이해하는 의미의 '역사학'이 태동한다: 인간의 역사에 대한 과학적 연구! 시간의 흐름 속에 있는 인류(역사)의 발전 법칙들을 역사를 통해서 찾는다는 의미의 '역사학'은 사실 19세기의 산물이다. 종교 연구자들이 인류 역사를 연구하기 시작한 것은 인류가 '계시' 혹은 '미신'에서 '이성'의 단계까지 오는 과정에서 어떤 보편적인 법칙이 드러나는가를 보기 위해서였다.[12] 그런가 하면 역사가

---

10) I. Kant, *Kritik der reinen Vernunft*, Darmstdt 1983. 칸트의 인식론에 대한 묘사는 다음 책을 참조할 수 있다. E. Drewermann, *Strukturen des Bösen III*, München 1988, pp.1-3. 본래 자연과학적 인식의 전제조건을 확립하기 위해 성찰한 18세기 후반 독일 관념론의 인식론은 19세기에 성서학에 의해 무비판적으로 수용되었다.

11) 물론 칸트는 이런 과학에 대한 맹목적인 믿음을 정리하여 과학적 인식의 범위를 경험적 영역(역사적 영역)으로 제한한다. 즉 칸트에 의하면 초자연적·정신적 실재에 대한 과학적 인식은 불가능하다. 그러나 17세기 후반의 과학혁명 이후로 인류의 핵심관심사는 '종교'를 떠나 '자연'과 '인간'에게로 집중된다: 자연과학과 역사학! 근대 지성에게 '신학'은 '안이한 학문'(eine fröhliche Wissenschaft)에 지나지 않는다. 신학은 '과학'이 아니라, 즉 합리적으로 연구하는 학문이 아니라 '신심주의자들'의 호교론으로 간주된다(참조: I. Kant, *Die Religion innerhalb der Grenzen der bloßen Vernunft*, Werke IV, Darmstadt 1983, pp.649-886).

12) 헤겔은 자신의 『역사철학』(*Philosophie der Geschichte*)에서 당대 인류가 여러 단계를 거쳐 계시에서 이성에 도달했다고 간주했다. 그 전에 이미 레싱은 『인간 교육론』(1780)에서 그리스도교

들은 사료를 수집하여 국가의 성쇠를 지배하는 보편적인 '법칙'을 알아내고자 했다. 이렇게 볼 때, '계몽'이란 자연현상과 인간의 역사를 '과학적인 방법'으로 연구하는 정신적 태도를 일컫는다.

셋째, 인류는 거의 무한정으로 진보해 나갈 수 있도록 '교육될' 수 있다.13) 교육을 통한 인간 진화론! 계몽사상가들은 로크의 영향을 받아(『인간 오성론』, 1690) 인간 오성은 태어날 때 '백지상태'(tabla rasa)이며 아무것도 기록되어 있지 않다고 생각했다. 따라서 인간의 모든 것을 환경이 지배한다는 결론에 도달하였다. 훌륭한 사람은 훌륭한 교육을 받은 사람이라는 생각이다. 그래서 계몽사상가들은 모든 인간은 교육을 통해 훌륭한 사람이 될 수 있고, 발전 잠재력은 무한하다는 결론에 도달했다. 여기서 '교육'의 '절대적인 중요성'이 나온다.14)

3. 근대의 '새로운' 정신

14세기 르네상스부터 시작된 '새로운 시대'(근대)에 정신적으로 혁명적인 변혁이 일어난다. 새롭게 태동한 정신이란 사회, 제도, 전통 등 집단적인 권위에 무조건 복종하거나 신뢰하지 않고 오히려 자기 자신의 이성을 더 신뢰하는 정신이다. 집단에 대해 개인이 자기를 주장하고, 자기 신뢰가 태어난다. 봉건적·전통적·집단적 '권위'와 '권력'에 '생각 없이', 즉 '의문 없이' 무조건 믿고 따르던 정신적인 태도가 중세까지의 '믿음'(종교)이었다면, 그런 집단적·전통적·수직적 권위에 반기를 들고 자기 자신(개인)의 이성(지성)을 근거로 몸소 '경험하고 인식한다'15)는 정신적 태도가 곧 근대에 새로 태어난 '정신'이다.

를 포함한 모든 종교의 발전이 인간의 정신적 발전의 한 단계에 지나지 않으며, 인간 정신은 곧 '종교'를 넘어 '순수 합리성'을 향해 나아갈 것이라고 단언하였다(G.E. Lessing, *Die Erziehung des Menschengeschlechts*. Frankfurt/M. 1980).
13) 이런 시대정신 때문에 계몽 시대의 신학자들은 "'성서'에서 인간의 윤리적인 발전에 도움이 되는가?" 하는 질문을 가장 중시하였다.
14) 참조: G.E. Lessing, *Die Erziehung des Menschengeschlechts*. Frankfurt/M. 1980.
15) 이런 배경에서 볼 때, 영국의 '경험론'과 대륙의 '합리론'이라는 철학적 조류보다 더 근본적인 사상이 곧 개인 주체가 몸소 '경험하고' '인식한다'는 주장이다.

그때까지는 전해주고 가르치는 관념을 '옳다'고 믿는(Fiduzialglaube) 태도가 올바른 정신이었다. 그러나 근대정신은 전통과 권위가 나에게 가르치고 주입하는 관념 혹은 진리를 '진리'(참이다, 옳다)라고 여기는 정신적인 태도를 '맹목적인 믿음'이라 하고, 나의 이성을 이용하여 몸소 진리를 인식하는 정신적 태도를 '과학'이고 '지성'이며 '계몽'이라 생각한다. 전자는 '맹목적인 신앙'이고 후자는 '눈 뜬 지성'이다. 다시 말해서, '이성'과 '신앙'은 정신적인 관점에서 볼 때, 자기 자신(이성)에 대한 믿음과 전통적 권위에 대한 무비판적 추종 내지 믿음의 문제이다. 즉 '과학'과 '종교'의 대립은 자신의 이성을 사용하는 '성숙'(스스로 생각하는 용기)과 자신의 이성을 사용하기를 두려워하여 전통적 권위에 의존하는 '미성숙'의 문제(스스로 생각하는 것에 대한 두려움)이다. 이렇게 볼 때, 근대 계몽 시대의 핵심적인 쟁점이었던 '이성'(과학, 합리주의=Rationalismus)과 '신앙'(신학, 신심주의=Fideismus)의 대립은 근본적으로 '진리'를 인간의 이성으로 인식할 수 있느냐는 이성의 인식 능력에 대한 질문이 아니라, 개인이 주체적(독자적으로)으로 자신의 이성을 사용하여 '진리'를 찾아가느냐 아니면 신에 의해 '계시'되었다고 가르치는 전통적 권위의 가르침을 주체적·합리적 비판 없이 '계시 진리'로 믿고 받아들이느냐는 정신적인 태도의 문제이다. 환원하자면 근대정신의 핵심은 인간의 자기 자신에 대한 신뢰에 있다고 할 수 있다. 비록 '이성'만을 너무 일방적으로 강조한 오류를 범했지만, 근대정신의 위대함(혁명성)은 집단에 대한 의존에서 탈출하고 자기 자신(의 이성)을 신뢰한 용기에 있다.

전통적 권위에 의존하지 않고 스스로 사유하는 근대정신은 르네상스 운동(14~16세기), 종교개혁(16세기), 과학혁명(17세기 후반)을 거쳐 계몽주의 운동(18세기)으로 확산되고, 마침내 시민혁명(1789년 '프랑스 시민혁명')으로 폭발한다. 그리고 18세기 후반부터 과학과 기술의 발달로 가능해진 생산 방식의 혁명인 '산업혁명'이 일어난다.[16) 이렇게 사회생활의 전 분야에 근대정신이 밑바탕이 되어 변혁(혁명)이 일어난 18세기 후반부터 성서에 대한 관념에도 '근대적인' 변혁이 일어난다. 전통적인 권위의 가르침에 의존하지 않고 자신의 이성을 사용하여 주체적으로 사유하는 근대정신은 주변 세계인 '자연'뿐 아니라 인간의 '행적'(역사) 그리고 마침내 '성서'에 대해서도 '과학

---

16) 이기상, "근대성과 언어―언어를 잃으면 세계를 잃는다", 「사이」(2003/봄), 지식산업사, pp.26-49 참조.

적인 방법'으로 접근하기 시작한다.

III. 역사적·비판적 성서 연구의 태동과 역사

16세기의 초기 종교개혁자들은 제도적인 교회의 권위 대신에 '성서'를 최고의 권위로 믿었다. 즉 진리는 교권이 아니라 성서에 있다고 믿고, 그래서 성서의 모든 것이 성령의 영감으로 기록되었다는 '자구적 영감설'17)을 주장하였다. 그러나 18세기에 바로 이 성서의 문자적 차원의 '권위'에 대한 의문이 제기되고, 그것이 곧 역사적·비판적 성서 연구의 출발이 된다. 다시 말해서, 성서에 대한 역사적·비판적 연구를 출발시킨 원동력은 전래되어 온 모든 것들을 합리적으로 검토한다는 근대정신이었다. 전통적인 권위의 가르침에 무비판적으로 따르는 것은 계몽주의적 관점에서 볼 때, 올바른 태도가 아니라, 이성의 잣대로 검증되어야 한다. 따라서 성서에 대한 전통적인 관념(가르침=문자적 영감설)도 합리적인 검증을 받아야 한다.

역사적·비판적 성서 연구는 두 가지 관점에서 이해되어야 한다. 그 하나는 전통적인 권위의 가르침에 무조건 따르지 않고 개인이 주체적으로 사유한다는 근대의 정신적인 태도라는 관점이고, 다른 하나는 성서를 인간 이성(과학적인 방법)을 이용하여 합리적인 잣대로 연구한다는 관점이다. 즉 제도 교회의 권위에 무조건 따르지 않고 자신의 이성을 사용한다는 주체적인 독자성(성숙함)과 성서 연구의 방법이라는 두 가지 측면이 역사적·비판적 성서 연구의 근본 의미라고 할 수 있다.

1. 역사적·비판적 성서 연구의 태동: 18세기 후반

1) 에델만(Johann Christian Edelmann, 1698~1767년)

보통 역사적·비판적 성서 연구의 선구자로 라이마루스(H.S. Reimarus, 1694~1768년)

---

17) '자구적 영감설'은 성서의 낱말 하나 하나가 모두 하느님으로부터 나왔다고 주장하는 성서적 영감의 이론이다(참조: 정태현 편역, 『성서비평사전』, "자구적 영감").

가 거론되지만, 명실상부한 선구자는 에델만이라고 할 수 있다. 라이마루스의 사상은 그가 죽은 뒤 레싱에 의해 출판된 데 비해(1774년), 에델만은 이미 1740년에 『모세』라는 책을 출판한다.18) 그는 이 책에서 '눈먼 자'(Blindling)와 '빛을 사랑하는 자'(Lichtlieb) 사이의 대화를 전개하는데, 계몽된 '빛을 사랑하는 자'가 정통 루터교 목사의 제자이자 신심 깊은 '눈먼 자'에게 정통 루터교의 가르침이 한참 뒤진 관념임을 납득시킨다는 이야기이다.

에델만은 개신교 정통 신학의 두 기둥인 문자적인 영감설(성서 본문의 무오성)과 모세오경을 역사적인 모세가 직접 기록했다는 역사적 저술성을 비판한다. 그는 성서를 하느님 말씀과 동일시하는 루터교의 가르침을 중점적으로 비판한다. 성서는 하느님의 말씀을 듣고 받아 적은 것이 아니라 성서 본문 역시 전승되는 과정에서 심하게 훼손되어 잘못 엮어졌다는 것이 그의 주장이다. 그래서 성서도 인간에 의해 저술된 다른 모든 책들처럼 "이성의 빛에 의해 검토되어야 한다"라고 에델만은 요청한다.19)

성서에 대한 비판적 연구는 근본적으로 '성서'와 '하느님 말씀' 자체를 구분함으로써 가능해졌다. 성서를 하느님 말씀과 동일시하고 맹목적으로 추종하던 태도에서 벗어나 성서를 '비판적으로' 읽는 것은 혁명적인 변화이다. 이 변화는 성서가 하느님 말씀 자체와 동일하지 않고 인류 역사 내에서 인간에 의해 기록된 역사적인 작품이라는 인식으로 인해 가능해졌다. 왜냐하면 하느님 말씀 자체에 대한 이성적인 비판은 인식론적으로도 불가능하기 때문이다. 그러나 인간에 의해 형성되고 전승된 역사적 작품에 대한 합리적인 비판은 가능하다. 이렇게 볼 때 에델만의 성서 비판은 후대 역사적·비판적 성서 연구의 초석이라고 평가될 수 있다.

2) 라이마루스(H.S. Reimarus, 1694~1768년)

라이마루스는 구약성서에 대한 역사적·비판적 연구의 중요한 선구자로 평가되는데, 그의 저술들은 사후에(1774~1777년) 레싱(G.E. Lessing)에 의해 출판된다.20) 라

---

18) H.G. Reventlow, *Epochen der Bibelauslegung IV. Von der Aufklärung bis zum 20. Jahrhundert*, München 2001, pp.146-156.
19) H.G. Reventlow, *Epochen der Bibelauslegung*, p.152.

이마루스는 구약성서에 등장하는 하느님 계시의 증거자들, 즉 아담부터 후기 열왕들과 예언자들의 삶을 윤리적인 관점에서 살펴본 결과, 그들이 모두 은총을 입은 계시의 전달자들로서 갖추어야 할 윤리적인 자격이 없다는 결론에 도달한다.[21] 뿐만 아니라 그는 개신교 정통 신학이 예수 그리스도를 암시한다그 주장하는 구약성서의 모든 구절들(예: 이사 7,14; 창세 3,15; 시편 2 등)을 일일이 검토한 후 어떤 구절도 그리스도를 가리키지 않는다는 결론을 내렸다.[22]

3) 레싱(G.E. Lessing, 1729~1781년)

계몽주의자였던 레싱이 1780년에 출판한 책 『인간 교육론』(*Die Erziehung des Menschengeschlechts*)은 역사적 · 비판적 성서 연구의 고전적인 증거 자료에 속한다. 그는 종교를 '역사적으로' 고찰하면서 인류의 역사를 하나의 '교육 과정'으로 이해한다. 즉 레싱은 인류의 역사 내지 유대교와 그리스도교의 역사—이슬람교와 아시아 종교들에 대한 언급은 없다—를 이성의 인식을 향해 점차적으로 발전하는 교육 과정으로 해석한다. 그렇다면 '계시'의 역할은 무엇인가? 그에 의하면 계시는 이성을 향해 단계적으로 발전해 가는 인류의 교육 과정을 위한 도구일 뿐이다. 이성을 향한 인류의 교육 과정에서 우연한 역사적 진리는 보편성을 지닐 수 없다는 유명한 문장이 나온다. "우연한 역사의 진리는 필연적인 이성의 진리를 결코 증명할 수 없다"[23].

이스라엘의 상대적인 역사적 사건들과 역사적이고 상대적인 예수 사건이 어떻게 보편적이고 필연적인 진리가 될 수 있는가? 이것이 레싱의 질문이다. 그는 '종교'와 '성서'를 구분하는데, 필연적인 이성의 진리(자연 신학)를 '종교'에 귀속시키는 반면, 우연한 역사의 진리는 '성서'에 귀속시킨다. 그리고 역사를 계시에서 이성으로 발전하는 하나의 과정으로 보면서 다음과 같은 결론에 도달한다: 성서는 계시에서 이성

---

20) H.S. Reimarus, *Abhandlungen von den vornehmsten Wahrheiten der natürlichen Religion*(1774), Göttingen 1985; 같은 저자, *Apologie oder Schutzschrift für die vernünftigen Verehrer Gottes*, 2 Bde.(1777), Frankfurt/M. 1972.
21) Reimarus, *Apologie I*, p.672.
22) Reimarus, *Apologie I*, pp.721-755.
23) G.E. Lessing, *Über den Beweis des Geistes und der Kraft*, Werke, hg. v. H. Göpfert, Darmstadt 1979) 8. p.12.

으로 진행되는 필연적인 발전의 한 과정이다.24)

4) 세믈러(J.S. Semler, 1725~1791년)

성서 해석의 역사에서 세믈러가 차지하는 위치는 매우 중요하다. 네 권으로 된 책『정경에 관한 자유로운 연구 시도』(Abhandlung von freier Untersuchung des Canon, 1771~1775년)에서 그는 개신교의 자구적 영감설을 벗어나 성서를 '역사적으로' 연구한다.25) 그는 성서를 철저히 역사적인 관점에서 고찰하면서 '하느님 말씀'과 '성서'를 구분하였다. 그에게서 '하느님 말씀'과 '성서'를 구분하는 시금석은 성서가 인간의 '윤리적인 개선'에 도움이 되느냐 하는 것이다. 이 점에서 세믈러는 계몽주의자라는 것을 알 수 있다. 성서에는 과거에만 의미 있고 오늘날에는 인간의 '윤리적인 개선'에 도움이 안 되는 대목들이 있어서 '하느님 말씀'과 '성서'는 구분되어야 한다는 주장이다. 레싱과 마찬가지로 세믈러도 우연한 역사적 진리와 보편적인 진리의 대립 문제를 중시한다. 예를 들어, 이스라엘의 역사적 사건들은 보편성이 결여된 지엽적인 진리에 불과하기 때문에 현재를 살고 있는 사람들에게는 무의미하다는 것이다. 뿐만 아니라 세믈러는 구약성서 중에서 룻기, 에스델, 아가서와 신약성서 중에서 필레몬서를 독특한 상황에서 형성되어 현대 독자들에게는 무의미한 텍스트의 본보기로 제시하며 이런 책들을 하느님 말씀과 구분되는 '성서'로 분류한다.

따라서 성서로 전해져 내려오는 모든 책이 모든 인간을 어느 시대에나 지혜롭게 만드는 '하느님의 말씀'에 속하는 것은 아니라는 것이 세믈러의 주장이다.26) 세믈러에 의한 '하느님 말씀'과 '성서'의 구분은 새로운 해석학의 원칙이 되었다. 뿐만 아니라 이 구분을 통해 인간의 윤리적 개선에 도움이 되느냐는 것이 영구불변의 '하느님 말씀'과 역사적이고 상대적인 '성서'를 구분하는 시금석이 되었다. "우리는 구약성서에 실린 모든 책들(24)을 통해서 윤리적으로 개선될 수 있는 것이 아니기 때문에 구약성서가 하느님의 말씀이라는 것에 대해서 확신할 수 없다"27). 이렇게 하느님

---

24) G. Strecker/S. Udo, *Einführung in die neutestamentliche Exegese*, Göttingen 1985, p.13.
25) H. G. Reventlow, *Epochen der Bibelauslegung*, pp.175-189.
26) H. G. Reventlow, *Epochen der Bibelauslegung*, p.184; G. Strecker/S. Udo, *Einführung in die neutestamentliche Exegese*, p.12.

의 말씀과 윤리적인 교훈을 동일시함으로써 구약성서와 신약성서도 분리되는 결과를 초래하였다.

세믈러는 '하느님 말씀'과 '성서'뿐 아니라 '종교'(Religion)와 '신학'(Theologie)도 구분하였다. 그에게 '종교'는 모든 그리스도교 신자들이 행하는 올바른 신심 행위를 의미하고, '신학'은 신학자의 전문적인 양성에 필수적인 학문적 방법론을 의미하였다.28) 이 '종교'와 '신학'의 구분을 통해 세믈러는 그 당대에는 일반적이지 않았던 비판적인 학문 연구를 위한 자유로운 장(場)을 마련하였다. 다시 말해서, 신심(신앙생활)과 신학(학문적 연구)을 분리함으로써 비판적인 학문 연구의 방법론은 신심과 무관하게 발전할 수 있었고, 연구 결과는 신심의 관점에서 근본적으로 의문시되지 않았다.

세믈러는 통상적으로 '역사적·비판적 성서 연구의 아버지'로 평가된다. 그러나 이 평가는 재고되어야 한다. 왜냐하면 세믈러가 성서에 대한 역사적 비평의 장을 마련했다는 점에서는 그 평가가 정당하지만, 그의 관심은 상대적인 '역사'가 아니라 보편적인 '윤리'였다는 점에서 그 평가가 적절하지 못하기 때문이다.

5) 가블러(J.Ph. Gabler, 1753~1826년)

역사적·비판적 성서 연구의 역사에서 가블러는 보통 '성서 주석'과 '교의신학'을 구분했다는 점에서 평가받는다.29) "성서신학은 역사적 성격을 갖고 있고, 거룩한 성서 저자들이 신적인 일에 대해서 생각한 것을 전해준다. 반면에 교의신학은 교훈적인 성격을 갖고 있고, 신학자들이 자신의 능력과 시대 상황, 시기와 장소, 학파에 따라서 신적인 일에 대하여 사유한 것을 가르친다. 성서신학은 역사적으로 논증하기 때문에 그 자체로 항상 동일하지만, 교의신학은 시대와 상황에 따라서 다양하게 변한다."30)

---

27) J.S. Semler, *Abhandlung von freier Untersuchung des Canon*, 4 Bde., hg. von H. Scheible, Gütersloh 1967. p.26.
28) G. Strecker/S. Udo, *Einführung in die neutestamentliche Exegese*, p.12.
29) G. Strecker/S. Udo, *Einführung in die neutestamentliche Exegese*. pp.13-14.
30) J.Ph. Gabler, *Von der richtigen Unterscheidung der biblischen und der dogmatischen und der rechten Bestimmung ihrer beiden Ziele* (G. Strecker/S. Udo, Einführung in die neutestamentliche Exegese, p.13).

따라서 가블러에 의하면 성서신학의 과제는 '성서의 의미'(sensus scriptorum)를 발굴하는 데 있고, 그 방법은 역사적·주석적이어야 한다. 그런가 하면 교의신학은 합리성과 종파 그리고 철학적 방향에 의해 영향을 받는다. 이렇게 볼 때, 성서는 단순히 교의적 진술을 증명하는 데 이용되지 않을 뿐만 아니라, 역사 학문으로서의 성서신학은 독립된 학문이고 교의신학의 토대가 된다.31) 즉 가블러는 성서신학과 교의신학을 단순히 구분하고자 한 것이 아니라 성서신학을 교의신학의 토대로—반대가 아니라—자리매김하고자 한 것이다. "교의신학은 성서신학에 의존해야 한다. 그리고 정반대로 성서신학이 교의신학에 의존해서는 안 된다."32)

가블러의 또 다른 중요한 업적은 그의 스승이자 동료였던 아이히호른(J. G. Eichhorn, 1752~1827년)과 함께 이루어 낸 신화 연구이다. 다른 학자들이 모두 '역사'에 몰두하고 있을 때, 이 두 사람은 고대인들의 표현 양식인 신화에 대하여 연구한다. 그리고 창세기가 당대의 표현 양식인 신화로 묘사되어 있다는 사실을 밝혀냈다. 신화는 고대 세계의 이야기 방식이며, 각 민족의 근원에 관한 고대의 모든 이야기들은 신화일 수밖에 없다는 사실도 알아냈다. 오래된 책일수록 그만큼 더 신화적이라는 것이 두 사람의 주장이다.33) 아이히호른과 가블러의 신화 연구는 후에 양식비평에 큰 영향을 준다.

2. 19세기

19세기의 역사적 · 비판적 성서 연구는 크게 세 가지 분야로 나뉜다. 그것은 '원문비평'과 '출전비평' 그리고 '역사적 예수의 생애 연구'이다. 성서학자들의 관심은 '원문비평'(이름만 열거하자면, 벵엘, 그리스바흐, 티쉔도르프, 웨스트코트와 홀츠, 네슬레, 알란트)과 '출전비평'("어떤 복음서가 시간적으로 최초의 복음서인가?", 레싱, 슐라이어마허, 헤르더, 파머, 그리스바흐, 홀츠만, 스트리터) 그리고 '역사적 예수의 생애 연구'(그리스바흐, 라

---

31) G. Strecker/S. Udo, *Einführung in die neutestamentliche Exegese*, p.14.
32) J. Ph. Gabler, *Kleinere theologische Schriften*, 2 Bde., hg. Th.A. Gabler, München 1980, p.XV.
33) H.G. Reventlow, *Epochen der Bibelauslegung*, p.217.

이마루스, 슈트라우스, 브레데, 슈바이처)에 집중된다.

1) 원문비평

'원문비평'이란 원저자의 것으로 추정되는 '원문'을 재구성하는 작업이다. 네덜란드의 인문주의자 에라스무스에 의해 1516년 희랍어 신약성서가 출판되고, 루터가 모국어로 신약성서를 번역할 때 1519년에 출판된 에라스무스 판본 제2판을 대본으로 사용하였지만, 진정한 의미에서 신약성서 원문비평 작업은 벵엘(J. A. Bengel, 1678~1752년)에 의해 시작된다. 그 이후로 그리스바흐(J. J. Griesbach, 1745~1812년), 티쉔도르프(C. von Tischendorf, 1815~1874년), 웨스트코트(B. F. Westcott, 1825~1901년)와 홀츠(F. J. Hort, 1828~1892년) 등에 의해 신약성서의 '원문'을 재구성하려는 노력은 끊이지 않는다. 그리고 마침내 1898년 독일인 네슬레(E. Nestle, 1851~1913년)는 티쉔도르프, 웨스트코트, 홀츠 그리고 웨이마우스(R. F. Weymouth)의 원문을 대본으로 하여 *Novum Testamentum Graece*를 출판하는데, 신약성서의 경우 현재의 원문비평은 일반적으로 21판부터 알란트(K. Aland)에 의해 계속 보완된 *Novum Testamentum Graece* 26판의 본문과 여러 가지 다른 사본들을 비교함으로써 원저자가 쓴 것이라고 추정되는 원문을 재구성하는 것을 의미한다.34)

2) 출전비평

19세기에는 여러 사본들을 비판적으로 비교·분석함으로써 원저자가 쓴 본문(원문)을 재구성하는 작업인 원문비평 외에 그렇게 확정된 본문의 문학적 특징과 구조를 분석하고 본문들 간의 문학적·역사적 상호 의존 관계를 연구하는 '출전비평'35)

---

34) 우리말 공동번역 성서는 원전비평을 통해 재구성된 가상적인 원전을 번역한 것이다. 구약성서 번역 대본은 11세기 레닌그라드(현재는 상트 페테르부르그) 사본을 바탕으로 키텔(R. Kittel)이 편집한 『히브리어 성서 마소라 본문』 제3판(1929, 1937)이고, 신약성서 대본은 세계 성서공회에서 출판한 『그리스어 신약성서』 제1판이다. 그동안 수정 작업을 통해 교정본이 나왔고, 현재 구약성서 히브리어 본문은 키텔의 제3판을 대부분 그대로 번역하지만, 신약성서 그리스어 본문은 『그리스어 신약성서』 제4판 교정본(1983년)이다(정태현 편역, 『성서비평 사전』, "원전비평").

35) H. Zimmermann, *Neutestamentliche Methodenlehre*, Stuttgart 1982, p.79.

이 활발히 진행되었다. 출전비평은 성서 저자가 글을 쓸 때, 기존하는 전승 기록들을 참조하였음을 전제하고, 그 출전이 된 문서들을 가려내는 작업이다. 복음서 연구의 출전비평은 첫 세 복음서의 '공관복음(共觀福音) 문제', 즉 마태오, 마르코, 루가 복음의 문학적 상호 의존성에 그 초점을 맞춘다. 공관복음 문제는 첫 세 복음서들이 많은 부분에서 정확히 일치하는가 하면 다른 한편 많은 부분에서는 상이하다는 사실에 주목한다. 출전비평의 핵심적인 문제는 마르코복음이 가장 오래된 복음(마르코복음의 '역사적인' 우선성)이고 마태오와 루가는 마르코복음을 원전으로 사용했다는 가설과,36) 마태오와 루가는 분실되었지만 두 복음서를 토대로 재구성될 수 있는 또 다른 원전(Quelle)을 사용하였는데, 그것은 주로 예수의 말씀과 이야기로 구성되어 있고 어록(Logienquelle, Q로 표기) 혹은 '예수 어록'이라고 칭한다는 내용이다.37)

그런데 출전비평은 본래 그런 문학적인 관심에서 출발한 것이 아니라, "그 일차적 동기는 복음서 배후에는 예수의 행위와 말씀에 대하여 역사적으로 정확한 자료의 순수한 핵이 있다는 확실성을 탐구하는 것이었다."38) 왜냐하면 19세기에 대부분의 학자들은 예수에 대한 정확한 지식이 그리스도교 신앙의 본질적인 근거라고 생각했기 때문이다. 다시 말해서, "예수에 대한 역사적 지식의 확고한 근거를 추구하다 마태, 마가, 누가 등 공관복음서 사이의 문서적 상호 관계를 연구하게 되었다."39)

3) 역사적 예수의 생애 연구

'역사적 예수의 생애 연구'는 라이마루스의 강의록을 레싱이 출판함으로써(1774~1777년) 본격적으로 시작되었다. 라이마루스가 보여준 것은, 역사를 '실제로 발생한 사실'이라는 계몽사조의 관념에서 볼 때, 복음서들은 '비역사적'이라는 것이다.40) 라이마루스가 예수 생애 연구의 시조라면 슈트라우스(D. F. Strauss, 1808~1874년)는

---

36) '이출전설'의 창시자는 Ch. G. Wilke(*Der Urevangelist*, 1838)와 Ch. H. Weisse(*Die evangelische Geschichte*, 1838)인데, 이들은 서로 무관한 연구를 통해서 마르코복음서가 마태오와 루가복음서의 출전이라고 주장하였다.
37) G. Strecker/U. Schnelle, *Einführung in die neutestamentliche Exegese*, pp.51-61.
38) R. 스타인, 『공관복음서 문제』, 김철 옮김, 도서출판 솔로몬, 2001, p.92.
39) R. 스타인, 같은 곳.
40) N. 페린, 「편집사 연구」, N. 페린 외, 『성서 연구 방법론』, 황성규 옮김, 한국신학연구소, 1999, p.218.

예수의 생애 연구를 한 단계 발전시킨 인물이다. 그는 1835년과 1836년에 두 권으로 된 저서 『비판적으로 검토된 예수의 생애』(Das Leben Jesu, kritisch bearbeitet)를 출판했다. 슈트라우스는 이 책에서 복음서 설화들은 역사적인 이야기로 이해될 수 없고 다분히 '신화적 표현들'이라는 것을 주장했다.41) 슈트라우스는 쮜리히 대학 신학부 정교수로 임용되었지만 지역민들의 격렬한 반대로 인해 교수 생활을 시작도 하기 전에 교수직에서 물러나야 했을 정도로 이 책은 당대 사람들에게 충격적이었다. 책 제목과는 달리 슈트라우스는 '역사적인 예수의 생애'에 대해서도 전혀 관심이 없었고, 네 복음서에 전해지는 예수의 생애에 대한 묘사에 대해서도 관심이 없었다. 그의 집필 목적은 복음서에 전해지는 대부분의 이야기들의 '역사적 신빙성'을 허무는 것이었다. 슈트라우스의 『예수의 생애』는 복음서의 근대적 이해를 위한 초석을 놓은 작품으로 평가된다.42)

그런가 하면 19세기 중반에 많은 학자들은 마르코복음이 역사적으로 가장 먼저 씌어졌다는 '마르코 가설'에 관심을 기울이는데, 그 이유는 마르코복음이 최초로 씌어진 복음서이기 때문에 믿을 만한 역사적 사료일 것이라는 기대 때문이었다. 즉 마르코복음서가 역사적 예수에 관한 신빙성 있는 역사적 사료라는 생각은 시간적으로 가장 먼저 씌어졌기 때문이라는 단순한 가정에 근거하고 있는 것이다.

그러나 마르코복음을 통해 역사적인 예수의 생애를 밝혀 낼 수 있다는 기대와 희망은 1901년에 출판된 브레데(W. Wrede, 1859~1906년)의 『복음서들 안에 있는 메시아 비밀』(Das Geheimnis in den Evangelien)을 통해서 산산조각 났다. 브레데의 이 연구는 역사적 예수의 생애를 찾고자 했던 사람들에게 '폭탄선언'이었다. 왜냐하면 브레데에 의하면, 마르코복음서에 묘사된 예수의 모습은 사실적인 보도가 아니라 신학적인 사유를 통해서 각색된 모습이기 때문이다. 그에 의하면, 예수는 공생활 동안 자기 자신이 메시아라는 자의식도 없었고, 주변 사람들도 그렇게 생각하지 않았다. 예수를 메시아로 고백한 것은 부활 사건 이후 초대교회라는 것이 브레데의 주장이다. 브레데는 이런 주장의 근거로서 '비밀' 모티브를 제시한다. 마르코복음에서

---

41) H.G. Reventlow, *Epochen der Bibelauslegung*, pp.240-256.
42) H.G. Reventlow, *Epochen der Bibelauslegung*, p.256.

예수는 병자들(1,43-45; 5,43; 7,36; 8,26)과 제자들(8,30; 9,9) 그리고 악령들(1,25; 3,12)에게 당신이 메시아라는 것을 발설하지 말라고 함구령을 내린다. 그러나 브레데에 의하면, 예수가 메시아 신원을 숨기려한 것은 역사적인 예수에게서 유래한 것이 아니라 부활 이후의 초대교회에서 유래한 것이며, 마르코에 의해 발전된 것이다.[43] 이 비밀 모티브는 예수를 메시아로 보지 않았던 부활 이전의 전승과 예수를 메시아로 보는 부활 이후의 전승 사이의 차이를 조화시키기 위하여 마르코가 발전시켰다는 것이다. 즉 브레데에 의하면, "역사적인 개념들과 교의적인 개념들이 마가복음 안에서 의도적인 비밀의 개념에 의하여 조화되어 있다"[44].

마르코에서 역사적인 요소와 신학적인 요소를 조화시키는 수단으로서의 '메시아 비밀'에 관한 브레데의 이론에 대한 신학자들의 견해는 분분하지만, 그의 연구가 역사적 예수 탐구에 미친 영향은 지대하다. 그는 마르코복음을 역사적인 보도로 보는 당대의 성서학자들의 기대와는 달리, 마르코복음이 예수에 대한 객관적이고 역사적인 전기가 결코 아니라는 사실을 증명했다. 마르코복음의 '메시아 비밀'이 역사적 예수의 사실적인 모습이 아니라 마르코의 신학적 의도라는 주장은 50여 년 후의 편집비평의 초석이 되지만, 20세기 초 역사적 예수 생애의 연구에는 치명적인 결과를 초래했다. "기본적인 원복음서인 '마가복음'이 이제 더 이상 객관적이며 역사적인 예수의 전기로서 여겨지지 않게 되었고, '마태복음'과 '누가복음'은 더더욱 신뢰할 수 없는 것으로 밝혀진 이상, 역사적 예수에 대한 탐구는 이제 불가능한 것으로 간주되었다."[45]

브레데에 의한 충격에서 채 벗어나기도 전에 슈바이처(Albert Schweitzer)는 1906년 1778년에 시작되어 1901년까지 전개된 역사적 예수 연구에 종지부를 찍는 『라이마루스에서 브레데까지. 예수 생애 연구의 역사』(*Von Reimarus zu Wrede. Die Geschichte der Leben-Jesu-Forschung*)라는 책을 출판했다. 그는 지난 130여 년 동안에 나온 예수의 생애에 대한 연구 성과물들 중 600여 편을 검토한 후 그 성과물들에 "그려진 예수상

---

43) F. J. 메이트라, 『마가복음 신학』, 류영호 역, 기독교문서선교회, 1995, p.36.
44) E. V. 맥나이트, "양식사 연구", 황성규 옮김, 『성서 연구 방법론』, 한국신학연구소, 1999, p.125.
45) R. 스타인, 『공관복음서 문제』, p.166.

들은 '역사적 예수'의 참모습이 아니라 각 저자의 시대정신과 이상이라는 의상을 예수에게 덧입힌 '현대적 예수'"라는 결론에 도달했다.46) 슈바이처의『예수 생애의 연구』(1906년)는 한 세기 동안 매달려 온 예수의 생애에 대한 역사적 연구에 대한 파산 선고를 의미한다. 그때부터 실제로 성서에 대한 역사적·합리적 연구(과학적)는 끝나고 새로운 관점(시각)이 출현하는데, 그것이 바로 '양식비평'이다.

3. 20세기

1919~1920년 세 학자, 슈미트(K.L. Schmidt), 디벨리우스(M. Dibelius), 불트만(R. Bultmann)은 거의 동시에 새로운 성서 연구 결과물을 발표하는데, 서로 무관하게 연구한 세 학자의 공동 관심사는 역사적·비판적 성서 연구의 역사에서 새로운 장을 연 '양식사 비평'(Kritik der Formgeschichte)이다. 양식비평은 출전비평을 이용하여 복음서를 연구한 결과, 역사적인 예수의 말씀과 이야기를 찾기 위해서는 최초의 복음인 마르코복음과 어록(Q)보다 시간적으로 앞선 단계에 대한 연구가 필요하다는 역사적인 요청에서 시작되었다. 양식비평은 문학 양식과 그 양식의 역사에 대해서 연구한다. 즉 양식비평은 문학적 성격과 역사적 성격을 동시에 내포하고 있다. 양식비평은 구전되거나 복음서에 기록된 예수 이야기의 문학적 양식과 형식을 연구한다는 면에서 문학적이고, 마르코복음과 어록 이전에 전해 내려 온 구전의 역사를 연구한다는 면에서 역사적이다.

1) 양식비평

양식비평은 민중의 이야기 방식으로 입에서 입으로 전달되던 구두 전승이 고정된 양식과 유형47)으로 쓰였다는 인식과 성서가 상이한 문학 유형에 속한다는 인식에서

---

46) 김창락,『성서 읽기/역사 읽기』, 한국신학연구소, 1999, p.14.
47) 양식비평과 유형비평을 개념적으로 선명하게 구분하기는 쉽지 않다. 하지만 편의상 구분하자면, "양식은 구전 전승에서 나온 보다 작은 문학 단위를 가리키고, 유형은 지혜문학, 묵시문학, 역사 문헌처럼 보다 큰 문학적 동아리를 일컫는다"(정태현 편역,『성서비평 사전』, "양식비평").

출발한다.48) 신약성서의 양식비평은 복음서들이 문헌 사료로 고정되기까지 진행되어 온 구두 전승의 과정을 고찰한다. 양식비평은 구체적으로 구두 전승의 양식과 내용 그리고 그 전승의 사회·문화적인 배경에 대하여 묻는다.49)

디벨리우스의 『복음서의 양식사』(1919년)50)는 수많은 반대와 유보적인 견해에도 불구하고 양식사 비평의 교과서적인 작품으로 평가된다. 성서의 양식비평에 관한 최근의 연구들이 많지만, 특정한 정신과학적 방법론을 최초로 발명한 초창기의 문헌은 특별히 매력적이고 배울 것도 많다. 왜냐하면 정신사적으로 새로운 인식과 관점은 초창기 작품에서 가장 잘 드러나기 때문이다. 자연의 역사에서는 처음에 떡잎이 나오고 성장하고 발전하여 열매가 맺히면 떡잎의 모습이 완전히 사라진 결실이 중요하지만, 정신사에서는 최초의 발명가들, 파이오니어들이 진정한 위인들이다. 그들에 비하면 다른 모든 것들은 대부분 주석이고 활용이며 변용일 뿐이다.

디벨리우스는 신약성서의 양식비평에서 대부분의 공관복음 자료를 형성하고 태동시킨 초대교회의 삶의 배경이 설교(케뤼그마)와 그리스도교적 가르침(디다케)이었다는 가정에서 출발한다. 그는 예수의 말씀을 전해주는 말씀 전승과 예수에 관한 이야기 전승(역사 전승)을 구분한다. 다시 말해서, 그는 신약성서의 양식비평을 '역사 전승과 말씀 전승이 동일한 법칙을 따르지 않는다'51)는 것에서 출발한다. 그에 의하면 초대교회는 말씀 전승을 역사 전승보다 훨씬 더 중요하게 여겼기 때문에 말씀 전승을 역사 연구의 출발점으로 삼아야 한다. 따라서 하나의 이야기 양식이 말씀 전승에서 멀어질수록 그 양식의 역사적 신빙성도 감소한다는 것이 기본 원칙이다. 이러한 기본 원칙하에 그는 신약성서의 양식들을 '짧은 예화'(Paradigma), '단편 설화'(Novelle), '전설'(Legende), '신화'(Mythos)로 구분하는데, 설교와 수난 사화를 제외한 나머지 양식들의 순서는 '역사적 신빙성 정도'에 따라 배열한 것이다. 즉 예수의 말씀과 행적에 역사적으로 가장 가까운 이야기 양식은 '짧은 예화'이고 가장 먼 이야기 양식은 '신화'라는 것이다.

---

48) H. Zimmermann, *Neutestamentliche Methodenlehre*, p.133.
49) 박창건, 『신약성서 주석 방법론』, 성서연구사, p.95.
50) M. Dibelius, *Die Formgeschichte des Evangeliums*, Tübingen 1961.
51) M. Dibelius, A.a.O., p.26.

디벨리우스는 비록 "예수 이야기가 신화적인 원천에서 나오지는 않지만,"52) 일련의 신화적 이야기와 신화적 표상을 내포하고 있다고 본다. 여기서 신화란 "신들의 행위에 대한 이야기들"이다. 디벨리우스에 의하면, "모든 이야기가 신화인 것은 아니고, 특별한 의미가 있거나 특별한 관계에 근거한 이야기만이 신화다. 이야기가 종교 의례의 원형에 대하여 이야기하거나, 하늘과 땅 그리고 동식물의 창조 과정이나 죽음 후의 인간의 운명을 묘사하거나, 하나의 신 존재를 전형적인 현현 방식으로 드러내는 이야기가 신화다."53)

무엇보다도 디벨리우스에 의하면, 마르코복음은 하느님의 아들이 어떻게 악령에 사로잡힌 이 세상을 하느님을 위해 싸우시는지 보여주는 전적으로 신화적인 책이다. 나아가 신약성서 중에서 마지막으로 형성된 요한복음은 신화적인 그리스도를 더욱 생생하게 보여준다. "요한복음에는 어디서나 선재(先在)하시는 분이 말씀하신다. 이 복음은 예수의 행적을 실제로 하느님 아들의 이야기로 묘사한다. 이 복음에서는 모든 것이 신화다."54) 따라서 요한복음에서는 전승 자체가 신화로 흡수되었다. "전승과 신화라는 두 요소의 긴밀한 발전이 요한복음에서 종결되었다. 전승과 신화는 서로 결합되었고, 이 결합은 필요했고 미래지향적이었다. … 미래는 이 책(요한복음)에 있다"55).

여기서 디벨리우스 자신은 그리스도교의 발전이 본질적으로 그리스도 신화와 연결되어 있다는 것을 인정한다. 그렇다면 이 그리스도교 안에서 이루어진 신화와 역사의 결합은 무엇을 의미하는가? 예수가 죽은 후 복음서가 기록되기까지 예수의 말씀이 구두로 전승되는 한편, 예수에 대한 신화적인 이야기가 형성되었다면 역사와 신화의 결합이 갖는 의미가 있지 않은가? 디벨리우스는 성서 전승에서 발견한 역사와 신화의 결합이라는 자신의 연구 결과 앞에서 그 의미를 탐구하는 대신 신화를 예수 전승의 오염 내지 변질로 폄하한다.

종합해 보면, 개별 이야기 양식은 말씀으로부터 멀어질수록 역사성으로부터도 멀어진다는 것이 디벨리우스의 견해이다. 그는 신약성서 전승의 역사적 발전 과정을

---

52) M. Dibelius, A.a.O., p.265.
53) M. Dibelius, A.a.O., pp.265-266.
54) M. Dibelius, A.a.O., p.286.
55) M. Dibelius, A.a.O., p.287.

고찰하면서 오직 말씀에만 역사적 신빙성과 종교적 가치를 부여한다. 이야기 전승은 순수한 말씀으로부터 멀어질수록 역사적 진리로부터도 계속 멀어진다는 의심을 받는다. 다시 말해서, 시간(역사적 거리)과 전승의 비역사성은 정비례한다. 이렇게 볼 때, 디벨리우스는 양식비평을 통해서 역사적인 예수의 말씀을 찾으려고 했음을 알 수 있다. 양식비평도 역사비평을 위해서, 역사비평 내에서 이루어진다. 그는 문학 양식에 대한 연구를 통해 성서의 역사적 사실을 찾고자 했다. 즉 그의 최종 관심사는 양식비평이 아니라 역사비평에 있다. 역사적인 예수의 말씀을 찾는 것이 가장 중요하다는 그 자신의 믿음 때문에, 역사와 신화의 관계, 사실과 문학 작품의 관계에 대해서는 질문할 생각을 못했다. 역사(사실)가 모든 것이었기 때문이다.

2) 역사적·비판적 성서 연구와 양식비평: 역사와 신화

역사비평은 18세기 성서에 대한 역사적·합리적 비평의 정신에 의해 시작되었는데, 20세기 초반 종교사적 학파인 궁켈(H. Gunkel)의 '전승사 비평'을 거쳐 본질상 역사비평과 성격이 다른 결과인 '양식비평'에 도달했다. 양식비평은 역사비평이 출발할 때와 전혀 다른 결과이다. 역사비평은 과학적·역사적 방법인 데 비해 양식비평은 문학적 방법이다![56]

역사비평은 성서 본문(Text)을 자료로 하여 실제로 무슨 일이 발생했는가(역사적 사실)를 찾기 위해 출발했지만, '양식비평'을 통해 도착한 곳은 역사적인 사실들과 거리가 먼 '신화적인 문학 양식들'이었다(신화적 이야기). 그것도 종교적으로(교의적으로) 가장 중요한 내용과 관련된 성서 본문들일수록 신화나 전설의 베일로 가려져 있다는 사실을 양식비평가들은 발견하였다. 이 사실은 전혀 예상치 못한 연구 결과(1920년 전후)이지만, 양식비평은 성서 연구의 새로운 시대와 장을 열어 놓은 것이었다. '역사에서 신화로', '사실에서 의미로', '사실 보도에서 신화적 묘사로'! 성서 연구는 양식비평과 함께 그동안 진행되어 오던 성서 비평(역사적·비판적 성서 연구)과는 전혀 다른 단계에 도달한 것이었다.

---

56) E. Drewermann, *Tiefenpsychologie und Exegese I*, Olten 1991, pp.72-78.

그런데 양식비평가들은 자신들의 연구 결과를 일관성 있게 사유하지 않고 계속 '역사적 사고'에 묶여 있었다. 그들 자신조차 양식비평의 연구 결과가 어떤 의미를 지니는지 깨닫지 못하였다. 그래서 양식비평을 통해 성서 연구의 새로운 가능성이 열렸음에도 불구하고 계속 역사적인 사고의 틀을 벗어나지 못한다. 그들조차 새로운 연구 결과를 과거의 틀에 맞추어 평가한다. 즉 그들이 '양식비평'을 통해 성서본문을 이해하기에는 전통적으로 내려오던 '역사적 사고'의 무게가 너무 컸던 것이다. 그래서 성서 이야기들이 신화적인 양식으로 묘사되어 있다는 사실 앞에서 '왜 그런 문학 양식으로 묘사되어 있는가?'를 묻지 않고(이렇게 질문하는 것이 일관성 있는 연구였다), 불행하게도 성서 본문 중에서 '역사적 신빙성'이 있는 문학 양식들을 추려내는 일에 몰두했다.57)

복음서 중에서 역사적 신빙성이 있는 문학 양식들을 골라낸 후에 봉착한 문제가 바로 '역사적인 예수와 신화적인 그리스도의 관계'였다.58) 즉 양식비평가들은 양식비평을 통해 '신화적으로 왜곡되거나 오염되지' 않고 '순수하게' 전승된 '역사적인 예수의 말씀'을 찾으려고 했지만, 그런 '깨끗하게 전승된' 말씀들은 매우 적고 대부분, 그것도 그리스도론적으로 중차대한 성서 구절들(이야기들)은 '신화'나 '전설'로 가려져 있음을 발견하였다. 결론은 복음서에 전해지는 이야기들을 자료로 하여 '역사적 예수'를 찾을 수 없고, '역사적 예수의 말씀들'을 재구성할 수 없다는 것이다. 복음서에 전해지는 예수와 그의 말씀은 제자들(초대교회)의 신앙에 의해 고백된 신앙의 그리스도이다. 여기서 양식비평가들의 결론은 이것이었다: 신앙의 그리스도를 통해 역사적인 예수를 발견할 수 없다! 질문의 주된 목적은 '역사적인 예수'를 찾는 것이다.

그러나 양식비평의 연구 결과를 바탕으로 일관성 있는 질문이라면 다음과 같아야 했다. '역사적인 예수는 어떻게 신앙의 그리스도가 되었는가?' '신화적으로 묘사된 그리스도 이야기가 담고 있는 종교적 진리는 무엇인가?' 즉 양식비평가들은 '역사적 사실을 재구성'하는 것이 성서 이해의 열쇠가 아니라는 것을 몰랐다. 역사학자들의 관심은 역사적 사실의 탐구일 것이다. 그러나 그것은 성서학자들의 목적이 될 수

---

57) E. Drewermann, A.a.O., pp.79-92.
58) E. Drewermann, *Tiefenpsychologie und Exegese II*, Olten 1991, pp.762-772.

없다. 그들은 신화적인 문학 양식을 통해서만 종교적 진리, 보편적 진리가 묘사될 수 있음을 모르고 계속 '역사적 사실'에 집착했던 것이다. 인류 보편적인 진리를 묘사하는 방식이 신화이다. 그리고 신화는 역사와 반대되는 개념이 아니라(사실—허구), 역사의 의미에 대한 해석이다!

IV. 나오는 말

근대정신은 중세의 맹신(자연현상, 인간의 행동 내지 역사, 종교현상에 대한 미신)에 대한 합리적인 의문에서 출발한다. 근대의 합리적인 정신의 위대한 업적은 사람들(일반대중)을 '맹목적인 믿음과 두려움'에서 해방시킨 것이다. 먼저 자연현상에 대한 미신을 합리적인(과학적인) 인식(검증)을 통하여 타파하고 나아가 인류 역사(인간의 행적)에 대한 미신도 합리적 검증(고증)을 통하여 사실을 밝혀낸다. 이제부터 '믿을 만한 것'은 자연과 인류 역사에서 과학적인 검증을 받은 사실들(facts)뿐이다.

18세기 후반부터 이런 '과학적(합리적)·역사적 관점'은 자연과 인류 역사뿐 아니라 종교의 영역에서도 무비판적으로 받아들여진다. 과학적·역사적 시대정신이 종교 영역도 압도하였다고 하는 것이 정확할 것이다. 가톨릭교회는 그런 과학적·역사적 관점으로 성서에 접근할 때 '교리적으로' 심각한 문제가 야기된다는 사실을 알고 모든 수단과 방법을 동원하여 '역사적·비판적 성서 연구'를 금지시켰다.[59] 왜냐하면 성서가 많은 부분에서, 특히 그리스도교의 핵심 교리와 연관된 부분에서 사실적으로 보도하지 않고 상징적으로 이야기하기 때문인 것으로 보인다. 예수 그리스도의 탄생 이야기, 부활 이야기, 예수승천 이야기, 성령강림 이야기 등에 대한 역사적 자료는 없다. 예루살렘이 역사적으로 언제 멸망했는지는 알 수 있다. 그러나 예수

---

[59] 로마 가톨릭교회는 개신교 성서학자들에 의해 이미 '양식사비평'이 종결되었을 때에야 불가피하게 '역사적·비판적 성서 연구 방법론'을 인정하고 가톨릭 신학자들에게 권고한다. 교황 비오 12세는 1943년 교서 'Divino afflante Spiritu'(정태현 옮김, 『교황 비오 12세의 회칙 성령의 영감』, 한국천주교중앙협의회, 1992)를 통해 가톨릭 주석가들에게 그 방법론을 허락한다. 1964년 4월 21일 교황 바오로 6세의 승인을 받은 교황청 성서 위원회의 'Introdutio de historica Evangeliorum veritate'와 제2차 바티칸 공의회의 계시헌장(12항)에서 교회는 이것을 재차 확인한다.

부활이 역사적으로 언제 어떻게 일어났는지는 알 수 없다. 예루살렘 멸망과 예수 부활은 차원이 전혀 다른 실재이다. 만약 이런 이야기들을 역사적·합리적인 관점에서 연구한다면, 역사성이 결여되어서 신빙성이 없는 이야기로 치부될 위험이 있다. 그리고 양식비평에 의하면, 전설이나 신화에 속한다. 하느님 아들의 동정녀 잉태 이야기, 부활 아침의 빈 무덤 이야기, 제자들이 보는 앞에서 하늘로 올라가셨다는 예수 승천 이야기가 가톨릭교회 교도권의 입장에서는 전설이나 신화일 수 없고, 그래서도 안 되기 때문이었다. 교회는 역사적인 비판을 성서 본문이 가하면 그리스도교 신앙이 존폐 위기에 처할 것이라고 염려한 것 같다. 그래서 교회는 계몽 사조가 요청하는 사고와 연구의 자유를 다양한 방식으로 억압했다. 결론적으로 역사적 근거가 있는 이야기들만을 종교적인 가치가 있는 것으로 평가할 때 가톨릭교회가 구원의 진리로 가르쳐 왔고 가르치고 있는 교리들은 의문에 처한다.

가톨릭교회와는 달리 교회 역사에서 '인간에 의해 첨부된' 부분을 삭제하고 순수한 예수의 말씀과 가르침(그리스도교의 원천)을 찾고자 했던 개신교 학자들은 성서를 역사적·비판적으로 연구해야 한다는 당위성에 대하여 의심하지 않았다. 중세까지 인간에 의해 왜곡되고 첨가된 '인간적인 것'을 체로 걸러 내야 할 대상은 우선 '교회의 가르침(교리)'이고, 더 거슬러 올라가면 '성서'이다. '성서'는 성령의 영감으로 기록되었다는 개신교 정통주의의 가르침에 반하여 성서도 역사적·비판적으로 검토되어야 한다는 주장은 개신교 내에서도 커다란 혼란과 반대를 경험하였다.

그러나 18세기 후반부터 성서를 합리적·역사적인 관점에서 비판적으로 검토해야 한다는 주장이 제기되었고 얼마 지나지 않아 그런 관점은 대세가 되었으며, 이것이 '역사적·비판적 성서 연구'의 시작이었다. 19세기 개신교의 성서 연구는 전적으로 역사적·비판적 방법에 의한 것이었다. 성서를 합리적이고 역사적인 눈으로 연구하는 것은 19세기의 거절할 수 없는 시대정신이었고, 그 연구 결과는 성서 이해에 커다란 공헌을 하기도 하였다.

그런데 19세기에 흥행한 역사적·합리적 성서 연구는 1920년경 등장한 '양식사 비판'에 의해 회피할 수 없는 문제에 봉착한다. 그때까지는 성서를 역사적·합리적인 방법으로 충분히 이해할 수 있다는 믿음이 팽배하였다. 그러나 양식비평을 통해

성서의 많은 부분들, 그것도 종교적으로(교의적으로) 핵심적인 부분들은 예외 없이 신화, 전설 등의 비역사적인 문학 양식들로 가려져 있다는 사실이 드러났다. 역사적인 예수의 생애와 말씀 및 가르침을 재구성하려는 시도는 바로 여기서 넘을 수 없는 벽에 부딪쳤다. 성서는 '역사적인 사실 보도'가 아니라 신화적인 문학 양식으로 묘사된 신앙고백서라는 결론에 도달했다. 역사적·합리적 성서 연구는 양식비평을 통해 '역사와 신화'라는 문제에 봉착했고, 이 문제는 아직도 해결되지 않은 채 남아 있다. 다시 말해서 양식비평도 본래 '역사적·합리적 사고'에서 출발하였다. 그러나 문자로 기록되기 전 단계인 구전 전승에 대한 역사적·문학적 연구는 성서 전승에서 본래 가치 기준인 '역사성'으로는 설명할 수 없는 현상을 발견하였던 것이다. 신화! 즉 역사적·합리적 전통 종교는 양식비평에서 본래 의도(목적)와는 전혀 다른 결과에 도달하였다.

한국 가톨릭 성서학계가 받아들인 성서 연구 방법론은 이렇게 근대정신이 원동력인 과학적·역사적 사고방식에서 출발한 역사적·비판적 방법론이다. 로마 가톨릭교회의 성서학계는 실질적으로 제2차 바티칸 공의회(1962~1965년) 이후에 역사적·비판적 성서 연구 방법론을 적극적으로 수용, 발전시켰고, 한국 가톨릭교회는 1960년대 후반 서구에서 그 방법론을 수학하고 돌아온 소수 학자들을 통해 그 방법론을 받아들였다. 즉 한국 가톨릭교회에 역사적·비판적 성서 연구 방법론이 소개된 것은 1960년대 후반부터이다.

역사적·비판적 성서 연구 방법론을 수학하고 돌아온 학자들은 성서를 우리말로 번역하는 작업에 심혈을 기울였고, 이 성서의 우리말 번역이 미친 영향은 막대하다.[60] 성서를 우리말로 번역함으로써 성서를 전문적으로 연구하지 않은 사람들이 성서를 읽을 수 있는 가능성을 열어주었고(성서 번역의 공로는 아무리 강조해도 지나치지 않다: 성서 읽기의 대중화), 성서에 대한 교육을 통하여 성서에 대한 관심을 불러일으켰다. 한국 가톨릭교회의 성서에 대한 관심은 70년대(1972년)부터 시작되었다고 해도 과언이 아니고, 이는 전적으로 성서의 우리말 번역과 역사적·비판적 성서 연구를

---

[60] 참조: 이성우, "한국 천주교회의 우리말 성서 번역사와 우리말 성서 번역의 의미", 근·현대한국가톨릭연구단, 『한국 근·현대 100년 속의 가톨릭교회 (상)』, 가톨릭출판사, 2003, pp.103-127.

통한 성서 교육의 공으로 평가해도 틀리지 않을 것이다.

우리말 성서의 보급과 성서 교육을 통한 '성서 운동'은 1980년대부터 급속도로 확산된다.[61] 가톨릭 성서 모임에 의해 1981년에 개발된 성서 통독 프로그램인 '성서 40주간'을 필두로, '여정 성서 모임'(까리따스 수녀회, 1983년), '대구 어버이 성서 모임'(포교 성 베네딕도회 대구관구, 1983년), '우리 성서 모임'(동정 성모회, 1993년), '청년 성서 모임'(서울대교구, 1988년), '성서 연구회'(광주대교구, 1984년), '성서 못자리'(서울대교구), '성서 백주간'(1992년) 등이 우후죽순으로 생겼다. 성서 운동의 확산과 함께 「성서와 함께」(1973년 창간, 1984년 혁신 창간), 「생활성서」(1983년), 「야곱의 우물」(1994년) 등의 성서 관련 잡지들도 창간되었다. 이렇게 한국 가톨릭교회의 성서 운동은 지난 30여 년 동안 놀라운 속도로 확산되었고, 그와 함께 성서 읽기 및 쓰기와 성서 교육은 매우 활성화되었다. 그리고 역사적·비판적 성서 연구에 의한 성서 번역과 성서 교육이 그 모든 성서 운동을 가능하게 한 원동력이라고 평가할 수 있겠다.

한국 가톨릭교회 내에서 지난 30여 년 동안 일어난 성서 운동 내지 성서에 대한 커다란 관심과 가톨릭교회의 '근대화' 사이에 어떤 연관성이 있는가? 역사적·비판적 성서 연구는 합리적이고 역사적인 근대정신뿐 아니라 계몽적인 정신도 배어 있다. 성서에 대한 합리적인 비평을 한다는 점에서 역사적·비판적 성서 연구는 근대적인 성서학이다. 그렇다면 1960년대 후반부터 이 방법론을 무비판적으로 수용한 한국 가톨릭교회의 성서학은 역사비평적인 성서 주석 및 신학과 함께 그것이 지니고 있는 '근대정신'도 소개하여 한국 가톨릭교회의 정신적인 '근대화'에 공헌하였는가? 아니면 역사적·비판적 성서 연구를 단순히 성서 연구 방법론으로만 받아들였는가? 이에 대해서는 제3차 논문 「역사적·비판적 성서 연구 방법론과 한국 가톨릭교회의 근대화 II」에서 다루어질 것이다.

---

61) 참조 이용결, "한국 천주교회의 성서 운동", 최석우 신부 수품 50주년 기념사업회 엮음, 『한국 천주교회사의 성찰』 제2집, 한국교회사연구소, 2000, pp.373-416.

한국 가톨릭 신심과 그 역사적 배경
— 해방과 한국전쟁 시기 —

최경선
(가톨릭대 전임연구원·교의신학)

I. 서론
II. 이 시기에 강조된 신심들
  1. 성모신심
  2. 한국 순교자신심
  3. 기타
III. 역사적 배경
  1. 교황청의 방향
  2. 한국 가톨릭교회의 태도
  3. 당시 간행물들이 다루었던 내용들
IV. 평신도 생활 속의 신심들, 그리고 그에 대한 고찰
V. 결론

I. 서론

  필자는 3년이라는 기간을 한국 가톨릭 근·현대 신심에 대한 연구 기회로 받아, 이미 작년에 개항기부터 일제강점기까지 특징적으로 드러난 신심 형태를 소개한 바 있다. 이번에는 그 두 번째 시기인 해방과 한국전쟁 시기에 두드러졌던 신심 형태와 그 역사적 근거에 대한 논문을 쓰고자 한다. 이 작업은 마지막 해인 내년에 현재까지의 내용을 다룸으로써 각 시기별로 드러난 특징적 신심 형태를 비교 분석하는 총

결론에 이르게 될 것이다. 그리고 그것은 한국 가톨릭교회가 신심을 통하여 역사에 어떠한 기여를 했는지, 또 그와 반대로 어떠한 부정적 결과를 초래했는지에 대한 판단하는 데 도움을 줄 부분적인 자료가 될 것이다.

해방 후 한국 가톨릭교회는 성모신심과 순교자신심의 중요성을 특별히 강조하였다. 여기에는 역사적 배경이 몇 가지 있다. 우선 첫째로, 교회 지도자들이 해방과 독립, 건국의 과정을 한국 교회의 주보성인인 성모께서 보살핀 결과로 해석한 점이다. 두 번째로는, 1946년이 김대건 신부 순교 100주년이 되는 해이고 1950년이 79위 복자 시복 25주년이 되는 해였으므로, 그것을 기념하여 순교신심을 더욱 강조한 점이었다. 그런데 이 시기는 한국이 정치적 혼란과 고통스러운 전쟁을 겪는 등 큰 위기의 때였다고 할 수 있다. 이런 시기에 한국 가톨릭교회가 어떤 방식으로 신자들을 이끌었는지, 그로 인해 국가와 신자들에게 미친 영향은 무엇이었는지 알아보는 것은 중요하다. 그럼에도 불구하고 지금까지 이 부분에 대한 연구는 많지 않았다. 특히 신심 부분에 있어서는 그 빈곤함이 더하다. 강인철이 사회학적 측면에서 접근하여 이에 대한 몇 편의 논문을 발표하였고, 장동하·김진소·여진천 신부 등이 쓴 논문들 안에서 몇 가지가 부분적으로 발견되고 있지만 따로 '신심 분야 자체'를 주제로 삼아 발표된 연구물은 없는 것으로 알고 있다.

필자는 이 시기의 가톨릭 신심에 관한 주제를 다루면서 위에 언급된 저자들 중 어떤 특정한 인물의 노선을 따르려는 의도를 가지고 있지는 않다. 해방 후부터 한국전쟁을 겪는 동안 가장 크게 강조되었던 것이 성모·순교자신심이라는 것은 이미 알려져 있는 사실이기 때문에 그것을 다시 강조하려는 의도도 없다. 다만, 그 신심들이 어떤 형태로 표현되었는지를 이제까지의 연구들에 비해 좀 더 '세밀하게 소개'하고, 그렇게 되기까지의 배경을 교황청과 한국 교회의 지도 방향에서 찾는 동시에, 그에 대해 고찰해 보아야 할 문제는 없는지를 살펴보고자 한다. 여기에 목적을 둔 연구를 하기 위해 그 당시에 간행되던 교회의 출판물들이나 이 시기를 주제로 삼아 쓰인 논문들을 많이 접하려고 노력했다. 그러나 남아 있는 기록들은 성직자나 수도자들에 의해 쓰인 것이 대부분이었기 때문에, 그들이 남긴 기록들 안에서 발견되는 일반 신자들의 생활을 수집하는 한편, 생존한 몇몇 신자들을 직접 만나 인터뷰를 했음도 밝혀 둔다. 이 인터뷰의 과정에서 몇 가지의 어려움을 겪었다. 예를 들면, 어렵게 찾아낸 인터뷰 대상들이 연로하신 분들이라 기억이 분명치 않았다든지, 기껏 몇 시간 동안 인터뷰를 했는데 돌아와 보니 녹음이 잘못되었다든지 등의 일이 그것이다. 그분들의 인원수는 적다. 그러나 그 시대의 체험담을 성심껏 들려주신 분들께 감사를 드리며, 그 자료를 최대한 활용하려는 노력을 했음을 밝혀 둔다.

이제 이 시기에 강조된 신심들, 교황청과 한국 교회의 지도 방향 그리고 그 지도 방향에 초점을 맞추어 기사를 다루었던 출판물들의 내용들을 살펴보고, 일반 신자들의 신심 생활을 통해 필자가 의도한 고찰할 점을 찾아보기로 하자.

II. 이 시기에 강조된 신심들

1. 성모신심

이 시기의 성모신심은 공교롭게도 성모승천대축일인 8월 15일에 일본으로부터 해방이 된 것이 계기가 되어 더 번성하였다. 그 분위기를 독일인 선교사였던 탁 파비안 신부의 증언을 통해 들어보면 다음과 같다.

"그 잊지 못할 1945년 8월 15일, 마침내 전쟁은 끝났고, 일본 천황은 승전국에 대해 일본의 무조건 항복을 선언함과 동시에 한국을 포기한다는 성명을 발표했습니다. 마침내 '대한 독립'이 이루어진 겁니다! 그 뒤로 8월 15일은 한국의 국경일이 되었습니다. 그날 천황의 항복 선언이 있은 뒤에도 세 시간 가량은 전 도시에 죽음과 같은 정적이 감돌았습니다. 한국인들은 이 갑작스런 선언이 도무지 믿어지지 않는 것 같았습니다. 하지만 곧이어 만세 소리가 터졌습니다. 수십 년 만에 처음으로 다시 한국식 환호소리인 '만세' 소리가 울려 퍼지고, 해묵은 한국의 국기가 휘날리는 것을 보게 되었지요. 우리 가톨릭 신자들의 감격과 희망도 이루 말할 수 없었습니다. 8월 15일, '성모몽소승천대축일'에 마침내 해방이 이루어진 겁니다. 그렇습니다. 바로 한국의 가톨릭교회가 성모 마리아께 축성된 것이지요! 이 얼마나 상서로운 징조였겠습니까!

이제는 가톨릭교회의 개화기가 왔음에 틀림없었습니다."[1]

　한국 교회와 신자들은 일본으로부터의 해방이 성모 마리아의 도움으로 인한 것이라는 믿음에서 출발하여, 한국전쟁 중이나 그 전후에도 같은 도움이 있을 것이라 여겼다. 이러한 신심을 가진 신자들이었던지라, 체포나 살해의 위험 속에서도 짐 속에 챙겨 넣었던 성물들 중 가장 대표적인 것이 묵주였다. 포로로 잡혀 있어서 가진 것이 없을 경우에는 셔츠나 옷가지를 찢어 만들어서 사용했다는 증언도 있다.[2] 덕원신학교를 점령한 공산군이 그곳 신학생들을 내쫓을 때도 그들 중 대다수가 짐 속에 묵주를 숨기고 있었으며, 당시 그곳의 신학생이었던 지학순 주교는 교장 신부가 보관하라고 지시한 돈을 식모에게 맡겨 밖으로 내보낼 때 속으로 간절히 성모를 불렀다고 한다.[3] 그는 또 갇혀 있을 때 그리고 돌아가신 어머니의 무덤을 찾았을 때에도 묵주기도를 했음을 기록하고 있다.[4] 샬트르성바오로회 수녀들은 전쟁 기간 동안 방공호에 숨어서도 묵주기도를 바치고, 언제 죽음을 당할지 모르는 위험한 나날을 보낼 때 매일 밤 옷을 입고 손에 묵주를 들고 잤다 하며, 9·28 서울 수복의 소식을 듣고는 마니피캇[5]을 노래했다고 한다. 또 수녀들은 전쟁 기간 동안 무엇보다도 성

---

[1] 박영구(옮김), 『북한에서의 시련—죽음의 수용소에서 돌아온 독일인 선교사들의 육성 증언』, 분도출판사, 왜관 1997, p.24.
[2] 경 엘리기우스 신부의 증언 중에는 다음과 같은 내용이 있다. "우리는 때때로 아주 나직히 속삭이는 소리로 다함께 십자가의 길과 묵주기도를 드렸다. 누군가 자신의 셔츠나 옷가지를 찢어서 그것으로 봉오리 열 개를 만들면 영락없이 로사리오가 되었다"(같은 책, p.99).
[3] 지학순, 『내가 겪은 공산주의』, 가톨릭출판사, 서울 1976, p.53, pp.30-32.
[4] "한의인 이 노인은 또 불교인이라 항상 염주를 들고 '나무아미타불 관세음보살' 하며 염불을 한다. 정말 점잖고 마음씨 고운 노인이었다. 이분은 염불을 하고, 나는 묵주의 기도를 하고 이렇게 서로 자기의 종교를 존중하며 살았다. 나는 이 감옥에서 3주일 동안 살며 가지가지 우스운 일을 겪으며, 감옥살이하는 것 같지 않은 기분으로 재미있게 지냈다"(같은 책, p.107). "'어머니, 용서하세요. 이 불효자식이 왔습니다' 하고 마음껏 소리를 내어 울었다. 높푸른 하늘가의 편편한 산기슭엔 내 서러운 울음소리만 스쳐 가는 갈바람 소리·벌레들 울음 외에는 아무 소리도 들리지 않았다. 실컷 울고 산 계곡을 쫓아다니며 들국화를 한 아름 꺾어 묘 앞에 놓고 정신없이 마냥 그 옆에 앉아 있었다. 시계가 없어서 몇 시인지도 몰랐는데, 어느덧 해가 서산마루에 머물고 있었다. 정신을 가다듬고 가여운 부모님을 위하여 묵주기도를 한 번 드리고 산을 내려오기 시작했을 때는 석양에 나무 그늘이 길게 뻗어 있었다"(같은 책, pp.127-128).
[5] 마니피캇(Magnificat): 동정 마리아가 천사로부터 예수의 잉태 예고를 받은 뒤 엘리사벳을 방문하여 부른 노래(루카 1,46-55).

모소일과 공동기도를 하려는 노력을 했고, 이것이 불가능할 때에는 개인적으로 혹은 이것마저도 어려울 때면 묵주기도로 대신하였다(정순임 젤멘 수녀의 증언, 1990. 5.)고 한다.6) 이들이 얼마나 묵주기도를 중요시했는가는 1953년의 수도회 공문 중 기도 생활에 관한 부분에서도 드러난다. 그들은 기상해서 옷을 입을 때에 공동으로 묵주기도를 했으며, 낮에도 할 것을 규정하고 있다.7) 전쟁이 일어나자 전주 전동성당에서는 성심 유치원생과 성심 여중학생들이 합동으로 매일 묵주기도를 바치며 "성모 마리아여, 우리를 구하소서" 하고 간청하였다고 한다.8) 한국전쟁 중에 대구에서는 현지의 신자들과 피난 온 신자들이 자발적으로 '평화 신공'을 바쳤는데, 평화 신공은 성체조배와 같은 양식으로 계산동 성당에서 매일 오후 3~4시경에 바쳐졌다.

이 기도 운동은 낙동강 전선이 교착 상태에 빠지자 불안해진 신자들이 성모께 "대구를 지켜주시고 보호해주소서"라고 기도한 데서 시작되었는데, 전쟁 중 꾸준히 계속되다가 종전 후 자연스럽게 중단되었다고 한다. 당시 남산동 주교관 경내의 '성모당'(루르드 동굴)에서도 개별적으로 많은 참배자들의 기도가 계속되었다. 이러한 대구 신자들의 기도는 한국에 있어서 '푸른 군대' 신심 운동의 전조가 되었다고 보는 시각도 있다.9) 장선홍 신부에 의하면, 특별히 원죄 없으신 성모 마리아의 성심께 대한 신심이 당시의 가장 대표적인 신심이었다고 한다. 공산주의하에서 박해를 받고 있는 세계의 많은 성직자들 그리고 수도자들과 평신도들을 이 원죄 없으신 성모 마리아의 성심께 봉헌했다는 것이다. 그는 어느 가정에서 "사제들의 어머니이신 동정 마리아여, 당신 성자 예수의 일꾼들인 우리 신부들을 불쌍히 여기소서. 그들은 우리

---

6) 샬트르성바오로수녀회 100년사 편찬위원회, 『한국 샬트르성바오로수녀회 100년사』, 샬트르성바오로수녀회, 1991, pp.442-444, 453.
7) 샬트르성바오로수녀회 "본부공문", 1953. 11., 같은 책, p.482. 그 내용 중 일부를 소개하면 다음과 같다. "기상시: '주의 찬미기도'로 일어나 성호를 긋고 천주께 자기를 바치는 신공을 드린 후 옷을 입으면서 공동으로 매괴신공을 한다. … 반전 반후 축문: 성모소일과 끝에 있는 축문을 바친다. … 강론과 성서낭독 전에 염할 신공: '오소서, 성신이여', '성모경' … 수련원에서는 매 토요일과 성모 마리아의 첨례날에 각기 자기 나라에서 정한 성모 마리아께 드리는 기구문을 바침. … 매괴신공: 아침에 옷을 입으면서 높은 소리로 하고 낮에도 한다. 낮에 도무지 할 수 없는 경우 아침의 것으로 보충된다."
8) 김진소, 『천주교 전주교구사 I』, 도서출판빅벨, 전주 1998, p.994.
9) 윤광선, "6·25와 격전지 대구 신자들", 천주교대구대교구사편찬위원회 편, 『대구본당 100년사』, p.20; 강인철, "한국전쟁과 천주교회", 『민족사와 교회사』, 한국교회사연구소, 서울 2000, p.628.

를 예수께로 이끌기 위하여 자기 일생을 희생하였나이다. 그러나 그들도 약한 인생이오니 용기와 은총이 얼마나 필요하오니까. 그 필요한 모든 은혜를 후히 얻어주사 당신 아들의 마음에 드는 정당한 사제들이 되게 하시고, 우리를 거룩히 지도하게 하소서. 그들에게 위험과 고난이 많사오니 그 모든 행로(行路)에 항상 지키시고 보호하소서…"라는 기도문을 외우는 소리를 듣고 "가슴에 짜릿한 감격을 맛보았다"는 증언을 남겼다.[10]

한편, 황해도 사리원본당에서는 전쟁 당시 위험한 사리원 시내에 동향을 살피러 나간 보좌신부가 무사히 돌아올 것을 기다리며 묵주기도를 바치던 주임신부 이야기, 또 복자 유 베드로의 치명극을 하면서 그를 '성모님 품으로' 데려가는 역할을 맡았던 사람의 이야기도 전해진다.[11]

상당수의 성당들이 성모 마리아께 봉헌을 하고 수호자로 모셨다. 이순용이 정리한『한국 천주교회 연사』에 의하면, 1945년부터 1962년 사이에 성모에 관계된 이름으로 설립된 성당들과 그 시기는 다음과 같다.[12]

- 1945년　대구 신암동성당(주보: 파티마의 성모, 12월 20일)
- 1946년　서울 삼각지성당(주보: 성모성심, 4월 1일)
- 1947년　서울 잠원동성당(주보: 파티마의 성모, 7월 15일)
- 1951년　전북 삼례성당(주보: 성모승천, 5월 6일)
- 1952년　제주 한림성당(주보: 성모성심, 4월 19일)
- 1953년　안양 장내동성당(現 중앙, 주보: 성모성심, 9월 7일)
- 1954년　서울 명수대성당(주보: 평화의 모후, 5월 29일)
　　　　　강원도 인제성당(주보: 매괴의 모후, 6월 26일)
　　　　　전남 진도성당(주보: 천상천하의 모후, 11월 7일)

---

10) 장선흥,『붉어진 땅의 십자탑』, 가톨릭출판사, 서울 1997, pp.71-72. 이 책은 1951년 장선흥 신부가 직접 체험한 것을 기록하여 초판한 것을 그의 조카 손자인 장긍선 신부가 몇 가지 보완 수정하여 복간한 것임.
11) 한국교회사연구소,『황해도 천주교회사』, 한국교회사연구소, 서울 p.184, 778, 783.
12) 이순용,『韓國 天主敎會年史』, 대건출판사 2001, pp.27-49.

- 1955년   부산 신선성당(주보: 성모성심, 1월 1일)
           인천 송림동성당(주보: 성모승천, 9월 11일)
- 1956년   경남 울산성당(주보: 통고의 성모, 4월 26일)
           경남 진영성당(주보: 원죄 없으신 잉태, 5월 1일)
           경북 군위성당(원죄 없이 잉태되신 성모 마리아, 12월 8일)
           김포성당(주보: 매괴의 모후, 12월 17일)
- 1957년   서울 아현동성당(주보: 매괴의 모후, 2월 10일)
           서울대교구 당산동성당(주보: 성모승천, 6월 13일)
           제주 중앙성당(주보: 원죄 없으신 잉태, 8월 28일)
           춘천대목구, 가평성당(주보: 천주의 성모, 9월 1일)
- 1958년   제주 모슬포성당(주보: 파티마의 성모, 6월 27일)
           전주교구 장계성당(묵주기도의 성모, 10월 24일)
- 1959년   경남 김해성당(주보: 원죄 없으신 잉태, 10월 20일)
- 1960년   울릉도 도동성당(주보: 하자 없으신 성모성심, 3월 17일)
           대구교구 반야월성당(주보: 로사리오 성모, 3월 19일)
           가천성당(주보: 파티마의 성모, 3월 19일)
- 1961년   부산 괴정성당(주보: 루르드의 성모, 6월 29일)
- 1962년   10월 17일: 대전교구 대천성당(주보: 파티마의 성모, 6월 29일)

아울러 성모상이나 성모 동굴도 많이 설립되었다. 진해 원일콩 중턱에는 바다로부터 적이 침입하는 것을 막기 위해 '파티마 성모상'이 안치되었다[13]고 하며, 많은 성당들이 성모상을 설립하고 축성하였다. 경남 진영성당에 '루르드 성모 동굴'이 생겼고(1949년 4월 17일), 충남 구합덕성당에는 1953년 9월 8일에 '파티마 성모상'을, 그리고 1954년 5월 2일에 '루르드 성모상' 제막식을 하였다. 현재 가톨릭대학 성신교정이 된 성신대학에서는 1954년 11월 7일에 성모상 봉납식을 가졌다. 장호원 감곡성당은 성모 광장을 만들고 그곳에 성모상을 세워 제막식을 하였고(1955년 8월 15일), 경주성당(현 성동성당)도 설정 30주년 기념식을 겸하여 성모상 제막식을 하였다(1956년 5월 30일). 경북 군위성당도

---

13) 「천주교 회보」, 1952년 10월 15일자, p.38; 1953년 1월 15일자, p.4; 1953년 6월 20일자, p.2.

신축교사의 성모상을 축성했고(1956년 12월 8일) 인천 송림동성당은 1959년 10월 18일 '하늘에 올림을 받으신 성모 마리아 상' 제막식을 하였다.14)

이 외에도 여러 성당에서 성모에 관계된 신심 단체들을 결성하였는데, 그 몇 가지 예를 들면 1945년 경주성당의 '성모회' 발족(8월 15일), 1948년 소사성당의 '성모성심회' 발족(1월 10일), 1949년 상주성당(현 서문동)의 '성모회' 발족(8월 15일), 1952년 경남 언양성당의 '성모회'(8월 15일), 1953년 부산 청학성당의 '성모회'(8월 5일), 1955년 목포 경동성당의 '성모회'(5월 8일)와 대구교구 성주성당의 '성모회'(9월 3일), 1956년 서울 후암동성당의 '성모성심 부녀회'(2월 15일), 1961년 부산 초장성당의 '성모회'(8월 15일)와 서울 이태원성당의 '성모회'(9월 25일) 등이 있다. 성모에 관한 책들도 출간되었다. 1946년 『성모 소성무일과』(홍태화 편), 1947년 『마리아의 하자 없으신 성심』(이재현 역), 1951년 『로사리오의 현의』(이해남 역), 1952년 『파티마의 성모』(서울교구 편)이 발간되었다. 또 한국 주교회의는 성모성년에 즈음한 「사목교서」를 발표하였다. 1954년에는 『성모 마리아』(노기남 편)와 『루르드의 성모』(한공렬 역)가, 1959년에는 『파티마의 성모』(성모영보갈멜수도원 역)가 발간되었다. 성모성년 기념행사와 그에 관계된 책자도 나왔다. 1954년 10월 8일 '성모성년' 축하식을 거행한 후 12월 4일에 성모성년 『성미술 앨범』을, 12월 27일에는 『성모성년 대회지』를 간행한 것이다. 이 시기에 특기할 만한 사실은 1953년 레지오 마리애15)의 한국 진출로서, 한국 가톨릭교회의 성모신심 발전에 큰 힘을 발휘하는 계기를 마련하게 되었다는 점이다. 이 단체는 목포 산정동성당에 '치명자의 모후 쁘레시디움'을, 경동성당에 '죄인의 의탁 쁘레시디움'(1953년 5월 31일)을 발족하면서부터 시작하여 1955년 8월 16일에는 서울에 세나뚜스를, 1956년의 부산교구의 레지오 마리애 발족을 보게 된다. 이어서 청주교구(1956년 8월 20일), 춘천교

---

14) 이순용, 앞의 책, pp.30-43 참조.
15) 레지오 마리애(Legio Mariae): 1921년 9월 7일 아일랜드의 더블린(Dublin)시에서 20대의 젊은 여성 15명이 빈민원의 환자 방문 계획을 세우기 위해 모인 데서 시작되었다. 1925년의 간부회의에서는 옛 로마군대를 본뜬 레지오 마리애, 즉 '마리아의 군대'라는 명칭을 채택하였다. 조직 명칭도 군대 용어를 적용하여 자립 지부(自立支部)를 쁘레시디움(Praesidium), 두 개 이상 지부로 된 지방 본부(地方本部)를 꾸리아(Curia), 전국 본부(全國本部)를 세나투스(Senatus)라고 한다. 더블린에 있는 세계 본부는 꼰칠리움(Concilium)이라고 한다. 레지오 마리애가 한국에 진출한 것은 1953년 당시 광주교구장이었던 헨리(Henrry) 주교에 의해서였다.

구(1956년 9월 2일), 대구교구(1957년 1월 30일) 등으로 퍼져나가게 된다.16) 문규현 신부가 쓴 책과 1959년의 레지오 마리애 통계에 의하면, 1950년대 말에 이르러 거의 모든 본당에 레지오 마리애가 창단되었다고 한다.17)

2. 한국 순교자신심

해방 후에는 순교자신심이 더욱 활성화되었다. 무엇보다도 1946년은 김대건 신부 순교 100주년이 되는 해였고, 1950년은 79위 복자 시복 25주년이 되는 해였기 때문에, 이때를 전후하여 순교자신심 운동이 크게 장려되었다. 아마도 가장 주목할 만한 일은 김대건 신부 순교기념일인 1946년 9월 16일에 한국 가톨릭 순교신심 운동의 중심으로서 '조선 천주교 순교자 현양회'가 재발족되었던 것이었다고 할 수 있다. 중앙 위원회가 명동성당 내에 자리 잡게 되고, 그 위원장으로 윤형중 신부가 선임되었다. 1946년 4월에는 김대건 신부 순교 100주년을 기념하여 방유룡 신부가 '한국순교복자 수녀회'를 창설했다. 이 수녀회는 해방 후 처음으로 창립된 방인(邦人) 수녀회였을 뿐만 아니라, 한국인의 주도로 세워지고 운영된 수녀회였다는 점에서 기억할 만하다.18) 이 수녀회는 후일 복자의 유품을 보존하고 자료를 수집하는 등 순교자신심을 전파하는 큰 역할을 하게 된다. 윤형중 신부가 전쟁 기간 중에 순교자에 관한 자료들을 맡기는 데 있어서 가장 믿었던 곳도 바로 이 수녀회였다. 윤형중 신부의 글을 직접 읽어보기로 하자.

---

16) 이순용, 같은 책, pp.27-46 참조.
17) 문규현, 『민족과 함께 쓰는 한국천주교회사 III』, 도서출판빛두레, 서울 1997, p.18; 한국레지오마리애협의회, 『한국 레지오 마리애 오십년사』, 가톨릭출판사, 서울 2003, p.199(당시 한국의 가톨릭교회 본당 252개 중에서 123개 본당에 이미 레지오 마리애가 설립되었다고 한다).
18) 김옥희, "한국 천주교 수도회사", 한국 천주교회 창설 2백주년 기념 한국 교회사 논문집 편찬위원회편, 『한국 천주교회 창설 2백주년 기념 한국 교회사 논문집 II』, 한국교회사연구소, 1985, p.330. 이 수녀회는 1950년 3월 서울 청파동으로 이전하였다. 그리고 1953년에는 한국 순교복자 성직 수도회도 창설된다.; 강인철, "해방 공간의 명동성당과 서울교구: 1945-1950", 『민족사와 명동성당―명동성당 축성 100주년 기념집』, 가톨릭출판사, 서울 2001, pp.119-120; 문규현, 앞의 책, pp.13-14.

"6·25동란이 돌발했다. … 9·28 수복 이후 귀경하여 보니 대신학교에 보관 중이던 물품은 하나도 남지 않았다. 주교관 구내에 여기 저기 흩어져 있는 것을 알뜰히 주워 모아 큰 나무 궤짝 속에 넣어 1·4 후퇴 때 부산시에로 소개시켜 메리놀 수녀원 마루 밑에 보관하였다. 전세가 더욱 불리해 진다면 미군 선편을 통해서 일본에로 소개시킬 심산이었다. 겨우 1953년 여름에 휴전이 성립되었다 하지만, 앞으로 또 무슨 난리가 터질지 모르는 이런 판국에 그런 중요 물품을 경솔하게 옮길 수는 없지 않으냐. 며칠이 지난 다음 나는 사계 성사를 주기 위하여 청파동 복자 수녀원에 가서 보니, 원장 수녀와 부원장 수녀는 자기들 나름대로 그런 기념물들을 모으기 시작하였고 또 그런 사상이 골수에 박혀있음을 발견하였다. 나는 편지를 써주며 이것을 가지고 부산 메리놀수녀원에 찾아가 보이면 현양회 물품을 내어줄 것이니 그것을 갖다가 열어보라고 하였다. 대회 중 한국복자수녀원 주최, 순교자현양회 후원의「한국 가톨릭 사료 전시회」가 계성 유치원에서 열려 가장 많은 인기를 끌었다. 대회가 끝난 다음 현양회 물품은 복자 수녀원에서 보관하라고 부탁하였더니 퍽들 좋아한다. 여기에는 조건이 있다. 1.만일 또 피난가게 되면 다른 무엇보다도 우선 이것을 가지고 갈 것. 2.불행히 수녀원에 화재가 난다면 다른 무엇보다도 먼저 이것을 구출할 것. 왜냐하면 다른 물건은 불타버려도 돈만 들이면 장만할 수 있지만 이런 것은 영구히 불가능하기 때문이다. 수녀원에서는 기꺼이 수락하고 받아들였다."[19]

순교자신심은 기념성당이나 기념비 건립 등을 통해서도 표현되었다. 그것을 연도별로 간추려보면 다음과 같다.[20]

1) 1946년
  · 6월 4일: 김대건 신부 탄생지 솔뫼에 기념비 건립
  · 9월 16일: 충남 아산 공세리에서 복자 김 안드레아 신부 첨례 주일에 복자 안 드레아 김 신부 기념비 건립
  · 9월 하순: 충북 청주교회에서 순교 백주년 기념사업으로 고아들을 위한 성심 구호

---

19) 윤형중,『복자수녀원과 순교자 현양회와 나』, 한국순교복자수녀회, 서울 1972, pp.10-11.
20) 이순용, 앞의 책, pp.15-28; 강인철,「해방 공간의 명동성당과 서울교구: 1945~1950」, p.120.

원 낙성식

2) 1947년
· 9월 6일 용인군 양지성당 벌터에 <김대건 신부 기념경당> 건립
3) 1949년
· 5월 4일: 경기도 구산에 <김성우(안토니오) 순교 기념비> 건립
· 7월 17일: 전주에 동정 부부 순교자 유중철·이순이 <순교 기념비> 건립
4) 1955년
· 10월 12일: 화산 성당, <김대건 신부 기념비> 건립
5) 1956년
· 12월 20일: 부안 광안에 주보를 한국 순교 성인으로 모신 성당 설립
6) 1957년
· 9월 26일: 대구 동촌에 주보를 한국 순교 성인으로 모신 성당 설립
7) 1961년
· 1월 1일: 서울 이태원에 주보 복자 김대건 안드레아를 주보로 하는 성당 설립

위에 소개한 내용 중에서 신자들이 열심히 이러한 순교자신심 표현에 참여한 일에 대한 기록이 있어 이곳에 소개한다. 그것은 전주에 이순이 부부 순교 기념비가 건립된 사실을 기사화 한 내용이다(「경향잡지」 43권 1013호, 1949년 8월호, p.113).

"조선 천주교 역사상 유명한 유요안, 이누갈다 부부 동정 겸 치명자들의 유해가 약 50년 전에 전주 중바위 산봉오리 밑에 이장되어 있더니, 금년에는 그 순교 기렴비가 건설되어 거 7월 17일 그 제막식이 거행되었다. … 무덤 앞 비탈진 곳에 견고한 석축을 하는데도 회원들이 돌과 시멘 콩크리트에 쓰는 모래를 많이 운반하였으며, 이들의 정성을 보고 당시 성직자와 유지교우들이 약 7만 원을 보조하였고, 본당 회장 이일만 씨는 희생적으로 축조 공사를 감독하였던 것이다. 이리하여 거월 17일 오후 3시 김 교구장과 10여 위 신부와 1천 수백 명의 남녀 교우들이 운집하여 기렴비 제막식을 성대하게 거행함으로써 전주 시민들에게 큰 감격을 이르켰다! 국내에는 이외에도 역사적 순교 기념지를 가진 곳이 많지만, 전주처럼 그 기렴지를 교회 소유지로 만들고, 순교자 무덤 앞에 훌륭한 기

렴비를 세워 정성을 표시하는 도시는 아직 없다. 이 점으로 보아 전주 교우들은 남 먼저 가장 진보적 정신을 가지고 모범의 횃불을 높이 들었다 할 것이다!"

한편, 순교자신심 운동의 일환으로서 한국 가톨릭교회에 깊은 의미가 될 수 있는 땅을 매입하기도 하는데, 새남터(1,340평, 1949년 5월 7일)와 절두산(1,360평, 1956년 12월 12일)[21]이 그 예이다. 많은 본당에서는 순교자에 관한 연극을 공연하거나 영화 상영도 했다. 서울교구에서는 1946년 9월에 3일간의(14~16일) 기도회를 가졌다. 이때 김대건 복자 유해 본당 순례, 대사 반포, 16일 명동성당에서 김대건 복자의 유해공경 행렬, 15·16일 양일간 명동성당 대강당에서 김대건 복자의 치명극 '순교자의 피' 공연을 하고, 21일 국제극장에서 가톨릭 음악회도 개최하였다. 같은 해 9월 26일 대구 대명동(現 남산동)성당에서는 <순교 성극(聖劇)>을 공연했고, 12월 30일부터 이듬해 1월 1일까지는 안성읍 내 가톨릭 청년회가 극장에서 복자 안드레아 김 신부의 치명극을 상영하였다. 1947년 10월 18일과 19일에는 명동 계성국민학교 대강당에서 '어린 용사'라는 유 베드로 치명극을 상연하였고, 1949년 3월 18일에는 평양 대신리성당에서 "복자 골롬바와 아녜스" 치명극이, 9월 25일에는 혜화동성당 신자들이 복자 김 아녜스와 김 골롬바의 순교 실화를 소재로 한 성극(聖劇)인 최요안 작「복사꽃 지는 날」을 공연하여 호평을 받았다.[22] 한편, 황해도 사리원본당에서는 이 해 12월 24일에 13세의 나이로 순교한 유 베드로의 치명극을 했는데, 특별히 이것은 당시 본당 보좌로 있었던 전덕표 신부가 만든 학생회 <79위 복자반>에서 한 것이었다. 이 본당 학생회는 전 신부의 "자상하신 지휘로 성경 풀이와 79위 복자들 한 분 한 분에 대한 이야기를 듣는 것이 일과처럼 되어 있었다"[23]라고 한다.

순교자의 유해에 관한 일들도 몇 가지 전해진다. 전쟁 당시 샬트르성바오로수녀회의 관구장이었던 베아트릭스 수녀는 공산군에게 잡혀 '죽음의 행진'[24] 대열에 속해

---

21) 윤형중,『복자 수녀원과 순교자 현양회와 나』, p.16.
22) 이순용, 앞의 책, pp.28-30; 강인철,「해방공간의 명동성당과 서울교구」, p.120; 김진소,『천주교 전주교구사 I』, p.983;『백동 반세기-혜화동 성당 50년사』, 천주교혜화동교회, 1977, p.149.
23) 한국교회사연구소,『황해도 천주교회사』, p.778.
24) 한국전쟁 전후로 북한 공산군이 성직자·수도자들을 체포하여 끌고 간 일을 두고 말함. "죽음의

가고 있을 때, 쉽게 걷기 위해서는 모두들 가지고 있던 물건들을 버려야 했는데도 주머니 묵주와 주머니 칼 그리고 그분이 사랑하는 '한국 순교자들의 유해'만은 지니고 갔다 한다.25) 장금구 신부는 복자 유해 때문에 곤란한 일을 당했던 적도 있다.

"이 날은 처음으로 공산당의 포악성을 목도한 날이다. 저녁을 먹고 식당에서 나오니까 내무서원 7명이 장총과 권총을 가지고 교회 사무실에 와서 책임자를 찾고 있었다. '내노라'고 말하자 내 등에 피스톨을 대고 한 명은 장총을 겨누고 지하실로 가자는 것이다. 지하실로 내려가는 이 순간 이미 마음 준비는 다 되어 있어 아무 두려움도 없이 오직 '올 때가 왔구나!' 하는 생각뿐이었다. … 지하실을 샅샅이 뒤져 본 그들은 낙심하는 빛을 보였으나 드디어 복자 유해를 모셔 둔 카타콤바 굴의 문을 발견하

행진"은 두 갈래로 나뉘어 진행되었다. 우선 남한에서 끌려간 성직자·수도자들이 한 갈래였고, 이미 함흥·원산·평양 교화소를 거쳐 1949년 8월 5일부터 '옥사독 수용소'에서 고난의 생활을 해오던 덕원·함흥교구의 성직자·수도자들이 한 갈래였다. 죽음의 행진에서 첫 번째 희생자가 된 외국인 성직자·수도자들은 서울 소공동에 있던 삼화 빌딩으로 이송되어 신문을 받다가 7월 19일 평양으로 이송되었으며, 그곳에서 서울로부터 연행되어 온 외교 사절들을 만날 수 있었다. 그리고 9월 6일 만포로 끌려갔다가 10월 8일에서 11월 7일까지 고산과 초산, 중강진을 거쳐 11월 7일부터 1951년 3월 30일까지 '하창리 수용소'에 수용되었다. 이 행진 속에서 굶주림과 추위로 옥사하거나 학살당한 성직자는 교황사절 방 주교를 비롯하여 모두 7명이었고, 수도자는 샬트르성바오로수녀회의 원장인 베아트릭스(M. Beatrix) 수녀를 비롯하여 모두 3명이었다. 이 행진에서 살아 남은 사람들은 춘천교구 교구장이던 퀸란(T. Quinlan, 具) 주교를 비롯하여 4명의 성직자들과 4명의 수도자들이었는데, 이들은 1951년 3월 30일 중강진으로 이송되었다가 만포·후창 등을 거쳐 1953년 3월 27일 평양으로 이송되었으며, 4월 17일에 모두 생환하였다. 이와 같이 외국인 성직자·수도자들에게 죽음의 행진을 강요한 북한 공산군들은 1950년 10월, 각 처에 수감되어 있던 한국인 성직자·수도자들을 살해하기 시작하였는데, 앞에서 말한 김봉식·유재옥·이광재 신부들 외에 황해도의 서기창 신부, 양덕환 신부 등이 이때 피살되었다. 그리고 샬트르성바오로수녀회의 김 마리안나 수녀와 김 안젤라 수녀 등도 매화동에서 공산당에게 학살되었으며, 강 마리레지스 수녀만이 가까스로 목숨을 건질 수 있었다. 또 영원한도움의성모수녀회 원장인 장경온 수녀와 서 요세피나 수녀는 공산군에게 끌려간 뒤 행방불명되었다. 다음으로 옥사독 수용소에 수감되어 있던 덕원·함흥교구의 베네딕도수도회 회원들은 1950년 10월 23일부터 만포를 향한 죽음의 행진을 시작하였다. 그리고 11월 12일에는 만포에서 관문리 수용소로 이송되었고, 1951년 1월 16일에는 86일 만에 다시 옥사독 수용소로 이송되어 여기에서 3년을 지내다가 1954년 1월에 생환하였다. 앞에서 설명한 것과 같이 1949년에 체포된 베네딕도회 회원 73명 가운데서 모두 31명이 희생되었는데, 이 중 일찍 행방불명된 사람이 7명, 평양 교화소에서 옥사하거나 피살된 사람이 9명, 옥사독 수용소에서 죽은 사람이 11명, 죽음의 행진 중에 만포·관문리에서 죽은 사람이 4명이었다(차기진, "6·25사변과 천주교회의 순교자들", 「사목」 189호, 1994. 10, 한국천주교중앙협의회, pp.31-33).
25) 샬트르성바오로수녀회 100년사 편찬위원회, 앞의 책, pp.448-449.

였다. 그때 저들은 의기양양하여 '과학적 수사 방법 앞에 거짓말이 무엇이냐?'고 호령호령한다. 그러나 태연히 사실을 설명해주었으나 믿지 않고 문을 열라는 것이었다. 그리하여 하는 수 없이 문을 열었더니 구석구석 뒤져보다가 벽에 유해를 모시고, 시멘트로 봉해둔 곳을 발견하였다. '이 속에 무기가 있지? 왜 거짓말을 하느냐?' 그러면서 '뜯어보아도 좋으냐?'고 묻는다. 나는 대답하기를 '우리 교회에서는 이것을 뜯고 봉하는 것은 주교님만이 할 수 있는 만큼 뜯을 관면까지도 나는 권한이 없다'고 하였다. 그랬더니 다짜고짜로 도끼를 가져오래서 깨뜨려 버렸다. 유해를 담고 봉한 납으로 만든 관을 이리 흔들고 저리 흔들어 보면서 저희들끼리 무기는 아니라는 판단을 내리고 또 하나 모두 셋을 깨뜨리고 실망한 듯이 지하실에서 나왔다. 큰일날 순간이다! 다만 오늘 모욕을 당하신 복자들께 기구할 따름이었다. 그럭저럭 지하실 문을 나선 저들의 태도만 주목하고 있었다. …"26)

전쟁 후, <한미 연합 가톨릭 순교복자 현양 대회>를 할 때, 대회장의 제대 앞 좌우편에 복자 범 주교, 나 신부, 정 신부의 유해와 복자 안드레아 김 신부의 유해를 안치하였다는 기록도 있다.27) 그 외에 순교자신심에서 유래되거나 그 축일을 기념하기 위한 의도로 출판된 책들도 있었으니, 1946년 김대건 신부 순교 100주년을 기념하는 해에 발간된 『조선 순교 복자전』(안응렬 역),28) 1949년에 안응렬이 집필한 『조선 천주교회사』(상권)이 그것이다.29)

3. 기타

해방 후 불안정한 시국과 한국전쟁의 와중에 뚜렷하게 눈에 드러날 만한 다른 신

---

26) 장금구, "6·25동란의 체험담 (1)", 「교회와 역사」 334호(2003. 3), 한국교회사연구소, pp.29-30.
27) "한미 연합 가톨릭 순교복자 현양대회", 「경향잡지」 49권 1076호(1957. 11), p.383.
28) 파리외방전교회 회원이며 교회사가인 로네(Launay, Adrien Charles, 1853~1927) 신부가 1925년에 저술한 『1838~1846년에 순교한 분들로서 1935년에 시복된 프랑스인 및 한국인 순교자』(Martyrs Franç s et Corées 1838~1846, Bétifies en 1925)를 『조선 순교복자전』이라는 이름으로 간행하였다.
29) 강인철, "해방 공간의 명동성당과 서울교구", p.120; 이순용, 앞의 책, p.28; 유홍렬 『한국 천주교회사』 하권, 가톨릭출판사, 서울 2000, p.447; 김진소, 앞의 책, p.983.

심 활동은 많지 않았다. 그러나 신심은 성체거동 행사와 본당 건축, 북한 교회(혹은 평화)를 위한 기도를 통해서도 표현되었다. 다음은 해방 직후 이미 북한에 들어와 있던 공산군의 간섭 밑에서도 성당을 새로 지었던 신자들의 모습을 장선홍 신부가 기록한 것이다. 이 기록을 통해서 공산군에 대한 교회의 시각이 어떠했는지를 알 수 있다.

"잃었던 성전 터를 도로 찾기 위해 우리는 꾸준히 싸웠고 굽히지도 않았다. 드디어는 피로써 잃었던 그 땅을 되찾았다. 이는 예루살렘 성지 회복을 영광 삼아 진군하던 중세기의 십자군과도 같았다. 같았다기보다는 바로 그것이었다. 이 땅에 십자탑을 드높이 쌓으려는 것이었다. … 대성당을 건축해서 공산주의자들 앞에서 신앙의 승리를 얻자! 대성당 건축으로 하느님 나라가 건재함을 보여주자! 이것이 우리의 구호였다. 즉 공산주의자들의 무기와 허위와 기만에 대항해서 우리는 신앙과 정의와 진리로써 총궐기하자는 것이었다. 우뚝한 십자탑이 승전을 상징하여 붉어진 땅의 수도 평양에 선다. … 관후리 성지에는 이미 벽돌 80만 장, 시멘트 수천 포가 태산같이 쌓이게 되고 … 드디어 1947년 9월 1일 길이 60여 미터, 너비 20여 미터의 기초공사는 완성되어 역사적 정초식을 거행하게 되었다. 우리는 이 정초식에 김일성과 소련군 총사령관에게도 초대장을 발송했다. 그러나 그들은 감히 이 성지에 오지 못했고, 미군 연락 장교와 그 밖에 우리와 뜻을 같이 하는 소수의 저명한 인사들과 수천의 선량한 우리 신자들이 참석하였다. 합창단의 우렁찬 합창으로 주교님의 대례미사가 시작되었다. … 끝으로 홍 주교님의 늠름하고도 우렁찬 명명사가 선언되었다. '이 성전을 평화의 모후이신 성모 마리아께 봉헌하노라.' 이 정초사와 명명사와 함께 이 성전 건축비를 헌납한 3만 신자의 이름을 영원히 썩지 않게 견고한 유리통에 넣어 주교님의 손으로 봉인하여 제대가 놓일 기둥 밑에 영원히 간직해 두었다. …"30)

이들은 조국과 세계의 평화가 하루빨리 오기를 기도했고, 특별히 교회의 안전을 기원했으며, 조국과 교회의 평화를 위해서 평양 교구 봉헌군을 아침저녁으로 바쳤다고 한다. 전쟁 후에는 이렇게 성당 건축을 통해 신심을 도현하는 일이 더욱 활발했다. 특히 전쟁 때 파괴된 여러 부분을 수리하거나 증축을 해야 하는 것이 당연했

---

30) 장선홍, 앞의 책, pp.59-61.

으므로 본당마다 이런 일들이 많았다. 그중 대표적인 예가 1941년에 설립되었던 서울 용산본당이었는데, 신자들도 누구라 할 것 없이 자발적으로 성당 건립에 참여하였다고 한다. 새 성당의 완공이 눈앞에 다가오자, 성당에 안치할 14처 상 제작을 신자들이 하나씩 맡기로 하였다. 그 이전까지 성당에는 14처상이 없어서 신자 개인이 가지고 있던 상본을 가져다 봉재(封齋, 지금의 사순절)를 맞았기 때문이라고 하였다. 용산본당 신자들은 또한 1958년에 '연령회' 그리고 예수성심을 주보로 하는 '청년회'를 재발족하거나 창설하였다. 이들이 재발족한 연령회는 본당 묘지를 마련하고자 성미·헌금 모금도 하였는데, 신자들이 열심히 참여해주었다 한다.[31]

전쟁과 관련된 기도도 있었다. 대구에서는 전쟁 직후부터 현지의 신자들과 피난 온 신자들이 자발적으로 '평화 신공'을 바쳤는데, 평화 신공은 성체조배와 같은 양식으로 계산동 성당에서 매일 오후 3~4시경에 바쳐졌다고 한다.[32] 한편 공산정권이 남한을 치기 위하여 1950년 이후부터 그 군대를 38선으로 모으면서 교회에 대한 탄압을 더욱 심하게 하자, 이러한 북한 교회의 딱한 소식을 들은 서울 여러 성당의 신부들은 6월 14일에 회의를 열고 북한 교회를 위한 특별 기구를 성당에 따라 날을 달리 하여 차례로 드리기로 결정하였다. 그리하여 6월 15일에는 명동성당, 16일에는 중림동성당, 17일에는 원효로성당, 18일에는 삼각지성당, 20일에는 잠실리성당, 21일에는 동자동성당, 22일에는 세종로성당, 23일에는 혜화동성당, 24일에는 제기동성당, 25일에는 홍제동성당, 26일에는 신당동성당, 27일에는 미아리성당, 28일에는 가회동성당에서 교우들로 하여금 각각 40시간의 성체조배를 드리게 하였다.[33]

성체에 대한 신심도 꾸준히 이어져 갔다. 샬트르성바오로수녀회 수녀들은 전쟁 기간 중 죽음의 위협이 시시각각 다가오는 때에도 성체강복과 성시간을 지키려는 노력을 했다는 증언을 한다.[34] 감곡성당은 꾸준히 성체거동 행사를 지속해 가던 본당이었다. 이 본당은 전쟁이 끝나자 그동안 중단되었던 이 행사를 '감격적으로 성대하게' 했다고 한다. 이 성체거동 전통과 관련하여 이 본당 소유인 매괴 산에 대한

---

31) 용산본당 60년사 편찬위원회(편), 『용산본당 60년사』, 천주교 용산교회, 2002, pp.91-95.
32) 강인철, 「한국전쟁과 한국 천주교회」, p.629.
33) 유홍렬, 앞의 책, pp.452-453.
34) 샬트르성바오로수녀회 100년사 편찬위원회, 앞의 책, pp.424-438.

일화가 전해져 온다. 즉 "해방 전 일본인들이 매괴 산허리에 신사를 세우려고 터 닦는 공사를 계속했는데, 홀연히 폭우가 쏟아지며 그 자리에 벼락이 떨어졌기 때문에 일본인들이 당황하여 공사를 그쳤으며, 해방 후 그곳에 성모상을 건립해 놓은 후 성체거동 행사를 지속했다"35)는 것이다.

이 외에도 전쟁 전후의 상황에서 고통을 겪으며 더욱 강해진 것으로 보이는 십자가에 대한 신심도 발견된다. 근무하던 학교에 사직서를 제출하면서까지 몰래 성당에 들어가 '십자가의 길' 기도를 했다는 윤봉옥(말가리다, 올리베따노성베네딕도수도회) 수녀의 증언이 있고, 1960년 원산 철도 공장의 한 젊은 노동자가 욕실에서 옷을 벗다가 몸에 지닌 십자가를 떨어뜨려 체포되는 바람에 천주교인 70여 명이 공산당에 의해 체포 또는 학살된 사건도 있었다.36)

III. 역사적 배경

해방 후 한국은 커다란 변동을 겪었다. 일본이 물러가자 미국과 소련은 서로 협력을 하여 한반도에 단일 정부를 수립하겠다는 목적으로 미소공동위원회37)를 여러 차례 개최했으나, 양국의 이해관계가 달라 성과를 거두지 못하고 결국 남한과 북한은 각각 단독정부를 수립하면서 양분되고 말았던 것이다. 그 당시의 정치 세력들은 좌·우익의 혼재에서 북한은 좌익 중심으로, 남한은 우익 중심으로 정치 세력의 주도권을 잡았는데, 이 가운데에서 가톨릭교회는 남한에 주둔하던 미 군정과의 우호적인 관계를 지속하여 갔다. 게다가 미 군정의 초대 민정 장관 아놀드 소장이 가톨릭 신자였으므로, 그 관계는 더욱 돈독하였다. 교회는 미군이 진주한 직후 독립 감사 미사제와 미국군 장병 환영식을 거행했으며, 미 군정의 하지 중장 또한 자신의 정치 고문

---

35) 감곡본당 100년사 편찬위원회, 『감곡(매괴의 성모)본당 100년사』, 천주교청주교구감곡본당, 2000, pp.181-194.
36) 한국교회사연구소, 『황해도천주교회사』, p.150, 181.
37) 미소공동위원회(美蘇共同委員會): 모스크바 3상회의의 결정에 따라 설치된 한반도 문제 해결을 위한 미·소 양군의 대표자 회의. 미군 대표는 아놀드 소장, 소련군 대표는 스티코프 중장이었다. 한국사사전편찬위원회, 『한국 근·현대사사전』, 도서출판가람기획, 서울 2000, p.288.

을 노기남 주교에게 보내 남한의 지도급 인사들의 명단을 작성해줄 것을 요청했다. 이에 노기남 주교는 60명의 지도급 인사들 명단을 작성해주었다고 한다.38)

이러한 남북 대치 상황에서 교회가 더욱 극단적 반공주의 입장에 섰던 것은 교황청의 태도와도 무관하지 않다. 이제 당시 교황청의 방침이 어떠했는지, 그것을 받아들이고 해석하는 한국 교회의 태도는 어떠했는지, 또 당시의 출판물들이 자주 강조했던 내용들은 어떤 것이었는지를 보도록 하자.

1. 교황청의 방향

교황청은 일찍부터 반공주의를 체계화하고 보급하는 데 크게 기여하고 있었다. 이미 19세기 말부터 유신론 대 무신론, 정신주의 대 물질주의, 창조론 대 진화론이라는 이분법적 대립 구도를 통해 공산주의 운동을 무신론적 반(反) 종교 세력으로 규정하고 있었던 것이다. 이러한 보편 교회의 반공주의적 입장은 1920년대부터 여러 교황의 회칙이나 교서들을 통하여 이미 한국 교회에 소개되고 있었다.39) 비오 9세, 레오 13세, 비오 11세, 비오 12세(1939~1958년 재위)는 철저한 반 사회주의·반공주의적 입장을 갖고 있었다.40) 천주교가 공산주의의 위험성에 대해 처음 경고한 것은 회칙「퀴 플루리부스」(Qui Pluribus)였다. 비오 9세 교황은 이 회칙을 통하여 사회주의와 공산주의는 하느님의 예배를 파괴하는 것을 목적으로 하고 있다고 지적하며, 가정과 교육에 관한 그리스도교적 가르침에 반대되는 것이라고 보고, 특히 그 비밀 결사적 동향을 배격하였다. 비오 11세 교황은 1924년 12월 8일 전 세계에 보내는 메시지를 비롯하여 여러 회칙들을 발표하였는데, 그중 1931년 3월 15일에 반포한 회칙「사십주년」(콰드라제시모 안노, Quadragesimo Anno)에 이어 1937년 3월 19일 회칙「디비니 레뎀토리스」(Divini Redemtoris)를 통해 공산주의와 더불어 제기된 모든 문제에 회답을 주기 위해 모든 방

---

38) 강돈구, "광복 후 한국의 사회변동과 종교", 『한일 근·현대와 종교문화』—한일 종교 연구 포럼, 청년사, 서울 2002, pp.289-294; 노기남, 『나의 회상록』, 가톨릭출판사, 서울 1969, pp.312-313.
39) 노길명, "1950년대 한국 사회변동과 명동성당", 『민족사와 명동성당』, p.167.
40) 여진천, "한국전쟁에 대한 교회의 입장", 『한국 천주교회사의 성찰과 전망』—해방 공간과 한국전쟁을 중심으로, 사목연구총서 11, 한국천주교중앙협의회, 서울 2001, p.101.

면에서 유감없는 교설을 보이고 있다. 비오 12세 교황은 가톨릭 국가에서 전체주의적 공산주의가 교회의 자유만이 아니라 개인의 자유마저 위협하는 것으로 판단하였다.41) 이러한 공산주의에 대한 교황청의 노선은 마침 전쟁과 분단의 괴로운 시점에 있던 한국 교회 지도자들에게 그대로, 혹은 더욱 강하게 전달되어 그 실행에 있어 강한 반공주의 원칙을 내세우게 하였다. 게다가 교황 비오 12세는 1948년 8월 15일에 열린 '대한 독립 선포식'에 축전을 보내 "대통령 이승만 박사와 또한 그 각 원들에게 축복을 보내는 동시에 그들의 앞길을 위하여 천상의 특별 보호를 기원"하는 뜻을 표명했으며, 교황사절 번 주교도 "이제 대한이 독립되고 정부 수립도 완성되었으니 열국은 이를 승인하기를 바라며 또 마땅히 승인할 것"이라는 요지의 축사를 함(「경향잡지」, 1948. 9., p.140)으로써, 결과적으로는 남한의 단독정부 수립에 간접적으로 힘을 실어주게 되었다. 전쟁이 발발하자 비오 12세 교황은 여러 차례 공산 측을 단죄하는 입장을 확고하게 밝혔고, 그럼으로써 남한과 유엔군 측을 강력하게 정당화해주었다.42)

한국 가톨릭교회가 이 시기에 성모신심과 순교자신심을 더욱 강조를 하는 데 영향을 준 교황청의 노선을 소개하면 다음과 같다. 우선, 성년(聖年, 禧年)43)과 '성모승천 교의'44)의 선포가 그것이다. 강한 성모신심을 가지고 있던 교황 비오 12세는 여기서 그치지 않고, 1954년을 성모성년(1953년 12월 8일~1954년 12월 8일)으로 선

---

41) 김진소, 『천주교 전주교구사 I』, pp.994-995.
42) 강인철, "미 군정과 이승만 정권하에서의 교회와 국가", 『교회와 국가』, 오경환 외, 인천가톨릭대학교출판부, 1997, p.631, 636.
43) 성년: (라)Annus Sanctus, (영) Holy Year. 교회의 대축제(Jubilaeum majus)라고 불려진다. 십자군 시대부터 시작되긴 했지만, 간접적 기원은 구약시대의 희년(禧年)에서 찾을 수 있다. 희년은 '해방의 해'를 의미하는데, 노예가 된 유대인은 희년이 되면 해방되었다. 성년도 이와 유사한 의미를 갖는다. 성년에는 대사(大赦)를 베풀고 신자들이 영적 은혜를 얻을 수 있는 기회를 마련한다. 1343년 교황 클레멘스 6세는 희년의 주기와 같은 50년을 성년의 주기로 정했고, 1398년 교황 우르바노 6세는 그리스도가 지상에 살아 있던 33년을 주기로 정하였으며, 1470년 교황 바오로 2세는 다시 주기를 25년으로 하였다. 그 이후로 정기 성년은 25년의 주기에 따라 그대로 지켜져 내려오고 있다(한국가톨릭대사전편찬위원회, 『한국가톨릭대사전』, 한국교회사연구소, 서울 1992, p.617).
44) 성모승천(聖母昇天) 교의: "원죄 없으신 하느님의 어머니, 평생 동정 마리아는 지상 생활을 마친 후 그 영혼과 육신을 지닌 채 하늘의 영광으로 영입(迎入)되었다"는 교의, 즉 믿을 교리. 이는 수세기 동안 신자들이 믿어 왔던 내용이었는데, 교황 비오 12세가 1950년 「지극히 관대하신 하느님」(Munificentissimus Deus) 회칙을 통해 교의로 선포하였다. D. Sartor, Assunta, in Nuovo Dizionario di Mariologia, Milano 1985, pp.162-163.

포했다. 이는 제1차 마리아의 해로서, 1950년 정규 희년을 지낸 지 3년 만에 선포된 특별 희년이었다. 이 희년은 교황 비오 9세(1946~1878년 재위)가 "마리아의 원죄 없으신 잉태를 가톨릭교회의 신앙 교의로 선포한 지 100주년이 되는 해를 기념하고 그리스도의 생애를 따라간 마리아의 신앙과 생활을 전 세계 교회가 배우기 위함"이었다고 하는데, 그리스도의 생애를 따라서 선포된 희년이 아니고 2000년 교회의 역사상 처음 선포한 마리아의 해라는 점이 주목할 만하다.45) 이 성모성년에 받을 수 있었다는 전대사의 내용은 다음과 같이 설명되었다.

"이번 성모성년 기회에, 내린 전대사에 대하여 전대사 반포문과 그 설명에 모호한 것을 다음과 같이 밝힌다.
1.성모께 봉헌된 성당에 참배할 것이 원칙이나 한국과 같은 전교 지방에는 어떤 성당에든지 참배하여도 좋다. 2.성당 참배할 때 교황의 뜻이 성취되기 위하여 기구할 것이다. 이 기구는 천주경 성모경 영광경 여섯 번을 외우면 된다(다른 보통 전대사를 위하여는 교황 뜻의 성취를 위하여 드리는 기구는 한국에서 하여온 것처럼 천주경 성모경 영광경 한 번도 좋다). 3.지정된 조건을 채움으로써 성년 중(금년 12월 8일까지) 매 토요일에 전대사를 받을 수 있다. 이 전대사는 한 토요일에 한 번만 받을 수 있다. 4.고해 영성체 한 이가 성년 중 어떤 날에든지 성모를 공경하는 식전(式典)에 참예하면 전대사를 받을 수 있다. 즉 성당 참배를 아니하여도 된다. 5.위에서 말한 성모공경식 전에 참예하는 이는 10년 대사를 받을 수 있다. 다른 조건을 하나도 채우지 않았을지라도 상존 성총 지위에 있기만 하면 된다. 한 대사가 매인 경문에 '통회하면서' 이런 설명을 붙이는 것은 성총 지위에 있음을 요구하는 말이다. 그러므로 누가 상존 성총 지위에 있지 못하면 상등 통회로서라도 그 성총 지위를 회복하란 말이다. 금 3월 25일은 성모영보첨례이다. 이 첨례에 고해, 영성체, 성당 참배, 교황의 뜻이 성취되기 위하여 기구하면 모든 교우는 전대사를 받을 수 있다."46)

---

45) 이정운, "제삼천년기와 한국 교회의 준비", 『한국 그리스도 사상 4』, 한국그리스도사상연구소, 수원, 1996, pp.85-86.
46) "금년 전대사에 대하여", 「경향잡지」 46권 1032호, 1954. 3., p.63.

순교자신심에 영향을 준 내용 중에서, 교황청에서 김대건 신부 순교 100주년이었던 1946년에 그의 순교일인 9월 16일을 "복자 안드레아 김대건 축일"로 지낼 수 있도록 허락해준 일을 들 수 있다. 또한 1949년 11월 25일에는 교황 비오 12세가 그를 한국 모든 성직·수도자(외국인 포함)의 수호자로 선정해주는 동시에 축일을 7월 5일로 반포해주었다. 그래서 "9월 26일과 7월 5일에 모든 신부들은 복자들께 대한 미사를 드리고 경본을 봉독하지만, 그 다음 주일에도 다시 복자들께 대한 미사성제, 성체강복, 유해 친구, 특별 강론, 행렬 등을 거행할 수 있도록 되었다"[47]고 한다. 이러한 움직임들은 한국 가톨릭교회가 여러 기념행사를 통해 순교자신심을 증진시키게 하는 데 힘이 되었다.

2. 한국 가톨릭교회의 태도

우리는 여기서 당시 교회의 대표자였던 노기남 주교의 태도를 살펴볼 필요가 있다. 노기남 주교의 시국 인식은 그가 교회의 최 고위직 성직자로서 교회의 진로를 결정짓는 위치에 있었다는 점에서 매우 중요했을 뿐만 아니라, 그만큼 국가에 미친 영향도 컸기 때문이다. 1945년 9월 8일에 미군 군종 신부가 노기남 주교를 방문하여, 스펠만(F. Spellman) 대주교가 미군과 함께 서울에 들어왔다는 사실과 명동성당에서 미사를 드리고 싶어 한다는 의향을 전하였다. 이를 기꺼이 받아들인 그는 이튿날 오전 10시 스펠만 대주교와 다수의 미군 장병과 조선인 신부와 고우들이 참석한 가운데 성대한 미사를 봉헌하였다. 이를 계기로 미 군정과 교회가 밀착하게 되었다. 더구나 군정 장관 아놀드는 천주교 신자였기에, 하지를 비롯한 미 군정 수뇌부는 중요한 파티에 언제나 노기남 주교를 초대하였다고 한다. 이에 노기남 주교는 많은 미군 장성들과 친교를 맺을 수 있었으며 "영어 공부도 새로 시작하였다"는 말을 본인의 자서전에서 기록하고 있다. 교회에 많은 양의 원조 물자를 제공하면서 정보를 취득한 미 군정은 조선인을 관리로 뽑을 때 노기남 주교의 자문을 구하였는데, 이때 그는 장

---

[47] "9월 26일 복자첨례의 봉축 행사는 다음 주일로! 복자 김 신부는 한국 성직의 주보로, 첨례는 7월 5일!", 「경향잡지」 44권, 1019호, 1950. 2., pp.22-23.

면48)과 상의하여 이승만을 비롯해 김구, 송진우, 김성수, 장덕수 등 60여 명의 명단을 미 군정 정치 고문인 나이스터 준장에게 전달한 적도 있었다.

교회는 「경향잡지」를 발간하였고, 미 군정과의 협의로 정판사를 접수하여 대건인쇄소를 두었으며, 10월에는 양기섭 신부를 사장으로 「경향신문」을 발간하기 시작하였다. 한편 1947년 4월에는 「가톨릭 청년」을 복간하는 등 자체 정비에 노력하면서 적극적인 반공 교육의 장을 마련하였다. 특히 연길교구 첼너(E. Zellner) 수사가 1945년 9월 2일 소련군에 의해 총살된 데 이어 이듬해 5월에는 브레허(T. Breher, 白化東) 주교를 비롯하여 독일인 신부 19명, 수사 17명, 수녀 2명, 이탈리아인 수녀 1명이 체포되어 연길, 삼도구, 무산 등 세 곳에 감금당하자 1947년 2월부터 「경향잡지」를 통하여 구명 운동을 전개하였다. 또 1947년 6월부터는 덕원 면속구장 사우어(B. Sauer, 辛上院) 주교가 생활고를 호소해 오자, 극에 달한 적대감을 폭발시켜 '악마와의 전쟁'을 선포하기도 하였다. 강인철은, 강력한 반공 선전지였던 「가톨릭 청년」의 1947년부터 1950년의 기사 가운데 50.3%가 반공과 관계되는 기사였다고 말한다. 교회의 이러한 반공 노선의 배후에는 교황청의 반공주의 노선의 영향도 있었는데, 그 연결 역할을 한 인물이 1947년 4월에 교황사절로 임명된 번(P. Byrne, 方溢恩)49) 주교였다. 그는 1947년 10월 26일에 있었던 천주교 청년 연합회 중앙 집행위원회 자리에서 가톨릭 운동은 공산주의를 격파하는 데 그 목표를 두어야 한다고 강조할 정도였다. 그리하여 순교 정신으로 반공 투쟁에 나서자는 논리가 더욱 퍼져 나갔다.

1946년 만주(간도) 연길교구가 소련군에 점령되어 신부, 수사, 수녀들이 함북 무

---

48) 장면(張勉, 1899~1966): 정치가, 교육자. 본관은 인동(仁同), 호는 운석(雲石), 세례명은 요한. 『한국 가톨릭 대사전』, p.1001.
49) Byrne, J. Patrick(1888~1950): 미국 메리놀외방전교회원. 도대 평양교구장. 주교, 한국명 방일은(方溢恩). 1922년 메리놀외방전교회가 교황청으로부터 평안도의 포교권을 위임받자 이듬해 5월 평양교구 창설 준비 책임자로 내한. 이후 1947년 교황청에서 주한 로마 교황사절관을 창설할 때 교황사절 역임. 대한민국을 승인하는 교황청의 승인서를 발표하였다. 1949년 주교로 승품되었는데, 한국전쟁이 일어나자 외국인 신부들을 일본으로 피난시키고 교황사절관을 지키다 7월 11일 비서인 부드(Booth) 신부와 함께 공산군에게 체포되어 인민재판에서 사형 선고를 받은 뒤 7월 19일 평양으로 이송되었고, 만포, 고산진, 초산 등 여러 곳을 끌려 다녔다. 10월 31일부터 11월 17일까지 만포에서 중강진에 이르는 250리 길을 도보로 끌려가는 이른바 '죽음의 행진' 중 11월 25일 중강진 부근 하창리에서 병사하였다.

산까지 끌려가 강제 노동을 하고, '토지 개혁령'으로 교회는 건물과 대지 외의 토지가 몰수되어 연명할 길이 없게 되었다는 소식이 전국 교회에 전해지며, 1947년 1월부터는 '반 종교 운동'이 일어나 성당마저 빼앗기고 신부, 수녀들은 강제 노동으로 살아가게 되었다는 소식이 들리는 등 상황이 급박해지자 한국 교회는 「경향잡지」를 통하여 소련 공산당의 천주교 탄압을 '가톨릭과 악마와의 전쟁'으로 표현하였다. 그리고 잡지를 통해 '파티마의 성모 발현'50)을 소개하며, "파티마의 성모께서 '러시아의 회개'를 위해 기도할 것을 당부하신 그 뜻에 따라 신도들에게 성모의 전구를 기도하자"고 강조하였다. 한국 주교단은 순교 정신과 성모신심의 분위기를 몰아 1948년 2월 「연합교서」를 발표하였다. 즉 간도 지방 교회가 공산군에 점령된 것을 알리며 이렇게 중대하고 급박한 사태를 관망하고만 있을 수 없으니, '종교적, 민족적, 국가적 위기'를 극복하기 위해 순교 복자들과 성모께 구원과 보호를 청하는 기도를 하자는 권장이었다.51) 이 교서의 내용은 다음과 같다.

"모든 교우들에게 강복하노라. 현금 국토는 남북으로 분열되어 있고, 국민의 사상은 좌우로 분열되어 있어, … 우리는 이런 중대하고 급박한 사태를 관망하고만 있을 수 없어, 하늘을 우러러 이 종교적, 민족적, 국가적 위기에 특별하신 구호를 청하기로 결의하였노라. 그러므로 나라의 독립과 사상의 안정과 종교의 평화를 위하여 1.매 주일에, 성당에서는 미사 중에나 성체강복 중에, 공소 강당이나 가정에서는 대송 첨례경을 드린 다음, 성인 열품도문과 복자 찬미경을 합송하기를 명하노라. 오래지도 않은 바루 전 세기에 바루 이 땅에서 피를 흘려 치명하신 이 민족 중에서 나신 복자들과

---

50) 포르투갈의 파티마에서 1917년 5월 13일부터 10월 13일까지 매 13일 6회에 걸쳐 발현한 성모 사건을 말한다. 파티마의 성모는 세 어린이들을 통해 속죄, 로사리오기도를 자주 바칠 것, 죄인들의 회개를 위해 기도와 고행을 바칠 것, 성직자를 위해 기도할 것, 세계 모든 사람이 성모의 티 없는 성심께 봉헌할 것 그리고 매달 첫 토요일에 속죄의 영성체를 할 것 등을 당부하였으며 이 대가로 많은 영혼이 구원되고 더 끔찍한 세계 전쟁을 피할 수 있으며 러시아의 회개와 세계 평화를 가져다줄 것임을 약속하였다. 1930년에 포르투갈의 주교들은 파티마의 성모 발현을 공식적으로 인정하였으며 1942년 교황 비오 12세는 성모의 요청대로 러시아에 대해 특히 언급하면서 세상을 성모의 티 없는 성심께 봉헌하였다. 『가톨릭 대사전』, p.1196; J.M. Alonsc, S. De Fiores, *Fatima, in Nuovo Dizionario di Mariologia*, pp.569-580.
51) 김진소, 앞의 책, pp.998-999.

이 민족의 구령을 위하여 생명을 희생하신 복자들께, 이 나라 이 민족의 위기를 당하여 구원을 청하는 것은 진실로 당연하니라! 2.매월 첫 토요일을 성모성심께 봉헌하여, 이 날 될 수 있으면 미사, 성체강복, 기타의 적응한 신공으로 성모 마리아의 하자 없으신 성심을 공경하고 안위하여 드리면서, 역시 우리 앞에 급박한 위기에 특별하신 보호를 청하기를 윤허하며 또한 간절히 권장하노라. 3.인류 사회의 죄악을 벌하시려는 천주의 진노를 막기 위하여, 인자하신 성모께서는 일찍이 우리들에게 대신 통회 보속하기를 청하신지라, 이제 우리는 모든 열심한 영혼들을 향하여 부르짖노니, 우리 민족의 환난을 막기 위하여 자발적으로 통회 보속 희생 극기하는 '십자군'이 도처에 이러나기를 간절히 바라며, 간절히 부탁하며, 간절히 권장하노라. 이를 곧 실행할지어다. 천주강생 1천 9백 48년 2월, 서울교구 바오로 노 주교, 광주교구 교구장 대리 현 신부, 춘천교구 구교구장, 대구교구 바오로 주교구장, 전주교구 발도메오 김 교구장("남조선 모든 감목의 연합 교서", 「경향잡지」, 42권 996호, 1948년 3월, pp.34-35).

한편, 노기남 주교는 모든 긍정적인 사건을 '성모 마리아의 돌보심'의 결과로 돌렸다. 그의 1949년 연두사의 일부를 읽어 보기로 하자. 이 글을 보면, 그가 신자들로 하여금 성모신심과 한국 순교자에 대한 신심을 통해 기도할 것을 권하고 있음을 알 수 있다.

"…천주의 안배는 실로 오묘하여, 제2차 세계대전을 기회로 우리는 해방되었던 것이다. 해방된 다음에도 내외 여러 가지 정세는 건국의 앞길에 암담한 그림자를 던짐이 한두 번이 아니었으나, 이 모든 난관을 극복하고 우리 한국은 독립 정부를 세워 거년 성모승천 첨례 날 세계 만국을 향하여 한국의 독립을 선포하였고, 역시 성모시잉모태 첨례 날 국제 총회 정치 위원회는 한국 문제를 총회석상에 상정하여 열국의 승인을 얻도록 할 것을 48대 6으로 가결하였던 것이다. 해방됨으로부터 완전 독립까지의 모든 중요한 계단을 생각하면 대한 천주교회의 대주보이신 성모 마리아께서는 확실히 한국의 독립을 돌보신 것은 의심할 수 없다. 우리는 진심으로 이 큰 은혜를 감사할 줄 알아야 할 것이다. 이제 앞을 바라보면 우리가 넘어야 할 어려운 고비는 아직도 첩첩이 싸여 있다. 공산주의 독재 정치 밑에 신음하고 있는 북한 동포들이 하로 속히 해방되어, 분열이 없는 한 나라 땅 안에, 한 주권 밑에, 완전히 통일된 국가가 세워져야 할 것이다. 국민의 사상을 좀먹는 무신론적, 공산주의적 사상에 제거되어야 할 것이다. … 이 모든 것이 순조롭게 성취되기 위하여는 인력을 믿고 지낼 수는 없다. 역시 종전대로 눈을 들어 하늘을 우러 보며 간절한 탄원을 계속할 것이다. 특히 한국 천주교회의 대주보이신 무염 시태 성모 마리아께, 그의 하자 없으신 성심께 천주의 의노의 팔을 거두시도록 전달하시기를 간청하면서 통회 보속의 생활을 더욱 열심히 할 것이다. 그리고 이 땅, 이 민족에서 나서 이미 천국에 들어 계신 우리 한국 복자와 복녀들과 모든 치명자들을 향하여 우리 민족의 위기와 국가의 위기를 호소하면서 구원을 청하기를 등한히 말아야 할 것이다"(「경향잡지」, 43권 10(6호, 1949년 1월, pp.1-3).

한국전쟁 당시 한국 가톨릭교회의 전쟁관은 '십자군'에 관한 것이었다. 그리고 한국전쟁을 "공산주의와의 십자군 전쟁"으로 해석하였다. 스펠만(F. Spellman) 추기경은 1952년 12월 한국을 방문하여 미 1군단 사령부에서 연설하는 가운데, 한국전쟁을 "무신론 폭군에 대한 신앙 자유 수호의 십자군 전쟁"으로 명료하게 규정한 바 있다(「천주교회보」 1953년 1월 15일자, 1면). 이렇게 되면 "한국 전선은 곧 그리스도 전선을 결성하여" 공산주의자들을 한국 전선에서 막아 내고 나아가 격멸해야 할 것이 된다. 그런 면에서 전쟁은 '멸공 전'을 내용으로 하는 '성전'(聖戰)일 수밖에 없으며, 이 전쟁에 참여한 한국군과 유엔군 역시 당연히 '십자군'이 된 것이다. 이와 동시에 가톨릭 신자는 불가피하게 '전사'가 되어야 하며, 가톨릭교회는 '투쟁의 교회'가 되어야 한다는 점이 거듭 강조되었다. 또 이런 관점에서 공산주의자들은 새로운 오명들을 얻게 되는데, 그들은 '사탄의 괴뢰 집단' 내지는 '악마의 붉은 괴뢰', '적색 레비아탄', '흡혈귀', '공산 악귀', '공산 마귀', '적귀'(赤鬼) 등으로 다양하게 호명되었다.[52]

한국전쟁의 과정에서 가톨릭교회는 순교자신심과 성모신심을 더욱 강화하였고, 거기에 매달렸다. 이 신심 운동들은 당면한 전쟁과 깊이 결부되어 있었으므로 강력한 반공주의적 메시지를 함축하고 있었던 것이다. 교구 평의원들과 함께 주교 경당에서 서울시가 적군에게 함락되지 않는다면 "종현 구내에 루르드 성모 동굴을 대규

---

[52] 강인철, 「한국전쟁과 한국 천주교회」, pp.603-628.

모로 건설하겠다는 허원"53)을 발했을 정도로 성모신심에 의지했던 노기남 주교는 순교자신심 운동에도 관심을 기울여 1950년 2월 21일부터 3일 동안에 걸쳐 서울 명동 주교좌에서 남한의 6교구장 회의를 열었고, 새남터에 순교 기념탑을 세우겠다는 결정도 내렸다.54) 특히 이 해는 가톨릭교회가 25년마다 맞이하는 정규 성년이었을 뿐 아니라 한국 순교 복자 79위가 시복된 지 25주년이었기 때문에 그 의미를 부각시키려는 목적도 있었다.

1953년, 대구교구와 광주교구는 성모성심에게 교구를 맡기는 봉헌식을 거행하였다. 대구교구에서는 8월 15일에 모든 본당과 공소에서 일제히 봉헌식을 거행하면서 '러시아의 회개와 모든 죄악의 보상, 한국 통일과 세계의 평화를 위해' 성모성심 도문과 교황 비오 12세가 지은 '마리아의 하자 없으신 성심께 드리는 봉헌문'을 합송하였고, 광주교구에서는 모든 본당과 공소에서 8월 16일 주일에 봉헌식을 거행하면서 러시아의 회개와 세계 평화를 위해 기구하였다고 한다.55) 성모성년으로 반포된 1954년 2월 16일과 17일에는 전국 주교회의를 서울에서 열고 교서를 발표하여, 서울에서 성모성년 행사를 열 것을 온 교우들에게 알리었다. 이 행사는 10월 8일부터 3일간에 걸쳐 전국의 주교, 신부, 교우 대표 등 근 1만 명이 모인 가운데 서울에서 성대하게 거행되었다. 첫째 날인 8일은 가톨릭 여성의 날로서, 명동성당을 중심으로 하여 대전 교구장 라리보 주교56)의 주례로 거행된 대미사를 비롯하여, 전국 가톨릭 여성 대회, 강연회, 바자회, 한국 천주교 사료(史料) 전시회 등이 베풀어지는 한편, 명동의 시공관(市公館)에서는 가톨릭 음악회, 영화 "성처녀"(聖處女) 감상회, 미도파 화랑에서는 가톨릭 미술 전람회, 서울 중앙 방송국에서는 「성모성년의 뜻을 밝힘」이라는 방송이 있었다. 둘째 날인 9일은 학생의 날로서, 혜화동에 있는 동성 고등학교를 중심으로 하여 전국 가톨릭 학생 대회, 교리 경시대회, 학생 웅변 대회, 학생 학예회가 베풀어지고, 오후 5시부터는 성신대학 마당에 마련된 제대에서 대구 최

---

53) 장금구, 「6·25동란 체험담(3)」, 『교회와 역사』 336호(2003. 5), 한국교회사연구소, p.21.
54) 유홍렬, 앞의 책, p.449.
55) "하자 없으신 성모성심께 교구 봉헌식", 「경향잡지」 45권, 1026호(1953. 9), p.41.
56) 라리보(Larribeau, 1883~1974)주교: 1942년 일제가 외국인 교구장을 일본인 교구장으로 대치하려 하자 교황청에 노기남 신부를 후임 주교로 비밀리에 천거하였다.

주교의 주례로 대미사가 드려졌다. 셋째 날인 10일(주일)은 가톨릭 신자의 날로서, 성신대학 운동장에 마련된 제대를 중심하여 전국의 주교, 신부, 학생 교우 대표 등 3만여 명이 모인 가운데 서울 노 주교의 주례로 거행된 대미사를 비롯하여, 한국 가톨릭 봉헌식, 시상식, 전국 신자 대회를 지내고, 곧 성년 축하의 시가행진으로 들어가 6열의 긴 행렬이 가지각색의 플래카드를 높이 들고 혜화동 로터리를 떠나 종로 4가, 을지로 3가를 거쳐 명동대성당에까지 이르렀다. 이날 밤에는 명동성당 터 안에 자리 잡고 있는 성모상 앞에서 수천 명의 교우가 각각 촛불을 들고 성가를 드높이 부르면서 세계의 평화를 기구함으로써 성모의 밤을 엄숙히 끝마쳤다고 한다.57) 1954년 노기남 주교의 새해 인사 내용에는 그간 한국이 겪은 고통의 역사를 우리 민족이 해야 할 보속의 과정으로 해석하며 더욱 성모께 기도할 것을 권고하고 있다. 세상 사람들의 죄악이 어느 정도 보상되기를 천주가 원하신다고 하면서 그렇게 되면 세상에 평화가 보장될 것인데, 이것은 "파티마에 나타나신 성모께서 우리에게 일러주신 내용"이라고 본 것이다. 연두사의 내용을 보면 다음과 같다.

"…그동안 여러분이 받으신 환난이며 당하신 희생 등은 여러분의 영혼에 유조하였을 뿐 아니라, 또한 우리나라와 민족에도 유조하였을 줄 믿습니다. 신덕 깊으신 여러 이 받으신 환난은 천주대전에 공로도 되고 보속도 되어, 우리나라에 떠러질바 천주 의노의 어떤 부면을 막아 냈을 줄로 믿습니다. … 이 모든 환난의 진정한 원인은 천주를 촉범하는 세상 사람들의 죄악입니다. 이것이 어느 정도까지는 보상되기를 천주께서는 우리에게 요구하십니다. … 이것은 파티마에 나타나신 성모께서 우리에게 일러주신 내용입니다. 그런 만큼, 다른 민족보다도 특히 한국 백성에게는 성모 마리아의 이 말씀을 실행할 필요가 급박합니다. … 특히 이 환난의 원인을 가리켜주셨고, 그를 막아 낼 방법까지 가리켜주신 성모 마리아를 향하여 구원을 청하사이다. 금년은 더구나 성모 무염 시태가 신덕 도리로 결정되고 반포된 지 1백주년이 되는, 우리 한국 천주교회와 인연이 깊은 해입니다. 우리 한국 성 교회의 대주보는 무염시태 성모가 아니십니까? 더구나 금년은 세계적으로 지내는 성모의 성년이 아닙니까? 더구나 8·15 해

---

57) 유홍렬, 앞의 책, pp.461-463.

방부터를 생각하면, 우리나라를 위한 중요한 사실은 거의 다 성모를 공경하는 성모
첨례에 성취되지 않았습니까? 이렇므로 이번 성모의 성년에는 새로운 열성으로 무염
시태의 성모의 품으로 달아들어 구원을 청하사이다. 성모의 의향을 따라 개과천선의
생활을 하며, 통회 보속을 하며, 매괴신공을 더욱 많이 드리며, 특별한 정성으로 하자
없으신 그 성심을 공경하며, 매달 첫 첨례칠을 충실히 지킬 뿐 아니라, 연중 모든 첫
첨례칠(토요일)을 효성으로 지내며, 우리 각 개인과, 각 가정을 성모성심께 봉헌하며,
우리 교회와 우리나라와, 공산주의의 근원지인 소련을 하자 없으신 성모성심께 봉헌
하면서 용서를 청하사이다, 구원을 청하사이다."[58]

1954년 2월 18일자 한국 주교회의의 교서 끝 부분에도 "무염 시태 성모 마리아
의 특별 보호와 우리 79위 복자들의 전달로 한국 가톨릭의 앞길이 더욱 빛나기를
바라며"라는 말이 쓰여 있어, 당시에 강조되었던 성모신심과 순교자신심이 나타나
있다.[59]

이상과 같이 한국 교회는 신자들에게 성모신심과 순교자신심을 장려하였지만, 두
가지 점에 있어서는 오히려 그러한 신심 운동에 방해가 되는 요인을 제공하였으니,
그 하나는 교황청으로부터 위임받은 「경배 없음(NON CULTU)」 조사이고, 다른 하나
는 노기남 주교가 「순교자 현양회」의 책임자로서 열성적으로 일하고 있던 윤형중 신
부를 갑자기 미리내로 보낸 사건이다. 첫 번째 내용은 다음과 같다. 1947년 노기남
주교는 병인년 순교자 시복 대상자들의 시복을 위한 「경배 없음(NON CULTU)」을 조
사하도록 교황청으로부터 위임받았다. 그래서 전주교구장에게 병인년 순교자들 중
시복 대상에 오른 순교자들에 대한 교구 예비 심사로 순교자들의 무덤 소재와 그 무
덤에서 「경배 없음(NON CULTU)」에 대한 조사를 해주도록 의뢰하였다. 그래서 전주
교구장이 임명한 조사반은 고산 다리실과 진안 어은동 모시골을 방문하여 회장들에
게 서약서를 받고 증언을 들었다. 당시 교회법에는 복자 위에 오르지 못한 순교자에

---

58) 서울 노주교, "새해 인사의 말씀", 「경향잡지」 46, 1030호(1954. 1), pp.10-11.
59) "한국 주교회의 교서", 「경향잡지」 46권, 1032호(1954. 3), p.51.

게 공식적인 기도나 공경을 드리는 행위가 금지되어 있었다. 그래서 시복 절차가 시작되기 전에 '하느님의 종'(Servus Dei: 이 칭호는 성덕이나 순교의 평판이 높은 가운데 사망한 분을 말한다)에 대한 공적인 '경배 행위 없음'이 증명되어야 하였다. 만약 일시적으로라도 공적 경배의 남용이 있었다면 그것이 지금은 철폐되었다는 것이 증명되어야 했던 것이다(「교황령」 제2조 6항). 전주교구장은 다리실 손선지 순교자의 무덤 조사반과 진안 어은동 모시골 이명서 순교자의 무덤 조사반을 구성하여 파견하였다. 신앙촉구관, 서기 신부 및 증인으로 참석한 회장들은 무덤 현지에 도착하여 모두 서약서[60]를 낭독하고 서명한 뒤 조사를 시작하였다. 다리실에서는 11월 8일 오전 10시 30분부터 증인 신문에 들어갔다. 순교자 묘지에서 신부이건 신자이건 공적 공경 행위를 하는 것을 본 일이 있는지, 순교자의 상본을 모시고 향을 드리며 공경을 드린 적은 없는지에 대해 '강경하게' 질문하였던 것이다. 증인으로 참석한 회장들은 묘를 방문하는 신부나 신자들은 간단한 주모경을 바치는 정도였고 그 이상의 행위는 없었다고 대답하였다. 순교자의 무덤 앞에서 일체의 공적 공경 행위를 금지한 교회법을 따랐던 것은 어쩔 수 없는 일이었으나, 거기에 소상한 설명[61]이 충분치 않았기에, 교우들에게 순교자 무덤 방문을 망설이도록 만들었다. 혹시 무덤 앞에서 기도한 것이 부당한 경배 행위로 오인되어 순교자가 시복되는 과정에 말썽의 소지가 되지나 않을까 하는 노파심 때문이었다. 그래서 순교자 무덤을 '임자 없는 고총(古塚)처럼 잡초만 무성하게 만든' 곳도 있었다고 한다. 그러한 현상은 결국 순교자 묘소의 내력을 서로 이야기하며, 역사를 구전으로나마 대대로 전해질 수 있게 하는 일에 걸림돌이 되었다고 김진소 신부는 말한다.[62]

두 번째, 윤형중 신부 사건, 즉 열심히 「순교자 현양회」를 자리 잡게 하기 위해

---

60) 그 서약서의 내용은 다음과 같다. "나( )는 장궤하고 천주의 거룩한 이 복음 성경을 만져 내게 신문하실 모든 사정에 거짓 것을 섞음 없이 진실히 고하기를 맹세하옵고 나 만일 진실히 고하지 아니하면 헛맹세하는 자를 거스려 정한 벌 아래 나 속함을 인정하며 발명하옵나이다. 이같이 허락하고 맹세하오니, 천주와 저의 거룩하신 복음 성경은 나를 도와주소서."
61) '공적 경배'와 '사적 경배'가 다르다는 소상한 내용 설명이 없었기에, 일반적인 신자들은 무조건 그곳에 가는 것을 꺼리게 되었다. 정진석, "시성 절차법의 번역과 해설 (2)", 「사목」 214호, 1996, pp.123-124 참조.
62) 김진소, 앞의 책, pp.984-985.

일하고 있던 그를 노기남 주교가 갑자기 아무런 설명도 없이 미리내본당으로 보내 버린 일이다. 그것은 윤형중 신부가 「경향잡지」를 통해 줄기차게 순교 기념관 건설 운동을 하고 있던 1959년 5월 말의 일이었다. 그는 사전에 아무런 설명도 듣지 못한 채 경기도 안성군 양성면 미리내로 가라는 갑작스런 노 주교의 공문을 받고 6월 2일에 그곳 본당으로 가야 했다. 이로 인해 그가 책임자로 있던 「순교자 현양회」와 「경향잡지」는 한국천주교중앙협의회로 넘어갔다 한다. 따라서 모처럼 불붙기 시작했던 순교 기념관 건설 운동이 한동안 우왕좌왕하는 상황에 놓이고 말았던 것이다.[63] 열성을 가지고 이 일에 매진했던 한 사제로 하여금 손을 놓게 했던 이 사건은 순교자 신심을 배가하는 문제에 있어서 하나의 유감스러운 사건으로 생각된다.[64]

3. 당시 간행물들이 다루었던 내용들

이 기간 중 가톨릭교회의 가장 대표적인 간행물은 「경향잡지」[65]와 「천주교 회보」[66] 이다. 신자들은 이 두 가지 간행물을 통하여 교회의 소식을 접하고 신심 생활의 지표를 얻을 수 있었으니, 이 두 간행물이 어떤 내용의 기사들을 다루었는지를 보는 것은 이 기간의 신심 생활에 어느 정도 영향을 끼쳤는지를 알아보는 좋은 척도가 될 것이다.

한국 교회는 「경향잡지」를 통하여 소련 공산당의 천주교 탄압을 '가톨릭과 악마와의 전쟁'으로 표현하였다. 그리고 또 '파티마의 성모 발현'을 소개하며, 파티마의 성모께서 '러시아의 회개'를 위해 기도할 것을 당부하신 그 뜻에 따라 신도들에게

---

63) 순교 기념관은 1967년 10월 22일에 가서야 양화진 절두산에서 기념 성당에서 그 낙성식을 갖게 되었다.
64) 윤형중, 『복자수녀원과 순교자 현양회와 나』, 19-21, pp.111-130.
65) 일제 때 폐간되었다가 1946년 8월부터 복간되었다. 윤형중 신부가 애정을 가지고 이 잡지의 편집일을 볼 때, "일반 대중으로부터 준성서의 신임을 받고, 교우 대중을 강력하게 움직일만한 것은 이것밖에 없다"고 표현한 적이 있다. 윤형중, 『복자수녀원과 순교자 현양회와 나』, p.28.
66) 이 간행물은 현 「가톨릭 신문」(The Catholic Times)의 전신이다. 일본 강점기였던 1933년 이후 휴간되었다가 해방이후 1943년 4월 1일부터 속간을 시작해서, 1953년 5월 7일부터 그 이름을 「가톨릭신보」로, 1954년 1월 15일부터 「가톨릭 시보」로 바꾸었다. 「경향잡지」가 정간되었던 1950년 7월부터 1953년 6월까지의 전쟁기간 중에도 이 신문은 발행되었다.

성모의 전구를 기도하도록 강조하였다. 한국 주교단은 순교 정신과 성모신심의 분위기를 몰아 1948년 2월 이 잡지에 「연합 교서」를 발표하고 '종교적, 민족적, 국가적 위기'를 극복하기 위해 순교복자들과 성모께 구원과 보호를 청하는 기도를 권장하였다. 이 교서는 "우리 민족의 환난을 막기 위하여 자발적으로 통회, 보속, 희생, 극기하는 십자군이 도처에 일어나기를 간절히 바라며, 간절히 부탁하며, 간절히 권장하노라"고 하였다(「경향잡지」, 1948년 3월 1일, pp.34-35). 그리고 1949년에는 신도들에게 공산 세력의 박해에 대비하여 '순교 정신이 절실히 요구되고 있다'(「경향잡지」, 1949년 6월 1일, p.82). '순교 정신으로 튼튼히 무장하라'(「경향잡지」, 1949년 9월 1일, p.131)는 등의 권고로써 반공정신을 강화하였다. 해방 이후부터 전쟁 이전까지 「경향잡지」가 주로 다루었던 내용들 중에는 성모신심과 순교자신심에 관한 것이 많았다. 신심 단체의 소개에 있어서도 성모신심 단체[67]에 관한 것이 많았고, 순교자신심에 있어서는 복자 첨례를 성대하게 지내야 한다든가 순교자 현양회 지원에 관한 것, 또 복자에게 기도를 함으로써 병이 치유되었다는 등의 기사를 다루었다. 1948년 9월호에서는 "해마다 9월은 우리 가슴을 가장 격동시키는 달이다. 허다한 복자와 복녀들과 치명자들이 이 달에 순교의 화관을 받았고 또 복자 첨례가 이 달에 들어 있는 연고이다. 우리는 이 달에 특히 복자 첨례를 지낼 때 복자들께 대한 우리의 정성을 더욱 새롭게, 더욱 열절하게 할 것이다. … 그들의 보호를 더욱 간절히 구하기로 노력할 것이다"[68]라는 말로써 순교 복자들에 대한 신심을 돋우었고, 그 이듬해에는 "복자 첨례는 우리 민족의 큰 첨례이니 될 수 있는 대로 성대하게 지내라. … 복자 되지 못한 치명자에게 공식으로 기도나 공경을 드리는 것은 금지되어 있다. 그러나 순교자의 무덤이 임자 없는 고총으로 잡초만 무성하여 있는 꼴은 부근 교우들의 가슴을 뒤집어 보이는 것이다. … 복자와 순교자들에게 정성이 약간 있다면 순교자 현양 회비를 이런 때 거출하여 보냄을 잊지 않을 것이요"[69]라고 하면서 「경배 없음」 조사로

---

[67] 예를 들면 "성모 자비회의 찬란한 전교 성적!"이라는 제목으로 "영혼을 악마의 손아귀에서 빼어내어 천국에로 인도했다"고 소개한 서울 종현 "성모 자비회", "인천 성모회의 업적을 보고서"라는 제목하에 "영혼을 지옥 길에서 구출했다"는 "성모회" 소개가 그렇다. 「경향잡지」 40권 981호(1946. 12), pp.75-76; 43권 1006호(1949. 1), pp.7-10.
[68] "우리 복자 첨례는 성대하게 지내라!" 「경향잡지」 42권, 1002호(1948. 9), pp.129-131.
[69] "복자 첨례는 한국 민족의 큰 첨례!", 「경향잡지」 43권, 1014호(1949. 9), pp.130-131.

인해 지나친 조심을 하는 신자들을 일깨우는 한편 순교자 현양회 사업에 대한 협조를 강조하고 있다. 복자들을 성인품에 올리는 데 필요한 영적(靈蹟)의 수집도 강조하여 그에 관계된 몇 가지 치유 사건을 수록한 것도 인상 깊다. 그 기적 사건은 인천 어느 수녀원에서 안나라는 74세의 외국 수녀가 성당에서 복자 유해에 친구를 하는 순간에 갑자기 막혔던 귀가 열렸다는 일70) 그리고 경기도 광주의 최요왕이라는 사람이 하혈병으로 고생하다가 「경향잡지」가 그 해 3월호에 실은 "복자들께 드리는 9일 기구문"으로 기도를 한 지 7일 만에 알 수 없는 어느 여자가 가르쳐준 대로 가죽나무 껍질과 닭을 고아 먹고 나았다는 이야기71)이다. 이 기사의 끝에는 언제나 복자들에게 열절하고 항구한 기구를 해야 한다는 강조와 함께, 기적적인 일이 있으면 잡지사에 알려달라는 당부를 덧붙이기를 잊지 않고 있다.

한국전쟁 기간 중 이 「경향잡지」가 정간되어 있는 동안 「천주교 회보」는 교회 기관지로서의 역할을 홀로 하게 되는데, 시기가 시기이니 만큼 대부분의 기사들이 반공에 관한 것이었다. 강인철은 1949년 4월부터 1953년 8월까지의 「천주교 회보」에 게재된 성모와 순교 관련 기사를 분석하였다. 일반적인 성모 관련 기사는 총 19건으로 이 가운데 반공 관련 기사가 9건이었고, 비반공 관련 기사는 10건으로 조사되었으며, 파티마 성모 관련 기사는 총 29건으로 이 가운데 반공 관련 기사가 25건이었고, 비반공 관련 기사는 4건이었다고 보았다. 따라서 파티마 성모 관련 기사는 주로 반공과 관련하여 작성되었음을 알 수 있다. 한편 순교 관련 기사는 총 29건으로 이 가운데 반공과 관련한 기사는 27건이고 비 반공 관련 기사는 2건으로 조사되었다. 이처럼 파티마 성모 관련 기사와 순교 관련 기사는 주로 반공과 관련하여 작성되었음을 보여주고 있다. 또한 강인철은, 한국전쟁 시기의 성모신심은 승리와 치유의 사회 심리적 기능을 담당하였고, 순교신심은 전투 참여와 살인에 대한 공포를 극복하게 도와줌과 동시에 '살아남은 자들의 죄책감'을 보상하는 사회 심리적 기능을 주로 발휘했을 것이라고 보고 있다.72) 「천주교 회보」는 특히 파티마 성모 발현 사건에 초

---

70) "우리 기구를 기다리는 79위 복자들 1", 「경향잡지」 41권, 982호(1947. 1), pp.6-9.
71) "우리 기구를 기다리는 79위 복자", 「경향잡지」 41권, 989호(1947. 8.), pp.118-12.
72) 강인철, "한국전쟁과 천주교회", 『최석우 신부 수품 50주년 기념 논총 제1집 민족사와 교회사』, 한국교회사연구소, 서울 2000, pp.627-630; 장동하, 「한국전쟁과 선교의 실상」, 『한국 천주교회

점을 맞춘 사건이나 그 경고를 강조하고 있다. 미국 「라이프」 지의 보도를 인용하여 갈멜회 데레시다 가스데이라는 수녀에게 발현하여 파티마에서 이미 했던 것과 같은 내용의 부탁을 했다는 성모 이야기73)를 다루거나 "1950년 10월 30일, 31일, 11월 1일 삼일간 교황 비오 12세에게 파티마의 기적적 발현이 반복되었다. 교황 성부께서 바티칸 정원에서 그의 시선이 태양을 향하셨을 적에 그의 눈앞에 이 고을 '파티마'의 기적이 재현되었다"74)는 보도를 하였다. 그뿐 아니라 "파티마 메시지에 호응하는 기도의 십자군 운동"에 대해서도 자주 전한다.75)

전쟁이 끝난 후 1953년 7월부터 다시 간행하기 시작한 「경향잡지」는 전쟁을 회상시키면서 복자와 치명자들의 순교 행동을 잘 알아보도록 하라는 강조를 한다.76) 그리고 성모 마리아가 특별히 손을 써서 한국을 구출해주었다고 하면서 일본으로부터 해방된 날, 미군이 진주하고 인천에 상륙한 날을 성모 축일과 관련지어 설명하는 기사를 다룬다.77) 이 시기에도 꾸준히 파티마 성모에 관한 기사가 실리고, 성모와 관련된 기적 사건들이 다루어진다. 그러한 예로서는 충북 진천읍 배티 공소에 사는 강 데레사가 부종병으로 고생하다가 성모가 보낸 비둘기가 준 약방문을 비몽사몽간에 보고 그대로 하였다가 병이 완전히 나았다는 내용,78) 공산당인데도 프랑스

사의 성찰과 전망』, pp.282-282.
73) "오늘의 기구를 미래에 미루지 마라—미국 <네세타>에서 성모 발현실", 「천주교 회보」 1951. 1. 14., p.3.
74) "파티마의 발현 그 모양으로 교황에게 성모 발현", 「천주교 회보」 1951. 11. 15, p.1.
75) 「천주교 회보」 1952. 5. 15, p.1; 1952 .9. 5, p.4; 1952. 10. 15, p.4; 1953. 5. 2, p.4; 1953. 5. 15, p.4 등.
76) "우리조국을 위하여 열심히 복자들의 전구를 청할 것이며, 복자첨례는 민족적 명절로 여러 가지 행사로써 장엄하게 지내는 동시, 복자 유해를 친구할 때나, 또는 단체로 순교 기념하며 순교자 무덤을 방문할 때는, 6·25의 시국을 회상하면서 우리 79위 복자와 모든 치명자들의 장엄 무비한 순교 행동을 더 잘 알아보도록 힘쓸 것이다.", 「경향잡지」, 45권 1026호(1953. 9.), pp.142-143.
77) "성모 마리아는 또한 우리 한국 천주교회의 대주보시요, 특별히 손을 쓰사 우리 한국을 구출하셨다. 회고하여 보면 1945년 8월 15일 성모몽소승천 날 우리 한국에 해방되었고, 동년 9월 8일 성모 성탄 첨례 날 정의의 사도 미군이 진주하였고, 1948년 9월 10일 성모성월 동안 유엔 감시 하에 총선거를 실시하였고, 1950년 9월 15일 성모 칠고 첨례 날 미군이 인천에 상륙하여 공산군 격퇴의 결정적 단계를 이루었다." 「경향잡지」, 48권 1058호(1956. 5), p.159.
78) "충북 진천읍 본당지구 '배티' 공소는 경기 안성군 경계선에 접근하고 있는 작은 산골 촌락인데 이 공소에 요안 한중근 씨의 며느리 25세 된 강 데레사는 전부터 있던 부종병으로 작년 여름 1개월여를 두고 신음하던 중 병세 점점 위중하여져 부모와 의사도 단념하게 되어 죽음을 기다리고

의 루르드79)에 갔다가 병이 나았다는 오리바라는 사람의 이야기80) 그리고 파티마를 순례하던 '마리아 아우구스다 보루헤스'라는 부인이 기적적으로 몸의 마비가 치유되었다는 이야기81) 등이 있다.

IV. 평신도 생활 속의 신심들 그리고 그에 대한 고찰

한국 신자들은 오래전부터 강한 성모신심을 가지고 있었다. 그런데 공교롭게도 성모승천대축일에 일본으로부터 해방이 된 이후, 성모 축일이 되면 무엇인가 좋은 일이 일어나리라는 믿음이 생겨나게 되었다. 어떤 할머니가 성모 발현을 목격했다는 이야기를 듣고 간절한 마음으로 기도를 했다는 한 수녀의 이야기가 있다. 다음은 샬트르성바오로수도회의 강양자 수녀의 이야기이다.

"1945년 8월 15일, 바로 성모몽소승천 첨례 날 아침에 제대를 꾸미려고 성당 꽃밭에 제일 예쁜 꽃은 모조리 찾아다니며 꺾고 있는데 봉삼학교 5학년생인 홍창교 군이 따라다니며 하는 말이, '수녀님, 오늘 아침에 우리 할머니가 마당으로 나오는데 별안간 하늘이 환해지면서 일생에 한 번도 보지 못한 아주 예쁜 부인이 공중에서 미소를 띠

있을 뿐 다른 도리가 없던 중 8월 9일 비몽사몽간에 비둘기들이 방안에 들어왔는데, 나중에 들어온 비둘기는 성모께서 보내셨다는 약방문이라고 하면서 부리에 물고 있던 새하얀 종이 조각을 병인 옆에 떨어뜨렸다 한다. 병인이 집어 본즉 판에 박은 듯한 똑똑한 글씨로 '1, 만삼 3개 2, 생강 세 뿌리 3, 대추 세 개 4, 파뿌리 세 개 등을 한사발 물에 끓여서 계란 두 개 넣고 저어 마시고서 취하라'고 적혀 있었는데, 어느듯 깨어 보니 꿈처럼 허무하였다 한다. 다음 10일 밑져야 본전이라고 생각한 병자는, 그 처방대로 하여 마시고서 한 잠 자면서 취하고 깨어 보니 과연 병은 완전히 나아졌으므로 너무도 신기하여 일어나 목욕하고 새 옷을 꺼내어 입고 마당에 거닐고 있을 즈음, 밭에서 일하다가 돌아온 그의 시모는 자기 집안에 어떤 여자가 왔는가 하고 살피다가 그가 자기 며느리인 줄을 알고서 깜짝 놀라기까지 하였다 한다. 그 후 강 데레사는 지금까지 무병하게 잘 지낸다는데 이것이 사실이란 것만은 진천읍 본당 부(R, Booth) 신부와 '배타' 공소에 전교 갔던 그 당시의 보좌 한(R, Heisse) 신부와 전도사 이 벨라도(李成壔)씨 등까지 확인하고 있다 한다.",「경향잡지」49권, 1067호(1957. 2), pp.65-70.
79) 루르드(Lourdes): 1958년 2월 11일부터 7월 16일까지 18회에 걸쳐 벨라뎃다에게 성모가 발현하였다는 불란서의 지방. R. Laurentin, *Lourdes, in Nouvo Dizionario di Mariologia*, pp.795-805.
80) "공산당원에도 영적?",「경향잡지」49권, 1070호(1957. 5.), p.184.
81) "텔레비 방송 중 영적",「경향잡지」50권 1084호(1958. 7.), p.294.

며 머리에다 하얀 얇은 수건을 길게 늘어뜨리우고 손발은 보이지 않게 구름 속에서 내려오는 것을 보고, 그 빛이 너무 황홀해서 똑바로 쳐다볼 수 없더랍니다. 그래서 아이구 어머니 하고 한참 눈을 감고 있다가 다시 보려고 눈을 뜨니 그 광채는 없어지고 아무 것도 없더래요' 한다. 그 천진난만한 어린이가 하는 말을 듣는 순간에 아, 그분은 분명 성모 마리아이다라는 생각에 … 그 할머니한테 오늘 아침 본 바를 여러 각도로 물어봐도 손자가 이야기한 그대로만 조금도 꾸밈없고 순직한 태도로 말하면서 자기도 그 이상한 현상이 무엇인지, 더구나 그 귀부인이 누구인지는 전연 알 수 없고 다만 그 본 바가 얼마나 아름답고 신비스러운지 도저히 말로는 형용할 수 없다고 말하였다. 이 순간 그 할머니의 말에서 그 귀부인은 확실히 성모 어머니였던 것이 의심 없다고 믿어지기 때문에 만나는 사람마다 이런 일이 있었다는 것을 서로 주고받으면서 치열해 가는 대동아 전쟁이 몇 십 년이나 계속될는지 모르는 우리로서는 그저 오늘이 성모 어머니 축일인데 영적으로 평화를 주시옵기를 애원하며 미사를 봉헌했다. 미사가 다 끝나고 정오가 지나자 사방에서 '원자탄에는 일본도 항복했다', '소화(昭和)가 손을 들었다'는 말이 떠돌더니 참으로 우리 민족은 해방이 되었던 것이다."[82]

이렇게 나라가 해방된 뒤, 성모 마리아 축일에 무엇인가 좋은 일이 일어나리라는 신자들의 기대는 더 증가했던 것 같다. 물론 이것은 당시 교회의 최고 지도자였던 노기남 주교나 교회 기관지였던 「경향잡지」가 한국의 경사스러운 일은 대부분 성모축일에 일어났다는 것을 연결시켜 자주 강조한 데서도 영향을 받았을 것이다.[83] 전

---

82) 한국교회사연구소, 『황해도 천주교회사』, p.803.
83) 노기남 주교의 『나의 회상록』에는 다음과 같은 글이 있다. "나는 8월 15일, 일본 천황의 무조건 항복 선언 방송을 듣고 설레는 가슴으로 앞으로 닥쳐올 일들을 생각하며, 우선 성모승천대축일의 감사미사와 앞으로 한국을 보호해주실 것을 성모께 절실히 간청하는 정으로 미사를 지냈다. 이상하게도 8월 15일, 성모승천대축일에 한국이 해방된 것은 우연한 일이 아니고 성모님의 보호와 주님의 안배가 아닌가 나는 생각하며 더욱 뜨거운 감사와 축복의 정성을 기울여 미사를 올린 것이다"(p.310). 그와 같은 성격의 글은 또 그의 "연두사"에도 나와 있다(「경향잡지」 43권 1006호, 1949. 1., pp.1-3). 「경향잡지」의 한 부분에는 다음과 같은 글이 있다. "성모 마리아는 우리 한국 천주교회의 대주보시요, 특별히 손을 쓰시어 우리 한국을 구출하셨다. 회그하여 보면 1045년 8월 15일 성모몽소승천 날 우리 한국이 해방되었고, 동년 9월 9일 성모 성탄 첨례 날 정의의 사도 미군이 진주하였고, 1948년 5월 10일 성모성월 동안 유엔 감시하에 총선거를 실시하였고, 동년 12월 8일 성모 무염시태 첨례 날 유엔 총회는 한국을 정식으로 승인하였고, 1950년 9월 15일 성모 칠고 첨례 날 미군이 인천에 상륙하여 공산국 격퇴의 결정적 단계를 이루었다"(「경향잡지」 1058호, 1965. 5.,

쟁 기간 중 8월 15일이 다가올 때 많은 신자들이 "무슨 희소식을 주시리라고" 기대하며 그날을 기다렸다고 한다.[84] 이러한 성모신심은 전설과 같은 일화도 낳게 했는데, 감곡본당의 성모상 사건이 그렇다. 전쟁이 일어나자 밀려들어 온 인민군들은 감곡성당을 자기네 회의장으로 이용했는데, 성당 안에 있던 성모상을 없애려고 했지만 신기한 일 때문에 그렇게 하지 못했다는 이야기이다. 다음은 인민군들끼리 수군대는 소리를 엿들었다는 본당 신자 이순신(마리아)의 증언이다.

"어느 한 인민군이 성모상을 없애려고 총을 쏘았는데 성모상이 부서지지 않자, 사다리를 세워놓고 올라가 그것을 부수려고 애를 썼지만 도저히 부술 수가 없었다고 합니다. 왜냐하면 그 인민군이 벽에 사다리를 놓고 올라가면서 성모상을 쳐다보니 성모상이 눈물을 흘리며 힐책하는 눈초리로 인민군을 쳐다보았기 때문이라는 것입니다. 결국 그 인민군은 공포에 질려 한 발자국도 더 올라가지 못하고 내려왔답니다."[85]

이순신(마리아)은 이 인민군의 이야기를 듣고 나서 자신도 모르는 사이에 성모님을 불렀다고 한다. 전쟁 시기에는 성직자, 수도자는 물론이고 천주교 신자라는 이유로 인해 죽음의 위협을 많이 받았다는데, 그럴 때도 성모에게 의지하는 묵주기도는 큰 힘을 주었다고 한다. 김진오라는 한 신자는 피난 가 있던 곳에서 어느 날 인민군들이 잡으러 온다는 소리를 듣고 대밭에 숨어 있다가, 도망을 가지도 않고 기도를 하던 가정을 보고 깊은 감명을 받은 체험담을 들려주었다. 동네에서 열심한 신자라고 소문이 자자했던 '김판길'이라는 사람이 온 식구들을 불러 대청마루에서 함께 묵주기도를 바치더라는 것이다.[86]

전쟁 기간 중 어떤 신자들은 목숨의 위협을 받으면서도 인민군의 감시망을 뚫고

---

p.159; 이와 유사한 내용이 같은 잡지 52권, 1103호, 1960. 2., pp.359-361에도 있다).
84) 윤형중, 「6·25동란의 체험담(3)」, 『교회와 역사』 333호(2003. 2), 한국교회사연구소, p.23; 서울 성바오로수녀원 (3), "6·25동란 체험담", 『경향잡지』 47권 1049호(1955. 8), p.253; 성바오로수녀원 전라도편(5), "6·25동란 체험담", 『경향잡지』 48권 1059호(1956. 6), pp.228-231.
85) 그 성모상은 지금도 감곡(매괴성당)본당에 수호자로 모셔져 있다고 전한다. 감곡본당 100년사 편찬위원회, 『감곡본당 100년사』, pp.178-180.
86) 김진오(金鎭五, 오질론)의 증언, 수원 금정본당에서의 인터뷰에서, 2003년 11월 3일.

신부를 찾아갔다고 한다. 죽기 전에 성사를 받고자 했던 것이다.87) 복자 첨례 때는 미사에 참례하고 고해성사와 영성체를 했다고 한다.88) 어떤 신자는 윤형중 신부에게 "치명자들께 대한 정성을 일반 교우들에게 많이 가르쳐 두었더라면, 지금 같은 이런 난국을 당할지라도 일반의 마음 준비가 더 잘되어 있지 않았겠습니까?"라는 말을 할 정도로 순교자에 대한 신심이 깊었다고 한다.89)

이상에서 보는 바와 같이 신자들도 확실히 깊은 성모신심과 순교신심을 가지고 있었다. 그것은 초대교회 때부터 내려온 전통 때문이기도 하고, 교회 지도자들의 가르침에서 받은 영향 때문이기도 하다. 그런데 여기에는 몇 가지 성찰해 보아야 할 요소가 있다. 우선 첫째로 신중히 살펴보아야 할 것은 한국 교회가 신자들에게 성모·순교자신심을 강조하면서 그것을 어떻게 해석했는가 하는 문제이다. 두 번째는 그러한 신심을 장려하면서도 오히려 신자들을 망설이게 한 일들에 대한 고찰이다. 마지막으로 세 번째는 한국 교회가 그렇게 강조한 신심의 성격이 과연 일반 신자들의 생활에 어떻게 반영되었는가에 대한 문제이다.

첫째, 한국 교회의 성모·순교자신심 해석 문제이다. 남북 대치라는 위기의 상황에서 교회는 극단적인 반공주의 입장에 서서 여기에 성모신심과 순교자신심을 적용시켰다. 공산주의자들과의 전쟁을 "십자군 전쟁"으로까지 확대 해석하며, 교회 기관지 등을 통해 '파티마의 성모 발현'을 자주 소개함으로써 마치 성모님이 남한의 수호자인 듯한 인상을 주었던 것이다. 한편, "순교 정신으로 반공 투쟁에 나서자"는 논리도 펼쳤다. 교황 사절 번 주교는 1947년 10월 26일에 있었던 천주교 청년 연합회 중앙 집행 위원회 자리에서 가톨릭 운동은 공산주의를 격파하는 데 그 목표를 두어야 한다고 강조를 할 정도였다. 교회는 남북 분단의 위기에 처한 국가의 예민한 문제에 좀 더 신중한 태도를 취해야 했을 것이다. 그런데 성모님이 공산주의 격파를 위해 전쟁을 부추기는 분인 듯한 인상을 지나치게 주었다. 더욱이 노기남 주교는 전쟁이 일어나기 한 해 전인 1949년의 연두사에서, "성모 마리아께… 천주의 의노의 팔을 거두

---

87) 장금구, "6·25동란의 체험담 (1)", p.29; 안철구, 『이야기로 엮은 한국 천주교 200년』, 세문사, 서울 1983, pp.252-253.
88) 장금구, "6·25동란 체험담 (2)", 『교회와 역사』 335호(2003. 4.), 한국교회사연구소, p.18.
89) 윤형중, "6·25동란의 체험담 (2)", 『교회와 역사』 332호(2003. 1.), 한국교회사연구소, p.33.

시도록"90) 간청하자는 말을 함으로써, 신자들로 하여금 자칫 '분노의 하느님'과 '그 것을 막아주는 성모님' 이라는 대치된 인상을 가질 수 있는 여지를 남기는 한편, "공산주의적 사상이 제거되어야 한다"는 말로써 남북 대치의 상황을 기정사실화하였다. 교회 지도자들은 훗날 국가가 얼마나 깊은 분단의 상처를 입고 살아야 하는가에 대한 식견을 지니지 못했던 것이다. 이 점은 2000년 12월에 과거사 반성을 주제로 하여 주교회의에서 발표한 「쇄신과 화해」 문건에서도 알 수 있다. 그 내용 중에 "우리 교회는 광복 이후 전개된 세계 질서의 재편 과정에서 빚어진 분단 상황의 극복과 민족의 화해와 일치를 위한 노력에 적극적이지 못하고 소홀히 한 점을 반성하고 이 과정에서 생겨난 수많은 사람들의 희생을 마음 아파합니다"라는 말이 있다.

두 번째, 이미 위에서 밝힌 바와 같이 신자들로 하여금 순교자신심을 표현하는데 주저하게 만든 두 가지 일인데, 교황청의 위임을 받아 실행한 「경배 없음(NON CULTU)」 조사와 윤형중 신부의 갑작스런 전근 발령이다. '공적 경배'와 '사적 경배'에 대한 충분한 설명이 부족한 상태에서 엄격한 「경배 없음」 조사를 함으로써 인해 많은 신자들이 순교자들의 묘를 찾거나 그곳에서 기도하는 것을 꺼렸다 하니, 그런 방법(선언까지 하면서)으로 조사를 해야 했는가 하는지에 대한 의문이 생긴다. 더욱이 전주교구 신자들은 순교자들에 대한 신심이 유달리 깊었는데, 사적인 신심 표현은 가능하다는 사실을 몰랐기에 순교자들의 무덤을 개인적으로 찾는 일조차 그만두었던 것이다. 또 「경향잡지」를 경영하며 열심히 「순교자 현양회」 활성화를 위해 일하던 윤형중 신부를 갑자기 외곽의 미리내로 보냄으로써, 하던 일에서 손을 떼게 만든 일은 그 원인이 무엇이었는지가 석연치 않다. 필자가 만나 보았던 최익철 신부는 "윤형중 신부가 교리를 잘해서 인기가 아주 좋았는데… 주교님이 동창이긴 하지만 시기하거나 하지는 않았을 텐데… 왜 그런지는 잘 모르겠어…"91)라며 말끝을 흐렸다. 노기남 주교의 자서전 어디에도 이에 대한 설명이 없고, 더욱이 교회의 인사이동에 관한 민감한 문제이기에 언급하기도 조심스럽기는 하지만, 윤형중 신부라는 한 개인의 문제에 초점을 맞추기보다는 좀 더 교회 전체를 위한 결정을 했으면 좋았을 것이라는

---

90) 1949년 연두사, 「경향잡지」, 1006호(1949. 1.), p.2.
91) 2003년 12월 22일 오후 3시, 최익철 신부와의 대담 중.

아쉬움이 남는다.

세 번째, 교회가 강조한 신심의 성격이 일반 신자들의 생활에 잘 반영되었는가 하는 문제이다. 대부분의 신자들에게 성모신심과 순교자신심이 있었던 것은 사실이다. 그러나 그들에게 파티마 성모의 메시지 그리고 그것이 공산군을 공격하는 반공 활동에 연결되는 것이 얼마나 의미가 있었는가는 의문이다. 신자들은 불안정한 정치 상황 그리고 죽음의 위협이 함께 하는 시기를 살면서 성모 마리아에게 의지하며 열심히 묵주기도를 하고 그와 비슷한 고통스러운 상황을 지냈을 한국 순교자들에게도 열심히 전구의 기도를 하였다. 또한 교회에서 복자들을 성인품에 올리는 데 필요한 영적을 강조한 대로 몇 가지 특별한 현상들을 보고하기도 하였다. 그런데 대부분의 신자들이 가지고 있던 신심의 성격은 이미 위에서 간행물이 다루었던 내용들을 통해서 살펴보았듯이 거의 전설적인 것에 가까웠다. 기적적인 힘으로 보호해줄 것이라는 믿음에 매달렸던 것이다. 필자가 그 시대를 살았던 몇몇 신자들에게서 들은 바[92])에 의하면, 그들이 파티마의 성모에 대해서 들었거나 '순교자의 정신으로 악마(공산주의)와 싸우자'는 말을 듣기는 했어도 교회가 해석해주는 내용에 크게 의미를 부여하지는 않는 듯했다. 그런데 교회는 성모·순교자신심을 지나치게 전쟁에 연결시켜 공산주의자들에 대한 미움을 부추기는 데 힘을 기울이지는 않았는가, 그럼으로써 '천주교는 반 공산 세력'이라는 듯한 대립 구도를 지나치게 내세운 것이 아니었는가, 그것이 진정 국가를 위한 것이었는가에 대해 필자는 의문을 제기해 본다.

V. 결론

일본으로부터 해방이 된 1945년부터 교회의 제2차 바티칸 공의회(1962년) 이전까지 약 20여 년간에 이르는 시기는 국가에 있어서나 교회에 있어서나 참으로 혼란한 과도기였다. 역사의 경로가 외세의 영향하에 남북으로 나뉘는 분단의 길로 나아갔던 것이다. 특히 남한의 경우 미국의 일방적 이해에 의해 과거의 친일파 세력들과 이승

---

92) 김정옥(베드로), 김진오(오질론)와의 대담, 2003년 11월 3일 수원 금정본당; 최익철 신부와의 대담, 2003년 12월 22일, 서울 방이동 코오롱 아파트.

만에 의한 친미 반공 독재국가의 등장이라는 왜곡된 역사의 출발점이 되었는데, 이러한 친미 반공주의에 한국 교회도 일조를 하게 된다. 38도선 이북은 소련이, 그 이남은 미국이 군정의 형식으로 해방 직후부터 약 3년간 통치했던 미·소의 군정 기간은 우리 역사의 행로를 결정짓는 가장 중요한 역사적 시기였다. 1948년 5월 10일 남한만의 총선거가 실시되고, 8월 15일 이승만을 대통령으로 하는 대한민국 정부가 수립되었으며, 38도선 이북에서는 1946년 초 김일성을 위원장으로 하는 북조선 임시 인민위원회[93]가 성립되어 토지개혁을 실시하고 후에 북조선 인민 위원회를 거쳐 1948년 9월 9일 조선 민주주의 인민공화국[94]으로 출범하게 되었다. 이로써 좌우의 분열과 미·소 양국의 분할 점령이라는 조건 속에서 외세에 편승한 정치 세력의 책동에 의해 한반도는 분단국가라는 비극적 출발을 하게 되었던 것이다.[95]

이러한 역사적 배경 속에서 교회는 성모신심과 순교자신심을 많이 강조하였다. 성모승천대축일에 8·15 해방이 이루어진 것뿐만 아니라, 교황청의 성모승천 교의와 성모성년 반포, 교회 각 출판물들의 성모에 관계된 기사 보도 등으로 인해 성모신심이 강화되었고, 그 위에 강한 성모신심을 가지고 있었던 당시의 교황 비오 12세와 노기남 주교 등의 영향이 더해졌다. 순교자신심의 경우, 1946년 김대건 신부 순교 100주년 기념과 1950년 79위 복자 시복 25주년을 기하여 더욱 많이 강조되었다. 더불어 일제 때 금지되었던 「순교자 현양회」 활동도 이때 다시 시작되었다. 한국 교회는 이 두 가지 신심을 크게 강조하면서, 반공 운동으로 연결시켰다.

여기서 지난 과거를 돌아보면서 신심에 관련한 교회의 태도에 대해 몇 가지 고찰할 부분을 짚어 본다. 우선, 극단적인 반공주의 입장에서 성모·순교자신심을 해석함으로써 국가가 분단의 길로 가는 데 더 힘을 실어주었다는 점이다. 더욱이 노기남 주교는 1954년 새해 인사에서 한국이 겪은 고통의 역사를 우리 민족이 갚아야 했던

---

93) 북조선임시인민위원회(北朝鮮臨時人民委員會): 1946년 2월 발족된 북한 최초의 중앙 권력 기구. 일련의 개혁 조치인 '민주개혁'이 실시된 후 같은 해 2월에 북조선인민위원회가 수립되면서 이것은 해체되었다. 한국사사편찬위원회, 『한국 근·현대사 사전』, pp.301-302.
94) 조선민주주의인민공화국(朝鮮民主主義人民共和國): 1948년 9월 9일 북한에 수립된 사회주의국가의 정식 명칭. 같은 책, p.343.
95) 같은 책, pp.263-265.

보속의 과정이라고 해석을 함으로써 마치 전쟁이 당연히 겪을 일이었다는 듯한 해석을 하였다. 두 번째는 순교자신심을 장려하면서도 오히려 그러한 움직임에 의문을 품게 할 정도로 충분한 설명이 부족한 상태에서 「경배 없음」 조사를 하고, 「순교자현양회」 활성화를 위해 노력하던 윤형중 신부로 하여금 갑자기 그 일에서 손을 떼게 만든 일이다. 세 번째는 교회가 이 신심들을 반공주의에 연결시켜 그렇게 자주 강조한 내용이 과연 일반 신자들의 생활과 국가에 얼마나 큰 의미를 주었는가의 문제이다. 이 세 가지 모두 교회가 좀더 신중한 태도로 역사에 대응을 했어야 했다는 반성을 불러일으키는 문제들이다. 이번 연구를 기회로 삼아, 과연 어떤 태도가 신심 생활과 실생활을 잘 조화시킬 수 있을 것인지 그리고 그것이 국가와 일반 사람들의 구체적인 생활에 도움을 주기 위해서는 좀 더 긴 안목을 가져야 한다는 사실을 재확인해 보고자 한다.

일제 시대 토착 종교와 가톨릭의 만남
— 가톨릭교회의 태도 변화를 중심으로 —

박일영
(가톨릭대학교 교수·연구 책임자·비교 종교학)

I. 서론
II. 가톨릭의 신사참배에 대한 태도
  1. 신도의 일반적 이해
  2. 신사참배 허용 경과
III. 가톨릭의 토착 종교에 대한 태도
  1. 샤머니즘 관련
  2. 민간신앙 관련
  3. 전통 종교 관련
IV. 결론

I. 서론

구한말 신교와 선교의 자유를 획득한 한국의 천주교회는 밝은 세상의 자유를 만끽하게 된다. 그것이 때로는 도가 지나쳐서 천주교인과 비천주교인의 대립 사건인 교안의 발생으로 이어지기도 하였다. 그러한 종류의 극단적 대립은 수많은 인명이 희생되는 역사적 비극으로 치닫기도 하였다.[1]

---

1) 박일영, "구한말 토착 종교와 가톨릭의 만남—수신영약(1900)을 중심으로", 『한국 근·현대 100년 속의 가톨릭교회 (상)』, 가톨릭출판사, 2003, pp.151-178 참조.

일제 시대 한국 가톨릭교회의 태도는 대체적으로 보아 구한말 교회의 태도와 달라진 것이 별로 없다. 가톨릭교회는 무교, 민간신앙, 전통 종교들에 대하여 여전히 이단과 미신으로 치부하는 태도를 견지했던 것이다. 한 가지 변수가 있다면 그것은 1930년대 중반 신사참배를 공식적으로 허용하게 됨에 따라,2) 조상 제사에 대한 일종의 조건부 허용이라는 조치가 뒤따르고,3) 그러한 교회의 태도가 토착 종교 일반에 대한 종래의 완강한 태도에 일부 변화를 보였다는 정도일 것이다.

본 고에서는 먼저 신사참배의 문제가 불거지면서 참배 불가의 완강한 입장에서 허용에 이르기까지의 교회의 태도 변화를 일별해 본다. 신사참배에 대한 태도 변화가 결국 교회가 토착 종교 일반에 대하여 갖는 자세의 변화에 결정적인 변수로 작용하였다고 여겨지기 때문이다. 그다음에는 일제 시대 당시 무교, 민간신앙, 전통 종교 등에 관한 내용들이 실린 대표적인 한국 가톨릭교회 내부 문헌들을 선정하여 토착 종교에 대한 가톨릭교회의 태도가 변화하는 추이를 살펴보려고 한다. 그 문헌들이란 바로 「경향잡지」(京鄕雜誌), 『서울교구 연보』 그리고 『회장직분』이다.

「경향잡지」는 한국에서 가장 오랜 역사를 갖고 있는 천주교회의 대표적인 정기간행물이다. 「경향잡지」의 최초 이름은 『보감』(寶鑑)으로, 1906년 10월 19일 당시 서울대교구가 창간한 「경향신문」의 부록(국판 8면)으로 나오기 시작하였다. 1910년 한일합방 이후 일제가 「경향신문」을 폐간하자, 한국 천주교회는 1911년 1월 15일부터 격주간의 순수 종교 잡지로 변경하여 「경향잡지」를 지금까지 계속 발간하여 오고 있다. 현재 이 잡지는 한국에서 가장 오래된 잡지로 기네스북에 등재되어 있기도 하다.4)

이 잡지는 제2차 세계대전 말기인 1945년 5월에 잠시 폐간되었다가 1946년 8월에 복간되기도 하였고, 한국전쟁 기간에는 3년 동안 휴간되었다. 「경향잡지」는 오랫동안 한국 천주교회의 공식 기관지로서 역할을 담당해 왔기에, 교회의 변화를 알

---

2) 참조: 문규현, 『민족과 함께 쓰는 한국 천주교회사』 1, 빛두레, 1994, pp.153-189; 정동훈, "신사참배에 관한 고찰", 『교회사 연구』 II, 한국교회사연구소, 1996, pp.59-107; 윤선자, 『일제의 종교정책과 천주교회』, 경인문화사, 2001, pp.245-280, 335-336.
3) "로마 전교성성의 교서—중국 예식과 그에 대한 서약에 관하여", 「경향잡지」 제34권, 제917호 (1940년 2월 12일), pp.50-51.
4) 「경향잡지·'삶과 신앙의 길잡이'로 97년」, 『평화신문』, 2003년 6월 1일, p.8.

아보는 데에 많은 도움을 주는 가치를 지니고 있다. 특히 일제 시대 교회의 가르침이나 흐름을 파악하는 데에 중요한 자료가 된다.5)

『서울교구 연보』6)는 파리외방전교회에서 1841년부터 발간한 잡지들 중의 하나인 『꽁뜨 랑뒤』(Compte Rendu) 중에서 한국 교회에 관한 것만을 발췌하여 번역한 것이다. 1912년부터는 대구교구에 관한 내용을 제외시켰기 때문에 책의 제목을 『서울교구 연보』라고 하였다. 그중에서 제2권이 1904~1938년까지의 기록으로 일제 시대에 해당하는 내용을 담고 있다. 파리외방전교회가 발간한 잡지 중에서 가장 오래된 『꽁뜨 랑뒤』는 일종의 연보(年報) 성격을 갖고 있다. 즉 해마다 각 선교지로부터 접수한 교세 보고를 한데 묶어 파리외방전교회 본부에서 연간으로 간행한 것이다.

이 교세 보고서는 각 교구 교구장이 작성하였다. 제일 먼저 교세 일람표를 두어 각 선교지의 교세를 일람할 수 있게 하였다. 그 해 교세에 영향을 끼친 국내 정세의 큰 변화도 상세히 보고한다. 한국의 경우에는 동학혁명이나 을미사변 등이 보고서에 나타난다. 다음에는 각 본당 혹은 각 선교사별 보고 내용을 요약하여 소개한다.

특히 주교의 순시, 본당의 신설, 성당 건축과 같은 사실을 자세히 알린다. 해당 본당의 교세, 신학교, 출판, 교육, 언론, 사회복지시설 등에 대한 보고로 마무리된다. 권말에는 그 해에 사망한 선교사의 약력을 자세히 소개하였다. 이 『연보』는 일선 선교사들의 생생한 직접 보고서라는 점에서 매우 높은 사료로서의 가치를 지닌다고 평가된다.7)

『회장직분』8)은 서울교구의 회장들을 상대로 한 지침서이다. 파리외방전교회 소속의 선교사 르 장드르(최루수, 崔昌根, Louis-Gabriel Ambroise Le Gendre) 신부가 1923년에 저술했고, 서울교구장 뮈텔(민 아우구스티노, 閔德孝 Gustave Charles Marie Mutel) 주교가 감수하였다. 『회장직분』은 본문 5부와 부록으로 구성되어 있다. 본문은 회장의 신원과 그 직분, 교우 제도, 7성사, 성당과 성회(聖會) 및 성물(聖物), 전교에 대한 규

---

5) 참조: 차기진, 「경향잡지」, 『한국 가톨릭 대사전』 1, 한국교회사연구소, 1994, pp.351-352.
6) 한국교회사연구소 역편, 「서울교구 연보 (II)」(1904~1938), 천주교 명동교회, 1987.
7) 참조 최석우, 「파리외방전교회 연보 해제」, 한국교회사연구소 역편, 「서울교구 연보 (II)」(1904~1938년), 천주교명동교회, 1987, pp.7-9.
8) 르 장드르, 『회장직분』, 이영춘 역주, 가톨릭출판사, 1999.

정들로 구성되어 있다. 부록에는 신도들이 세례명을 정하는 데 도움이 되는 남녀 성인 축일표를 위시하여, 교회 관계 계약서 및 서약서 양식들이 들어 있다.

『회장직분』에서 밝히고 있는 규정들은 모두 교회법에 의거한 것이며, 그중 일부는 한국 교회의 고유한 법과 관습을 따르고 있다. 『회장직분』은 한국 천주교회 초창기부터 성직자가 부재중이거나 부족한 가운데에서 교회를 발전시키는 데에 큰 역할을 맡았던 회장들의 직분과 활동을 이해하고 평가하는 데 매우 중요한 문헌이다. 또한 이 책이 저술된 일제 시대 신자들에게 부여한 규정들이기 때문에 당시의 사회상이나, 신자들의 신앙생활에 대하여서도 귀중한 자료를 제공한다.[9]

II. 가톨릭의 신사참배에 대한 태도

이하에서는 일제 시대 한국 천주교회가 토착 종교에 대하여 가지게 되는 태도의 변화를 추적하는 데 있어서 하나의 중요한 열쇠가 된다고 보이는 신사참배의 허용 경과에 대하여 알아보기로 한다. 먼저, 일본 토착 종교로서의 신도에 대한 일반적 이해를 시도한다. 그리고 나서 일제 시대 한국 천주교회가 신사참배에 대하여 강경한 불가 입장을 보이다가 마침내 허용하는 태도에 이르기까지의 경과를 살펴본다.

1. 신도의 일반적 이해[10]

신도(神道, shinto)는 가미(神)에 대한 신앙을 기반으로 하는 일본의 토착 종교이다. 근대 일본 군국주의가 정치권력을 중앙집권화하는 과정에서 민족주의의 이념이 된 일본 국수 사상의 핵심이 되기도 하였다. 현재 일본에서 신도 신자라고 공식적으로 밝힌 사람은 약 4백만 명에 불과하여, 전체 인구의 4% 미만이다. 그러나 신도는

---

9) 참조 같은 책, pp.5-6.
10) 신도에 대한 정리는 특별한 근거 제시가 없는 한, 다음의 저서들을 참조하였다. 오강남, 『세계 종교 둘러보기』, 현암사, 2003, pp.173-183: "신도"; 김진소, 『천주교 전주교구사』 1, 빅벨, 1998, pp.874-886: "일본 신도와 신사 문제."

일본인의 정체성과 정신을 형성하는 역할을 하고 있다. 그런 의미에서 신도는 일본 정신의 뿌리가 되는 종교이다.

신도에서는 8백만이나 된다고 여기는 모든 가미들과 조화롭게 사는 것을 삶의 목표로 삼는다. 그런 의미에서 신도는 애니미즘(animism)에 기원을 둔 일종의 토착 종교라고 할 수 있다. 그러나 모든 가미들이 다 똑같이 중요한 것은 아니라고 한다. 그중에서도 태양의 여신인 '아마테라스 오미가미'(天照大御神)를 가장 중요시한다. 일본의 천황은 바로 이 태양신의 직계 후손이라고 주장된다. 그러므로 일본 천황은 신도에서 보았을 때에 살아 있는 신인 셈이다. 이렇게 신이 직접 다스리는 일본은 세상 다른 어느 나라보다 훌륭하다고 믿게 만듦으로써 근대 일본 국수주의의 정신적 기반을 구축한 것이었다.

신도라는 명칭은 6세기에 와서 명시적으로 나타나기 시작한다. 그 무렵 한국으로부터 전해진 불교, 유교, 도교 등과 차별하여 자기들의 토속 종교를 구별하기 위한 명칭이었다. 그런 신도의 종류는 대별하여 볼 때 셋으로 나눌 수 있다. 신사(神社) 신도, 교파(敎派) 신도, 민속 신도이다. 신사 신도(State Shinto)는 근대 일본 정부가 국민을 결속시키는 정치 이념(ideology) 내지는 정신적 기반으로 신도를 채택하면서 이루어졌다. 신도를 국가 의례 내지 국민 도덕으로 받들게 하여 다른 모든 종교들보다 우위에 있다는 초(超)종교적 지위를 부여하였다.

일본 제국주의자들은 식민지 한국에도 전국 각지에 신사를 지어 놓고, 한국인 모두에게도 신사참배를 강요하기에 이른다. 이러한 전말이 이 글에서 앞으로 살펴보려는 것과 같이, 일제 시대 토착 종교와 가톨릭의 만남과 그 성격의 추이를 규정하는 데까지 중요한 영향을 끼치게 되는 것이다. 제2차 세계대전에서 일본이 패망함으로써 연합군의 요구로 작성된 「신도 지령」에 따라 천황이 살아 있는 신이라는 주장이 공식적으로 철회되기에 이른다. 비로소 신도와 국가의 유착 관계가 끝나고, 국가 종교로서의 신사 신도도 종말을 고하게 되었다.[11]

---

11) 그러나 최근 현직 일본 총리가 2차 대전 전범들의 위패를 봉안한 야스쿠니(靖國)신사를 여러 차례에 걸쳐서 참배하는 등의 예에서 보는 바와 같이, 일본인들은 여전히 군국주의 시대 국가 종교로서의 신도에 대한 향수를 가지고 있는 것으로 주변 국가들에게 비치고 있어 물의를 빚곤 한다.

교파 신도(Sectarian Shinto)란 전통적인 신도 신앙을 기반으로 19세기말부터 생겨난 신종교 종파들로서, 메이지 정부의 공인을 받은 13개 교단을 말한다. 서민 계층에서 민간신앙 형태로 내려오던 것이 특정한 교조를 중심으로 조직된 것이다. 교파 신도 중에서 대표적인 종파로는 나카야마 미키(1798~1887년)가 세운 치병을 강조하는 천리교(天理敎)가 유명하다. 현재 우리나라에도 경상도 지방을 중심으로 상당한 교세를 이루고 있다.

민속 신도(Domestic Shinto)는 교단이나 교리가 체계화되지 않은 채로 민간에서 신봉되는 민간신앙 형태의 신도를 말한다. 민속 신도에서 가장 눈에 띠는 내용은 각 가정마다 가미다나(神棚)를 설치하는 습속이다. 이것은 조상의 신위나 신상 등 종교적으로 의미가 있다고 생각되는 상징물을 모시는 가정용 제단이다.

제2차 세계대전에 패함으로써 타의에 의하여 국가 종교로서의 신사 신도가 사라진 이후, 일본은 일종의 종교적 공백 상태에 들어가게 되었다. 이 틈을 타고 신종교들이 많이 나타났다.12) 오늘날 고도로 산업화된 사회에 살고 있는 일본인들은 평소에는 종교와 아무런 관련이 없는 것처럼 살다가도, 어려움을 당하거나 중요한 일을 결정해야 할 때에는 여전히 가미를 찾는다고 한다. 거의 모든 자동차에 무사고 안전 운행을 빌며 붙여 놓은 부적이라든가, 신사에 서 있는 나무에 주렁주렁 걸어 놓은 부적 종이는 현대 일본인들도 신도적 심성을 가지고 있음을 드러내 보여주는 대표적인 사례이다.

2. 신사참배 허용 경과

이하에서는 일제 시대 한국 천주교회에서 문제가 되었던 신사참배 허용의 경과에 대하여 다루겠다.13)

---

12) 1995년 도쿄의 지하철역에 독가스 '사린'을 뿌려 무고한 인명을 상하게 했던 소동을 빚었던 '옴 진리교'도 이러한 일본 신종교의 일종이다. 옴 진리교의 교주 아사하라 쇼코(麻原彰晃)는 2004년 2월 27일 도쿄 지방법원에서 사형을 선고받았다. 「뉴스 메이커」, 564호, 경향신문사, 2004년 3월 11일, p.96.

13) 참조: 윤선자, 『일제의 종교정책과 천주교회』, 경인문화사, 2001: pp.335-337; 방상근, "일제하 한국 천주교회의 신사참배에 대한 연구", 『민족사와 교회사』, 한국교회사연구소, 2000, pp.567-597;

우리나라에 일본의 신도가 본격적으로 들어오기 시작한 것은 1876년 개항 이후라고 볼 수 있다. 한국에 와서 살고 있던 일본인들이 개항지에 민간 신사를 설립하고 제사를 지냈다. 그러다가 일제의 한반도 강점 이후 조선총독부가 설치되면서 정치적 이념을 주입시키기 위하여 신사 제도를 확립하려는 시도를 하게 된다. 정신적인 식민지화 정책의 일환으로 한국인에게 신사신앙을 강요하기에 이르는 것이다.

이렇게 일제는 천황제 이념을 주입시키는 정신적 기반으로 신사참배를 활용하기 위하여 조선총독부령이나 내각 고시 등을 발표함으로써 신사에 공적인 성격을 부여하였다. 그러나 1920년대까지 신사참배는 의무적으로 강요되지는 않았다. 신사참배가 강요된 것은 1920년대 말 파시즘의 등장과 세계 대공황 등으로 정치·경제적 상황이 급변하면서 대두된 군국주의의 소위 '황국신민' 길들이기의 결과였다.

신사참배 문제에 대하여 한국 천주교회가 공식적인 태도를 드러낸 것은 1922년 9월 21일 발표된 『서울교구 지도서』에서였다.14) 여기서 정리된 입장은, 천황의 사진에 절하는 것은 허용되나 신사참배는 허용되지 않는다는 것이었다. 이어서 1925년에 발간된 『천주교 요리』(일명: 대문답)15)에서도 신사참배 불가를 명시하였다. 1932년에 발간된 『한국 교회 공동 지도서』에서도 신사참배는 허용되지 않고 있었다.16)

그러나 이후에 신사참배에 대한 천주교회의 입장이 바뀌게 된다. 천주교회가 신사참배 쪽으로 가닥을 잡기 시작한 것은 일본에서부터였다. 군국주의를 강화해 가는 일제의 신사참배 강요에 천주교회가 계속하여 반대한다면, 천주교인은 훌륭한 애국자가 되지 못하고 '비국민'으로 낙인이 찍혀, 결국 선교에 심각한 지장을 줄 것으로 일본에서 활동하던 선교사들이 우려했기 때문이었다.17)

김진소, 앞의 책(1998), pp.877-901; 정동훈, "일제 강점기하의 한국 천주교회와 신사참배에 관한 고찰", 『교회사 연구』 11, 한국교회사연구소, 1996, pp.59-108.
14) 『서울교구 지도서』, 제22항.
15) 최루수 신부, 『天主敎要理』(大問答), 제2권, 서울: 천주교 경성교구, 1925, p.45.
16) 『한국 교회 공동지도서』, 제466항.
17) 일본에서 신사참배 허용이 이루어져 가는 자세한 경과는 다음의 글을 참조: 김진소, 앞의 책, pp. 897-898; 당시 포교성성 장관 Fumasoni Biondi와 주일 교황사절 Paolo Marella의 일본 이해 및 양자의 각별한 인간적 관계가 일본 천주교회의 신사참배 허용에 결정적 역할을 하였다는 주장에 대하여서는 다음의 글을 참조하라. 윤선자, 앞의 책, pp.271-273.

애초 일본 교회와는 달리 신사참배 불가를 재삼 확인하였던 한국의 천주교회 당국자들도 태도를 바꾸게 된다. 계속 신사참배를 거부할 경우 일본 정부와의 관계가 어려워져서 교회의 존립이 위협받게 될 수도 있다는 상황 판단을 한 것이었다. 주일 교황사절 마렐라(Paolo Marella) 대주교는 1935년 5월 8일 교황청 포교성성(현 인류복음화성)에 보낸 의견서에서 신도 예식에 관한 자신의 긍정적인 의견을 피력하면서, 새로운 해석을 내려줄 것을 요청하였다.[18] 신도 의식에 관한 교회의 공식적 입장을 담고 있는 1936년 5월 26일자 교황청 포교성성의 훈령[19]은 마렐라 대주교의 의견을 그대로 따르고 있다.

신사참배에 가장 강력하게 반발하였던 것은 미국 메리놀외방전교회이었다. 그런 연유로 메리놀회가 관할하던 평양교구의 교구장 모리스(睦怡世, John Edward Morris, 1889~1987년) 몬시뇰은 1935년 6월에 주일 교황사절에게 호출된다. 거기서 모리스 몬시뇰은 종래의 입장을 철회하게 된다. 1935년 9월 4~6일에는 교황사절의 임석 하에 한국 천주교 교구장 연례 회의가 평양교구 지역인 서포(西浦)에서 열렸다. 이 때에 전 한국 천주교회 차원의 신사참배 허용 결정이 내려졌다.

1933년 뮈텔 주교의 사망 이후 당시 한국 천주교회 교구장 중 가장 선임자였던 대구교구 드망즈(安世華, Florian Demange, 1875~1938년) 주교는 1935년 9월 27일 신도(神道)에 관한 회람을 발송하여 신사참배 허용을 천주교 신부들에게 알렸다. 1936년 4월 한국 천주교회는 공식 기관지인 「경향잡지」를 통하여 천주교 신자들에게 신사참배를 공식적으로 허용하였다.[20]

한국 천주교회 교구장들은 그 후속 조치로 1936년 6월 대구에서 모임을 갖고 1932년에 공포한 『한국 교회 공동 지도서』의 신사참배 불허 내용(제46항)을 개정하게 된다. 그리고 『천주교 요리』(대문답)에서 신사참배를 '이단사망'(異端邪妄)이라 하여 금하였던 내용도 고치기에 이른다. 주일 교황사절 마렐라 대주교는 1937년 2월 「경향잡지」를 통하여 교황청 포교성성의 신사참배 허용 훈령을 한국 신자들에게 다

---

18) 참조: 정동훈, 앞의 글, p.101.
19) "Pluries Instanterque", *Acta Apostolicae Sedis*, Vol. 28, 1936, pp.406-408.
20) 「경향잡지」, 제30권 제827호, 1936년 4월 12일, p.218.

시 한 번 주지시켰다.21)

이러한 교회의 적응주의적인 태도는 17세기 이래 중국 선교의 걸림돌이었던 조상 제사 문제에까지 미치게 된다.22) 교황 비오 12세(Pius XII, 재위: 1939~1958년)는 1939년 12월 8일 중국, 한국, 일본에서 실행되고 있던 공자와 조상에 대한 공경, 국가 축제와 의식들을 인정함으로써, 교황 베네딕도 14세(Benedictus XIV, 재위: 1740~1758년)가 1742년 7월 11일 공표23)하였던 제사 의식 금지령을 폐지하였다.24)

III. 가톨릭의 토착 종교에 대한 태도

일제 시대 토착 종교에 대하여 그리스도교의 입장에서 체계적인 접근을 한 이들은 주로 서양 선교사들이었다. 이들은 한국의 토착 종교를 학문적 대상으로 체계적인 기술을 하였다. 그 내용 또한 상당히 자세하다. 무당의 엑스타시 현상에도 주목하여 한국의 무당이 시베리아의 샤머니즘과 동일한 유형임을 시사하는 등 비교적 종교학적인 방법론에 가까운 연구였다고 할 수 있다.25)

---

21) "신사참배 문제, 기타에 관한 로마 교황청의 통첩", 「경향잡지」, 제31권 제848호, 1937년 2월 25일, pp.97-101.
22) 동아시아 지역에서 교황청 선교정책이 변화하는 과정에 대하여는 다음의 글을 참조하라. 강인철, "식민지 정권과 교회: 토착화의 종교 정치학", 『한국천주교회사의 성찰과 전망. 한국 천주교회사에 관한 대희년 심포지엄 자료집』, 사목연구총서 9, 한국천주교중앙협의회, 2000, pp.202-278(특히 pp.233-250).
23) "Ex quo Singulari", *Collectanea Constitutionum, Indultorum ac Institutionum Sanctae Sedis*, Hong Kong: Typis Societatis Missionum ad Exteros, 1898, pp.776-791. 윤선자, "1939년의 조상 제사 허용 훈령", 『종교문화 연구』1, 한신대학교종교문화연구소, 1999, p.113에서 재인용.
24) "Plane Compertum es", *Acta Apostolicae Sedis*, Vol. 32, 1940, pp.24-25. 윤선자, "1939년의 조상 제사 허용 훈령", 『종교문화 연구』1, 한신대학교종교문화연구소, 1999, p.120에서 수정 인용. 참조: "로마 전교성성의 교서—중국 예식과 그에 대한 서약에 관하여", 「경향잡지」제34권, 제917호, 1940년 2월 12일, pp.50-51; P. D. T. Vo, "Chinese Rites Controversy", *New Catholic Encyclopedia*, Vol. 3, Washington D. C.: The Catholic University of America, Second Edition: 2003, pp.513b-517a.
25) 참조: 김종서, "한말, 일제하 한국 종교 연구의 전개", 『한국 사상사 대계』6(한국정신문화연구원, 1993), pp.258-260; 이필영, 「초기 기독교 선교사의 민간신앙 연구」, 한남대학교동아문화연구소 편, 『서양인의 한국문화 이해와 그 영향』, 대전: 한남대학교출판부, 1989. pp.182-184; 최길성, 「한국

선교사들의 한국 토착 종교 관련 저작들26)을 보면, 가톨릭과 개신교를 막론하고, 서구문화를 그리스도교 복음 자체와 혼동하고 있었음이 드러난다. 이러한 저작들은 서구문화로 채색된 그리스도교의 이식(移植 plantatio ecclesiae)이라는 일방적인 선교 목적에 따라 한국의 고유 신앙을 바라보았기 때문에 오해와 편견의 소지를 마련하고 있는 것이다. 일례로, 미국 선교사 헐버트(Homer-Bezaleel Hulbert, 1863~1949년)가 보기에 한국인은 종교와 미신의 구별을 제대로 하지 않으며, 종교 혼합적인 성향을 가진다고 설명하고 있다.

"논리적으로 보면 한국인들이 신봉하는 여러 가지 상이한 의식들은 서로 상충되지만, 그들의 내부적인 면에서는 아무런 적의를 느끼지 않고 오히려 수세기에 걸쳐 서로가 익숙하여지는 동안에 하나의 종교적인 혼성물을 이루었으며 … 일반적으로 말해서 한국인들은 사회적으로는 유교도이고 철학적으로는 불교도이며 고난을 당할 때에는 정령숭배자이다."27)

언더우드(Horace-Grant Underwood, 1859~1916년)는 한국에 그리스도교를 뿌리내리려면 한국의 전통 종교에 대한 이해가 필요하다고 생각했다. 그러나 토착 종교에 대하여는 당시의 선교 이해에 따른 일정한 한계와 그리스도교 우월주의를 벗어나지 못하고 있다.28) 그가 1908년에 간행한 『한국 개신교 수용사』29)에서 한국인의 종교 생

무속 연구의 과거와 현재」, 『문화인류학』 3(한국문화인류학회, 1970), pp.127-129.
26) 참조: 박일영, 『한국 무교와 그리스도교』, 아시아 신학총서 10, 왜관: 분도출판사, 2003, pp.30-36. 이 시기 가톨릭 측의 자료 중에서는 토착 종교와 관련한 본격적인 저술을 아직 발견하지 못하였다. 당시로서는 독일 출신 베네딕도회 선교사들이 한국문화에 대하여 비교적 객관적인 입장에서 들여다보았다고 할 수 있다. 그와 관련하여 1909년부터 한국에 선교사를 파견한 독일 St. Ottilien의 베네딕도수도회의 문건들 중에서 토착 종교 관련 부분들에 대하여 좀 더 면밀한 해제 및 분석을 할 필요성이 있다고 보인다. 뒤의 각주 50-53을 참조하라.
27) H. B. Hulbert, *The Passing of Korea,* London, 1906, 신복룡 역, 『대한제국 멸망사』, 평민사, 1984, p.388.
28) 참조: 이광린, 『초대 언더우드 선교사의 생애. 우리나라 근대화와 선교 활동』, 연세총서 1, 연세대학교출판부, 1992.
29) H. G. Underwood, *The Call of Korea,* New York: Fleming H. Revell, 1908, 이광린 역, 『한국 개신교 수용사』, 일조각, 1989. 이 책은 언더우드가 미국의 주요 도시들에서 행한 모금 운동을 위

활을 독립된 장으로 다루고 있다. 여기서 그는 유교를 종교라기보다는 윤리 체계이고, 불교는 오랫동안 금기시되어 낮은 계층에서만 받아들여지게, 샤머니즘이 종교적으로는 한국에서 제일 강력하여 그리스도교가 한국에서 선교에 성공하려면, 우선 샤머니즘을 극복해야 한다고 본다.30) 언더우드는 1910년에 『동아시아의 종교』31)라는 제목의 단행본으로 간행하였다. 이 책의 제3강(Lecture III)이 「한국의 샤머니즘」(The Shamanism of Korea)으로 여기에서 처음으로 한국의 민중 종교가 샤머니즘으로 불리게 된다.32)

초창기 서양 선교사들의 한국 무교 연구는 클라크(Charles-Allen Clark, 1878~1961년)에 이르러 그 절정에 달했다고 할 수 있다. 그는 『구한국의 종교』33)라는 책을 1929년에 출판하였다. 전체적으로 그리스도교를 가치 판단의 절대 기준으로 삼아 한국의 불교, 유교, 천도교, 무교(shamanism) 등에 대하여 논하고 있다. 두교는 이 책의 제4장에서 서술하고 있다.

이제까지 보아 온 대로, 일제 시대에 한국에서 활동한 서양 선교사들이 한국 토착 종교를 보는 눈은 그리스도교 절대주의의 관점이다. 그에 따라서 피(被)선교 지역의 전통 종교들에 대한 이해나 대면 자세가 '양적인 교세 확장'이라는 조급하고 편협한 당시의 선교 이해에 근거한다. 그 결과 오늘의 기준으로 볼 때, 한국 토착 종교의 특성도 객관적 입장에서 철저하게 규명해 내지 못한 것이 사실이다.34)

한 순회강연 내용을 정리한 것이었다. 요지는 한국에서 그리스도교가 짧은 기간 내에 크게 팽창하고 있는데, 미국 교회에서 이에 호응하여 도와 달라는 내용이었다.
30) 같은 책, p.68, 74.
31) H. G. Underwood, *The Religions of Eastern Asia,* New York: McMillan, 1910.
32) 엄밀하게 말하자면 무교(shamanism)는 민중종교의 한 분야이다. 그런데 언더우드에 이르러 한국의 무교를 포함한 민간 종교 현상 일반을 샤머니즘으로 뭉뚱그려 표현하는 경향이 굳어져서, 이후 한국의 민간신앙에 대한 연구가 바로 무교 연구와 동일시되는 잘못된 전통을 이루어 오늘에까지 이어진다. 같은 책, pp.67-81 참조.
33) Ch. A. Clark, *Religions of Old Korea,* New York: Fleming H. Revell, 1929.
34) 물론 이즈음에 이르러서 선교사들의 자세도 많이 달라지고 있다. 선교에 대한 이해가 과거와는 달리 "인간을 향한 하느님의 친밀성"(티토 3,4)을 본받아 실천한다는 의미에서 인간의 질적인 성숙에 초점을 맞춘다든가, 다종교 상황에 적응하여 여러 종교로부터 배워서 나의 종교성을 심화시킨다는 '종교신학'의 대두로 그리스도교 안에서도 "이웃 종교"(neighbour religions)를 보는 눈이 달라져 가고 있는 것이다. 가톨릭의 경우, 선교에 대한 이해는 특히 제2차 바티칸 공의회를 계기로 달라지고

일제 시대 당시 가톨릭에서 간행한 『경향잡지』,35) 『서울교구 연보』 그리고 『회장직분』에는 상당한 분량의 토착 종교 관련 내용들이 등장한다. 이러한 저술들 역시 외국인－그중에서도 프랑스 출신의 파리외방전교회－선교사들에 의하여 집필되거나 주도된 만큼, 한결같이 어서 빠뼈 미신을 타파하고 우상숭배를 청산하여, 단 하나의 진정한 종교인 "천주공교"(가톨릭교회)의 품으로 들어오라는 내용이 주종을 이룬다. 종류를 크게 셋으로 나누어 샤머니즘, 민간신앙, 전통 종교의 순으로 살펴보도록 하자.

일제 시대 중에도 주로 전반기에 해당하는 1910년대 초에서 1920년대 말까지 집중적으로 이러한 종류의 토착 종교 비판 기사들이 등장하고 있음도 흥미롭다. 이 글의 앞에서 살펴보았듯이, 1930년대에 이르면 가톨릭교회 내에서 신사참배가 긍정적으로 검토되기 시작한다. 그러한 맥락에서 한국의 토착 종교들에 대한 가톨릭교회의 강경한 태도 역시 일제 시대 후반기에 이르면서 조금씩 누그러지는 경향을 보인다고 여겨진다.

이하에서는 일제 시대 토착 종교를 대하는 가톨릭교회의 태도 변화를 일목요연하게 알아보기 위하여 샤머니즘, 민간신앙 그리고 전통 종교로 나누어 당시 교회의 주요 출판물에 언급된 내용들을 도표로 알아보기로 한다.36)

있다. 선교 대상 국가의 문화에 대한 존중과 토착화의 강조로 그리스도교의 선교는 새로운 국면을 맞이하게 되었다. 한국에서 활동하는 선교사들이 한국의 고유 종교문화에 적극적이고 긍정적인 관심을 갖고 전문적으로 연구하는 이들도 나타나고 있다. 예를 들면 Sean Dwan S.S.C.(한국명: 원하림), "영계에 관한 샤머니즘과 그리스도교 사상", 『사목』 55(한국천주교중앙협의회, 1978년 1월), pp.13-25; Hector Diaz(한국명: 원도식), A Korean Theology. The Essential Teaching of the Lord. Dissertation, University of Fribourg/Swiss, 1986(원 핵톨, 『한국신학. 정약종의 주교 요지를 중심으로』, 원홍문화사, 1998); Daniel A. Kister(한국명: 기수현), 『무속극과 부조리극. 원형극에 대한 비교 연구』, 서강학술총서 14, 서강대학교출판부, 1986; 같은 저자, 『삶의 드라마. 굿의 종교적 상상력 연구』, 서강대학교출판부, 1997.

35) 여기서 『경향신문』(1906)과 『경향잡지』(1911)의 창간 당시 편집 실무자로 깊숙이 관여한 김원영(1869~1936년) 신부는 우리의 흥미를 끄는 인물이다. 1899년 사제로 서품되자마자 제주도에 부임하였던 그는 1900년에 『수신영약』을 집필하여, 제주도 현지의 토착 종교에 대하여 강한 어조로 비판을 가하였던 전력이 있다. 참조 박일영, 「구한말 토착 종교와 가톨릭의 만남－수신영약(1900)을 중심으로」, 『한국 근·현대 100년 속의 가톨릭교회 (상)』, 가톨릭출판사. 2003, pp.151-178(특히 pp.154-156: "저자 소개").

36) 이하의 도표들에서 사용한 약어는 다음과 같다. 경향 = 『경향잡지』; 연보 = 『서울교구 연보』; 직분 = 『회장직분』.

일제 시대 토착 종교와 가톨릭의 만남

1. 샤머니즘 관련

당시 간행된 「경향잡지」, 「서울교구 연보」 그리고 『회장직분』에는 상당한 분량의 '무당, 여자 무당, 신당, 신병, 푸닥거리, 굿, 부적' 등의 기사들이 등장한다. 모두 합하여 20건이다.

일제 시대에 간행된 「경향잡지」에는 무교와 관련한 기사가 8건 나타난다. 주로 미신 타파를 위한 계몽적 내용들이 주를 이룬다. 무당의 굿이나 푸닥거리가 얼마나 허망한 것이며, '동티'를 두려워하거나 '택일'을 하고, 풍수지리에 따라 산소 자리를 고르고, 벼락을 천벌이라고 여기는 태도 등이 비과학적임을 내세운다.

「서울교구 연보 (II)」(1904~1938년)에는 총 7건의 무교 관련 기사가 등장한다. 각지에서 활동하는 선교사들이 경험한 일들을 마치 현장이 손에 잡히듯이 묘사하고 있다. 남쪽으로는 제주도와 목포에서부터 북으로는 간도 용정에 이르기까지 선교사들이 당시 일선 선교 현장에서 접한 토착 종교와 관련된 내용들이 소개된다. 물론 이러한 '미신과 우상숭배'의 현장들이 어떻게 타파되었는지에 초점을 맞추어 보고된다.

1923년에 프랑스 선교사에 의하여 집필, 간행된 『회장직분』에도 5건의 무교 관련 조목이 보인다. 무당이 굿을 하는 장소인 신당(神堂)의 건축에 가톨릭신자가 참여할 수 없음을 명시하는가 하면, 부적(符籍)을 쓰거나 보관하는 일을 금하는 등 엄격한 자세를 유감없이 보여준다.

<표 1> 샤머니즘 관련 기사 내용

종별	일시	기사 내용	비고
연보	1904	목포의 최 베르나르도가 걸린 병을 낫게 하려고 사람들이 무당을 불렀으나 실패하였고, 예수 마리아의 이름을 부르며 성호를 긋자 병이 나았다.	pp.14-15 [굿]
연보	1904	남양군의 한 외교인 여자가 마귀에 접하여 고통을 받았는바, 의사와 무당은 오히려 사태를 악화시켰다. 천주교 신자들이 기도하면서 성수를 뿌리자 완쾌되었다. 신자가 되려고 교리 공부를 하고 있다.	pp.15-16 [신병]
연보	1906	청도의 양반집 여자가 귀신이 붙어, 이상한 말을 하고, 이상한 글자를 썼다. 성당에 데려와 성수를 뿌리자 정상으로 돌아왔다. 가족들 입교 준비 중.	pp.35-36 [공수]
연보	1906	목포에서 천주교 신자 옆에 사는 박 씨의 아들이 원인 모를 병에 걸리자, 무당이 시키는 대로 하여 일시적으로 나았으나, 재차 발병. 천주교 회장에게 기도를 부탁하여 완쾌 후, 가족 모두 성당에 다님.	p.38 [신병]

227

연보	1906	충청도 한산의 여자 예비 교우가 중병에 들자 가족들이 푸닥거리를 하려고 하였으나, 본인은 완강하게 거절. 교우들이 돌보고 위로.	p.72 [푸닥거리]
연보	1912. 9. 30	동티, 벌력은 공연한 미신이다. 무당을 청하여 음식을 차려 비는 것은 소용이 없다. 고목나무를 벨 때 호흡이 곤란한 것은 천벌을 받아서가 아니라, 탄산가스가 고여 있었기 때문이다.	제6권 262호 [동티]
연보	1915	용정에 사는 이 제오르지오는 외교인 여자와 결혼. 신앙생활이 어렵게 되자 가정불화 발생. 용한 여자 무당에게 물어보자, '큰 산'을 공경하는 종교 때문이라고 알려주어, 온 가족이 입교	pp.132-134 [무교의 신관]
직분	1923	마귀, 귀신, 우상, 일월성신, 물건, 신, 사람, 짐승을 무한히 큰 자로 알고 섬기는 것은 이단.	p.81 [무신]
직분	1923	마귀를 공경하며 무당의 힘을 빌어 도움을 구하는 것은 이단.	p.81 [무의(巫儀)]
직분	1923	사람의 힘으로 알지 못하는 것을 점쟁이나 무당에게 물으며, 손금을 보거나 굿을 하며, 택일을 하는 것은 이단.	p.82 [무꾸리]
직분	1923	신당(神堂)을 짓는 곳에서 일을 하면 안 된다.	p.85 [신당]
직분	1923	이단 하는 글자를 쓰거나, 보관하면 안 된다. 빌리거나 설명해주어도 안 된다.	p.87 [부적]
경향	1925. 2. 15	경기도 고양군 행주에 사는 무당이 중병에 걸려 죽게 되자, 이단 하던 물건들을 모두 불사르고, 대세를 받고 별세.	제19권 559호 [무구]
경향	1927. 1. 15	제일 큰 이단은 사신(邪神), 죽은 사람, 짐승, 물건을 천주와 같이 공경하여 제를 드리고 그 앞에 굴복하는 행위이다.	제21권 605호 [굿]
경향	1927. 8. 31	외교 방식으로 대소상을 지내거나, 굿을 하는 등 당장 이단을 하고 있는 장소에 가서는 음식을 먹지 못한다.	제21권 620호 [음복]
경향	1934. 11. 12	어느 신부가 선교 활동을 하며 다니던 중에 겪은 일을 회상하는 회고담. 젊은 여자가 귀신에 접하여, 춤추고, 절하며, 관음보살 관우 장비를 부르면서 알아듣지 못할 소리를 함. 성당의 제대를 향하여 펄펄 뛰며 야단법석. 성수를 뿌려 '대신'을 떼어줌. 그 후 영세하고, 많은 외인들을 교화시킴.	제28권 793호 [신병]
경향	1935. 2. 12	양평 마룡리 본당 구역에 사는 남 씨 문중의 46세 된 외교인 여자 한 사람이 죽은 시어머니의 혼이 들어와 병이 들었다. 신부가 방문하자, 예수 마리아도 필요 없고, 떡 두 시루만 하면 낫는다고 본인이 주장. 가족들이 무당을 방문하고, 떡을 준비하였으나 별무 소용. 성당 구내로 인도하여 기도한 결과 낫게 됨. 온 집안이 영세를 준비 중.	제29권 799호 [신병] [접신]
경향	1935. 2. 26	안성읍에 사는 어떤 여자가 안성군 이죽면 장례식로 출가. 우연히 병에 걸림. 졸도, 음식을 못 먹음. 장님에게 무꾸리, 5일간 독경. 이상한 행동. 나중에는 폭식, 발광. 안성의 박마리아 전교 부인이 십자고상, 분도 성인패, 성수, 성인열품도문 등으로 치유.	제29권 800호 [신병] [무꾸리] [독경]
경향	1935. 8. 28	안성읍에서 10리 정도 되는 곳에 19세 된 출가한 여자. 정신에 이상. 사방을 돌아다님. 전교 부인을 통하여 신부에게로 인도. 십자고상을 기피. 마귀나 사탄의 발음을 고의로 틀리게 발음. 신통력을 발휘하여 먼 곳의 일을 알아맞힘. 병이 차차 나아지면서 경문을 배우고 있는 중.	제29권 812호 [신병] [신통력]
연보	1936	수원의 폴리(Polly) 신부는 한 무당으로 하여금 십 년 동안 굿에 사용해 왔던 모든 도구들과 옷가지들을 버리고 영세를 받도록 주선. 몇몇 무당들의 탈을 쓴 마귀가 온 힘을 다해 저항했지만, 폴리 신부는 조금도 동요하지 않음.	pp.283-284 [무구] [종교 간 갈등]

2. 민간신앙 관련

벼락을 천벌이라 여기고, 고목을 숭배하며, 복날 더위를 피한다고 개고기를 먹는 민간신앙을 비판한다. 이와 더불어서 상례와 관련한 민간신앙, 택일 등과 관련한 비판 기사가 주종을 이룬다. 교회의 성물을 민간신앙의 대상으로 여기는 모습들도 나타

일제 시대 토착 종교와 가톨릭의 간남

난다. 성수를 신통력을 지닌 약으로 여긴다든가, 성패를 마치 부적처럼 공경하며, 성당에서 기우제 미사를 드리기도 한다. 민간신앙과 관련하여 나타나는 기사들은 총 20건으로, 간행물 별로 보면 다음과 같다. 「경향잡지」(11건), 「서울교구 연보 (II)」(8건), 『회장직분』(1건).

<표 2> 민간신앙 관련 기사 내용

종별	일시	기사 내용	비고
연보	1906	가마리 마을에 가장은 외교인이고 다른 식구들은 교우인 집에서 여러 번의 화재 발생. 온 가족이 신자인 사람이 매입하니카 화재가 더 이상 발생하지 않음. 외교인 가장의 집은 다른 곳으로 옮겨가서도 계속 불이 남.	pp.36-37 [귀해(鬼火)]
연보	1907	안창도의 박 비리버는 대세를 받고 유언하는 자리에서 천주교가 꼭 필요하다는 징표로 본인의 사후 이틀 만에 심한 안개가 끼고 비가 내릴 것으로 예언하여 적중.	p.49 [예지력]
연보	1907	4년 전에 영세한 박 가타리나는 산후에 중병이 들자, 성수를 마시고 쾌유. 성모님이 발현하여 약속한 사항이라고 주장. 그 후 열심히 신앙 실천.	p.49 [성수, 약수]
연보	1907	설날, 대구역 부근에 사는 일본인 구역에 큰 화재 발생. 그 지역에서 상점을 하는 천주교 신자 정 바오로는 성수를 뿌려서 가게가 무사.	pp.49-50 [성수가 가진 신통력]
연보	1907	20세에 과부가 된 경상도 출신의 젊은 여인이 불치의 속병으로 안성 근교 길가에 커다란 뱀 한 마리를 가슴에 안은 채 방치됨. 안성 성당으로 안내하여 돌봄. 그 여인은 안성으로 가면 생명을 찾게 될 것이라는 내심의 소리를 들었다고 함.	pp.52-54 [신병] [신비체험]
연보	1910	한국 신자들이 십자가나 성인패(메달) 같은 상징물에 대한 공경이 대단하다. (뮈텔 주교는) 이러한 공경심이 러시아의 영향이라고 추측.	p.83 [한국의 부적]
연보	1914	용정에 사는 천주교 신자 남자의 외교인 아내가 신자 되기를 거부하자, 남편이 기도와 단식을 실시하여 효과를 봄.	pp.124-125 [부마용 단식]
직분	1923	날짜의 길흉을 따져 지키지 못하며, 일부러 그런 날짜를 가릴 것도 피할 것도 없다.	p.87 [택일]
경향	1924. 8. 31	벼락 맞으면 천벌이라는 미신이 있다. 그러나 벼락은 대기 중의 전기가 작용하는 현상임을 과학적으로 설명. 벼락을 맞아 죽거나, 호랑이에게 물려 죽거나, 물이나 불에 죽거나 이런 흉사를 천벌이라고 단언하면 안 된다.	제18권 548호 [벼락] [호환] [흉사]
경향	1927. 10. 15	지관이나 풍수는 허망한 것이다. 풍수설을 시작한 중국 진나라 곽박도 둘행한 사고로 죽었다. 풍수설을 안 지키는 서양 사람들이 더 유복하게 살지 않는가.	제21권 623호 [지관] [풍수]
경향	1927.10.15	외인의 대소상에 갈 수는 있으나, 상청에 가서 곡하는 것, 굿 하는 것, 연택하는 것, 경 읽는 것, 제 지내는 것은 참여할 수 없다. 교우가 죽은 이를 위하여 드리는 기도인 연도도 소상 연도, 대상 연도라 하지 말고, 소기 연도, 대기 연도라 부르라고 제안.	제21권 623호 [상장례] [안택] [독경]
경향	1927. 11. 15	택일은 아무 이치도 없고 허망한 것이다. 두 나라가 같은 날 전쟁을 해도 한 나라는 이기고, 다른 나라는 진다. 같은 날이라도 갑에게는 길일, 을에게는 흉일이 된다는 것도 맞지 않다. 같은 날 태어난 사람들도 서로 길흉이 다르다.	제21권 624호 [택일]
경향	1927. 11. 15	천기를 본다는 것은 측후소의 기압 측정에 따른 과학적 근거에 의할 때에만 미신이 아니다. 하늘을 쳐다보고 비가 오겠다, 바람이 불겠다 하는 것은 근거가 없다.	제21권 624호 [경험적 예측 부정]
경향	1927.11.15	외인 대소상에 이단을 방지하기 위하여 담배로 부조하는 것이 좋으나, 담배도 이단에 사용될 가능성이 있으면 피하라.	제21권 624호 [부조]
경향	1927. 11. 15	천주교 신자가 외인들이 하는 모양으로, 부모의 3년상 동안에 작은 벽장을 꾸며서 그 속에 고상, 공과, 예규 등 성물이나 성서를 두는 것도 불가하다. 이단을 한다는 오해가 있을 수 있기 때문이다.	제21권 624호 [벽각]
경향	1928. 6. 15	일요일, 월요일 등 한7일[일주간]의 명칭은 최초에는 이단의 뜻이었으나, 지금은 이단의 뜻이 없는 예사말이 되었다. 혼례 때 초례(醮禮)도 마찬가지. '제발(祭發)'이라는 표현도	제22권 639호 [이단 용어]

229

종별	일시	기사 내용	비고
경향	1928. 11. 15	'제사를 드리며 간구한다'라는 뜻에서 지금은 다만 경탄사로만 쓰인다. 대변을 볼 때 갓을 벗어두는 것도 부정을 방지한다는 의미였으나, 지금은 일반 풍속일 뿐이다.	[초례] [부정 예방책]
경향	1928. 11. 15	이단을 믿지 않으면서 행하는 것도 안 된다. 해산 전에 태산(胎算)을 짚어 점을 쳐서 아들딸을 예측한다든지, 해산 후 집 앞에 황토를 까는 일, 대문에 왼쪽에 새끼를 띠우는 일은 금지된다. 손금, 사주, 택일 등을 보지 못한다. '운수, 운명, 일수, 신수, 재수, 사주팔자' 같은 이단의 표현도 쓰면 안 된다.	제22권 649호 [태산] [금줄] [손금] [사주]
경향	1930. 7. 31	복날에 개고기를 먹으면 더위를 면한다는 말은 미신이다. 복 때에 개고기를 먹고 싶거든 하필 복날을 찾을 것이 아니라, 아무 날에나 먹도록 하라. 날이 더운 것은 개고기와 상관없이 지구와 태양이 가까워지기 때문이다.	제24권 690호 [복날 개고기]
연보	1932	충청북도 지역에 가뭄이 들자, 각 면에서 기우제를 지내라는 지시가 군에서 내려옴. 한국에서 36년간 선교한 부이용(Bouillon) 신부가 있는 지역에서는 성당에서 지내기로 결정. 공무원들이 참석한 가운데 주일날 미사를 드리면서 비를 기원. 이틀 후 정말로 비가 내림.	p.270 [기우제]
경향	1936. 8. 28	집터나 산소로 인하여 가난이나 질병이 생긴다는 것은 미신이다. 다만 수맥이나 광맥이 살아 있는 사람에게 해로운 기운을 발사하여 질병이 생길 수 있음은 과학으로 설명이 된다.	제30권 836호 [음택 풍수] [양택 풍수]

3. 전통 종교 관련

유교, 불교, 도교 등 전통 종교와 관련하여서는 점쟁이, 제사 문제, 불교 신자의 개종, 신사참배, 향교 건축, 시신 화장 및 로마 전교성성(포교성성. 현: 인류 복음화성)의 훈령 「중국 예식 및 그에 관한 서약」에 대한 전문 보도 등 총 24의 관련 기사가 등장한다. 「경향잡지」(13건), 「서울 연보」(1건), 『회장직분』(10건).

<표 3> 전통 종교 관련 기사 내용

종별	일시	기사 내용	비고
연보	1918	간도의 하교동에서 열심한 불교신자였던 일본인이 가톨릭 교리를 알게 되고는 미신을 다 끊어 버렸다. 열심한 예비자가 되어, 금년 중에 아내와 함께 영세할 예정.	p.150 [불교 신자의 개종]
직분	1923	외교인들을 권유하여 감화시키는 방법 제시. 이전에 우리나라에 전파된 유교, 불교, 도교, 신도(神道) 등에는 만물의 근원에 대하여 진리에 합당하고 믿을 만한 내용이 하나도 없다.	pp.48-49 [외교인에 대한 감화]
직분	1923	조상, 영웅, 공자 등을 공경할 수는 있지만, 그들에게 제사를 드리는 것은 이단이다.	p.82 [제사 금지]
직분	1923	하느님의 이름을 천(天), 하늘, 상제(上帝)라 부르지 못하고, 오직 하느님이라고 불러야 한다.	pp.82-83 [천주 명칭]
직분	1923	중국과 조선 풍속에 죽은 사람이나 공자를 유교법대로 공경하는 것도 이단이다.	p.83 [사자 숭배]
직분	1923	신사참배는 확실히 이단이니, 성교회에서 금지하고 있다.	p.83 [신사참배]
직분	1923	여러 가지 국가 명절들은 이단의 뜻으로 시작되었지만, 종교적인 행사가 아니라 전통적인 명절일 경우에 참석할 수 있다.	p.83 [전통 명절]
직분	1923	죽은 이를 위하여 제사할 때, 교우가 그 제사와 예절을 거들어 줄 수 없다. 이단 하는 장소가 아니면 이단에 쓰던 음식을 먹을 수는 있지만, 이단의 뜻이 아님을 확실하게 해야 한다.	p.84 [제사]

일제 시대 토착 종교와 가톨릭의 만남

직분	1923	향교를 짓는 곳에서는 일을 하지 못한다.	p.85 [향교]
직분	1923	절에 속한 전답을 빌어 농사를 지을 수 있고, 절과 전답을 매매할 수도 있으나, 산지기의 밭을 할 수 없다. 그 산소에 제사를 지내야 하기 때문이다.	p.85 [사전(寺田)] [산지기]
직분	1923	교우들의 시체를 화장할 수 없다. 신자가 아닐 때 그런 청을 하였으면, 영세받을 때 물러야 한다.	p.87 [육신 부활 부정 이단]
경향	1926. 11. 30	이 세상의 진교는 다만 하나이다. 불교의 몇 가지 교리가 천주공교와 같은 점이 있으나, 날개가 있다고 봉황과 박쥐가 같은 새는 아니다. 천주 친히 세우신 천주교만이 참된 종교이다.	제20권 602호 [불교]
경향	1926. 12. 15	이 세상의 진교는 다만 하나이오, 둘도 없음을 계속 논증. 천주성교는 인류의 시작부터 있어 온 종교인 반면, 불교, 파라문[힌두교]와 다른 모든 종교들은 인류가 시작한 지 몇 천 년 후에 시작되었다.	제20권 603호 [불교] [힌두교]
경향	1927. 7. 15	모든 종교가 다 옳다는 말을 벽파. 무종교와 같은 뜻이 된다. 각 종교들은 서로 반대되는 교리들이 많으므로, 모두 다 옳을 수는 없다. "모든 종교가 다 좋다"는 관리들의 말은 "정치적 정신"으로 하는 말일 뿐이다.	제21권 617호 [타 종교 부정]
경향	1927. 8. 15	사람이 죽으면 그것으로 만사가 끝나는 것이 아니다. 불사불멸하는 영혼이 있다. 전통적으로 사람이 죽은 후에 초혼(招魂)을 하거나 제사를 드리는 것도 영혼이 있음을 증명한다. 예기(禮記)에, 혼승백강(魂升魄降)이라 함도 영혼이 있음을 증거한다.	제21권 619호 [영혼 존재]
경향	1927. 8. 31	천주교는 남의 종교를 훼방하며 악한 종교라는 비난을 반박함. 천주공교회는 예수께 전권을 받아 모든 미신과 사교의 유설과 거짓 철학의 오류를 낱낱이 판단하여, 모든 신자로 하여금 속지 못하게 할 의무를 갖고 있다. 누가 능히 천주께 받은 이 위임을 시행치 못하게 시비를 건단 말인가.	제21권 620호 [배타적 절대진리 보유권]
경향	1927. 9. 15	조상에게 제사를 지내는 것은 전통 풍속에 중대한 문제이긴 하나, 헛되고 쓸 데 없는 예절이다. 마치 잠자는 부모에게 음식을 대령하고 먹기를 기다리면, 부모를 희롱하는 결과가 됨과 같은 이치이다. 또 가난한 사람, 군인, 외교관은 조상제사를 못 지내니 불효자라 할 것인가.	제21권 621호 [조상제사]
경향	1927. 9. 15	신주의 허망함. 나무 조각이나 종이 조각일 뿐이 신주는 조상과 아무 상관이 없는 물건이다. 시동(尸童)의 폐해를 개선하기 위한 것이 화상 신주였다.	제21권 621호 [신주] [시동]
경향	1927. 9. 30	목패 신주, 밤나무 신주, 지방(紙榜) 신주 모두 겉으로 이론은 그럴듯하나. 실제로는 허망하고 무리하고 우스운 노릇이다.	제21권 622호 [신주의 종류]
경향	1927. 11. 30	불도·불교는 허망한 종교이다. 석가모니가 왕자 출신이었다가 나라가 망하자, 설산에 들어가 구차하게 생명을 보존하면서 모든 허망한 말을 지은 것이다. 양무제가 불교를 숭상하였으나, 사로잡혀 굶어 죽는 비참한 지경을 당하였다. 살생금지, 육식금지는 조물주의 뜻에 어긋난다. 인도에서 암소를 공경하는 것은 도(道)라기보다, 우스꽝스러운 것이다.	제21권 626호 [불교 비판]
경향	1929. 9. 15	교우가 외인의 제사나 장례를 도와줄 수 있는 범위를 정해줌. 종가나 장형의 신쿠이면, 제사하는 동안 다른 곳에 나가 있어라. 장례 시 운아삽(雲亞翣)이나 명정(銘旌)을 들고 가거나 상여를 메는 것은 허락됨. 만사(輓詞)를 쓰거나, 만장(輓章)을 들지 못한다. 상여소리를 하지 못한다.	제23권 659호 [상장례 참가 기준 제시]
경향	1929. 9. 30	외인의 대소상이나 제사 후의 잔치에는 가능한 참석하지 않는 것이 바람직하다-. 외인의 대소상에 부조할 때에는 이단에 쓰이지 않도록, 상례가 다 지난 후에 하라. 교우 장례나 연도에 외인은 일부러 청할 필요가 없다. 친척이나 벗의 경우, 성교예절에 방해가 되지 않도록 주의하라.	제23권 670호 [상장례 참가 기준 제시]
경향	1936. 10. 12	태극, 사상, 팔괘의 기원과 의미에 대한 설명. 저들은 이것으로써 과거, 현재, 장래의 모든 것을 다 알아보려 하였다라고 설명.	제30권 841호 [중국 사상] [비판 없음]
경향	1940. 2. 12	로마 교황청 전교성성의 「중국 예식과 그에 대한 서약」 전문 보도와 해제. 18세기와 지금의 중국 예식을 행하는 정신과 주위 환경이 달라졌으므로, 금지령과 서약 의무를 없앴다고 해설.	제34권 917호 [중국 예식 허용 훈령]

231

V. 결론

이상에 정리한 도표들에서 확인되듯이, 1930년대 후반 이후에 이르면 토착 종교(무교, 민간신앙) 및 전통 종교에 대하여 단호한 비판이나 적대적 발언 기사가 현저하게 줄어든다. 그러다가 교황청 전교성성(포교성성. 현 인류 복음화성)이 1939년 12월 8일자로 반포한 「중국 예식과 그에 대한 서약」이라는 훈령이 「경향잡지」에 게재[37]된 이후에는 토착 종교를 비판하는 내용이 자취를 감추게 됨을 볼 수 있다.

교회가 보여준 이러한 일련의 모습에 대하여 이제까지 전문가들의 대체적인 의견은 민족 고유의 문화에 대한 적응이나 토착 종교에 대한 관용적 태도에서 내려진 조치가 아니라, 다분히 교회의 안전과 교세 확장을 앞세운 정치적 고려에서 이루어진 조치라는 의견이 지배적이다.[38] 그럴 수 있다고 본다. 일제 시대 말기에 발발한 전쟁으로 인하여 온 나라가 전시 총동원 체제로 전환되면서, 순교 정신을 강조하고 소위 '종교 보국'과 연관시키게 되는 사회 상황과도 무관하지는 않을 것이다.[39] 그러나 과연 그러한 이유 만이었을까 하는 데에는 재고의 여지가 있다.

교회의 공식 간행물에서 토착 종교 비판 기사가 줄어들게 된 원인이 그뿐만은 아닐 것이다. 종교 상호 간 이해의 증진 및 문화의 교류라는 보다 큰 종교 문화사적인 흐름 속에서도 보아야 하지 않을까 하는 것이 필자의 소견이다. 그렇게 될 때에, 이상에 살펴 본 일련의 추세는 가톨릭교회가 이제까지 완고하게 견지하고 있던 이웃 종교에 대한 배타적 태도를 누그러뜨리고, '거부에서 묵인 내지 수용'으로 나아가는 단초를 제공한 긍정적 부분도 있지 않았을까 생각해 보게 된다.

이러한 일련의 포용적 자세는 신사참배 허용이 당시 보여준 왜곡된 모습에도 불구하고 결과적으로 가져온 긍정적 효과라고 평가할 수 있겠다. 동시대 프랑스의 가톨릭 문필가 뽈 끌로델(1868~1955년)이 『비단신』(*Soulier de satin* 1921년)에서 말한

---

37) "로마 전교성성의 교서—중국 예식과 그에 대한 서약에 관하여", 「경향잡지」 제34권, 제917호 (1940년 2월 12일), pp.50-51.
38) 참조: 김진소, 앞의 책(1998), p.901; 윤선자, 앞의 책(2001), p.336; 정동훈, 앞의 글(1996), p.107; 문규현, 앞의 책(1994), pp.188-189.
39) 참조: 문규현, 앞의 책, pp.193-221.

것처럼, "하느님은 굽은 선 위에도 바로 쓰신다"고 하였으니까.40)

이러한 문제와 관련하여 또 한 가지 짚어 볼 점은 독일과 프랑스의 선교 노선의 상이점에 관한 것이다.41) 당시 한국에서 선교 활동을 하였던 가톨릭 계통의 외국 선교회는 프랑스의 파리외방전교회와 독일의 베네딕도회였다. 프랑스 선교사들과 달리, 독일 출신 선교사들은 한국문화에 대하여 상대적으로 호의적인 태도를 가지고 있었던 것으로 보인다.42) 특히 한국에 선교사를 파견한 독일 남부 뮌헨 근교 상 트오틸리엔의 베네딕도수도회 총원장 노르베르트 베버(1870~1956년)는 선교지 민족들의 전통문화를 이해하고 보존하며, 동시에 사회적인 발전을 위하여 노력해야 한다는 선교 사상을 갖고 있었다.43)

예를 들면, 1911년 한국을 방문하였던 베버 총원장이 독일로 귀국한 후 1914년에 독일어로 발간한 한국 여행기44)에는 조상 숭배(Ahnenkult), 귀신 숭배(Geisterkult), 부적 (Amulett), 산신(Berggeist), 염라대왕(Jenseitskönig), 상여(Leichenzug), 동학(Tonghak), 무꾸리(Wahrsagerei), 주술사(Zauber) 등 상당한 분량의 토착 종교, 민간신앙 그리고 전통 종교 관련 내용들이 산발적으로 들어 있다. 책의 내용을 일별해 보았을 때, 여기에는 한국의 전통문화나 토착 종교의 현상을 미신, 이단, 우상숭배 등으로 성급히 가치 판

---

40) Cfr. Paul Claudel, *Der seidene Schuh,* Salzburg, 1959; L. Estang, "Claudel, Paul Louis Charles Marie", New Catholic Encyclopedia, Vol. 3, Washington D.C: The Catholic University of America, Second Edition: 2003, pp.766b-769a.
41) 참조: 김웅태, 『선교의 역사와 개념』, 가톨릭대출판부, 1992, pp.119-136: "선교학의 개념과 역사". 특히 독일 Münster 대학교의 가톨릭 신학교수로 근대 학문으로서의 선교학을 창시한 Joseph Schmidlin에 대한 소개와 프랑스의 선교학이 뒤늦게 출발하게 된 사회적 배경.
42) 이러한 문제점 내지 선교노선에 따른 갈등을 보여주는 기사가 한 가지 있어 눈길을 끈다. 당시 서울교구의 라리보(Larribeau, 元亨根) 보좌주교는 파리외방전교회에 보낸 1930년도 연례 보고서에서, 독일 뮌스터 대학교의 선교학 교수 Joseph Schmidlin이 어느 잡지에 "파리의 선교사들"이 한국인 성직자들을 멸시했다는 비판적 글을 기고하였다고 분개하는 대목이 있다. 참조: 「서울교구 연보 (II)」, pp.248-249.
43) 참조: 이우림, 「베버, 노르베르트」, 『한국 가톨릭 대사전』 5, 한국교회사연구소, 1997, pp.3360b-3362a.
44) Norbert Weber, *Im Lande der Morgenstille*(朝鮮), Oberbayern: Missionsverlag St. Ottilien, Zweite Auflage: 1923(1914). 이 책은 총 467쪽으로 구성되었다. 그러나 여기에는 별도로 중간 중간에 삽입된 24장의 천연색 사진이 쪽수에 포함되어 있지 않다. 이 천연색 사진들을 각각 2쪽씩으로 계산하여 모두 포함시킨다면, 전체 쪽수는 515쪽으로 볼 수 있다. 천연색 사진들 외에도 28장의 전면 크기 흑백사진, 290개의 다양한 크기의 흑백사진과 스케치 그리고 3장의 지도를 포함하고 있다.

단을 하기 보다는 우선 있는 그대로 현상을 기술하고 이해하려는 태도가 기본적으로 깔려 있다. 베버는 한국 여행기를 책으로 냈을 뿐만 아니라, 1925년에는 영화 촬영 기사를 대동하고 한국을 재차 방문하여 여행기와 같은 제목으로 기록 영화를 제작하기도 하였다.45)

그 외에 일제 시대 간도 지방 연길에서 활동한 베네딕도회의 선교사 하프너 신부가 「한국의 신령과 귀신」이란 제목으로 쓴 연재물이 남아 있다. 이 글 역시 상당히 객관적 입장에서 한국인들이 역사적으로 어떤 신들을 신앙하게 되었으며, 그 신체(神體)는 어떻게 생겼는지, 전통 장례 절차는 어떠한지, 무당은 누구인지 등을 객관적으로 묘사한다. 그 외에도 한국의 전통 종교문화에 대하여 다양한 소개를 담고 있다.46)

이와 같이 일제 시대 서로 다른 두 갈래의 교회 정책과 선교 노선을 이어받은 오늘날 한국의 가톨릭교회나 가톨릭 신자들이 전통문화나 토착 종교에 대하여 가지는 태도는 양가 감정적인 이중적 태도라고 할 수 있다. 한국 고유의 토착 종교를 한 편으로는 여전히 미신, 우상숭배로 단호히 매도하지만, 다른 한편으로는 문화의 모태, 핵심으로 묵시적 인정하기도 한다. 애증이 교차하는 것이다.47) 2003년 봄, 한국 가톨릭 신자들의 전통문화·토착 종교에 대한 태도를 묻는 전국의 전문가들을 상대로 한 설문 조사의 결과도 평가가 엇갈리게 나타났다.48)

원래 한국의 종교문화는 포용적인 동양 종교의 특성 상 전통적으로 삼교합일(三敎合一) 내지는 백교회통(百敎會通)의 사상을 지녀오고 있다. 그것이 오늘날 평균 한국인들이 이 종교 저 종교를 옮겨 다니며 다다익선(多多益善)을 추구하는 '종합 비타민 선호'의 모습으로 비추어지기도 한다. 또는 종교 인구조사를 할 때에, 전체 인구수보다도 종교 인구 수가 더 많이 나타나는 통계상의 수치로도 나타난다. 그러한

---

45) 참조: 선지훈, "조용한 아침의 나라에서. 75년 전 독일 수도원 원장 노베르트 베버 신부는 왜 한국문화를 15km에 달하는 필름에 담았나", 「들숨날숨」 1, 분도출판사, 1999, pp.52-59.
46) Ambros Hafner, "Götter und Geister in Korea", Missionsblätter 46(1951), pp.49-51, 70-73.
47) 참조: 박일영, 『한국 무교의 이해』, 종교학총서 9, 분도출판사, 1999, pp.223-224.
48) 참조: 박일영, "한국 가톨릭에 대한 종교적 인식 연구", 「가톨릭 신학과 사상」 46, 가톨릭대학교, 2003/겨울, pp.437-472; 박일영 외, 『한국 천주교와 한국 근·현대의 사회문화적 변동. 전문가 의견 조사 보고서』, 한울출판사, 2004(근간).

현상이 나타나는 이유는 통계가 잘못되어서라기보다 한 사람이 여러 종교를 동시에, 그것도 자연스럽게 신봉하고 있다는 의미인 것이다.49)

그러한 경향이 무르익어서 한국의 가톨릭교회가 특히 제2차 바티칸 공의회(1962~1965년) 이후 이웃 종교에 대한 관용이나, 종교의 자유, 종교 간 대화에 전향적인 자세를 갖게 되었다고 보인다. 본 연구의 제3차년도 연구 주제는 한국 가톨릭교회가 전통문화나 토착 종교에 대하여 점차 유화적이고 우호적 태도를 갖게 되는 해방 이후의 시기를 천착하게 될 것이다. 일제 시기 가톨릭교회가 보여준 토착 종교에 대한 이와 같은 서로 다른 노선과 태도는 오늘의 우리에게 전통문화나 토착 종교를 향하여 점차 열린 마음을 갖도록 더 넓은 세상으로 건너가는 징검다리를 놓아줌으로써, 나름대로 일정한 기여를 하였다고 판단된다.

---

49) 참조: 윤이흠, "종교 인구조사의 방법론 개발과 한국인의 종교 성향", 『한국 종교 연구』 2, 집문당, 재판: 1991, pp.73-102.

한국 가톨릭의 토착화 현상에 대한 민속학적 접근

김영수
(안양대학교 겸임교수·한국 민속학)

I. 서론
II. 이론적 전제
   1. 민속, 민속학, 민속학의 대상―사회구조 변화와 관련하여
   2. 토착화의 개념과 한계―민족의 정체성과 관련하여
III. 가톨릭 토착화 현상과 민속과의 관련 양상
   1. 세시풍속과 한국 가톨릭의 토착화 양상
   2. 일생의례에 반영된 민속
   3. 가톨릭과 민간신앙
   4. 민속문학과 자기화 과정
   5. 민속놀이, 민속예능, 기타
IV. 한국, 한국인, 가톨릭 신자―토착화의 민속학적 의미와 전망

I. 서론

본 연구는 가톨릭이 유입된 이래로 가톨릭과 우리의 문화가 결합하여 나타난 여러 현상들과 우리 민속의 관련성을 고찰하고, 이를 바탕으로 토착화의 전망을 고찰하는 데 그 목적이 있다.

가톨릭이 유입된 조선 후기는 '해체와 변형'이라는 시대적 특징 속에서 우리 사회가 크게 변모하던 시기이다. 17세기 이래 어설픈 이해[1]로부터 시작된 가톨릭은 선교 3세기를 맞이하여 이제 신자 4백만 시대로 크게 발전하였다.

학문적 접근의 서학이 신앙의 차원인 천주교로 변모하고, 기나긴 박해 시기를 거쳐 오늘에 이르기까지의 흐름은 곧 서구 사상이 우리 전통문화와 만나는 실질적인 과정이다. 이 만남의 과정 초기에서 나타나는 갈등이 사회적으로 표출된 계기가 조상 제사와 관련된 진산사건(1791년)[2]이라고 보았을 때 가톨릭과 한국 민속의 관련성은 긍정적이든 부정적이든 간에 매우 심도 있게 이루어졌다고 할 수 있다.

지금까지 가톨릭과 전통문화의 만남에서 신앙의 토착화 양상으로 거론된 것이 우리의 문학적 관습을 이어받은 천주가사, 유장한 연도 가락을 이끌어 낸 예장 풍습 그리고 가톨릭의 종교 행위로서 나타난 준성사적 행위와 신심 행위 등이라고 할 수 있다. 이러한 것들의 특징은 로마 가톨릭과는 그 양상이 달리 나타나 토착화의 성공적인 사례들로 평가된다.

그러나 최근 발표된 조사[3]에서 보듯이 아직 가톨릭의 토착화에 대해서는 갈 길

---

[1] 천주교의 조선 전래 과정에서의 특징은 서양 선교사들에 의해 천주교 신앙 전파의 수단으로 이루어진 것이 아니라는 점이다. 보유역불론(補儒易佛論)의 입장에서 천주교를 설명하는 한역 서학서들은 중국의 윤색을 입고 조선에 소개되었다. 안정복의 『천학고(天學考)』에 보면 이미 서양 서적이 선조 말년에 우리나라에 들어와서 고관이나 학자들 중에 보지 않은 이가 없었다고 하며, 과학과 종교라는 두 가지 영역이 서학으로 묶여 비쳐졌기 때문에 유교적 전통 체제를 개혁하려는 실학파의 생각과 일치하는 부분이 있었다. 특히 과학 기술에 대한 긍정적 이해로 적대적인 태도가 완화되면서 관대함까지 나타나게 된다. 그러나 연암 박지원의 『열하일기(熱河日記)』에서 보듯이 조선의 지식인들의 교리 이해 수준은 성경의 '천당 지옥설'을 불교의 윤회설과 비슷한 것 정도로 인식하는 수준에 머물러 있었다.
고미숙, 『한국의 근대성, 그 기원을 찾아서』, 책세상, 2001, p.151 참조.
주강현, 『21세기 우리문화』, 한겨레신문사, pp.73-80 참조.

[2] 1791년 신해년 전라도 진산의 선비 윤지충(尹持忠)과 권상연(權尙然)이 윤지충의 모친상(母親喪)을 당하여 신주(神主)를 불사르고 가톨릭교식 제례를 지내 격렬한 논쟁을 야기시킨 사건을 말한다. 이들은 결국 사형을 당함으로써 정부 당국의 가톨릭 탄압이 시작되었는데, 이후 천주교 내에서는 교황청의 방침 및 선교사들의 시대적 문화 이해의 한계점으로 인해 한국의 가톨릭 신앙은 보유론적(補儒論的) 천주 이해에서 반유론적(反儒論的)으로 바뀌게 된다.

[3] 생명과 가정에 관한 설문 조사(한국사목연구소, 2004년 3월 23일)에 따르면 낙태의 허용이나 이혼 및 재혼 여부, 자살 고려 경험, 가정생활의 만족감 등에서 일반인들과 별 차이가 없는 것으로 나타났다. 평화신문(2004년 4월 4일), 1면 참조.

이 멀게만 느껴진다. 이는 가톨릭으로 상징되는 서구문화와 한국문화가 서로 이질적으로 약 2백여 년 동안 한반도 내에서 병존하여 왔지만 아직 한국의 기층문화인 민속과 완전하게 일체화되거나 내면화되지 못했다는 것을 의미한다.

가톨릭을 포함한 그리스도교와 한국의 민속과의 관련성은 1960년대 이래 지속적으로 그 연구 성과들이 축적되었다. 특히 개신교에서의 연구 성과가 두드러진다.[4] 이에 비해 가톨릭에서는 민속이나 민간신앙과의 상관성에 대해서 상대적으로 무관심한 편이었다.[5] 그러나 최근 가톨릭 내의 신앙의 토착화 문제로 민족문화에 대한 관심이 증대되고, 이의 연장선상으로 종교 간 대화도 시도되고 있어 그 결과가 주목된다.

가톨릭과 우리문화의 만남이라는 관점에서 지금까지의 연구 성과를 검토해 볼 때 문제점은 두 가지로 요약된다. 첫째는 토착화와 관련하여 가톨릭과 한국문화의 관련성 연구가 공동체관이나 신관, 인간관 등 문화의 상부구조에 치우치고 있다는 점이다.[6] 이는 현장론적 연구가 상대적으로 부족하다는 것으로, 자칫하면 종교 현실

---

4) 기독교와 민속신앙과의 상관성을 처음으로 언급한 김태곤은 '기독교는 (중략) 무당의 재수굿이나 병굿에 의존하는 무속적인 사고가 그대로 체내에 잠재된 채 무당의 굿청에서 현대식 건물의 교회당으로, 또 무당의 공수(神託) 바지에서 양복 입은 목사의 유창한 설교로 외적 환경만이 바뀌었을 뿐 내적 신앙 심리만은 별다른 변화가 없는 것이다'라고 지적하고 있다(김태곤, 『한국 민간신앙 연구』, 집문당, 1983, pp.338-339). 이후 개신교에서의 연구 성과는 이복규에 의해 정리된 바 있다(이복규, "한국 개신교의 특이 현상들과 민간신앙과의 상관성", 『한국 민속학』 34집, 한국민속학회, 2001, pp.163-165; 이복규, "한국 개신교와 민속과의 관계에 대한 연구 성과", 『한국 종교 민속 시론』, 민속원, 2004, pp.231-270 참조).
5) 이는 가톨릭교회 자체가 개신교에 비해 중앙 통제가 강하고 또 전래사에서 나타나는 민간신앙에 대한 교회 지도층의 인식이 매우 부정적이었기 때문이다. 초창기 이래 한국 민속과 관련된 일련의 문화적 접근에서 교리 전달에 치우쳐, 시대적, 현실적 어려움에 대해 천주교가 어떤 구실을 할 수 있는가에 대해 문제 삼지 않았다는 점, 신교 자유 이후 우리 것에 대해 우위에 선 서구 편향의 태도 등도 그 원인으로 거론된다.
6) 주교회의 산하 한국사목연구소 주관으로 이루어진 일련의 업적이 대표적인 것인데, 가톨릭과 우리문화의 상관성에 대한 연구 성과가 부족하다는 것과 함께 지적할 것은 연구 인력의 육성과 확보가 이루어지지 않았다는 점이다. 한국의 가톨릭교회가 1970~1980년대를 거치면서 외형적으로 크게 성장한 것은 사실이지만 그에 따른 풍요로 인해 오히려 제2의 위기를 맞고 있다는 지적(박문수, "한국 천주교 평신도 사도직의 현주소", 『교회와 역사』, 2000년 5월)처럼 외형에 맞는 내적 성장이 균형적이지는 못하기 때문이다. 현재까지 가톨릭과 한국의 민속과의 관계를 총체적으로 다룬 업적은 없고, 부분적인 논의로는 다음을 참고할 수 있다.
김영수, 한국 가톨릭에 수용된 민간신앙적 요소, 『한국 민속학』 35, 한국민속학회, 2002. 6.
김종대, "가톨릭에서의 민속놀이 수용과 미래지향", 「사목」 230(1998년 3월) pp.55-63 참조.

을 담아내기에는 거리가 있다는 비판을 받는다. 두 번째는 가톨릭과 우리문화의 관련성에 대한 연구의 전반적 흐름이 가톨릭적 시각에서 이루어졌다는 지적이다. 이 경우 문제는 개연성에 입각하여 심정적으로 종교 내적으로 경도되어 객관성을 상실한다는 데에 있다.7) 이러한 한계는 우리문화와 가톨릭의 만남을 동등하게 접근하지 못하는 데서 연유되고 있는 바, 본고에서는 가톨릭과 민속의 만남에서 확인되는 문화 현상을 통해 이를 고찰해 보고자 한다.

연구는 문헌적 접근과 현장론적 접근을 병행하여 진행할 것이다. 구체적으로 먼저 가톨릭 내에서 토착화 양상이라고 평가되는 긍정적인 요소와 애써 부정하고는 있지만 한국의 민속과 강하게 결합된 부분을 살펴보고, 이에 대한 정리와 분석을 시도하는 순서로 이루어질 것이다. 이후 민속학적인 해석을 통해 오늘날에 맞게 그 의미를 모색하고자 한다.

한국인의 종교 행위의 현장성 안에서 서로 다른 종교나 민속이 만나 어떻게 서로 조화하는가를 살펴보는 것은 '우리'를 잃어 가는 현대인들에게 일정한 의미를 부여할 수 있을 것이다. 이로써 우리의 역사성 특히 한국 근·현대 100년 속에 나타난 한국인이면서 동시에 가톨릭인으로서 정체성 확인은 물론, 이를 통해 오늘날 가톨릭을 비롯한 한국 종교의 위상과 의미에 대한 재인식도 가능하기 때문이다.

II. 이론적 전제

한국 가톨릭의 토착화 현상에 대한 민속학적 접근은 기본적으로 두 가지 사항에

---

7) 호교론적인 경향이란 교회사 전개와 관련된 우월주의나 개선주의 입장에서 교회의 역할을 미화하려는 경향으로, 사실 인식의 객관성 획득에 실패하여 그들만의 진실이라는 한계점을 낳고 있다. 교회 내의 연구는 표방하는 바와 실제가 다르다는 지적(이찬수, "한국 그리스도 연구, 얼마나 한국적인가?", 『종교 연구』21집, 한국종교학회, 2001)처럼 종교적 체험의 경우, 그것이 진술하는 '사실'을 객관적 사실로서 받아들이기는 쉽지 않다. 천주교 내에서도 호교론적인 시각에 대한 비판은 교회사나 한국 내 문화의 다양성을 전제로 한 연구에서도 거론된 바 있다. 조광, "한국 천주교회사 연구의 현황과 과제", 『한국 가톨릭문화 학회 심포지엄 발표 논문』, 2001, p.50. 최석우, 『한국 교회사의 탐구』, 한국교회사연구소, 2000. 이원순, 한국천주교사연구소사, 『최석우 신부 화갑 기념 논총』, 한국교회사연구소, 1982.

대한 검토를 필요로 한다. 첫째는 민속의 기본으로서 급속히 변화하고 있는 기층 민중과 사회구조의 변모에 따른 민속의 변화이다. 우리나라는 1960~1970년대의 눈부신 경제 성장을 거치고, 1980~1990년대의 정치적 불안정과 함께 IT 산업의 발달 등으로 인해 전통 사회가 급속히 해체되었다. 출산율 하락이나 이혼율의 급증을 논의하지 않더라도 이러한 기층 사회구조의 변화로 말미암아 사회 현상을 다루는 민속학의 대상에 대한 재론이 불가피한 실정이다.

두 번째는 가톨릭을 비롯한 그리스도교와 우리문화의 만남을 바라보는 시각에 대한 논의이다. 변화의 시기를 맞이하여 우리의 기나긴 역사에 비해 상대적으로 짧은 가톨릭의 전래사에서 한국 가톨릭에 대한 민속학적인 접근이 어떠한 시각에서 어떻게 이루어져야 하는가에 대한 검토가 필요하기 때문이다.

따라서 본 장에서는 본격적인 논의에 앞서 이와 관련되는 용어인 '민속', '민속학', '토착화' 등에 대한 개념을 정리하고자 한다.

1. 민속, 민속학, 민속학의 대상—사회구조 변화와 관련하여

국립국어연구원에서 편찬한 『표준국어대사전』에 의하면 '민속'이란 민간 생활과 결부된 신앙, 습관, 풍속, 전설, 기술, 전승 문화 따위를 통틀어 이르는 말로 민간의 생활인 동시에 그 생활의 계속 또는 반복에서 이루어지는 민간 공통의 습속을 지칭한다.8) 즉 민속이란 한 문화권 내에서 다수가 향유하는 전통적이고 보편적인 문화9)를 말하며, 민속학은 이를 대상으로 한다.

민속(民俗)이라는 말이 민(民)과 속(俗)이 결합된 한자어라는 것을 생각할 때, 민속학의 대상을 확정하기 위해서는 필히 민속의 주체인 민(民)과 민의 집합체인 사회구조의 변화를 살피는 것이 온당한 절차일 것이다. 기층 민중의 변화는 곧 사회구조 변화로 연결되므로 민속 연구는 이를 전제로 살펴야 한다는 당위성이 내포되기 때문

---

8) 국립국어연구원 http://www.korean.go.kr/000_new/50_dic_search.htm 참조.
9) 최운식 외, 『한국 민속학 개론』, 민속원, 1999, pp.11-52 참조.

이다. 이러한 사실은 민속학이 역사 과학이나 현재 과학의 속성을 지닌다는 사실과도 부합한다.10)

본고에서는 민속학의 대상인 민속 현상이 당대 사회와 끊임없이 교류한다는 입장에서 민속을 전승되는 모든 것11)이며, 동시에 시간의 흐름과 사회변동 속에서 변화하는 문화 요소로 파악하고자 한다.12) 이는 민속학의 대상을 과거지향적이고 정적(靜的)인 것에서 나아가 변화하는 시대 상황 속에서 미래지향적이고 동적(動的)으로 접근해야 한다는 의도에서 비롯된다. 이렇게 개념을 규정했을 때 사회과학으로서의 민속학의 의미와 전래 이래 지금까지 200여 년 동안 변화하는 사회 속에서의 한국 가톨릭과 민속의 관계에 대한 균형적인 접근이 가능할 수 있다.

2. 토착화의 개념과 한계—민족의 정체성과 관련하여

'가톨릭을 비롯한 그리스도교와 우리문화의 만남'을 논의할 때 흔히 '토착화'라는 말을 많이 사용한다. 그러나 이 용어가 과연 정당한가에 대해서는 몇 가지 생각

---

10) 최근까지 민속학 연구에 대한 반성으로 연구 대상에 대한 새로운 검토가 인류학자들에 의해 제기되었다. 이는 민속학의 발달은 변화하는 시대와 함께 호흡하기보다도 전통문화 진흥이라는 시대적 흐름에 편승하면서 정작 민속 연구에 대한 이해는 부족했다는 점에서 기인한 것이다. 즉 지금까지의 민속학 연구가 현재나 미래지향적이지 못하고 과거지향적으로 일관했으며, 따라서 민속학의 대상을 일정한 형태를 지닌 고정불변한 대상으로 인식, 사회변동과 더불어 사라져 버릴 대상으로 이해하는 태도에 대한 반성으로 이해된다.
이기태, "현대사회와 민속, 도시와 민속의 현장과 연구 방법론", 『한국문화 연구 6』, 경희대학교 민속학연구소, 2002, pp.197-218 참조.
11) Kenneth W. Clarke & Mary W. Clarke, *Introducing Folklore*, New York, Holt, Rinehart and Winston, Inc p.8.
12) 20세기 이래 오늘날 우리 사회는 세계화 정보화로 인해 급격한 변화를 겪고 있다. 경제 개발 중심으로만 치닫던 지난 세기 동안, 가치는 소위 아날로그 시대라고 규정하면서 인간의 육체노동과 집단주의적 경향을 매우 강하게 띠고 있었다. 그러나 오늘날 소위 디지털 시대라고 하는 21세기의 한국 사회는 개인의 능력을 우선시하면서 변화의 속도와 그 정도가 매우 빠르고 크게 다가오고 있다. 이것은 기존의 사회에서 추구하던 성원들의 생활양식과 적응양식이 21세기에는 전혀 다르게 나타나기 때문에 이러한 시대적 상황을 이해하기 위해서는 사고의 새로운 패러다임이 요구된다. 특히 한국 가톨릭과 민속과의 관계를 탐구하기 위해서는 이 둘의 관계를 상호 관계로 파악하여야 하며, 나아가 도시화, 근대화, 산업화로 대표되는 우리 사회의 변화를 전제로 해야 그 역사성을 포괄할 수 있기 때문이다.

해 볼 사항이 있다. 따라서 본 논의에 앞서 '토착화'의 개념과 한계에 대해 검토해 보기로 한다.

먼저 지적할 것은 우리가 일반적으로 사용하는 '토착화'라는 말이 지니는 다의성(多義性)이다. 예를 들어, 토착화 신학이라고 했을 때 서구 신학과 대비되는 지역 신학으로서의 위상을 나타내며, 신심이나 기도 등을 이야기할 때는 '생활화'의 의미를 보이며, 타 문화와 대비적으로 사용될 때는 '한국화'를 뜻하기도 한다. 이는 근본적으로 이 용어가 번역어라는 데 있다. '토착화'로 번역될 수 있는 말이 교회의 공식 문헌에서 사용되는 Inculturation(토착화, 토착 문화화)13) 이외에도 각기 학문적인 배경이나 상황에 따라 여러 가지 용어가 쓰이고 있다.14) 그러나 이러한 용어들은 같은 시대나 지역에서 단순하게 나타난 것이 아니라 정교하게 분화된 신학적, 혹은 인류학적 배경들을 가지고 있어 용어 발생의 학문적, 시대적 배경에 대한 이해 없이 표면적인 의미만을 가지고 사용하기에는 무리가 따른다.15)

'토착화'라는 용어의 한계성은 다의성 이외에 사용되는 맥락(context)에서 볼 때 더욱 자명해진다. 이 말이 사용되는 상황에서 내재되는 의미로 볼 때 과연 가치중립적일 수 있는가에 대한 검증이 요청되는 것이다.

가톨릭과 관련하여 토착화를 정의한다면, 토착화란 교회가 그 지역문화와의 전면적인 동일화를 모색하고, 그럼으로써 그 본질을 실현하여 보다 충만히 또 전면적으로 그리스도의 교회가 되어 가는 과정이라고 할 수 있다.16) 즉 그리스도 신앙의 토착화란 복

---

13) 요한 바오로 2세, 「회칙, 현대의 교리 교육」, 한국천주교중앙협의회, 1980, 53항 참조.
14) 토착화로 번역되고 사용되는 말은 Imposition(대치), Translation(번역), Adaptation(적응, Accommodation), Indigenization(본방화, 토속화), Localization(지역화), Incarnation(육화), Enculturation(문화 순응, 문화화), Acculturation(문화 변용), Interculturation(상호 문화화), Contextualization(상황화, 맥락화) 등이 있다. 이러한 용어들을 하나의 현상을 보는 여러 가지 시각을 나타내는 것으로서 나타난 상황에 따라 한계와 의의가 지적되고 있다.
15) 이러한 용어들을 채택하지 않는 것은 신학적, 인류학적으로 상황과 관점에 따라 사용되었다는 사실을 전제로 할 때 한국 민속학이 이를 수용할 만한 상황인가에 대해서는 의문이 있고, 남의 문화를 중심으로 사물을 바라보는 태도, 즉 타 문화 중심주의(他文化中心主義) 혹은 문화 사대주의적 태도가 내재해 있을 가능성도 충분하기 때문이다.
16) 앙리완, 토착화의 개념, 「신학전망」 6호, 광주 가톨릭대학 출판부, 1969, p.78 참조.

음의 씨가 뿌려진 토양인 그 문화 전통과 현실 속에 뿌리내리고 그 안에서 발견되는 모든 양분과 힘을 흡수함으로써 그 문화에 적응할 뿐만 아니라 새로운 결실을 내어 그 시대의 역사적 상황 속에 복음을 구체화시킬 수 있게 되는 창조적 과정을 말한다.17)

위의 예문에서 보듯이 토착화라는 말의 이면에는 '선교'18)나 '박해'19)라는 용어와 같이 이를 사용하는 집단의 한국문화에 대한 시각이 잘 반영되어 있다. 즉 '토착화'란 민속학계의 일부에서 제기된 바와 같이 한국문화에 대해 유입문화의 상대적 우위성을 전제한 용어라는 지적이다. 따라서 이 말을 사용하는 이상 두 문화의 상호 만남을 고찰하는 데 한계가 주어질 수밖에 없다. 본 논의에서 우리는 보편적 가치와 맞서는 한국 고유문화의 정체성(正體性) 문제를 검토해야 하는데, 보편적 가치 구현을 위해서는 가톨릭과 대등한 입장에서 이에 대한 수용과 논의가 이루어져야 하기 때문이다.

'토착화'라는 용어가 서구 용어의 번역이라는 점 그리고 맥락에서 가치중립적이지 못하다는 한계로 인해 일부에서는 '습합'(習合)이라는 용어를 사용하기도 하고20)

---

17) 한국 천주교 200주년 기념 사목회의 위원회 편, 『200주년 사목회의 의안 (3), 평신도』, 1985, pp.75-76 참조.
18) 이러한 사례는 문화적인 측면에서 '선교'에 대한 개념 규정에서도 볼 수 있다. '선교'라는 것이 선교되는 곳의 문화를 인정하지 않을 때, 시혜자적 입장에 서기 쉽고, 또한 선교하는 자 중심이 될 가능성이 농후하기 때문이다. 피선교지의 주민과 그 문화를 인정하지 않는 선교는 계몽성을 띠거나 수직적이기 마련이어서 선교를 당하는 쪽의 입장에서는 문화적인 침략이 되는 경우가 허다하다. 따라서 전래 초기 성황당을 부수고 그 위에 교회나 성당을 지었던 선교사들에 대해 민속학계의 일각에서는 '20대의 백인 애숭이들'에 의한 문화적인 침략으로 규정한 바 있다(주강현, 『21세기 우리문화』, 한겨레신문사, 1999, pp.107-157) 한편 오늘날 성모 마리아상에 페인트를 칠하거나, 단군상의 목을 자르는 행위도 연장선상에서 파악할 수 있다.
19) 이러한 가치중립에 대한 문제는 이미 제기된 바가 있다. 즉 한국 천주교회에서 천주교에 대한 정부 탄압을 나타내는 말로 박해(迫害), 사옥(邪獄), 교난(敎難)이라는 용어를 사용하고 있다. 이 중 사옥은 성리학적 가치 기준으로 천주교를 사학(邪學)으로 규정한 데서 나온 개념이고, 박해는 무죄한 천주교에 대한 부당한 탄압이라는 천주교적 입장이 반영된 말로 모두 어느 일방의 가치가 강하게 작용되므로 교난으로 쓰자는 주장이 있었고, 그 결과 2003년 실시된 전문가 집단에 대한 조사에서는 대상자의 37.4% 정도가 '교난'을 지지하는 것으로 나타났다.
조광, 『조선 후기 천주교사 연구』, 고려대학교민족문화연구소, 1988. p.6.
김재득 외, 『천주교와 한국 근·현대의 사회 문화적 변동』, 한울아카데미, 2004. p.56.
20) 최래옥은 다수 문화가 만나서 일어나는 현상을 정적(靜的)인 것과 동적(動的)인 것으로 분류하였다. 그리고 서로 다른 문화가 만났을 때 나타나는 현상을 어느 한 문화가 다른 문화를 흡수하는 경우와 공존하는 경우 그리고 제3의 문화를 만들어 내는 경우로 분류하고, 이 중 세 번째 것을

'한국화'(韓國化),21) 개별화, 고유문화화 등의 용어 등이 검토되기도 하였다. 그러나 이러한 용어 역시 언어적 맥락에서 의미가 분명하지 않고, 가톨릭 혹은 그리스도교 전체와 우리문화의 관련성을 포괄하기에는 아직 검증되지 않은 용어라는 점에서 여전히 미흡하다는 느낌을 지울 수 없다.22) 따라서 이에 적합한 새로운 용어가 나와 검증될 때까지 '토착화'라는 말을 그대로 사용하되 본 논의에 앞서 그 한계점을 분명히 하고자 한다.

III. 가톨릭 토착화 현상과 민속과의 관련 양상

본 장에서는 한국 가톨릭의 토착화 현상으로 파악할 수 있는 구체적인 사례들을 찾아보고 민속과의 관련 양상을 검토하기로 한다. 한국 가톨릭의 토착화 현상은 가톨릭의 신심 행위 안에서 나타나는 것이 일반적이지만 드물기는 하나 전래사 속에서 우리 사회의 변화로 나타나기도 한다. 또한 그것을 의식하는 경우도 있지만 대부분은 생활에 밀착되어 있기 때문에 무의식적으로 작용하는 경우가 많으며, 따라서 민속학의 연구 대상으로도 분류가 가능하다. 한편 '만남'이라는 점에 비추어 볼 때 가톨릭이 한국 민속에 끼친 영향과 한국 민속 가톨릭의 신앙 행위와 결합한 예로도 구분할 수 있을 것이다.

가톨릭과 민속의 관련성에 대한 논의는 세시풍속과 일생의례, 민간신앙, 민속문학, 민속놀이, 민속예능 순으로 진행될 것이며, 이에 따라 상호 영향 관계의 파악에 역점을 둘 것이다.

습합이라고 하였다. 이는 일종의 문화 변용으로 파악한 것으로 우리의 민족문화를 바탕으로 기독교를 수용하여 우리문화를 풍부하게 만들었다고 주장하고 있다.
최래옥, "한국 민속과 기독교의 습합 양상",『민속과 종교』, 민속원, 2003. 6., pp.109-139 참조.
21) 탁석산,『한국의 정체성』, 책세상, 2000, 참조.
22) '토착화'라는 말의 한계점은 이미 양형권에 의해 "이 용어가 지니는 주체 의식과 내적 역동성의 결여, 지역 개념에의 편중 등의 위험성에 스스로 빠지지 않도록 유의해야 할 것이다. 문제는 용어가 아니라 그 용어의 실제이기 때문이다"라고 지적된 바 있다. 양형권,「한국 교회 평신도 영성의 토착화 전망」, 수원가톨릭대학교 대학원 석사 학위논문, 1993, pp.31-32 참조.

1. 세시풍속과 한국 가톨릭의 토착화 양상

　세시풍속(歲時風俗)이란 음력 정월부터 섣달까지 같은 시기에 반복되는 주기 전승의례를 일컫는다. 그래서 세시의례라고도 하는데, 그 성격으로 시계성(時季性)과 주기성(週期性) 그리고 순환성(循環性)을 들 수 있다.

　한국 가톨릭의 토착화 현상과 세시풍속과의 관련 양상을 정당하게 살피기 위해서는 먼저 우리 사회의 변화가 전제되어야 한다. 농경문화와 관련된 전통 사회에서 세시풍속은 농사의 개시・파종・제초・수확・저장 등 농경 주기와 관련될 뿐 아니라 일상생활의 주기와도 깊은 관련을 맺는다. 즉 세시풍속이 행해지는 날이면 놀이를 하거나 혹은 휴식을 취하며 각별하게 보냈으며, 이는 생활의 마디로서 긴장을 이완하는 재충전의 시간이 되기 때문이다.[23] 그러나 급격한 산업화를 거친 오늘날 도시 민속에서는 전통적으로 전래되던 세시풍속은 점차 그 기능을 상실하여 오늘날에는 한식, 추석과 구정 등 몇몇 행사를 제외하고는 행해지지 않고 있다.[24]

　공휴일을 중심으로 새롭게 재편되어 세시풍속화하는 날을 살펴보면 전통적 가치관을 바탕으로 한 어버이날(5월 8일), 스승의 날(5월 15일), 종교 세시와 관련된 석가탄신일(음력 4월 8일), 개천절(10월 3일), 성탄절(12월 25일) 어린이에 대한 사회적 배려에서 나타난 어린이날(5월 5일) 등이 있다. 이외 젊은이들을 중심으로 밸런타인데이를 비롯한 이름도 생소한 새로운 기념일[25] 등을 들 수 있다. 이러한 기념일들은 오늘날 도시 민속에서 예전의 세시풍속을 대신하고 있다.

---

23) 최운식 외, 앞의 책, p.56.
24) 기층 사회의 변화와 함께 현재의 문화적 상황에서 세시풍속의 변화에 대한 논의는 다음을 참고할 수 있다. 김명자, 「세시풍속의 변이」, 한국 세시풍속 연구」, 경희대학교 박사 학위논문, 1989, pp.69-89, 임재해, "단오에서 추석으로", 「한국문화 인류학」 21, 한국문화인류학회, 1989, pp.341-365, "세시풍속의 변화와 공휴일 정책의 문제", 「비교 민속학」 10집, 비교민속학회, 1993, pp.21-50.
25) 도시의 젊은이들을 중심으로 나타나는 기념일을 살펴보면 다음과 같다. 1월 14일(다이어리데이, 헬로우데이), 2월 14일(밸런타인데이), 3월 14일(화이트데이), 4월 14일(블랙데이), 5월 14일(옐로우데이, 로즈데이), 6월 14일(키스데이, 머그데이), 7월 14일(실버데이, 머그데이), 8월 14일(그린데이, 껌데이, 달데이), 9월 14일(뮤직데이, 포토데이), 10월 14일(레드데이, 와인데이), 11월 11일(빼빼로데이), 11월 14일(오렌지데이, 무비데이, 쿠키데이), 12월 14일(머니데이, 허그데이, 양말데이). 천진기, "세시풍속과 미래 전설", 「한국문화 연구」 7집, 경희대민속학연구소, 2003, pp.265-280 참조.

여기서 가톨릭과 관련하여 언급될 수 있는 것은 만우절(萬愚節), 밸런타인데이와 크리스마스 정도로, 이는 오늘의 한국문화에 스며든 가톨릭 혹은 그리스도적 요소라고 할 수 있다. 이 중 만우절은 그 기원이 확실하지 않고, 밸런타인데이는 산업화, 도시화에 따르는 사회구조의 변화로 새롭게 등장하여, 일부만이 선호하는 기념일이라는 점에서 아직은 세시풍속으로서 정착되었다고 말하기는 어렵다.26)

불교의 명절인 부처님 오신 날은 우리의 토양과 조화를 이루어 고려 시대 이래 일반의 세시명절이 되었다. 같은 맥락으로 예수의 탄신일인 크리스마스도 세시명절로의 가능성을 생각해 볼 수 있다. 현재 법정 공휴일인 크리스마스에는 가톨릭을 비롯한 그리스도교 전체에서 각 교파에 따른 행사가 벌어지며 이웃 돕기와 자선 활동이 연례적으로 베풀어진다. 또한 많은 사람들이 연말의 흥분과 들뜸으로 흥청거리지만 축제 분위기가 정립되지는 못한 실정이다.

불교와는 달리 한국의 세시풍속에 가톨릭을 비롯한 그리스도교 문화가 정착되지 못한 것은 먼저 우리 민족이 지녀 온 세시풍속의 생성, 변천에 비추어 그 전래의 역사가 짧다는 데에 원인이 있다. 또한 전통적 세시풍속의 기본이 되는 시헌력(時憲曆)27)과 교회력의 차이로 교회와 우리의 명절이 맞지 않아 일반으로 확대되기에는 한계가 있다는 점 그리고 오늘날 농촌 사회가 해체되면서 나타난 도시 민속 자체가 아직은 정립이 되지 않았고, 또 그것을 향유하는 계층이 제한된 일부라는 점 등을

---

26) 만우절의 기원에 대해서는 여러 가지 설이 있으나 예수 그리스도가 4월 초에 안나스(제사장)로부터 가야파(제사장)에게, 가야파로부터 빌라도에게, 빌라도로부터 헤롯 왕에게, 헤롯 왕으로부터 다시 빌라도에게로 끌려 다녔는데, 그와 같은 그리스도 수난의 고사를 기념하여 남을 헛걸음시켰다는 예수의 수난 기념설도 있는 것으로 보아 가톨릭 쪽의 문화가 유입된 것으로 보인다. 그러나 만우절이 가톨릭의 한국 유입과 직접 관련이 있는가에 대해서는 의문점이 많다. 한편 밸런타인데이는 성 발렌티노(St. Valentinus, ?~3세기경) 순교자 축일로 오늘날에는 그 의미가 곡해되어 연인들 사이에 사랑을 고백하는 날로 기념되고 있다. 이 축일을 연인들의 축일로 기념하게 된 것은 14세기, 남성의 여성에 대한 기사도적 사랑의 표현에서 나타난 것으로 영국 등 몇몇 지역에서 지속되다가 산업화된 사회에서 상업적으로 부활하게 된 것으로 파악된다.『한국 가톨릭 대사전』5권, 한국교회사연구소, 2001, p.3182.

27) 우리가 흔히 음력이라고 하는 것은 원래 태양·태음력(luni-solar-calendar)을 말한다. 즉 순전한 음력이 아니라 이를테면 태음력과 태양력의 혼합이다(이은성,『역법의 원리 분석』, 정음사, 1985, p.340). 이는 조선조 효종 4년(1653년)에 채택되었는데, 약 250년을 사용하다가 1895년 을미(乙未) 음력 9월 9일, 관보(官報)에 조칙령(詔勅令)으로 실어 태양력을 쓸 것을 공포함으로써 1896년 1월 1일부터 태양력을 쓰게 되었다.

그 이유로 들 수 있다.

2. 일생의례에 반영된 민속

일생의례(一生儀禮)28)란 한 사람의 일생을 통하여 반드시 거치는 각종 의례를 말한다. 사람의 일생이란 살아 있는 동안, 즉 태어나서 죽기까지를 말하는데, 일생의례는 이를 좀 확대하여 출생 이전의 기자(祈子)의례, 출생의례, 성년식, 혼인례, 회갑, 상장례, 제례를 포괄한다.

한국 민속의 일생의례 중에서 가톨릭과 관련하여 살펴볼 것은 상장례와 제례이다. 출생의례는 『심청전』이나 『숙향전』 등 우리의 고전에서 많이 나타나는 기자 풍속에서 시작된다. 이후 임신과 출산, 산후의례로 이어지면서 다양한 민속을 반영하나, '집을 나와' 종교와 관련 없이 행해지는 백일잔치와 돌잡이를 제외하고는 소멸되거나 아주 드물게 행해진다. 과학의 발달로 민속으로 행해지던 내용의 불확실성이 소멸되었기 때문이다. 한편 가톨릭 신자의 경우, 출생의례로 유아세례가 제시되는데, 아직 민속으로 정착되었다고 보기는 어려운 실정이다.

어린이가 사회 구성원으로 인정받는 성년식(入社式, Inition)의 경우, 전통 사회에서는 관례(冠禮)29)와 계례(笄禮)30)가 행해졌다. 이에 비해 오늘날에는 종교와 관련 없이 양력 5월 셋째 월요일을 '성년의 날'로 정하여 여러 가지 행사를 하고 있으나, 이 역시 민속으로 확대된 것은 아니다.

한편 혼인례(婚姻禮), 환갑(還甲), 회혼례(回婚禮)31)의 경우도 가톨릭과의 관련성

---

28) 이와 비슷한 용어로 서양에서는 '통과의례'(rite of passage)라는 말이 있다. A. 반 게넵, 전경수 역, 『통과의례』, 을유문화사, 1985 참조.
29) 관례는 남성들의 성년식으로 보통 20세 전후, 정월에 날을 정하여 본받을 만한 어른을 빈(賓, 주례자)으로 모시고 시가(始加), 재가(再加), 삼가(三加)의 예를 행함으로써, 어른으로서의 책무를 다할 것을 당부하는 축사와 음주 예절인 초례와 함께 자를 수여받고 참석한 사람들에게 절하는 순서로 행해졌다.
30) 계례(笄禮)는 여성들의 성년식으로 보통 15세 전후에 집안 어른 중에서 예절을 잘 아는 분을 빈으로 모시고, 머리를 올려 쪽을 찌고 비녀를 꽂은 다음, 어른다워지기를 당부하는 축사와 함께 당호를 지어주고 웃어른께 절을 올리는 순서로 진행하였다.

보다는 변화하는 사회 구조와 더불어 도시 민속으로의 변화가 감지될 뿐이다.

1) 상장례(喪葬禮)

상장례32)는 사람이 죽음을 맞아 주검(屍)을 절차에 맞게 처리하고, 근친들이 슬픔으로 근신하는 기간의 의식 절차를 정한 예절이다. 이는 인간의 생사(生死) 문제를 다루는 의식으로써 그 안에는 삶과 죽음, 영혼, 내세 등의 의미가 포함되어 있어 각기 그 문화권에 따라 독특한 문화를 수용하기 마련이다. 따라서 한국 가톨릭의 상장례 문화도 우리의 민속과 강하게 결합된 일면을 보인다.33)

상장례와 관련된 가톨릭과 한국문화의 만남과 대립, 갈등을 통한 습합은 전교 초기부터 시작되었다. 따라서 한국 가톨릭의 토착화 현상으로 논의될 것은 그 절차에서 보이는 전통문화의 수용과 그 과정에서 이름하여 위령기도라고 부르는 노래 등 두 가지로 요약할 수 있다.

초기 이래 지속된 한국 가톨릭의 상장 절차는 1864년 목판본『천주성교예규』의 발행으로 결집되었으며, 다시 이를 기반으로 한『성교예규』가 여러 차례 간행된 바

---

31) 한국에서는 예로부터 60주년을 맞는 회혼례를 제외하고는 결혼기념일을 별로 중시하지 않았다. 그러나 부부 중심의 서양 사회에서는 결혼기념일에 대한 의식이 강하여 매해 잊지 않고 기념한다고 한다. 결혼 1주년을 지혼식(紙婚式)이라 하며, 5주년은 목혼식(木婚式), 15주년은 동혼식(銅婚式) 또는 수정혼식(水晶婚式), 25주년을 은혼식(銀婚式), 30주년은 진주혼식(眞珠婚式), 35주년을 산호혼식(珊瑚婚式), 40주년을 녹옥혼식(綠玉婚式), 45주년은 홍옥혼식(紅玉婚式), 50주년을 금혼식(金婚式), 60주년은 금강혼식(金剛婚式), 영국은 60주년, 미국은 75주년)이라고 하여 특별히 기념하는 풍속이 있다. 한국에 있어서는 일반인들보다는 사제가 수품받은 날을 기념하고 있으며, 특히 25주년이나 50주년의 경우, 은경축, 금경축이라 하여 특별한 잔치를 여는 경우가 많다.
32) '상례'(喪禮)는 죽은 사람을 장사지낼 때 수반되는 모든 의례를 뜻하고, '장례'(葬禮)는 상례의 한 부분으로 시신을 처리하는 데 따르는 의례를 가리키는 말로 쓰이기도 한다. 이때 상례는 시신을 처리하는 일뿐만 아니라 죽은 사람의 영혼을 처리하는 과정, 가족과 친족이 가져야 할 태도 등에 관한 것을 하나의 연속된 절차로 정리한 것이고, 장례는 시신을 처리하는 과정만을 뜻한다. 여기서는 이를 합하여 '상장례'(喪葬禮)라고 한다.
33) 장례나 제사 문제에 있어서는 토착화의 입장에서 한국 가톨릭 내에서 많은 논의들이 있었다. 제2차 바티칸 공의회 이후, 각 문화권에 대한 이해를 바탕으로 선교가 이루어져야 한다는 견해가 지배적이었고, 또 우리나라에서는 윤지충의 조상제사 문제가 천주교의 박해의 시발이 되었기 때문이다.
황 현,「무속과 가톨릭의 장례식 비교 연구」, 수원가톨릭대학교 석사 학위논문, 1995 참조.
김수창, "전례와 전통 상 제례",『전례·영성의 토착화』, 한국사목연구소, 1992, pp.95-107 참조.

있다.34) 그리고 최근 위령기도의 가락을 통일하고 내용을 현대적 감각으로 바꾸어 한국 가톨릭만의 고유한 상장례 기준을 제시한 『상장예식』이 간행되었다.35) 이 책은 이전의 『성교예규』와는 토착화나 민속학적인 측면에서 진일보한 모습을 보인다. 『상장예식』은 임종과 운명, 위령기도, 염습과 입관, 장례, 우제, 면례 등 크게 여섯 부분으로 되어 있는데, 이는 한국인의 상장례36)를 포괄할 뿐만 아니라 장례 후 절차에서 지금까지 공식적으로 허용하지 않았던 우제(虞祭)37)를 가톨릭적으로 수용하였기 때문이다.

가톨릭의 장례 절차에서 가장 중요한 것이 미사이다.38) 여기서 민속과 관련하여 지적될 수 있는 것이 장례 후 절차에서 보이는 연미사의 봉헌 시기이다. 가톨릭에서는 장례미사 후 3일, 7일, 30일 등에 죽은 이를 위한 연미사를 봉헌할 것을 권장하는데, 이외 우리의 민속적 전통에 따라 삼우제나 사십구재, 백일재를 대신하여 죽은 이를 위한 미사가 봉헌되기도 한다.39) 이는 가톨릭 전례에 민속이나 민간신앙적인

---

34) 가톨릭의 장례는 『성교예규』에 따라 치른다. 그러나 가톨릭 신앙에서 벗어나지 않는 범위 내에서 전통의 관습이나 의식을 병행할 수도 있다.
   서울대교구전례위원회편 『성교예규(聖敎禮規)』, 가톨릭출판사, 1990. 참조.
35) 한국천주교주교회의편 『상장예식』, 가톨릭출판사, 2003. 참조.
36) 일반적으로 한국인의 상장례 절차는 크게 초종(初終), 습렴(襲殮), 치장(治葬), 흉제(凶祭) 등 네 단계로 나눈다. 이두현 외, 『한국 민속학 개설』, 일조각, 1995, pp.78-89, 전례연구위원회, 『우리의 생활예절』, 성균관, 1992, pp.168-207, 한국민족문화대백과사전편찬부, 『한국 민족문화 대백과사전』 11, pp.478-480 참조.
37) 우제(虞祭)란 매장을 위주로 한 유교 상장례에서 나타나는 절차로 갓 돌아가신 영혼을 위로하는 제사이다. 여기서 '우'(虞)는 형체(形體)가 땅 밑으로 돌아간 이후에, 안정을 찾지 못하고 불안에 싸여 방황하고 있을 혼령을 편안하게 해드린다는 안신(安神)을 뜻하며, 돌아가신 당일, 이튿날, 삼일째 지내는 것을 각각 초우제, 재우제, 삼우제라고 한다. 그런데 화장(火葬)을 기본으로 하는 불교식 장례에는 이 삼우제가 맞지 않음에도 불구하고 포함되는 것이 보통이다. 이러한 장례 예식의 혼용은 우리의 종교문화 자체가 습합된 형태라는 것으로 설명할 수 있다. 한국 종교사 전체를 통하여 다양한 종교적 성향이나 내용들은 복합적으로 수용되고, 변용하면서 상호 작용을 거듭하여 오늘의 모습으로 이루어져 온 것이기 때문이다.
   박일영, "다종교문화의 전통과 현실 속에서의 복음화", 『한국 그리스도 사상』 8집, 한국그리스도사상연구소, 2001. pp.191-224 참조.
38) 장례와 관련된 미사를 위령미사라고 하는데, 이는 다시 장례미사와 기일미사, 연미사로 대별할 수 있다.
39) 이러한 연미사의 관행에 대해 한국 가톨릭의 토착화의 입장에서 삼우제는 예수님이 삼일 만에 부활하셨음을 기억하며 고인의 삼일 부활을 믿는 마음으로, 그리고 사십구재는 부활 후 40일 동

요소가 수용된 대표적인 예이다.

한국 가톨릭에만 있는 특이한 것으로 연도(煉禱)[40]라는 게 있다. 이는 죽어서 연옥에 가 있는 영혼을 위해서 드리는 기도로 죄의 사함을 간구하는 청원기도와 성인들의 도우심을 청하는 호칭기도로 구성된다.[41] 연도의 고유성은 기도의 내용에 있는 것이 아니라 그 형태나 가락, 가창 방식에 있다. 서구의 가톨릭에도 죽은 사람을 위한 연미사가 있는 것이 사실이고, 그것의 불합리성을 지적하면서 종교개혁이 촉발된 측면도 있으나, 우리와 같은 민속적 가락의 독특한 연도는 없기 때문이다.

연도는 이를 바치는 주체가 둘로 나뉘어 한쪽이 부르고 나머지는 '망자(보통은 죽은 이의 이름을 넣는다)를 위하여 빌으소서'라는 구절을 반복함으로써 교환창 내지는 선후창의 형식을 지닌다. 이러한 선후창은 우리나라의 상여소리[42]에서도 많이 나타나는 형식으로 연도가 민속적 전통 위에서 창작되었음을 알 수 있다.

구성진 가락 속에 죽은 이의 부활을 기리며 드리는 기도 속에 무속적인 사고 또한 찾아볼 수 있다.[43] 특히 망인의 영혼을 낙지(樂地)로 인도하는 천도굿과의 관련

안 제자들과 함께 있다가 승천한 사건을 기리고자 하는 사십승천제로, 혹은 오순절 성령강림제를 생각하여 고인이 승천한 후 50일째 되는 날에 예수님께서 성령을 보내주셨음에 빗대어 50강림제의 형식으로 가톨릭 전례 안에 수용해야 된다는 주장이 있다. 삼우제나 사십구재, 백일재, 1년 기제와 같은 한국의 전통적인 종교 의식은 한국인들에게 친숙하고, 또한 가톨릭 교리 안에서도 재해석될 가능성이 충분하다는 입장을 견지하기 때문이다. 그러나 이에 대한 본격적인 논의가 있는 것은 아니다.

40) 연도란 연옥도문(煉獄禱文)의 약어로 연옥 영혼을 위하여 바치는 기도를 말한다. 오늘날에는 '위령기도'라는 말로 바뀌고 있는 추세지만, 아직도 많은 신자들은 연도라고 부른다. 연도는 우리나라만의 독특한 기도 양식인데, 그것은 우리나라의 정서에 맞추어 곡(哭)을 하듯이 바치는 기도이기 때문이다.

41) 호칭기도는 성자, 성신(령), 그리스도, 성모 마리아를 비롯하여 성 미카엘, 성 가브리엘 등 수십 명에 이르는 성인(聖人)들의 이름을 부르면서, 그분들에게 연옥에 있는 영혼들이 천국으로 갈 수 있도록 천주께 빌어 달라고 간구하는 것이다.

42) 상여소리에 대해서는 다음을 참고할 수 있다. 유종목, 『한국 민간 의식요 연구』, 집문당, 1990, pp.110-118, 상여소리의 형식에 대하여, 『국어국문학 논문집』 5, 동아대학교 국어국문학회, 1983, pp.137-140, 신찬균, 「한국 만가 연구」, 경희대학교 박사 학위논문, 1990, pp.78-92.

43) 박수덕은 한국 무교가 그리스도교에 미친 영향을 긍정적인 면과 부정적인 면으로 나누어 고찰하는 과정에서, 무교의 사령 신앙은 죽은 자의 영혼이 왕생 천주되기를 바라는 마음의 표현이며, 이는 우리 고유의 위령기도인 연도에 잘 드러나 있다고 주장하였다. 이 세상을 떠난 가톨릭 신자가 부활하여 하늘나라에서 복락을 누리기를 기원하는 마음속에 무교의 사령 신앙이 내재되어 있

성을 검토할 만하다. 천도굿에서는 바리공주와 그 아들들(혹은 시왕)의 힘을 빌어 고인의 왕생극락을 비는 「바리공주」 무가가 구송된다. 서사무가 「바리공주」에 나오는 아들들 혹은 시왕이 연도에서 가톨릭의 성인들과 그 기능, 성격 등이 같다고 본다면, 이 점에서 한국적이고 독특한 가락을 지닌 연도의 기원 및 발생에 대한 추정이 가능할 수 있다.44)

2) 제례(祭禮)

제례는 그 자체가 문화일 정도로 한국 사회에 있어서 다양한 민속을 포괄한다. 전통적 제례45)는 개인이나 가족 중심의 조상 제사를 포함하여 유가적인 제신의례(祭神儀禮), 민간신앙의 제사의식(告祀, 마을굿)과 불교의례 등이 있으며, 현장에서는 지역이나 목적, 절차, 내용에 따라 이 모든 의례가 복합적으로 적용되고 있다. 따라서 본고에서는 일생의례의 연장선상으로의 제례, 즉 조상 제사의 문제에 국한하여 논의하기로 한다.

한국 천주교회의 토착화 현상으로서의 제사, 즉 제례 문제는 천주교에 대한 박해를 촉발시킨 계기가 될 정도로 끊임없이 한국 교회 안에서 논의되었으나 명쾌하게 해결된 것은 아니다. 전래 초기, 가톨릭 신자들은 조상 제사에 대해 크게 인식하지 않고 있다가『성교절요』를 통해 이에 대한 금지 규정을 알게 되었다. 문화적 전통과 신앙 사이에서 선택의 상황에 직면한 전래 초기 조선 신자들의 안타까움은 유유

다는 말이다. 그는 연도를 서구의 그리스도교 신앙이 한국에 들어와 위령 전례 안에서 토착화한 대표적인 예로 보고 있다. 박수덕, "한국 무교의 신관 연구",『제삼천년기 한국 신학 진로 모색』, 한국그리스도사상연구소, 2000, pp.380-389 참조.

44) 김태곤,『한국 무가집』1(원광대학교출판부, 1971)을 보면, 바리공주의 열 아들이 저승의 시왕이 되었다고 하면서, 저들의 도움으로 극락왕생하기를 빌고 있으며, 김진영 홍태한,『바리공주 전집』1(민속원, 1997) pp.396-399에 실린 평택 노재봉본『바리공주』에서도, 저승의 시왕의 이름을 일일이 거론하면서 저들의 "염불받아 그 지옥을 면합소사"라는 구절이 반복되는 대목이 있어 연도와 형식적 유사성을 갖는다.

45) 제례란 신명(神明)을 받들어 복을 비는 의례, 제사(祭祀)라고도 한다. 원래 제례는 천지(天地)·일월성신(日月星辰)을 비롯하여 풍사(風師)·우사(雨師)·사직(社稷; 토신과 곡신)·산악·강천(江川)과 선왕(先王)·선조(先祖)·선사(先師)를 대상으로 하는 제사를 포괄하는 개념이었으나, 오늘날에는 조상에 대한 의례를 가리키는 것으로 인식되어 그 의미가 축소되어 가고 있다.

일이 구베아(A. de Gouvea, 湯士選) 주교에게 "조상 제사의 근본 의도는 돌아가신 이 섬기기를 산 사람 섬기듯이 함에 있으니, 만약 천주교를 믿으면서 제사를 지낼 수 없다면 이는 매우 곤란한 일인데 무슨 방도가 없겠습니까?"라는 질문에서 잘 드러난다. 이에 구베아 주교는 "천주교는 반드시 성실을 가장 중요시하는데, 사람이 죽은 후에 음식을 차려 놓은 것은 성실지도에 크게 어긋난다"고 교황청의 엄한 금령을 대답할 뿐 다른 묘책을 줄 수 없었다.46)

동양에서의 박해를 유발한 제사 금지는 교황청의 선교 정책과도 밀접한 관련을 지닌다. 17세기 중국 선교에 임한 예수회의 보유론(補儒論)과 조상 제사의 허용에 대한 선교 방침에 대해 도미니코회와 프란치스코회가 영합주의(syscretism)라고 비난함으로써 18세기 정복적 선교 정책에 따른 동양 제례의 금지가 이루어졌다. 이후 20세기 교황청의 토착화 정책과 동양 제례의 공인이 이루어지기까지 동아시아 가톨릭 신자들의 어려움은 계속되었다.47)

전래사 속에서 조상 제사 등 한국 민속에 대한 교회의 태도는 여전히 이단과 미신으로 치부하는 태도를 견지하였다. 조상 제사와 관련되어 완강한 교회의 태도에 변화가 생긴 것은 1930년대 중반 신사참배를 공식적으로 허용함으로부터 기인한다. 이에 따라 조상 제사에 대해서도 조건부 허용이라는 조치가 내려진다.48)

---

46) Alexander de Gouvea, Extractum Epistolac Excellentissimi, Admodum que Reverendi Episcopi Penkinensis, ad Illustrissimum Admodumque Reverendum Episcopum Caradrensem, 『교회사 연구』 3집, 가톨릭대학교교회사연구회, 1970 p.127, 최기복, "조상 제사 문제와 한국 천주교회", 『민족사와 교회사』, 한국교회사연구소, 2000, p.89에서 재인용.

47) 이에 대해서는 다음의 논저를 참고할 수 있다. 조현범, 『문명과 야만(타자의 시선으로 본 19세기 조선)』, 책세상, 2002, 최기복, 위의 책 pp.65-106, "교황청의 선교 정책과 동양 제례의 영욕", 『가톨릭 사상』 4, 대구가톨릭대학교 가톨릭사상연구소, 1991, pp.139-189, 한윤식, 17~18세기 중국 의례 논쟁을 통해 본 로마 가톨릭교회의 선교의 문제점, 부산가톨릭대학원 석사 학위논문, 2000, 강인철, "식민지 정권과 교회", 『한국 천주교회사의 성찰과 전망』, 한국천주교중앙협의회, 2000, pp.202-278, 김현광, "한국 천주교의 조상 제사 이해에 대한 연구", 『통일신학 연구』 3, 선문대학교 통일신학연구원, 1998. pp.129-152, 박일영, "토착 종교와 가톨릭의 만남 (2)", 『근·현대 한국 가톨릭 연구단 심포지엄 자료집』, 2004, pp.7-27.

48) 한국 천주교의 신사참배는 일본의 결정에 영향을 받았는데, 주일 교황사절 마렐라(Paolo Marella) 대주교는 1935년 5월 8일 교황청 포교성성에 보낸 의견서에서 신도 예식에 관한 자신의 의견을 피력하면서 새로운 해석을 내려줄 것을 요청하였다. 이를 검토한 교황청은 1936년 5월 26일 훈령을 내려 신사참배를 허용하였고, 한국에서는 1935년 9월 4~6일 서포에서 개최되었던 교구장 연례회의에서

문제는 끊임없이 교회가 엄한 가르침으로 조상 제사의 금지를 제시하였음에도 불구하고 여전히 교회 내외의 상황에서는 이에 대한 문제 제기가 있었다는 사실이며, 그럼에도 불구하고 아직까지 조상 제사에 대한 명확하고 구체적인 대안이 제시되지 못하고 있다는 사실이다. 차례의 전례적 수용이나, 혹은 기제와 미사 전례의 조화가 논의되기는 하나,49) 통일된 안으로 나타나지는 못했다. 다만 2003년도 간행된 『상장예식』의 별쇄본 부록에서 구체적 설명 없이 조상 제사(차례)와 제례의 형식을 수록함으로써 미사 전례 이외에 신자 개개인의 조상 제례에 대한 대안을 제시하고 있으나, 얼마나 수용되는가에 대해서는 여전히 의문이다.

3. 가톨릭과 민간신앙

민간신앙이란 민간층에서 전승되는 자연적인 종교를 일컫는다. 여기서 자연적이란 인위적이란 말과 대칭되는 용어로서, 흔히 일컬어지는 제도 종교가 인위적인 종교라면 민간신앙은 자연적 종교가 된다. 불교・천주교・기독교 등과 같은 세계 종교, 또는 역사 종교・보편 종교로도 일컬어지는 제도 종교를 인위적 종교로 보고, 이와 상대적인 개념을 자연종교라 하는 것이다.50) 그 종류도 다양하여 계절제를 비롯하여 가신신앙, 마을신앙, 무속신앙, 점복신앙, 예조(豫兆)・풍수신앙, 독경신앙, 영웅신앙, 자연물신앙, 금기, 주부(呪符), 민간 의료 등이 포함되며, 이를 다시 삶의

한국에서의 신사참배를 허용하는 결정을 내렸고, 1936년 4월 「경향잡지」를 통하여 신자들에게 공표하였다. 이어 『한국 교회 공동 지도서』와 『천주교 요리』의 내용을 수정하고 1937년 2월 「경향잡지」를 통하여 다시 한 번 신자들에게 주지시킨다. 이후 교황 비오 12세(Pius XII 재위: 1939~1958년)는 1939년 12월 8일 중국, 한국, 일본에서 실행되고 있던 공자와 조상에 대한 공경, 국가 축제와 의식들을 인정함으로써 교황 베네딕토 14세(Benedictus XIV, 재위: 1740~1758년)가 1742년 7월 11일 공표하였던 제사의 금지령을 폐지하였다. "로마 전교성성의 교서—중국 예식과 그에 대한 서약에 관하여", 「경향잡지」 34권 917호 1940. pp.50-51 참조.
49) 최기복, "조상 제사의 미사 전례적 수용에 관한 시론", 『전례—영성의 토착화』, 한국사목연구소, 1992, pp.74-94, 김수창, "전례와 전통 상제례", 『전례・영성의 토착화』, 한국사목연구소, 1992. pp.95-122.
50) 민간신앙(Folk Religion, Folk Belief)은 민속신앙, 민속 종교, 민중 신앙, 민중 종교, 향토 종교, 토속 종교, 향토 신앙이라고 일컬어지기도 하는데, 이에 대해 학문적으로 합의된 적은 없다. 김태곤, 『한국 민간신앙 연구』, 집문당, 1982, p.11, 윤승용, "민간신앙과 사회 변혁", 『역사 속의 민중과 민속』, 이론과실천사, 1990. p.422 참조.

층위를 기준으로 구분한다면 크게 마을 단위의 공동체 신앙과 가정이나 개인 단위의 개별적 신앙으로 나누어 볼 수 있다.

민간신앙은 제도 종교처럼 교조·교리·의례·교단(혹은 종단)·신도 등이 체계적인 형식을 갖추지 못하여서 때로는 종교의 범주에 포함되지 못하였다. 합리적인 교리 체계를 갖추고 있는 기성종교의 입장에서 볼 때 민간신앙은 극복해야 할 대상으로 판단되었다. 특히 한국 천주교는 전래 초기부터 오늘에 이르기까지 한국의 민간신앙을 인정하지 않고 이단과 미신으로 보는 태도에 변함이 없다.

민간신앙은 한반도 내에서 고대로부터 민족적 종교 기반을 가지고 민족의 공동체 속에서 생활을 통해 전승된 역사성을 지닌다. 또한 인류 보편의 소박한 종교적 심성으로 동시에 기성종교 속으로 들어가 결탁하는 성향이 있다. 이러한 점에서 볼 때 민간신앙에 대한 금지 조치가 과연 정당한 것이고 효과가 있었는가에 대해서는 의문이다.

천주교와 민간신앙의 상관성은 한국 갤럽에서 정기적으로 실시하는 『한국인의 종교와 종교의식』이나 천주교 내의 사회조사 등에 잘 반영되어 있다.[51] 한 예로 1985년 조사의 경우, 영세한 후 굿을 해 본 경험이 있다고 응답한 비율이 5.2%나 되고, 민간신앙을 인정하는 비율도 무당이나 점쟁이(12.8%), 작명(33.2%), 사주(16.8%), 신수(8.1%), 풍수지리설(25.4%), 토정비결(15.4%)로 나타났다. 1987년에는 영세한 후 민간신앙과 접해 본 경험이 토정비결(27.4%), 사주·관상·점(29.0%), 택일·작명(12.0%), 굿(2.3%)의 순으로 나타났고, 1998년에는 토정비결(32.2%), 사주(27.4%), 택일과 작명(16.5%), 궁합(13.5%), 단전호흡과 기공 수련(12.1%), 굿(2.4%) 등으로 나타나 교회의 가르침에도 불구하고 여전히 많은 사람들이 민간신앙을 신봉하고 있다는 사실이 드러났다.

민간신앙에는 자연 종교의 현세 구복적이고 이익적인 측면을 포함하여 오랜 역사

---

51) 천주교 신자의 신앙생활에 대한 사회조사는 다음과 같은 것을 참고할 수 있다. 『한국인의 종교와 종교 의식』, 한국갤럽조사연구소, 1984, 『한국인의 종교와 종교 의식: 제2차 비교 조사』, 한국갤럽조사연구소, 1990, 『한국인의 종교와 종교의식: 제3차 비교 조사』, 한국갤럽조사연구소, 1998, 『200주년 기념 사목회의 사회조사 보고서』, 한국천주교회200주년기념사목회의위원회, 1985, 노길명·오경환, 『가톨릭신자의 종교의식과 신앙생활』, 가톨릭신문사, 1988, 우리신학연구소, 『가톨릭신자의 종교의식과 신앙생활』, 가톨릭신문사, 2000, 노길명, "사회조사에서 나타난 천주교 신자들의 신앙생활상의 문제점", 『한국 근·현대사와 종교문화』, 호남교회사연구소, 2004, pp.323-349 참조.

적 과정을 거쳐 오면서 여러 신앙 형식들이 퇴적·융합되었으며, 또한 다양한 시대와 층위의 신앙 의식이 복합되어 중층적인 현상을 보인다는 특성을 지닌다. 따라서 가톨릭 전래 초기 신자들의 입교 동기[52]와 오늘날 신자들의 흐름을 종합하여 볼 때 민간신앙은 가톨릭 신앙을 수용하는 문화적 기반으로서의 역할을 하였다고 생각할 수 있다.

한국 가톨릭 내에서 민간신앙과의 습합으로 토착화 양상을 보이는 것 중 축복의 식과 민간신앙의 고사 관행, 성물 선호 현상과 부적신앙, 미사 예물과 복채, 예물 준비의 엄격성, 성령 세미나와 강신 체험의 상관성, 순교 신심과 기적, 동정 신심과 여성 공동체, 어머니 공경과 마리아 신심 등은 이미 논의된 바 있다.[53]

이외 거론될 수 있는 것이 우리의 문화적 관습인 조상신앙 등과 세례명의 관련성, 기도와 독경신앙, 점복신앙, 풍수신앙 등이다.

가톨릭에는 세례를 받을 때 특정의 수호성인(守護聖人, patronsaint)을 정하여 자신의 세례명으로 삼고 그 성인을 통하여 하느님께 청원하며 하느님의 보호를 받는다는 성인 공경의 풍습이 있다. 이는 대략 4세기경부터 시작되었는데, 세례명으로 선택한 성인을 따라 살겠다는 의지의 표현으로, 이름을 바꿈에 따라 그 사람도 변화한다는 성서의 내용에 의거한 것이다. 그런데 잘 알지도 못하는 생경한 외국 이름[54]이 우리의 세례명으로 쉽게 정착할 수 있었던 것은 조상신이 있어 자손을 보호한다는 믿음과 함께 호(號)나 자(字)를 부르던 우리의 풍습과 관련성이 있어 보인다.

독경신앙이란 독경(讀經)을 중심으로 하는 민간신앙의 한 형태로서 경문을 읽어 악귀를 몰아내고 복을 비는 것을 말한다. 여기서 경문이란 불교·도교·무속의 사고

---

52) 가톨릭의 유입과 관련하여 민간신앙은 병을 고치거나, 아들을 갖기 위해 입교했거나, 십계를 외우면 천당에 간다는 등의 입교 동기에서 어렵지 않게 찾을 수 있다. 조광, 『조선 후기 천주교회사 연구』, 고려대학교민족문화연구소, 1988. pp.102-119 참조.
53) 김영수, "한국 가톨릭의 신앙 행위와 민간신앙적 요소의 상관성 연구", 『한국 근·현대사와 종교문화』, 호남교회사연구소, 2004. pp.295-320, 최경선, "가톨릭 신심유형과 그 배경", 『한국 근·현대 100년 속의 가톨릭교회 3차 세미나 자료』, 근·현대한국가톨릭연구단, 2003. 11.
54) 최근 조사된 보고서에 의하면 한국 천주교회 내의 서구적인 요소(이질적인 문화)를 묻는 질문에 세례명(48.4%), 전례 의식(14.6%), 성당 건축 양식(9.4%)의 순으로 나타났다. 김재득 외, 『천주교와 한국 근·현대의 사회 문화적 변동』, 한울아카데미, 2004, p.57 참조.

가 복합된 것으로 신장(神將)의 위력으로 액을 막고, 잡귀를 물리치는 내용이 주를 이룬다. "이 몸이 나무아미타불을 외우니 정광수의 아내가 급히 말리며 말하기를, '그것을 외우면 죽어서 지옥에 가는데 어찌 그것을 외울 수 있겠는가'라고 말하며, 이어서 사학(邪學)의 십계를 가르쳐주며 이르기를, '이것을 외우면 죽어서 천당에 간다' 하므로 이를 믿었다"[55])는 기록으로 보아 초기 신자 이래 의식적이든 무의식적이든 간에 독경신앙의 영향을 받고 있는 것을 알 수 있다. 이러한 독경신앙과 가톨릭문화와의 만남은 "스규로 춘혀달고 럴픔도문 혀롤거러 십오단은 산자읽고 구져 덕경 우흘덥고(피악수신가)"[56])에서와 같이 열품도문이나 십오단 로사리오기도를 드린다는 내용을 통해서도 확인할 수 있다.

한편 천주가사 자체가 4·4조 율문으로 낭독하기 쉽고 특히 천주가사의 대표작으로 교리를 설명하고 있는 「사향가」나 「삼세대의」가 장편이고 적절한 율독이 가능하다는 점에서 볼 때 독경신앙은 천주가사 창작의 문화적인 배경이 되었다고 추정할 수 있다.

가톨릭 신앙에 관한 사회조사 보고서에서 지적한 바와 같이 가톨릭 신자들의 토정비결을 비롯하여 점을 보는 행위가 적지 않다. 예로부터 인간의 생활사는 점복신앙에 강하게 구속되어 왔다. 집을 정하는 것은 물론, 생활의 소소한 것으로부터 국가적 대사나 전쟁에 이르기까지 점으로 판단되지 않은 것이 없을 정도로 많다. 이러한 점복에는 자연 관상점을 비롯하여 상복(相卜), 몽점(夢占), 신비점, 인위점, 작패점, 관상점, 상지점 및 도참 예언 등이 있고 점복자는 크게 강신 점복자, 역리 점복자, 상 점복자, 풍수 점복자 등으로 구분된다.[57]) 한국 가톨릭에서는 이러한 점복에 대해 매우 부정적인 것으로 판단하여 왔다. 그러나 점복에는 제도 종교에서 금지하고 있는 제액초복(除厄招福)의 기능 외에도 지적 호기심 충족의 기능, 정서적 불안 해소의 기능, 마인드 콘트롤(Mind control) 기능, 경험에 입각한 과학적 기능, 놀이 기능, 정치적 기능 등이 있다는 점과 로만 가톨릭 내에서도 지역의 민속과 관련된

---

55) 矣身口誦南無阿彌陀佛 則鄭可妻急止之曰 若誦此 則死歸地獄 何可誦之乎云 而仍敎邪學中十誡曰 若誦此 則死後陞天云 한국 교회사 연구 자료 7집, 영인본 『邪學懲義』, 불학문화사, 1977, p.213.
56) 김영수 편, 고로가가첩, 『천주가사자료집 (하)』, 가톨릭대학출판부, 2001, p.156.
57) 상기숙, "점복 및 점복자의 종류와 구성", 『한국의 점복』, 민속원, pp.24-30 참조.

카드점이나 별자리 점이 있다는 점을 생각할 때 새로운 발상의 전환이 요구된다고 하겠다.

풍수란 자리에 대한 하나의 이론적 모델에서부터 사상적 측면뿐만 아니라 신앙적 측면에 이르기까지 다양한 의미를 담고 있는 용어이다. 일반적으로 풍수설은 '땅이 지닌 생기와 생기가 응결된 곳을 찾아 정주 공간을 정하고자 함 그리고 생기를 빌고 복된 삶을 살려는 논리 체계'라고 규정지을 수 있다. 여기에 신앙성이 더해질 때 풍수신앙이라는 의미로 확장된다. 현실적으로 풍수사상에는 동양적 신비주의와 이에 대한 민속신앙적인 요소를 포함하고 있다. 그러나 그 본질적인 면에서 보면 풍수는 한마디로 전통 지리학이자 동양적인 생활 과학이며 경험 과학이다. 개인의 터 잡기에서 나라의 자리 잡기에 이르기까지 모든 공간 문제에 대해 풍부한 경험상의 지혜를 제공해주는 것이 풍수라고 할 수 있다.

풍수와 관련하여 가톨릭에서는 이를 단호하게 미신으로 치부하고 있었다.[58] 이에 비해 그간 행해진 가톨릭 신자의 신앙 행위에 대한 사회조사 결과를 놓고 볼 때, 조사 대상자의 4분의 1정도가 이를 인정하는 것으로 나타나 큰 격차를 보이고 있다. 이렇게 교회와 신자들의 시각의 차이가 큰 것은 먼저 풍수라는 사상 내지는 신앙 체계가 갖는 복잡한 요소 중에서 서로 다른 측면에 역점을 두기 때문이다. 즉 동양 사회에 익숙하지 않은 전래 초기의 선교사들은 동양문화에 대한 이해 부족으로 풍수는 있는 자들의 발복을 위한 묘 터 잡기 등의 음택 풍수의 폐단으로 부정적인 신앙 행위로 파악하였다. 이에 반해 오늘날에는 풍수에 대한 전통적 잠재의식과 더불어 자연과 인간의 조화 균형 문제를 통해 환경 문제를 해결할 수 있는 생태학적 대안으로 생각하는 경향이 높다. 따라서 풍수에 대한 정확한 학문적인 접근을 통해 신앙 행위로서의 풍수와 과학으로서의 풍수를 구별하는 인식과 이에 대한 시각의 조정이 요망된다.

이상의 논의에서 가톨릭의 토착화 현상으로서의 민간신앙과의 관련성은 가톨릭

---

58) 이러한 교회의 입장은 창간 이래로 교회의 기관지 역할을 했던 「경향잡지」의 기사 내용에서 확인할 수 있다. 즉 지관이나 풍수가 허망한 것(「경향잡지」 제21권, 제623호, 1926년 10월 15일)이나 집터나 산소로 인하여 가난이나 질병이 생긴다는 것은 미신이다(「경향잡지」 제30권, 제836호, 1936년 8월 28일)라는 것이 그것이다.

교회에서 인정하든 안하든 간에 논란의 여지는 있으나, 가톨릭 신앙과 관련된 사회 조사 결과로 볼 때 이미 현실적으로 생활화된 것으로 파악된다.

민간신앙은 민간층의 살아 있는 종교로서 정신적 불안의 해소, 생활적 희망의 부여, 역사의식과 심적 유대 강화 등의 기능을 수행해 왔다. 특히 민간신앙에서 민족의 신, 마을의 신, 가정의 신, 개인의 수호신 등을 모시고 존경하여 집단의식을 가지는 것은 사회 협동 체제의 유지에 크게 이바지한다. 우리 민족은 오랫동안 민간신앙을 기반으로 일상생활을 영위해 왔다. 농촌, 어촌, 산촌 등지에서는 산신당이나 서낭당 등의 동신당(洞神堂)이 주민들의 정신적 귀의처로 불교의 사찰이나 그리스도교의 성당, 교회와 같은 성격을 지닌다. 그들은 민간신앙을 종교인 동시에 생활 수단으로 알고, 이에 의존하여 살아왔기 때문이다.

서구적인 안목으로 볼 때 민간신앙에 대한 관점은 현재 우리가 살고 있는 한국이라는 공간성마저 깎아내리려는 경향이 강했던 것이 사실이다. 말하자면 민간신앙을 있는 그대로 그리고 이 민간신앙의 현상이 존재하는 한국이라는 공간성을 긍정하는 처지에 서서 민간신앙에 관심을 가져온 것이 아니라는 점이다. 사실상 우리나라는 유교 500년, 천주교 200년, 개신교 100년 동안 외래 사상에 휩쓸려 자기의 것을 자기의 눈으로 보지 못하고 언제나 남의 눈을 통해서만 보는 경향이 강했다. 그러나 민간신앙은 어떤 힘의 세력에 의해 소멸하지는 않는다. 민간층이 존재하는 한 민간신앙은 어느 기성종교를 막론하고 민중의 생활 속에서 살아 움직이기 때문이다.

4. 민속문학과 자기화 과정

흔히 민속학에서 민속문학(folk literature)을 말로 전해 오는 문학, 즉 구비문학(oral literature)이라고 지칭한다. 이는 말로 존재하고, 말로 전달되고, 말로 전승된다. 그래서 원형 그대로의 보존은 불가능하고 변화를 내포한 전승이 가능할 뿐이다.59)

---

59) 이는 구연(口演, oral presentation)되는 문학이기 때문에 이에 알맞게 조직되어 있다. 따라서 구연자의 의사에 따라 첨삭(添削), 보완(補完), 윤색(潤色) 현상이 일어난다. 이러한 과정이 되풀이됨에 따라 그 작품은 여러 사람이 공감할 수 있는 공감대가 형성되어 공동작이 된다. 한편 민속

문자 생활을 영위하는 오늘날에 있어서도 구비문학은 엄연히 존재하며 기나긴 역사 속에서 여러 가지 사회·문화적 조건에 따라 일정한 시기에 문헌에 정착되어 기록되기도 한다.

민속문학은 설화(신화, 전설, 민담), 민요, 무가(巫歌), 판소리, 민속극, 속담, 수수께끼 등으로 분류하며, 나아가 한국의 민속, 즉 문화적 관습과 관련한 문학 행위와 현상을 포괄할 수 있다. 이 중 한국 가톨릭의 토착화 현상과 관련하여 우리의 민속문학으로서 언급할 것은 중국을 통해 한문으로 전래된 서양의 성인전(聖人傳, hagiography)과 우리의 순교자전 등의 전기류(傳記類, biography)와 천주가사 등이며, 이러한 문학적 업적이 나타나기까지 문화적인 기반 조성으로서의 기도문이나 교리 혹은 성서의 한글 번역을 들 수 있다.

가톨릭의 전래 이후 천주교 문학은 한시를 포함한 한문학을 위시하여 성인들과 박해 속에서 순교한 이들의 전기류, 일기, 수상록, 언행록, 가사를 비롯하여 특정한 형식을 갖추지 않은 문답체의 글 등 다양하게 나타났다. 이들은 모두 천주교적인 내용을 담고 있되 한국적인 형식 속에서 나타나 한국 가톨릭의 토착화 현상의 구체적인 모습이 된다. 이 중 전기류와 가사 문학을 제외하고는 개별 작품의 수가 많지 않아 한국의 문학적 관습 속에서의 관련성을 파악하는 데 무리가 있으며, 또한 본격적인 기록문학인 한시를 비롯한 한문학의 경우 그 논의 범주가 본고와 일치하지 않으므로 본고에서는 제외하기로 한다.

성인전은 신자들이 본받아야 할 완벽한 덕성의 모델을 보여주며, 그 삶을 본받아 살고자 하는 동기를 부여해준다. 이 이야기들은 성인들이 왜 존경을 받을 만한지에 대해 설명하기 때문에 서양에서는 이른 시기부터 나타났다. 다양한 성인들의 전기는 중국에 천주교가 들어가면서 다른 서적들과 함께 전래되어 한문으로 번역되거나 번안되었는데, 이 중 일부가 우리나라에 유입, 한글로 번역되어 신자들의 신앙에 영향을 주었다. 이후 박해가 진행됨에 따라 우리나라 순교자들의 전기도 나타나게 된다.[60]

문학은 그 사회의 대다수 서민의 생활을 통해서 창조되고 향유되었으므로 민중적이라고 할 수 있다. 따라서 민속문학은 민족성을 대변하는 문학이라고 할 수 있다.
장덕순 외, 『구비문학 개설』, 일조각, 1980 pp.2-8 참조.

60) 성인 전기와 순교자 전기에 관해서는 각각 다음과 같은 논저를 참조할 수 있다. 김윤성, "조선

한국 가톨릭의 토착화 현상에 대한 민속학적 접근

중국에서 간행된 한문 성인 전기가 조선에 전래되기 시작한 것은 18세기 후반의 일로 샤를르 달레의 『한국 천주교회사』[61]에 의하면 이승훈이 첫 번째 북경 방문에서 세례를 받고 돌아온 1784년이었던 듯하다. 신유교난 당시 문초 기록이었던 『推案及鞫案』을 보면 이가환이 이벽에게서 빌려 보았다는 한문 서학서에『성년광익(聖年廣益)』이 보이는 것으로 보아,[62] 우리나라에 최초로 들어온 성인전은 이 책으로 생각된다. 이후 개별 성인전이 한두 권 보이기는 하나,[63] 19세기 중반까지 다른 성인전이 전래된 흔적은 발견되지 않는다. 한문 전기의 경우 이를 소화해 낼 수 있는 계층은 제한적이어서 일반 신자들을 위해 일찍부터 번역이 필요했을 것이다. 이후 한글 필사본으로 추정되는『성종도』,『성종도보』,『성녀 더리스』,『성녀 아가다』,『성녀 위도리아』,『성녀 간지다』,『성부 마리아』,『성 희네의』,『유시 마리가』등 여러 편의 전기물이 신유박해 이후 여러 신자의 집에서 발견되어[64] 한글 전기가 이루어졌음을 알 수 있다.

전래사를 살펴볼 때 신자들이 성인 전기를 읽는 것은 미사나 성사에 참여하고 정해진 시간에 기도를 하는 것 못지않은 중요한 종교적 실천이고, 또한 자신의 신앙을 공고히 할 수 있는 수단이었다. 그러나 성인 전기물이 유입되고 널리 보급될 수 있었던 것은 그 이면에 성인전이 읽힐 만한 문화적 여건이 이미 조성된 결과라고 생각된다. 문학 양식의 발달사적인 측면에서 이 시기에 한글로 된 '전(傳)'이 있어 왔고,[65] 『숙향전』,『홍길동전』같은 대중적 문학 양식이 유행하였다는 점을 생각한다면 가톨

후기 천주교 성인 공경에 나타난 몸의 영성", 서울대학교대학원 박사 학위논문, 2003, pp.32-48, 하성래, 순교 일기의 전기문학으로서의 성격, 『한국 천주교회 창설 이백주년 기념 한국 교회사 연구소 논문집』(Ⅰ), 한국교회사연구소, 1984. pp.431-475.

61) 샤를르 달레, 안응열·최석우 역주,『한국 천주 교회사(상)』, 한국교회사연구소, 1980, p.307 참조.
62) 『推案及鞫案』권25, p.758.
63) 한국 교회사 연구 자료 7집, 영인본『邪學懲義』, 불함문화사, 1977, pp.379-385에는 윤현의 집에서 나온『聖安德助』(성 안드레아 전기)와 한신애 집에서 나온『老楞佐命日記』(성 라우렌티우스 전기) 등 두 편이 보이는데, 이 책이 어떤 책인가에 대해서는 확인할 길이 없다.
64) 『邪學懲義』, 앞의 책, pp.379-385 참조.
65) 우리의 문학 양식으로서의 '전(傳)'에 대한 연구는 많은 연구 업적이 축적되었는데, 다음을 참조할 수 있다. 고경식, "고려 시대의 '전' 연구", 단국대학교대학원 박사 학위논문, 1982, 김태곤, "한국 서사문학의 전기적 유형 변이",『경희대 논문집』14, 1985, 박혜숙, 고려 후기 전의 전개와 사대 부의식,『관악 어문 연구』11집, 1986, 박희병,『한국 고전 인물전 연구』, 한길사, 1992.

릭 성인전은 한국의 문학적 관습 내지는 민속문학의 기반 위에서 수용, 보급되었다고 볼 수 있다.

토착화 현상의 전형적인 사례로 인정되는 천주가사의 경우는 성인전보다 더 깊게 우리의 문학적 관습에 밀착되어 나타난다.66) 천주가사는 그 용어에서 보듯이 '천주'라는 새로운 사상이 '가사'라는 전통적인 문학 관습과 결합하여 나타난 양식이다. 한국 가톨릭의 토착화 현상으로서의 천주가사는 대략 세 가지 측면에서 접근할 수 있다.

하나는 고려 시대 이래로 우리의 고유한 문학적 양식인 '가사'에 천주교의 내용을 담고 있다는 점이다. 민요에서 시작된 가사는 사대부들에 의해 확립된 이래로 면면히 지속되다가 조선 후기에 와서는 다시 평민층까지 그 향수층이 확대되는 등 크게 변모하게 된다. 이 시기에 천주교의 내용이 가사로 전래되었다는 사실은 우리의 민속 내지는 문학적 관습에 가톨릭이 결합한 것으로 그만큼 전파에 용이했다는 의미로도 파악할 수 있다. 익숙한 양식에 담긴 천주교의 내용은 전국에 산재해 있는 가톨릭 신자 집단의 내부적 결속을 공고히 하는 데도 큰 역할을 담당하였다.67)

가톨릭의 토착화 현상으로서의 천주가사를 논할 때 두 번째로 지적할 것은 천주교 신앙이 우리의 언어로 설명되었다는 사실이다. 천주가사에서는 번역문학으로서의 성인전과는 달리 가톨릭 교리를 수용하고 이를 내면화하여 그것을 우리의 언어로 표출하였다. 이는 우리 고유의 토착화신학이 정립되었다는 것을 의미한다. 따라서 새로운 이념에 목말라 하며 서구 사상을 신앙화했던, 격렬한 박해 시대의 한국 교회는 잘 번역된 성서나 교계제도, 체계화된 교리, 정돈된 전례 없이도 수많은 순교자가 탄생할 정도로 자신의 신앙을 잘 지킬 수 있었으며, 종교 본연의 문제인 영

---

66) 논란이 없는 것은 아니나 천주가사 최초의 작품인 『천주 공경가』가 공식적으로 한국 교회가 인정하는 기원(1784년)보다 앞선 1779년에 보인 것으로 보아 전래 초기부터 민속과 강하게 결합하는 점이 인정된다.
67) 현재까지 전하는 필사본 천주가사집은 대략 53종으로 국민문학으로서의 위상이 분명한 심청전의 필사본 이본이 132종이라는 것에 비추어 본다면 전래사 속에서 나타나는 모든 신심 교육은 천주가사를 통해서 이루어졌고, 이를 통한 내부적 단결은 물론, 전파까지도 천주가사를 통해서 가능했다는 사실을 반증한다. 김영수, "필사본 천주가사집 출현의 배경과 의의", 『한국 근·현대 100년 속의 가톨릭교회 (상)』, 근·현대한국가톨릭연구단, 가톨릭출판사, 2004, pp.179-204 참조.

성은 풍요로웠다고 할 수 있다.

　마지막으로, 가사에 교리가 담기는 과정에서 천주가사에는 긴속적인 내용이 대거 수용되며 민속과 습합된 가톨릭이 점차 자기화 내지는 동일화의 과정을 보인다는 점이다. 새로운 내용(천주교 교리)과 수용자의 입장에서 볼 때 천주가사는 교리의 직접적인 해설이 나타난 작품군(칠성사가 등), 자기화 되는 과정이 제시되는 작품군(사향가, 피악수선가 등), 완전히 자기화된 작품군(이별가 등) 등으로 대별할 수 있다. 이는 순차적으로 토착화가 심화되는 과정을 보이는 것인데, 내용뿐만 아니라 민속 예술의 여러 갈래와의 교섭을 통해서 작품의 담화 구조 등 여러 분야와 차원에서 나타난다.[68] 따라서 천주가사 내에서 가톨릭과 우리의 민속은 강하게 결합함으로써 이를 향유하는 사람들의 내면에서 민속과 가톨릭의 동일화를 어느 정도 완성시킬 수 있었다.

5. 민속놀이, 민속예능, 기타

　민속놀이[69]란 인간의 여러 행위와 놀이 중에서 민간에서 발생하여 민간에 전해 내려오고 있는 놀이를 말한다. 민속놀이는 대체로 특정 시기에 집중적으로 벌어지는 계절성을 지니며, 특정 지역을 바탕으로 전승되고 내용의 차이를 보이기도 한다.
　결론부터 말하자면, 가톨릭과 한국의 민속놀이와의 관련성은 매우 미약하다고 할 수 있다. 한국 가톨릭에서 행해지는 민속놀이란 본당에 따라 설날 전후에 행해지는 척사(擲柶, 윷놀이) 정도이며, 이것도 전례에 스며들지 못하고 본당 신자들의 친선 유

---

[68] 이를테면 <칠성사가>에는 평면적인 교리 기술이 나타나는 데 비해, <사향가>에서는 다양한 대화 기법이 나타나 극화(劇化)된 모습을 보인다는 점에서 우리 고유의 예술인 판소리와 흡사한 구조를 보이고 있다. 또한 <피악수선가>에서는 자기화된 체험을 통해 교리를 설명하는 구조를 취하며, 그 내용 중 신앙에 기본하여 집을 짓는 과정은 가사 <권선지로가>, <안택가>, <궐리가(궐리사)> 등이나 성주굿에서 구송되는 <성주풀이(성조가, 성조신가, 성주본가)> 무가, <당금애기 무가>, 판소리, 봉산탈춤의 해당 내용과 상당한 유사성을 보이기 때문이다. 한편 <이별가>에서는 생활화된 신앙 안에서 한국적인 정서를 표현하고 있다. 김영수 편, "천주가사 연구의 성과와 전당", 『천주가사 자료집 (하)』, 가톨릭대학출판부, 2001, p.624 참조.
[69] 민속놀이는 크게 집단 놀이와 개인 놀이로 구분된다. 개인 놀이가 투전 등 도박성 놀이가 대부분이라는 점에서 소일거리의 하나로 생각될 수 있는 반면, 줄다리기와 같은 집단 놀이는 풍요를 기원하는 농경문화적인 속성을 강하게 드러낸다.

지 수준에서 이루어지는 형편이다. 이러한 사실은 수많은 순교자를 내고 103위 성인이 있다고는 하지만 아직은 가톨릭이 한국문화의 이면으로 침투하지 못했음을 의미하는 것이다. 그러나 민속놀이가 갖는 결속력으로 인해 최근 가톨릭에서의 민속놀이 수용이 논의70)되었다는 점은 긍정적으로 평가된다.

인간은 의식주로만 살 수 없다. 따라서 인간의 문화적 욕구는 예술 갈래를 통해서 구현되는데, 민속예능이란 한국 민속에서 우리의 문화적 욕구를 충족시켜주는 음악, 미술, 무용, 연희, 공예 등을 말한다. 민속예능의 특징은 그 대상이 되는 민중이 생산자이면서 동시에 감상자로 존재하여 문화적 전통을 이어 간다는 것이다.

민속예능의 여러 분야 중 가톨릭과 한국 민속과 관련하여 언급할 것은 민속음악과 민속 미술 두 가지 정도이다.

민속음악이란 민중들이 자신의 생활과 밀접한 관련 아래 향유하며 전승시킨 음악을 말한다. 지배층의 음악이 격식을 따지거나 의례에서 사용된 반면 민속음악은 민중들의 삶과 밀접한 관련을 맺으며 소박하게 발전되어 왔다.

가톨릭과 민속음악의 관련성은 이중배(李中培, 마르티노, ?~1801년)가 바가지와 술통을 두드려 장단을 맞추며 노래를 불렀다는 기록71)으로 보아 전래 초기부터 살펴볼 수 있다. 이때 부른 노래가 어떠한 노래였는가는 확인할 길이 없지만 최소한 바가지와 술통을 두드려 장단을 맞추었다는 것은 오늘날과 다르지 않으며, 따라서 이른 시기부터 가톨릭 음악의 토착화 양상이 시작되었음을 나타낸다.

이후 민속음악은 연도와 천주가사로 계승되었는데, 연도의 경우 위에서 언급한 바와 같이 이미 가톨릭의 토착화 현상의 전형으로 파악할 수 있다. 문제가 되는 것은 천주가사인데, 19세기 그 연행(演行, performance) 형태가 어떠한 것이었는가에 대해서는 알 수가 없다. 다만 천주가사에서 '가사'라는 개념이 지극히 현대적인 개념이고, 19세기에는 이를 단순하게 '글'로 인식한 점72)으로 보아 율독(律讀) 내지

---

70) 김종대, "가톨릭에서의 민속놀이 수용과 미래지향", 「사목」 230호(1998년 3월), 1998, pp.55-63 참조.
71) 황사영백서 8-9행 李瑪爾定中培者, (중략) 庚申復活占禮, 煮狗醲酒, 與同里敎友, 會坐路邊(山僻小路), 高聲念喜樂經, 擊匏樽按節, 歌竟飮酒嚼肉, 飮訖復歌 如是終日, 김영수역, 『황사영백서』, 성황석두루가서원, 1998, p.31 참조.
72) 천주가사에 대한 갈래적 인식은 '히마다 경긔와 츔졍도에 리왕흐야 셩스를 밧고 평샹시에 지은

는 음영(吟詠)이 아니었겠는가 생각된다. 그러나 율독과 음영도 이미 음악을 포함하는 개념으로 우리 언어에 걸맞은 민속적인 것이므로 가톨릭 음악의 토착화 현상은 입증된다고 하겠다.

가톨릭과 한국의 민속 미술과 관련하여 회화는 이희영이 성화(聖畵)를 잘 그렸다는 기록73)으로 보아 역시 전래 초기부터 시작된 것으로 보인다. 그는 여러 가지 상본을 그려 신자들이나 주문모 신부에게 주었다고 전해진다. 이때 그린 성화의 내용을 확인할 길은 없지만, 당시의 회화적 관습이나 시대적 정황으로 보아 지극히 한국적인 양상으로 파악된다. 이러한 추정은 현재 남아 있는 견도(犬圖) 등 두세 편의 그림으로 보아 확인이 가능하다.74)

한편 전래 시기의 회화와는 달리 아직도 남아 있는 옹기의 문양 등은 확인이 가능하여 가톨릭과 한국의 민속 공예 내지는 민속 미술과의 관련성을 입증해준다. 잘 알려진 바와 같이 19세기의 신자들은 신앙의 자유를 얻기까지 박해를 피하여 이곳저곳을 떠돌아 다녔고, 또한 생계를 위하여 옹기를 구워 팔곤 하였다. 박해기 신자들의 근황이 결집될 수 있었던 것은 구운 옹기를 팔기 위해 돌아다니는 과정에서 서로 소식을 주고받을 수 있었기 때문이다. 중요한 것은 천주교 신자들은 닭 문양이나 물고기 문양, 십자가 등을 그려 넣어 서로를 알아보기 위한 표식으로 삼았다는 사실이다. 또한 간간이 순교자의 무덤으로 추정되는 곳에서 출토되는 옹기나 각종 성구류에서도 토착화된 가톨릭의 민속 미술 내지는 공예의 모습을 확인할 수 있다. 그러나 안타깝게도 이에 대한 종합적인 연구는 물론 유물의 현황조차 파악되지 않고 있다.

이 밖에 한국 가톨릭의 음식문화에 대한 단편적인 사례로 개고기 섭취를 지적할 수

글이 잇스나 지금은 다 일허브리고 다만 몇귀만 잇스니 굴아더 에와 벗남네아 치명길로 황힝ᄒ세 어렵다 치명길이여 평싱 소원 스쥬모오 쥬야앙망 텬당노ㅣ라 필릭슈 베드루는 능도쥬더젼 ᄒ쇼셔 ᄒ엿더라'는 구절을 통해서 확인할 수 있다. 절두산순교자기념관 소장 『병인사적 박순집 증언록』 3권 p.28 앞뒤.

73) "이희영(李喜英) 루가(路加)는 김건순 요사팟(若撤法)의 아주 절친한 친구인데 처음에 여주(驪州)에서 살다가 뒤에 서울로 이사하였습니다. 그는 본래 화공(畵工)으로 성상(聖像)을 아주 잘 그렸고, 역시 참수(斬首)당해 순교(殉敎)하였습니다"(李喜英路加, 若撤法之密友, 先居驪州, 後移都下, 本來工畵, 善摹聖像, 亦以斬首致命: 황사영백서 64). 한편 한국 미술의 토착화에 대해서는 다음을 참고할 수 있다. 조광호, "그리스도교 미술의 토착화", 「뿌리내림」 16호, 한국그리스도사상연구소, 1998.
74) 김길수, "이희영 루가—한국 최초의 서양화가", 「경향잡지」 1999, 12 참조.

있다.75) 우리나라에서는 삼국시대 이래 개고기를 즐겨 왔고 또한 장례, 회갑, 생일잔치에서의 개고기 접대 풍속이 있었다. 전래 초기, 부활절에 개고기를 먹었다는 기록(황사영백서 8,9행)과 오늘날 가톨릭 신자들의 개고기 섭취에 대한 문화를 살펴볼 때 한국 민속을 수용한 사례로 평가된다. 오늘날의 부활절에는 이러한 전례를 살리지 못하고 있으며, 대신 계란을 나누는 일이 보편화되어 민속으로 발전할 가능성을 보인다.

여러 전례에 쓰기 위해 축성한 성수(聖水)도 때로는 치유 목적에서 사용된다는 점에서 볼 때, 서사무가 바리공주에서처럼 우리 민속에서 나타나는 물의 재생과 부활 기능과 일치하며, 일부에서 행해지는 수험생을 위한 백일기도나 수험생들을 위한 미사도 역시 자식 잘되기를 바라며 정성을 드리는 부모들의 마음이 담겨 있다는 점에서 민속이나 민간신앙과 관련성을 주목할 만하다. 새벽미사의 관행 역시 민간의 치성과 관련이 깊다. 서구에서는 수도원에서나 행해지는 새벽미사가 한국 가톨릭에서는 일반 성당에까지 보편화된 것은 자식을 위해 새벽마다 정화수를 떠 놓고 드리는 치성과도 관련이 있을 것이다.

신앙생활 전반에 걸쳐 일반 평신도보다 우위에 있는 사제나 수도자의 지위도 우리나라의 사회 분위기나 민속과 관련하여 검토할 만하다. 이는 굿과 공수와 관련된 무당들의 태도와도 무관하지는 않을 것으로 판단된다. 물론 이 경우 목자 없이 전파된 한국 가톨릭의 특성이나 신분과 관련된 한국의 문화, 가부장적 사회구조, 한국 교회에서 사제가 차지하는 비중 등 여러 가지를 검토해 보아야 하나, 마을굿 등에서 이를 주관하는 제관이 차지하는 비중을 생각한다면 어느 정도는 상관성이 있을 것이라는 생각이다.

IV. 한국, 한국인, 가톨릭신자 — 토착화의 민속학적 의미와 전망

정확하게 말해서 가톨릭은 한국의 고유한 문화는 아니다. 적어도 민속학적인 입

---

75) 우리나라 사람들의 개고기 섭취에 대한 논의는 다음을 참고할 수 있다. 안용근, 『한국인과 개고기』, 도서출판 효일, 2000.

장에서 볼 때 가톨릭 내지 천주교라는 말 자체가 아직 우리문화에 낯선 것이 사실이다. 생경한 외래문화가 고유문화 속에 정착되기까지는 오랜 세월을 필요로 한다. 예를 들어 우리나라에 유입된 지 15세기 이상의 세월이 흐른 불교의 경우 그 문화의 흔적을 어렵지 않게 우리의 민족문화에서 찾을 수 있다. 이는 불교가 고유문화와의 문화적 충돌 과정을 거쳐 거부감 없이 자리 잡았으며, 동시에 우리의 문화적 경험과 기억 속에서 재해석되었다는 것을 의미한다. 이에 비해 가톨릭과 우리문화의 만남은 겨우 2세기를 넘고 있으며, 격심한 서구 지향의 사회 변혁기에 가톨릭 속에 내재된 서구 지향성으로 말미암아 완전하게 내면화되지는 못하고 있다. 즉 가톨릭 신앙은 지금 우리 민족 안으로 내면화되는 과정에 있다고 하겠다. 따라서 본 장에서는 지금까지 그 토착화의 과정에서 나타나는 특징을 살펴보고 이에 대한 민속학적인 의미를 추출해 보고자 한다. 이렇게 할 때 완성을 향한 여정으로서 앞으로의 방향을 탐구해 볼 수 있기 때문이다.

민속과 관련하여 볼 때 현재까지 가톨릭의 토착화 과정에서 나타나는 특징은 다음과 같이 요약할 수 있다.

첫째, 민속은 우리 민족이 가톨릭을 수용하는 데 있어 기반 조성의 의미를 지닌다. 가톨릭 신앙 행위의 상당한 부분이 우리의 생활화된 민속 안에서 그 공통점을 찾을 수 있기 때문이다. 따라서 우리 민족의 가톨릭 수용은 민속을 바탕으로 하였기 때문에 가능하였으며, 이를 통해 일정 부분 민속과 공유하는 공간을 확보할 수 있었고, 여기에 새로운 지향을 담아낼 수 있었던 것이다.

둘째, 만남이 상호적이고 쌍방적이라고 보았을 때, 가톨릭이 우리 민속에 끼친 영향보다는 가톨릭의 신심 행위 안으로 스며들어 간 민속이 많다는 사실이다. 이는 아직도 가톨릭이 민속학적인 측면에서 우리 사회에 대한 영향력이 크지 않으며, 신앙에 대한 사회조사에서도 확인되듯이 단지 우리 민속의 거대한 지평 안에서 존재하고 있음을 입증하는 것이다.

셋째, 공동체적인 사항보다는 개별적인 것이 더 민속과 밀접하게 결부되어 있는 모습을 지적할 수 있다. 이는 사회성보다는 개인적인 지향으로 가톨릭을 수용하는 특성에 기인한다.

넷째, 시기적으로 보아 현재보다는 전래 초기로 갈수록 우리문화와 조화를 이룬다는 점이다. 이는 오늘날과는 달리 전래 초기에는 민속에 바탕하여 가톨릭 신앙이 생활에 밀착되었기 때문이며, 따라서 전래 초기에는 지도자 없는 자생적 신앙일지라도 영성은 풍요로웠다고 할 수 있다. 이에 반하여 오늘날의 가톨릭과 민속의 부조화는 우리 사회의 서구화와 도시화로 인한 농촌 사회의 해체와 민속의 재편 등이 그 표면적인 원인이 된다.

다섯째, 교회의 의식적인 가르침에도 불구하고 이 땅의 신자들은 이에 큰 영향을 받지 않는 부분이 있다는 사실이다. 이는 의식적인 배움과 가르침이 생활화되고 내면화된 민속의 깊이를 따라갈 수 없음을 뜻하며,[76] 외형적 신심이 삶의 기준으로 생활화되지 못했다는 것을 의미하기도 한다. 또한 서구적 방법론에 의지한 신앙 형태가 우리의 문화적 경험과 조화를 이루지 못하고 있음을 표출하는 것이다.

이상 다섯 가지 특성을 종합할 때 한국 민속과 관련한 가톨릭의 토착화 현상은 가톨릭 수용이 한국 민속을 기반으로 이루어졌음에도 불구하고 가톨릭의 입장에서 보았을 때 '표면적인 거부와 이면적 수용'이라는 이중적 구조를 갖는다고 결론 내릴 수 있다. 이는 아직 재해석을 통한 상호 동일화가 이루어지지 못했음을 의미하는 것으로, 전래 초기 이래 대립과 갈등이 표면적으로는 사라졌지만 이면적으로는 민속의 재편이 이루어지는 오늘날까지 지속되거나 혹은 강화되고 있는 것으로 파악된다.

따라서 가톨릭과 민속과의 관계를 살펴볼 때 토착화를 위해 가장 중요한 것은 한국의 가톨릭 신자들이 보이는 이중적 구조로 표출되는, 보이지 않는 대립과 갈등을 어떻게 수용해야 하는가 하는 문제이다. 이 점에서 우리는 최소한 두 가지를 생각해야 되는데, 하나는 오늘을 진단하고 토착화를 시도해야 하는 한국 가톨릭교회 안의 문화적 분위기와 흐름이고, 다른 하나는 한국인이면서 동시에 가톨릭 신자로서의 정체성(正體性, identity) 회복 내지는 확립에 관한 내용이다.

가톨릭과 민속의 부조화는 우리의 생활에 밀착된 민속이 수천 년의 역사성과 동시에 인간의 보편성에 기인하여 기성종교 안으로 스며들어 가는 특성을 지니는 데

---

[76] 이러한 사례는 전래사에서 민간신앙에 대한 교회의 가르침이나 오늘날 생명에 대한 교회의 가르침에 반하는 현상이 나타난다는 것에서 볼 수 있다.

반해서 한국의 가톨릭에서는 이를 인정하거나, 수용하지 못하는 데에 원인이 있다. 한국 가톨릭에서 우리의 민속을 바라보는 관점이나 분위기 자체가 표면에서 이면으로 돌아섰을 뿐, 시대가 변했음에도 불구하고 전래 시기 생소한 환경에서 전교에 임하던 선교사[77]들의 시각과 크게 다르지는 않다.

멀리는 황사영백서에 대한 해석이나 안중근에 대해 교회가 보여준 태도, 나아가 일제 시대 신사참배에 대한 허용 등으로 표출된 민속 혹은 전통문화와 상반된 교회의 가르침은 한국인이면서 가톨릭 신자로서의 정체성을 뒤흔들었다.[78]

여기서 토착화의 당위성[79]과 함께 요구되는 것이 민속에 대한 가톨릭의 시각의

---

[77] 한국 가톨릭 전래의 실상은 초창기 이후 철저한 파리외방전교회와 이를 통한 로마 가톨릭의 통제였다고 볼 수 있다. 전래사에서 나타나는 성직자는 대부분 서구 선교사였으며, 이들의 활동으로 초기의 독립적이던 가톨릭 운동은 점차 성직자에게 의존하는 모습으로 변화해 갔다. 그러나 선교사들은 한국의 민족 정서를 이해하지 못하였고, 한국의 민속이나 민간신앙에 대해 무지하였음에도 불구하고 이를 이해하려는 노력보다는 시종일관 문화적 우월주의에 젖어 있었다. 선교사에 대한 의미 있는 언급은 노길명, 김정옥과 조현범에 의해 시도되었다. 김정옥, 일제하 프랑스 선교사의 활동, 『교회사 연구』 5집, 1987, 노길명, 『가톨릭과 조선 후기의 사회변동』, 고려대학교 민족문화연구소, 1988. p.156 참조. 조현범, 19세기 프랑스 선교사들의 문명관, 『교회사 연구』 15집, 한국교회사연구소, 2000. 참조. 주강현, 『21세기 우리문화』, 한겨레신문사, 2001, pp.107-157 참조.

[78] 이른바 한국인이면서 동시에 가톨릭인으로서 갖는 정체성의 위기는 교회의 존재 자체가 위협받았던 수난기 이후에 오히려 심화되고 있었다. 1886년 종교의 자유를 맞이하여 한국의 가톨릭은 교리나 교계제도가 강화되고 제도 교회가 안정되며 본격적인 서구 중심의 로마 신학이 수용되기 시작한다. 이후 일제 시대와 한국전쟁을 거치면서 우리 사회는 물질적, 생존의 욕구에 직면하게 된 반면, 한국 교회는 수많은 수도회의 진출과 더불어 점차 교계제도의 안정과 로마 중심의 체계화된 교리를 갖추고 신앙의 욕구 변화에 부응하게 되었다. 이후 7, 80년대 정치 사회적 불안 속에서의 경제적 성장을 거쳐 오늘에 이르는 과정에서 물질적 풍요와 함께 민속의 재편이 이루어졌다. 그러나 오히려 이러한 풍요가 한국의 가톨릭교회에는 더 많은 문제점을 야기하고 있다는 느낌이다. 구체적으로 물질적 풍요로움, 종교의 권력화, 외적 성장, 탄력성을 잃은 교계제도, 교리 해석의 완고함, 세속적 평가 기준, 빠르게 변화하는 대중의 욕구에 적절히 대응하지 못하는 경직성 등을 산출해 내는 이면에는 우리 민속을 재해석해 내지 못하는 번역신학만이 있으며, 그 결과 전체 신자의 3분의 2가 냉담 중이거나 준냉담 상태에 있는 형편이다. 이는 교회가 정당하게 문화의 징표를 읽지 못하고 '서구 교회의 복사판'으로 머무는 것으로, '한국적 얼굴의 교회'를 창출하지 못하는 근본적인 원인이 된다.

[79] 신앙에 있어서도 심리적, 문화적, 사회적 요인들을 간과할 수 없으므로 토착문화나 시대의 변화와 그 시대를 살아가는 사람들에 대하여 적응해야 하기 때문이다. 이렇게 적응하는 것을 일반적으로 토착화라고 하며 우리가 토착화를 해야 하는 가장 큰 이유는 시대와 장소에 맞춰 하느님의 말씀이 끊임없이 육화(肉化, Incarnation)될 수 있도록 그 사업을 연장시켜 나가야 한다는 교회의 본질에서 찾아야 할 것이다. 즉 육화의 신비가 바로 토착화의 신학적 원칙인 것이다. 예수 그리스도 역시 특별한 시공간 안에 당신을 육화하셨다. 이 예수 그리스도의 육화는 유일회적인 것이지만 교회를 통하여 끊임없

전환이다. 보편 교회 안에서 많은 가톨릭 전례가 지역의 민속을 존중하면서 이를 가톨릭적 가치관으로 전환시켜 형성되었고, 여기서 행해지는 모든 전례 역시 문화적 경험의 산물이라는 점을 염두에 둔다면 가톨릭과 민속의 상호 동일화를 위해 민속에 대한 적극적인 수용이 요망된다.

'모든 문화는 종교를 중심에 놓고 있으며, 문화 없이 다른 종교를 이식하는 경우 그 종교는 끝내 소멸될 수밖에 없다. 만약 어떤 문화를 중심이 되는 종교로부터 분리시키면 민족정신을 훼손하는 것과 같다. 그러한 경우 어떤 종교가 외적인 강압이나 조건으로 이식되어, 겉으로는 없어서는 안 될 것처럼 보일지라도 종국에는 그 문화의 이방인임을 면할 수는 없을 것이다. 가장 합리적인 대안은 가톨릭문화가 그 지역 종교와 함께 그 지역문화 안에서 공존할 때만이 살아남을 수 있는 유일한 길이다'[80]고 언급한 요셉 라칭거의 말은 우리가 처한 상황에서 시사하는 바가 크다고 하겠다. 그는 먼저 일반적으로 언급되는 '토착화(Inculturation)'의 개념[81]에 대해 문화가 결핍된 신앙이나, 신앙이 결핍된 문화란 현실적으로 존재하지 않기 때문에 인위적이고 비현실적이라고 비판하면서, 대신 문화 간 만남이나 상호 문화성(Inter-culturation)의 개념을 해결 방안으로 제시하고 있다. 따라서 토착화 계획은 한 문화에 어떠한 불의도 가하지 않고, 인간 안에 내재한 진리를 향한 보편적 성향에 따라 그 문화가 새로운 문화의 힘으로 개방되고 발전될 때만 진정한 의미를 지니며, 그리스도 신앙과 다른 종교 그리고 그 종교가 살아가는 문화가 서로 내적으로 개방되어 있을 때,

---

이 재육화되어야 한다. 이 교회의 육화는 그리스도께서 스스로 어떤 특정한 민족과 '완전히 혼연일체가 되셨던'(선교 교령, 10항) 것을 본뜬 일종의 융합의 과정으로 볼 수 있다. 즉 육화의 신비는 교회가 자신이 속해 있는 민족의 사회적, 문화적 조건들을 받아들일 때마다 다시금 새롭게 탄생한다는 의미이다. 물론 여기에 교회의 보편성 문제가 제기될 수 있다. 그러나 공의회는 오히려 이 육화를 통해서 지역 교회나 보편 교회나 모두 더 풍요로워진다고 말하고 있다(선교 교령 22항 참조). A. J. Chupungco, 윤민구 편, 전례의 문화 적응, 『전례의 토착화』, 가톨릭출판사, 1990, pp.106-107 참조.

80) 요셉 라칭거의 토착화론은 1993년 홍콩에서 아시아 주교단과의 만남에서 발표된 Joseph Ratzinger, "Fede verita' tolleranza. Il cristianesimo e le religioni del mondo", Siena 2003, Cantagalli.를 참고할 수 있다. 특히 이 중 parte I, cap. II: "Fede, religione e cultura"(믿음, 종교 그리고 문화 pp.57-82)과 parte II, cap. III: "Fede, verita' e cultura"(믿음, 진리 그리고 문화, pp.193-221)에서는 좀 더 집약된 내용을 수록하고 있다.

81) 여기서 토착화(Inculturation)란 문화가 결핍된 신앙이 종교적으로 무관한 다른 문화에 이식되어 이전까지는 몰랐던 두 주체가 만나서 융합되는 것을 말한다.

즉 그들이 자연스럽게 가까워지고 일치하려 할 때 토착화가 제대로 이루어질 수 있음을 역설하였다.[82]

민속을 전승되는 모든 것으로 파악했을 때 토착화를 문화 간의 만남으로 보는 라칭거의 견해는 민속과 가톨릭의 대립과 갈등을 해결할 수 있는 가능성을 내포한다. 한국 가톨릭 신자들이 보이는 이중적 구조는 그 자체가 문제가 아니라 그것을 바라보는 시각의 문제이기 때문이다. 따라서 한국 가톨릭의 토착화 방향에 있어서는 우리의 정체성에 대한 고민과 아울러 현상을 바로 보는 시각의 조정이 필요하다.

이제 한국 가톨릭에서 민속, 특히 민간신앙적 요소는 우리가 거부할 것이 아니라 가톨릭과 우리문화의 만남 속에서 나타난 자연스러운 결과로 보아야 한다. 이는 기나긴 역사 속에서 우리 민족의 생활화된 민간신앙의 정당한 가치를 인정하는 데서 시작할 수 있다. 반만년 기층 종교적 심성을 유지해 온 우리 민족이 최근 200여 년 동안 외래 종교인 가톨릭을 수용하는 과정 속에서 보인 가톨릭의 변모는 당연한 것이고, 또한 비판받을 어떠한 이유도 없기 때문이다.

가톨릭과 민속은 보편 교회 내에서는 다양성 속의 일치를 한국 사회 내에서는 가톨릭으로 인한 지평의 확대를 이룰 수 있는 중요한 요소로 자리 잡는다. 따라서 제2차 바티칸 공의회 이후 지역문화를 반영한 '토착화'의 입장이 강조되고 있으므로 이러한 것들의 신학적 검토를 통한 수용 방안이 적극 검토되어야 할 것이다.

---

[82] 심상태, "요셉 라칭거 추기경의 토착화론", 『제삼천년기의 한국 교회와 신학』, 바오로딸, 2000, pp.252-283 참조.

천주가사의 음악적 특성 (I)
― 천주가사의 구비적 성격[1]을 중심으로 ―

김수정
(가톨릭대학교 전임연구원·음악학)

I. 서론
II. 이론적 전제
III. 구비성과 천주가사
   1. 기억 장치의 수단들
   2. 문학과의 관계성 안에서의 노래
   3. 문학의 상호 보완적 장치로서의 노래
IV. 천주가사의 음악적 특성과 교회음악적 의의
   1. 천주가사 자체의 특성
   2. 교회음악적 의의
V. 결론

I. 서론

조선 후기 천주교가 유입된 이후, 구전되거나 필사본 서책으로 전해지던 천주가사는 동학가사, 불교가사 등과 함께 종교가사로 분류되는 가사문학의 한 갈래이다. 천주가사의 발생과 성장 이후 200년이란 세월이 지난 지금, 그것의 음악적 형태를

---
[1] 본 논문은 '천주가사의 음악적 특성'을 연구하기 위한 시론적 성격을 가진다.

복원하기에는 마치 너무나 많은 시간들을 잃어버린 듯 아쉬움이 남기는 하지만, '천주가사는 노래인가?'라는 질문에 이 논문은 천주가사의 구비적 성격을 토대로 그것의 음악적 본질을 탐구해 보고자 한다.

최근이라고 하기에는 시간상으로 좀 먼 감이 있기는 하지만, 가사의 형태와 향유방식 변화의 관련 양상을 연구하는 1997년에 발표된 국문학계의 한 학위논문에서는 가사문학 일반의 음악성과 관련하여 다음과 같이 설명하고 있다. "시가(詩歌)의 향유방식은 음악성의 결합 정도에 따라 가창(歌唱), 음영(吟詠), 율독(律讀)의 세 가지로 구분할 수 있다. 가창은 악기 반주와 곡조에 맞추어 노래 부르는 방식이며, 음영은 악기 반주와 곡조 없이 단순한 가락을 반복하면서 읊는 방식이고, 율독은 가락도 없이 율격적인 리듬에만 의존하여 읽는 방식이다. 가창에서 음영으로 나아갈수록 음악성이 점점 감소하여 율독에 이르면 거의 0에 가까워진다." 이와 같이 앞에서 언급된 논문의 결론이 국문학적 차원에서 접근한 가사문학의 음악성에 대한 논의라 한다면, 본 논문에서는 가사문학의 한 갈래인 천주가사의 음악성을 음악학적인 시각에서 논의해 보고자 한다. 이는 무엇보다도 "가창에서 음영으로 나아갈수록 음악성이 점점 감소하여 율독에 이르면 거의 0에 가까워진다"[2]라는 견해는 19세기에서 20세기를 거쳐 가창보다는 음영과 율독이 보편적인 향유방식으로 알려져 있는 천주가사의 음악성에 논란을 가져올 수 있는 요소가 충분하기 때문이다. 좀더 설명하자면, '가사 향유 방식의 변천'을 '구비문학에서 기록문학으로의 전환'이라는 시가사(詩歌史)적 의의로 인식하는 견해 안에서, 가사의 향유방식만으로 또 그것의 음악성마저도 기록문화적인 관점에서 평가했을 때 간과할 수 있는 천주가사 그 자체의 음악성에 대한 문제가 제기될 수 있음을 뜻하는 것이다.

본격적인 문제 제기에 앞서 천주가사를 비롯한 가사문학의 음악성과 관련된 기존 연구들의 언급을 잠시 짚어 보고자 한다.

먼저 국문학계의 상황을 살펴본다. 국문학계에서 논의된, 그 논의가 물론 각 연구들의 주된 논제는 아닐지라도, 가사와 관련된 음악성에 대한 논의는 대동소이하

---

[2] 임재욱, 『가사의 형태와 향유 방식 변화의 관련 양상 연구』, 서울대학교 박사 학위논문, 1997, p.93.

게 가사의 향유 방식에 한정지어져 언급되고 있는 실정이다. 그리고 앞에서 잠시 살펴본 바와 마찬가지로, 가사의 향유 방식을 가창, 음영, 율독 이 세 가지의 형태3)로 나누어 설명하고 있다. 가사문학의 가창성과 관련해서는 기존 연구들4)의 성과에 힘입어 조선 전기의 가사들이 가창되었음이 규명되었다. 그리고 음영의 형태는 가창의 유습으로서 곡조를 모르는 사람들이 선택할 수밖에 없었던 차선책이었으며, 장편가사나 규방가사 그리고 천주가사를 비롯한 종교가사뿐만 아니라 양반가사마저도 조선 후기에 창작된 것들은 대부분 음영되었을 것으로 설명하고 있다.5) 말하자면, 음영은 조선 후기 가사 향유의 지배적인 방식이었다고 할 수 있는 것이다. 조선 후기에 이어 19세기 말, 개화기의 시점에서의 가사문학의 일반적인 변모6)는 그 향유 방식에 있어서도 가창이나 음영보다는 율독 내지는 문자의 의존성을 강하게 드러내는 완독의 형태를 수용하였던 것으로 보인다. 결국 이러한 향유 방식의 변모와 가사의 형태 변화가 가지는 관련 양상에 대한 언급들이 국문학계에서 관심을 가지고 논의하는 문제들이며, 천주가사에 관한 국문학계의 음악적 논의도 여기서 언급되어진다고 할 수 있다.

한편 천주가사에 관한 음악학계의 논의들은 오숙영(1971년)을 시작으로 홍민자, 최필선 그리고 강영애에 의해 이루어졌다. 오숙영은 천주가사의 음악적 연구의 가능성을 처음으로 제시한 연구자로서 천주가사를 '천주성가'라고 명명하고, 천주가사의 전개 시기를 구분하여, 천주교 성가의 형식적 특성과 가사(歌詞)의 변천사를 살피고 있다. 홍민자의 논의는 김진소에 의해 채집된 천주가사 <천당직로>에 음이 따르는 것으로 보고 착안하여 이를 채보·분석한 연구이다. 그리고 최필선에 의해서는 구전 천주가사의 채보를 통한 실질적인 음악 분석적인 연구가 이루어짐으로써 천주

---

3) 참조 이능우, 『가사문학론』, 일지사, 1977, pp.13-40: 가사를 그 향유 방식에 따라 '가창물로서의 가사', '음영물로서의 가사', '완독물로서의 가사'로 엄격히 구분하고 있다.
4) 임재욱은 16세기 이전의 가사로 학계에 알려진 작품 31편 중에서 가창되었을 가능성이 있는 것으로 <서호별곡>, <면앙정가>, <관서별곡>, <관동별곡>, <사미인곡>, <속미인곡>, <성산별곡>, <남정가>, <환산별곡>, <낙빈가>, <강촌별곡> 등을 설명하고 있다(임재욱, 앞의 논문, p.25). 그리고 그 밖의 조선 전기 가사의 가창성에 대한 언급은 임재욱, 앞의 논문, pp.17-24를 참조한다.
5) 임재욱, 앞의 논문, pp.27-28.
6) 장편화와 율격의 변화를 의미하고 있다.

가사의 음악적인 접근에 진일보한 성과를 보이고 있다.[7] 그녀는 "천주가사는 하나의 틀을 가진 선율 조각이 4·4조의 전통 언어 구조에 짧게 혹은 길게 반복되는 특성을 가지고 있으며, 이는 우리의 민요와 생태 구조가 같다"고 밝히고 있다. 그리고 이를 종교민요라 이름 짓고 있다.[8] 강영애 역시 채보된 천주가사의 음악적 특성을 각각 로마 가톨릭교회의 전례 성가인 그레고리오 성가의 영향, 민요의 영향 그리고 개화 시기 창가의 영향으로 나누어 분석하고 있다. 이들의 연구는 음영 형태의 음악 분석적인 연구와 음악 장르 간의 교섭 문제를 중심으로 진행되어 왔다. 그 이유는 가창과 관련해서 문헌적 근거나 음악적 재료를 찾는다는 것이 거의 불가능하기 때문에[9] 그나마 오늘날까지 그 흔적을 추스를 수 있는 음영의 형태에 치중할 수밖에 없었을 것으로 여겨진다.

이 논문에서는 천주가사의 연구에 있어 문학과 음악의 관련성에 대한 이해가 근본적으로 부족했음[10]을 우려하는 음악학계의 목소리와 더불어 가사의 향유 방식과 관련된 음악성만을 언급함으로 해서 천주가사 발생의 시점부터 근원적으로 내포되어 전승되고 있는 천주가사 자체의 음악성에 대한 연구가 아직은 많은 여지를 남겨 두고 있음을 지적하고 이에 대한 일련의 논의를 전개하고자 한다.

II. 이론적 전제

사실 가사(歌辭)라는 명칭은 우리 시문학의 본질인 음악적 근원을 단적으로 드러내는 열쇠다.[11] 가사란 쉽게 풀어 말하면 노랫말이다.[12] 그렇다면 천주가사란 가사

---

7) 참조: 김영수, "천주가사 연구의 성과와 전망",『천주가사 자료집 (하)』, 가톨릭대학교출판부, 2001, pp.621-622.
8) 참조: 최필선,「初期 韓國 가톨릭 敎會音樂에 대한 硏究. 경상도 내의 구전 천주가사를 중심으로」, 동아대학교 석사 학위논문, 1989; "초기 한국 가톨릭교회의 민족 교회음악",『음악과 민족』제4호, pp.61-87.
9) 조선 후기 이후 천주가사의 보편적인 향유 방식을 음영으로 규정짓고 있는 것이 현재 학계의 기본적인 견해임에도 불구하고 필자는 천주가사의 구비적 속성을 이유로 가창의 가능성을 완전히 배제하지 않고 있다.
10) 최필선,「초기 한국 가톨릭교회의 민족 교회음악」, p.61.

문학의 기존 틀 안에서 기독교적 가치관을 담아내는 노랫말을 의미하는 것이 된다. 그러니 가사나 천주가사(天主歌辭)는 노래로 불려지는 것이 섭리일 것이다. 그리고 이러한 노래는 다시 동시에 문학이면서 음악이라고 할 수 있다. 이러한 노래의 양면성을 유협(劉勰)은 다음과 같이 말하고 있다.

"시(詩)는 악(樂)의 마음이며, 노래(聲)는 악의 신체이다. 악의 신체는 노래이므로 악사는 악기를 바르게 조정하는 데 힘쓰며, 악의 마음은 시이므로 군자는 훌륭한 가사를 만들지 않으면 안 된다."

『문심조룡』[13]

이것은 노래라는 것이 문학과 음악이 모두 개재되는 영역이라는 것을 전제로 한 언급이다. 예술사 전개의 시각에서 보면 노래의 이 같은 양면성은 오늘처럼 문학과 음악이 독자적인 예술 장르로 자리 잡기 이전부터 가지고 있던 본원적인 것이다. 그리고 문학과 음악이 독자적인 영역으로 자리 잡은 이후에도 두 예술은 공유 장르로 남아 있는 것이다. 그러므로 노래에 대한 연구가 문학론과 음악론의 두 영역에서 전개되어 온 것은 지극히 자연스러운 일이라고 하겠다. 그러나 노래에 대한 두 분야의 문제의식은 서로 다르다. 노래를 문학으로서 연구하는 입장에서는 관심의 대상이 가사에 집중되어 있기 마련이고, 노래를 음악으로서 연구하는 입장에서는 거의 모든 관심이 악곡에 기울어질 수밖에 없다. 그리고 또한 노래를 부르며 향수하는 행위는 문학 행위인 동시에 음악 행위이기도 하지만, 그것은 결국 문화 행위의 일부가 되기도 한다. 그렇기에 노래 자체에 대한 논의는 문학론과 음악론을 넘어 문화론의 시각에서도 관찰되어져야 한다는 것[14]이 본 논문에서 전개하고자 하는 필자의 입장이다. 즉, 천주가사의 음악적 특성에 관한 연구를 기본적으로는 문화론을 포함한 노래론의 시각에서 관찰하고자 하는 것이다.

---

11) 조규익, 앞의 책, p.19.
12) 조동일, 『한국 시가의 역사의식』, 문예출판사, 1994, p.167.
13) 김영욱, "韓國詩歌樂論. 시와 노래하기", 『한국 음악사 학보』, 제16집, p.67.
14) 강등학, "노래론을 위한 문학론과 음악론의 문제", 『한국 음악 연구』, 제26집, pp.5-6.

문자가 없던 시기에 노래가 주된 표현 수단이었음은 두말할 필요가 없다. 우리말과 노래에 맞는 우리의 문자가 생겨나고서야 노래로 이어져 오던 노랫말의 실체를 짐작할 수 있게 되었기 때문이다. 그러나 우리 글자로 노랫말을 만들 수 있게 된 단계에 이르러서도, 그러한 작업은 '문학한다'는 의식하에서 이루어진 것은 결코 아니다. 대부분 '노래 한 자락'의 소산일 뿐이었다.15) 따라서 우리 글자로 이루어진 노랫말이라면, 천주가사 역시 '부르고 듣는 문학', 즉 구비문학의 입장에서 바라보아야 비로소 그 실체가 드러난다는 관점은 나름대로의 타당성을 얻을 수 있다고 생각한다.

기록문학화된 천주가사를 '천주가사는 노래다'라고 정의 내렸을 때, 이에 후속되는 가설은 시와 노래의 전통적 기반의 근저에 내포되어 있는 구비성에 대한 문제를 의심케 한다. 천주가사의 보급 과정에서도 변질되지 않은, 천주가사 발생의 의도가 물론 '노래 부르는 것'은 아니다. 천주가사는 기독교적인 가치관을 담은 노랫말이므로, 발생상의 본질적인 기능은 '기독교적인 가치관 전달'에 있는 것이다. 그리고 선율에 맞추어 불려지던(가창), 그보다는 단순한 가락으로 반복되는 형태(음영)를 취하든 기독교적인 가치관을 담은 말과 사고는 노래에 실려 언제나 인간끼리 주고받는 실제 상황 안에서 존재했을 것이다. 그러므로 우리가 손에 쥐고 있는 천주가사 필사본이나 인쇄본은 그러한 실제 상황을 떠나서 비현실적, 비자연적인 세계 속에서 수동적으로 이루어진 천주가사 그 자체의 일면일 뿐이다. 따라서 천주가사 필사본이나 인쇄본이 천주가사의 전부를 대신할 수 없는 것처럼, 천주가사에 대한 연구 또한 기록의 시점에서 남겨진 문자적 현상 외에 그 전승의 단계에서 발생할 수 있는 구비적 현상에 주목할 수밖에 없는 것이다.

본 논문에서는 천주가사의 구비성에 관한 문제를 관찰함으로써 노래론의 입장에서 바라본 천주가사의 음악적 특성에 관한 연구를 시작하려고 한다.

다음 장들에서는 그와 관련된 사고방식의 체계들을 정형성, 율격성, 노래의 세

---

15) 조규익, 앞의 책, pp.19-20. 참조: 조규익, "조선조 장가 가맥의 일단", 『한국 가사문학 연구』, 태학사, 1995, pp.211-236: '가사는 노래, 즉 가창문학이었다'는 것을 대전제로 '조선조 長歌 歌脈'을 이루고 있는 것으로 파악하였다.

가지로 분류하여 설명하고 그와 관계된 천주가사의 논의를 통해 천주가사의 음악적 특성에 관한 예비적 관찰을 시도해 보겠다.

III. 구비성과 천주가사

1. 기억 장치의 수단들

오늘날 읽고 쓸 수 있는 사람들이 배워서 그 결과로 알게 된, 즉 생각해 내는 조직화된 지식은 거의 대부분 예외 없이 쓰기에 의해서 그들의 이용에 편리하도록 만들어지고 조립된 것이다.[16] 그렇다면 문자가 존재하지 않았거나 그 의존도가 낮은 구술문화에서는 어떠한 방법들을 거쳐 경험과 경험의 내용들 그리고 그것들을 통해 축적되어지는 사고들을 기억하고 재생해 낼 수 있었을까? 그것은 아마도 관습적인 기억 체계의 기술에 의해 가능했을 것이다.

일차적인 구술문화에서 잘 생각해서 말로 표현한 사고를 기억해 두고 그것을 재현하는 것을 효과적으로 하기 위해서는, 바로 말로 할 수 있도록 만들어진 기억하기 쉬운 형태에 입각하여 사고하지 않으면 안 되었을 것이다.[17] 그리고 이러한 사고는 다음과 같은 방식을 요구하게 된다. 강렬하게 리드미컬하고 균형 잡힌 패턴이거나, 반복이나 대구이거나, 두운과 유운(類韻)이나, 형용구와 그 외의 정형구적인 표현이나, 표현화된 주제적 배경(집회, 식사, 결투, 영웅의 조력자 등)이거나, 누구나 끊임없이 듣기 때문에 힘 안 들이고 생각해 내고 그 자체도 기억하기 쉽고 생각해 내기 쉽게 정형화된 격언이나, 혹은 그 밖의 기억을 돕는 형식들이 그것이다.[18] 따라서 진지한 사고 역시 기억 체계와의 밀접한 연결을 통해서만이 그 보존과 재생 그리고 전달이 가능할 것이다. 그리고 이러한 기억의 필요성은 일상생활의 대화 내용까지도 문화

---

16) 월터 J. 옹, 이기우·이명진 역, 『구술문화와 문자문화』, 문예출판사, 2000, p.56.
17) 월터 J. 옹, 위의 책, p.57.
18) Eric Alfred Havelock, *Preface to Plato*, Cambridge, Belknap Press of Harvard University Press, 1963, pp.87-96, 131-132, 294-296. (재인용: 월터 J. 옹, 위의 책, p.57.)

적 관습 체계 안에서 결정하게 한다.

1) 정형성

이 장에서는 위에 언급된 기억에 동원되는 장치들을 '정형성'이라는 원리 안에 폭넓게 수용하여, 그중 몇몇 경우에 대해서 살펴보고자 한다. 정형성을, 우리는 일반적으로 '상투적인 표현'이나 '관용구적인 표현' 혹은 '공식구'라는 말로 대신할 수 있다. 정형성을 지닌 관용어구들은 역사적으로 축적되어 온 사회적·문화적 산물로서 그 공동체가 공유하는 것임과 동시에 학습과 반복에 의해 특정 개인이나 집단의 차원에서 이루어지는 것이며, 이들은 그 자체로서 사람들과 그들의 문화 속에 '살아 있는 유용한' 장치인 것이다.19) 그리고 정형구는 운율적인 담론을 돕고, 동시에 모든 사람들의 귀와 입을 통해서 유통하는 관용 표현으로서 그 자체로 기억에 도움이 되며 사고의 실체를 이룬다. 그렇지 않으면 어떤 형식으로든 사고를 형성하는 것이 불가능하다. 왜냐하면 사고가 바로 그러한 정형구 속에 들어 있기 때문이다. 어떤 말이든 그리고 그 말을 통해서 전해지는 어떠한 개념이든 그것들은 일종의 정형구라는 의미다. 즉 어떠한 말이든 어떠한 개념이든 그것들은 일정한 방식으로 경험한 결과를 처리하고, 경험과 반성을 머릿속에서 정리하고 간추리는 방법을 결정하는 장치로서 나름대로의 기능을 발휘한다는 의미에서, 당연히 어떠한 표현이든 어떠한 생각이든 그것들은 어느 정도는 정형구의 성격을 지닌다는 뜻으로 해석될 수 있다.20)

그리고 이러한 정형성의 원리는 구술문화 안에서는 문학뿐만 아니라 음악21)에서도 그 쓰임이 보편적이어서, 여러 시각에서 시도되어지는 관련 논문들을 만날 수 있다. 문학계에서는 Albert B. Lord(1960년대)의 'Formula론'에 이어 박경신의 '작시

---

19) 박경신, 「巫歌의 作詩原理에 대한 現場論的 硏究」, 서울대학교 박사 학위논문, 1991, 국문 초록 p.2.
20) 월터 J. 옹, 앞의 책, p.59.
21) 음악학계 내에서도 이와 관련하여 '짜깁기 작법' 내지는 '첸토니 작법'(centonizzazione)이나 '빌려쓰기 작법'(Melodie tipo) 등의 음악적 정형성과 관련된 연구들이 있지만, 본 논문에서는 의도적으로 제외시키는 것을 원칙으로 한다. 최필선의 「初期 韓國 가톨릭 敎會音樂에 대한 硏究. 경상도 내의 구전 천주가사를 중심으로」역시 같은 맥락에서 이해될 수 있다.

원리론'(作詩原理論)나 이헌홍의 '상투적 표현법' 등이 있다.22) 이러한 연구들은 아직까지는 그 용어와 개념 정리에 있어 분분한 감은 있으나, 무가(巫歌)나 판소리 등 구전문학의 보편적인 기법에 대한 연구와 그것들의 장르 간의 교섭 문제를 관찰함으로써 구전문학의 특성을 밝히는 데 크게 기여할 수 있는 연구들이다. 천주가사에 관해서도 이경민의 '표현 방식'23)에 관한 연구가 부분적으로는 같은 맥락에서 다루어질 수 있다. 그 밖에도 강순조, 김우용, 양희찬, 박춘석, 심재근, 진연자, 장수진 등24)의 연구도 천주가사의 담론을 주제로 한 논문들이기는 하지만, 대부분이 천주가사의 내용에 집중돼 있어서, 아직까지는 정형성의 원리와 관련한 전문적인 연구나 전통문화와의 상관성에 대한 연구로서는 미비한 상태이다.

따라서 본 논의를 바탕으로 하여 천주가사의 정형적 특성을 분석하기로 한다.

구전문학은 전체적인 서사 구조를 정형화하여 일정한 정형구(formula, 공식구)를 적용·반복하는 원리에 따라 작품이 구송25)되기 때문에, 구비성을 그 속성으로 가지는 천주가사에서조차 반복이나 표현의 유사성을 찾는 것이 그리 어려운 문제는 아닐 것이다. 다음의 예를 통해 천주가사가 잡가나 단가의 정형구를 적용·반복하는 경우를 보게 될 것이다. 이는 조선 후기 천주가사가 시대적 변화를 반영하며, 다른 문학 갈래와의 활발한 교섭 양상이 나타나 결국 우리 문학의 범주 안에 자리 잡고 있음을 보여

---

22) 이러한 원리를 구전 공식구 이론(Formula)이라고 하는데, 구비문학계에는 널리 알려져 적용되는 것으로, 1960년대부터 로드(Albert B. Lord)가 주창하였고, 우리나라에서는 박경신, 이헌홍 등의 연구자들이 이를 원용하고 있다. 참조: Albert B. Lord, *The Singer of Tale*, New York 1973, Harvard University Press, pp.30-67; 이헌홍, "심청가의 상투적 표현 단위에 대하여", 『민속문화』 제3집(1981); 박경신, 「巫歌의 作詩原理에 대한 現場論的 硏究」, 서울대학교 박사 학위논문, 1991 (재인용: 김영수, 「천주가사 연구의 성과와 전망」, p.616).
23) 이경민, 「天主歌辭 硏究」, 전남대학교 박사 학위논문, 1997, 강순조, 「天主歌辭의 表現技法과 意識에 關한 硏究」, 동국대학교 석사 학위논문, 1995.
24) 다음과 같은 논문들이다. 강순조, 위의 논문; 김우용, 「崔良業 天主歌辭 硏究」, 세명대학교 석사 학위논문, 1998; 양희찬, "박해 시대 천주가사에 나타난 현세적 의식과 신앙관에 대한 고찰", 『한국천주교회사의 성찰』, 한국교회사연구소, 2000; 박춘석, 「천주교 잡지를 통해 본 국문학」, 계명대학교 석사 학위논문, 1978; 심재근, 「천주교 가사 연구」, 원광대학교 석사 학위논문, 1982; 심재근, "천주가사 연구. 경향신문(1906~1910년)에 발표된 작품을 중심으로", 『국어국문학 연구』 제8집; 진연자, 「天主歌辭硏究. 경향잡지(1911~1918년)에 실린 작품을 중심으로」, 한남대학교 석사 학위논문, 1993; 장수진, 「天主歌辭樣相硏究」, 홍익대학교 석사 학위논문, 1996.
25) 참조: 김영수, 「천주가사 연구의 성과와 전망」, p.616.

주는 것이다.26)

① 천주가사와 다른 문학 장르 간의 교섭: '어화 세상 ○○네야 이내말삼 드러보오'

천주가사
 어와세상 벗님닉야 이네말슘 드러보쇼(<천주공경가>)
 어화 벗님네야 우리본향 ᄎᆞᄌᆞ가세(<사향가>)
 어화세상 스룸드라 져스람들 거동보쇼(<경세가>)
 어화우리 회원첨공 통회스승 뉘기신가(<피정가 2>)
 어화우리 사룸이여 우쥬간에 빗겨셔셔(<충효가>)
 남녀교우 형님네아 이내말슘 들어보소(<삼세대의>)
 남녀동포 형제네야 이내말슘 드르시오(<망본국태평가>)
 우리동포 벗님네야 이내말슘 드러보오(<시세를 탄식하는 노래>)
 에야 인류동포 우리형데 ᄆᆞ옴불너 무러보오(<ᄌᆞ가>)
 농부농부 뎌농부들 이내말을 드러보소(<권농가>, 경향신문 1908년 8월 14일)
 어화우리 동포님네 이노래 드러보시오(제목없음, 경향신문 1908년 11월 6일)
 어화우리 학도들아 익국가를 불너보새(<익국가>, 경향신문 1909년 5월 14일)
 어화쳥년 학도들아 익국스샹 ᄒᆡ여보새(<권면학생가>, 경향신문 1909년 6월 11일)
 어화우리 동포형데 경세죵을 드러보오(<경세죵>, 경향신문 1909년 6월 25일)

단가 내지는 잡가
 어화세상 벗님네야 이내말씀 들어보소(<효행문>)
 어와세상 동류들아 이내말씀 들어보소(<효자문>)
 어와세상 사람들아 이내말씀 들어보소(<망부가>)
 여보시오 시주님네 이내말씀 들어보소(<회심곡>)
 앞뒷마을 벗님네야 화전놀음 가자스라(<화전가>)

---

26) 김영수, "천주가사의 문학적 연원과 전개 양상", 『천주가사 자료집 (상)』, 가톨릭대학교출판부, 2000, pp.598-599.

어화우주 벗님네야 음악가를 들어보소(<음악가>)
어화세상 벗님네야 초한승부 들어보소(<초한가>)
어화청춘 소년님네 장부가를 들어보소(<장부가>, <신유경창>)
어화청춘 소년들아 청춘을 허송말고 헐일을 허여보세(<효도가>)
어와청춘 소년들아 이내말씀 들어보소(<오륜가>의 "애친문")
어화청춘 벗님네야 청춘을 자랑마소(<죽은 안해를 꿈에 만나는 상사>)
어화세상 벗님네야 이내한말 들어보소(<어화세상>, <초로인생>, <태평가>)

보기 ①은 각각 천주가사와 단가 내지는 잡가에 나타난 서두의 공식적인 표현 방식이다. '어화 세상 ○○네야 이내말삼 드러보오'의 서두는 조선 후기 사설시조, 가사, 잡가, 단가 등에 많이 나타나는 유형으로, 특히 가창되는 작품에서 많이 발견된다.27) 따라서 천주가사에서 이러한 표현 방식을 사용했다는 것은 동시대의 여러 문학 갈래와 서로 교섭했을 가능성이 많다는 것을 나타낸다.28)

다음의 보기 ②에서는 보기 ①에서 확인된 문학 장르 간의 교섭의 실례를 천주가사 이본 사이에서도 확인하는 작업이다.

② 천주가사 이본 간의 교섭: <사향가>29)

---

27) 성기련, "율격과 음악적 특성에 의한 장편歌辭의 갈래 규정 연구", 『한국 음악 연구』 제28집, p.282.
28) 참조: 김영수, 「천주가사의 문학적 연원과 전개 양상」, pp.598-599.
29) 참조: 김영수 편, 『천주가사 자료집』(상・하), 가톨릭대학교출판부, 2000/2001. 그 밖에의 예들은 다음과 같다.

㉮ 언양성당본   금베두루본

<40-앞>
이졔이말 안드러며 후회무궁 ᄒᆞ오리라   이졔이말 안드라면 후회무궁 ᄒᆞ오리라
                                               <21-앞>
이리이리 명증ᄒᆞ고 져리져리 긔유ᄒᆞ니   이리이리 명증ᄒᆞ고 져리져리 긔유ᄒᆞ니
리궁ᄒᆞ고 뎌궁ᄒᆞ야 다시회방 아니ᄒᆞ니   이궁ᄒᆞ고 어궁ᄒᆞ야 다시훼방 아니ᄒᆞ나
엇지보니 진노ᄒᆞᆫ듯 엇지보니 범연ᄒᆞᆫ듯   엇지보니 지루ᄒᆞᆫ듯 엇지고면 번민ᄒᆞᆫ닷
아모말도 아니ᄒᆞ고 면하놀만 보는도다   아모말도 아니ᄒᆞ고 면ᄒᆞ날만 보는쏘다
                                               어와 벗임너야 셰속스롭 갈런홀스
                                               우리만일 불희ᄒᆞ야 춤도리롤 못듯더면

언양성당본

<37-앞>
착흔일에 올마가며 고국에 본님금이

주연이 알으시고 련민홈을 드리우샤
도로다시 불너드려 복락으로 샹을주고
총이를 다시밧아 무궁무진 호오리라
어화 벗님내야 우리고향 추주가주

쥬겹몽수 지나거나 영겹중에 빠질거슬

㈁ 언양성당본
아모말도 아니호고 면하늘만 보는도다

쥬겹몽수 지나거나 영겹중에 빠질거슬
〔중략〕
<40-뒤>
예수셩우 그아니며 셩모은보 이아닌가

종신토록 감샤흔들 만일이나 갑흘쇼냐
어화 벗님너야 우리고향 가스이다
셰쇽훼방 듯지말고 셰쇽톄쇽 보지말고
셰쇽명망 취치말고 셰쇽일락 탐치말고

좁은길노 보로추쟈 대부모를 보스이다

천주가사본

착흔일에 올마가면 고국에 본님금이
<44-앞>
주연이 알으시고 련미홈을 드리우샤
도로다시 불너드려 복낙을 샹을주고
총이를 다시밧아 무궁무진 호오리라
어화 벗님내야 우리고향 추주가셰
이셰샹은 역녀소니 문물이 만흐여도
내홀물건 아니로다 우션에 빌어신들
필은 갑흐리니 슬푸다 셰쇽사롬

취싱몽수 지녀다가 영겹희에 빠질거살

한국정신문화연구원본
아모말도 아니호고 면하늘만 보는도다
<25-뒤>
어화 벗님네야 셰쇽사롬 가련홀샤
취싱몽수 지내다가 영겹희에 빠지거놀
〔중략〕
텬쥬셩우 그아니며 셩모은보 그아니냐
셰샹현인 경셔에도 허형불미 흐엿시며
<26-앞>
텬국대연 이라샤야 빅테종향 흐나니라
〔중략〕
<26-뒤>
봉교인의 일을보면 셰쇽사롬 아니니라
희황젹에 비겨볼가 요슌때가 비겨볼가
춤도리를 속히비화 인물힝셰 일치말나
죵신토록 감수흔들 만일이나 갑흘소냐
어화군향 벗님네야 우리고향 가사이다
셰쇽훼방 탐치말고 셰쇽톄면 보지말나
인간명리 탐치말고 인간일락 탐치말나
삼구를 힘써치고 칠도를 굿게막어
<27-앞>
텬당길흘 보로추자 대부모를 보사이다

천주가사의 음악적 특성 (I)

	다후러치 브러두고 밧비밧비 고원가시
조물진쥬 츠즈보고 형뎌졔우 다시보셰	조물진쥬 차자보고 형데교우 다시보자
본가산을 츠자보며 이거시 내집이라	본가손을 츠지ᄒᆞ며 이거시 내집이라
반갑ᄒᆞ고 즐겁기가 불워홀것 젼혀업다	반갑ᄒᆞ고 즐겁도다 불버홀것 젼혀업다
<u>어화 벗님닉야 우리락토 츠즈ᄀᆞ쟈</u>	<u>어화 벗님내야 우리락토 츠즈가쟈</u>
	<u>어화 벗님내야 우리고향 가사이다</u>
	져간에 미묘ᄉᆞ졍 엇지다 말을ᄒᆞ랴
	(중략)
	텬쥬샹졔 브리심은 고로음이 무궁ᄒᆞ다
잠간셰상 위ᄒᆞ다가 무궁령셰 엇지ᄒᆞ며	잠갓셰샹 위ᄒᆞ다가 무궁영셰 엇지ᄒᆞ며

보기 ②의 경우에서 살펴보았듯이, 천주가사 <사향가>의 이본들 간의 정형구 '어화 세상 ○○네야 이내말삼 드러보오'의 적용과 반복 그리고 활용은 다채롭게 증명되고 있다. 그러나 여기서 주의를 잃지 말아야 할 것은, 그러한 다양성의 활용이 의미하는 바가 '정형구의 사용이 그것의 관습적인 맥락에서 이르어지고 있다'라는 것이다. 그리고 이러한 사실은 기록화된 천주가사에 있어서도 그것의 전승이 구전에 의존하고 있음을 다시 한 번 더 입증하는 것이다. 천주가사는 기록의 시점에서도 끊임없이 자체의 구비적 성격에 의해 재생되고 전승되며, 기록되어진다는 것이다.[30]

천주가사 <사향가>는, 이본 간에 따라 그 차이가 있을 수 있겠지만, 일반적으로 장편의 가사로 전해지고 있다. 행으로 따지자면 500행이 넘는 길이이다. 이토록 길고도 긴 한 편의 가사를 어떻게 해서 작성할 수 있었을까?[31] 거기에는 이야기 상대가 필수적이다. 왜냐하면 계속해서 몇 시간이고 혼잣말을 지껄인다는 것은 어려운

---

[30] 무가(巫歌)난 판소리의 학습 상태에서도 알 수 있듯이, 당대의 문화가 가지는 구전적 성격은 천주가사의 존재와 양상에도 영향을 미치지 않을 수 없었을 것이다. 최양업 신부의 서한집에서도 그 한 예를 발견할 수 있다. 참조: 최양업, 『너는 주추 놓고 나는 세우고』, 바오로딸, 2001, p.66: "조선에서는 일상 기도문이 짧지 아니한데, 바르바라는 그것을 모두 암송하였습니다. 또한 교리문답책과 신자 교리책 그리고 성녀 바르바라, 성베드로와 바오로의 성인전 및 조선의 여러 순교자들의 행적과 그 밖에도 조선 사람들이 고상하고 신심 깊게 언문으로 쓴 다른 작은 신심서들도 암송하고 있었습니다."

[31] 물론 시간의 흐름 안에서 첨가되어질 수 있었음도 상상하지 않는 것은 아니다.

일이기 때문이다. 구전문화에서 오래 계속되는 사고는 사람과의 대화와 결부되어 있을 때 가능하다.32) <사향가>에서도 다양한 대화 기법은 논리의 흐름을 쉽게 파악하여 구술과 암기에 도움을 줄 수 있는 저장 장치의 하나이었을 것이다. 그리고 뿐만 아니라, 이러한 기법은 우리 고유 예술인 무가(巫歌)나 판소리와 흡사한 구조를 보이고 있다. 대화의 흐름은 다른 장르 간의 교섭의 현상 안에서, 정형구의 형성과 그 반복으로 끊임없이 계속되어질 수 있는 것이다. 애당초 누군가에 의해 작성된 천주가사일지라도 그것의 전승에서는 당대의 문화적 관습 안에서 어렵지 않게 다시 불려지고 또다시 불려졌을 것이다. 기록문학으로서의 천주가사의 작사자는 한 개인의 문제일지 모르지만, 구전문학으로서의 천주가사의 작사자와 작곡자는 개인이자 가톨릭 신앙을 고백하는 신자 전부이며 그들의 공동체인 교회인 것이다.33)

천주가사의 경우처럼, 가사문학 일반의 경우도 기록문학의 형태로 우리에게까지 전해진 장르이기에 그 창작의 시점을 기록의 시점과 동일시 볼 수 있는 가능성을 완전히 배제할 수는 없다. 심지어는 한글 창제 이전의 가사문학조차도 대체 문자를 이용한 기록문학 행위로 창작되었다고 보는 견해도 있다.34) 그럼에도 가사문학이 보편화되는 조선 시대에 있어서 전기의 경우는 작품 대부분이 작가를 알 수 있다는 사실이 주목할 만한 점이며, 후기에 이르러서는 작가의 '익명성'이 두드러진다는 것이 전기와는 다른 점이다. 그리고 이러한 익명성에 힘입어 조선 후기 가사문학에는 동일한 제목의 유사한 계열의 작품들이 반복적으로 양산됨을 발견할 수 있는데, 이는 가사가 기록문학임에도 불구하고 그 기본적 속성 안에 구비적 생산 양식이 들어가 있음을 증명하는 의미 있는 현상이다.35) 가사문학의 하위 갈래로서의 천주가사는 가사문학 일반이 가지는 이러한 시대적 경향에서 예외일 수 없었을 것이다.

2) 율격성

정형구적 특성으로 설명될 수 있는 구술문화의 언어 체계는 다시금 상대적으로

---

32) 참조: 월터 J. 옹, 앞의 책, p.56.
33) 참조: 최필선, 「초기 한국 가톨릭교회의 민족교회음악」, p.73.
34) 고순희, "가사문학의 구비적 성격", 『新編 古典詩歌論』, 새문사, 2002, p.403.
35) 참조: 고순희, 위의 논문, pp.402-405.

일정한 율격성36)에 의해 완성되어진다고 볼 수 있다. 다시 말하자면, 구술문화에 입각한 사고가 오래 계속되면, 비록 정형시가 아닌 경우에도 대단히 리드미컬한 것이 되기 십상이라는 뜻이다. 왜냐하면 리듬은 심리적으로 보더라도 무엇인가를 환기해 내는 것을 돕기 때문이다.37)38)

언어를 일차적 자원으로 삼고 있는 문학의 경우, 그 문학사의 일반적인 과정에 대한 이해를 토대로 했을 때, 문학은 원래 산문보다 율문에서 먼저 발전되었다. 그리고 문학의 초기 단계에서는 어디서나 오늘날의 이른바 미문학(belles-lettres)의 범위 안에 드는 것만 율문으로 나타내지 않았고, 역사나 철학은 물론 모든 실용적 지식까지도 율문으로 서술했다.39)

여러 가지를 전달해 알리기 위해, 알려 유익하도록 하기 위해 율문이 사용되었으니, 이를 국문학계의 일부 학자들은 교술율문(敎述律文)40)이라 칭한다. 그리고 교술

---

36) 율격성에 대한 이론적인 관점들은 성기옥, 『한국 시가 율격의 이론』, 새문사, 1986을 참조한다. 율격은 일상어가 음성을 자원으로 하여 그 사회의 '축적적 승인'에 의해 이루어진 전언 체계라면, 율격 또한 음성을 자원으로 하여 그 사회의 '축적적 승인'에 의해 이루어진 율동 체계라 할 수 있다. 율격은 언어 원칙을 기초로 하지만, 동시에 언어 원칙을 뛰어넘어 존재할 수 있는 그 자체의 자생적인 논리와 필연성을 가지고 있다. 율격은 단일한 수준에서 구조화된 단선 체계가 아닌 것이다. 율격은 오히려 여러 수준에서 파악될 수 있는 다양한 층위의 복합적인 체계로서 인식되어야 한다. 원자론적인 수준에서 본다면 율격의 형성에 있어 가장 작은 요소라 할 기저 자질의 체계, 기저 자질을 이루는 음보 체계, 음보들의 구조인 행의 체계, 행들의 구조인 연의 체계가 있다. 어느 층위를 기준으로 파악하느냐에 따라 그 율격은 실상은 상당히 다른 모습으로 나타나기 마련이다. 이들 여러 수준의 다양한 층위들 가운에 고정적이며 규칙적으로 반복되는 층위가 어느 것인가? 율격에 있어서 반복의 기준 단위는 음보가 아니라 이들 음보의 상부구조인 행이어야 한다. 율격은 그 실체가 본질적으로 고정적 규칙성과 항상성을 지닌다. 율격은 발화를 율문으로 만드는 작용 주체로서 능동적으로 관여하는 하나의 실체로서 이 반복적 속성으로 말미암아 내재하는 규칙성을 분명히 하고 뚜렷한 질서를 획득할 수 있다.
37) Eric Alfred Havelock, *op. cit.*, pp.97-98.
38) 고대 유다인들의 타르굼(targum)에 있어 그리고 고대 히브리어에 있어, 리드미컬한 구술 형태, 호흡과정, 몸짓 그리고 인체의 좌우 대칭과의 사이에 밀접한 관련이 있다는 것을 주스는 분명히 했다 (Cf. Marcel Jousse, *Le Style oral rhythmique et mnemotechnique chez les Verbomoteurs*, Paris, G. Beauchesne, 1925).
39) 조동일, 『한국문학의 갈래 이론』, 집문당, 1992, p.65. 참조: 장 자크 루소, 주경복·고봉만 역, 『언어 기원에 관한 시론』, 책세상, 2002, p.97.
40) 참조: 조동일, 『한국문학의 갈래 이론』, pp.51-77: 조동일은 국문학의 일반적인 장르 구분의 기준 (서사, 서정, 희곡) 이외에도 '교술'을 포함시켜 국문학의 장르를 구분하고 있다. 교술의 장르는 서사, 서정, 희곡, 그 어느 장르에서 귀속될 수 없는 '사실이나 경험을 서술하고 알려 주장하는

율문의 역사는 문학 이전, 문학이 각 장르로 나누어지기 전에 이미 존재했던 것이므로 원시 시대까지 소급된다. 문학으로 치자면 교술율문은 어느 나라에서나 고대부터 발달된 문학의 오랜 장르이다. 우리도 그 점에서 예외가 아닐 것이다. 그리고 일찍이 기록문학화하지 못한 채 구비문학으로 전승되었을 교술율문이 노래화되었다면 그것을 교술민요라 할 수 있을 것이다.41)

교술민요의 율격적 특성은 4음보 연속체라 할 수 있다. 그러나 이러한 교술민요의 율격적 특성은 교술민요뿐만 아니라 거의 모든 서사민요나 서사무가도 함께 지닌 우리 구비문학의 기본 율격의 하나이며, 조선 후기까지 시조나 가사에 있어 보편적인 율격으로 유지되고 있음은 그 율격적 성격 또한 다른 어떤 율격형보다도 우세함을 의미하는 것이다. 교술율문과 교술민요의 장르적 존재를 인정하는 국문학자들에게 있어, 결국 가사는 구비문학인 교술민요의 기록문학으로의 발전으로 이루어졌다고 하지 않을 수 없다. 구비문학인 교술민요가 개인작의 기록문학인 가사로 이행된 것이다.

가사의 율격적 기원을 구비문학인 교술율문과 그 실연인 교술민요에서 찾는다면, 이는 가사문학이 비록 기록화된 문학임에도 불구하고 교술민요의 구비성을 다분히 내포할 수 있음을 시사한 것이며, 조선 후기에서 개화기까지 유지되는 천주가사의 율격성 안에서도 다시 증명된다.

가사문학은 시가 양식이면서도 또한 산문과 유사한 장르적 특성을 지닌다. 이것은 가사가 말과 유사한 '구술성'(口述性)을 지니고 있기 때문이다. 가장 쉽고 보편적인 4음보 연속의 형식은 길게 서술하는 데 장점을 지니며, 여기서 말과 유사한 '구술성'을 지니게 된다. 즉 4·4조의 연속 율문체이면서 서술체라는 형식은 우리말의 말하기와 가장 유사한 율문 양식이라는 것이다. 따라서 말과의 유사성은, 그것을 가사를 창작하고 향유하는 담당층으로서는 자연스럽게 '구비적 정신'을 보다 많이 지니게 한다. 이와 같이 가사문학은 율격적인 면에서 민요에 기원을 둔 쉽고 보편적인 형식에, 구조면에서 말과 유사하다는 장르적 성격을 지닌다. 이러한 가사문

문학작품'들을 포괄적으로 아우르는 장르라 할 수 있다.
41) 조동일, 『한국문학의 갈래 이론』, p.65.

학의 장르적 성격이야말로 조선 후기 가사문학에 '구비적 성격'을 활발히 발현할 수 있게 만든 기본 요인이었던 것으로 보인다. 조선 후기에 이르면 담당층이 확대되고 기록문학 창작에 익숙하지 않은 층까지 포섭하게 된다. 그러면서 가사문학의 형식 자체가 지니고 있는 '구비적 정신'이 유감없이 발휘된 것이라고 볼 수 있다. 가사문학이 생활 문화의 하나로 인식되어 작가가 누구인지 몰라도 되는 가운데 쓰이고 유통되었으며, 일상생활에서 '소리' 내어 외우고 읊으며 내용도 덧붙여 가면서 이본도 만들고, 유사한 다수의 작품을 반복 생산하는 문화 현상을 빚어낸 것이다.42)

따라서 천주가사의 율격성은 구비전승의 의미 있는 부분을 이루며, 구체적인 작품 분석을 통해서도 확인될 수 있는 사항이다.

<십계명가>와 <천주공경가>를 시작으로 하여 천주가사의 운율은 발전 성숙기를 거쳐 개화기에 이르기까지43) 4음보의 율격을 비교적 평균적으로 유지하고 있는 것으로 분석되었다.44) 4음보를 기준으로 하는 천주가사의 율문의 정형성은 그 음수율에 있어서 조선 전기 가사문학 일반의 그것과 비교하여 볼 때 3·4조의 음수율을 유지하며 4·4조로의 좀 더 획일적인 율격의 변화를 겪게 되었고, 개화기에 이르러서는 6·5, 7·5, 8·5조의 3음보 내지는 3음보 혼합형뿐만 아니라 그 밖의 율격의 형태도 찾아볼 수 있다. 그러나 일반적으로는 4음보의 율격성을 유지하며 음수율의 변화를 경험하고 있는 것으로 보는 것이 학계의 공통된 의견이다.45)

여기서 엄정한 객관적 논리에 따라 그리고 엄격히 규정된 규칙에 의해서만 율격이 실현되어야 한다는 필연성은 존재하지 않는다. 오히려 그러기를 바라는 기대 자체가

---

42) 고순희, 앞의 논문, p.415.
43) 천주가사의 기원과 시기 구분의 문제는 김영수, 「천주가사의 문학적 연원과 전개 양상」, pp.607-610을 참조.
44) 참조: 이경민, 앞의 논문, pp.47-53.
45) 참조: 조동일, 『한국문학의 갈래 이론』, pp.73-74: 여기서 음수율의 변수는 조선 후기의 평민가사나 내방가사 내지는 종교가사 일반의 공통적인 속성으로서 이러한 대중화된 가사들의 성격이 조선 전기의 사대부의 그것들과는 일부 다른 성격을 내포하고 있음을 시사하는 것이기도 하다. 이들 가사들이 사대부의 가사와 다른 점은 무엇보다도 형식에 있어서 엄격성을 요구하지 않는다는 것이다. 이는 평민가사나 내방가사 그리고 종교가사가 기록성보다는 구비성을 강하게 유지하고 있는 교술민요와 계속 가까운 위치에 있었기에 교술민요적인 성격을 많이 포함하고 있기 때문이라고 조동일은 설명하고 있다.

율격의 내재적 특성을 왜곡한 결과 빚어진 그릇된 기대이다. 율격은 오직 규범적인 의미에서만 강제적 성격을 지니고 시를 구속한다. 이런 연유로 그 구속은 획일화되지 않은 다양성 속의 구속으로 특징지워진다. 율격의 체계가 하나의 추상적 규범 체계이며 오직 규범으로서만 작품에 관여한다는 사실은 율격의 본질적인 한 특징이다.46)

2. 문학과의 관계성 안에서의 노래

말의 운행에 있어, 일정한 형식을 갖춘 율문과 그 율문을 소리 내어 재현시키는 노래는 발화된 사고와 그 전달에 있어 기억하는 능력과 직결되어 있다. 우리의 구전 시대는 물론 중국의 고대문학에서도 그리고 희랍(오메로, Omero)과 라틴(비르질리오, Virgilio)문학뿐만 아니라 유럽의 중세(트로바두르, les troubadours)문학에 이르기까지, 구술문화 시대는 물론이려니와 문자문화 시대에 이르기까지 노래가 기억력을 도모하는 교육적 차원에서 율격과 함께 널리 사용되어 왔음은 익히 알려진 사실이다.47)

따라서 여기서는 구전 시대의 기억 장치와 관련된 노래의 특성을 설명하기에 앞서 먼저 노래와 시의 관계를 설정하고, 노래의 개념을 설명하도록 하겠다.

> "노래(歌)는 가(訶)이니, 노래와 말(言)에 대한 것은 나무에 가지가 있는 것과 같다. 시(詩)는 본래 성정(性情)으로부터 나왔으며, 입에서 영탄하여 노래가 되었은즉, 노래는 본래 시에서 유래되어 소리로 이루어진 것이다. 그리하여 시가 있은즉 노래가 없을 수 없고, 노래가 있은즉 시가 없을 수 없는 고로, 시는 뜻을 말한 것이고, 노래는 말을 길게 한 것이다."
>
> 『화원악보』 <서>48)

---

46) 참조: 성기옥, 『한국시가율격의 이론』, 새문사, 1986, pp.8-34.
47) 참조: P. Canettieri, Metrica e memoria, in Rivista di filologia cognitiva 1(2003). 장 자크 루소, 앞의 책, pp.97-98: 최초의 역사, 최초의 연설, 최초의 법은 운문으로 되어 있었다. 시는 산문 이전에 있었다. 그것은 당연하다. 왜냐하면 정념은 이성에 앞서 말을 하게 했기 때문이다. 음악도 마찬가지였다. 처음에는 선율만이 있었으며, 말의 변화된 음 이외의 다른 선율은 없었다. 악센트는 노래를 만들었으며, 음량은 박자를 만들었다. 그러므로 사람들은 동시에 분절과 목소리를 통해서뿐만 아니라 음과 리듬을 통해서 말을 했다.

위 글의 내용은 '노래'(歌)와 '시'(詩)의 관계를 나무와 그 나무의 가지(柯)에 비유하여 설명하고 있다. 나무의 가지가 나무에 붙어 있지 않고는 살 수 없듯이 노래와 시의 관계 역시 함께하지 않고서는 서로의 본질을 다할 수 없는 것으로 해석할 수 있다. 과연 그러한 시와 노래의 본질은 무엇인가? 위에서도 언급되었듯이 시는 본래 성정(性情)으로부터 나온다고 한다. 이에 대해 좀 더 자세히 살펴보기 위해 잠시 논문의 관심을 동양의 악론으로 옮겨, 중국 고대 사회로부터 내려온 음악 이론서로 잘 알려져 있는 『예기』, <악기>의 일부 내용을 살펴보도록 하겠다.

먼저 성정(性情)에 대한 <악기>에 기록된 바를 살펴보면,

"사람의 마음이 고요한 것은 하늘로부터 받은 본래의 품성이다."

『예기』 <악기>49)

"악(樂)은 음(音)에 의해서 생긴다. 그리고 그 근본은 사람의 마음이 사물에 감동하는 데 있다. 이런 까닭으로 그 슬픈 마음이 감동할 때에는 그 나타나는 소리가 목쉰 듯하여 낮고 약하며, 그 즐거운 마음이 감동할 때에는 그 나타나는 소리가 풍부하고 크고 느리며, 그 기쁜 마음이 감동할 때에는 그 나타나는 소리가 높게 올라가서 빠르고 차분하지 못하며, 그 노여운 마음이 움직일 때에는 그 나타나는 소리가 거칠고 격심하며, 그 공경하는 마음이 감동할 때에는 그 나타나는 소리가 곧고 딱딱하며, 그 사랑하는 마음이 감동할 때에는 그 나타나는 소리가 평화롭고 부드러운데, 이 여섯 가지 소리는 사람의 본성(本性)이 아니고 마음이 외물(外物)에 감촉(感觸)하여 그러한 다음에 움직이는 것으로서 이를 정(情)이라 한다."

『예기』 <악기>50)

성(性)은 하늘로부터 받은 사람의 본래의 품성이요, 정(情)은 사람의 마음이 외물(外物)에 감촉(感觸)하여 그러한 다음에 움직이는 것이라 설명하고 있다.

---

48) 참조: 열상고전연구회 편, 『한국의 서·말』, 바른 글방, 1993, pp.290-291.
49) 지재희 역, 『예기』, 자유문고, 2000, p.306.
50) 김영욱, "韓國詩歌樂論 試論. 시와 노래하기", 『한국음악사학보』, 제16집, pp.61-62.

"옛날의 노래에는 반드시 시(詩)를 사용했다. 노래(歌)를 글로 기록하면 시가 되고, 시를 관현에 올리면 노래가 되니, 노래와 시는 실로 한 가지 이치다."

『청구영언』 <서>51)

노래와 시는 실로 한 가지 이치라 하였으니, 시와 노래 모두가 성정으로부터 나타난다고 할 수 있겠다. 그러나 위의 내용을 다시 잘 살펴보면, <악가>는 시와 노래의 본질을 더 구분하여 설명하고 있음을 알 수 있다. 인간 본래의 품성(性)에서 노래의 배경을 설명하고, 외물과의 접촉에 의해 일어나는 마음의 심리적 반응, 즉 감동(情)에서 그 근원을 찾고 있는 것이다. 다시 말하자면 성(性)은 노래와 시의 바탕이 되는 본질이며, 정(情)은 그것들의 실체라 할 수 있다. 이에 대한 설명은 <악가>의 다음 내용에서 더 보충할 수 있다.

"무릇 음악의 일어남은 사람의 마음의 움직임에 따라 생기는 것이다. 사람의 마음이 움직이는 것은 외물(外物)에 접촉하여 마음으로 하여금 그렇게 움직이게 만드는 것이다. 마음이 외물에 감촉하여 움직이는 까닭에 소리(聲)가 되어 나타난다. 소리에는 원래 청탁완급고하(淸濁緩急高下)의 구별이 있는데, 이런 소리가 상응(相應)하기 때문에, 이에 변화가 생긴다. 즉 변화하여 곡조가 되는데, 이를 음(音)이라고 한다. 음을 비교하고 조화하여 이를 악기에 시행하고, 또 간척이나 우모를 잡고 곡조에 맞추어 춤추는 것, 이것을 악(樂)이라고 한다."

『예기』 <악가>52)

위의 기록에 의하면, 마음이 외물에 감촉하여 움직이는 까닭에 일어나는 것을 성(聲)이라 하고, 그 성이 상응하여 조화를 이룬 상태를 음(音)53)이라 설명하고 있다. 그렇다면 정(情)은 성으로 나타난다는 것이고, 그 성이 문장(詩)과 조화를 이룬 것을 노래라 할 수 있겠다.54)

---

51) 참조: 열상고전연구회 편, 앞의 책, pp.265-268.
52) 김영욱, 앞의 논문, pp.59-60.
53) 여기서 필자는 '음'(音)을 논문 전체의 주제와 관련된 '노래'의 의미로 이해하고 사용한다.

지금까지는 시와 노래가 그 바탕(性)과 실체(情)에 있어서 같은 근본을 가지며, 그 것들의 표현에 있어서 언어와 소리라는 서로 다른 표현 방식에 의존하고 있음에도 불구하고 서로가 공생의 관계를 유지할 수밖에 없음을 설명했다.55)

다음으로는 기록을 통해 전해지는 동양의 고전 사상에서 설명하고 있는 '노래'의 의미를 짧게 살펴보고 지나가겠다. 각주 12의 마지막 단락에서도 이미 언급되었듯이 노래와 시는 실로 한 가지인데, "시는 뜻을 말한 것이고, 노래는 말을 길게 한 것이다."

"시(詩)는 그 뜻을 말하는 것이고(詩言其志也), 노래(歌)는 그 소리를 길게 말하는 것이다(歌咏其聲也)."

『화원악보』<서>56)

"시(詩)는 뜻을 말하는 것이고, 노래(歌)는 말을 길게 읊는 것이며, 성(聲)은 노래(歌)를 따르는 것이고, 율(律)은 소리가 어울리는 것이다."

『서경』57)

유협뿐만 아니라『예기』의 <악기>도『서경』의 <순전>에서도 '시(詩)는 뜻을 말하는 것이고, 노래(歌)는 말을 길게 읊는 것'이라 하고 있다.

"노래라는 것은 낮은 음에서 높은 음으로 올라갈 때는 저항하듯 솟구쳐 오르고, 높은 음에서 낮은 음으로 떨어질 때는 뚝 떨어지는 것과 같이 부르고, 음이 굽을 때는 꺾이는 것과 같이 하고, 음이 멈출 때는 썩은 고목과 같이 하며, 심하게 꺾이는 음은 갈고

---

54) 김영욱, 앞의 논문, p.60.
55) 김영욱, 앞의 논문, p.67 참조: "시(詩)는 악(樂)의 마음이며, 성(聲)은 악(樂)의 몸뚱이이다. 악의 신체는 성이므로 악사는 악기를 바르게 조정하는 데 힘쓰며, 악의 마음은 시이므로 군자는 훌륭한 문장을 만들지 않으면 안 된다"(유협,『문심조룡』).
56) 각주 51 참조.
57) 김영욱, 앞의 논문, p.64.

리와 같이 꺾어 내리고, 가사가 많을 때는 촘촘이 엮어서 부르는 것이 마치 구슬을 꿴 것과 같은 것이다. 그러므로 노래라는 것은 (말을 길게 하되) 이렇게 하는 것이다."

『예기』 <악기>58)

'말을 길게 한다'의 구체적 변화를 목소리로 어떻게 조절하는가를 밝히고 있는 것이라 보겠다. 노래는 시의 뜻을 그대로 간직하고서 말을 길게 읊조리어 고저청탁의 변화를 준다. 즉 음의 높낮이의 변화와 퇴성하는 음의 구체적 움직임 그리고 가사의 글자수가 많은 장시를 노래 부를 때는 촘촘히 엮어서 불러야 한다는 등의 구체적인 음의 연결에 관한 설명을 한다. 그러므로 말로써 그 뜻을 나타내는 것이 시이며, 시를 고저청탁이 이는 목소리의 가락으로 빚어냄이 노래라는 말이 설득력을 얻는다.59)

이는 오늘날 우리가 알고 있는 노래60)의 개념에 비해 상당히 폭넓은 의미로 받아들여질 수 있다. 그러나 본 논문에서는 이러한 광의의 개념에 입각하여 본문에서 논의되는 가사의 세 가지 향유 방식으로 이해되고 있는 가창, 음영, 율독61)의 음악성을 가치중립적인 입장에서 이해하고 서술하도록 하겠다. 가치중립적이란 말은 가창, 음영, 율독의 음악적 속성이나 특성이 분별되지 않는다는 뜻이 아니라, 그보다는 이 세 가지 가사 향유 방식 각각이 가사와 가지고 있는 그 본질적인 관계에 있어 모두 같은 입장을 취하며 동등한 기능을 수행하리라 생각하기 때문이다. 같은 입장이란 앞에서 설명된 바와 같이 가창, 음영, 율독 모두 가사를 노래하는 데 있어 다를 바 없으며, 동등한 기능 수행이란 그 음악적 속성에 있어서는 차이가 있을지언정 소리를 통해 드러난 각각의 노래는 가사를 전달하는 데 그 역할을 다한다고 여

---

58) 김영욱, 앞의 논문, p.65.
59) 김영욱, 앞의 논문, p.66.
60) 참조 Ulrich Michels, 홍정수·조선우 편역, 『음악은이』, 음악춘추사, 2002, p.13: 서양에서도 음악(Musica)이라는 개념은 고대 그리스 시대부터 시·음악·춤을 포괄하는 하나의 종합예술로 이해되었다. 그러나 기악음악의 발달과 함께 그 본래의 뜻은 언어나 다른 예술로부터 독립적인 의미로 좁혀지기 시작하였고, 악보의 보편화는 음악을 청각적인 현상에서 시각적인 현상으로까지 확대하였다. 이는 기록화되지 않은 음악에 대한 개념의 축소를 의미한다.
61) '율독'이란 운문을 향유하는 방식에 있어 율격의 관여 정도가 상대적으로 증가되어 음악적 속성보다는 율격적 속성을 더 강하게 내포하는 향유의 형태로 필자는 이해하고 있다.

겨지는 것이다.

이토록 폭넓은 노래의 개념을 논의의 바탕에 놓는 이유는 가창, 음영, 율독의 음악성의 가감의 문제는 이미 다른 논문62)에서 연구되어진 바 있으니, 기존 연구의 도움으로 또 다른 시각에서 가사문학을 비롯한 천주가사의 음악적 특성을 살필 수 있기 때문이다.

3. 문학의 상호 보완적 장치로서의 노래

계속해서, 노래와 시의 관계 그리고 노래에 대한 기본적인 개념 정리에 이어 이 장의 주된 논의 대상인 저장 장치로서의 노래에 대해 서술하도록 하겠다.

말을 할 때나 노래를 할 때 그 기술에 있어 크게 다르지 않은 것이 구전 시대의 문화 관습이다. 목소리를 사용하는 것, 그 목소리가 시와 산문의 운율과 율격의 운동감에 실려 들어올려졌다 떨어지기도 하고 길어졌다 짧아지기도 하는 것 그리고 언어적인 면에 있어서나 음악적인 면에 있어서 대중적인 관용어구나 가락을 사용하는 점에 있어서도, 또 그것을 반복하여 강조하기도 하고 운동감을 조절하기도 하는 데 있어 크게 다를 것이 없었다.

혹자는 노래가 시보다 더 오래전부터 존재한다고 말하기도 한다. 언어의 체계를 통해 말할 수 있는 능력을 획득하기 이전의 인간은 그들의 심리와 정서를 상징적인 소리의 형태를 빌어 전달했다. 이것이 바로 노래이며, 오늘날 우리의 개념 속에 자리 잡은 현대적 의미의 음악의 기원이기도 하다. 노래는 목에서 아무렇게나 뽑어져 나오는 소리를 의미하지 않는다. 노래 또한 나름대로의 논리와 규칙을 가진다. 노래는 인간의 의지에 의해 생산되는 축적된 논리적 소리 체계의 관습이며 문화이다. 그리고 무엇보다도 노래는 그것의 논리성을 두고라도 감성적 자극을 통한 감동에 의해 발생되고 수용되어지는 속성을 가진다.63)64) 다시 말하자면, 노래는 이성뿐만 아

---

62) 참조: 임재욱, 앞의 논문.
63) Cf. M. Kunzler, *La liturgia della chiesa*, Milano 1998, p.185.
64) 조규익, 『가곡창사의 국문학적 본질』, p.19 참조: "인간이 감정을 표현할 경우 말로 하거나 노래

니라 감성에 이르기까지 인간의 전부를 움직이는 힘을 가지고 있다는 뜻이다. 노래는 사람의 감성을 움직여 그 사람의 마음에까지 이르러서는 가슴속 가장 깊은 곳까지 동요시킨다. 논리나 이성적인 것 이외에도 정서적으로 그리고 느낌으로 다가와서는 그 사람을 감동시키고 의지를 움직인다.65)

노래란 도대체 무엇인가? 대화의 효과를 증대시키고 감정적이며 정서적인 일면을 상징적인 수준으로까지 끌어올린다. 여기에서 노래의 장점을 발견하게 된다. 전적으로 논리적인 언어 체계를 그것의 논리와 함께 성공적으로 전달시키는 효과를 거두게 된다.66)

똑같은 질문을 선율로 한다면, 답은 저절로 나온다. 그것은 이미 독자들의 정신 속에 있다. 선율은 목소리의 억양을 모방함으로써 원망과 고통 그리고 환희의 외침, 위협, 탄식 등을 표현한다. 정념에 관한 모든 목소리의 표시는 선율의 원동력이다. 선율은 말의 악센트 그리고 각 고유 언어에서 영혼의 움직임에 영향을 받은 어투를 모방한다. 그것은 모방만 하는 것이 아니라 말을 한다. 그런데 분절되지 않지만 힘차고 열렬하며 열정적인 그것의 언어는 말 그 자체보다 백 배 이상의 에너지를 가지고 있다. 그처럼 음악적인 모방의 힘은 바로 여기에서 생겨난다. 감수성이 풍부한 마음에 미치는 노래의 영향력은 바로 여기에서 생겨난다.67)

이렇게 노래는 단순한 논리의 전개 문제를 떠나서 인간의 내면세계에 뿌리를 내리고 인간의 경험과 그 경험의 내용을 좀 더 완전하게 수용하고 전달할 수 있다. 그리고 이러한 노래의 성격은 기억 장치를 움직이고 유지하는 데 크게 도움이 된다. 기억은 논리적이라기보다는 감성적인 특성을 가진다. 그러므로 인간의 기억은 감성까지 자극할 수 있는 노래를 통해 더 많은 세상을 경험할 수 있었고, 좀 더 풍부하게 전승할 수 있었다. 실제로 많은 사람들은 노랫말을 잃어버린 경우에도 노래의 가

로 부르는 것이 우선적인 방법이고 그래도 안 되는 경우 글이나 시로 나타내기 마련이다. (중략) 문자가 없던 시기에 노래가 주된 표현 수단이었음은 두말할 필요가 없다."
65) Cf. Sant'Agostino, *Enarrationes in Psalmos. 94*, pp.1-10.
66) Cf. M.B. Zorzi, *Autonomia della musica e mistica cristiana. Lo iubilus in Agostino d'Ippona*, inedito, 2003, p.10.
67) 장 자크 루소, 앞의 책, pp.110-111.

락을 기억해 낼 수 있다.68)

"Per sensibilia ad invisibilia", 직역하자면 소리나 목소리와 같이 감각적으로 느낄 수 있는 것들을 통해 눈에 보이지 않는 것들까지 느끼고 깨달을 수 있다는 뜻이 된다. 본문의 의미에서 살펴보자면, 노래는 노랫말뿐 아니라 그것이 드러내지 못하고 있는 그 밖의 그 무엇까지도 포함해서 전달할 수 있다는 뜻으로 해석할 수 있다. 일찍이 아고스티노(Agostino d'Ippona)는 웅변가로서의 경험을 통해 웅변의 기술과 상당 부분을 공유하는 노래69)에 대해 많은 정보와 관심을 가지고 있었다.70)

그러나 아고스티노는 먼저 노래의 이중성에 대해 지적하고 있다. 즉 인간이 경험한 만큼, 아름다운 만큼 그리고 아름다우면 아름다울수록 노래의 유혹과 위험성이 증가함을 경고하는 것이다. 그러나 유혹적이라는 것은, 사람을 해롭게 할 만큼 유혹적이라는 것은 노래가 인간의 내면세계뿐만이 아니라, 그 신체에 이르기까지 인간의 전부에 걸쳐 가깝게 느껴지고 강한 영향을 줄 수 있음을 시사하기도 하는 것이다.71) 그렇기에 얼마만큼 어려울지는 몰라도 노래에 쓰이지 않은 것까지 그리고 보이지 않는 것에까지 참으로 그 영역을 확보할 수 있다면 인간의 대화에 있어 그보다 더 훌륭한 전달 방법은 없을 것이다.72)

플라톤적인 사상에 의하면 음악은 표현의 투명성에 있어 한계를 가진다. 특히 신

---

68) 물론 반대로 곡조를 기억하기 위해 가사가 첨가되는 경우도 있다. 로마 가톨릭교회의 전례 음악 중에서 부속가가 이에 해당된다. 참조: Roland Mancici, 편집부 역, 『聲樂藝術』, 삼호출판사, 1986, p.40. 재인용: 성호경, "한국 고전시가의 존재 방식과 노래. 한국 고전시가와 음악의 관계에 대한 고찰 (1)", 『고전문학 연구』 제12집, p.76: 사람들은 곡조 없이는 가사를 기억하기 어렵고, 또 가사 없이는 곡조를 기억하기 어렵기 때문에, 양자의 결합은 실로 서로에게 도움이 된다.
69) 여기에서도 노래의 의미는 본문 전체에서 사용되는 그 의미 안에서 해석되어진다.
70) 참조: 장 자크 루소, 앞의 책, p.98: "스트라본(Strabon)의 말에 따르면, 옛날에는 말을 하는 것과 노래를 하는 것이 같았다. 그러므로 그 사실은 시가 웅변의 근원임을 증명해준다고 그는 덧붙인다. 시와 웅변은 근원이 같으며, 처음에는 동일한 것이었다고 말해。 했다. 최초의 사회들이 연결되는 방식에 근거해 보면, 사람들이 최초의 역사를 운문으로 썼으며 법을 노래로 불렀다는 것이 놀라운 일이 아니었다."
71) Cf. Sant'Agostino, *Confessiones*, libro 10, cap.33.
72) 참조: 장 자크 루소, 앞의 책, p.97: "그러므로 분절과 목소리만 있는 언어는 반 정도만 풍성하다. 그 언어는 물론 생각을 표현한다. 하지만 감정과 이미지를 표현하기 위해서는 리듬과 음이, 다시 말해 선율이 더 필요하다."

과 같은 위대한 존재 앞에서는 더욱이 그 한계를 인정하지 않을 수 없게 된다. 신비스러운 체험의 절정에서 인간은 침묵만을 고수하게 되고 그러한 인간의 선택은 최선의 선택인 양 받아들여지게 된다. 그러나 이에 대한 아고스티노의 생각은 달랐다.73) 그의 웅변가로서의 체험은 노래의 위대함을 발견하게 했다. 기가 막혀 말문이 막히는 상황에서도 그것을 도저히 말하지 않을 수 없을 때, 노래는 언어 체계가 담아내지 못하는 그 무엇인가를 더 담아낼 수 있음을 설명하고 있다. 노래는 언어 체계를 넘어서 대화의 도구이다.74)

IV. 천주가사의 음악적 특성과 교회음악적 의의

1. 천주가사 자체의 특성

대체로 구연되는 것들은 소리에 의한 전달이 주가 되고, 문자를 이용하는 것들은 언어의 시각적 전달이 주가 된다는 사실만은 부인할 수 없다. 그리고 오늘날에 있어서 시나 노래의 기록에 대한 의존도가 과거 그 어느 때보다 높아졌다는 사실 또한 부인할 수 없는 현실이다. 그럼에도 불구하고 노래와 시는 각종 전달 매체 등에 의해 그것이 현대적이라는 방법상의 차이점 이외에는, 여전히 구비적 수단들의 복합에 의해 수수(授受)되고 있다. 이는 오늘날과 같은 기록문화의 시대에서조차 구비적 속성의 원리가 시와 노래의 전통적 기반의 근저를 형성하고 있음을 의미하는 것이다.

논의의 중심에 놓인 천주가사는 그 발생에서 소멸의 단계에 이르기까지 기록문학으로서의 면모를 꾸준히 유지해 왔다. 그렇기에 이 시대의 우리들에게는 노래이기보다는 문학으로서 더 알려질 수밖에 없었고, 지금까지의 천주가사를 둘러싼 많은

---

73) 참조 월터 J. 옹, 앞의 책, p.59.
74) Cf. Ph. Harnoncourt, "Gesang und Musik im Gottesdienst", in H. Schutzeichel, *Die Messe. Ein Kirchenmusikalisches Handbuch*, Dusseldorf 1991, pp.9-25: 오스트리아의 철학자 L. Wittgenstein은 "말로 표현할 수 없을 때는 차라리 침묵을 지키는 편이 한결 낫다"라고 말한다. 이에 대해 Ph. Harnoncourt의 답변은 "말로 다할 수 없는 것들에 대해서는, 그렇다고 침묵만을 지킬 수 없을 때는 노래할 수 있다. 노래해야만 한다."

연구들은 대부분 그것의 기록성에 의존하여 이루어진 결과물들이라 할 수 있다.

명칭에서도 알 수 있듯이 천주가사는 '천당노래', '사주구덩가', '천주성가', '천주찬가', '천당강론' 등 다양한 이름으로 불려졌다. 그리고 이 명칭들은 대부분 그 용어의 범주 안에서 이미 천주가사가 노래임을 증명하고 있다. 그러나 이러한 다양한 시도들에도 불구하고 '천주가사'가 학계에서 통용75)되고 있는 이유는, 현 시점에서의 천주가사의 존재 양상이 기록문학의 형태로만 전해지고 있기 때문일 것이다. 그리고 가사문학에 대한 국문학적인 관심과 더불어, 문학적 연구의 대상으로서 더 많이 관찰되어 왔기 때문일 것이라고 생각한다.76)

그러나 'Ⅱ. 이론적 전제'에서 언급한 바와 같이 가사(歌辭)가 '노랫말'을 뜻한다면, '천주가사'(天主歌辭) 역시 그 명칭이 뜻하는 바도 노랫말의 의미에서 결코 벗어날 수 없는 것이다. 그렇다면 노랫말인 천주가사의 실질적 존재 양상을 결정하는 것은 무엇일까? 그것은 노래이다. 노래를 실연과 전달의 수단으로 삼았다는 것은 그것의 수용이 소리에 의해 이루어졌음을 말한다. 따라서 후대에 그것이 어떤 양식으로 변이되었든 '불러서' 감상하던 노래의 전통적 기반이 그 근저를 형성하고 있음은 명백한 사실이다. 천주가사가 '노래'이고 '노래 불려지는 문학'이라고 하여 '보아서' 향수될 수 없는 것은 아니며, 어느 경우에는 시각적 측면에서의 향유 방식이 주가 될 수도 있을 것이다. 그러나 그렇다고 해서 실연의 과정에서 드러나는 비중의 문제 때문에 천주가사의 발생과 그 전개 과정의 본질적인 의미마저 모두 문학의 대상으로 집중시킬 수는 없는 것이다.77)

---

75) 참조: 김영수, 「천주가사 연구의 성과와 전망」, p.605: 이러한 명칭의 군제를 해결한 것은 하성래의 논의(1970년)이다. 하성래는 국문학적인 입장에서 천주가사를 "천즈교 사상을 바탕으로 하고 천주교인이 짓고, 3·4, 4·4조 4음보 연속체의 가사를 말하며 이 개념 속에 종래 창가라고 지칭하던 4·4조 또는 7·5조의 개화기 단형가사까지 포괄한다"라고 정의함으로써 이 논의를 매듭짓고 있다. 이후에 '천주가사'라는 용어로 갈래적 개념이 확립되어 연구의 방향이 묵시적으로 결정되었던 것이다.
76) 참조: 김영수, 「천주가사 연구의 성과와 전망」, pp.598-627.
77) 참조: 조규익, 『가곡창사의 국문학적 본질』, p.23.

2. 교회음악적 의의

이러한 천주가사의 원론적인 성격은, 천주가사 발생의 동기와 천주가사만이 살아온 그 역사의 시간들 안에서, 일반 시가문학과 구별되는 또 다른 성격들에 대한 언급을 필요로 하게 된다. 천주가사의 공동체적 성격과 전례적 성격이 그것이다.

조선 전기의 몇몇 가사를 제외한 조선 시대 전반에 걸친 가사문학의 향유 방식은 음영의 형태로 알려져 있다. 천주가사 역시 그러한 음영의 형태로, 심지어는 오늘날까지도 간헐적이지만 그 자취를 전하고 이다. 4음보 연속체라는 가사의 율격은 미음완보(微吟緩步)하기에 적합한 리듬으로 여겨져 받아들여지고, 사실상 소요음영(逍遙吟咏)하며 향수되었을지도 모른다. 이러한 율격적 성격은 가사문학을 음영의 문학으로 보편화시키는 데 적지 않은 영향을 미쳤다.[78] 음영의 형태는 또한 남에게 불려지기보다는 스스로 향유할 수 있다는 면에서 가창에 비해 비전문성과 함께 구비적 성격의 일면으로 받아들여지기도 한다.[79] 일반적인 음영의 성격을 따르자면, 음영의 형태는 결국 개인성을 그 기본적인 속성으로 가지게 된다는 것이다.

그러나 같은 향유 방식을 공유했던 천주가사의 경우는 그 성격이 좀 달라질 수 있다. 음영을 통한 향유 방식에 있어서는 천주가사 역시 개인적인 자족성을 그 속성으로 가지게 될 것이다. 그러나 천주가사의 노래에는 가톨릭이라는 신앙적 연결 고리에 의해 공동체성이 강화되어진다. 천주가사의 본질적 속성 중에 음악적인 면이 있다고 해서 그것만으로 천주가사의 음악성이 모두 설명되어지는 것은 아니다. 노래는 그 노래가 담고 있는 내용과 함께 노래되어질 수 있는 것이기 때문에, 그 내용의 성격에 따라 노래의 음악적 성격도 달라질 수 있는 것이다. 노래는 그것이 전달하는 가사의 내용에 따라 개별성이 강조될 수도 공동체성이 강조될 수도 있다.[80] 천주가사의 공동체적인 음악적 특성은 향유의 시점과 전승의 단계 모든 영역에 걸쳐 영향을 미칠 수 있다. 천주가사의 노래는 그것이 심지어 개별적으로 행하여지는

---

78) 조동일, 『한국문학의 갈래 이론』, pp.70-71.
79) 고순희, 앞의 논문, p.406.
80) 이러한 성격은 종교가사 이외에도 대중적 성격의 민요의 경우에도 공유하는 특성이다.

경우에도, 기독교적 가치관을 함께하는 사람들 사이의 공동체성 안에서 불려지므로 공동체의 노래가 된다. 그때야 비로소 천주가사는 그 본연의 가치를 찾게 되는 것이다. 그리고 그 전승의 가치도 공유하기 위함이기에 다른 어느 시가문학보다 천주가사는 공동체성을 그 음악적 특성으로 가질 수밖에 없는 것이다.[81]

교회 안에서 함께 노래한다는 것은, 즉 찬양을 위해 모인 공동체 안에서 함께 노래한다는 것은 곧 하느님 체험이다. 노래한다는 것은 일종의 신비의 체험이기도 하다. 죽은 뒤 삼일 만에 부활한 예수를 바라보며, 또 하늘로 올라가는 그리스도를 바라보며 제자들이 기가 막혀 말문이 막혔던 것처럼 "verba non sufficiebant"(말로는 다할 수 없는),[82] 그래서 말로 다할 수 없는 것들을 노래로 불렀던 것[83]처럼 천주가사는 말로 다할 수 없었던 한국 가톨릭교회의 신앙을 노래 불렀다. 노래하는 공동체는 살아 있는 전례이며 곧 교회의 상징이다. 그리고 그리스도 안에서 살아 계신 하느님을 체험하는 것과 같은 것이다.[84] 그러므로 천주가사는 교회 공동체의 노래이며, 전례의 노래이다.

로마 가톨릭교회의 역사 안에서, 암브로시오(Sant'Ambrosio) 성인의 찬미가(Inni)가 그랬던 것처럼 필립보 네리(S. Filippo Neri)의 찬양 노래들(Laudi)이 그랬던 것처럼 천주가사는 신자들에게 교리를 가르치는 데 있어 그 내용뿐만 아니라 훌륭한 기억 장치로서의 역할을 수행했을 것이다.[85] 그러나 천주가사의 교회음악적인 성격을

---

81) 『성무일도』(하루의 매 시간과 인간의 활동을 성화하기 위해 제정된 가톨릭교회의 공식 기도서이다. 한국천주교중앙협의회 역, 전4권, 1990년)를 드리는 것과 같은 맥락에서 이해되어질 수 있다.
82) Cf. Sant'Agostino, *Enarrationes in Psalmos 46*, p.3.
83) Cf. Melos e iubilus nelle Enarrationes in Psalmos di Agostino: "una questione di mistica agostiniana", in *Augustinianum* 42/2(2002), pp.383-413.
84) cf. J. Ratzinger, *Cantate al Signore un canto nuovo. Saggi di cristologia e liturgia*, Milano 1996, pp.117-136.
85) 참조 최양업, 앞위 책, p.66, 74, 83: "조선에서는 일상 기도문이 짧지 아니한데, 바르바라는 그것을 모두 암송하였습니다. 또한 교리문답책과 신자 교리책 그리고 성녀 바르바라, 성 베드로와 바오로의 성인전 및 조선의 여러 순교자들의 행적과 그 밖에도 조선 사람들이 고상하고 신심 깊게 언문으로 쓴 다른 작은 신심서들도 암송하고 있었습니다."; "신자들은 거의 모두 다 외교인들이 경작할 수 없는 험악한 산 속에서 외교인들과 떨어져서 살고 있습니다. 이런 신자들은 거의 다 교리에도 밝고 천주교 법규도 열심히 잘 지키고 삽니다."; "사실 비신자에게 직접 교리를 설교함으로써 전교하는 일은 거의 없습니다. 더구나 사제들로부터 천주교 교리를 듣는 것은 불가능한 일입니다."

규명86)하는 데 긴 박해의 시간들은 이론적인 전개에 있어 여러 가지 어려움을 초래한다. 천주가사의 구비성을 강조하면서도 입에서 입으로 전해졌을 천주가사가 박해 시대에도 그 기능을 얼마만큼 수행할 수 있었는지에 대해서는 잠시 머뭇거릴 수도 있는 것이다. 그렇기에 교회 예식 음악으로서의 위상을 인정받지 못하고 있는 것 또한 사실이다. 그러나 다른 모든 시가문학의 발생적 속성이 그러하듯, 천주가사가 노래로 불려졌다는 사실에 대해서는 이제 더 이상 의심할 이유가 없다. 일본의 성 바오로 미키(Paolo Miki)와 동료 순교자(일본 나가사키, 1597년 2월 6일)에 대해 동시대의 저자가 쓴 『성 바울로 미키(Paolo Miki)와 동료 순교자들의 순교사기』에서 읽을 수 있듯이 나가사키의 주일학교에서는 신자들에게 박해 시대에도 불구하고, 시편을 가르치고 노래 불렀음을 알 수 있다.87) 이러한 사실은 천주가사가 한국 전통의 교회의 노래로서 박해 시대조차 그 맥을 잃지 않고 면면히 내려왔으리라는 일정한 심증적 이론에 힘을 더해줄 수 있으리라 여겨진다. 종교의식 안에서의 전례음악의 상징성은 생활 안에서의 육화를 그 본질로 하기에, 비록 형식적인 전례의 의미에서는 그 위상을 인정받을 수 없을지라도, 천주가사의 교회 안에서의 생활화된 전례음악으로서의 위상은 충분히 인정받을 수 있는 것이다.

V. 결론

본 논문에서는, 천주가사의 음악적 특성에 관한 연구의 시론으로서, 천주가사의 구비성에 관한 문제를 주요 논제로 삼아 살펴보았다. 기억의 보조 장치가 다양하지도 확산되지도 않았던 구비문화 시대에 있어 정형성의 원리와 율격성 그리고 노래의 기억 장치로서의 기술적인 문제는 국문학계뿐만 아니라 음악학계와 문화인류학계 등 인문과학 분야에 걸친 여러 학계에서는 이미 관심을 가지고 진행 중인 과제이다. 이

---

86) 참조: 최필선, 「초기 한국 가톨릭교회의 민족교회음악」, pp.83-86.
87) 한국천주교중앙협의회, 『성무일도』 제3권, 1990, pp.1364-1366(2월 6일): 한 순교자는 나가사키의 주일학교에서 배운 <찬양하라, 주님을 섬기는 아이들아>라는 시편을 순교하기 전에 노래하였다고 한다. 그곳의 아이들에게 주어진 과제 가운데 이와 같은 몇 가지 시편의 학습이 있었다.

러한 기존의 관심의 도움을 받아 필자는 본론 III장 기억 장치의 수단들 1-1과 1-2에서 구비문학의 저장의 원리에 대한 대략적 이론적 전제를 살펴보았고, 2와 3에서는 이러한 원리들과 상호 보완의 관계를 그 속성으로 가지는 노래에 대해 잠시 살펴보았다. 생각해 내야만이 알 수 있는 그러한 시대에 기억의 저장 장치는 단지 수단으로서의 역할뿐만 아니라 문화 형성의 주요한 원동력이 되었고 그 자체가 문화이기도 하였다.

쉽게 기억해 낼 수 있고 저장할 수 있어야 하는 필요에 의해 정형성의 원리는 구비문학에 있어 필수 불가결한 요소가 되었다. 그리고 그러한 정형성은 다시금 율격성에 의해 그 속성과 기능이 완성되어진다고 해도 과언이 아닐 것이다. 그리고 또 다시 정형성과 율격성의 원리는 노래에 의해 그 특성이 강화되어지고, 비로소 가능한 완벽한 형태로 구전 시대의 문화 형성에 참여하게 되는 것이다.

그리고 기억 장치의 이론적 전제 외에도, 1-1에서는 정형성의 원리와 관계하여 천주가사의 구비성을 살펴보았다. 샘플링으로 보인 예들에서 알 수 있듯이, 천주가사는 기록문학화 이후의 시점에서도 그 전승에 있어 구비성을 강하게 내포하고 있다. 우리 전통 장르와의 교섭의 문제뿐만 아니라 자체 이본 간의 상호 관계에 있어서도 천주가사는 그 전통의 전승을 구전에 의존하고 있었고, 기록문학으로서의 천주가사는 그 점을 잘 증명하여주고 있다. 1-2에서 소개된 율격성의 원리에서도 천주가사는 1-1의 결과와 마찬가지로, 그 변모 양상이 시대적 추이를 완전히 무시하지 못한 채 그 영향 속에 구속되고 있었음에도 불구하고,[88] 구전 시가(詩歌) 리듬의 기본적인 원리인 율격성에서 크게 벗어나지 않고 있었다. 이에 대한 설명은 먼저 천주가사와 구비문학인 교술민요와의 기원적인 문제에서도 찾을 수 있겠지만, 조선 후기의 시대적 상황에서 그 원인을 찾을 수도 있겠다. 기록문학이라는 가사문학의 특성에도 불구하고, 당대의 상황은 문자의 의존도가 구전성을 능가할 만큼은 아니었다고 보는 것이다.

그러나 천주가사의 구전성의 가속화에는, 당대의 다른 문학 장르와는 달리 또 다른 원인이 있다고 여겨진다. 가톨릭교회의 한반도 전래 이후, 천주가사가 처해 있던

---

88) 천주가사의 장편화 현상이나, 개화기의 단형 천주가사를 일컫는 것이다.

'박해'라는 시대적 상황이 그것이다. 아무리 문자의 의존도가 높아지는 것이 시대적 추이(상대적인 의미에서)라고는 하지만, 종교 자유 이전의 천주가사에 있어 기록이라는 문제는 일반 문학계가 가질 수 있는 이점과는 달리 오히려 불리하게 작용할 수 있었기 때문이다. 그렇기에 천주가사의 구전성은 시대적 상황과는 달리 더 가속화될 수밖에 없었을 것이다. 그리고 어려운 시대를 거쳐 오는 동안 교회 내의 문화적 관습으로 자리 잡은 천주가사의 구전성은 종교의 자유 이후에도, 즉 천주가사의 기록화가 가속화되는 시점에서도 쉽게 변질되기 어려웠을 것으로 필자는 생각한다.

  1-1과 1-2에서 관찰된 바에 의하면, 천주가사의 기록문학으로서의 이면에는 그것의 구비적 성격이 다분히 내포되어 있다. 그렇기에 천주가사는 기록문학이면서 동시에 구비문학적인 속성뿐 아니라 구전문화로서의 특성도 가지게 되는 것이다. 이러한 사실이 필자에게는 천주가사의 음악적 특성에 대한 논의의 시작이 된다. 천주가사의 구비문학적 내지는 구비문화적 성격에 의하면, 다시 말해 1-1과 1-2에서 살펴본 이론적 전제에서 따르면, 천주가사의 섭리는 '노래 불려지는 것'이다. 천주가사의 향유 방식이 가창이나 음영으로 변모함을 음악성의 가감으로 여겨 오던 사고에서 한발 더 나아가, 향유 방식에 대한 표현적 가치 기준에 따른 차이가 천주가사의 노래로서의 본질적 가치까지 변화시키지 않음을 증명하기 위해 구비성에 대한 논의가 필요했다. 구비성, 곧 음악성이라는 등식을 성립시키기 위해 필요했던 논의가 아니다. 노래를 구전 시대의 문화적 특성에서 떼어 내고 싶다고 해서 떼어 낼 수 없는 것처럼, '천주가사와 노래의 관계'도 그리고 '천주가사가 노래 불려지는 것'도, 그 가치는 향유 방식이나 표현성의 가감이나 문화 외적 환경 조건에 의해 더하거나 덜하여지는 것은 아니라는 것을 설명하기 위함이었다. 그러기에 이제는 음악적인 설명이나 분석 없이도 천주가사는 기본적으로 '음악적'이라는 결론을 내릴 수 있을 것 같다. 천주가사의 음악적 특성 중에서 가장 먼저 설명되어야 할 문제는 천주가사는 '노래이다'라는 것이다. '노래문학'에서 이제는 '노래'의 장르로 그 시각을 좀 더 구체화시켜야 할 필요가 있다.

정치 · 사회 분과

독재, 산업화, 그리고 민주화와 한국 가톨릭교회

— 정치 균열 및 이데올로기 지형과 교회-국가-사회 관계의 개괄과 성찰 —

김녕
(서강대학교 교수 · 정치학)

Ⅰ. 서론: 독재, 산업화, 민주화 운동 시기의 국가와 사회 그리고 교회
Ⅱ. 이론적 고찰
  1. 정치 균열과 이데올로기 지형
  2. 국가-사회 관계와 정치 변동
  3. 교회-국가 관계와 이데올로기 지형
  4. 교회-국가 갈등, 교회 내 갈등과 이데올로기
  5. 교회의 사회적 역할, 가톨릭 사회운동과 제2차 바티칸 공의회
Ⅲ. 이승만, 장면 정권 시기
  1. 정치 균열과 이데올로기 지형
  2. 국가-사회 관계와 정치 변동
  3. 교회-국가 관계와 이데올로기 지형, 교회-국가 갈등과 교회 내 갈등
  4. 교회의 사회적 역할, 가톨릭 사회운동과 제2차 바티칸 공의회
Ⅳ. 박정희, 전두환, 노태우 정권 시기
  1. 정치 균열과 이데올로기 지형
  2. 국가-사회 관계와 정치 변동
  3. 교회-국가 관계와 이데올로기 지형, 교회-국가 갈등과 교회 내 갈등
  4. 교회의 사회적 역할, 가톨릭 사회운동과 제2차 바티칸 공의회
Ⅴ. 성찰과 결론: 교회-국가-사회 관계에서의 교회의 역할

I. 서론: 독재, 산업화, 민주화 운동 시기의 국가와 사회 그리고 교회

교회는 사회·정치적 현실과 동떨어져 진공 속에 존재하지 않으며, 한국 가톨릭 교회는 민족과 함께 역사 안에서 사회적, 역사적 주체로서 격변의 현대 정치사를 함께 해 왔다. 국가, 그리고 사회와의 사이에서 교회는 때로는 집권 세력과의 협조 내지 유착 관계를 모색했고, 때로는 민주화와 인간화를 외치는 사회 세력과 연대하며 집권세력과 심각한 갈등을 자초하였다. 특히 1970년대와 1980년대에는 시대의 요구와 민중의 아픔을 품어 안으며 순교자적 소신으로 예언자적 역할을 수행하여 민주화의 선도 세력의 역할을 하였다. 허나, 한국 현대정치사 속에서 교회는 어쩌면 자랑할 만한 과거사보다는 다시금 성찰해야 할 과거사가 더 많을지 모른다. 교회가 국가와 사회 사이에서 차지하는 위상은 늘 온전하기가 쉽지 않다. 반면, 교회의 사회적, 정치적 영향력은 결코 적지 않았다.

교회(한국 가톨릭교회)를 연구 대상으로 하는 본 연구는 1948년 제1공화국부터 1993년 2월의 김영삼 문민정부 출범 이전인 제6공화국 시기까지, 즉, 이승만, 장면, 박정희, 전두환, 노태우 정권 시기의 교회-국가-사회 관계(church-state-society relations)를 개괄함으로써 한국 가톨릭교회가 독재, 산업화, 민주화와 관련하여 보였던 사회·정치적 위상과 행적에 대해 분석하고 성찰해 보려 한다. 특히, 그 실로 파란만장했던 역사 안에 담긴 교회와 국가 권력 및 사회 세력 사이의 관계, 특히 권력과의 유착과 갈등을 포함하는 국면들과 이데올로기 지형에 주목하여 주요 국면들 및 쟁점들을 분석하려 한다.

우선, 우리는 지배 이데올로기와 대항 이데올로기가 갈등을 이루는 이데올로기 지형이 주로 '정치 균열'(political cleavages)들을 둘러싸고 형성되었다고 볼 것이다. 부연하자면, 한국 현대 정치사를 일관되게 꿰뚫는 권위주의와 민주주의와의 균열, 성장위주의 산업화와 분배를 주장하는 노동 운동과의 균열, 그리고 정부 주도의 통일론과 민중 주도의 통일론과의 균열이라는 세 가지의 '정치 균열'을 둘러싸고 발생한 정치적 갈등은 지배 이데올로기와 대항 이데올로기가 갈등을 벌이는 이데올로기 지형을 형성하여 교회-국가-사회 간의 관계를 특색 지었다고 볼 것이다. 이러한 이데올로기 지형은 지배 이데올로기로서의 자유민주주의(를 표방하는 권위주의), 경제발전주의 내지 성장주의, 그리고 억압 기제로서의 국가 안보, 반공 및 분단 이데올로기와 그에 반대하는 대항 이데올로기들로 형성되었다. 즉, 독재, 산업화, 민주화의 모순이자 실태였다.

이어서, 우리는 국가-사회 관계 안에서 정치 균열에 따라 형성된 정치 이데올로기 지형이 교회 내에도 투영되어 교회-국가 관계 안에서 재생산되며, 그러한 교회-국가 관계의 이데올로기 지형은 교회-사회 관계에도 투영되어 교회의 대(對) 사회적 역할에 긍정적 또는 부정적 영향을 미친다고 볼 것이다. 그리고 결론 부분에서는 논의의 요약과 함께 성찰을 덧붙일 것인 바, 교회와 국가 권력, 산업화 및 민주화와 관련하여 형성된 정치 균열에 대해 교회 나름으로 수행한 사회·정치적 역할에 대한 성찰이 주요 내용이 될 것이다.

국가-사회 관계, 교회-국가 관계, 그리고 교회-사회 관계를 다루는 본 연구가 이렇게 이데올로기적 측면에 주로 주목하는 이유는 첫째, 이 세 가지 관계를 각각 정교하게 분리하여 중첩되지 않는 별개의 것들로 분석하는 것은 아마도 불가능할 것이고, 둘째, 교회, 국가, 사회의 각 쌍(雙) 안에 형성되는 이데올로기적 유착과 갈등 내지는 지배 이데올로기와 대항 이데올로기가 주요 특색을 이루는 '이데올로기 지형'이 이러한 세 가지의 관계들을 맺는 연결 고리라고 볼 수 있고, 셋째, 교회의 작위(作爲) 및 부작위(不作爲)는 신념과 행동 및 정당화의 기제인 이데올로기와 관련된 바가 크고, 특히 교회의 정치적 개입의 찬반 여부 혹은 국가 권력과의 유착 내지 갈등 관계의 형성은 양자 간의 이데올로기적 친화성 혹은 배타성과 관련이 있다고 보기 때문이다. 따라서 본 연구에서는, 다소 무리는 있겠으나 논의의 편의상, 정치사적인 문제 및 정치 지형은 주로 국가-사회 관계에서, 그리고 정치권력과 관련한 교회사적인 문제와 이데올로기적 갈등 및 유착 관계는 주로 교회-국가 관계에서, 그리고 민족 현실과 민주화 및 산업화와 관련한 문제는 주로 교회-사회 관계에서 교회의 사회적 역할을 논할 때 다루려 하며, 한국 현대 정치사와 민족사와 관련된 가톨릭교회에 관한 성찰을 마지막에 덧붙일 것이다. 그리고 사건사적인 접근보다는 교회-국가 간의 유착 내지 협조 국면, 또는 갈등 내지 대립 국면의 중요한 사건들만을 개괄하려 한다.

또한 우리는 가톨리시즘을 포함하는 기독교는 이데올로기와는 무관하다고 보기 쉬우나 실상은 그렇지 못했다는 점에 주목해야 할 것이다. 예를 들면, 교회는 공산주의 이데올로기 등을 비판한 반면, 공산주의 세력들로부터는 이데올로기의 하나로 간주되어 탄압을 받았으며, 프랑스혁명 당시에는 자유주의 혁명 세력들의 공격의 표적이 되기도 했다. 반면에, 교회는 공산주의뿐 아니라 권위주의 독재 및 자본주의의 병폐를 비판해 왔다. 더 나아가, 가톨릭교회의 사회적 가르침은 반독재 투쟁 사회운동 세력들에게 인권과 정의구현의 궁극적인 방향을 제시하는 제3의 이데올로기 역할을 했다고도 볼 수 있다. 이것은 특히 제2차 바티칸 공의회(1962~1965년)의 영향과 박정희, 전두환 군부 통치의 인권유린으로 인하여 촉발된 가톨릭교회의 정치적 개입과 관련된 문제이며, 그로 인해 비롯된 교회와 국가 간의 갈등 및 교회 내의 갈등과도 연관되는 문제이다. 가톨릭교회의 경우, 제2차 바티칸 공의회(1962~1965년)는 교회-국가 관계 및 교회-사회 관계에 있어서 교회가 취해야 할 입장을 분명히 선언하였기에, 그 이전 시기였던 이승만 정권 및 장면 정권 시기의 교회에 비해 그 이후의 교회의 정치적 개입은 힘을 얻었던 반면, 성찰할 여지가 더 많아졌다고 보겠다. 또한, '이데올로기'를 '정치적 행동을 유발하는 신념'으로 이해한다면, 정치와 관련하여 교회가 취한 '정교분리'와 정치 개입의 여러 입장은 나름대로 '이데올로기적' 입장들이었음에 주목할 것이다.

다시 정리하자면, 본 연구는 정치 균열 및 이데올로기 지형, 그리고 국가-사회 관계의 교회-국가 관계 및 교회-사회 관계와의 관계성, 하나의 제도로서 '제도적 이익'을 갖고 그것을 증대시키고자 하는 교회가 독재, 산업화, 민주화 운동에 의해 생긴 정치 균열에 대해 '예언자적 역할' 내지 사회 변화의 촉매 역할을 하도록 불리움에 따라 생기게 되는 갈등 및 긴장, 교회와 국가 사이의 협조 및 유착, 대립 및 갈등과 이데올로기 지형 등에 대해서 고찰한 후, '정치 균열'과 한국 가톨릭교회가 맺었던 교회-국가-사회 관계에 대한 성찰을 할 것이다. 먼저 이에 필요한 이론적 고찰을 한 후, 이승만, 장면, 박정희, 전두환, 노태우 정권 시기를 차례대로 살펴보자.

II. 이론적 고찰

1. 정치 균열과 이데올로기 지형

한국의 정치적 갈등은 해방 후 한국의 국가와 시민사회가 출현했던 초기 상황에 의해 생성된 '정치 균열'(political cleavages)을 둘러싸고 발생해 왔다. 다양한 정치 균열 중에서도 특히 서로 구분되지만 밀접하게 연관된 세 가지의 균열이 중요한데, 민주주의 대(對) 권위주의의 대립, 경제적 정의 대 발전, 그리고 민중주의적 통일 대 보수주의적 통일의 대립이 그것이다. 이 중에서 어떤 균열을 따라 정치적 대립이 전개되는가는 국제정치적 맥락의 변화와 국가 및 시민사회의 권력 관계의 변천에 따라 규정되어 왔다. 해방 직후 서로 경쟁하는 정치 세력 사이의 갈등은 이러한 세 수준의 균열이 모두 관련된 것이었으나 제1공화국이 수립되고 남한 내 좌파 세력이 제거되면서 두 번째와 세 번째의 균열은 국가의 강제력과 이데올로기적 교화에 의해 사장되어졌으나 그 이후 특정 시점에서 이러한 세 가지 수준의 균열은 정치 지형(political terrain) 위에 민주주의, 경제적 정의, 그리고 통일 문제의 순으로 나타났다. 즉, 보다 덜 근본적인 것에서 가장 근본적인 균열로 이어지곤 했으나 꼭 시계열적인 것만은 아니었고, 많은 경우에 두 가지 이상의 균열이 중첩되어 나타나곤 했다.1)

이러한 세 가지의 균열은 권위주의 정권하에서 정치적 반대 세력 내지 민주화 세력들이 줄기차게 요구한 3가지 주제, 즉, 자유민주주의와 인권, 사회정의와 분배, 그리고 통일이라는 주제와 같은 것이며, 지배 세력들은 국가 안보, 반공, 경제 발전을 위주로 하는 지배 이데올로기로서 스스로의 지배를 정당화하거나 이러한 세력들을 억압하였다. 그러나 이러한 균열은 자유민주주의를 가장한 권위주의 정권과 진정한 민주주의를 요구하는 정치 세력 및 시민사회의 갈등, 성장주의 산업화 정책을 내세우는 정권과 분배 및 사회정의를 주장하는 노동 세력 및 종교 세력과의 갈등, 그리고 통일 문제에 있어서 정부 주도 통일론과 민중 주도 통일론 사이의 갈등이라는, 지배 이데

---

1) 최장집, "한국 정치 균열의 구조와 전개", 『한국 민주주의의 이론』, 한길사, 1993, p.156.

올로기와 대항 이데올로기 사이의 대립을 초래했다. 한국 정치의 이데올로기 지형,[2] 특히 지배 이데올로기와 대항 이데올로기 각각의 형성과 양자의 관계는 이러한 정치 균열을 축으로 하여 이루어졌다고 볼 수 있다. 따라서 이데올로기 지형의 분석에 있어서는 정치 균열의 전개와 이에 따라 형성된 정치적 지형을 고려해야 한다.

우리가 말하는 이데올로기의 개념은 "지배 계급이 현실을 전도·은폐시켜서 대중을 기만하려는 의도를 가진 '허위의식'으로서의 이데올로기", "특정한 정치적 신조, 정치적 이념", "각 사회 계급과 사회집단의 현실 해석의 체계" 등을 포함하며, 이데올로기 지형에서는 특히 지배 이데올로기와 대항 이데올로기의 대립 구도가 중요하다 하겠다. 지배 이데올로기는 "사회 성원들이 헌신해야 할 행위 양식과 사회가 지향해 나아가야 할 방향을 제시함으로써 사회의 통합과 발전에 이바지한다. 그러나 경우에 따라서는 지배 집단들이 자신들의 이익을 정당화하거나 물적·인적 자원을 동원하기 위해 만들어 낸 수단으로, 또는 주어진 현실의 모순을 은폐하고 사회 성원들의 관심을 다른 곳으로 돌리기 위한 도구로 활용되기도 한다."[3] 이러한 지배 이데올로기는 "사회적 불만과 저항 요인들을 체제 내부로 용해하여 갈등을 최소화하는 역할"을 수행하며,[4] 대항 이데올로기는 그것이 운동 주도 세력이나 민중 일반에게 형성되고 중간층 및 다양한 사회 세력들에게로 확장되어 설득력을 가지며, 동시에 내부 성원들의 태도와 정신세계 속에 관철력을 가지면서 그들의 행동을 유도할 경우에, 정치적 반대 세력은 이에 힘입어 정치적 국면을 주도적으로 변환시키고 정치 변혁을 이루어 낼 수 있다.[5]

---

[2] 공간적 비유에 해당하는 '지형'(terrain)이란 개념은 마르크스가 『자본론』의 불란서 번역판에서 부르주아 정치경제학자들의 비판에 처음 사용한 후 그람시, 알튀세르 등에 의해 발전된 것으로서 이데올로기 지형, 정치 지형 등 다양하게 응용되어 사용되는 개념이다. 또한 이데올로기 지형은 정치적 투쟁의 '장'(場)과 범위, 경기 규칙들을 구조적으로 조건 짓는 핵심적인 변수로서 정치적 투쟁으로서 무엇이 가능하고 무엇이 불가능한가를 규정짓는다. 손호철, 「한국전쟁과 이데올로기 지형」, 『현대 한국정치: 이론과 역사 1945~2003』, 사회평론, 2003, p.129, 각주 15.
[3] 노길명, "광복 이후 한국 사회의 지배 이데올로기와 교회", 한국사목연구소 편, 『한국 천주교회사의 성찰과 전망 2—해방 공간과 한국전쟁을 중심으로』, 한국천주교중앙협의회, 2001, p.340.
[4] 임현진·송호근, "박정희 체제의 지배 이데올로기", 역사문제연구소 편, 『한국 정치의 지배 이데올로기와 대항 이데올로기』, 역사비평사, 1994, p.179.
[5] 김동춘, "1960년, 70년대 민주화 운동 세력의 대항 이데올로기", 역사 문제 연구소 편, 같은 책, pp.212-213.

한국 사회 이데올로기 지형, 즉, 지배 이데올로기와 저항(또는 대항) 이데올로기 각각의 형성과 양자의 관계에 대한 분석은 정치적 상황의 전개와 이에 따라 형성된 정치적 지형을 고려해야 하며,6) 그 갈등 및 대립의 핵심이 바로 정치 균열이라 하겠다. 본 연구에서는 정치 균열을 둘러싼 지배 이데올로기와 대항 이데올로기 사이의 갈등이 주요 특색을 이루는 국가-사회 관계의 '정치 이데올로기 지형'은 교회-국가 관계에 투영되어 교회의 국가와의 이데올로기적 유착 내지 갈등을 초래하며, 또한 교회-사회 관계 안에도 투영되어 교회의 대(對) 사회적 역할에 영향을 주고, 더불어, 교회의 대(對) 국가적, 사회적 위상에 관한 이견을 낳아 교회 내에 갈등을 유발하기도 한다고 볼 것이다.

2. 국가-사회 관계와 정치 변동

본 연구에서는 해방 후의 한국 사회를 분석하기 위한 분석틀로서 '국가 대 시민사회'의 관점을 취한다. 이는 "집단 또는 계급이 그들의 공동이익을 표방하고 구현할 수 있도록 정치적, 사회적 집단으로 조작"된 "그 조직의 그물 또는 계급의 구조로서의 시민사회"를 한편으로 하고, "사회의 지배 체계 또는 중앙 통치 체계로서 시민사회의 대칭점에 서 있는 국가"를 다른 한편으로 설정하는 것으로, 이를 통하여 우리는 제1공화국으로부터 오늘에 이르기까지 시민사회와 국가의 수준이 서로 상응하지 않고 극명한 간극과 괴리를 지녔음을 보게 된다.7) 특히 둘 사이의 갈등 관계는 해방 이후로부터 오늘에까지 이르는 세 가지 정치 균열의 역사적 전개를 통하여 분석할 수 있다.8)

이러한 국가-사회 관계(state-society relations)는 주로 권위주의 체제 변동 내지 민주화와 관련하여 많이 언급되는 틀이며, 시민사회와 국가의 수준 사이에 간극과 괴

---

6) 정해구, "한국 사회의 이데올로기 변동", 김진균·조희연 편, 『한국 사회론—현대 한국 사회의 구조와 역사적 변동』, 한울, 1992, pp.71-73.
7) 최장집, 앞의 책, p.155.
8) 같은 책, p.195.

리가 커질수록 정치 변동이 발생하기 쉽다고 볼 수 있다. 예를 들면, 권위주의 체제가 성립되어 시민사회에 대한 국가의 일방적인 지배가 행해지는 지배적 국가-사회 관계가 성립된다. → 그 국가는 억압 및 정치적 비정통성을 체제 효율성으로 보완하기 위해 경제 성장을 일으킨다. → 그러나 체제의 비정통성과 억압 통치 및 사회 경제적 구조 변화는 체제 도전 세력을 성장시키고, 이에 따라 기존의 국가-사회 관계는 대립적인 국가-사회 관계로 바뀌며 국가의 체제 도전 세력 억제 실패는 체제 위기를 가져온다. → 국가의 선택과 체제 도전 세력의 선택에 의해 따른 국가-사회 간의 '힘의 균형'의 이동이 체제 변동을 가져오고 그 체제 변동의 양식에 따라 그 뒤를 이어 민주화가 전개된다는 식의 논의이다.9) 이러한 도식은 본 연구의 제목 가운데 "독재, 산업화, 민주화"의 상호 관계를 간결하게 보여준다 하겠다. 위에서 언급한 세 가지 정치 균열을 따라 발생하는 정치적 갈등의 격화와 갈등의 상호 연관성 속에서 시민사회는 국가의 힘과 국가 능력이 증가하는 것과 비례하여 빠르게 팽창하고 성숙하였고, 급기야 1987년 6월에 시민사회는 '폭발'하여 권위주의 정권을 해체시켰다고 볼 수 있다.10)

이렇듯 '시민사회'(civil society)는 한국의 경우 민주화를 쟁취한 1987년의 6월 항쟁의 주체이자 그 이후 1990년대와 현재에 걸쳐 진행 중인 민주주의의 공고화(consolidation)의 핵심 요소이기도 하다. 시민사회는 한국의 민주화에서뿐 아니라 한국을 포함하여 1970년대 중반부터 80년대 말까지 동유럽, 남미, 동남아시아 및 동아시아 등에 몰아친 민주화의 '제3의 물결'에서 핵심 요소였으며,11) 대부분의 민주화 연구자들은 시민사회가 민주주의를 촉진하고 보호하고 보존하는 데 중요한 역할을 한다는 점에 동의하고 있다.12) 이러한 민주화 운동에 있어서 가톨릭교회의 개입

---

9) 정영국, "한국의 국가-사회 관계 변화와 정치체제 변동", 경남대 극동 문제 연구소 편, 『한국 정치·사회의 새 흐름』, 나남, 1993, pp.219-220d.
10) 최장집, 앞의 책, pp.195-196.
11) Samuel P. Huntington, *The Third Wave: Democratization in the Late Twentieth Century*, Norman: University of Oklahoma Press, 1991; Larry Diamond *et al.*, eds., *Consolidating the Third Wave Democracies: Themes and Perspectives*. Baltimore: Johns Hopkins University Press, 1997.
12) Larry Diamond, ed., *The Democratic Revolution: Struggles for Freedom and Pluralism in the Developing World*, New York: Freedom House, 1992, pp.7-15.

및 역할도 두드러졌다. 헌팅턴(Huntington)은 이러한 민주화의 물결이 몰아쳤던 30개 이상의 국가들 중에서 3/4 정도가 가톨릭을 주된 종교로 하는 국가들이었다는 점에서 그 민주화의 물결은 압도적으로 "가톨릭 물결"(a Catholic Wave)이었고, "각 국가들의 경우에 민주주의와 권위주의 사이의 선택은 추기경과 독재자 사이의 갈등 안에 인격화되었다"고 지적한다. 그리고 한국의 경우도―가톨릭 국가라고 볼 수는 없지만―중요한 사례의 하나로서 다루어지고 있다.[13]

3. 교회-국가 관계와 이데올로기 지형: 유착과 갈등

서론에서 이미 언급되었듯이, 해방 후 한국 현대 정치사의 대부분에 해당되는 권위주의 정치와 민주화 운동의 시기에 권위주의와 민주주의와의 균열, 성장 위주의 산업화와 분배를 주장하는 노동 운동과의 균열, 그리고 정부 주도의 통일론과 민중 주도의 통일론과의 균열이라는 세 가지의 '정치 균열'을 둘러싸고 발생한 정치적 갈등은 국가-사회 관계 안에서 지배 및 대항 이데올로기들의 갈등적 공존이라는 정치 이데올로기 지형을 형성하며, 이것은 교회 내에도 투영되어 교회-국가 관계 안에서 재생산되기 마련이다.[14] 그 결과, 때로는 교회와 국가 간에 이데올로기적 유착과 갈등이 형성되며, 또한 교회-사회 관계 안에도 투영되어 교회의 대(對) 사회적 역할에 영향을 주고, 교회의 대(對) 국가적, 사회적 위상에 관한 이견을 낳아 교회 내 갈등을 초래하곤 한다.

우선, 국가의 지배 이데올로기는 교회 내에서 재생산되고, '이데올로기적 동질성'은 교회-국가 간에 이데올로기적 유착을 형성한다. '지배 이데올로기'는 지배의 유

---

13) Huntington, op. cit., p.76, pp.72-85, p.85. 헌팅턴은 민주화 물결의 요인으로서 제2차 바티칸 공의회 (1962~1965) 이후의 천주교회의 "변화된 역할"(the changed role of the Catholic Church)과 더불어, 권위주의 정권들의 정당성 위기, 경제적·사회적 발전, 미국, 유럽, 소련의 영향 및 한 나라의 변화가 다른 나라들의 변화를 자극하여 확산되는 눈덩이 현상(snowballing phenomenon) 등을 들고 있다.
14) 이에 대한 자세한 논의는 강원돈, "한국 교회에서의 지배 이데올로기의 재생산", 한국 산업사회 연구회 편, 『한국 사회와 지배 이데올로기』, 녹두, 1991, pp.359-382 참조. 이 글은 개신교 교회의 경우를 다루고 있으나 가톨릭교회의 경우에도 충분히 적용 가능하다고 보겠다.

지, 강화 및 공고화를 추구하고 사회를 이데올로기적으로 통합하고자 한다. 교회 내의 교권 세력은 현실 정치 세계의 헤게모니 세력과 정치적 동맹을 맺고 교회 내에서 기존 체제를 정당화하는 종교 이데올로기를 생산하고 재생산한다.15) 정치적 헤게모니 블록 내지 국가 권력은 제도 교회의 특권을 보장하고 확대하는 것을 매개로 하여 교회의 헤게모니 블럭을 기존 체제의 틀 안에 가두어 버리고, 만일 이에 순응하지 않으면 교회의 활동을 봉쇄하는 법적, 이데올로기적, 정치적 보복 수단을 강구하기도 한다. 지배 이데올로기들은 "헤게모니 계급 혹은 헤게모니 블럭의 물질적 이해관계를 용이하게 관철시키고 대항 블럭의 의식화와 조직화를 봉쇄하고 이들을 주어진 체제 내부로 통합하는 데 막강한 위력을 발휘"해 왔다. 교회 대중을 지배하는 신조화된 반공주의, 북한에 대한 턱없는 증오와 편견, 미국과 미국 문화에 대한 숭배(심지어 기독교 복음과 미국 문명이 동일시되었던 시기도 있었다), 교회의 일상적 활동까지 지배하고 있는 업적주의와 상업주의, 현실적 성공을 신의 축복으로 간주하는 변형된 형태의 안정 이데올로기 등이 그런 것이며,16) 이것들은 발전주의, 국가 안보 및 반공 이데올로기, 그리고 반공논리가 깔린 통일 이데올로기 등과 교묘하게 맞아 떨어진다.

더불어, 교회에서 전통적으로 강조되어 온 '탈역사적·탈정치적·내세지향적 신앙 형태'는 정치 및 이데올로기와 무관하거나 분리된 것이 결코 아니라, 교묘하고도 강력하게 이데올로기적 역할을 수행한다. 즉, 이런 것들은 "실현되지 못한 욕망의 폭발적 진출을 억제하거나 순치"시키고, "정교분리의 정치신학을 고도로 활성화"하기도 한다.17) 부연하자면, 흔히 "계급들의 '자연적 질서'를 말하는 사회적 가르침, 가난한 이들에게 인내할 것과 그들의 운명에 만족할 것을 가르치는 설교, 평화와 화해 및 갈등의 회피에 대한 강조, 이 모두는 지배 체제를 정당화하는 결과를 낳았다."18)

한편, 교회의 가르침이나 사회적 위상 및 역할이 "교회 대중의 수요를 전혀 충족시키지 못한다면,"19) 교회-국가 관계 속에 투영된 교회 내의 이데올로기적 유착 또

---

15) 같은 책, pp.363-365.
16) 같은 책, pp.368-371.
17) 같은 책, p.376.
18) Arthur F. McGovern, *Marxism: An American Christian Perspective*, Orbis Books, 1980, p.188.

는 지배 이데올로기에 대항하는 대항 이데올로기가 형성될 수도 있을 것이며, 만일 교회의 이데올로기 생산에 제동을 걸 만한 역량이 못된다면 교회 내 불만 세력이 되거나 교회를 이탈하거나,20) 또는 적어도 교회 내에는 갈등이 형성될 것이다.

독재, 산업화, 민주화 운동 시기의 한국 가톨릭교회를 다루는 본 연구에서 우리는 교회-국가 관계에서 특히 유착 또는 갈등의 국면 및 사례에 주목할 것이다. 따라서 교회의 예언자적 역할 및 사회·정치적 영향력과 교회-국가 간의 갈등 관계의 분석뿐만 아니라, 교회와 국가 간의 유착 관계 내지는 교회의 고위 성직자들이 교회의 '예언자적 역할'보다는 '제도적 이익'에 입각하여21) 정부와 유착 또는 긴밀한 협력 관계를 유지하려 했던 경향 및 사례에도 주목할 것이다.

4. 교회-국가 갈등, 교회 내 갈등과 이데올로기

교회의 '예언자적 역할'은 하느님의 말씀을 받고 박해를 무릅쓰면서도 구체적인 상황 속에서 그것의 의미와 중요성을 명백히 밝힘으로써 '선포'와 '규탄'을 행하는 것인데, 이러한 방향 제시와 사회 비판의 기능은 통상 잘못된 기존 질서를 겨냥하게 되므로 종종 정치적 의미를 갖기 마련이다.22) 특히 권위주의 정권하에서는 교회 특유의 그러한 예언자적 역할이 정치적 반대(political opposition)로서 구체화되기 때문에 교회-국가 갈등(Church-state conflicts)이 불가피하다고 볼 수 있다.

그러한 '갈등'은 국가 안보·반공·경제 발전이라는 제3 세계 군부 권위주의 정권들의 전형적인 지배 이데올로기의 비인간성 및 비민주성에 대한 교회의 '이데올로기적 대응'이라고 볼 수 있다. 반체제 인사들에게 가해진 탄압과 억압적 조처에 대항하는 인권 운동 및 민주화 운동을 교회가 행하게 되자, 군부 정권은 "교회 성직자들이 정치에 간섭하고 있으며, 교회의 하층부에는 마르크스주의자들이 침투해 있어

---

19) 강원돈, 앞의 책, p.368.
20) 같은 책, p.380.
21) 오경환, 『종교사회학』, 서광사, 1990, pp.322-324 참조.
22) Thomas C. Bruneau, *The Political Transformation of the Brazilian Catholic Church*, London: Cambridge Univ. Press, 1974, pp.229-230.

반란을 도모하는 반체제 인사들의 도피처로 이용된다"고 간주했다.23) 즉, '정교분리 교의'를 해석하는 군부 정권의 입장 그 자체부터 교회의 입장과 갈등을 일으킨다. 교회 문서들은 인권침해에 대한 비판을 포함하는 '정의를 위한 개혁 활동'을 교회의 사명 및 복음화 활동의 하나라고 파악하기에 교회의 이러한 사회·정치적 개입이 '정교분리 교의'를 침해하는 것이 아니라고 본다. 특히 인간의 구원이나 인권에 관계되는 경우 교회가 정치 질서에 대해서도 윤리적 판단을 내리는 것은 당연한 것이다(『현대 세계의 사목 헌장』, 76항). 다만, 성직자가 정부의 고위직에 임명되거나 정당 및 노동조합에서 지도적 지위를 차지하여 전문적 정치인이 되는 것을 한국 가톨릭교회는 금하고 있다(교회법 285조, 287조).24)

교회 내에서도 '성속 이원론'이나 (잘못 이해된) '정교분리 원칙'을 신봉하는 이들 내지는 보수적인 신학적 태도를 지닌 이들과의 사이에서 교회의 정치적 개입은 갈등을 일으키기도 했다.25) 한국 가톨릭교회의 경우, 고위 성직자들 및 연장 사제들 사이에서 주로 발견되는 보수주의적 태도는 성속 이원론적 신학 내지 신앙관에 입각해서 교회와 정치를 분리시켜 볼 것을 강조하기에 자연히 교회의 정치적 개입을 반대하는 경향을 지니게 마련이었고, 이것 역시도 분명히 '이데올로기적' 입장이었다.

---

23) Brian H. Smith, *The Church and Politics in Chile: Challenges to Modern Catholicism*, Princeton: Princeton Univ. Press, 1982, p.271.
24) 오경환, "교회 문헌에서의 정교 관계", 『가톨릭 사회과학 연구』 제4집 (1987) (서울: 한국가톨릭사회과학연구회), pp.27-28.
25) 좌(Left)부터 우(Right)에 이르는 이데올로기적 스펙트럼(spectrum)과 교회 내에 존재하는 신학적 스펙트럼 사이에는 상당한 대응 관계가 있다. 교회의 사회참여를 강조하는 제2차 바티칸 공의회의 가르침을 받아들이는 태도 내지 정도의 차이를 예로 든다면, 그 공의회를 분명히 반대하며 교회의 사회참여를 '사회주의적'이라고까지 비판하는 '반동주의자', 그 공의회의 가르침을 겉으로는 인정하나 실제로는 받아들이지 않는 '보수주의자', 그 공의회는 물론 해방신학까지도 받아들이며 교회 내 및 사회의 변화 필요성을 적극 주장하는 '진보주의자', 그리고 제2차 바티칸 공의회의 가르침 역시 미흡하다고 보고 더 근본적인 사회구조 변혁을 위해서는 혁명도 불가피하다고 주장하는 '급진주의자'들의 부류가 있다. 이에 대한 설명은 Thomas G. Sanders, "The Catholic Church: Types of Catholic Elites in Latin America," Robert D. Tomasek rev.& ed., *Latin American Politics: Studies of the Contemporary Scene*, Garden City: Doubleday-Anchor, 1970, pp.180-196.

5. 교회의 사회적 역할, 가톨릭 사회운동과 제2차 바티칸 공의회

종교의 사회적 기능은 크게 세 가지, 즉, 사회 통합의 기능, 사회통제 기능, 그리고 사회 변형 혹은 사회변동 기능으로 분류된다. 사회 통합의 기능이란 종교가 사회의 지배적인 가치와 규범을 정당화하면서 사회 구성원들에게 내견화시켜 사회질서와 안정에 기여할 수 있다는 것을 말하고, 사회 통제 기능은 종교가 윤리적 가르침을 제공하고 도덕적 제재를 가하기도 하여 사회적 규범에서 벗어나는 사람들의 일탈 행위를 방지하고 또 사회의 지배적인 규범을 성화(聖化)시킴으로써 사회 통제의 가장 강력한 수단이 될 수 있음을 말한다. 그리고 사회 변형 혹은 사회변동 기능은 종교가 사회 통합과 같은 보수적 기능과는 달리 사회를 변화시키려고 수행하는 진보적 기능을 말한다. 종교는 때로 사람들의 의식 변화를 초래하여 태도와 행위의 변화를 유발하기도 하고, 사회적 부조리와 모순, 경제적 불평등과 불의, 정치적 부패와 타락 등에 대해 날카롭게 비판하고 그 질서에 도전함으로써 사회 변력을 촉구하기도 하는데, 베버(Weber)는 이를 종교의 '예언자적 기능'이라고 불렀다. 이 기능은 기존의 사회적 조건이나 체제에 대한 사회적 저항의 중요한 근원이 될 수 있다.26)

반면에, 이 세 가지 기능과 관련하여 종교는 사회적 역기능도 행할 수 있다. 우선, 종교의 사회적 통합 기능은 속성상 보수적 기능으로서 변화를 원하지 않는 경향이며, 현재의 정치적·사회적·경제적인 구조 악을 묵인함으로써 현 체제의 혁신과 발전을 가로막는 수구 세력이라고 종교는 비판받기도 한다. 사회 통제의 기능도 시대에 낡은 가치와 규범을 고수하고 인간의 본능적 욕구를 강하게 통제함으로써 오히려 사회변동과 발전을 가로막을 수 있고 또 종교인을 이중인격자로 만들 수도 있다. 또한 사회 변형 혹은 변동의 기능은 때로는 너무 비현실적이고 너무 유토피아적인 것을 추구하여 현실적으로 가능한 행동을 막을 수도 있고, 또 심한 경우엔 종교의 예언자적 기능이 급진 이데올로기에 편승하여 정치 투쟁의 수단이 될 수도 있다.27)

---

26) 이원규, "한국 기독교의 사회변동적 기능", 이삼열 외 저, 숭실대 기독고 사회 연구소 편, 『한국 사회 발전과 기독교의 역할』, 한울, 2000, pp.18-22.
27) 같은 책, pp.22-23.

다음으로, 종교와 사회변동은 서로에게 독립변수일 수도 있고 종속변수일 수도 있다. 전자는 종교가 사회변동에 영향을 미치는 경우이고, 후자는 사회변동의 영향을 받아 종교 자체가 변화되는 경우이다. 본 연구는 주로 사회 발전에 대한 기독교의 역할, 특히 가톨릭교회의 역할에 초점을 맞추므로 주로 전자에 주목하지만, 산업화, 도시화, 세속화, 합리화, 다원화로 특징지워지는 현대사회에서 종교는 사회변동의 영향도 많이 받게 된다. 예를 들면, 한국에서의 급격한 사회변동 및 사회구조의 불안정, 사회병리 현상의 증대, 공동체의 붕괴 등은 신흥종교 발생의 이유가 되었으며, 한편, 1990년대 후반의 종교 성장의 둔화는 여가 산업의 발달이나 경제 성장, 정치적 안정과 같은 사회변동의 한 결과이기도 했다. 그렇다면, 기독교 내지 교회의 사회적 역할은 사회 발전 혹은 사회변동에 대한 기독교 혹은 교회의 한 반응이기도 하고 사회적 역할 수행의 동기를 유발할 사회적 조건이나 상황에 따른 것이기도 하다.28)

종교가 사회변동에 미치는 영향은 사회변동을 억제하거나 방해, 혹은 조장하거나 촉진, 둘 중의 하나일 것이다. 그리고 종교가 사회변동을 촉진하기 위해서 요구되는 조건으로는 "종교가 지닌 변형의 이데올로기", "종교적 지도력" 그리고 "자원"이 필요한데, 이것들은 부패된 현재 질서와는 대조되는 미래의 새로운 질서의 시대에 대한 약속의 제시, 신도들의 행동을 변화 지향적인 운동의 방향으로 이끌 수 있는 예언자적 성격과 능력을 가진 종교 지도자, 그리고 재정적 뒷받침, 정치적 영향력, 공식적인 합법성, 그리고 구성원들의 시간과 에너지 등을 각각 포함하며, 이러한 자원의 동원을 위해서는 다시금 종교 지도자의 지도력과 설득력 있는 종교 이데올로기가 요구된다.29)

그리고 종교의 사회적 역할과 기능은 언제나 같지 않고 사회적 맥락과 지배계급과의 관계에 따라서 변하는 변수라고 보아야 할 것이다. 즉, 종교는 '상대적 자율성'을 지녔기에, 경우에 따라서는 체제 유지 지향적일 수도 있고, 반대로, 비판적이고

---

28) 이원규, 같은 책, pp.23-25.
29) Meredith B. McGuire, *Religion: The Social Context*, Wadsworth Publishing Co, 1981, p.194; Keith A. Roberts, *Religion in Sociological Perspective*, The Dorsey Press, 1984, p.204; Meredith B. McGuire, *Religion: The Social Context*, Walsworth Publishing Co., 1981, p.194; 이원규, 같은 책, pp.26-28.

변화 지향적일 수도 있다는 말이다.30) 즉, 종교 내지 교회 체계의 이러한 보수적 기능과 비판적・혁명적 기능은 동시에 존재하고 작용하는 것이며, 교회로서는 어떤 상황 및 사건에 직면하여 '제도적 이익의 보존 내지 증대'라는 '현실적 선택'과 '본연의 (예언자적) 역할의 수행'이라는 '당위적 선택' 사이에서 갈등하게 되고, 그 선택 결과에 따라서 교회-국가 관계에는 각각 유착 또는 갈등이 형성되는데, 그것들은 각각 지배 및 대항 이데올로기들에 의해 추동되고 정당화된다고 볼 수 있다. 그리고 그러한 교회-국가 관계의 이데올로기 지형은 교회-사회 관계의 이데올로기 지형으로 재생산되어 교회의 대(對) 사회적 역할에 긍정적 또는 부정적 영향을 미친다고 볼 수 있다.

그렇다면, 궁극적으로 추구하는 발전의 핵심 가치는 무엇일까? 정치, 경제, 사회, 문화면으로 나누어 보자면, 결국 정치적 민주화, 경제적 평등화, 사회적 복지화, 문화적 성숙화라고 볼 수 있을 것이고, 한국 상황에서는 사회 발전의 주제에 민족 통일이 추가되어야 할 것이며, 사회 발전은 정태적이 아니라 동태적인 현상이므로 교회의 사회운동적 측면 내지 교회의 사회운동이 강조될 수밖에 없다.31) 본 연구에서는 '독재' 및 '산업화'의 문제를 포함하고 외연으로서 통일 문제까지도 포함하는 넓은 의미의 민주화 운동을 교회의 사회적 역할을 논할 때 포함시킬 것이며, 오히려 '근대화'보다 더 중요하게 여길 것이다. 그리고 가톨릭 액션(Catholic Action), 즉, 가톨릭 사회운동에 주목할 것인 바, 적어도 다음의 두 가지 질문, 즉, 그것이 지배층의 입장을 주로 대변하는 방향이었는가 혹은 피지배 민중의 입장을 주로 대변하는 방향의 참여이었는가라는 질문과 그런 운동이 얼마나 교회적, 복음적이었는가라는 질문을 염두에 두어야 할 것이다.

그리고 가톨릭교회의 사회적 역할과 관련하여 우리는 제2차 바티칸 공의회(1962년 10월~1965년 12월)를 언급하지 않을 수 없다. 공의회는 교회로 하여금 정의와 인권 그리고 자유의 증진을 위해서 적극적으로 투신하게 만들었고, 또한 교회가 국가와의

---

30) 오토 마두로 저, 강인철 역, 『사회적 갈등과 종교』, 한국신학연구소, 1988, 제19장, "종교 부분의 상대적 자율성", 제27장, "사회의 대자적인 활동 수단으로서의 종교", 제32장, "교회 체계의 보수적 기능", 제35장, "교회 체계의 잠재적인 혁명적 기능" 참조.
31) 이원규, 앞의 책, pp.17-18, p.28 참조.

관계에서 오랫동안 선호해 온 긴밀한 연대(union)를 공식적으로 배격하였으며, 교회는 "자신의 희망을 시민적 권위가 부여한 특권들 안에 두지 않는다"고 선언했다.[32] 공의회는 이 시대 인간의 기쁨과 희망, 슬픔과 번뇌, 특히 가난하고 어떤 식으로든 괴로움을 겪는 이들은 또한 그리스도를 따르는 이들의 기쁨과 희망이며 슬픔과 번뇌라고 선언했고(『현대 세계의 사목헌장』, 제1항), 그러한 과업을 수행하기 위하여 교회는 항상 '시대의 징표'를 면밀히 검토하고 그것을 복음의 빛을 따라 해석해야 할 의무를 지니고 있다고 강조했다(제4항). 공의회는 또한 기본적 인권이나 영혼의 구원이 그러한 판단을 요청하는 때면 '정치 질서'에 관련된 문제에 대해서 교회는 '도덕적 판단'을 내려야 할 책임이 있음을 강조했다(제76항). 그 결과, 1960년대 중반 이래 라틴아메리카, 아시아, 그리고 아프리카의 많은 주교들은 세속 사회에서 교회의 보다 독립적이고 적극적인 역할을 열렬히 추구하게 되었으며, 자기들 나라의 권위주의 정권에 의해 자행되는 정치적 실종, 고문, 경제적 착취, 그리고 인종주의를 공개적으로 비난해 왔다.[33]

제2차 바티칸 공의회가 한국 가톨릭교회에 두드러지게 영향을 미친 영역은 교회의 사회참여 이외에도 평신도 사도직의 활성화와 지위 향상, 전례 개혁, 신학의 토착화, 일치 운동과 타 종교와의 대화 등인데, 우리는 주로 교회의 사회참여 관련 부분에만 주목할 것이며,[34] 이러한 제2차 바티칸 공의회의 사회적 가르침을 염두에 두고 교회-사회 관계, 한국 가톨릭교회가 민족 현실, 사회 현실, 그리고 한국 사회의 복음화, 인간화, 민주화와 관련하여 수행한 교회의 기능 및 역할 등에 주목할 것이다.

---

32) Smith, op. cit., pp.4-5.
33) Ibid., p.5.
34) 이러한 영향들에 관한 개괄 및 요약으로는 박문수, "제2차 바티칸 공의회와 한국 천주교회", 최석우 신부 수품 50주년 기념 논총 제1집 『민족사와 교회사』, 한국교회사연구소, 2000, pp.647-687 참조.

III. 이승만, 장면 정권 시기

1. 정치 균열과 이데올로기 지형

해방 공간 속에서 미 군정은 세 가지의 이데올로기적 기조를 추구했는데, 그것은 반공 국가의 확립, 자본주의 경제 체제의 확립, 그리고 자유민주주의의 제도화였다. 그러나 해방 이후 한국에서 이 세 가지는 서로 상충 관계에 놓여졌다. 즉, 남한 내 단독정부 수립 과정에서 미 군정은 민주주의 개혁보다도 자본주의 시장 경제와 반공 국가의 확립을 우선시하여 제1공화국부터 국가에 의해 제창되는 민주적 이상과 권위주의적 실제 사이에 제1의 정치 균열이 형성되었다. 제주 4·3 항쟁과 여순반란사건을 비롯한 남한만의 단독정부 수립에 따른 계속적인 사태는 1948년 12월에 제정된 국가보안법과 같은 입법 조치를 통해 국가 공권력의 무제한적 행사를 제도화시켰으며 이는 좌파 세력의 근절 이외에도 반대 세력을 침묵시키는 도구로 사용되었다. 혁명적 열기와 함께 수많은 집단들이 정치 영역에서 활동했던 해방 직후와 비교할 때, 제1공화국의 수립은 미 군정에 의해 강제적으로 부과된 "강력한 국가-약한 시민사회"를 기본 구도로 이루어졌다.35) 특히 한국전쟁을 통해서 국가는 경제력에 걸맞지 않게 증강된 군사력으로 뒷받침된 안정된 관료 국가 체제이자 권위주의 정치 체제로 강화되었다. 또한 전후 미국의 지지와 원조를 통하여 한국 경제도 중심부 국가 미국의 전략 틀, 더 나아가 세계 자본주의 체제의 하위 체제로 편입되었으며, 국가는 외국 원조를 할당하는 과정에서 경제 및 금융 부문을 지배하기 시작하여 경제 구조를 정치체제에 종속시켰다.36)

한국전쟁이 한국 정치의 이데올로기 지형에 끼친 영향은 참으로 컸다. 그것은 "이데올로기 지형의 극우 경화와 지형의 축소 '불구화'"라고 할만 한 것이었다. 이데올로기 지형이 국가 성격의 규정에 구조적 제약을 가하고 국가 성격은 역으로 이데올로기 지형의 유지, 변화에 중요한 영향을 미친다고 볼 때, 한국전쟁이 가져온 이러

---

35) 최장집, 앞의 책, pp.162-164.
36) 같은 책, pp.164-165.

한 이데올로기 지형의 변화는 전후 한국 정치의 전개 방향을 근본적으로 조건 지웠다 하겠다.37) 한국전쟁은 이전에 매우 취약한 지지 기반을 가졌던 국가로 하여금 고갈되지 않는 정당성의 자원으로서 반공 및 국가 안보 이데올로기를 확고히 제공하였으며, 분단은 고착화되었고 민족주의 이념은 통일보다 반공을 우선시하는 분단국가주의로 전치되었으며, 북한 정권에 맞서 한국의 국가는 그 당위적 존재 이유를 갖게 되었고, 반공 이념은 시민사회를 통합하는 역할을 했으며 정치적 갈등의 한계를 틀 지웠다.38) 이러한 '우경 반쪽' 이데올로기 지형은 그 이후 계속적으로 국가보안법 등의 법적 통제 기제들과 이데올로기 국가 기구에 의해 재생산된 반공·반북 이데올로기에 의해 유지되고 재생산되어 왔으며, 이러한 이데올로기와 함께 한국이 나아가야 할 길로서의 자본주의적 발전의 길도 민중운동이 본격적으로 활성화된 1980년대 중반 이전까지는 근본적인 문제 제기조차 할 수 없는 기정사실로 자리 잡았다.39)

이러한 한국전쟁을 포함하는 1950년대 한국의 주요 정치 이데올로기로서는 반공주의, 자유민주주의, 친미주의 등이 중요했고, 발전 이데올로기(근대화 이데올로기)는 부재했으며 그 자리를 북진 통일 이데올로기가 차지했다. 한국의 지배적인 정치 이데올로기를 그 시대적 변천에 따라, 1950년대='반공'+'미국식 자유민주주의 이데올로기', 60년대='반공'+'근대화(발전) 이데올로기', 70년대='반공'+'발전 이데올로기'+'한국적 민주주의 이데올로기'로 간략히 정리할 수 있듯이,40) 1950년대의 특징은 발전 이데올로기의 부재와 동시에 그 자리를 북진 통일 이데올로기가 차지했다는 점이라 할 수 있다. 아직 본격적인 근대화 내지 경제 발전을 시작하지 않았고 분단 상황이 완전히 기정사실로 일반인들에게 내면화되지 않은 상황에서 이승만 정권은 북진 통일 이데올로기를 통해 체제 정당화 기능을 모색했던 것이다.41) 따라서 "통일되고 독립된 민주적인 한국 국가 형성"을 위한 남북한 총선거를 통한 평화통일을 골

---

37) 손호철, 앞의 책, p.129.
38) 최장집, 앞의 책, pp.164-166.
39) 손호철, 앞의 책, pp.133-135.
40) 한지수, "지배 이데올로기와 재생산 메커니즘", 한국정치연구회 편, 『한국 정치론』, 백산서당, 1989, p.206; 손호철, 같은 책, p.157.
41) 백운선, "이승만 정권 리더십의 기원과 자원", 한국 정치학회 편, 『한국 현대 정치사』, 법문사, 1995, pp.235-236.

자로 진보당의 평화통일론42) 내지 평화통일 이데올로기는 무력 북진통일론이 당연시 되던 그 당시에는 '혁명적' 주장이었으며 대항 이데올로기였고, 그것과 함께 진보당이 내세웠던 '사회민주주의'43) 역시도 당시 자유민주주의에 대한 대항 이데올로기였다고 볼 수 있다.44)

이어서, 지배 이데올로기로서의 친미주의와 자유민주주의도 간략히 살펴보자.

우선, 친미주의부터 보자면, 사실 한국 현대 정치사에서 역대 정권 중 친미주의가 아닌 경우는 없었으나, 이승만 정권의 친미주의는 가장 친미적이었다는 평을 받는 장면 정권 못지않았다. 이승만은 미국은 결코 침략국이 아니라, 그 반대로 필리핀과 한국과 같이 곤란에 처한 모든 국가들을 돕고자 하며 그 대가로서 영토나 어떤 다른 보수를 바라지 않고 해방과 원조를 가져다주는 것을 보람으로 여기는, 진정으로 사심없고 우애적 정신으로 가득 찬 나라라고 공공연히 극찬했다.45) 이러한 미국의 자유민주주의를 받아들이면서 이승만 정권은 인민주권, 정치적·법적 평등, 삼권분립, 소수자 보호, 다당제, 정치 세력 간의 자유 경쟁 등 자유민주주의의 핵심적인 이론과 제도들을 헌법에 수용, 천명하였다. 그러나 50년대의 정치적 탄압과 억압에서 보듯이 이러한 자유민주주의 핵심인 사상, 언론, 표현, 집회의 자유들은 제대로 지켜진 적이 없었고, 자유민주주의는 말뿐인 '통치 이데올로기'로 전락해 버렸으며, 실제로는 반공주의로 대체되거나 변질되었다. 이러한 자유민주주의 이데올로기는 국민들로 하여금 자유민주주의 원리와 이승만 정권의 정치 행태 간의 괴리를 느끼게 함으로써 결국 4·19혁명이라는 국민적 저항을 불러일으켜 이승만 정권을 무너뜨렸다. 즉, 자유민주주의 이데올로기는 이승만 정권의 지배 이데올로기이자 궁극적으로는 역으로 정권 자체에 대항하는 대항 이데올로기의 구실을 했던 것이다.45)

---

42) 이에 대한 내용은 권대복 편, 『진보당: 당의 활동과 사건 관계 자료집』, 지양사, 1985를 참조.
43) 자본주의와 볼셰비즘을 거부하면서 진보당은 사회민주주의 입장에서 정치적으로는 다당제와 의회 민주제도의 강호; 실질적인 양심과 사상의 자유의 보장, 경제적으로는 기간 주요 산업의 국유화, 생산 분배의 '합리적인 계획' 경제, 사회적으로는 사회보장제도와 노동자의 경영 참여, 이익 균점, 구체적으로는 국제 평화주의를 기본 방침으로 천명하였다. 권대복 편, 위의 책 및 손호철, 앞의 책, pp.169-175 참조.
44) 손호철, 같은 책, pp.157-158, 162-163.
45) 『이승만 박사 담화집』, 제2집, 공보실, 1956, p.22, pp.67-68; 손호철, 같은 책, pp.161-162.
46) 정해구, "한국 사회의 이데올로기 변동", 김진균 외, 『한국 사회론』, 한울, 1990, p.81; 손호철,

이렇듯이, 4·19 혁명은 한국전쟁 이전에 이미 존재했던 제1의 정치 균열, 즉, '민주주의적 외형과 권위주의적 실제 사이의 대립'으로 설명될 수 있다. 한국전쟁의 유산으로 남아있는 반공이라는 한정된 정치 공간 속에서 이승만 정권의 정당성은 주로 의회 민주주의의 실현이라는 원칙적 측면에서 도전 받았다. 이에 대항하는 세력들은 주로 학생들이었으며, 이들은 사회의 하층 계급의 계급적 이익을 대변하거나 대중 정치 조직을 조직하지도 않은 채 이승만 정권을 무너뜨렸고, 장면 정권하에서 이들 학생 세력의 보다 급진적인 분파는 투쟁의 방향을 통일 문제로 전환시켜 남과 북의 학생들이 판문점에서 만날 것을 요구하고 이로써 통일로 이끌 광범위한 운동을 추진하려 했다. 그리고 이러한 움직임에 대한 국가 기구의 응답이 곧 박정희의 5·16 군사 쿠데타였다. 이는 곧 아무리 권위주의에 대항하는 자유민주주의적 요구라 할지라도 차마 반공주의를 건드릴 수는 없다는 취지의 응징 내지 응답이었다.[47]

정리하자면, 이승만 정권, 4·19, 그리고 장면 정권 시기엔 4·19 혁명을 초래한 권위주의와 민주주의 균열, 또는 이승만 정권의 지배 이데올로기로서의 '거짓된' 자유민주주의 이데올로기와 대항 이데올로기로서의 '진정한' 자유민주주의 이데올로기 간의 갈등이 중요했고, 이승만은 북진 통일론을 제기한 반면, 장면 정권 시기에 학생들이 주도했던 남북 학생 회담 개최 요구는 5·16 쿠데타를 촉발시키는 등 통일을 둘러싼 균열도 대두했다. 그리고 산업화는 아직 본격적으로 시작되지 않아서 경제 발전과 사회 정의 및 분배 사이의 정치 균열은 아직 나타나지 않았으며, 국가-사회 관계에 있어서 지배 이데올로기와 대항 이데올로기는 이렇게 주로 권위주의 통치와 민주주의 요구 사이의 균열을 둘러싸고 형성되었다.

2. 국가-사회 관계와 정치 변동

이승만 정권은 일제와 미 군정에서 물려받은 경찰 및 관료 기구들을 중심으로 시민사회에 대한 우위성을 누렸다.[48] 당시의 계급적 상황을 살펴보면, 1950년대 한국

같은 책, pp.160-161.
47) 최장집, 앞의 책, pp.168-169.

의 사회 경제는 귀속 재산의 불하와 원조의 도입으로 관료적 자본주의의 출발은 보였지만, 토착 자본가의 형성은 미미해서 이들의 국가에 대한 정치적 도전은 생각도 할 수 없었다. 또한 농지 개혁(1949년 6월 21일 농지개혁법 공포)은 지주 계급의 해체를 초래했다. 지주 계급의 해체는 곧 건국 후 국가에 도전할 가능성이 있던 유일한 사회 세력이 소멸된 것으로, 이로써 국가의 사회에 대한 지배력은 더욱 강화되었다. 노동자 수효도 적었고 조직 면에 있어서도 대부분의 경우 자유당의 하부 조직화된 대한 노총에게 장악되었으며, 농민의 경우는 농지 개혁의 결과로 지주 계급이 해체되고 소농 경영 양식이 확산되자 정치적으로 보수화되어 국가에 대한 순응적 태도가 강화되었다.49)

이승만 정권 시기의 주요 사건들로는 1948년의 국가보안법 제정, 반민족 행위 특별 조사 위원회(반민특위) 활동의 무력화, 대통령 직선제를 유지하기 위한 발췌 개헌안 통과로 이어진 1952년의 부산 정치 파동, 초대 대통령의 이차 연임 제한을 폐지시킨 1954년의 사사오입 개헌, 1956년의 정·부통령 선거에서 예상을 뒤엎은 자유당 이기붕이 아닌 민주당 장면의 부통령 당선, 1958년의 진보당 탄압과 보안법 파동, 1959년 정부에 비판적이었던「경향신문」의 폐간, 1960년 3·15 부정선거 등을 들 수 있다.50) 이어서 발생한 4·19 혁명은 이승만 정권의 부패와 정치적 전횡, 그리고 대학 졸업생들의 실업 및 전반적인 경제난에 대해 불만을 지닌 도시 세력과 부패한 정치권력 사이의 싸움이었다.

이러한 4·19 혁명은 한국 역사상 처음으로 국민의 힘으로 집권 세력을 무너뜨린 사건이었으며, 그 이후 독재 권력 앞에서 끊임없이 민주화 투쟁이 벌어지게 했던 정신적 원동력이자 토대였다. 그러나 본질적인 한계 때문에 민주주의를 정착시키지 못하고 군사 쿠데타로 이어졌다. 우선, 1950년대의 한국 사회는 도시화, 교육의 확대, 매스컴의 확장이라는 매우 중요한 변화를 겪고 있었고, 이는 정치 참여의 증대로 이어졌다. 그러나 산업적 계급의 성장 및 정치 세력화의 정도가 미약하였기

---

48) 백운선, 앞의 책, pp.218-225.
49) 김영명,『고쳐 쓴 한국 현대 정치사』, 을유문화사, 1999, pp.96-102.
50) 이에 대한 개괄은 김영명, 같은 책, pp.85-124 참조.

에 기존의 국가와 사회의 힘의 대칭 구조 내지 국가-사회 관계를 근본적으로 변화시키지는 못했다.51) 또한 이 혁명은 기성 정치 세력이 주도한 것이 아니라 학생이 주도했기에 정권이 몰락한 후에 이를 수습할 수 없었고, 민주당 세력은 거세어진 학생 및 시민 세력들의 요구를 수용할 능력이 없었다.

독재정권에 대한 반작용으로 등장한 장면 정권은 민주주의 원칙의 실현을 정통성의 근거로 삼아 정치적 자유와 정치적 참여를 최대한 보장했으나, 그 이념적 보수성은 반공 및 반북한의 기조를 분명히 유지했으며, 정치적 자유의 최대한 보장은 국가의 사회적 통제력 및 정책 수행 능력을 크게 떨어뜨렸고, 혁명 과업의 일환으로 시행된 경찰에 대한 숙정은 경찰력의 사기 저하와 수행 능력의 현저한 쇠퇴를 초래했다. 더욱이 정치 세력 간의 파벌 다툼은 정치 과정의 본질적인 요소가 되었다. 또한 장면 정권의 반혁명 세력, 즉 부정선거 및 부패 관련자 처벌에 대한 장면 정권의 소극성은 학생 집단의 불만을 초래했으며, 정치적 민주화가 일단 달성되자 급진적인 학생들은 보다 적극적으로 자주화·통일 운동을 벌였다. 특히 1960년 11월 초에 결성된 서울대학교의 민족 통일 연맹은 공산당이 참여한 전 한국 보통선거를 주장했고 이듬해 5월에는 남북 학생 회담을 제안하여 큰 파문을 일으켰다. 유엔 감시하의 남북한 총선이라는 통일관을 갖고 있던 장면 정부는 물론 이를 인정하지 않았으나, 북한 정부는 이를 열렬히 지지했고, 혁신 세력의 민족 자주 통일 연맹은 5·16 쿠데타가 일어나기 직전인 5월 13일에 이러한 통일 운동을 지지하는 궐기대회를 갖기도 했다. 또한 노조 운동도 활성화되었으나, 아직은 그들의 조직화나 정치화가 낮은 수준이었고, 교원 노조는 대한 교련의 통제 반대 및 학원 정화에서, 더 나아가 그 당시 진행되던 2대 악법(집회와 시위에 관한 법률과 반공을 위한 특별법) 반대 투쟁과 남북 학생 회담 개최 지지 등으로 나아갔다. 더 나아가, 사회대중당, 통일사회당 등의 혁신정당들은 좌익 계급정당은 아니었지만, 7·29 총선 패배 이후엔 한미 경제 협정 반대와 2대 악법 반대 투쟁에 나섰고, 통일 문제를 쟁점화하여 북한과의 무조건 협상과 중립화 통일을 주장하거나 또는 통일 한국의 영세 중립화를 주장하여 보수파들을 놀라게 했다. 이에 우익 청년 조직들과 재향 군인회 등의 우익 세력들이 반

---

51) 같은 책, p.104.

격에 나서 혁신계와 우익계 사이에 대규모 충돌로 일어났다. 곧 이어 장면 정부하의 '용공 사상'의 대두를 군사 혁명의 첫째 원인으로 내세우는 쿠데타가 일어나게 된 것이다. 그러나 '용공 사상'의 대두로 인하여 국가적 위기 상황이 벌어진 것이 아니라 이러한 상황을 통제하지 못한 국가 자체의 취약성이 문제였다.52)

3. 교회-국가 관계와 이데올로기 지형, 교회-국가 갈등과 교회 내 갈등

1) 교회-국가 관계와 이데올로기 지형

앞에서 이미 언급되었듯이, 권위주의와 민주주의와의 균열, 성장 위주의 산업화와 분배를 주장하는 노동 운동과의 균열, 그리고 정부 주도의 통일론과 민중 주도의 통일론과의 균열을 둘러싸고 발생한 국가-사회 관계에서의 '정치 균열'(political cleavages)과 그것을 둘러싸고 생성되는 국가 권력의 지배 이데올로기와 사회 세력의 대항 이데올로기 사이의 이데올로기 지형은 교회-국가 관계 안에도 재생산된다. 또한 제1, 제2공화국 시기엔 성장 위주의 산업화와 분배를 주장하는 노동 운동과의 균열은 아직 생성되지 않았고, 통일론에 있어서는 제1, 제2공화국 시기에 공히 정부 주도의 보수적 통일론과 민중 주도의 혁신적 통일론이 부딪혔고, 급기야는 5·16 쿠데타의 빌미가 되었음을 이미 언급한 바 있다. 말하자면, 4·19로 몰락한 이승만 정권과 집권한 장면 정권 사이에 가장 큰 차별성은 제1의 정치 균열, 즉, 권위주의와 민주주의와의 균열 및 그만큼의 이데올로기적 대립에 있었으며, 그것이 각각의 시기에 교회-국가 관계 및 그 속의 이데올로기 지형의 특색을 이루었다고 보겠다.

해방 공간에서 미 군정 및 이승만과 교회와의 긴밀한 협조 관계는53) 그 후 미 군정

---

52) 같은 책, pp.130-134, 138-145. 제2공화국의 정치 환경에 대한 분석과 장면 정부의 리더십에 관해서는 이정희, "제2공화국의 정치 환경과 장면의 리더십", 한국 정치학회 편, 앞의 책, pp.241-263을 참조할 것. 장면 정권은 5·16 쿠데타를 자초할 만큼 무능했고 약했다는 식의 부정적 평가에 대해 체계적으로 재평가를 시도한 책으로는 조광 외, 『장면 총리와 제2공화국』, 경인문화사, 2003을 참조할 것.
53) 미 군정과 교회의 협조 관계 및 친미·반공의 이데올로기적 유착에 대한 압축된 정리로는 김녕, "식민 통치, 해방 그리고 분단과 한국 가톨릭교회", 근·현대한국가톨릭연구단, 『한국 근·현대 100년 속의 가톨릭교회 (상)』, 가톨릭출판사, 2003, pp.257-261을 볼 것. 더 상세한 정리로는

이 물러가고 이승만 정권이 수립된 이후에도 계속되었다가, 장면의 부통령 출마와 당선 이후부터는 이승만 정권과 교회의 갈등이 생기고 증폭되어 이승만 정권의 몰락 및 장면 정권의 수립으로 이어졌다. 이하에서는 한국전쟁, 이승만 정권, 4·19, 장면 정권까지의 교회-국가 관계를 이데올로기 지형을 주목하며 간략히 살펴보고자 한다.

먼저, 한국전쟁이 교회-국가 관계와 이데올로기 지형에 미친 영향을 살펴보자. 해방 이후 좌우 극렬해지는 과정에서 교회가 우익, 반공의 중심 세력의 하나가 된 것은 북한 지역, 중국 동북 지역, 소련의 영향권에 놓인 동유럽 등지에서 교회가 극심한 박해를 받는 것을 볼 때 당연했다고 보인다. 그리고 한국전쟁은 분단을 고착화시켰을 뿐 아니라 교회와 공산주의의 대립도 강화시켰다. 전쟁 중의 사망자 수는 남북한을 합쳐 300만 명 이상이었고, 남한 교회 시설의 파괴는 물론이고 외형적으로 북한 교회의 소멸을 가져왔으며, 북한군에 의해 체포되거나 살해된 성직자, 수도자, 신학생들의 수는 한국인 50명, 외국인 100명을 넘었고, 거기엔 지도급 인사인 주교(교황사절 번 주교를 포함) 및 교구장들도 포함되었다.[54]

이러한 전쟁을 당시의 교회는 '성스러운 전쟁', 즉 '유사 종교로 간주된 공산주의와의 십자군 전쟁'으로 해석하였다. 교회의 최고 지도부는 공식적인 언론 매체인『천주교 회보』(현『가톨릭신문』의 전신)를 통해 반공 의식의 고취와 함께 신자들에게 참전을 강력히 요구하였다. 전쟁 발발 이후 처음 간행된『천주교 회보』(1950년 11월 10일자)는 대구교구장 최덕홍 주교가 발표한 "모든 성직자와 신자들에게"를 서두에, "북진에 임하여"와 당시 주미 대사 장면의 "이 전쟁은 반그리스도를 대항하는 전쟁이다"를 사설로 게재하였다. 또한 서울교구장 노기남 주교의 "신자여! 멸공에 총궐기하라"와 신상조 신부의 "청년 학도여 군문(軍門)으로 나아가라"도 게재하였다. 최덕홍 주교는 그의 글에서 "실로 선악의 싸움인 사상전인지라 순교의 정신으로써 이 전쟁에 용약 출전하여야 할 것"을 강조했다.[55]

이렇게 교회는 무신론·공산주의를 박멸해야만 평화가 얻어지는 것이며 북진은

강인철, "미 군정과 이승만 정권하에서의 교회와 국가", 오경환 외,『교회와 국가』, 인천가톨릭대학교출판부, 1997, pp.613-626을 참조.
54) 최기영, "한국 전쟁과 천주교회", 한국교회사연구소,『교회와 역사』, 제304호, 2000년 9월, p.38.
55)『천주교 회보』(1950. 11. 10.). 최덕홍 주교와 노기남 주교의 글의 원문은 최기영, 같은 글 참조.

국토 통일과 평화 건설을 위한 역사적 과업이라고 강조했고, 이러한 반공 내지 멸 공의 자세에 대해서 당시 교황 비오 12세도 교서에서 격려하였다. 교회의 이러한 입장은 당시 이승만 정권의 반공 및 북진 통일론과 이데올로기적으로 동일한 것이 었기에 교회는 적극 협조했다. 그러나 비록 전쟁 수행에 협조해야 하는 것이 교회의 생존과도 관련된 당연한 것이었고, 비록 '십자군 전쟁'이었다 하더라도 전쟁 그 자체는 분명히 '악' 중에도 '최악'이었음엔 틀림없었다. 피 흘림을 그치고 진정한 의미의 평화를 염원하도록 일깨우는 일을 더 강하게 했어야 당시의 교회가 더 교회답지 않았나 하는 아쉬움이 분명 남는다.56)

미 군정 시기에 이어 이승만 정권 초기의 가톨릭교회와의 '밀월적인' 출발은 남한의 단독정부 수립에 대해 노기남 주교는 '무신론과 유신론의 대립'에서 유신론 세력이 승리한 것으로 기뻐한 것에서 이미 찾을 수 있다.57) 이승만의 반공주의와 (무신론적 공산주의를 적대시하는) 교회의 유신론적 입장이 '선택적 친화력'을 가짐으로써 이러한 '이데올로기적 친화력'은 국가와 교회 사이를 유착에 가까울 정도로 서로를 끌어당길 수 있음을 보여준다 하겠다.58) 그리고 이러한 남한 단독정부 수립 및 그에 따른 분단의 고착화를 정당화하는 분단 이데올로기, 반공 이데올로기, 그리고 친미 이데올로기를 공통분모로 하는 이승만, 교회, 장면, 이렇게 3자는 상호 밀월 관계를 누리다가, 1952년 부산 정치 파동을 전후해서부터 교회와 장면은 이승만 정권과 심각한 갈등 관계에 들어서게 되고, 4·19를 거쳐 이승만 정권의 몰락과 장면 정권의 집권으로 이어지게 된다.

이승만 정권의 수립부터 붕괴까지의 과정을 몇 단계로 나누자면, 정부 수립부터 장면이 국무총리를 맡는 때까지의 '우호적 협력' 시기(1948~1951년),59) '경쟁적 협

---

56) 조광, "6·25전쟁과 한국 교회", 한국교회사연구소, 『교회와 역사』, 제171호, 1989년 8월, p.14, 17.
57) 강인철, 「미 군정과 이승만 정권하에서의 교회와 국가」, p.631.
58) 이와 유사한 견해로는 최종고, "제1공화국과 한국 천주교회", 한국교회사연구소, 『한국 천주교회 창설 200주년 기념 한국 교회사 논문집 I』, 1984, p.864 참조.
59) 남한 단독정부 후 '가톨릭 정치가' 장면이 유엔총회에서 한국의 국제적 승인 획득에 기여. 전쟁 발발 후엔 유엔군의 한국 파병을 이끌어 냄. 전쟁 중 교회는 신자들의 참전을 독려. 전쟁 발발 후부터 전후에 이르도록 미국으로부터 제공되는 막대한 양의 구호물자 대부분을 정부 기관을 통해 분배. 이승만은 1950년 11월 장면을 국무총리로 임명. 그러나 1951년 여름부터 민국당을 중심으

력' 시기(1952~1955년),60) '경쟁의 전면화 및 공공연한 대결' 시기(1956~1960년),61) 이렇게 세 단계로 나누어 볼 수 있다.62) 이 과정은 이승만 독재에 대한 투쟁이라는 면에서는 권위주의와 민주주의 사이의 균열이라는 제1의 정치 균열, 권력 투쟁이라는 면에서는 야당 세력으로서 상호 유착한 교회와 장면이 당시 국가 권력인 이승만 정권과 투쟁을 벌인 권력 갈등으로도 볼 수 있다.

4·19혁명으로 인해 자유당 정권이 몰락하는 과정에서 그 당시 한국 교회 지도층들은 자유당의 몰락을 장면의 승리이자 교회의 승리로 '잘못' 인식하여 교회는 민주당 정권과의 유착을 유지하게 되었다. 사실, 교회와 민주당 정권의 유착은 장면이 국무총리로 취임한 이후부터 이미 매우 심각했던 것이다.

2) 교회 내 갈등

시민사회 세력들의 반독재 민주화 운동과 가톨릭교회의 정치적 개입이 활발했던 박정희, 전두환 정권 시기에 비해 이 시기에는 교회의 정치적 개입을 둘러싼 교회 내 갈등이 별로 없었다고 볼 수 있을 것이다. 그러나 우리는 「경향신문」의 반정부 논조 및 노기남 주교의 정치적 행태에 대해 교황청의 추기경이 정부의 요청에 의해 방한하여 경고를 준 내용과 노주교의 답변에서, 그리고 평신도들의 정당정치 참여

로 장면 대통령 추대 운동이 벌어지기 시작함.
60) 장면 대통령 추대 운동이 본격화되고 1952년 4월에 장면이 국무총리에서 경질됨. 5월 25일엔 경남과 전남북 일대에 계엄령 선포후 이튿날에는 '부산 정치 파동'을 일으켜 장면 대통령 추진 운동과 내각제 개헌 시도를 무력화 시키고 7월 4일엔 직선제 개헌을 위한 '발췌 개헌안'을 통과시킴. 1952년에 직선제로 무난히 다시 당선된 이승만은 1954년 11월에 초대 대통령에 한해 중임 제한을 폐지하는 '사사오입 개헌'을 강행. 이 개헌안이 통과되면서부터 야당 통합 운동 및 민주당 결성에 장면과 교회가 참여함으로써 이승만 정권과 가톨릭교회 사이엔 긴장이 급격히 고조됨. 1955년 9월엔 민주당이 창당되고 장면이 최고 위원으로 선임되며 1956년엔 민주당 부통령 후보로 선임됨. 교회는 조직적이고 대대적인 선거운동을 함.
61) 장면이 1956년 5·15 선거에서 부통령에 출마하여 당선됨. 그 이후 이승만 정권과 가톨릭교회의 관계는 더욱 악화되어 1957년에 이승만 정권은 교황청에 노기남 주교의 교체를 탄원하였고 1959년 2월엔 바티칸의 아가지아니안 추기경이 방한하여 노 주교에게 「경향신문」의 정부 비판과 교회의 정치적 개입을 중단할 것을 요청함. 그러고는 그해 4월에 「경향신문」이 폐간됨. 1960년 장면이 민주당 대표 최고 위원 피선. 교회는 부통령 선거운동 및 부정선거 규탄함.
62) 각주 59, 60, 61의 내용은 강인철, 「미 군정과 이승만 정권하에서의 교회와 국가」, pp.630-649 참조.

독재, 산업화, 그리고 민주화와 한국 가톨릭교회

는 격려하나 성직자들의 경우엔 적극 만류한 점에서 보여진 노주교의 시각을 살펴 봄으로써, 갈등으로까지 가진 않았더라도 교회 내 갈등의 여지가 전혀 없었던 것은 아님에 주목하려 하며, 장면과 가톨릭교회와의 유착도 되짚어 보려 한다.

「경향신문」의 발행은63) 제1공화국 시절에 한국 가톨릭교회가 이룩한 가장 큰 공적이라고 할 만한 것으로, 근본적으로는 가톨릭교회가 해방 후 한국의 사상적 혼란 속에서 그리스도교 정신과 이념을 제시하려고 창간되었으며, 이에 지대한 공헌을 하였다고 보겠다. 이와 더불어, 이 일간지가 주목의 대상이 된 것은, 그것이 이승만과 장면에 대해 지녔던 강한 정치색 또는 이데올로기 때문이라고 볼 수 있다. 「경향신문」은, 노기남 주교가 술회하듯, 유물론, 무신론, 공산주의를 결사 배격할 것을 사시(社是)로 정하여 좌익을 비판했고 우익진영을 적극 지지하였는데, 우익의 경우에도 잘못이 있다면 건설적 비평을 가했다. 그러나 근본적으로는 우익의 입장에 서서 신탁통치에 반대했고 유엔 감시하의 남북한 총선거 및 이승만의 노선을 적극 지지했으며, 이로 인해 노주교와 이승만은 더욱 친밀해졌다.64)

그러나 교회와 이승만의 유착은 오래지 않아 비판적 관계로 바뀌었는데, 그 계기가 바로 1952년 '부산 정치 파동' 및 '발췌 개헌' 소동이었다. 결국 장면은 총리직에서 물러나고 제2대 대통령으로 재선된 이승만의 독재는 점점 심해졌다. 이때부터 「경향신문」은 이승만의 독재를 강하게 규탄하기 시작했고, 장면은 이승만의 정적(政敵)이 되었으며, 이승만은 노주교를 '야당 정치 주교'라고 낙인찍었다.65) 「경향신문」은 서울 4개 주요 신문 중에서도 가장 치열하게 정부와 여당을 공격하였고 『동아일보』 다음가는 발행 부수인 약 20만 부의 발행 부수를 올렸다. 반면 이 신문은 장면을 공개적으로

---

63) 이 신문은 한국 가톨릭교회에서 발간하던 일반 시사 신문이었다. 1906년 10월에 주간 신문으로 창간되어 1910년 12월에 폐간되었다가, 1946년 10월에 일간 신문으로 다시 창간되었다. 해방 후에 창간된 일간지 「경향신문」은 제호만 같았을 뿐 그 전의 것과는 체제나 성격이 전혀 달랐지만 역시 천주교 서울교구에서 발행했으며, 1959년 4월 30일에 이승만 정권에 의해 폐간되었다가 4·19 직후인 1960년 4월 27일에 속간되었고, 그 후 군사정권이 들어서고 1960년대 중반에 매각된 후로는 그 맥락이 크게 바뀌었다. 최기영, 「경향신문 폐간과 천주교회」, 한국교회사연구소, 『교회와 역사』, 제306호, 2000년 11월, p.14 참조.
64) 최종고, 앞의 책, pp.840-841; 노기남, 『나의 회상록』, 가톨릭출판사, 1969, p.327, 333.
65) 최종고, 같은 책, pp.841-842; 노기남, 같은 책, p.335.

333

지지하여 자유당 간부들은 이 신문을 민주당 신파(新派)의 본부로 간주할 정도였다.66)

이승만 정권은 영구 집권을 위해 여러 악법들을 만들었는데, 「경향신문」 폐간(1959년 4월 30일) 얼마 전인 1958년 12월 24일엔 반공 이데올로기를 내세워 자신의 정적이나 비판 세력을 통제하기 위한 국가보안법 개정안을 만들어 그것에 대해 반대 농성 중인 여당 의원 80여 명을 300여 명의 경위들을 동원하여 끌어낸 다음 여당 의원만으로 통과시킨 '보안법 파동'이 일어났다. 「경향신문」 폐간의 빌미가 된 것도 1959년 4월 14일자의 대통령 회견 기사 제목 중에서 대통령은 국가보안법 개정에 대해 아무런 언급이 없었는데 "보안법 개정도 반대"한 것으로 허위보도 했다는 것이었다. 잘못된 보도임을 확인한 「경향신문」은 다음날 이 부분은 대통령의 진의와 상치되므로 정정한다고 정정 보도를 했지만, 가장 민감한 사건인 보안법 개정 문제에 대한 오보 사건은 결국 「경향신문」 폐간의 빌미가 되었다.67)

폐간 직전까지도 「경향신문」을 매개로 한 노 주교와 이승만의 대립은 계속되었고, 결국 정부의 요청에 의하여 1959년 3월 5일에 교황청 포교성성 장관인 아가지아니안 추기경이 한국을 방문하여 진상을 조사하는 사태로까지 진행되었다. 추기경과의 면담 자리에서 노 주교는 "한 시간 동안이나 간곡한 주의 말씀을 들었다. '경향신문에서 손을 뗄 수 없는가?' '왜 주교로서 정치에 관여하는가?' 등의 말씀이었다."68) 이에 대해 노 주교는 "주교로서 정치에 관여한 일이 없으며, 「경향신문」이 당시 한국의 정치 현실을 고려할 때 독재 정권을 비판하는 당연한 일을 하는 것"이라고 대답했다. 즉 "정치 참여가 아니라, 교회 본연의 선교 사명인 예언직을 수행한 것"이었고, 그의 그러한 입장은 4·19혁명이 일어난 이후에야 비로소 교황청으로부터 이해받았다.69)

이와 다소 비슷한 맥락에서 언급하고자 하는 사례는 교회의 정치 참여에 관하여

---

66) 최종고, 같은 책, p.843; 한배호, "경향신문, 폐간 결정에 대한 연구", 『1950년대의 인식』, 한길사, 1981, p.139.
67) 노길명, "1950년대 한국 사회변동과 명동성당", 명동대성당 축성 100주년 기념사업회 편, 『민족사와 명동성당』, 서울대교구주교좌명동교회, 2001, pp.181-182.
68) 최종고, 앞의 책, p.853; 노기남, 앞의 책, pp.337-338.
69) 김수태, 「주님, 당신의 뜻대로 하소서」, 한국 교회사 연구소 편, 『노기남』, 천주교 서울대교구, 2003, p.346; 노길명, 「1950년대 한국 사회변동과 명동성당」, pp.180-181; 문규현, 『민족과 함께 쓰는 한국 교회사 II』, 빛두레, 1994, p.274.

당시 한국 가톨릭교회를 대표하는 노 주교의 입장이었다. 이승만 정권의 도덕성에 대한 「경향신문」의 비판을 적극 지지하는 노 주교였으나, 평신도들의 정계 투신은 적극 권장하면서도 윤을수 신부나 김철규 신부가 정계에 진출하고자 할 때는 적극 만류했다. 당시엔 오늘날과는 달리 천주교 성직자들의 정계 진출을 교회법으로 금지하고 있지는 않았음을 감안할 때,70) 그리고 제1공화국 기간 동안 노주교의 친미적, 반공적 이데올로기 속에서의 '정교 밀착' 내지 정교 유착적 입장 및 태도와 비교하자면, 주목할 만한·보수주의적 입장 내지 소극적 입장이라 할 만하다. 그 결과, 두 신부는 정계 투신을 포기했고, 특히 윤 신부는 이승만과 특별한 관계에 있었음에도 1950년 5월 30일에 실시된 제2대 국회의원 선거 출마를 결국 포기한 후 정치에 관계를 끊고 사회사업 쪽으로 몰두했다.71)

이상의 두 사례는 보편 교회 또는 한국 교회의 최고위 성직자에 의해 아무런 갈등 없이 해결되었지만, 그렇지 않았을 경우엔 교회 내 갈등으로 이어질 수도 있었을 것이다.

끝으로, 장면과 교회의 유착에 관한 문제이다. 제1공화국 시기에 교회가 '정교분리'를 무시하고 더 나아가 '정치 이용'(政治利用)을 지향했다는 비판은72) 교회와 이승만 정권과의 관계에 대해서보다 오히려 교회와 장면의 관계에 더욱 타당하다고 보겠다. 그럼에도 불구하고 교회 내에서 이에 대한 비판의 목소리는 전혀 없었다 해도 과언이 아니었다. 그러한 비판이 상당히 비중 있게 대두되어 갈등의 소지를 가져왔어야 오히려 바람직했을 것임을 '교회 내 갈등'과 관련하여 지적하고자 한다. 즉, 이 경우엔 거꾸로, '교회 내 갈등'의 '부재'가 오히려 더 심각한 문제였다.

4. 교회의 사회적 역할, 가톨릭 사회운동과 제2차 바티칸 공의회

한국전쟁이 발발하기 직전인 1950년 4월에 발표된 주교단의 공동 사목 교서는

---

70) 노길명, 같은 책, pp.183-184.
71) 최종고, 앞의 책, p.862.
72) 같은 책, p.864.

사회 재건 문제를 다루었는데, "교도와 동포에 고함"이라는 제목을 통해서 교회가 올바른 가르침을 제시할 권리가 있음을 천명하였으며, 공산주의 배격, 도의 질서의 기본인 가족 질서의 확립, 생명에 대한 교육 강화, 사유재산제의 정당성, 농촌 문제의 해결과 노동 공동체의 확립 문제도 언급했다. 즉, 교회가 사회를 향해 관심을 열었음을 분명히 보여주는 것이었다.[73]

교회는 한국전쟁 때 피난민 구호 활동을 벌였고, 서울교구에서는 국군이 평양을 수복한 직후에 대한 천주교 의료회 회원이 중심이 되어 평양에 '가톨릭 의료 봉사단'을 파견하여 의료 활동을 전개하기도 했다. 1953년 3월에 열린 주교단 공동 교서의 내용을 보면, 전시 중임에도 불구하고 교육의 중대성, 즉, 학교 교육 및 자녀 교육의 중요성을 강조하였고 도덕 훈련의 중요성을 내세워 사회 교육의 중요성을 공식적으로 강조하였다. 또한 공산주의의 허위성과 가톨릭 사회 원리를 천명하였다. 그리고 전시 아래에서 교회는 언론 및 출판 활동을 전개하였다. 대구에서 간행되다가 잠시 중단되었던 「천주교 회보」를 1950년 11월에 재간행하였고, 1950년 12월에 대구교구에서는 「매일 신보」를 인수하여 주로 반공 및 전쟁 극복의 일환으로 가톨릭 언론 활동을 벌였다. 그리고 휴전 직전에는 전쟁으로 인해 휴간되었던 「경향잡지」를 복간하였다.[74] 또한 전쟁 발발 직후 장면은 유엔군의 한국 파병을 위해 고군분투하면서 미국 가톨릭교회 등에 호소하였고, 그 결과로 미국 가톨릭교회로부터 한국으로 막대한 양의 구호물자가 제공되었다.[75]

해방 직후부터 50년대 전반까지의 시기에 교회는 교육 운동에도 박차를 가하여 대건중학교를 비롯한 각종 교육 기관을 설립하였고, 가톨릭 교육 협회가 조직되어 가톨릭 정신에 입각한 교육사업의 전개를 다짐하였으며, 병원, 진료소, 고아원, 양로원 등의 사회사업 기관들은 전국 도처에 설립되어 있었다. 또한 청년운동과 같은 가톨릭 액션이 본격적으로 진행되고 있었는데, 이때부터 가톨릭 학생회가 학교별로

---

73) 조광, "휴전 이후의 한국 천주교회상: 1953~1962년", 한국교회사연구소, 『교회와 역사』, 제172호, 1989년 9월, p.14(302).
74) 조광, "6·25전쟁과 한국 교회", 한국교회사연구소, 『교회와 역사』, 제171호, 1989년 8월, pp.15(267)-17(269).
75) 강인철, 「미 군정과 이승만 정권하에서의 교회와 국가」, p.633.

조직되어 나가기 시작하였고, 그 결과로 서울교구 청년연합회, 서울 여자청년연합회, 서울 가톨릭학생회, 대구교구 청년회연합회도 결성되었다.76)

휴전 이후에 오면 여러 교서들은 신도들의 신심과 생활 규범을 강조하였고 각종 전례서의 편찬 및 출판물의 보급을 강하게 촉구하였으며, 교회는 지식인 교리방을 별도로 설정하고 지식인들만을 위한 예비자 교리를 진행하여 많은 지식인이 입교하기도 하였다. 또한 교회는 N.C.W.C(미국 가톨릭복지협의회, National Catholic Welfare Conference)의 원조가 배경이 되어 의료 활동, 양로원, 고아원 활동 등이 큰 규모로 전개되다가 점차 원조가 감소되고 중단되면서 이런 사회사업에 대한 교회의 관심도 줄어들었다. 또한 협동조합 운동도 주목할 만했다. 1960년 5월에 부산에서 처음으로 성가 신용 협동조합이 설립되어 한국 신협 운동의 효시가 되었으며 6월에는 가톨릭 중앙 조합, 신용 협동조합이 설립되었고, 1961년과 1962년에도 가톨릭이 중심이 되어 계속 전개되어 나가다가, 이 신용 협동조합 운동은 점차 가톨릭교회의 범위를 벗어나서 지역 사회로까지 확대되었다. 또한 교육 개발도 활발히 진행되었는데, 특히 여러 수도단체들이 유치원 교육에 깊은 관심을 갖고 활동했다. 그리고 교회가 운영하는 유치원, 초·중·고등학교 및 대학의 수도 상당히 빨리 늘어났다. 이런 가운데, 휴전 이후 1962년까지의 한국 가톨릭교회는 1962년에 개최된 제2차 바티칸 공의회가 가져올 새로운 발전을 준비하는 대기 상태였다고 볼 수 있을 것이다.77)

이와 더불어, 교회가 1952년 '부산 정치 파동' 때부터 『경향신문』을 통해서 이승만 정권을 비판하며 투쟁한 것은 교회 본연의 선교 사명인 예언직을 수행했다고 볼 수 있으며, 그 후 10년 후에 열린 제2차 바티칸 공의회에서 "(교회가) 인간의 기본권과 영혼의 구원이 요구할 경우에는 정치 질서에 관한 일에 대해서 윤리적 판단을 내리는 것은 당연하다"(『사목헌장』 제76항)고 선언한 것을 보면, 그 이른 시점을 봐서라도 높이 평가할 만하다. 이것은 한국 가톨릭교회가 정치권력에 대해 적극적으로 저항과 투쟁을 전개한 최초의 경험이었으며, 비록 장면에 대한 지지가 주된 동기였다 하더라도, 그 후 1970년대부터 본격적으로 전개된 교회의 인권 운동과 정의구

---

76) 조광, "8·15광복과 천주교회", 한국교회사연구소, 『교회와 역사』, 제170호, 1989년 7월, p.20(236).
77) 조광, 「휴전 이후의 한국 천주교회상: 1953~1962년」, pp.14(302)-17(305).

현 운동에 어느 정도 영향을 주었다고 볼 수 있을 것이다.[78]

IV. 박정희, 전두환, 노태우 정권 시기

1. 정치 균열과 이데올로기 지형

1960년대 초부터 1980년대 말, 1990년대 초에 이르는 이 시기엔 권위주의와 민주주의 균열뿐 아니라, (국가 주도형 산업화의 성격을 지닌) 발전주의(내지 성장주의)와 공정한 분배 (내지 사회정의의 요구) 사이의 균열, 그리고 특히 80년대 말 노태우 정권 시기에 표출되었던 학생 및 재야 운동 세력과 노태우 정부와의 통일 문제를 둘러싼 균열 등 세 가지 균열이 모두 나타났으며,[79] 이러한 균열을 중심으로 국가-사회 관계의 이데올로기 지형이 형성되었다고 볼 수 있다.

특히 박정희 정권 시기(1961~1979년)는 그 이전과 비교할 때 조국 근대화의 기치하에 경제 발전을 추진하였고 그러한 경제 성장과 사회 정의 및 분배 요구 사이에 발생하는 정치 균열이 특히 중요했으며, 반공주의와 권위주의는 그 이전보다 강화되었다고 보겠다. 그 시기를 쿠데타부터 제3공화국 수립까지(1961~1963년), 제3공화국부터 유신정권 수립까지(1963~1972), 그리고 유신정권 시기 및 몰락까지(1972~1979년)로 나누어 본다면, 지나친 단순화일지 모르나, 박정희 체제 지배 이데올로기는 첫 시기엔 반공주의>성장주의>권위주의, 둘째 시기엔 성장주의>반공주의>권위주의, 그리고 셋째 시기는 권위주의>성장주의>반공주의 순으로 그 비중 및 우선순위에서 변화를 보였다고 볼 수 있고, 지배 이데올로기이자 핵심 이념인 '반공주의'의 하위 이념 및 정책으로는 국가 안보, 반북 이데올로기, 반노동주의(anti-laborism)를, '성장주의'의 경우엔 조국근대화, 선 성장 후 분배, 수출 체제 구축을 위한 국가 주도 경제를, 그리고 '권위주의'의 하위 이념 및 정책으로서는 시민사회에 대한 국가 우위, 개인적 자유에

---

78) 노길명, 「1950년대 한국 사회변동과 명동성당」, p.184.
79) 최장집, 앞의 책, pp.169-188을 참조할 것.

대한 공동체 복지 우위, 유기체적 통합 원리, 평등 이념(민주 이념)의 잠정적 유보 원리를 들 수 있다.80)

반면에, 1960~1970년대의 대항 이데올로기로서는 (외세 의존적 경제 성장 위주의, 대기업 주도의 근대화 내지) 발전주의(또는 성장주의)에 대항하는 (민족 주체적이고 사회발전적인, 국민의 형평성과 분배가 전제된 또는 민중주의적인) 근대화, 그리고 국가 안보 이데올로기 및 '한국적 민주주의'에 대항하는 진정한 의미의 '자유민주주의'를 들 수 있다. 몇 가지 부연하자면, 경제 성장과 근대화 이데올로기로서의 발전주의는 지배 세력의 계급 이해의 산물만이 아니라 민중의 탈 빈곤 열망도 포함되었고 그것이 지배 세력의 이해에 맞게 접합된 것이라는 점, 그러한 발전주의에 비판적이었던 (민중 혹은 소외된 자와 재벌·정부를 대립시키는) 민중주의적 입장도 계급 지향적이라기보다는 다분히 민중 주체적인 성격을 지녔으며 반공 국가 이념을 의문시할 수는 없었다는 점, 유신 헌법 제정과 반대를 둘러싼 양쪽 세력들이 '자유민주주의'란 담화구조를 사용한 것은—자유민주주의가 지배 이데올로기이자 대항 이데올로기였다고 보기 보다는—자유민주주의가 거역할 수 없는 공통의 기준(공준)이자 유일하게 허용된 공식 지도 이념으로서 공통의 이념적 자원이었기 때문이라고도 볼 수 있다는 점 등이다.81)

1980년 5·18 광주민주화운동을 무자비하게 진압하면서 등장한 전두환 정권 시기에 학생 운동은 이전과는 근본적으로 달라졌다. 우선 대학별 연대와 상하부 조직의 체계화를 통해 조직적으로 크게 성장했고, 이념적으로 급진화했으며, 행동도 과격해졌다. 이것은 특히 광주의 유혈 진압에 (국군 20사단과 33사단 휘하 1개 대대의 작전권 이양 요청을 주한 미군 사령관이 승인했다는 점에서) 미국이 깊이 개입되었으리라고 그들이 믿었고, 더 근본적으로는 한국의 분단과 정치·경제적 종속, 그리고 계속되는 군부 독재가 '미 제국주의 침략의 결과'라고 생각했기 때문이었다. 학생운동 조직은 전국 학생 총 연합(전학련)과 그 전위조직인 민족 통일·민주 쟁취·민중 해방 투쟁 위원회(삼민투)가 주도했으며, 이들은 1984년 11월엔 민정당사, 이듬해 5월엔 서울의 미국 문화원을 점거하기

---
80) 임현진·송호근, 앞의 책, pp.169-207, 특히 p.183, 199.
81) 김동춘, "1960, 70년대 민주화 운동 세력의 대항 이데올로기", 역사 문제 연구소 편, 앞의 책, pp.209-249, 특히 pp.228-240.

도 했다. 이들 조직은 1986년에 반미 반파쇼 민족 투쟁 위원회(민민투), 반미 자주화 반파쇼 민주화 투쟁 위원회(자민투)로 대체되어 각각 PD(People's Democracy)파와 NL(National Liberation)파의 모태가 되었고, 이후 반미 운동과 반전 반핵 운동, 분신자살 등이 속출하였다. 이러한 운동은 1986년 10월 말 전국 반외세 애국 학생 투쟁 연합(애학투)이 발족식 직후에 무력 진압되면서 침체되다가 1987년 6월 항쟁 이후 8월 19일에 전국 대학생 대표자 협의회(전대협)를 결성하면서 다시 활성화되었다. 이와 함께 재야 운동권도 1983~1984년 이후 기층 민중을 기반으로 민중운동을 주도하였고, 노동 운동권도 비록 경제적 투쟁이 주류를 이루기는 했으나 이들 학생 및 재야 운동과 밀접히 연계함에 따라, 반체제 운동 세력은 급성장하였고 동시에 '자유민주주의 단계'에서 '민중민주주의적 단계'로 발전했던 것이다. 이와 함께, 운동권의 반미 운동도 조직화되고 사회주의 혁명을 위한 민중 민주주의의 이론적 논쟁들도 활발해지고 운동권 내부에서는 노선 투쟁도 벌어졌다. 이제 운동권은 반공·분단의 논리를 넘어서서 사회주의 혁명까지도 공공연하게 천명하였다. 또한 1986년 5월 3일의 인천 사태는 자민투, 민민투, 서울 노동 운동 연합, 인천 지역 노동자 연맹 등의 재야 운동 조직들이 (1년 전에 결성된 신한 민주당의 개헌 운동이라는 본래 취지를 벗어나) 반미 반제, 반파쇼, 민족 통일의 혁명적 변혁을 향한 최초의 민중 봉기를 시도한 것이었는데, 이는 급진적인 재야 운동권이 제도권 야당과 분화된 독자적인 세력임을 천명한 것이기도 했다.[82]

    이들 학생과 재야 운동권은 그 후 1987년 6·29 선언 이후 노태우 정권 출범을 계기로 한 개량 국면의 도래로 자유민주주의적 절차의 수립에 투쟁의 목표를 맞춘 제도권 정당들과 다수의 국민들이 그들의 노선에 대해 냉담한 반응을 보이고 민주화가 어느 정도 진행되자, 그들 스스로도 혁명적 변혁의 전망을 잃게 되어 그들은 민주화 운동에서 통일 운동으로 투쟁의 초점을 이동시켰다. 이들은 미군 철수, 한반도의 비핵지대화, 휴전 협정의 평화 협정으로의 대체, 남북한 간 불가침 협정의 체결, 연방제 통일 등 북한과 흡사한 구호와 함께 민중 주체에 의한 통일 운동을 주장하고 나섰다. 4·19 직후를 연상시키면서도 열기와 급진성은 그때를 훨씬 능가했다. 전대협 주도로 각각 벌어진 1988년 6월 10일과 8월 15일의 학생들의 평양행 기도

---

82) 김영명, 앞의 책, pp.254-257.

와 판문점에서의 농성은 정부에 의해 무산되었으나, 궁극적으로는 정부로 하여금 북방 정책을 추진하고 통일 문제에 더 적극성을 갖도록 압력을 가한 것이었다.83)

노태우 정부는 빈약한 국민의 지지로 출범하여 정치적 정당성을 확보하기 위한 방편으로 민주화 개혁과 경제 사회 개혁을 실시했으나,84) 대통령 자신의 약한 리더십은 여소야대의 구도에서 노태우 정부가 야당 세력들에 의해 끌려다니게 되었기에 노태우의 민정당은 김영삼의 통일민주당, 김종필의 신민주공화당과 1990년 2월에 합당하여 민주자유당이라는 총 의석 218석의 거대 정당으로 다시 탄생하였고, 이로써 국가 주도의 새로운 보수적 정치 구조가 정착되게 되었다.

이러한 가운데 적극적인 북방 정책·통일 정책의 추진 역시도 정당성 추구의 또 하나의 방편이었다. 1988년의 7·7 선언(민족자존과 통일 번영을 위한 대통령 특별 선언)의 발표와 소련 및 동구 국가들과의 수교, 중국과의 교류 확대, 두 차례에 걸친 한·소 정상회담, 1991년 말 남북한 기본 관계 합의서 채택 등은 남북한 간의 긴장 완화 및 반공 이데올로기의 경직된 적용을 줄일 수 있는 여건을 제공한 점이 있으나, 이것이 전제로 하는 정부의 통일 문제 창구 단일화 논리는 오히려 학생 및 재야 세력의 통일 운동을 부추겼다. 1989년 3월 25일 문익환 목사의 밀입북과 김일성 면담, 5월의 동의대 사건(시위하던 동의대 학생들이 전경들을 불타 죽게 한 사건), 6월의 평민당 서경원 의원 간첩 사건, 7~8월의 임수경 밀입북 사건, 그리고 그 이듬해 초의 현대 중공업 파업 사태 등이 일어나자, 노태우 정부는 이것들을 좌파 세력의 득세와 경제 위기가 가져올 '총체적 위기'라고 이데올로기 공세를 폈고 공안 정국을 폈는데, 이것은 당시의 동구 사회주의 몰락과 6·29 선언 이후의 국민 일반의 보수적 회귀와 잘 맞아떨어졌고, 급진적 통일 운동과 반정부 투쟁의 입지는 크게 약화되었다. 그 후 그들은 1990년 2월의 3당 합당과 국가의 강경 정책에 맞섰으나 중산

---

83) 같은 책, pp.277-278.
84) 이 중에서 금융실명제와 토지 공개념 제도의 도입은 기득권 세력의 저항을 받아 불발에 그쳤고, 여소야대 정국에서의 5공 청산도 결국 광주 항쟁의 미봉적 해결과 전 대통령 친인척의 비리 처벌에 그쳤다. 민주화 개혁으로는 입법부의 행정부에 대한 통제력 강화, 안기부·보안사의 역할 축소, 시·도 단위에서 지방자치제 실시, 국회의 국정 감사권 부활과 대통령의 국회 해산권 폐지 등이 있었다. 같은 책, pp.282-288.

층 및 언론과 정치권의 호응을 받지 못했다.[85]

정치 균열과 연관시켜 볼 때, 이러한 중산층은 독재 타도, 민주 쟁취를 추구한 1987년 6월 항쟁에는 가세하여 민주화 쟁취에 결정적으로 기여했으나, 그 뒤를 이은 7월, 8월 노동자 대투쟁과 1989년까지 거세어진 통일 운동에 대해서는 호응을 철회해 버렸다. 즉, 중산층은 권위주의와 민주주의 사이의 제1의 정치 균열의 경우엔 적극적으로 가담했으나, 공정한 분배와 발전주의 사이의 제2의 정치 균열과 보수적 통일론과 민중 주도의 통일론 사이의 제3의 정치 균열에 대해선 안정 희구 세력으로서의 보수성을 여실히 드러냈다.[86] 반면에, 보다 구체적으로 시민의 삶에 초점을 맞추는 시민운동들이 태동하기 시작하였는데,[87] 경제 정의 실천 시민 연합(1989년 창설), 환경 운동 연합(1993년 창설), 참여 연대(1994년 창설) 등의 중산층적인 시민운동이 차례로 창설되어 좋은 반응을 얻으며 활발해지기 시작했다. 이러한 시민운동도 물론 바람직하지만 제2, 제3의 정치 균열을 타개할 능력과 의지는 없다는 점이 그것의 한계이자 특색일 것이다.

2. 국가-사회 관계와 정치 변동

박정희의 5·16 쿠데타와 제3공화국의 수립, 그 후 제4공화국 유신 체제를 거쳐 전두환 정권의 집권 및 1987년 6월 항쟁으로 인한 제5공화국의 몰락, 그리고 제6공화국 노태우 정권이 들어선 후 1993년 2월에 김영삼 문민정부가 수립될 때까지의 정치 변동은 국가-사회 관계에 있어서 강한 권위주의 국가에 대항하는 약했던 시민사회의 강화 과정으로 특색 지워지는 민주화 과정으로 설명할 수 있다. 그렇다면, 한국 현대 정치사에서 국가가 그토록 강한 통제력을 갖고 시민사회를 억누를 수 있었던 이유와 6월 항쟁 및 민주화가 가능했던 이유는 무엇일까? 한국의 국가는 건국 이래 각 정권별로 다소 진폭은 달리하면서도 높은 수준의 국가 자율성(state autonomy)을 향

---

85) 같은 책, pp.279-281, 284-285.
86) 최장집, 앞의 책, pp.179-188 참조.
87) 김영명, 앞의 책, pp.279-281.

유했는데, 그 이유로는 유교 전통을 이어받은 권위주의적 정치 문화와 국가에 대한 의식, 분단의 영향, 사회 경제적 토대의 취약성 및 일제 식민 통치의 유산 등의 요인들이 상호적으로 승수 작용을 일으켜 시민 사회의 성장 수준에 걸맞지 않게 국가가 '과대 성장' 했기 때문으로 설명된다. 즉, 유교 문화의 영향이라는 문화적 요인, 분단 구조와 냉전 체제라는 지정학적 요인, 서구의 시민 혁명을 주도했던 부르주아 계급의 부재와 국가 주도의 산업화라는 사회·경제적 요인, 해방 후 미 군정에 일본의 식민 통치 관료 기구가 유지 및 존속됨에 따른 국가의 과대 성장이라는 일본 식민 통치의 유산, 그리고 대외적으로는 세계 체제 내에서의 종속적인 발전이지만 그러한 발전 및 자본축적을 대내적으로는 국가가 주도함에 따른 대내적 국가 자율성의 증대 현상 등으로 설명할 수 있다.[88]

반면, 국가와 시민사회의 비대칭 관계는 1980년 후반에 이르면서는 대칭 관계로 변화하기 시작했고, 그러한 조짐은 이미 1970년대 초부터 나타났다. 즉, 산업화가 중화학 공업 중심의 심화 국면에 들어서자 한국의 자본가 계급은 국가와 지배 동맹을 형성하고 상공 회의소, 전국 경제인 연합회 등의 자발적 이익 집단을 통해 국가 기구에 대해 나름대로 영향력을 행사하기 시작했고, 정치자금 등을 통해서 정책 결정 과정에 영향을 미치기도 했다. 또한 산업화가 시작된 1960년대부터 급성장한 노동 세력 및 도시 빈민 등의 민중 세력과 일반 시민들도 국가권력에 도전해 왔다. 예를 들면, 1970년 11월의 전태일 분신자살 사건, 1979년 8월의 YH 노동 분규, 1979년 10월의 부마사태, 1986년 2월부터 벌어진 신민당과 민추협의 1천만 개헌 서명 운동, 1987년의 6월 항쟁과 7월·8월 노동자 대투쟁 등은 1970년대 초부터 시민사회 세력들이 집권 세력의 권위주의 통치 및 개발 독재에 대항한 주요 사건들이었다. 더 나아가, 1987년 6월 항쟁 이후에 출범한 제6공화국의 국가 자율성은 권위주의시기에 비해 극도로 위축되었다고 볼 수 있는데, 예를 들면, 현대 그룹은 독자적으로 1992년에 독자적으로 정당(통일국민당)을 창당하기도 했고 후엔 대권에 도전하기도 했다. 물론 국가는 여전히 자본가 계급에 대하여 강제력을 행사할 수 있지만, 자본가 집단이나 이익집단에

---

88) 김호진, "국가 자율성과 한국 정치: 국가와 시민사회와의 관계", 『한국 정치 체제론』, 박영사, 1994, pp.441-456.

대한 국가의 통제력은 약화되었고 반면에 국가에 대한 이들 집단의 영향력은 상대적으로 강화된 게 사실이다. 즉, 국가 자율성은 체제의 민주화 및 시민사회 부문의 성장에 따라 연동되어 축소 조정되어 온 것이다.89)

다음으로, 1987년 6월 항쟁 및 한국 민주화가 가능했던 요인은 크게 사회·경제적 요인, 문화·심리적 요인, 정치적 요인, 국제 환경적 요인들로 나누어 볼 수 있다. 사회·경제적 요인으로는 사회구조의 다원화, 중산층의 증가, 그리고 노동 계급의 증가와 반체제 세력화를 들 수 있고, 문화·심리적 요인으로는 산업화, 도시화, 매스컴의 확산과 교육 수준의 향상, 다원화 및 국제화의 진척에 따라 국민들이 정치의식과 정치 문화가 더욱 참여적, 민주적, 평등 지향적으로 바뀐 것을 들 수 있다. 이와 더불어, 정치적 요인으로는 전두환 정권의 정통성의 결핍과 지도력의 위기 등과 함께 반체제 세력의 결집력 강화 및 민추협 결성(1984년)과 선명 야당으로서 신한민주당의 창당(1984년)을 들 수 있으며, 국제 환경적으로는 1980년대 들어 제3세계 국가를 풍미했던 민주화 추세가 한국 국민들의 저항을 고무시켰고 폴란드의 자유 노조 운동, 고르바초프의 개혁 및 개방 정책도 탈냉전 무드를 일으켰으며 미국과 소련 간의 관계의 개선은 억압 정치의 명분이었던 국가 안보 및 반공 이념의 구심력을 약화시켰다. 또한 미국 정부와 의회는 한국 정부에게 민주화를 촉구했고 개헌을 촉구하는 압력을 가했다. 이러한 압력 행사는 이젠 권위주의 정권을 지지하는 것이 결코 득이 되지 않는다는 미국의 이해관계 판단에 따른 것이겠으나 6·29 선언의 결단을 재촉한 주요 동인이 되었을 것이다. 이렇듯이 한국의 권위주의 정권의 해체는 여러 차원의 요인들이 동시에, 그리고 복합적으로 작용했기에 가능했지만,90) 가장 중요한 요인은 역시 집권 세력과 맞서 굴복시킨 시민사회 세력의 성장이 아닐 수 없다.

3. 교회-국가 관계와 이데올로기 지형, 교회-국가 갈등과 교회 내 갈등

앞에서 우리는 이승만 정권 시기와 장면 정권 시기엔 주로 권위주의와 민주주의와

---

89) 같은 책, pp.456-463.
90) "6월 항쟁과 권위주의 체제의 해체: 인과성을 중심으로", 같은 책, pp.541-569 참조.

의 균열이 중요했고 장면 정권 말기엔 정부 주도의 통일론과 민중 주도의 통일론과의 균열도 잠시 대두하였음을 보았다. 이어 박정희, 전두환, 노태우 정권에는 산업화 과정에서 성장위주의 산업화와 분배를 주장하는 노동 운동과의 균열이 보태져서, 이 시기엔 이러한 3가지 정치 균열이 다 발생하였으며, 이러한 균열을 둘러싸고 형성되는 이데올로기 지형이 교회와 국가 간에 대립 또는 갈등 관계를 초래하며, 동시에 지배 이데올로기와 대항 이데올로기들이 교회 내에서 재생산되기도 하였다.

이제부터 우리는 이 시기 동안의 교회 내에서의 지배 이데올로기와 대항 이데올로기의 재생산, 교회-국가 갈등과 정치 균열, 교회 내 갈등, 그리고 교회-국가 간의 협조와 대립의 공존과 민주화 이후의 추세에 대해서 살펴볼 것이다.

1) 교회 내에서의 지배 이데올로기와 대항, 이데올로기 의 재생산

해방 이후 한국 사회를 지배해 온 지배 이데올로기 중에서 가장 대표적인 것은 아마도 '친미 반공주의'와 '성장주의'일 것이다. '친미 반공주의'와 '성장주의'는 정치적 영역뿐 아니라 "사회의 모든 영역에 철저하게 관철되었던 한국 사회의 편성원리"이기도 했다. '친미 반공주의'는, 앞에서 제1공화국 시기를 고찰할 때 이미 살펴보았듯이, 무신론, 유물론에 대한 반대 입장을 견지하는 가톨릭교회의 사회론, 교회와 미 군정과의 관계, 그리고 북한에서의 교회 탄압 등등이 작용한 결과로 교회 내에서 아주 수월하고 당연하게 재생산되었으며, 이로서 교회는 정치권력과의 친화관계를 돈독히 할 수 있었다. 즉, "한국 교회는 정치 세력들이 내세우는 친미·반공주의에 대한 복음적이고 민족사적 측면에서의 진지한 검토 작업을 생략한 채 그것을 그대로 지지하고 수용하는 한편, 그것의 생산과 보급에 이바지하게 되었던 것"이며, 이것은 "교회가 민족의 화해와 일치보다는 분단 상황의 고착화와 민족의 이질화에 기여하는 결과"와 "민족사와 교회사 간의 올바른 만남을 차단하고 굴절시키는 결과"를 가져왔다.91)

'발전주의'라고도 불리는 성장주의는 친미 반공주의와 긴접한 연관을 맺으면서

---

91) 노길명, 「광복 이후 한국 사회의 지배 이데올로기와 교회」, pp.343-344.

사회의 모든 영역에 영향력을 발휘해 왔다. 1960년대 초 박정희 정권의 국가 주도의 근대화, 특히 경제 개발 계획들로 구체화되었으며, "군부 엘리트, 자본가, 기술관료, 신 중간층 등 사회 지배 세력들 간의 동맹 형성을 통해 혁신 세력의 저항은 물론, 노동자, 농민, 도시 빈민 등 사회 저변 층의 생존권 투쟁에 대한 억압을 강화하는 원리로 이용"되었고 "개발과 독재가 연결"되게 했다.[92] 이러한 성장주의는 교회 안에 유입되어 신자 수효의 증대를 비롯한 "인적·물적 자원의 확대가 곧 선교와 복음화와 발전의 척도인 것처럼" 인식되게 했고, 교회는 "성장과 발전이라는 지배 이데올로기에 적응할 수 있는 물적, 지적 수단을 가진 중산층들이 중심을 이루게" 되며, 이러한 교회 안에서 성장주의 지배 이데올로기가 자연스레 재생산되고 확산되기 마련이다. 또한 종교 시장에서 유리한 위치를 차지하기 위한 무한 경쟁에서 교회는 정치권력과의 유착을 추구하는 경우도 많이 생기게 된다. 반면에, 교회 안에는 인권운동, 정의구현 운동, 통일 운동 등을 통해 '지배 이데올로기'에 대한 '대항 이데올로기'들을 제시하면서 노동자, 농민, 도시 빈민 등 사회에서 소외된 사람들과 함께 하려는 노력도 생겨나게 되며,[93] 이들은 세상 속의 교회를 강조하는 제2차 바티칸 공의회의 사회적 가르침 등에 의해 뒷받침되고, 교회 밖의 사회 세력들과 연대하여 사회변혁을 추구하는 경우도 많다.

2) 교회-국가 갈등과 정치 균열

1962년에 박정희 정권에 의해 시작된 경제개발 계획은 '산업화'뿐 아니라 '근대화'로서 한국의 산업 구조뿐 아니라 사회구조, 그리고 국민의 생활과 가치관에 이르는 거의 모든 분야를 아우르는 엄청난 변화를 가져왔다. 그러나 이러한 급속한 경제 성장은 심각한 부작용을 수반하였는데, 특히 경제성장이 연간 국민총생산 성장률 15.9%라는 최고점에 달했던 1960년대 말부터 문제들이 계속 발생하였다. 농촌 사회의 피폐, 가속되는 이농 현상과 도시 빈민의 증가, 빈부의 격차와 비인간적인 노동 조건에 따른 사회경제적 정의 문제, 증가 일로의 외채와 외세 의존도 등이 경

---

92) 같은 책, p.342.
93) 같은 책, p.342, pp.344-346.

제적 측면의 심각한 부작용이었다면, 정치적 측면의 그것은 그러한 부작용을 억누르는 정치적 권위주의의 절정이라 할 유신 체제의 수립이었다. 따라서 1960년대 말부터 시작하여 1970~1980년대는 교회-국가 갈등이 더 두드러졌다.94)

한국 가톨릭교회는 경제개발 5개년 계획과 박정희 독재 정권에 기인하여 발생한 광범위한 문제들에 대응해야 할 책임을 느꼈으며, 제2차 바티칸 공의회(1962~1965년)는 교회의 투신을 격려하는 징표가 되었다. 비록 개개인의 차원을 넘어 교회의 사회적 가르침을 충분히 이해하고 실천하지는 못했지만, 제2차 바티칸 공의회의 영향력은 점진적으로 교회에 미치게 되어 교회의 사회·정치적 공간에의 참여를 설명해줄 신학적이고 이데올로기적인 기반이 되었다. 따라서 1960년대 말부터 한국의 교회-국가 관계는 점차 갈등 관계에 있게 되었으며, 그러한 갈등은 통일과 관련된 균열이 부각된 1989년의 문규현 신부 방북 사건까지 이어졌다. 여기서는 그중에서 '명동 3·1 사건'만을 간략히 정리해 보고자 한다.95)

'명동 3·1사건'이란 1970년대 한국 가톨릭교회에서 벌어진 민주화 운동 중에서 아마도 가장 중요할 뿐만 아니라, 유신 통치가 시작된 후 가장 큰 파장을 일으키며 박정희 정권에 막대한 타격을 가한 대표적인 사례이다. 긴급 조치 1, 2호에 이어 긴급 조치 9호까지 선포되어 무거운 침묵이 강요되던 중, 3·1운동의 57주기를 맞는 1976년 3월 1일에 3·1절 기념 미사와 가톨릭과 개신교의 합동 기도회가 명동성당에서 열렸고, 천주교, 개신교 성직자들과 재야 정치인 들을 비롯한 12명이 서명한 '민주 구국 선언'이 거기에서 낭독되었다.96) 그 선언문의 3대 주제는 (1)"이 나라는 민주주의의 기반 위에 서야 한다", (2)"경제 입국의 구상과 자세가 근본적으로 재검토되어야 한다", 그리고 (3)"민족 통일은 오늘 이 겨레가 짊어진 지상의 과업이다"였다.97) 박정희 대통령의 사퇴를 요구하며 긴급 조치 9호가 강요했던 침묵을 깨뜨려버린 이 사건 관련 피고인은 모두 18명으로, 그중 11명이 구속(김대중, 문익환, 서

---

94) 김녕, 『한국 정치와 교회-국가 갈등』, 소나무, 1996, pp.230-240.
95) 이 사건에 대한 소개와 분석으로는 같은 책, pp.265-269 참조.
96) 천주교 정의구현 전국 사제단 (편), 『한국천주교회의 위상: 70년대 정의구현 활동에 대한 종합과 평가』, 분도출판사, 1985, pp.292-293.
97) 선언문의 전문은 명동천주교회, 『한국 가톨릭 인권 운동사』, 명동천주교회, 1984, pp.350-353 참조.

남동, 문동환, 안병무, 이문영, 윤반웅, 신현봉, 문정현, 함세웅, 이해동), 7명은 불구속(윤보선, 함석헌, 정일형, 이태영, 이우정, 김승훈, 장덕필)되었는데, 이들 모두가 크리스천이었고, 개신교 목사가 여섯, 가톨릭 신부가 다섯으로 성직자만 무려 11명이었다.[98] 이 '민주 구국 선언'에서 언급된 세 가지 주제는 박정권에 대한 엄중한 경고이자 정권 퇴진요구의 사유였으며, 앞에서 여러 차례 언급한 바 있는 세 가지 정치 균열 문제, 바로 그것들이 한꺼번에 제기되었던 것이다.

이 사건은 특히 권위주의와 민주주의의 갈등, 즉 우리가 제1의 정치 균열이라 칭한 갈등의 예라 할 수 있을 것이다. 쉽게 들 수 있는 제2의 정치 균열, 즉, 노동 배제적 성장주의에 대항하여 벌인 노동 운동의 예로서 1968년의 심도 직물 사건(강화 사건)과 1978년의 동일 방직 사건은 그 당시의 노동조합 결성을 이끈 가톨릭 노동 운동이 탄압을 받자 교회가 강력히 대응한 사건이었고,[99] 1989년의 문규현 신부 방북 사건은 6월 항쟁 이후 교회의 민주화 운동이 학생 및 재야 세력들의 경우처럼 통일 운동으로까지 외연이 확산되었음을 보여줌과 동시에 민족의 분단 모순을 다시금 상기시켰다. 1970년대의 인권과 민주화 요구가 1980년대 후반에 와서 이렇게 통일 운동으로 이어지는 것은 한국에서의 인권과 민주화 문제, 그리고 여러 가지 정치 균열 및 정치 사회적 갈등의 해결이 결국은 분단 체제의 극복, 즉 통일을 통해서만 가능하다는 사회 과학적 인식과 깨달음을 재야 및 운동권, 그리고 가톨릭교회의 진보적 분파들이 갖게 되었기 때문이며,[100] 이러한 인식과 더불어 교회의 통일 운동은 분열된 민족 간의 화해와 일치를 추구하는 것이다. 통일 운동은 반공 국시의 정부 주도의 일방적이고 보수적인 통일론에 적극 대항하는 것으로서 우리가 제3의 정치 균열이라 부른 정부 주도의 통일론과 민중 주도의 통일론 간의 대립의 성격을 띠며, 반공 이데올로기가 워낙 강하게 자리 잡은 한국 정치 상황에서 통일 운동은 교회 안팎에서 늘 오해와 탄압의 대상이 되곤 했다. 그 이외에도 박정희 정권 시기

---

98) 이해동, "책을 내면서", 3·1민주구국선언관련자 지음, 『새롭게 타오르는 3·1 민주 구국 선언』, 사계절, 1998, pp.7-8.
99) 이 사건들에 대한 소개와 분석으로는 김녕, 앞의 책, pp.241-242, 269-275 참조.
100) 최종철, 「1980년대 명동성당의 사회적 위상과 역할」, 명동대성당 축성 100주년 기념 사업회 편, 『민족사와 명동성당』, 서울대교구 주교좌 명동교회, 2001, p.273.

부터 노태우 정권 시기엔 여기서 다 다루기 힘들 만큼 많고 다양한 교회-국가 갈등 사례들이 있었다.101)

3) 교회 내 갈등

1970년대 교회의 정치적 개입을 둘러싸고 교회 안에는 갈등이 벌어졌다. 그것은 주로 정의구현사제단을 지지하는 입장과 반대하는 입장, 또는 진보적 입장과 보수적 입장, 남미의 해방신학에 대해 공감하는 입장과 비판하는 입장, 교회는 사회 안에, 사회를 위해서 존재한다는 입장과 교회의 일과 사회의 일은 서로 분리되어 있다고 보는 입장, 제2차 바티칸 공의회의 정신 실천에 적극적인 입장과 소극적인 입장 등 크게 두 부류로 나뉘었다고 볼 수 있다.102) 이 중에서 보수적인 입장은 주로 주교단이나 연장 사제들에게서 보였고, 정의구현사제단 및 일부 주교들, 그리고 추기경은 진보적인 입장을 보였다. 1974년의 지학순 주교 사건, 1976년 명동 3·1 사건 등이 계속 벌어지자, 보수적인 연장 사제들은 정의구현사제단 운동을 크게 우려하며 사제단을 교회의 일치를 해치고 신앙을 정치화하는 하나의 일탈 단체라고 파악하여 제지해줄 것을 호소하는 호소문을 1979년 10월에 주교단에 올리기도 했다.103) 여기서 우리가 주목할 점은, 개신교의 경우엔 친체제적 입장 및 체제 정당화를 위한 활동이 국가 조찬 기도회와 같이 가시적으로 나타나는 반면, 가톨릭교회의 경우에는 그런 경우가 거의 없고, 그 대신 교회 공동체 내에서 진보적 입장을 견제함으로써 결국은 체제를 지원하는 정치적 효과를 낳는 방식이 사용된다는 점이다. 바로 앞에서 언급한 주교단에 올리는 호소문이 그런 식이었고,104) 또 주교단이 주교단의 공인을 받지 않은 단체들은 '가톨릭' 또는 '천주교'라는 말을 단체 명에 쓸 수 없으며, '천주교 전국 정의구현사제단'도 공인 단체가 아니므로 이에 해당된다는

---

101) 이에 대해서는 김녕, 앞의 책, 명동천주교회, 앞의 책, 천주교 정의구현 전국 사제단, 앞의 책, 문규현, 앞의 책, pp.335-394 그리고 기쁨과 희망 사목 연구소에서 발간한 『암흑 속의 횃불』 시리즈를 참조할 것.
102) 이 점에 대해서는 김녕, 앞의 책, 특히 제5장 「교회 내의 불일치 한계」 참조.
103) 같은 책, pp.282-296 참조.
104) 최종철, 「박정희 정권하에서의 교회와 국가」, 오경환 외, 『교회와 국가』, 인천가톨릭대학교출판부, 1997. p.677.

식으로 교회 내 진보 단체들을 비공인 단체로 위상을 약화 내지 격하시키는 것도 그런 의도였다고 볼 수 있다.105)

그 이외의 교회 내 갈등으로는 1987년 대선을 앞두고 정의구현사제단이 자체의 내부 회의에서 김대중 후보를 비판적으로 지지한다는 입장 정리를 한 것이 잘못 유출되어 마치 가톨릭교회가 공식적으로 김대중 후보를 지지한다는 식으로 오해를 사면서 벌어졌던 김대중 후보 지지 사건과 1989년 문규현 신부 방북 사건에 따른 교회 내의 갈등이 있었고,106) 또 명동성당의 경우 1980년대 중반부터는 성당이 온갖 정치적 이슈들의 성토장이자 농성장이 됨에 따라 그 문제에 대한 교회 내부의 갈등이 생겨나기도 했다.107)

여기서 우리가 짚고 나아가야 할 점이 있다. 그것은 대부분의 보수적 입장들은 공통적으로 '성속 이원론'을 주장하는데, 이것은 현상 유지 내지 친체제적 정치 성향 내지 보수적 이데올로기와 상당한 정도로 친화력을 갖는다는 점이다. 흔히 '정교분리'라는 것을 내세워 종교의 정치적 개입을 금하듯이, '성속 이원론'도 같은 효과를 갖는다 하겠다. 그런데 '정교분리'를 내세워 정치적 개입을 비판하는 경우를 보면, 거의 대부분이 정부나 집권 세력에 대한 비판이나 저항을 비판하고 있다. 즉, 정치권력에게 찬성과 지지를 보내는 것도 반대와 비판을 하는 것만큼 정치적 개입이라는 자명한 사실을 잊은 채 '정교분리'라는 것을 권력에 대한 비판 및 저항 세력을 제지하려는 하나의 이데올로기로 사용하고 있는 것이다.

4) 교회-국가 간의 '밀월' 내지 협조, 그리고 민주화 이후

박정희 정권 시기와 전두환 정권 시기는 교회-국가 간의 갈등이 주를 이루었지만, 교회-국가 간의 협조 관계의 모색도 공존했다. 이하에서는 박정희 정권 시기의 예로서 군사 쿠데타 지지 사례와 당시 국회 의장이었던 이효상과 대구교구의 사례, 전두환 정권 시기의 사례로는 국보위에서 두 명의 가톨릭 신부에게 위원 위촉을 했

---

105) 문규현, 앞의 책, p.495.
106) 이 두 사건에 대해서는 김녕, 앞의 책, pp.309-325 참조.
107) 최종철, 「1980년대 명동성당의 사회적 위상과 역할」, pp.272-274 참조.

던 사례와 80년대 유난히 많았던 가톨릭교회의 대규모 행사 및 교황 방한의 경우를 살펴보며 교회-관계 측면에서의 '밀월' 내지 협조 관계에 주목하려 하며, 6월 항쟁 이후 민주화가 어느 정도 진척되면서 교회의 사회정치적 개입도 어느 정도 변화를 보였다는 점도 간략히 살펴볼 것이다.

우선, 박정희 정권 시기의 교회-국가 관계의 서막은 군사 정권과의 협조 관계의 모색부터 시작되었음에 주목할 필요가 있다. 민주당과 유착 관계에 있던 교회는 민주당 정권이 무너지고 5·16 쿠데타가 일어나자 앞으로의 상황에 대해 위기감을 느껴 다른 어떤 집단보다도 먼저 쿠데타 세력을 인정하고 협조 관계를 추구했다. 물론 이렇게 함으로써 쿠데타 세력과 무모한 충돌을 미리 피할 수 있었겠지만, 당시 장면 정권과 유착하던 교회가 쿠데타 세력을 그렇게 재빨리 인정했다는 사실, 곧 "한국 천주교회와 새로 등장한 정권과의 관계를 위해서 기꺼이 장면을 저버린 것"은 "너무나 의외의 일"이었다.

이는 "무엇보다도 교회가 본질적으로 추구하는 민주주의 정신이나 사회 교리를 망각한 일"이었기에 분명히 반성해야 할 점이라 하겠다. 이는 곧 "한국 천주교회와 쿠데타 세력이 공존할 수 있음을 암시해주는 고도의 정치적 신호"이기도 했다. 노 주교는 쿠데타 세력의 요구를 그대로 수용했으며, 그를 총재로 하는 재건 국민운동 천주교 서울대교구 촉진회가 1961년 9월에 결성되어 교회는 이 운동에 참여하였다. 같은 해 11월에 주교단은 신자들에게 "신앙의 정신으로 재건 국민운동에 적극 참여할 것"을 당부하는 주교단 공동 교서를 발표했다. 물론, 이렇게 하여 장면과 「경향신문」을 적극 지지하던 노 주교하의 교회와 그 정권을 일거에 무너뜨리고 집권한 박정희 군사 정권은 별다른 충돌 없이 관계를 유지해 갔다.[108]

이러한 교회-국가 관계를 가능케 하는 데 가장 강력하고도 유효한 방법은 '지배 이데올로기의 재생산' 전략이었다. 이때 교회는 이데올로기적으로는 반공을 국시로 내세운 쿠데타 정권에 적극 호응하면서 반공 지상주의를 전면에 내걸어 스스로의 변신을 정당화시켰고, 4·19 이후 메아리쳤던 통일 운동을 '공산화 음모'로 몰며 그것을 빌미로 일으킨 군부 쿠데타를 적극 지지했으며, 한국 실정에서 서구식 민주주의

---

108) 김수태, 앞의 책, p.347; 조광, 「휴전 이후의 한국 천주교회상(1953~1962년)」, p.13(301).

를 도입하자는 생각을 "경박한 생각"이라고 비난하기도 했다.109) 이는 이승만 정권에 의해서 「경향신문」이 폐간될 당시에 교회가 강력히 주장한 바, 언론의 자유 등 기본권이 보장되어야 민주주의가 가능하다는 주장을 스스로 뒤집고 쿠데타 세력이 모든 사회단체 및 정당을 해산시키고 집회 및 출판의 자유를 박탈하는 것을 합리화시킨 것이었다. 더 나아가, 「경향잡지」는 7월호, 8월호에 '공산주의의 정체를 알자', '가톨릭과 공산주의' 등의 기사를 연이어 게재하고, 쿠데타 세력의 혁명 공약을 책 지면의 한쪽에서 홍보하기도 했다.110)

그 이후 박정희 정권은 '통치악 중의 악'이라할 '지역간 대결 구조'를 정착시켰으며, 그것을 철저히 정략적으로 이용했다.111) 문규현 신부는 그러한 상황하에서 당시 대구교구는 이효상을 통해서 국가 권력과의 밀월을 추구했음을 지적하고 있다. 그에 따르면, "장면이 이승만 시대의 교회 인물이었다면, 이효상은 그 같은 정치적 의미에서 박정희 시대의 교회 인물"이었고, 서정길 대주교하의 대구교구는 이제 "친영남 정권의 신화에 갇히고 이효상과 함께 하면서 권력과의 밀월"에 들어갔으며, "교회 안에서 정권의 이익과 견해를 옹호하고 관철시키는 구심"이 되어갔다는 것이다.112) 이효상은 『천주교 회보』 편집장을 지내기도 했고 「가톨릭 청년」지에 활발히 기고를 하기도 했고 1966년에는 바티칸으로부터 대십자가 훈장을 수여받기도 한 가톨릭 인사로서, 1960년 제2공화국 장면 정권 때 참의원으로 정계에 입문하여 5·16 쿠데타 후에는 박정희의 친영남 정책으로 계속 정치적으로 출세 가도를 달려 1963년에 국회 의장에 피선된 이래 6대, 7대를 지켰고 1972년에는 민주공화당 의장으로 피선된 철두철미한 박정희 정권 인사였다. 그는 교회와 박정희 정권 사이의

---

109) 『가톨릭시보』(1961년 5월 28일자).
110) 문규현, 앞의 책, pp.284-287.
111) "한국 정치 균열의 구조와 전개"라는 글에서 제1, 2, 3의 '정치 균열'을 제시하는 최장집 교수는 지역차별은 매우 심각한 것이어서 한국정치의 '제4의 균열'을 이룬다고도 할 수 있지만, 그것은 별도의 새로운 균열이 아니라는 점을 강조하는데, 그 이유를 "그것이 어떤 근본적이고 구조적인 변수로 환원될 수 있는 종류의 갈등이 아닐 뿐만 아니라, 정치적, 경제적 민주화의 정체 또는 실패가 특정 지역에 대한 차별을 강화시키고 그럼으로써 호남민중들에게 그들이 차별당하고 있다는 소외의식을 불어넣게 되는, 다른 여러 가지 갈등적 요소들의 누적적 효과이기 때문"이라고 설명한다. 최장집, 앞의 책, p.190.
112) 문규현, 앞의 책, p.401.

친화 관계를 유지코자 노력하여, 교회와 정권과의 갈등이 벌어지기 시작한 1960년대 말이나 1970년대에 대통령과 김수환 추기경이 만나도록 몇 차례나 주선했다. 그로 인해 박정희 정권은 교회에 호의를 계속 가졌고 1970년 8월 15일의 광복 25주년 행사에선 국가 발전에 공이 큰 인사 402명에게 훈장을 수여한 중에 김수환 추기경도 국민훈장 무궁화장을 수여받기도 했다.113)

당시 국회의장이었던 이효상은 특히 1971년 4월 27일의 대통령 선거(박정희가 53.2%, 김대중이 45.3% 득표) 및 5월 27일의 국회의원 선거에서 "경상도에서 전라도 표를 맞먹고도 백만표를 더 박 대통령에게 주자"고 공공연하게 연설했으며, 이렇게 지역감정을 부채질하는 것에 대해 공화당 내부에서도 규탄의 소리가 나올 정도였고, 대구 시민들은 곧 있었던 선거에서 대구 남구에서 출마한 그를 결국 낙선시켰다. 이에 대해서 언론은 대구 시민들이 성숙한 시민의식을 갖고 지역감정을 반대하여 대구 시민의 자존심을 지켰다고 높이 평가했고, 『가톨릭 시보』는 4월 27일의 대통령 선거가 부정이었든 아니었든 박정희 당선이라는 결과를 깨끗이 인정해야 한다는 것과 동시에 지역감정에 따른 대립 현상에 대한 우려를 담았다.114) 지역주의는 지배 이데올로기는 아니었지만 영남 지역 출신의 장기 집권을 정당화하는 역할을 했고, 이것이 당시 국회 의장이자 저명한 가톨릭 인사이며 대구교구와 정권 사이에서 가교 역할을 했던 이효상에 의해 이때부터 공개적으로 정치 무대에 올려졌다는 것은 분명 문제가 있었다.

다음은 제5공화국 출범시 정부가 가톨릭교회에 제시한 회유책 내지 '당근'에 해당되는 두 가지 예이다. 우선, 전두환 정권이 비상계엄하에서 국민투표를 실시하여 헌법을 만들면서 국가 보위 비상 대책 위원회를 '국가 보위 입법 회의'로 개편시켜 이미 해산된 국회의 역할을 떠맡겼는데, 이때 대구교구의 이종흥, 전달출 두 신부를 입법회의에 위촉했던 사실,115) 그리고 다음으로는 1974년부터 6년 동안 전국

---

113) 한국교회사연구소, 『교회와 역사』, 1990년 8월호, p.8, 『가톨릭시보』(1970년 8월 16일자); 문규현, 같은 책, p.402.
114) 『조선일보』(1971년 4월 23일자, 5월 23일자), 『가톨릭시보』(1971년 5월 9일자); 문규현, 같은 책, pp.403-404.
115) 1981년 3월 23일에 정평위는 이들 두 사제가 입법회의에 참석하는 것을 반대하는 건의서를 주교단에

평협 20년 사상 최장기 재임 기록을 세우던 전국 평협 김기철 회장을 제5공화국 출범시 체신부 장관으로 임명하였고 그 후 그는 민정당 11대 전국구 국회위원 및 국회 가톨릭 신도 의원회 회장으로 일했다는 사실이다.116)

교회 엘리트에 대한 정부의 이러한 회유책 말고도 종교의 자유 및 교세의 확장을 추구하는 교회의 '제도적 이익' 그 자체가 교회로 하여금 국가와의 사이에 가급적이면 우호적인 관계를 유지하게끔 정부에 대해 비판적이거나 저항적인 태도를 삼가도록 유도한다고 볼 수 있고, 이것은 또 교회로부터 정당화를 얻으려는 국가의 이해관계와 맞물리게 되어, 결국 교회와 국가는 상호 간의 협조 내지 공존을 추구하게 된다. 특히 1980년대의 경우 한국 가톨릭교회는 조선교구 설정 150주년(1981년), 천주교 전래 200주년(1984년), 세계 성체대회(1989년) 등의 대규모 행사들을 유난히 많이 치러야 했기에 정부의 지원이 필요했고, 정부는 1970년대식의 강압적 자세를 벗어나 유화적 자세를 보이며 이를 적극 지원하였다. 그러면서 전두환 정부는 방한한 교황 요한 바오로 2세와 1984년 5월 3일에 정상 회담을 가짐으로써 정권의 이미지 제고를 모색하기도 했다.117) 공동 성명의 예를 들면, "전 대통령 각하께서는 대한민국이 평화와 정의의 신념에 입각하여 사회 발전과 국민 복지의 균등한 배분, 그리고 문화 창달을 위하여 노력하고 있음을 설명했다. 교황 성하께서는 대한민국이 이룩한 비약적인 경제 및 사회적 발전에 찬사를 표하였다", "전 대통령 각하께서는 교세가 크게 성장하고 있는 한국 천주교회가 국가 사회의 안녕과 발전을 위해 크게 공헌하고 있음을 치하하였다"는 식이었다. 큰 행사를 치르며 교회가 이렇게 전두환 정권과 협조하는 것을 보며 세간에서는 과거 교회와 정부의 '긴장과 갈등' 관계가 이젠 '밀월 관계'로 발전했다고 지탄하는 소리도 있었다.118)

제출했으며, 그 이유로서는 첫째, 교회법의 정신에 위배되고, 둘째, 한국 교회의 일치화 운동에 역행하며, 셋째, 종교가 정치의 도구로 이용될 가능성이 있음을 들었다. 주교단은 이 문제에 결론을 내리지 않았다 한다. 천주교 정의구현 전국 사제단 편, 앞의 책, pp.186-187; 문규현, 같은 책, p.466.
116) 『평협 20년사』, 185쪽; 문규현, 같은 책, p.185.
117) 김녕, "가톨릭교회의 사회·정치적 영향력과 제약 요인: 한국의 사례를 중심으로", 『가톨릭 사회과학 연구』 제9집, 한국 가톨릭 사회과학 연구회, 1998, p.155; 김녕, "제5공화국 이후의 교회와 국가", 오경환 외, 『교회와 국가』, p.693.
118) 『한국 천주교 통일사목 자료집 1』 pp.378-379; 문규현, 앞의 책, pp.473-477.

그 후 1987년 6월 항쟁 이후 형식적이나마 민주화가 진전되면서 그전엔 탄압 때문에 목소리를 내지 못하던 이들이 이젠 스스로 목소리를 내게 됨에 따라 그들을 대변하는 일을 했던 교회의 정치적 역할은 감소하기 마련이었고, 교회가 국가와의 사이에서 심각한 갈등 내지 사회적 파장을 일으키는 일은 분명 상대적으로 감소하는 추세를 보였다.119) 사회가 민주화됨에 따라서 사회 경제적·정치적 여건들이 향상되고 안정되어 간다면, 독재 정권하에서와 같은 식의 교회의 정치적 역할은 감소하고 교회가 고유의 역할로 되돌아가는 것은 당연하다고도 볼 수 있을 것이다. 그러나 억눌린 자의 편에 섰던 교회의 정치적 역할이 벌써 필요 없어졌을 만큼 민주화가 과연 제대로 진척되고 사회 경제적·정치적 여건들이 향상되고 안정되어 왔는지는 의문이다.120)

4. 교회의 사회적 역할, 가톨릭 사회운동, 제2차 바티칸 공의회

제2차 바티칸 공의회는 교회가 더 이상 현실 세계와 분리되고 격리된 정신적 영역에만 머물지 않음을 천명하였다. 즉, 공의회는 전통적인 성속 이원론(聖俗二元論)을 단호히 배격하며 교회를 바로 세상의 '한가운데' 두었다. 이제 교회는 인류의, 특히 가난한 이들의 기쁨과 희망, 슬픔과 번뇌들을 교회 자신의 것으로 동일시하며 인류 및 인류의 역사와 '긴밀하게 연관되어' 있는 것임을 세상에 천명한 것이다. 특히 교회의 역사에서 그 어떤 문서도 제2차 바티칸 공의회의 『현대세계의 사목헌장』(*Gaudium et Spes*)만큼 교회의 세계 속에서의 역할에 대한 이해에 영향을 미친 것은 없었다고도 얘기된다.121)

---

119) 물론, 문규현 신부 방북사건(1989년), 명동성당 공권력 투입사건(1995년) 등은 교회와 국가가 두드러지게 갈등을 일으킨 사례들이긴 하지만, 1980년대 중반보다 80년대 후반, 그리고 그보다는 90년대에 들어서서 심각한 교회-국가 갈등 사례들은 크게 줄어들었다.
120) Scott Mainwaring & Alexander Wilde eds., *The Progressive Church in Latin America* (Notre Dame: University of Notre Dame Press, 1989, pp.29-32, pp.237-253; 김녕, "제5공화국 이후의 교회와 국가", 오경환 외, 『교회와 국가』, 인천가톨릭대학교출판부, 1997, pp.712-713.
121) Arthur F. McGovern, S.J., "Catholic Social Teachings: A Brief History", Pedro Ramet ed., *Catholicism and Politics in Communist Societies*, Durham and London: Duke University Press,

제2차 바티칸 공의회 이후 한국 교회는 사회 참여가 활성화되었고, 1950년대, 1960년대와는 다르게 국가 권력의 정당성을 비판하며 국가 권력을 우러르지 않고 낮은 자의 입장에서 그들을 대변하는 예언직을 수행한 것은 역사상 처음이었다. 물론 교회 전체가 이러한 입장에 동참한 것은 아니었고 이러한 입장을 주장한 이들은 소수였지만, 대부분의 성직자들과 평신도들은 침묵으로 동조하여 결국 이러한 입장이 교회의 입장으로서 사회 안에서 인식되었다. 그 결과, 정당성이 결핍된 국가 권력에 두려움과 긴장을, 국민들에겐 희망과 위안을 주었다. 더욱이, 이러한 사회 참여를 주도한 소장 사제들이 증언하듯, 그들은 이념적 동기 또는 '행동으로 이어지는 신념'으로서의 '이데올로기'와 신학적 뒷받침을 제2차 바티칸 공의회의 정신과 가톨릭 사회론에서 찾았다.122) 그리고 교회의 예언직 수행이라고 불리는 사회 참여는 "1967년에 가톨릭 노동 청년회가 깊이 개입했던 강화도 심도 직물 사건에 관한 주교단의 공동성명(1968년 2월 9일)으로 시작되었고, 1970년 10월 5일 원주 문화방송 사건으로 인한 원주교구의 부정부패 규탄 시위와 주교단의 공동 교서「오늘의 부조리를 극복하자」뿐 아니라, 1974년 7월 10일 지학순 주교의 구속으로 발단된 시국 기도회를 통해서 본격적인 단계에 진입"하였으며, 그 이후 크게 가톨릭 노동 운동, 가톨릭 농민 운동, 도시 빈민 운동, 민주화 운동과 인권 운동, 통일 운동, 환경 운동 등으로 전개되었다.123)

우리는 권위주의 정권 시기에 권위주의와 민주주의와의 균열, 성장위주의 산업화와 분배를 주장하는 노동 운동과의 균열, 그리고 정부 주도의 통일론과 민중 주도의 통일론과의 균열이라는 세 가지의 '정치 균열'(political cleavages)에 대해 집권 세력, 사회 세력뿐 아니라 가톨릭교회 공동체 역시도 고민하고 그 해결을 위해 개입했으며, 그런 개입은 가톨릭 사회 교리에 의해 신학적으로 뒷받침되었음을 여전히 생생

1990, pp.37-38.
122) 함세웅, "천주교 정의구현 전국 사제단의 역사와 증언",『종교 신학 연구』제1집, 서강대학교 종교신학연구소, 1988, pp.268-294 참조.
123) 오경환, "공의회 이후의 한국 교회",『한국 가톨릭 대사전』1, p.491; 박문수, "제2차 바티칸 공의회와 한국 천주교회", 앞의 책, pp.662-663. 이들 가톨릭 사회운동들에 대한 역사 및 의의에 대한 개괄은 박문수, 같은 책, pp.663-672를 볼 것.

히 기억한다. 또한 이러한 가톨릭 정치 이념에 입각한 개입은 교회-국가 간의 이데올로기적 갈등과도 이어지면서 교회가 여타 민주화·인권 운동 세력들과 연대하도록 이끌었을 뿐 아니라, 그 사회 세력들에게 민주화·인권 운동을 위한 궁극적인 이데올로기 내지 방향을 제시했음도 기억한다. 그리고 그러한 개입이 교회 내에 갈등을 촉발하기도 하면서 갈등의 양측에 '다양성 가운데서의 일치'를 깨우치는 계기가 되었음도 기억한다.

하지만 이렇게 가톨릭교회의 사회적 역할 및 예언직의 실천에 영향을 준 제2차 바티칸 공의회의 가르침과 정신이 한국 교회 안에서 과연 얼마나 실천되었고 확산되었는지를 생각해 보면, 제2차 바티칸 공의회는 아직도 '미완'이라고 볼 수밖에 없고, 그렇기에 가톨릭 사회운동은 교회 내에서 탄력을 제대로 얻지 못한다고 볼 수 있다.

우선 한국 교회 안에서 공의회의 존재와 그 정신부터 제대로 알려지지도 않았다는 점을 들 수 있다. 일례로 1987년 현재 한국 신자들 중에서 공의회 문헌을 제대로 읽은 비율은 2%에 불과하며, 이는 곧 신자들 대부분이 공의회 문헌의 존재는커녕 공의회 정신도 모른다는 반증이라 할 것이다.124) 그나마 공의회에 비교적 가까운 시기가 이 정도였으니, 그 이후 세월이 더 흘러 공의회 정신에 대한 강조가 약해진 지금은 두말할 나위도 없을 것이다. 또한 과거와 같은 사회 참여도 크게 줄어들고 있는데, 물론 시민사회의 발전에 기인하는 면도 있겠으나, 교회의 예언직이 구조적으로 제약받는 이유로서 교회 신자 구성의 중산층화와 함께 고위 성직자들이 한국 사회의 고질적인 문제들에 관여하는 것을 꺼리며 오히려 동조하는 측면도 있지 않나 싶다. 특히 1980년대 후반 이후 교회의 대사회적 예언직 활동이 감소하는 것에 대한 우려가 교회 밖에서는 많았으나, 교회 내부에서는 민주화의 진행을 핑계로 교회의 전통적 역할로의 복귀를 주장하며 교회의 예언직 수행을 차단하고자 하는 시도들이 벌어지곤 했고, 그 후로는 교회의 참여가 전통적인 역할 내지 주제로 국한되어 있다고 보여진다.125) 예를 들어, 정의 평화 위원회가 1988년의 전반적인

---

124) 노길명·오경환, 『가톨릭 신자의 종교 의식과 신앙생활』, 가톨릭신문사, 1988, p.139; 박문수, 같은 책, p.681.
125) "1990년대에 즈음한 한국 천주교회의 실상",「사목」145호(1991년 2월), 한국천주교중앙협의회, pp.68-108; 박문수, 같은 책, p.683.

개편 과정에서 그간의 정의구현 활동을 전면 비판하는 일부 주교들에 의해 이 단체의 성격이 연구 기관으로 규정되어 버린 점, 주교단이 사회운동, 정의구현 운동, 인권 운동에 열심인 교회 내 단체들을 여전히 '비공인 단체'로 묶어 그 단체들의 운신의 폭을 제한시키고 있는 점, 그리고 전국 평협의 경우, 1988년에 임원진 개편을 가진 후 새로 구성된 평협이 '내 탓이오'라는 '신뢰 회복 운동'을 벌였는데, 물론 좋은 취지이지만, 어찌 보면 정국 및 사회 불안의 책임을 결국은 일반 국민들에게 전가하고 실제로 추궁해야 할 문제와 대안들은 호도하는 일종의 우민화 정책의 도구가 아니냐는 비판도 가능했다는 점 등을 실제의 예로 들 수 있을 것이다.[126]

일찍이 1966년 5월 15일에 한국 천주교 주교회의는 '바티칸 공의회와 한국 교회'에 대한 사목 교서를 발표하여 공의회를 연구하고 묵상하여 일상생활로 연결시키라고 강조한 바 있다. 이렇게 한국 교회는 공의회의 결의를 받아들이는 데 있어서 교회 내에 아무런 거부가 없었지만, 적극적이 아닌 수동적 수용이었으며, 두봉 주교가 십여 년 전에 이미 지적했듯이, 한국 교회는 공의회의 정신을 여전히 제대로 이해하고 있지 못하는 것이다.[127] 혹은 제대로 이해했으나 의도적으로 이행을 하지 않는 것이라면, 그런 행동 안에는 분명 보수적 이데올로기가 깔려 있는 것이며, 교회의 사회적 역할, 가톨릭 사회운동, 제2차 바티칸 공의회에 대한 태도 및 입장은 그러한 이데올로기에 의해 영향을 받고, 또 그로 인해 한국 사회 안에서의 교회의 사회적 위상이 온전치 못한 것이 된다고 볼 수 있을 것이다. 이런 보수화는 1987년 6월 항쟁 이후 한국 사회와 정치 전반에 흐르는 보수화 물결의 교회 내 재생산이기도 할 것이다.

V. 성찰과 결론: 교회-국가-사회 관계에서의 교회의 역할

지금까지 우리는 1948년 제1공화국부터 1993년 2월의 김영삼 문민정부 출범 이

---

126) 문규현, 앞의 책, pp.494-495.
127) 두봉 주교, "제2차 바티칸 세계 공의회 개최 배경과 성격", 가톨릭정의평화연구소, 『제2차 바티칸 공의회 개최 30주년 심포지움 자료집』, 1992, p.7; 문규현, 같은 책, p.319.

전인 제6공화국 시기, 즉, 이승만, 장면, 박정희, 전두환, 노태우 정권 시기의 교회-국가-사회 관계(church-state-society relations)를 '정치 균열'을 축으로 하여 개괄함으로써, 한국 가톨릭교회가 독재, 산업화, 민주화와 관련하여 보였던 사회·정치적 위상과 행적에 대해 분석해 보았으며, 특히 파란만장했던 역사 안에 담긴 교회와 국가 권력 및 사회 세력 사이의 관계, 특히 권력과의 유착과 갈등을 포함하는 국면들과 이데올로기 지형에 주목하였다. 즉, 독재, 산업화, 민주화 운동은 균열과 모순을 안고 진행되었으며, 국가-사회 관계 안에서 정치 균열에 따라 형성된 지배 및 대항 이데올로기들의 갈등적 공존, 즉, 정치 이데올로기 지형은 교회 내에도 투영되어 교회-국가 관계 안에서 재생산되기 마련이고, 그러한 교회-국가 관계의 이데올로기 지형은 교회-사회 관계에도 투영되어 교회의 대(對) 사회적 역할에 긍정적 또는 부정적 영향을 미친다고 보았다. 본 연구가 밝힌 주요 논지를 종합하여 명제 형식으로 서술해보면 다음과 같다.

· 정치 균열 및 이데올로기 지형, 그리고 국가-사회 관계에 의해 교회-국가 관계 및 교회-사회 관계는 영향을 받는다.
· 교회도 하나의 제도이므로 '제도적 이익'을 갖고 있고 그것을 증대시키고자 한다. 그러나 독재, 산업화, 민주화 운동과 관련하여 생긴 '정치 균열' 가운데서 교회는 제도적 측면내지 이해관계에 대한 고려와 교회의 예언자적 역할 내지 사회 변화의 촉매 역할에의 불리움 사이에 놓이게 되며 갈등하게 된다.
· 교회와 국가 사이의 협조 및 유착은 그러한 교회-국가 관계가 교회의 제도적 이익에 도움이 될 때 주로 형성되며 교회와 국가 사이에 이데올로기적 친화력을 가질 때엔 더욱 증대된다.
· 교회와 국가 사이의 대립 및 갈등은 그러한 교회-국가 관계가 교회의 제도적 이익에 침해가 될 때 주로 형성되며 교회와 국가 사이에 이데올로기적 갈등을 가질 때 더욱 증대된다.
· 진정한 '예언자적 역할'이란 교회의 '제도적 이익'에 대한 고려를 초월한 것이어야 하며, 교회는 사회 변화를 올바른 방향으로 이끌어야 한다. 이것은 곧 독재, 산업화, 민주화 (통일도 민주화에 포함) 내지는 정치 균열과 한국 가톨릭교회가 맺었던 교회-국가-사회 관계의 성찰의 기준이기도 하다. 제2차 바티칸 공의회의 사회적 가르침

을 되새길 일이다.

이제 몇 가지 성찰을 덧붙일 것인 바, 첫째, 독재, 산업화 및 민주화와 관련하여 형성된 정치 균열 속에서 교회가 국가 권력에 대해 추구했던 관계, 둘째, 교회가 수행한 사회적 역할, 셋째, 교회 안에서의 정교분리와 성속 이원론에 대한 성찰, 그리고 끝으로 이데올로기와 교회이다. 장면 정권 시기의 교회에 대한 문규현 신부의 다음 의견을 이러한 성찰을 위한 단서, 발제 내지는 가설로 생각해 보자.

> 교회가 '야당'이 된 것은 권력의 언저리에서 밀려나 어쩔 수 없었던 일이었지, 진정 이승만의 독재 정치에 대한 분노와 정의감이 앞선 때문은 아니었습니다. 장면이라는 인물이 없었고, 설사 있었다 할지라도 권력을 장악할 만한 위치에 있지 않았다면, 아마도 교회는 어떡허든 이승만과의 협력, 친분 관계를 유지하려 했을 것입니다. 그런 때 독재 정권에 대한 국민의 규탄과 저항이 열화와 같았다면 '정교분리'를 들먹이며 그저 침묵했을 것이고… 교회가 외친 '민주주의', '국민의 지지에 의한 정부', '정의' 며 '양심'이니 하는 것들이 얼마나 허울 좋은 말이었는가 하는 점은 5·16 군사 쿠데타에 대한 교회의 대응에서 단적으로 드러났습니다. 군사 쿠데타가 일어나고 군부가 정권을 장악하자 누구보다 앞서 교회는 이 불의한 권력을 승인했던 것입니다.[128]

첫째는, 장면이라는 한 자연인을 교회 전체와 거의 동일시함으로써 교회가 어떠한 시대, 어떠한 정권 아래에서도 수행해야 할 예언자적 역할과 교회의 올바른 의무를 제대로 수행하지 못했으며,[129] 가톨릭교회가 내세운 정치적 인물 중 유일하게 '승승장구'하고 있던 장면을 통해서 교회는 '제도적 이익'의 극대화를 추구했으나,[130] 실제로 민주당 정권 그 자체의 집권 기간이 너무 짧았기에 교회가 장면 및 민주당과 유착 관계에 있었더라도 민주당 정권으로부터 교회가 받은 혜택은 거의 없

---

128) 문규현, 앞의 책, p.279.
129) 조광, 「휴전 이후의 한국 천주교회상(1953~1962년)」, p.13(301); 또한 김녕, "장면과 가톨릭교회, 그리고 시민사회: 이상과 현실", 조광 외, 『장면 총리와 제2공화국』, pp.378-383 참조.
130) 강인철, 「미 군정과 이승만 정권하에서의 교회와 국가」, pp.627-654. 특히, p.639, pp.653-654 참조.

었다고 볼 수 있다. 이러한 점은 분명 반성해야 할 점으로 남는다.

둘째, 교회의 사회적 역할 또는 '예언자적 역할'과 교회의 '제도적 이익' 사이의 우선순위 갈등에 관한 성찰이다. 사실, 교회 지도자들은—여느 조직의 지도자들과 마찬가지로—항상 '제도적 이익'을 수호하고 극대화하려 하며 교회의 '제도적 이익'이 침해되거나 그것을 극대화하려는 시도가 실패 혹은 좌절하게 되면 그런 상황에 대해 민감하게 반응할 수밖에 없다.131) 이렇게 본다면, 교회의 '예언자적 역할'로서의 정부 비판도 교회에 대한 위협 내지 탄압이 벌어질 때에야 주로 제기되는 것으로 스스로의 '제도적 이익'을 수호하려는 목적과 의도가 강하다고 봐야 할 것이다. 그렇다면 교회-국가 간의 갈등 및 유착 관계의 형성은 예언자적 역할의 수행 여부라는 규범적인 측면에 대한 고찰과 더불어 '제도적 이익'이라는 측면도 함께 고려되어야 하며, 이로써 예언자적 역할을 수행한 훌륭한 교회에 대한 평가 기준도 더 까다로워질 수밖에 없게 된다. 또한 교회의 사회적 역할을 논할 때, 그리고 가톨릭 액션(Catholic Action), 즉, 가톨릭 사회운동에 주목할 때, 우리는 그것이 지배층의 입장을 주로 대변하는 방향이었는가 혹은 피지배 민중의 입장을 주로 대변하는 방향의 참여이었는가라는 질문과 그런 운동이 얼마나 교회적, 복음적이었는가라는 질문을 늘 염두에 두어야 할 것이다.

셋째, 교회 안에서의 정교분리와 성속 이원론에 대한 성찰이다. 일제 시기의 한국 교회의 경험을 상기해 보자. "일제 시기에 한국 가톨릭교회는 스스로 정교분리 정책을 주장했고 또 그러한 정부의 정책에 순응했다지만, 사실은 '정교분리'가 아니었고 식민 통치 세력과의 '정교 유착'(政敎癒着)에 가까웠으며, 해방 공간에서의 정교분리의 '탈피' 역시도 정교분리의 제대로 된 '탈피'가 아니라 미 군정 및 우익 정권과의 '정교유착'에 가까웠다. 따라서 일제 시기와 해방 공간은 교회에게, 그리고 우리에게 민족사 안에서의 종교와 정치의 올바른 관계에 대한 성찰을 요구한다."132) '정교분리의 정치신학'은 '기존 체제에 저항하는 교회 대중의 실천을 철저하게 봉쇄하였고, 기존 체제를 정치적, 이데올로기적으로 옹호하는 활동을 방관하거나 암묵리에 승인

---

131) 오경환, 『종교 사회학』, pp.322-324 참조.
132) 김녕, 「식민 통치, 해방 그리고 분단과 한국 가톨릭교회」, pp.257-261을 볼 것.

하였다. 즉, 이는 곧 억압·순치의 기능을 한 것이며, 오늘날까지 재생산되고 있다.133) 그러나 '정교분리', 말 그대로 정치와 종교가 '분리'될 수 있을까? 교회는 불가피하게 정치에 연관되어 있으며, "스스로 그렇게 생각하든 아니든 세상의 정치권력에 연계"되어 있지 않는가?134) 예를 들면, '교회의 정치적 불개입' 내지 '정치적 중립성' 역시도 하나의 '정치적 입장'일 수밖에 없다. 남미의 해방신학자 구티에레즈(Gutierrez)의 말처럼 교회의 역사적 현존은 불가피하게 정치적 차원을 지닌다.135) 앞에서도 언급했듯이, 한국 가톨릭교회의 경우, 고위 성직자들 및 연장 사제들 사이에서 주로 발견되는 보수주의적 태도는 성속 이원론적 신학 내지 신앙관에 입각해서 교회와 정치를 분리시켜 볼 것을 강조하기에 자연히 교회의 정치적 개입을 반대하는 경향을 지니게 마련이었고, 이것 역시도 분명히 '이데올로기적 입장', 더 나아가 '정치 이데올로기적 입장'이었다.

끝으로, 이데올로기와 교회의 관계이다. "광복 이후 한국 교회사에 대한 평가는 교회와 사회 간의 관계에 초점을 맞추어야 한다. 그리고 구체적으로는 광복 이후 한국 사회를 통합시켜 온 구성 원리, 또는 사회의 모든 영역에 강력하게 영향을 끼쳐 온 지배 이데올로기는 무엇이며, 그에 대한 교회의 입장은 어떠했느냐에 초점을 맞추어야 할 것이다."136) "이데올로기가 문화적 산물로 사회에서 불가피한 것이라면 기독교는 그 이데올로기를 바로 이끌어줄 필요가 있는 것이다. 기독교는 모든 이데올로기와 관계되어 있다. 그러나 그것은 그 이데올로기를 기독교적 진리에 가능한 한 가까이 접근할 수 있도록 방향을 설정해주고 인도해야 한다는 전제에서의 관계인 것이다."137) 그렇다면, "이데올로기를 기독교적 진리에 가능한 한 가까이 접근할 수 할 수 있도록 방향을 설정해주고 인도"한다는 것은 무엇일까? '예언자적 역할' 수행이 하나의 첩경 아닐까? 진정으로 '예언자적 역할'을 수행한다 함은 교회가 지닌 여느 '제도적 이익'을 초월하여 '순교'하는 자세로 살신성인(殺身成仁)하는

---

133) 강원돈, 앞의 책, pp.374-375.
134) McGovern, *op. cit.*, p.186; Gustavo Gutierrez, *A Theology of Liberation: History, Politics and Salvation,* Sister Caridad and John Eagleson, trans. and eds., Orbis Books, 1973, p.49.
135) Gutierrez, *ibid.*, pp.48-49.
136) 노길명, 「광복 이후 한국 사회의 지배 이데올로기와 교회」, p.341.
137) 이원규, "이데올로기와 기독교", 『종교 사회학―이론과 실제』, 한국신학연구소, 1991, p.356.

것 아닌가? 진정한 '예언자적 역할'이란 교회의 '제도적 이익'에 대한 고려를 초월한 것이어야 하며, 교회는 사회 변화를 올바른 방향으로 이끌어야 한다. 이것은 곧 독재, 산업화, 민주화 내지는 정치 균열과 한국 가톨릭교회가 맺었던 교회-국가-사회 관계의 성찰의 기준이기도 하다. 분명코 교회는 언제이건 간에 하나의 사회적, 정치적 압력 단체가 될 뜻은 추호도 없고, 오히려 땅의 소금, 세상의 빛이 되기 위해 자신이 소모되어야 함을 의식할 뿐이며, 국가-사회 관계를 올바른 정치적·사회적 질서, 즉, '하느님 나라'에 다가가는 질서로 이끄는, 그러면서 스스로는 불 타 없어지는 '촉매'일 뿐이다.

한일합방 이후 한국 가톨릭 지도자들의 국가관 연구

— 노기남 주교 이전, 재임 시기와 사회 교리: 1910년부터 1968년까지 —

나정원

(강원대학교 교수·정치학)

    I. 가톨릭의 교회의 국가관
    II. 한일합방 이후 노기남 주교 이전 시기 교회 지도자들의 국가관
    III. 노기남 주교 재임 시기 교회 지도자들의 국가관
    IV. 교회 지도자들과 사회 교리의 국가관 비교

"우리 교회는 열강의 침략과 일제의 식민 통치로 민족이 고통을 당하던 시기에 교회의 안녕을 보장받고자 정교분리를 이유로 민족 독립에 앞장서는 신자들을 이해하지 못하고 때로는 제재하기도 하였음을 안타깝게 생각합니다.
우리 교회는 광복 이후 전개된 세계 질서의 재편 과정에서 빚어진 분단 상황의 극복과 민족의 화해와 일치를 위한 노력에 적극적이지 못하고 소홀히 한 점을 반성하고, 이 과정에서 생겨난 수많은 사람들의 희생을 마음 아파합니다."

                            2000년 12월 3일 대림 첫 주일 한국 천주교 주교회의

    1784년 이후 1910년까지 한국 가톨릭 지도자들의 국가관과 관련된 가장 큰 장애는 국가의 통치 이념인 유교였다. 유교의 정치 이념과 생활양식을 부정하고, 포교를 위해 외세에 의존을 시도도 하면서 조선이라는 국가에 대항한 교회는 고난을 감수할 수밖에 없었다. 교회 지도자들은 현세의 국가보다 내세의 국가를 중시하였고,

정치 지도자들은 내세의 국가보다는 현세의 국가를 중시하면서 교회가 주장하는 내세의 국가를 경시하였다. 또한 유교는 민족이라는 가치와 연결되기 때문에 유교를 중심으로 한 이러한 국가관의 갈등에서 교회는 민족보다는 교회를 우위에, 국가는 교회를 민족의 하위에 두었다. 1886년 한불 조약을 통한 선교 자유의 획득과 인정은 교회와 국가 사이의 화해였다. 한편 근대 서구의 정치 이념인 자본주의와 사회주의 사이의 문제에 대해 기본 입장을 제시한 교회의 첫 사회 교리인 "새로운 사태"는 조선의 자본주의 미성숙과 사회주의 미 도입으로 교회와 국가 사이의 갈등에서 역할을 하지 못하였다.

1910년 이후에는 교회와 국가 관계에서 사회주의라는 정치 이념이 변수로 추가된다. 교회 지도자들의 국가관과 사회 교리는 직접 연결된다. 또한 1910년 조선이 일본의 식민지가 되면서, 조선이라는 한민족 국가의 실종으로 민족 국가의 추구인 근대화가 한민족에게는 새로운 목표로 등장한다. 일본의 자본주의에 의한 근대화와 한민족의 민족 국가 추구라는 근대화가 갈등하게 된다. 한편 1920년대 이후 도입된 사회주의, 공산주의는 일제하에서는 물론 해방 이후 좌우익의 대결과 남북분단, 6·25를 통해서 그리고 민족 통합, 국가 통일을 정치의 과제로 삼은 이후의 한국 정치에서 교회 지도자들의 행동을 결정하는 하나의 변수가 된다.

한편 1910년 이전에 한국 가톨릭은 파리외방전교회가 주도했지만, 이후 골롬반회, 메리놀회, 베네딕도회 등 선교 단체 출신의 교회 지도자들도 가세하여 한국 교회를 이끌어가며, 뮈텔 주교 사후 노기남 신부가 한국 교회의 공식 지도자로 등장하여 1968년까지 한국 교회를 이끈다. 또한 일제 때에는 하야사까, 와끼다 주교 등 일본인 지도자들도 있었다. 노기남 주교 이외에 다른 한국인 주교들도 활동하였다. 국적에 따라 국가·민족·이념에 대한 교회 지도자들의 태도는 편차를 보일 수 있다. 하지만 무엇보다도 전제가 되는 사항은 이들 모두 교회 지도자들이라는 점이다.

I. 가톨릭교회의 국가관: 사회 교리에 나타난 교회와 국가와의 관계

이와 같이 교회 지도자들의 국가관에는 교회와 국가라는 기본 관계에 덧붙여 국가에 민족과 이념이라는 요소가 부가된다. 교회 지도자들은 교황의 사회적 가르침인 사회 교리뿐 아니라 교황청의 입장을 바탕으로 한 국가관을 가지고 한국 교회를 이끌었다. 사회 교리에 제시되어 있는 교회·국가(민족, 이념)의 기본 입장을 정리해 보면 다음과 같다. 해당 시기의 사회 교리 문헌은 「새로운 사태」(*Rerum Novarum*: RN, 1891년: 레오 13세), 「사십주년」(*Quadragesimo Anno*: QA, 1931년: 비오 11세), 「하느님이신 구세주」(무신론적 공산주의 *Divini Redemptoris*, 1937년: 비오 11세), 「어머니요 스승」(*Mater et Magistra*, 1961년: 요한 23세), 「지상의 평화」(*Pacem in Terris*: PT, 1963년: 요한 23세), 공의회 문헌인 「사목헌장」(*Gaudium et spes*: GS, 1965년), 「민족들의 발전」(*Populorum Progressio*: PP, 1967년: 바오로 6세) 등이다.

먼저 교회가 보는 올바른 국가에서는 자연법의 원리에 따라 보조성의 원리와 연대성의 원리가 조화되어 국내적인 공동선이 이루어진다. 이러한 국내적 공동선은 국제적 공동선으로 확장되고, 이런 과정에서 교회는 인간의 존엄성과 자유가 실현되게 하기 위하여 하느님의 말씀으로 정의를 실현하려고 노력한다.

교회와 국가의 관계에서 국가의 이념에 관한 내용이 사회 교리에서 먼저 제시되고 있다. 「새로운 사태」, 「사십주년」, 「하느님이신 구세주」의 주요 내용은 사회주의와 공산주의에 대한 거부이다. 빈부 격차를 초래하는 자유주의적인 자본주의는 반대하지만(RN 6항), 자본주의의 기본 원칙인 사유재산제도는 "인간 본성에 가장 적합하며, 인간 생활의 안정과 평화에 다시없이 잘 부합된다. … 사유재산은 가장이 자녀 보호와 정당한 자유를 위해 필요"(RN 17항)하다고 보면서 인정하고 있다. 또한 자본주의 사회에서 국가의 기능도 보조성의 원칙으로 제시된다(RN 21, 30, 32, 48항). 교회는 자본주의를 비판하지만 개선을 동시에 촉구하고 있으며, 자본주의 문제를 사회주의로 해결하려는 것에 대해서 분명한 반대 입장을 표시한다. "사회주의자들은 이 같은 사회악을 제거하기 위해 부유한 자에 대한 가난한 자의 불만을 조장시 킴으로써 사유재산제도 자체를 파괴하고 그 대신 개인 재산을 공동 재산으로 만든 뒤 그 관리는 국가나 공공단체에 맡겨야 한다고 주장한다. … 그러나 그들의 주장은 문제 해결과는 너무나 근본적인 차이가 있으므로, 그들의 제안이 현실적으로 이루어진다면 노동자 자신들이야말로 제일 먼저 피해를 입게 될 사람들일 것이다"(RN. 7, 8항). 또한 사회주의 국가의 기능에도 반대한다(RN.11, 23항). 소유권, 자본, 노동에 대해 사회적 성격을 요구하며 국가의 적극적 역할을 강조한다. 교회는 사회주의의 기본 개념을 부정하며 사회주의적 현실에 대해 비판한다. 소유권, 자본, 노동의 사회적 객관적 성격만을 강조하는 무신론적인 태도를 거부한다. "자유주의는 사회 문제의 올바른 해결책을 찾는 데 있어서 전적으로 무능함을 보여주었고, 사회주의는 치료해야 할 해악보다 훨씬 더 큰 불행이 될 개선책을 제시함으로써 더 큰 위험을 맞이하게 할 가능성을 갖고 있었다"(QA. 3항). 국가 자유주의는 사회에 대한 국가의 효과적인 개입을 반대하지만, 국가는 공공선을 위한 활동 영역을 갖고 있다(QA. 12, 21항). 국가는 개인과 사회에 대해 「보조성의 원리」에 입각하여 행동해야 한다. 즉 개인의 자유를 침해하거나 사회 영역을 축소시켜서는 안 되며, 개인과 사회의 유효한 보호를 통하여 기본권 보장에 노력해야 한다(QA. 21항).

이러한 사회주의의 실천 운동으로 현실에서 정치 체제의 변화 운동으로 나타나는 것이 공산주의이다. 「하느님이신 구세주」는 부제, '무신론적 공산주의에 관하여'에서 볼 수 있듯이 공산주의를 명백하게 거부하면서 '가톨릭 운동'(액션)의 전개를 촉구하고 있다. 교회는 공산주의를 또다시 단죄하면서 공산주의의 이론과 실천, 현실의 허구와 비참함을 지적한다. 교회의 가르침은 공산주의를 절대로 허용할 수 없으며, 공산주의를 믿지 말 것을 촉구한다. 한일합방 이전과 일제 시기에 반포된 「새로운 사태」, 「사십주년」, 「하느님이신 구세주」, 세 문헌의 공통된 정신은 자본주의의 문제점 비판과 근본정신의 인정, 사회주의・공산주의의 철저한 배격으로 요약될 수 있다. 따라서 교회와 국가의 관계에서 교회 지도자들이 사회주의・공산주의 국가를 거부하고, 공산주의 사상을 받아들이지 않는 행동은 교회의 가르침에 충실한 실천이다. 일제 때의 공산주의 운동, 해방 후 소련과 노동당의 공산주의 거부, 공산당의 남침과 교회의 박해에 대한 저항, 또한 분단 상황에서 북한 체제의 불인정은 교회의 분명한 태도였다. 교회 지도자들의 국가관은 자유민주주의 국가의 지지, 공산주의 국가의 배격이며, 이러한 국가관은 민족문제를 초월한다. 하나의 민족국가라 할지라도 국가의 이념이 공산주의일 경우 민족이라는 가치를 고려하지 않고 교회는 배격한다.

한편 사회 교리에서 국가와 관련된 민족에 대한 입장은 1960년대의 문헌 「어머니요 스승」, 「지상의 평화」, 「사목헌장」, 「민족들의 발전」에서 나타난다. 「새로운 사태」의 정신을 발전시켜 자본주의의 변화된 현실에 대한 처방을 시도하기 때문에 시대적 배경이 다르지만, 우리는 이러한 정신을 일제 때에도 적용시킬 수도 있을 것이다. 국가 사이의 관계는 정의에 입각해야 한다. "정치 공동체들의 관계에 있어서도 다른 국가들을 압박하고 억압하면서 자신들을 발전시키는 것은 온당하지 못하다. 여기서 성 아우구스티노의 말을 적절하게 인용할 수 있겠다―정의를 저버리면 강도의 큰 집단이 되는 것 이외에 어떤 왕국이 될 것인가?"(PT. 92항). 우리의 입장에서 보면 교회의 이런 태도가 일제의 식민지 지배에 적용되었다면, 프랑스, 일본, 미국, 아일랜드 출신의 당시 교회 지도자들은 한국의 독립운동을 적극 지지했을 것이다. "소수(피압박·필자 첨가) 민족의 성장과 생활력을 억압하고 잠식시키는 어떤 정책도 정의에 대한 중대한 침범이 된다는 것을 분명히 밝혀두는 바이다. 만일 민족을 말살시키려는 경우에는 더욱 중대한 침범이 된다"(PT. 95항). 일제는 정의를 더욱 중대하게 침범하지 않았는가? 이러한 침범에 대한 저항도 인정된다. "공권(일제의 국가 권력·필자 첨가) 남용에 항거하여 자연법과 복음이 보여주는 한계 내에서 자신과 동프의 권익을 옹호할 수 있다"(GS. 74항. 75, 76항 참조). 이외에도 민족의 독자성, 자결권을 적극적으로 인정하기도 한다(GS.91, PP.65항). 그러나 식민주의와 선교사들의 활동에 대한 태도는 이중적이다. "어떤 민족들을 식민지로 삼아 다스리던 국가들이 때로는 자신들의 이익과 자신들의 권력과 자신들의 영광만을 찾았고 원주민들의 주권을 빼앗고… 비록 식민주의의 악폐와 거기서 따라온 손해를 인정한다 한다 해도 한편 식민지 개척자들의 공적은 인정해야 한다"(PP. 7항). "물론 가톨릭 선교사들도 인간이기에 선교 활동에 있어서 결점도 보여주었고 어떤 이들은 복음 전파와 아울러 모국의 생활양식과 사고방식까지를 선전하였다는 사실을 부정하고 싶지 않다. 그렇지만 그들은 또한 그 지방 사람들의 시설을 육성 발전시킨 것도 사실이다"(PP. 12항). 일제에 의한 근대화와 한 민족에 의한 근대화를 모두 인정하고 민족문제에 대한 선교사들의 적극적 입장과 소극적 입장을 모두 인정하는 셈이다.1) 공산주의에 대한 분명한 반대 입장과는 대조적이다. 따라서 교회는 국가와 관련하여 이념 측면에서는 공산주의를 명백히 반대하지만, 민족 측면에서는 이중적 모습을 지니고 있다고 정리할 수 있다.

II. 한일합방 이후 노기남 주교 이전 시기 교회 지도자들의 국가관

일제하 한국 교회의 선교는 프랑스의 파리외방전교회, 독일의 베네딕도수도회, 미국의 메리놀외방전교회, 아일랜드의 성골롬반외방선교회 등 4개 단체에서 담당한다.2)

파리외방전교회는 뮈텔 주교(1911년~1933년 1월 23일), 라리보 주교(1933년 1월~1942년 1월 12일)가 서울대목구를, 드망즈 주교(1911년 4월 8일~1938년 2월 9일), 무쎄 주교(1939년 1월 9일~1942년 8월 30일)가 대구교구를, 일반 선교사들이 충청도(합덕, 공세리, 공주, 부여, 서산, 논산본당)를 담당하였다. 한편 드망즈 주교 재임 시 대구에서

---

1) 김진소, "일제하 한국 천주교회의 선교 방침과 민족의식", 「교회사 연구 제11집」, 한국교회사연구소, 1996, pp.34-35. "이러한 이론은 유감스럽게도 제2차 바티칸 공의회 문헌인 '사목헌장'에서까지 받아들여졌다. 즉 '예수 그리스도는 당신 조국의 법률을 자원으로 준수하셨다'라고 예수가 조국의 법률(마태 22,15-22;23,3 참조), 관습, 제도 등을 따른 것을 지적하고 있다. 식민 지배를 경험한 제1세계의 시각에서 본다면 맞는 말이다. 그러나 제1세계로부터 압박을 받고 있는 약소국가의 입장은 아니다. 세계 교회는 언제나 약소민족이 겪고 있는 민족문제를 그들의 편에서 고찰하기보다 제1세계의 입장에서 고찰하여 왔다. 그래서 제3세계에 살고 있는 억압받는 민족들의 해방 전쟁에 대해서는 제2차 바티칸 공의회의 문헌 초안을 준비하는 단계에서부터 제1세계의 교부들에 의해 방해를 받았다. 교부들은 복음 해석에 있어서 마저 피압박 민족의 입장보다는 제1세계의 권력자들의 편에서 해석하였다. 제1세계의 교회 지도자들이 국가로부터 후원과 보호와 특권을 추구하는 한 세속의 권력을 가진 자들에게 종속되지 않을 수 없었던 것이다. 그래서 교회는 항상 권력을 장악한 자들 편에 서 왔던 것이다. 결국 교회의 이익을 우선으로 생각하는 교회 중심적인 교회 보호주의를 벗어나지 않는 한, 교회는 기회주의자가 될 수밖에 없으며, 교회의 신학이 제1세계의 교회에 지배되는 한, 천주교의 보편성과 일치성은 제3세계에서 최소한 문화적·종교적 예속을 강요하는 일을 벗어나지 못할 것이다."
2) 한국에 수도회 진출의 역사와 활동에 대해서는 김옥희, "한국 천주교 수도회사", 「한국 교회사 논문집 II」, 한국교회사연구소, 1885, pp.311-343을 참고.

한일합방 이후 한국 가톨릭 지도자들의 국가관 연구

분리된 광주교구의 지도자들(1937년부터 맥폴린, 와끼다. 브레난, 헨리 주교: 골롬반회)과 전주교구의 지도자들(1937년부터 김양홍, 주재용, 김현배, 한공렬 주교)도 파리외방전교회의 영향을 많이 받았다. 메리놀회는 평양교구에서 1927년부터 바아른, 모리스, 오쉬아 신부 등이 활동한다. 베네딕도회는 함흥교구에서 1940년부터 사우어, 이성도 주교 등이 선교를 담당한다. 골롬반회는 맥폴린 주교(1939년 4월 25일~1940년 12월 8일), 퀸란 주교(1940년 12월 8일~1941년 12월)가 춘천교구를, 일반 선교사들은 제주 지역을 담당한다.

이 시기에 교회 지도자들의 국가관을 결정하는 요소는 민족과 이념이며, 3·1운동을 전후한 독립운동과 신사참배에 대해서 민족에 대해서, 독립운동과 관련되어 볼세비즘, 공산주의 등 이념에 대해서 국가관을 교회 지도자들은 보여주고 있다. 또한 국가관을 결정하는 역학적인 구성 요소들은 선교 단체들의 선교 방침, 사회 교리 등을 위시한 교황청의 입장, 조선 땅의 합법적인 국가인 일본(조선총독부)의 정책 기조와 국내외적인 정책 환경 등을 들 수 있다.3) 먼저 파리외방전교회는 한일합방 이전과 마찬가지로 성직자 중심주의, 성사 중심주의, 직접적인 선교, 정교분리4)의 원칙을 선교 방침으로 갖고 있다. 뮈텔 주교는 한국 교회의 최고 지도자로서 다른 선교 단체들을 이끄는 입장이었기 때문에, 이러한 선교 방침은 한국 교회의 국가관에 결정적 영향을 미친다.5) 국가관과 관련하여 정교분리의 원칙은 핵심을 이루는데, 이것은 교황청의 입장과도 일치한다. 교황 레오 13세는 "어떤 나라에서는 정교분리가 묵인된다. … 새로운 권력을 받아들여야 함은 허락될 뿐 아니라 요구되는 일이며, 권력을 낳고 이를 유지하는 사회적 유대 관계의 필요에 의하여 강요되기도 한

---

3) 김재득, 「일제의 종교 정책과 가톨릭교회」, 한국 근·현대 100년 속의 가톨릭교회, 근·현대가톨릭 연구단, 2003, pp.402-403 참고.
4) 김정송, "일제하 민족문제와 가톨릭교회의 위상", 「교회사 연구 제11집」, 한국교회사연구소, 1996, pp.114-116: "가톨릭교회는 일본 정부에 대해서 교회와 국가는 서로 간섭하지 않는다는 정치 불간섭주의를 택하였다." "교회와 사회를 분리시킴으로써, 또 교회 영역과 정치 영역을 구분시킴으로써 교회와 정치 사회적 기능을 스스로 제한하는 결과를 가져왔다. 이러한 정교분리 원칙의 교회 입장은 1930년대 들어서면서 가톨릭 액션으로 성속 이원론적 성향이 교회에서 급속도로 감소하는 중에도 그대로 굳건하게 남아 일제의 군국주의의 정책에 협력하는 것으로 귀착되었다."
5) 한국에서 활동한 파리외방전교회의 활동과 역사에 관해서는 배세영, "한국에서의 파리외방전교회의 선교 방침", 「한국 교회사 논문집 I」, 한국교회사연구소, 1984를 참고.

다"6)고 하였다. 뮈텔 주교의 초청으로 한국에 진출한 베네딕도회7)는 서울과 원산, 함흥교구에서 본당 사목이 아니라 교육사업을 통해서 한국 교회의 발전에 이바지하고자 했다. 선교 활동은 교육(숭신학교, 숭공학교), 출판에 집중되었다. 따라서 국가관과 관련해서는 적극적인 입장을 찾기 힘들다. 한편 메리놀회는 평양교구에서 신사참배를 반대하기도 하였고, 골롬반회는 제주 지역에서 독립운동을 지지하기도 했다.

한편 일제는 1910년 8월 29일, 6개 조문으로 된 한일 합병문 제5조에서, 총독 데라우치의 성명서, "종교 자유가 보장된다. 종교가 정치에 간여하지 않는다면 불교, 유교, 기독교든 행정부와 대립하지 않을 것이다. 오히려 행정부는 종교사업을 돕고 모든 종교에 대해서 합법적인 선교를 할 수 있는 권한을 부여해주고 보호해줄 것이다"라는 내용으로 정교분리의 원칙을 보이고 있으나, 이후 포교 규칙, 신사참배, 대동아 공영권 등과 관련하여 정교일치를 추구하고 있다. 선교 단체의 선교 방침, 교황청의 입장, 일제의 종교 정책의 역학 구도 속에서 한국 교회 지도자들의 국가관은 형성된다. 국가관을 살펴볼 수 있는 주요 1차 자료는 뮈텔 주교 일기(1923년까지의 일기가 현재 출판되어 있음), 드망즈 주교 일기(1911~1937년) 등이다.8)

민족문제 먼저 프랑스 선교사들은 일본이 조선의 합법적인 정부임을 인정한다는 교회의 입장을 보인다. "천주교회는 정치적인 변화에 개의하지 않고 그 나라의 합법적인 정부에 충성할 줄 안다는 것을 선언할 생각이었다. 또한 그것이 우리 모든 선교사의 생각이고 또한 우리 신자들에게도 그렇게 가르치고 실천시키도록 노력하고 있다고 데라우치 장군에게 말했다(뮈텔: 1911년 6월 16일)." 이러한 입장은 그의 구체적인 행동, 즉 합법적인 국가와의 긴밀한 유대를 형성하는 노력으로 나타난다. 데라우치 총

---

6) 김진소, 위의 논문, p.22.
7) 백 쁠라치도, "한국에서의 초기 베네딕도회의 선교 방침", 「한국 교회사 논문집 I」, 한국교회사연구소, 1884, pp.782-786. "…서울 대수도원에서의 우리의 사명은 다음의 두 가지로 볼 수 있습니다. 우리 베네딕도회적 수도생활의 근본 요소인 공동기도(성무일도)를 바치는 것과 교육사업(사범, 실업, 농업학교 운영)을 통해서 한국 교회에 이바지하는 것입니다. 서울에서 사범학교를 시작하게 된 것은 뮈텔 주교와의 계약에 의한 것이었지만, 실업학교는 완전히 우리 수도원에서 스스로 택하여 시작하였습니다. 한국의 포교사업 전체를 고려해서 이 사건을 재검토하여 보시고 서울대수도원을 계속해 나가도록 명령을 내려주시길 부탁드리는 바입니다."
8) 본문에서 표시되는 일기의 인용은 일기의 날짜이다.

독에게 새해 인사를 하고(뮈텔: 1911년 1월 1일), 새 조선은행(한국은행) 낙성식(뮈텔: 1912년 1월 20일), 박람회(1915년 9월 11일부터 10월 31일까지 경복궁에서 개최된 한일합병 5주년 기념 조선 물산 공진회) 등에 참석(뮈텔: 1915년 9월 11일)한다. 이러한 행동은 교회 내에서도 이루어지고 신자들에게도 요구된다.9)

교회의 안녕과 보호, 새로운 박해에 대한 두려움 등이 주요 관심사인 이러한 생각과 말과 행동은 신자들의 독립운동 방해로 나타난다. '민족', '민족주의', '자주독립' 등은 교회의 관심 밖의 사항이다. 안명근, 이기당의 독립운동, 105인 사건 등에서 교회 지도자들은 신자들의 '민족'이라는 가치 추구를 배격, 단죄한다.10) 독립운

---

9) ・일본 천황의 건강을 위한 기도를 요청한 정부의 요구에 응하고 신사에서 예식이 거행되는 2시에 나는 성체강복을 했다. 여기에 학생들과 신자들이 좀 참석했는데 성모주덕 기도문을 바쳤다(드망즈: 1926. 12. 4.)
・일본의 천황(대정천황)이 새벽 1시 30분에 사망했음을 알렸다. 오늘 강론 마지막에 나는 이 기회에 할 기도를 공포했다(드망즈: 1926. 12. 26.).
・나는 천황의 사망을 계기로 기도를 위한 회람 엽서를 발송했다(드망즈: 1926. 12. 28.).
・일본 천황(소화천황)의 생일인 일본 국경일, 지사의 초대를 받고 나는 날씨가 나빠 외출이 불가능한 경우가 아니고는 수락한다고 대답했다(드망즈: 1931. 4. 29.).
・왕자의 탄생을 8시 30분에 싸이렌으로 알렸다. 나는 시내의 모든 성당에서 성모덕서 도문으로써 축하를 하고, 왕자의 이름이 지어지는 내일 24일에는 미사 후에 5번의 주모경을 하도록 지시했다(드망즈: 1933. 12. 23.).

10) **안명근 관련 일기**
・빌렘 신부가 총독부에 대한 조선인들의 음모에 안명근 야고보가 관여했다는 사실을 편지로 알려왔다. … 프랑스 대사에게 알리지 않을 수 없다고 말하였다(뮈텔: 1911. 1. 11.).
・아카시 장군은 안 야고보가 빌렘 신부에게 말했다고 하는 자백이 사실인지 여부를 빌렘 신부에게 물어보아도 실례가 안 되느냐고 편지로 물어 왔다. 빌렘 신부에게 그의 부탁을 전하였다(뮈텔: 1911. 1. 21.).
・안명근 야고보가 감옥에서 성사를 청하는 편지를 보냈다. 부활 후에 두세 신부가 그에게 고해성사를 주러 갈 것이다. 감옥의 안명근에게 가능하면 감옥에 있을지도 모를 다른 교우들에게도 이 방문을 알리라는 편지를 보냈다. 보통은 르 각 신부가 이 교우들을 방문했었다. 그래서 그가 이들에 대한 정보를 가지고 있었는데 그만 죽고 말았다(뮈텔: 1915. 4. 2.).
・독립운동을 반대하는 데 나의 권위를 남용하고 있다고 나를 비난했다. 이 가엾은 젊은이(안명근)는 완전히 환각에 사로잡혀 있는 것 같았다. 그는 이치를 알아들을 능력이 없다(뮈텔: 1920. 2. 7.).
이기당 관련 일기
・프랑스 영사를 방문했다. 그는 일본신문에 난 이른바 음모(105인 사건)에 대해서 얘기해주었다(뮈텔: 1912. 6. 10.).
・이기당이란 주교인이 안당이라는 이름으로 기록되어 있다. 그러나 신문에서 요약해서 발표한 기소장에 의하면 그가 대단히 연루되어 있는 것 같다. 그런데 이상하고 석연치 않은 것은 그가 이 무렵, 즉 1910년 10월부터 12월까지 거의 계속해서 맹 신부와 김 신부와 함께 있었거나 아니면

동을 하는 신자들을 일제 당국에 고발하고, 교회에서 추방한다. 선교사 빌렘은 안명근에게 자기는 서양 사람이어서 한국에 대한 애국심이 없다고 정직하게 말했다고 한다. 그러나 평신도들은 여러 가지 방법으로 민족운동에 참여하였고, 그로 인해 교회 내에 갈등이 발생하였다.11) 특히 무력 항쟁의 방법도 동원되었는데, 이것을 교회가 지지하거나 후원할 수는 없었을 것이다.12)

파리외방전교회의 선교사들은 프랑스 사람이었고, 프랑스 조국과 프랑스 민족에 대한 의식을 분명히 갖고 있었다. '선교사들의 후원자인 프랑스가 1907년 7월 일본과 불일 협정을 체결하고 일본의 한반도 소유를 용인하자, 선교사들도 친일 노선으로 선회할 수밖에 없었고 모국의 외교 정책과 궤도를 같이하게 되었다.'13) 제1차 세계대전의 전황에 대한 관심, 한국에 파견된 선교사들의 징집 문제, 독일에 대한 승리의 기쁨 등은 분명히 보편 교회를 추구하는 성직자가 아니라 국적이 있는 세속인으로서의 모습이었다.14) '한국에 진출한 프랑스 선교사들은 세계대전이 일어났을 때

그들의 심부름으로 본당을 위한 집과 대지를 물색하고 있었다는 점이다(뮈텔: 1912. 6. 13.).
· 피고인 중에서 1909년 이래 천주교 신자이기 때문에 내가 아는 유일한 사람인 이기당에 대해 서만은 적어도 그의 기소장에 명백한 허위 사실들이 있다고 장군에게 지적했다. 그리고 그렇게 보이는 것을 간단히 말해주었다(뮈텔: 1912. 7. 9.).
· 오늘 아침에 이른바 105인 음모 사건의 유죄 선고자들에 대한 공판이 있었다. 윤치호와 그 밖의 4명에게는 징역 10년 대신에 6년이 선고되었고 또 한 명에게는 6년 대신에 5년이 선고되었는데, 이 6명을 제외하면 나머지 사람들은 천주교인 이기당을 포함해 모두 무죄로 석방되었다(뮈텔: 1913. 3. 20.).

11) 김진소, 위의 논문, pp.12-26: 우리말로 된 성서, 특히 이스라엘 민족의 해방을 위한 투쟁사와 민족 구원 사상으로 가득 찬 구약성서를 읽지 못하게 함으로서 민족의식의 형성을 방해했다고 한다. 일제하에 살았던 신자들은, 선교사들이 한민족을 깔보는 태도 때문에 오히려 민족을 더욱 사랑하게 되었다고 말한다.
12) 조광, "일제하 무장 독립 투쟁과 조선 천주교회", 「교회사 연구 제11집」, 한국교회사연구소, 1996, pp.150-176. 안중근과 3·1운동 이전의 무장 항쟁(김상태, 안명근, '105인 사건', 이기당), 간도 지방에서의 무장 항쟁(의민단, 방우룡, 국민회, 안정근), 3·1운동 이후의 무장 항쟁(안공근과 강병학), 3·1운동 이후 간도 지역에서의 민족주의적 무장 항쟁과 공산주의 계열의 무장 투쟁의 갈등을 정리해주고 있고, 천주교 신도의 무장 항쟁이 급속히 감소된 데에는 당시 교회의 선교 정책 내지는 독립운동에 대한 소극적 태도와 관련이 있을 것으로 판단한다. 한편 안공근에 대해서는 한시준, "안공근의 생애와 독립운동", 「교회사 연구 제15집」, 한국교회사연구소, 2000, 서상돈에 대해서는 마백락, "국채보상운동과 서상돈", 「교회와 역사」, 1999, 11을 참고.
13) 김진소, 위의 논문, p.24.
14) · 내일 우리는 베를린(Berlin)으로 공격해 갈 것이다!(드망즈: 1914. 8. 26.)

한국 신자들에게 프랑스의 승리를 기도해줄 것을 당부하였음을 감안해 볼 때, 그들은 당연히 한국의 신자들에게 조국의 독립을 위해 기도할 것을 권했어야만 했다.'15)

3·1운동 한일합방 이후 어느 정도 잠재되어 있던 교회와 국가(민족)의 갈등은 3·1 운동을 계기로 본 모습을 보인다. 한국 교회의 최고 지도자인 뮈텔 주교는 한국의 독립이 '절대적으로 불가능하다'는 판단을 한다. "그들은 독립이 절대적으로 불가능하다는 사실에는 아랑곳하지 않고 독립을 요구하려 할 것이다"(뮈텔: 1919년 3월 1일). 프랑스인으로서 국제 정치, 특히 일본에 대한 정보에 근거해서 가능한 직관이다. 또한 독

- ·"그것이 폴란드가 독립을 되찾도록 하기 위한 것입니까?" 하고 물었다. 추호도 그렇지 않고 일반적으로 폴란드 가톨릭 신자들이 극도로 궁핍함을 돕기 위한 것이다. 또 그것은 폴란드의 모든 주교들이 공동으로 호소했고 또 러시아, 오스트리아, 독일의 주교들도 호소한 때문이다. 그러나 우리는 프랑스 사람들이고 또 전쟁이 우리에게 특별한 의무들을 요구하고 있기 때문에 공적으로 호소하지 않았고 다만 우리 교우들이 그들의 궁핍을 알고 자진해서 바치는 것을 모으고자 했을 뿐이라고 대답했다(뮈텔: 1915. 11. 24.).
- ·10시경 우트레이 씨가 프랑스 영사와 같이 나를 방문하러 왔다. 그는 국회 식민지 문제 위원회와 해외 선전 위원회의 극동 대표로서 국가적 영향의 이익과 그 신장을 위해 극동 지역에 거주하는 모든 프랑스인들의 일치를 증진시키기 위해 왔다. 사람됨이 소박하고 호감을 주었고 또 사상이 건전했다(뮈텔: 1917. 6. 22.).
- ·영화관으로 유명한 영화 '잔 다르크'를 보러 갔다. 매우 아름다운 역사를 따르지 않고 거의 시종일관 사랑 이야기와 연결시켜 놓음으로써 역사를 몹시 왜곡시켰다(1918. 10. 19.).
- ·프랑스 기금을 위한 모금을 너무 지연시키지 말라는 말을 하기 위해 갈루아 부부를 방문했다. 왜냐하면 이 달 11일부터 18일까지 미국인들의 전반적인 모금이 있을 예정이기 때문이다(뮈텔: 1918. 11. 6.).
- ·'전승 축하 만찬'(뮈텔: 1918. 11. 25.)—프랑스의 1차 대전 승리.
- ·평화 협정의 조인이 확실시되고 있고 벌써 조인되었을지도 모르며, 또 파리에서는 종들을 치고 축포 소리가 울려 퍼졌으며 열광적으로 기뻐하고들 있었다고 '게이조 니포'에서 보도했다. 예수 성심께 영광이 있기를!(뮈텔: 1919. 6. 26.)
- ·총독부에서 평화 조인을 경축하기 위해 기를 오늘부터 3일간 달도록 전국에 지시를 내렸다. 그렇지만 기를 단 조선인들은 매우 적었다. 대성당 철책에는 프랑스기와 일본기를 달았다(뮈텔: 1919. 6. 28.).
- ·'마르세예즈'가 울려 퍼졌다. 나는 원수에게 인사를 하고 신부들을 소개했다. 조르프 원수(1922. 2. 20.)는 신부들과 다정하게 악수를 하였고, 특히 1차 세계대전의 용사들과 훈장 소유자들에게는 각별한 관심을 보였는데, 그중에서 드 브레 신부가 첫째였다(뮈텔: 1922. 2. 21.).

15) 최석우, "일제하 한국 천주교회의 독립운동—3.1운동을 중심으로", 「한국 교회사의 탐구 III」, 한국교회사연구소, 2000, p.303. 한편 교회 지도자로서 한국인 신부(강원도 횡성 풍수원 성당의 정규하 신부)는 한일합방이후 의병들을 격려하고 침식을 제공했으며, 프랑스의 식민지가 된 월남의 역사를 가르치며 민족의식을 고취시키는 데 애썼다고 한다. 문규현, 『민족과 함께 쓰는 한국 천주교회사 I』, 빛두레, 1994, p.134.

립의 추구는 교회의 존립과 교회의 정신을 위협한다: "심각한 걱정들이 여러 가지 있습니다. 독립 정신이 나타내고 있는데, 이것은 모든 신임을 잃게 하고 우리의 젊은이들에게 교만을 일으켜 신앙 정신을 잃게 합니다. 이것 역시 시대의 한 표지입니다. 가장 심각한 정신이 유행하고 있습니다"(루블레, 공주본당, 1921년 연말 보고 서한).16)

3·1운동 당시 신학생들의 만세 운동에 대한 뮈텔 주교와 드망즈 주교의 입장17)은 일본이라는 국가와의 갈등을 피하기 위해 민족이라는 가치를 배제시키려는 노력이었으며, 이것은 그들의 일관된 사목 지침이었다. 한편 이러한 입장은 한국인 신자들뿐 아니라 신부들에게도 적용되었다. 은율본당의 윤예원(토마스) 신부, 의주의 서

---

16) 대전교구사 자료 제1집, 『파리외방전교회 선교사 서한집』, 한국교회사연구소 대전교구홍보국, 1994, 8., p.571.
17) ·홀로 내려가 거기에 모인 모든 학생들에게 이야기하며 그들의 정신을 진정시켜 보려했다. 묵묵히 듣고들 있었으나 나의 말이 이해되는 것 같지는 않았다. 나올 때 그들은 나를 붙잡고 그들의 나라가 이렇게 학대받는 것을 보고 가만히 있을 수 없음을 설명하려 했다. 어떤 학생들은 울기도 하고 발을 구르기도 하고 정말로 무서운 모습들이었다. 마침내 그들에게 질서를 지키도록 간청했고 이에 동의하지 않으려면 차라리 신학교를 떠나라고 했다. 그중 여러 학생들은 이미 그런 결심을 한 것 같았다. 매우 서글픈 마음으로 주교관으로 돌아왔다(뮈텔: 1919. 3. 24.).
·보다 흥분되어 있던 학생 중 많은 수가 어제 고해성사를 보았는데, 그 후로 평온해진 것 같다. 그러나 고해성사를 보지 않은 학생이 10여 명가량 있는데, 그것은 그들이 고해성사를 볼 필요를 느끼지 않거나 아니면 아직도 너무 동요되어 있기 때문일 것이다. 바로 그들이 아직도 대단히 흥분되어 있는 자들이다(뮈텔: 1919. 3. 25.).
·한국 젊은이들이 전 황제의 장례식을 계기로 서울과 다른 곳에서 조선 독립을 위한 시위를 했다. 수많은 사람들이 체포되었지만 신문들은 절대적인 침묵을 지키고 있다. 대구신학교에서는 학생들이 흥분되어 있다. 그들은 그저께 저녁에 운동장에서 독립을 위한 노래를 불렀고, 교장은 그것을 그만두게 하느라 애를 먹었다(드망즈: 1919. 3. 8.).
·샤르즈뵈프의 온갖 권면도 소용이 없었고, 학생들은 윌슨(Wilson) 대통령에게 편지를 보내고, 오늘 시내에서 행진을 하기로 결정했다. 샤르즈뵈프 신부는 그의 권위가 무시된 것을 보고 매우 의기소침해 있다. 신부들을 포함해 전 학생을 체육실에 집합하도록 지시하고 교리 강의 때문에 대성당으로 가는 길에 신학교로 갔다. 그들을 앉히지 않고 나는 그들에게 복종을 하지 않는 신학교를 원하지 않으며 또 신학생들과 상관이 없는 이러한 정치적인 소요 같은 행동이 한 가지라도 일어난다면 유죄, 무죄를 불문하고 즉시 그들 모두를 집으로 돌려보내고, 신학교 문을 닫겠다고 아주 냉혹하고 단호하게 말했다. 그러고 나서 교리 강의를 하러 갔는데, 거기에 경찰이 있었다. 오후에 학생들이 샤르즈뵈프 신부와 함께 산보를 했다. 저녁 9시에 샤르즈뵈프 신부가 왔다. 저녁 식사 후에 신학생들이 사죄를 하고, 복종을 약속하러 왔고, 또 사죄를 하게 나를 신학교에 오도록 요청했다는 것이다. 나는 교장 신부에게 용서를 했고, 또 그들이 명령의 근거를 모를 때에도 복종해야 한다고 신학생들에게 전하게 했다(드망즈: 1919. 3. 9.).
·오늘 아침에 또 신학교에서 난동의 위협이 있었다. 나는 신부에게 조그마한 행동이라도 다시 일어나면 그들을 첫 기차로 돌려보내라고 다시 한 번 지시했다(드망즈: 1919. 4. 3.).

병익(바오로) 신부18)는 한국인으로서 민족 가치를 추구하지만 교회 수장에 대한 순명으로 노력은 좌절된다. 1919년 10월 말 은율본당의 윤예원 신부는 3·1운동에 참여, 상해 임시 정부에서 보내 온 '천주교 동포여!'19)란 제하의 권유서 500여 장을 배포하고 상해 임정의 독립군 자금을 모금하고 신자들에게 독립 사상을 고취하지만, 뮈텔 주교로부터 사제직과 독립운동 중 한 가지를 선택할 것을 요구하는 내용의 서한을 받는다. 드망즈 주교는 윤예원 신부를 독립운동가로 고발하고, 뮈텔 주교는 윤예원 신부에 대한 조치를 취한다. 의주의 서병익(바오로) 신부는 신자들에게 만약의 경우 만세를 부르도록 허락하였으며, 또 자신은 한때 시외로 피신하기도 하지만 교구장은 상황에 대한 대응책을 제시하지 않은 채 침묵하고, 나중에 다른 본당으로 보내 버린다. 한편 프랑스 국적의 선교사 중 안성본당의 공베르 신부는 예외적으로 독립운동에 협조하기도 하였다.20)

교회 지도자들의 3·1운동에 대한 행동은 교회에 대한 자부심으로 표현되었다. 서울의 뮈텔 주교는 3·1운동에 대해 파리 본부에 다음과 같이 보고하였다. "올 봄에 전국적으로 독립운동이 일어났는데, 그것은 대중적이어서 극히 종교적인 사람들까지도 모두 그 운동에 가담하지 않을 수가 없었다. 그러나 우리 가톨릭은 이 운동에 가담하지 않음으로써 정부에 대한 충성의 좋은 모범을 보였다." 대구의 드망즈 주교 역시 가톨릭측은 시위에 불참한 것으로 보고하여 "우리 가톨릭은 '체사르의

---

18) 최석우, "일제하 한국 천주교회의 독립운동—3·1운동을 중심으로", 『한국 교회사의 탐구 III』, 한국교회사연구소, 2000, pp.293-300.
19) "한편 가톨릭 신자들은 만세 운동에 국내외적으로 소극적이었다는 평가를 받는데, 최근의 한 문서는 이러한 평가를 다소 수정할 수 있는 계기가 된다고 한다. '경통'(敬通)은 송포면(지금의 경기도 일산구 대화동, 가좌동 지역)에서 만세 시위가 없었는데 면장과 서기 등이 백성들을 모아 3월 27일에 있을 만세 시위에 참여하지 않을 경우에는 큰 변을 당할 것이라는 내용으로 되어 있다. 1919년 3월 21일자로 '천주교회원'의 명의로 만들어진 격문이었다. 천주교인임을 내세우고 면장 등의 만세 시위 참여를 요구한 '경통'의 존재를 통하여, 신자들의 만세 운동 참여를 막았던 당시 교회 당국의 뜻과는 달리 신자들은 만세 운동에 확고한 관심을 보이고 있었다는 사실이 확인된다. 물론 이것이 전국 신자들의 공통된 움직임이라고는 할 수 없을 것이다. 왜냐하면 1919년 10월 15일자로 상해에 수립된 대한민국 임시 정부의 내무총장 이동녕의 명의로 나온 '천주교 동포여'라는 통유문의 존재는 프랑스 선교사가 주도하던 천주교회의 신자들이 만세 운동에 소극적이었음을 알려주기 때문이다." 최기영, "3·1운동에 천주교인 적극적 참여—새로 발견된 자료 '경통'", 『교회와 역사』, 제332호, 한국교회사연구소, 2003. 1., p.17.
20) 문규현, 위의 책, p.140.

것은 체사르에게 돌리고, 천주의 것은 천주에게 돌려라'는 성서 말씀을 지켰다. 그러므로 우리 신자들은 이 운동에 가담하지 않았다"라고 하였다. 이러한 일제에 대한 협조는 일제로부터 치하를 받고, 교황청으로부터도 지지를 받는다. 교황청은 조선 땅에서 교회와 국가가 조화를 이루고 있는 것에 대해 교회 지도자들의 추천에 의해 국가 지도자들에게 훈장까지 수여한다.21) '교황청의 한국 교회에 가졌던 태도는 한국 민족이 겪고 있는 감정과는 달랐다. 1922년 4월, 조선 총독 사이토와 정무총감 미즈노 그리고 총독 부인 마쓰미야 등 3명이 교황 베네딕도 15세로부터 성 실베스텔 훈장을 받았다. 이 훈장은 4월 23일 훈장 증서와 함께 도착하였는데, 포상 이유는 한국 주교들과 우호적인 관계를 유지한 데 대한 답례였다. 총독은 베네딕도 수도원의 사우어(B. Sauer) 대원장과는 아주 막역하게 지냈고, 뮈텔 주교와 드망즈 주교를 빈번하게 식사에 초대하였다. 이것은 일제가 정권을 지지하도록 하는 기능적 수단으로 종교를 이용하기 위한 방법이었다.22)

민족주의에 대한 이러한 태도는 일관되게 지속된다. 1933년 드망즈 주교는 자기 관할 구역인 전라남도, 전라북도와 경상남북도의 한국인 성직자들에 대해 개탄하는 기록을 남겼다. 그는 한국인 성직자들이 포교 정신이 결여되어 있고 기성 신자들만 알고 외교인의 개종에 대해서는 무관심하다고 하며, "더 중대한 것은 그들의 '민족주의'로서 프랑스 선교사에 대한 불신이다"라고 하였다. 그는 교회의 최대 사명인 선교보다 한국인 사제들이 가지고 있던 민족주의를 더 크게 걱정하였다. 드망즈 주교가 한국인 신부들이 민족의식을 갖는 그 자체를 두려워한 것은, 바꾸어 말하면, 민족의식이 없는 '무골'의 교회를 원한 것이다.23)

---

21) ・마츠나가 지사와 얘기를 했는데 그는 우리 신부들과 신자들이 독립운동에 가담하지 않은 데 대해 내게 치하했다(뮈텔: 1919. 4. 21.).
　　・한 여 단장이 가까이 와서 독립운동에 가담하지 않은 우리 카톨릭 신자들의 좋은 태도를 칭찬했다(뮈텔: 1919. 6. 4.).
　　・조선주교들의 추천으로 비오 15세 교황 성하께서 사이토 남작 각하와 미즈모와 마츠마야 각하들에게 성 실베스타 교황 훈장을 수여한 사실을 알았다(뮈텔: 1922. 4. 23.).
　　・대구의 일본 신문이 소요 때의 나의 태도 그리고 정치가 우리와 아무 상관이 없고, 우리도 정치와 상관이 없다고 한 나의 선언을 찬양하는 기사를 실었다(드망즈: 1919. 3. 31.).
22) 김진소, 위의 논문, pp.28-29.
23) 김진소, 위의 논문, p.28.

이념 문제, 민족주의와 더불어 국가의 존립에 직접적으로 관련되는 사항이 이념이다. 사회주의, 공산주의, 볼세비즘 등으로 표현되는 좌익의 이념은 민족주의와 결부되어 현실의 운동으로 나타나면서 좌익의 탄압이 민족주의의 탄압으로 이해되기도 했다. 하지만 교회의 입장에서 볼 때, "새로운 사태" 이래 좌익 이념은 국가에 허용될 수 없는 사상이다. 일제 때뿐 아니라 해방 후에도 한민족 사이의 좌우익 대립, 분단 과정 등에서 이념 문제는 민족문제와는 별개로 이해되어야 한다. 교회의 이념 문제에 대한 입장은 사회 교리에 명백하게 규정되어 있다. 다만 전체주의, 파시즘에 대한 경계와 완화에 대한 요구는 사회 교리 정신에 비추어 교회에 충분히 요구할 수 있고, 교회도 공공선의 정신에 따라 이에 상응하는 행동을 해야 할 것이다. 따라서 조선 땅의 프랑스 출신 교회 지도자들에게 민족에 대한 요구는 한민족 입장에서 어느 정도 가능할 수도 있다. 하지만 공산주의, 반공에 대한 문제는 민족문제와는 달리 교회에 긍정적인 태도를 요구할 수는 없다.

민족문제에 대한 교회 지도자들의 부정적 태도, 행동과 더불어 3·1운동 후 1920년대에 공산주의가 조선 땅에 들어온다. 당시의 교회지도자들은 교황의 공산주의에 대한 태도, 사회 교리의 내용을 알고 있었을 것이다. 특히 1930년대의 사회 교리 문헌, 「사십주년」, 「하느님이신 구세주」는 공산주의에 대한 단죄의 내용을 담고 있어 교회 지도자들의 국가관에 결정적 역할을 한 것으로 보인다.

대구의 드망즈 주교 일기에는 다음과 같은 기록이 있다. "무세 신부는 나의 복사와 함께 그의 지시로 모인 우리 소작농들에게 가서 지주들에게 대항하여 다소 볼세비키스트의 성격을 띤 단체에 가입한 많은 사람들을 질책했다. 일을 영사관까지 가지고 갈 것이며 세금을 거부하겠다는 위협에 이 사건에 개입했던 경찰은 기세를 누그러뜨렸다"(드망즈: 1921년 12월 19일). 또한 "볼세비즘: 본인이 작년 연말 보고에서 간단하게 보고한 바와 같이 매우 적극적인 프로테스탄트 청년들에 의해 그리고 신문, 클럽, 강연, 삐라에 의해 선전되고 전파되어, 불행하게도 가톨릭 신자들 사이에서도 불안한 확대를 보이고 있습니다. 1년 사이에 정신 상태가 완전히 변했습니다"(패랭, 합덕본당, 1922년 연말 보고: 파리외방전교회 서한)[24]이라는 보고도 있다. 모두 1920년대

---

24) 대전교구사 자료 제1집, 『파리 외방 전교회 선교사 서한집』, 한국교회사연구소 대전교구 홍보국,

초의 상황을 보여준다. "한국 천주교회는 이 시기에 있어서 사회주의와 공산주의로 인해 야기되는 사회문제에 깊은 관심과 우려를 표명하였다. 교회측 기록에 의하면 1920년대 공산주의가 화두로 등장하였고, 이른바 일본 제품 불매 운동과 소작인 보호 운동 사회주의・공산주의적 선전이 크게 작동하고 있음을 심히 우려하였다. 사회주의 공산주의자들은 겉으로는 민족운동을 내세우고 있었기 때문에 그들의 선전에 속아 넘어 가기가 더욱 쉬웠다. 그러므로 천왕 교회는 그들의 선전에 속지 말고 이에 대항하여 무신론, 유물론을 공격하는 것을 수시로 호소하여 마지않았다."25)

다만 반공을 제1가치로 하여 민족문제와는 별개로 교황청이나 프랑스 출신 교회 지도자들이 일제를 인정한 것은 과오로 볼 수밖에 없다. 공동선의 구현이라는 사회 교리의 정신을 제대로 구현하지 못하는 국가도 반공을 국시로 표방할 경우 교회가 모두 지지했다. 일제와 독일, 이탈리아의 독재국가를 교회가 적극적으로 인정하고 정교 협약을 맺고, '가톨릭 액션'26)을 통해 반공이라는 가치만을 추구한 것은 교회의 과오이다. 일제가 반공을 표방하면서 '민족'을 무시해도 교회는 일제와 마찬가지로 반공 때문에 민족을 무시한 것이다. 「경향잡지」27)나 「가톨릭 청년」28)에서도 민족보다는 반공이 강조되고, 일제의 반공은 자연적으로 인정될 수밖에 없었다. "사제들은 불쌍한 민족을 구할 사명을 갖고 있고, 민족의 사상적 혼란을 극복해야 한다"고 하면서 반공을 강조했다.29) 한국인 윤형중 신부도 이러한 교회의 입장을 전파하였다.30) 친일과 반공은 '민족'과 결부되어 있는 야누스의 두 얼굴이었다.

1994. 8., pp.283-284.
25) 최석우, 『한국 천주교회의 역사』, 한국교회사연구소, 1982, pp.370-371.
26) '가톨릭 액션'(가톨릭 운동, 또는 가톨릭 진행)도 민족적 시각에서 짚고 넘어갈 문제이다. '가톨릭 액션'은 그 발전 과정에서 친일적인 색채와 반공주의를 점차 강화해 갔다. 이는 일제하 가톨릭의 비민족적 사목 방향의 하나였다. 김정송, 위의 논문, p.134.
27) 「가톨릭 청년」, 「가톨릭 연구」, 「경향신문」 등에 나타난 일제하에서 한국의 사회 교리 수용에 관해서는 김어상, 「근・현대 100년의 한국 사회와 가톨릭 사회 교리 수용사—일본의 한반도 강점기(1905~1945)」, 근・현대한국가톨릭연구단, 2003을 참고.
28) 변진흥, "일제하 한국 천주교회와 공산주의", 한국교회사연구소, 「교회와 역사」, 제95호, 1984, p.3, 구중서, 「일제하 가톨릭 청년지 연구」, 한국교회사연구소, "교회와 역사", 제108호, 1986, p.15 등을 참고.
29) 김정송, 위의 논문, p.133.
30) 윤형중 신부는 「새로운 사태」, 「사십주년」, 「하느님이신 구세주」 등에 기초하여 공산주의 논객,

신사참배, '민족'이 무시되고 파시즘이 정당화된 또 하나의 계기가 신사참배이다. 교회는 1923년 「서울교구 지도서」, 1925년 「천주교 요리」, 1932년 「한국 천주교 공용 지도서」를 통해 신사참배가 미신적인 행동이며 이단이기 때문에 신사참배를 반대하였다. 하지만 1932년 9월 『천주교 요리』 제2판부터는 "신사참배가 비록 그 시작은 종교적이라 할지라도 지금은 일반의 안정과 관계 당국의 성명에 의하여 국가의 한 예식으로 되었다"고 신사참배를 용인하는 쪽으로 나간다. 신사참배 거부는 국가에 대한 반대이고, 이 반대는 교회의 존립 가능성에 대한 위협이기 때문에 일제의 정책을 수용한 것이다.31) 정교분리의 원칙 대신에 정교일치의 원칙이 사목 방향으로 자리 잡기 시작한다. 1935년 10월의 한국 천주 교회 연례 교구장 회의는 신사참배 허용을, 1936년 4월 기관지 「경향잡지」는 천주교 신자들의 신사참배를 공식 허락하였다. 결정적으로는 1936년 5월 26일, 신사참배가 종교적 행사가 아니고 애국적 행사이므로 허용한다는 교황청 포교성성의 훈령 Pluries Instanterque이 있었고, 1937년 7월에는 한국의 7교구장들이 신사참배가 국가에 대한 의무라는 성명('비상시에 처한 우리의 의무')을 발표하고,32) 1940년 6월 주교회의가 각국의 전통적

배성룡, 임화, 황욱 등을 논박하면서 천주교 방어 논리를 전개한다. 오진구, "일제하 천주교와 사회주의의 상호 인식", 「교회사연구 제17집」, 한국교회사연구소, 2001, pp.78-91. 최종고, "논객 윤형중 신부", 「교회와 역사」, 제193호, 한국교회사연구소, 1991, p.6. 9 참고.

31) 신사참배를 용인하는 데는 뮈텔 주교의 역할이 중요했다. (1932년 9월 22일 동경대교구장 산본 대주교가 보낸 서한에 대한 문부성 차관의 회답(9월 30일), 정동훈, 앞의 책, pp.61-63.
 · 교토의 한 일본 신문에 실린 신도주의에 관해 양식 있는 기사를 알려왔는데, 그 내용인즉 이러하다. "문부성은 신도 예식이 순전히 세속적인 것임을 밝혔다. 그 시행을 맡은 사람들은 그 예식이 종교적인 것이라고 선언하고 있다. 이러한 오해에서 현재 수많은 어려움이 일어나고 있다. 그것이 세속적이고 또 그 언명과 시행이 일치한다면 모든 사람들이 그에 따르도록 강력히 요구할 수 있을 것이다. 그렇지 않고 그것이 종교적인 것이라면 헌법에 명시된 양심의 자유에 따라 다른 종교를 믿는 사람들이 따르도록 강요받아서는 안 될 것이다(드망즈: 1932. 12. 2.).

32) 최기영, "일제의 압력에 굴복한 천주교회", 「교회와 역사」, 제301호, 한국교회사연구소, 2000, 6., 14, 최기영, "신사참배 용인 교황청 훈령", 「교회와 역사」, 제300호, 한국교회사연구소, 2000. 5., pp.33-34.
 · 오늘 「경향잡지」에 발표되는 한국의 7교구장들의 국방에 대한 가톨릭의 협조에 관한 교서에 주의를 환기시키기 위해 회람 제123호를 보냈다(드망즈: 1937. 8. 1.).
 · 9시에 대성당에서 줄리앙 신부가 집전한 국가를 위한 미사에 나는 주교관과 목장을 짚고 참석했는데 또한 도지사, 군수, 경찰청장 등이 참석했다. 복음서의 낭독 후 나는 신자들에게 그들의 의무를 상기시켰다. 도 회의실에서 당국자들을 만나 간단한 연설을 했으며 지사가 이에 대답했다. 국가

관례를 존중하려는 교황청의 뜻에 신사참배가 부합한다는 결정을 했다.

그러나 평양지목구의 중화 본당(평안남도 중화군 중화읍)의 주임신부였던 콜만 신부(메리놀회)는 자신의 교구장인 모리스 지목구장의 허락하에 반대 의견서를 일본 주재 교황 사절인 무니 대주교에게 제출한다. '비록 한 지목구의 차원에서이지만 신사참배에 참석할 수 없다', '신사참배를 반대함으로써 받는 고통이 필수적으로 따르더라도 다소 불편을 견디어 내야 한다'고 강조하였다. 하지만 메리놀회 선교사들의 신사참배 반대는 교회 민족문제보다는 교회를 위한 것이었다고 평가한다.[33]

한편 뮈텔 이후 서울교구를 맡은 라리보 주교는 뮈텔 주교의 선교 방침을 그대로 이어받아 사목을 하고 있으나,[34] 반면에 1937년 이후 제주 지역을 담당한 골롬반회 신부들은 일제의 대동아 공영권 정책에 맞서 독립운동 의식을 고취시키고 독립운동을 적극적으로 지지했다고 한다. 국적에 따라 다른 선교 모습을 보여주고 있는

를 위해 대구 신자들이 한 헌금은 832원이었다(드망즈: 1937. 8. 15.).

· 나는 3개 교구의 성직자들에게, 현 전쟁에서 일본인 노력에 대한 가톨릭의 협조에 대한 총독부의 조사를 지시하는 회람을 보냈다. 모든 회답은 나의 복사에게 보내게 되어 있다. 나는 이에 대한 자세한 조사를 대충 알리는 회신을 총독부에 보내게 했다(드망즈: 1937. 10. 29.).

33) 정동훈, "일제강점기하의 한국 천주교회와 신사참배에 관한 고찰", 「교회사연구 제11집」, 한국교회사연구소, 1996, p.90, pp.106-107.

34) · 1931년 조선교구 설정 100주년을 평가하면서 당시 교회의 입장과 방향을 제시한 서울교구 라리보 주교의 보고 내용: "교회가 사회에 줄 것은 영적인 것 외에 아무 것도 없음에도 불구하고, 우리가 일본의 식민지하에 있기 때문에 오는 또 다른 어려움을 지적해야 하겠습니다. 물론 우리가 정치문제에 관여할 생각이 추호도 없습니다. 그러나 양편의 이 감정에 신중을 기하지 않을 수 없습니다. 이 편은 우리가 저 편에서 든다고 비난하기 쉽고, 또 저편도 그만큼 우리를 의심하기 쉽습니다. 교회는 단순히 질서의 편이고, 이것이 없으면 구령을 위해 일할 수가 없습니다. 이것이 바로 우리의 시국관입니다"(「서울교구 연보 (II)」 pp.260-261).

· 1936년에 서울교구의 라리보 주교는 프랑스의 전교본부에 보낸 보고서: "조선 총독부가 수립 25주년을 기념할 때 이 25년간 봉사한 몇몇 사람들에게 포상을 하고 명예학위를 수여했습니다. … 우리 천주교회가 잊혀지지 않았을 뿐더러 좋은 평가를 받고, 나라를 위해 유익한 기관들 중의 하나로 인정되었다는 것이 기뻤습니다."

· 라리보 주교의 "1938년도 보고서", 「서울교구 연보 II」, pp.286-287: "성당 입구에 국기 게양대를 세우고 그 앞에서 당국의 지시에 따라 경례선서 등을 하기로 합의가 되었습니다. 또한 국경일과 일정한 날에 평화와 국가의 번영을 위해, 천황의 지향에 따라 공동기도를 드리기로 확정되었습니다. 그뿐 아니라 그날에는 일본 군대와 전쟁의 희생자들을 도와주기 위한 헌금을 하기로 했습니다. 처음에는 이 새로운 조처가 교회 안에 좀 동요를 일으켰습니다만, 점점 그 지시들의 목적을 더 잘 이해하게 되어 전반적으로 잘 지켜지게 되었습니다. 그러나 (총독부와) 가톨릭과의 관계는 처음부터 좋았습니다." 문규현, 위의 책, p.178, 196을 참고.

좋은 사례이다. 라이언 신부는 영국의 식민지가 된 자기의 조국 아일랜드의 역사를 이야기하며 은연중 한국인들에게 민족적 자각심과 배일사상을 불어넣어주었으며, 도슨 신부는 "만약 전쟁에서 일본이 승리하게 되면 동양의 평화는 물론 천주교의 포교도 불가능하며 일본이 패망해야 한국이 일제의 압박으로부터 벗어날 수 있고 동양은 평화를 유지 할 수 있을 것이다"라고 말했다고 한다. 스위니 신부 등 골롬반회 선교사들은 아일랜드 출신 내지는 아일랜드에서 사제 서품을 받았는데, 이 나라는 '조선은 죽지 않았다. 우리 조국 아일랜드처럼 독립할 것'이라는 확신을 가지고 조선의 독립을 위하여 노력하였다.35)

III. 노기남 주교 재임 시기 교회 지도자들의 국가관

일제가 '민족' 말살의 정책을 취하면서 가장 어려울 때 한국인 주교가 한국 교회의 최고 지도자가 된다. 앞선 시기에 민족문제, 이념 문제 등 외국인 교회 지도자들의 국가관과 관련된 문제들이 한민족의 기대와는 다르게 매우 왜곡되어 '민족'이 무시되었다. 한국인 지도자에게는 '민족'을 요구할 수도 있지만, 교회 밖의 사정은 정교일치의 전형을 만들어 냈다.

노기남 주교 재임 시기 교회의 지도자들은 서울교구의 노기남 주교(1942년 1월 12일~1967년 3월 24일), 대전 교구의 라리보 주교(1958년 8월 20일~1965년 4월 3일): 파리외방전교회, 대구교구의 하야사까 주교(1942년 8월 29일~1946년 1월 6일: 일본인), 주재용, 노기남, 최덕홍, 서정길 주교 등이며, 인천, 수원, 원주, 부산, 청주, 마산교구도 1950년대 말, 1960년대 초·중반에 출발한다.

이 시기에 교회 지도자들의 국가관을 결정하는 요소는 역시 민족과 이념 문제이며, 일제하에서는 신사참배, 대동아 공영권 등과 관련되어 민족문제가 해방 후 분단과 6·25, 이승만, 박정희 정권까지는 민족문제에 이념 문제가 중첩되면서 오늘날까지 한

---

35) 백병근, "'조선은 죽지 않았다. 우리 조국 아일랜드처럼 독립할 것'이라고 외쳤던 라이언, 도슨, 스위니 신부", 「교회와 역사」, 제329호, 2002, p.10, pp.30-32.

국 교회뿐 아니라 한국 정치의 과제를 남겨주고 있다. 국가관을 볼 수 있는 주요 1차 자료는 노기남 주교의 『나의 회상록』이다.36)

노기남 신부는 비오 11세의 임명을 받아 1942년 1월 18일 명동대성당에서 서울교구장으로 임명 착좌식을 가졌다.37) 한국인을 위해 할 일이 많음을 느끼면서 취임할 당시는 일제에서도 가장 어려운 시기였다. "1942년 1월 당시 일본 제국주의자들은 소위 아시아 공존 공영권의 기치를 내걸고 아시아 전역에 걸쳐 미국과 서구의 세력을 몰아내고 아시아 공영권을 크게 부르짖으며 태평양전쟁(제2차 세계대전)을 도발 미국에 대해 선전포고를 하고 진주만 폭격을 감행한 직후였다. 국내에 있어서는 전 한국민을 일본 황국신민으로 만들려는 어리석은 야망으로 황국신민화 운동을 감행하였다. 한국 백성의 성을 일본 성으로 바꾸는 창씨 제도를 국법으로 강행하는가 하면 한국인의 언어를 말살하고 일본어 전용을 강제하여 일반 가정, 심지어는 교회 당국에도 일본어의 설교를 강요하였다. 일본 신국이 소위 가미다나라는 위패를 각 가정 상좌에 봉안하라 명했고, 교회 재단에까지 봉안하기를 촉구하였다"(노기남, 239). 또한 "당시 조선 총독부 방침이 이미 사회, 종교 각 단체장을 일본인으로 교체할 것을 내정한 때인 만큼 특히 조선 중앙 교구장을 일본인으로 대치하려는 계획은 거의 확정된 사실이었다"(노기남, 243). "총독부의 계획은 다른 어느 누구보다 우선 중앙이요 한국의 대표적 교구인 서울교구에 우선적으로 일본인 교구장을 앉힐 작정이었는데 교황청으로부터 이미 교구장 대치 임명이 발표되었다. 그것을 저지 방해한다면 종교에 대한 내정 간섭이요 종교 자유를 침해하는 것이 될 것이니, 그들로서는 심히 불쾌한 일이지만 속수무책이었다. 이제 그들은 나의 교구장 취임과 그 후의 나의 교구 행정 처리를 주시하고 자기네 정책, 즉 한국인의 황국신민화 운동에 어떻게 대응하느냐 하는 것을 날카로운 눈으로 감시하려 했다"(노기남, 246).

이러한 상황에서 한국 교회를 책임지게 된 노기남 주교는 보좌신부로서 자신이

---

36) 본문에서 인용되는 노기남 주교의 『나의 회상록』은 1969년 가톨릭출판사 판의 쪽수를 표시한다.
37) 오기선(요셉) 신부는 교구장 비서 시절인 1941년 12월 25일에는 라리보 주교의 명을 받아 주일본 교황사절인 마렐라(Marella)대주교를 만나 '한국 교회에는 한국인 주교가 임명되어야 한다'는 당위성을 역설, 고 노기남 대주교의 서울교구장 임명에 일조를 하기도 하였다. 문규현, "민족과 함께 쓰는 한국 천주교회사 II", 빛두레, 1997, p.277.

한일합방 이후 한국 가톨릭 지도자들의 국가관 연구

모셨던 프랑스 출신의 뮈텔 주교나 라리보 주교의 사목 방침에서 벗어날 수 없었던 것은 물론, 더욱 적극적으로 일제에 협조하지 않을 수도 없었다. 교회를 위한 일제에 대한 순응, 굴종에는 '민족'은 개인적인 감정일 뿐, 밖으로는 표출되기 힘든 가치였다. 회상록 곳곳에는 한국인으로서의 감정과 일제에 대한 반감이 배어 있지만 실제의 사목은 완벽한 정교일치, 일제에 대한 복종이었다. 일제는 노기남 주교에게 '한국 천주교 신자들의 황국신민화를 철저히 실천해줄 것과 중대 비상시국에 있어 대일본 제국의 제반 정책에 적극 협조를 강조'했고(노기남, 249, 251), 이것은 곧 한국 교회 지도자들과 신자들의 국가관이 되어 버렸다.

신사참배는 이미 전임자인 뮈텔 주교와 라리보 주교 재임 시기에 교황청, 일본 천주교회, 일본 문부성을 통해 해결되어 한국 교회의 국가적 의식이었다. 따라서 노기남 주교로서도 전임자들을 따라야 했고, 이것의 보장에 대한 확신이 일제가 노기남 주교의 착좌를 묵인한 조건이었을 것이다. 하지만 교황청의 입장을 다시 한번 확인하는 작업을 한다.38) 이러한 확인 후 노기남 주교는 "어느 지방에 가든지 먼저

38) "나는 부득이 몇 차례 참배를 하여 왔지만, 신앙상으로나 교리상으로나 묵과될 수 없는 중대한 일로 생각하였다. 로마의 지시를 받기 위하여 동경 주재 교황사절을 통해 로마로 상신을 하였으나 즉시 회답이 오지 않았다. 나는 직접 일본 동경 주재 교황사절을 예방함과 동시 이 문제에 대한 확실한 지시를 받고 또 한편 일본의 천주교회 당국자들은 이 문제를 어떻게 다루는가 알아보고자 1942년 3월 29일 서울을 떠나 동경으로 향하였다. 교황사절도 이미 일본 국내 주교들의 요청에 의해 정식으로 교황청에 보고했다고 하며 머지않아 지시 회답이 있을 것이니 조금만 기다리라는 것이었다. 동경 도이 대주교는 일본 국내에서는 신사참배를 국민에게 의무적으로 요구하진 않으며 국민 스스로가 자진 참배하고 있고 교회 당국으로서 별로 큰 곤란이 없다는 것이었다. 그러나 국민이 자진 참배하는데 천주교 신자도 참배해도 상관없는 역시 일본 주교단에서도 의문이 생겨 교황사절을 통해 로마로 품신하고 그 회답과 지시를 기다리는 중이라 하였다(노기남, 264).
신사참배는 그 의식으로 보아 종교적인 것으로 볼 수밖에 없다고 교황청은 일본 정부에 대해 항의서를 제출한 모양이었다. 즉 일본 국내 도처에서 시행되는 신사참배는 일종의 종교적 의식으로서 사료되니 천주교 신자들에게 이를 강요하는 것은 신앙의 자유를 침해하는 반민주 정책이니, 일본 영토 내에 있는 천주교 신자들의 종교 자유를 존중하여 신사참배를 강요하지 말 것을 엄숙히 요망한다는 내용의 항의문을 일본 정부에 보냈던 모양이다. 약삭빠른 일본 정부는 문부부 장관 명의로 로마 교황청에 정식으로 사신을 보내어 일본에 있어서의 신사참배는 절대로 종교 의식이 아니며 순전히 일본 역대 천황에 대한 일본 국민의 국민적 예의요 충성심의 표시이므로 신앙 자유에 저촉 없이 행하는 국민의례라고 통고하였다. 이와 같은 일본 정부의 정식 성명을 접수한 교황청은 일본 정부가 신사참배가 종교의식이 아니요 국민의례라고 정식으로 성명한 이상 국가 의식인 신사참배를 해도 무방하다고 일본 주재 교황사절에게 지시했고, 교황사절은 일본과 한국의 모든 주교들에게 교황청 지시를 전달하였다. 이리하여 일본과 한국의 주교들은 일반 신자들

그 지방 신사에 가서 참배하고 경찰서장, 군수 등 그 지방 주요 관리들을 예방한 다음에야 성당을 찾아야 했다. 성당에 가서도 나를 기다리고 있는 수많은 신자들은 국기 게양과 국민의례를 하고 신자들에게 황국신민화 운동에 대한 훈화를 해야만 했다"(노기남, 265-266). 일본 경찰 당국에 대한 유화책으로 일본 주교들을 활용하기도 하고[39](노기남, 283, 289), 마음에 없는 대동아(태평양) 전쟁 필승을 강조하고 황당무계한 황국신민화 운동을 역설(노기남, 285)한다.

그러나 자신의 의지와는 전혀 관계없고 마음에도 없는 황당무계한 내용을 노기남 주교는 일제의 기대 이상으로 과잉 실천한다. 회상록 이외의 자료를 통해서는 교회의 국가에 대한 철두철미한 굴종의 모습과 '민족'의 완벽한 상실을 확인할 수 있다.[40] 이러한 내용을 담는 회상록의 해당 부분 제목은 '노 신부의 황금시대'이다. 교구장과 주교 임명으로 노기남 주교만이 황금시대를 맞았다. 일제의 요구를 거절한다면 종교 자체의 존립을 보장받을 수 없는 최악의 상황에서 그는 분명히 '주저하는 협력자'였으며, 한국 천주교회의 지도자로서 그는 프랑스인 교회 지도자들과 마찬가지로 교회의 존립을 위해 불가피하게 선택한 결정이었다고 설명한다.[41]

드디어 노기남 주교는 '압박과 설움에서 해방된 민족'의 교회 지도자가 된다. 하

에게 순전한 국민의례로 알고 신사참배를 해도 좋다고 지시하였고 나도 필요한 때에 신앙의 아무 가책 없이 참배했고, 신자들에게도 이를 허락하였다(노기남, 265-266)."

39) 안달원, "부산교구 전사의 연구", 「한국 교회사 논문집 II」, 한국교회사연구소, 1985, pp.279-281. 대구교구의 하야사카(이레네오), 광주교구의 와키다(토마스) 주교 등도 포함.
40) 노기남 주교 재임 전후 가톨릭 언론지는 '국가를 위해 충성을 다하자'(「경향잡지」, 1937. 7.), '종교도 국가에 충성을 다할 의무가 있다'(「경향잡지」, 1941. 2.), '국가에 대한 멸사 봉공의 정신을 실행하여야 한다'(「경향잡지」, 1941. 3.), '국가적 규범과 종교적 규범이 서로 배치되지 않다'(「가톨릭 청년」, 1935. 2.), '세계는 각각 자가의 조국을 위하여 총동원한다'(「가톨릭조선」, 1938. 3.)고 하며 일제의 정책에 협력하였다. 김정송, 앞의 논문, p.116. 1939년: 일본 정신 발양 주간, "국민정신 총동원 천주교 경성교구 연맹" 경성교구 각지 교회의 척어봉독, 황군위령 무운장구 또는 상병 군인의 평유를 기원하는 미사성제, 진선 장병 유족 방문 등등 창씨 개명제, 1940년: 1937년부터 1939년까지의 애국 행사 성적표 발표, 황기 2천 6백년의 기원가절 봉축식, 감목교서 발표, 1941년: 천주교우 결전 대회—조선 신궁 참배, 1942년 대동아 전쟁 기구문, 1943년: 징병제 해군 특별지원병제와 학도병 징모 제도, 일제의 징발과 공출과 헌납 강요 협조, 1944~1945년: 특별 지원병 장행미사, 전몰장병 위령제, 조선 지원병 제도 실시 축하회 등의 행사가 교회 지도자들에 의해서 이루어졌다. 문규현, 앞의 책, pp.193-221.
41) 김수태, 「한국인에 의한 천주교의 발전을 바라며」, 노기남, 『주님 당신의 뜻대로 하소서』, 한국교회사연구소, 2003, p.340, 388.

지만 그는 국제정치적인 지식이나 정치사상의 맥락을 전혀 모르고 있었다. 뮈텔 주교가 3·1운동 발발 당일 한국의 독립은 불가능하다고 즉각적인 판단을 한 것과는 대조적이다. 노기남 주교는 준비된 해방을 맞지 않고 주어진 해방을 맞았다. 제2차 세계대전의 전황도, 소련의 정치 이념도 모르는 상태에서 해방을 맞았다. 일제하에서 소개된 사회 교리 문헌에서 공산주의는 철저하게 배격되었다. 공산주의의 원조인 소련군에게 일본을 대신하여 한국 교회의 안녕을 보장받으려는 기대를 했다.42) 하지만 이러한 이념의 혼란은 무지로 인해 우연히 일어난 일만은 아니었다.

해방 이후 퇴임까지 노기남 주교는 교회의 존립을 보장해주고 교회를 보호해주는 국가를 인정하는 국가관, 민주주의에 대한 신뢰와 공산주의에 대한 불신으로 요약할 수 있다. 민주주의에 대한 신뢰는 장면과 더불어 이승만을 지지하면서 미국, 교회 세력의 협조를 통해 남한 정부를 수립하고, 이승만 정권의 주요 정치 행위자의 역할 수행으로 나타났다. 공산주의에 대한 불신은 남한 단독정부 수립 지지, 6·25 반대, 5·16 세력 지지 등으로 표현되었다. 이와 같은 두 축의 진행에서 '민족'은 철저히 배제될 수밖에 없었다. 항일 과정에서 공생했던 한민족의 민주주의와 공산주의는 단독정부 수립과 6·25, 분단 과정에서 상극으로 이어졌고, 교회는 민주주의를 지지했다. 교회를 말살시키려는 공산주의를 교회가 지지할 수는 없었다. 또한 장면의 민주주의와 박정희의 반공주의에서는 민주주의를 포기하고 반공주의를 택했다. 교회의 존립과 보호를 위해 일본 군국주의에 충성한 교회는 군사정권에 다시 충성하게 되었다.

해방 직후의 이념 혼란과는 달리 노기남 주교는 곧 민주주의의 입장을 확고히 한다. 여기에는 일제 때부터 교회 활동과 교육 활동을 함께 해 온 장면이라는 존재가 커다란 역할을 한다. 장면과는 해방 후부터 5·16 직전까지 교회와 정치의 동지로 행동을 같이 한다. 먼저 노기남 주교는 건국 준비 위원회에 기대를 걸었으나 실망을

---

42) 소련군 입성이 사실이라면, 개선장군이 입성하는데 교회로서도 좌시할 수 없다고 생각하고 신자들과 학생, 수녀, 신부들까지도 환영 나가기를 허락하는 한편, 소련 장군이 프랑스 대사관에 투숙한다는 말을 듣고, 프랑스 대사관에 전화를 걸어, 소련 장군을 예방하겠으니 시간을 일러 달라고 부탁하였던 바, 프랑스 대사관에서는 소련군의 입성을 전혀 모르는 사실이라 하며, 좌익 계열의 모략 선전일지도 모르니 조심하라는 주의의 말을 해 주는 것이 아닌가(노기남, 308).

하고,43) 미군과 이승만의 입국을 환영하고 민주주의를 위한 협조를 한다.44) 이승만의 철저하고 대담한 반공정신과 행동(노기남, 322), 미국과 미국 교회의 지원은 노기남 주교와 장면을 충분히 만족시켰을 것이다. "한국 정부가 수립되고 파리, 유엔 총회에 한국 대표를 파견하며 장면 박사를 수석대표로 임명할 때나 장 박사를 초대 주미 대사로 임명할 때나 또 장 박사를 국무총리로 임명 할 때 항상 이 박사는 나를 불러 장 박사 임명에 대해 의견을 묻곤 하였는데, 그때마다 나는 적극 찬의를 표시하고 장 박사의 뒤를 밀었다"(노기남, 333). 이승만 정권과의 공조와 불화에서도 노기남 주교와 장면은 항상 행동을 같이 했다.45) 민주주의에 대한 신뢰를 실천한 내

---

43) 일본이 패망한 이상 한국은 해방되고, 한국이 독립된 이 마당에 건국 준비 위원회가 조직된 것은 당연한 것이다. 나는 건국 준비 위원회의 활동 성과가 빨리 나타나기를 지원하고 기다리며, 또 내 자신이 그 의원들을 방문하여 감사와 격려의 인사를 하기도 했다(노기남, 309).

44) 38도선 이남 지역에 미군이 진주할 때까지 주체적인 행동을 취하지 못하고 기독교 국가인 미국의 군인들이 이남 지역으로 진주하는 것만을 기다리고 있었다. 이는 송진우 등 보수 세력의 행동이나 논리와 일치하는 것이기도 하였다. 이규태, "해방 공간과 한국 천주교회", 「교회와 역사」, 제209호, 한국교회사연구소, 1999. 7., pp.7-8.
· 9월 8일 미군이 진주-미군 서울 입성 환영회를 개최(노기남, 317).
· 9월 12일 반도 호텔에 자리 잡은 미군 중장(나이스터 하지 중장의 정치 고문관) 방문.
· 1945년 10월 말경, 미국에서 이승만 박사가 귀국하고, 11월 24일에는 중경으로부터 김구 주석 이하 임시정부 요인들이 입국했다(노기남, 321).
· 한국의 현실성과 한국인 중 한국의 정치를 맡을 만한 분들을 아시는 대로 말씀해주십시오(노기남, 312).
· 장면 씨와 장시간 구수회의를 통해 제일 먼저 기록된 분은 역시 이승만 박사였고, 그다음 임시정부 요인이다. 작성한 명단을 전하는 동시 혼란한 시국을 속히 진정시켜줄 것과 좌익 계열의 민심 선동과 모략선전에 특별 조치를 취해 달라고 간곡히 부탁하고 돌아왔다.

45) 최종고, "제1공화국과 한국 천주교회", 「한국 교회사 논문집 I」, 한국교회사연구소, 1884, pp. 861-863: 한국 천주교회가 해방 후 정치성을 띠게 된 요인으로, 1.교회나 국가나 이민족에 의한 지배를 통하여 자유, 독립, 평등 등의 사회적 가치관에 관한 강한 관심을 가지고 있었다는 점, 2.이승만 대통령과 노기남 대주교가 반일주의, 반공주의, 친미주의의 노선을 같이 할 수 있었다는 점, 3.장면이라는 가톨릭 평신도와 윤을수, 김철규 등이 정치지향적 성직자가 음으로 양으로 교회 정치를 리드했다는 점, 4.대한민국정부 승인 6·25의 전쟁복구 등 민족적 이슈에 천주교가 국제적 유대성을 통하여 실력을 과시할 수 있었다는 점을 든다. 또한 제1공화국 시절에 교회 내외적으로 받은 장면의 신망은 오히려 제2공화국에서 너무나 급속히 환멸과 실망으로 바뀐 감이 있었으나 적어도 제1공화국 시절에서부터 보여준 장면의 면모는 민주주의와 인권 그리고 가톨릭적 문화주의의 정신에 충만한 정치철학을 가진 정치가였던 것이 드러난다.
한편 허동현, 『건국. 외교. 민주의 선구자 장면』, 분도출판사, 1999, p.40, 62, 66, 82, 103에도 노기남 주교와 장면이 일제하에서의 교육 운동과 종교 운동, 해방 후의 독립, 건국-분단, 이승만 정권하에서 공조했음을 지적하면서 교회와 국가 혹은 교회와 정치의 상호 관계에 대한 한국 천주교회

용이다.

한편 공산주의는 이러한 민주주의에 대한 실천을 강화시켜주었다. "8·15 해방이 되자 유물 공산주의자들은 한국 적화 운동을 공공연히 하며 수단 방법을 가리지 않고 민심을 교란시키며 민족의 분열을 일삼고 있었다. 나는 한국을 완전한 민주국가로 건설하고 적색 마수의 공세를 분쇄해야 되겠다고 생각하고, 일반 신자들에게 순교 정신을 가지고 반공 투쟁에 나서기를 호소했고, 일편 뜻있는 신자 유지들에게는 진정한 민주주의 정당에 가입하여 민주국가 건설에 앞장서기를 격려했다. 그리고 유물주의, 공산주의를 배격 투쟁하는 데 있어서는 우선 한국의 모든 기독교인이 단결하여 일선에 나가야 되겠다고 생각했다"(노기남, 318). "진정한 민주 대한을 이룩하고 참평화와 자유를 이 나라에 가져오기 위해서는 우선 중상과 모략 파괴와 분열을 위해서 방법을 가리지 않는 유물 공산주의 극좌 악질분자들의 선전을 봉쇄하고 국민의 정신을 계몽 선도하는 것이 급선무라고 나는 생각했다. 이를 위해서는 무엇보다도 언론 기관이 필요함을 절실히 느꼈다"(노기남, 327). 공산주의에 대한 대결로 경향신문이 창간된다(노기남, 329).46) 하지만 경향신문의 사시인 시시비비47)는 자유민주주의 인정과 비판, 사회주의 대안의 거부 등 「새로운 사태」의 주요 정신이 깃들어져 있는 것 같다.

"건전한 우익 진영을 적극 지지하는 한편 좌익 공산 계열을 배격하여 온 경향신

의 입장을 개진한다. '교회는 정치 단체나 문화 단체가 아닌 초자연적 신비를 가진 단체이며, 국가도 그 국민의 도덕 생활과 일상생활에 교회의 협력 없이는 완성될 수 없다. 교회와 국가는 구별되는 존재이나, 국가는 교회를 존중해야 한다. 신자들은 국가의 발전을 의해서 교회의 가르침에 따라 자신의 의견을 개진해야 하며 천주교 신자임과 동시에 한국 국민으로서 역사의 주체적 역할을 해야 한다.' 이 밖에도 최기영, 「제1공화국과 한국 천주교회」, "교회와 역사", 제305호, 한국교회사연구소, 2000. 10., p.7을 참고.

46) 경향신문의 창간과 운영에는 양기섭 신부(노기남, 328), 교구장 비서인 김철규(바르나바) 신부도 관여하였고, 김철규 신부는 1950년대 이후에 천주교 신자인 장면 박사의 정치 활동과 관련을 맺기도 하였다. "故 오기선 신부와 김철규 신부", 「교회와 역사」, 제183호, 한국교회사연구소, 1990. 8., p.21.

47) 경향신문의 사시를 시시비비로 정하는 동시에 유물, 무신, 공산주의 사상을 결사 배격할 것도 사시로 정했던 것이다. 좌익 계열의 비행을 비평하고 공격하는 동시에 그들의 바른 말과 정당 행위도 사회의 공기인 신문으로서 보도하지 않을 수 없었다. 그리고 한편 우익 진영의 건전한 사상과 행동을 적극지지 선전하였지만 그들에게 비행이 있다면 역시 건설적 비평과 공격을 가하지 않을 수 없었다(노기남, 330).

문은 한국의 신탁통치 문제가 대두되었을 때도 적극 반탁 노선을 취하여 찬탁 공산 계열의 선전 공세를 분쇄하는 데 선봉에 나섰고 유엔 총회에서 유엔 감시하에 남북한 총선거를 결의했을 때는 이 결의를 적극 지지하였다. 그리고 북한 공산주의자들의 반대로 남북한 자유 총선거가 불가능하게 되어 유엔에서 다시 남한에서만이라도 자유 총선거를 실시하여 자유 대한 정부를 수립하기로 결의했을 때도 역시 경향신문이 유물 공산주의 타도에 앞장서고 동시에 남한에서만이라도 독립정부를 수립하는 데 적극 지지 협조한 행동은 바로 이승만 박사의 정치 노선을 지지하고 협조한 것이 되어 버렸다"(노기남, 332-333).

한편 경향신문과 함께 '가톨릭 운동', 「가톨릭 청년」, 「경향잡지」 등이 반공의 역할을 수행한다. 또한 1948년 2월 중순의 서울교구 노기남 주교의 지시에 의해 가톨릭 운동에 이념 제공을 목적으로 「새로운 사태」와 「사십주년」이 번역된다.[48] 하지만 교회가 친미·반공을 통해 분단을 고착화시키고, 자주 통일국가를 건설하려는 조선 민중의 뜻을 무시하고 배반하였다고 비난을 받을 여지는 있지만, 민족사와 관련시켜 천주교회의 역사를 재평가해 볼 경우에도 당시 교회의 선택, 적어도 교황청이나 사회 교리의 입장과는 일치한다고 평가할 수 있다.[49] 초기 전래기 못지않게 교회를 박해하는 공산주의를 교회가 용인할 수는 없기 때문이다.[50] 반공과 반탁, 단독정부 수립, 분단의 과정에서 교황청이나 미국 교회의 협조는 물론 한국 교회의 외부 환경을 결정한 핵심 요소였다.[51]

6·25는 노기남 주교의 민주주의 지지와 공산주의 반대를 확고히 해주는 계기가

---

48) 박상진, "현대 한국 천주교회와 평신도 운동", 「한국 교회사 논문집 I」, 한국교회사연구소, 1884, p.298.
49) 이규태, "해방 공간과 한국 천주교회", 「교회와 역사」, 제209호, 한국교회사연구소, 1999. 7., p.9의 문제제기의 글 참고.
50) 이규태, 앞의 글과 "초대 평양교구장 및 교황사절 번 주교", 「교회와 역사」, 제270호, 한국교회사연구소, 1997. p.11, pp.13-14 등을 참고. 1945년 9월 2일 소련군에 의한 연길교구 챌너 수사의 총살, 1946년 5월 브레허 주교를 비롯한 독일인 신부 19명, 수사 17명, 수녀 2명, 이탈리아인 수녀 1명의 체포, 감금, 1947년 6월부터 덕원 면속구장 사우어 주교의 수난, 1949년 5월 평양교구장 홍용호(프란치스코) 주교의 불법 납치 등은 교회가 '민족'을 위해 이념을 받아들일 수는 없는 사례이다.
51) 뉴욕의 스펠만 대주교(노기남, 310, 311)의 협조와 회사, 메리놀 외방 전교회 소속의 번(P. J Byrne 방) 신부(노기남, 344).

되었다. 신자들은 교회가 가르치는 대로 6·25사변을 반그리스도를 대항하는 전쟁으로 받아들여, 멸공 구국의 십자군으로서 반공 전선에 투신하며 활동하였다. 당시 교회의 언론에 비친 "무신론적 공산주의가 있는 한 세계 평화 수립은 불가능함", "멸공에 걸기 청년한도여 군문으로 나가라", "문화인의 반격 태세" 등의 격려, 촉구문에서 신도들의 반공 태세의 면모를 읽을 수 있다.52)

6·25 당시의 한국 교회 지도자들은 주어진 상황을 거의 전적으로 반공주의의 견지에서 접근하였으며 전쟁의 책임은 전적으로 소련과 공산 세력의 팽창주의적 '음모'로 전가되었다. 한국 교회의 전쟁관이 '정의로운 전쟁'을 넘어 대단히 공격적인 '십자군=성전' 쪽으로 기울어져 있었음은 분명하다.53) 외유 중이던 노기남 주교는 외교관 이상의 외교 활동으로 장면 대사, 교황청의 지지와 협조로 연합군은 파견된다(노기남, 364, 365-366, 369).

6·25 이후 이승만의 독재 경향에 대한 저항은 민주주의의 신념과 장면에 대한 지지였다. 정치 주교로 몰리고, 경향신문이 폐간되었어도 이승만 정권에 의한 국가를 인정하지 않았다. 4·19는 교회의 승리였고, 올바른 국가관을 실현할 수 있는 계기였다. 공산주의라는 이념 문제를 넘어 '민족'을 살릴 수 있는 시기였다. '민족'이 민주주의와 공산주의와 함께 공존할 수 있는 욕구가 분출되었다.

군사 쿠데타 정권을 누구보다 앞서 교회는 승인한다. "나의 회상록"에는 경향신문 폐간 내용 이외에 이 부분에 대한 기록이 없다. 회고하고 싶지 않아서는 아니라고 판단된다. 왜냐하면 1970년대에도 정치, 국가와 교회에 대한 입장은 계속 표명되었기 때문이다. 하지만 다른 자료를 통해 노기남 주교의 입장과 행동을 확인할 수 있다.54)

---

52) 박상진, "현대 한국 천주교회와 평신도 운동", 「한국 교회사 논문집 I」, 한국교회사연구소, 1884, p.301.
53) 강인철, "한국전쟁과 한국 천주교회", 「교회와 역사」, 제299호, 한국교회사연구소, 2000. 4., p.2.
54) 문규현, 『한국 천주교회사 II』, pp.283-288. 여기서는 경향잡지 1961년 12월호, 노기남 주교의 1962년 연두사(경향잡지 1962년 1월호)가 논거로 인용되고 있다. 한편 군사정권에 대한 협조를 평가 내용: '군사 정권의 등장 이후 노기남 대주교가 보여준 행동은 한국 천주교회가 걸어가야 할 큰 흐름과 맞지 않는 것이기에, 그를 기억하는 사람들에게 많은 아쉬움을 주었다. 이미 역사성을 잃은 것이었기 때문이다. 이 점에서 그것은 한국 천주교회사의 또 다른 상처로 남는다고 하겠다.' 김수태, 앞의 글, pp.346-347을 참고. 한편 5·16 군사혁명 이후 주한 교황사절이 최초로 박정희 군사 정권을 승인했다는 설, 혁명 후 박정희의 사상 성향을 의심하여 군사 정부의 승인을 주저했던 미국 정부에

5·16 군사정권에 대한 지지와 협조는 일제 군국주의에 대한 협조의 연장선상에서 이해된다. 교회의 존립을 위해서는 공산주의 정권 이외에는 어떤 정권도 받아들일 수 있다. 일제 군국주의나 박정희 군사정권 모두 반공으로 '민족'을 제압한 파시즘 정권이다. '민족'보다는 교회가, 이념보다는 교회가 중요하다. 5·16 직후 이러한 국가관은 민주주의의 포기이며, '민족'의 상실이었다. 교회의 존립을 위해 너무나도 신속하게 과잉 반응을 한 것은 아닐까? 오히려 관망하면서 침묵할 수는 없었을까?

IV. 교회 지도자들과 사회 교리의 국가관 비교

「새로운 사태」(Rerum Novarum: RN, 1891년: 레오 13세), 「사십주년」(Quadragesimo Anno: QA, 1931년: 비오 11세), 「하느님이신 구세주」(무신론적 공산주의 Divini Redemptoris, 1937년: 비오 11세), 「어머니요 스승」(Mater et Magistra, 1961년: 요한 23세), 「지상의 평화」(Pacem in Terris: PT, 1963년: 요한 23세), 공의회 문헌인 「사목헌장」(Gaudium et spes: GS, 1965), 「민족들의 발전」(Populorum Progressio: PP, 1967: 바오로 6세) 등 사회 교리 문헌에서 공산주의는 분명히 배척의 대상이다. 그러나 식민지·식민주의, 민족·민족주의에 대해서는 이 두 가치를 병존시키고 있다.

따라서 한국 교회 지도자들의 국가관과 그 실천에서도 공산주의에 대한 배척은 비난의 대상이 될 수 없다. 그러나 공산주의가 민족문제와 결부될 경우 교회의 행동에 대한 아쉬움이 남을 수 있다. 특히 일제 때 프랑스 선교사들에게는 관심 밖인 '민족'을 요구하고 기대하는 것은 무리인지도 모른다. 또한 해방 후 6·25를 거치는 동안 우리가 남북으로 분열되지 않은 상황을 만들 수 있었다면 외국인 선교사들의 활동은 더욱 활발했을 것이고, 피해도 없었을 것이다. 실제로 2000년 12월 3일 대림 첫 주일 한국 천주교 주교회의의 "쇄신과 화해"는 일제의 식민 통치하에서 교회가 정교분리를 이유로 민족 독립운동에 부정적 역할을, 분단 상황의 극복과 민족의 화해와 일치를 위한 노력에 소극적 역할을 한 것에 대한 반성이다. 하지만 이러한

대해 메리놀회 Booth 신부의 중재로 케네디 정부가 박정희 군사 정권을 승인하게 했다는 설이 있다. 홍순호, "재한선교사의 사회 활동", 「교회와 역사」, 제179호, 한국교회사연구소, 1990. 4., p.12.

반성 후에, 교회는 과연 어떻게 쇄신되고 민족과 화해할 수 있을까? 공산주의와 민족주의가 구체적인 상황에서 복합적으로 나타날 경우55) 교회는 민족주의에 우선 가치를 두기는 힘들 것이다. 교회와 공존할 수 있는 완화된 공산주의만이 교회와 화해와 일치를 이룰 수 있고, 이럴 때 비로소 민족은 이념을 넘어 하나가 될 수 있을 것이다.56)

---

55) 문규현, 『민족과 함께 쓰는 한국 천주교회사 II』, pp.83-84을 참고: "비오 11세의 뒤를 이어 1942년부터 교황에 재위하기 시작했던 비오 12세는 전투적 반공주의자였습니다. 비오 12세는 교회의 무신론에 대한 전통적 단죄와 비오 11세의 치열한 반공정신을 계승했습니다. 그의 재위 기간은 가톨릭교회사에서 가장 강력한 반공주의의 시대이기도 했습니다. 히틀러 치하에서 교황대사로 있었을 당시 나치의 잔학성에 대한 그의 침묵은 두고두고 말이 되어 왔는데, 그 침묵의 배경에는 히틀러의 국가 사회주의가 반공을 표방했다는 점도 고려되었을 것입니다. 그는 1942년 성탄 메시지에서 '교회는 항상 종교적 동기에서 출발하여 마르크스주의적 사회주의의 여러 체제들을 단죄했고 오늘날도 단죄한다'고 했습니다. 또 1943년 6월 13일 이탈리아 노동자들에게 행한 연설을 통해서는 사회주의자들을 '거짓 스승'이라 부르며 그들의 '기만적 유혹들과 선동에 착각을 일으키지 말라'고 경고했습니다. 1947년부터 미국에서 성장하기 시작한 파티마의 푸른 군대에도 강복했습니다. 붉은 군대에 대항하는 의미에서 푸른 군대라 붙여진 이 운동의 목적은 소련을 회개시키고 세계 평화를 이루겠다는 것이었습니다. 이 푸른 군대에 강복함으로써 교황은 성모신심과 반공주의를 하나로 결합시켰습니다."
56) 문규현, 『민족과 함께 쓰는 한국 천주교회사 II』, pp.46-47을 참고: "독일 교회는 1947년 슈투트가르트 선언을 발표했습니다. 이 선언은 '비록 나치의 강압에 의해서라도 독일의 크리스천들이 나치의 침략에 동원되어서 주변의 여러 형제들에게 고통을 준 것에 대해서 겸허하게 사과하고 용서를 청한다'는 내용을 담고 있었습니다. 반나치 운동의 중요한 구실을 적지 않게 차지했었음에도 불구하고 교회의 또 다른 구성원들이 범한 죄악도 공동체의 책임으로 떠안으며 용서를 청한 것이었습니다. 그에 비하면 조선 교회의 모습은 항일운동에서도, 회개의 용기에서도 참으로 허약하기 짝이 없었습니다."

근·현대 100년의 한국 사회와 가톨릭 사회 교리 수용사
― 해방과 정부 수립 과정(1945~1960) ―

김어상
(서강대학교 교수·경제학)

I. 서론
II. 본론
  1. 경향신문
  2. 경향잡지
  3. 가톨릭 청년
III. 결론

I. 서론

  이 글은 3년에 걸친 연구의 제2차년도 부분으로 해방과 군정, 대한민국 정부 수립과 6·25전쟁, 제2공화국까지 건국 소용돌이 기간에 해당한다.

  시간으로는 불과 15년에 불과한 기간이었지만 엄청난 변화의 시기였다.

  첫째, 일제 강점기 민족문화 말살 정책으로 왜곡 변질된 문화 풍토를 바로 잡기 위해 가톨릭교회는 교육 장려와 출판물 보급 독려를 통해 문화 차원에서의 투신을 확인할 수 있다.

  둘째, 독립국가로 발돋움하고 있던 과정에서 민주국가 건설의 첫걸음으로 국민들의 적극적인 투표 참여를 독려함으로써 정치 차원에서 활약하였고, 이와 함께 무신론적 공산주의에 대한 일반의 경각심을 고취하고 있다.

셋째, 산업 부흥과 생산 장려를 적극 권장함으로써 경제 차원에서 역시 교회는 분투하고 있다. 생산 확대와 그와 관련된 사유재산제도의 문제, 공평한 분배와 노동자・서민 대중의 참여 문제, 적정 임금과 단결권 등 보편 교회의 일관된 가르침을 널리 보급하고 있으며 프랑스 노동 사제들의 활약상에 대해서도 업적과 함께 소개하고 있다.

마지막으로 이 모든 사회문제의 해결책으로 그리고 사회 변혁의 원천으로 가톨릭 교회는 가정의 역할을 태교, 가정교육 등 구체적으로 나누어 강조하고 있다.

우선 가톨릭교회는 한국 사회의 사상적 정신적 혼란을 바로잡고 해방과 독립을 현실화하기 위해 일제 시대 폐간되었던 「경향신문」과 「경향잡지」를 속간하여 출판・문화 운동에 노력을 기울인다. 그리고 올바른 인생관・세계관의 기본 바탕으로 보편 교회의 사회 교리를 그릇된 사회 풍조의 시정을 위해 위의 출판 매체를 통해 한국 사회에 소개하고 보급하고 있다.

제2차년도 부분인 1945~1960년 기간에 한국 사회와 교회의 사회 교리의 관계는 구체적으로 경향신문, 경향잡지, 가톨릭 청년을 일차적 자료로 삼아 분석 정리한다.

II. 본론

1. 경향신문

한국 가톨릭교회는 복음 전파 이래 수난의 과정으로 이어졌다 할 수 있다. 박해와 순교의 시기, 일본의 강점기의 역경을 지나 1945년에 비로서 민족 해방과 함께 독립된 교회로 자주적 시대를 맞게 되었다. 그러나 완전한 의미의 자율과 자주의 환경은 훨씬 뒤에 갖추어진다. 해방과 함께 미 군정 3년, 뒤 이은 정부 수립 그리고 6・25의 민족상잔의 역사적 사건들은 연이은 시련의 과정이었기 때문이다.

그럼에도 4・19 혁명에 의해 독재 정권이 해체되고 일시적 민주 회복의 시기를 맞기까지 가톨릭교회는 보편 교회가 보급 전파하고 있는 사회 교리의 내용을 바탕으로 한국 사회에 직접적 영향을 끼치는 한편 가톨릭의 전래 이후 축적해 온 수난 극복의 교훈을 밑거름으로 민족의식의 내실화와 자신감을 고취하던 시기이었기도 하다.

이 시기에 가톨릭교회가 이룩한 공적들 가운데 가장 대표적 사례로는 「경향신문」[1]의 발행을 첫 손에 꼽을 수 있다. 해방 후 한국의 사상적 혼란 속에서 가톨릭 사회 교리에 입각한 가르침을 분명하게 제시하기 위해 창간한 언론이었기 때문이다.

노기남 대주교는 「경향신문」 창간 전후의 사정을 다음과 같이 적고 있다. "이러한 현실에 진정한 민족 대한을 이룩하고 참평화와 자유를 이 나라에 가져오기 위해서는 우선 중상과 모략, 파괴와 분열을 위해서는 방법을 가리지 않는 유물 공산주의자들의 선전을 봉쇄하고 국민의 정신을 계몽 선도하는 것이 급선무라고 생각했다. 이를 위해서는 무엇보다도 언론기관이 필요함을 절실히 느꼈다."[2]

그런데 바로 이 무렵 소공동에 있는 조선 정판사를 가톨릭교회에서 인수하지 않겠느냐는 교섭이 들어와 사무적인 절차를 양기섭 신부가 맡아 인수하게 되고, 1946년 10월 6일자로 「경향신문」 창간호를 발행하게 되었다. 노기남 대주교의 소감은 다음과 같다. "경향신문이 발간되자 일반의 평은 좋았다. 왜냐하면 경향신문이 가톨릭교회에서 발행하는 신문이기에 다른 신문들보다 더 신용할 만한 신문이라는 평이었다. 이와 함께 좌익 적색분자들이 파괴와 분열로 민심을 현혹할 때 가톨릭교회에서 신문을 발행하게 되니 우익 계열에서 적극 지지했던 것도 사실이다."[3]

「경향신문」은 좌익만을 비판한 것이 아니라 신문의 사시가 "시시비비"였던 것처럼 우익 역시 잘못이 있을 경우 건설적 비판과 함께 가차 없는 질타를 가하였다. 그 결과 좌익은 좌익대로, 우익은 우익대로 경향신문을 반박하고 비우호적 관계를 유지하게 되었다. 그러나 「경향신문」은 근본적으로 우익의 입장을 대변하였다. 예를 들면 "반탁 노선"이나 UN의 감시하의 남북한 총선거 실시를 적극 지지했던 것을 들 수 있다.

---

1) 조광, 경향신문의 창간 경위와 그 의의—경향신문(영인본) 해제, p.4, 1974.
2) 노기남, 『나의 회상록』, 가톨릭출판사, p.327, 서울, 1969.
3) 노기남, 앞의 책, p.330.

그러나 「경향신문」은 뒤로 갈수록 우익 정권인 제1공화국에서 경계 대상으로 부상하게 된다. 6·25동란으로 인한 정부의 부산 피란 시절 정국은 혼란해지기 시작했다. 당시 대통령 선거는 직선제가 아니었고, 제2대 대통령 선거를 앞두고 있었다. 이러한 난국에서 이승만 정권은 민심을 수습하기보다는 다가온 대통령 선거에서 재선을 목적으로 자유당을 조직 세력 확장에만 전력을 기울이고 있었다. 이 대통령은 헌법 개정안을 국회에 제출하여 이른바 "발췌 개헌"이라는 정치파동을 일으켜 목적을 관철하게 된다. 가톨릭 신자인 장면 박사가 총리직에서 물러났고, 「경향신문」의 논조는 이 박사의 독재를 우려·규탄의 내용을 담고 있었기 때문이다.

「경향신문」과 '이 대통령'의 불편한 관계에 대해 노 대주교는 다음과 같이 회고하고 있다.

"경향신문의 논조가 이승만 대통령의 독재를 비판하거나, 행정부의 비행을 공격할 때마다 이 박사는 나를 불러 「경향신문」에 대한 책임을 추궁하였다. … 그러나 나는 무조건 "지당한 말씀입니다"라고는 할 수 없었다. 「경향신문」의 노선을 옹호하는 한편 주교로서는 직접 편집에 간섭할 수 없음을 솔직하게 말하였다. … 그 후로는 「경향신문」에 대한 정부 당국의 감시와 경계가 갈수록 심해졌다. 조금이라도 정부에 대한 비판 기사가 실리면 담당기자와 부서 책임자를 불러가기 일쑤였는데, 결국 4·19혁명 1년 전 무기 정간 처분을 당하고 말았다."4)

「경향신문」은 당시 서울의 4대 신문인 동아, 경향, 조선, 한국일보의 주요 신문 가운데 가장 앞장서서 정부와 여당에 대하여 비판의 논조를 견지하고 있었다. 한 조사 통계에 의하면 「경향신문」의 경우 91개의 사설 가운데 62개(68.1%)가 정부에 대한 반대 내용이었으며, 28개(30.8%)가 희망·기대의 내용으로 중립적 입장이었고, 단 1건만이 정부 정책에 대한 찬의의 사설이었다.5) 이처럼 비판적 입장을 대변하고 있던 「경향신문」의 논조는 오랜 역사와 전통을 자랑하는 「동아일보」에 다음가는 발

---

4) 노기남, 앞의 책, p.337.
5) 최준, "해바라기 신문론", 「신동아」, 1959년 9월호 인용 자료.

행 부수 20만 부를 기록할 수 있게 하는 원인이었다.6)

「경향신문」이 1959년 2월 4일자 "여적"란의 기사가 문제되어 4월 30일 폐간 결정에 이르기까지의 약 3개월의 걸친 과정은 다음과 같은 네 단계로 나누어 볼 수가 있다.

제1단계는(1959년 2월 5일~1959년 2월 28일) "여적" 필자 주 요한을 입건하고 형법 90조의 반란·선동죄의 혐의로 구속하려 하였으나 검찰 측의 이러한 시도는 서울 지방법원의 영장 발부 거부로 기각된다. 제2단계는(3월 1일~3월 15일) 전성천 공보 실장과「경향신문」을 경영하는 가톨릭 유지 재단을 대표하는 김철규 신부 간의 세 차례에 걸친 협상을 중심으로 전개되었다. 제3단계는(3월 16일~4월 27일) 구체적 결정이 이루어지지 못했던 시기로 제2단계에서 전실장과 김 신부 간의 이루어졌던 협상이 실질적으로 백지화된 "무결정"의 상태로 규정될 수 있다. 제4단계는(4월 28일~4월 30일) 폐간이 결정되고 집행된 마지막 단계이다.7)

당시 김병로 대법원장은「경향신문」폐간의 위법성에 대하 다음과 같이 밝히고 있다.

"…「경향신문」은 창간 후 10여 성상을 국민의 소리를 높여 국민의 총의를 내외에 선양함으로써 안으로는 국민의 권리를 수호하고, 밖으로는 국가의 위신을 양양하여 그 공훈이 크다 함은 국민 모두가 주지하는 사실로 국민의 신뢰를 받아왔다. … 여러 가지 폐간 처분 이유를 자세히 검토해 볼 때 신문에 극형인 폐간 처분을 하기에 정당한 것으로 인정할 수 없다. 만일 여론도 소용없고, 민의도 소용없이 독선적 행동만이 능사라 생각한다면 별문제이지만, 그렇지 아니하면 이러한 처분은 하루 바삐 취소하는 것이 적절한 조치라고 믿는 바이다."8)

「경향신문」은 국민적 성원을 받았으면서도 안타깝게 폐간 처분을 당하였다가,

---

6) 한배호,「경향신문 폐간 결정에 대한 연구」, 1950년대의 인식, 한길사, 서울, 1981, p.139.
7) 한배호., 앞의 논문, p.140.
8) 김병로, "경향신문 폐간의 위법성",「동아일보」, 1959년 5월 2일.

4·19 직후 다시 복간된다. 노기남 대주교는 당시의 상황을 다음과 같이 기술하고 있다.

> "경향신문이 1년 동안이나 정간되고 있었으나 사장과 각 부서 책임자 그리고 대부분의 사원들이 신문사를 고수하고 있었다. … 4·19혁명이 일어나고 4월 26일 이승만 대통령의 하야 성명이 발표되자 서울 시가에는 대학생들이 교통정리와 질서 유지를 담당하고 있었다. … 호외를 인쇄하도록 결정하고 신문사기를 달고 그 차로 시청 앞을 나섰다. 교통정리를 하여 일반 차량을 검문하던 대학생들은 우리 차에 달린 기를 보더니 '경향신문 만세!' 하고 힘차게 외치며 인파를 헤치면서 내가 탄 차를 보호 통과시켜주는 것이 아닌가? … 차를 달려 중앙청 앞을 지나 궁정동에 있는 교황 사절관으로 가는 도중 도로연변의 수많은 군중도 '경향 신문 만세!'를 부르면서 손을 흔들어 축하의 뜻을 나타내주는 것이었다."9)

「경향신문」의 위상에 대해 노기남 대주교는 "오늘날 한국에서 천주교회가 이만큼 널리 알려지게 된 것은 「경향신문」의 힘이 지대하였다고 나는 확신한다"10)라고 술회하고 있다. 이처럼 「경향신문」은 일간지로 한국 사회에 직접적으로 지대한 영향을 끼치고 있다.

가톨릭교회는 보편 교회의 사회적 가르침을 언론 출판 매체를 통해 한국 사회에 보급 전파하고 있다. 그리고 해방 후 건국 과정에서 가톨릭교회는 국가의 사상적 사회적 혼란을 바로잡는 근간으로 사회 교리를 선택하였는데, 결과적으로 현명한 판단이요 훌륭한 성과를 거두고 있음이 지금까지의 「경향신문」에 대한 고찰에서 잘 드러나고 있다.

이와 함께 "가톨릭 액션" 운동들을 통해 이념적 문제로 제기된 계급투쟁의 노동자 문제에 올바른 해답을 제시하고 참된 인생관과 세계관을 고쳐시키고 있다. 예를 들면 1948년 3월 경향신문사에서는 "사회질서의 대헌장, 부, 조선 사회의 재건 노

---

9) 노기남, 앞의 책, p.339.
10) 노기남, 앞의 책, p.332.

선"(이해남 편, 236pages)이라는 책을 출판 보급하고 있는데, 여기에서 이해남은 레오 13세의 「새로운 사태」 회칙과 비오 11세의 「사십주년」 회칙을 자세히 소개하고 혼란한 사회의 재건 노선으로 사회문제, 경제 질서 재건, 직분 의식, 공동선과 인권, 민주 정치, 인류 사회의 규범들을 설명하고 있다.

그 밖에도 가톨릭 지성인과 사상가들의 저서들을 번역 출판하여 한국 사회와 문화에 적지 않은 영향을 주고 있는, 예를 들면, 마리땡(J. Maritain)의 『종교와 문화』(박갑성 역, 1955년), 『자연법과 인권』(김창수 역, 1958년), 오경웅(John C.H.Wu)의 『정의의 원천』(서돈각, 1958년) 등이 있다.

가톨릭교회가 한국 사회문제에 직접 개입하고 참여한 이유로는 여러 가지가 있겠으나, 이 논문에서 관심을 갖고 있는 가톨릭의 사회 교리가 그 직접원인 임에는 이의가 없다. 교회나 국가가 다함께 해방 후 건국 과정에서 자유, 평등에 대한 기본 가치에 관심을 가지고 있었고, 반공 민주 이념에 대해 합의하고 있었으며, 대한민국 정부 수립 과정에서 국제 사회의 승인을 획득하거나, 6·25의 전후 복구 과정에서 가톨릭교회가 보여준 국제적 연대성은 절대적이었음이 입증되었다. 결과적으로 한국 사회는 전폭적으로 가톨릭교회의 실력을 인정하고 지지하고 있다.

동시에 교회와 국가의 관계가 정교분리인가 정교 밀착인가라는 윤리신학의 문제를 야기하고 있기도 하다. 그러나 일부에서는 정치 주교라고 지칭하기도 한 노기남 대주교는 분명하게 선을 긋고 있다. 장면 같은 평신도에 대해서는 정치에 적극 투신을 권장하였지만, 윤을수, 김철규 같은 성직자에게는 만류하고 있었다. 이 같은 노 대주교의 소신은 사회 교리의 내용이 그 바탕이었다.

2. 경향잡지

경향잡지의 발간과 역사적 변화를 정리하면 다음과 같다. 해방 전 해에는 격월간이었으며, 1945년 7월~1946년 7월의 기간은 용지 난으로 휴간되었고, 1950년 7월~1953년 6월까지는 전쟁으로 휴간되었다. 따라서 1950년 6월 제1023호에서 1953년 7월

제1024호로 이어진다. 마지막으로 1959년 7월 1일(제1096호) 경향잡지의 발행권은 서울교구에서 주교회의로 이관된다.

경향잡지 기사 내용은 사회 교리의 영역으로 다음과 같이 분류되어 검토한다. 즉 사회 교리 일반, 교육 출판 등 문화 분야, 건국과 선거 참여 등 정치 분야, 노동자 보호, 생산 장려 경제 질서 등 경제 분야 그리고 마지막으로 가정의 중요성 등으로 나누어 요약 정리한다.

1) 사회 교리 일반

국토는 남북으로 나누어져 있고 국민의 사상은 좌우로 분열되어 있는 상황에서 우리나라의 정치, 경제, 민생은 총체적으로 극도의 혼란에 처해 있다. 공산군에 의해 점령된 만주 등지의 소식은 하루가 다르게 악화되어 있는데도 이를 남의 일로 외면하고 있어서는 안 된다. 이 같은 사태를 관망만 해서는 안 되며 나라의 독립과 사상의 안정과 종교의 평화를 위해 주교회의는 천주님의 가호를 청하기로 결정하였다. 이에 민족의 환란을 막기 위해 자발적으로 통회, 보속, 희생, 극기 운동을 적극적으로 벌일 것을 권장한다는 "남조선 모든 감목의 연합 보고서"가 모든 교우들에게 발표된다.[11]

경향잡지는 제996호 회보 끝에 「사회질서 재건」이라는 책이 새로 발간되었다는 소식을 교황들 가운데 사회문제에 특별한 권위를 가지신 레오 13세와 비오 11세께서 가톨릭 가르침을 밝히신 회칙들이 구미 각국에 큰 반향을 일으키고 있다는 사실과 함께 소개하였다. 그리고 여러 가지로 어려운 가운데서도 지금처럼 사회 혼란이 극심한 시기에 출판 보급하는 것이 교회의 책임이라 믿어 발행하였다. 그런데 이 책을 출판하고 경향잡지는 놀랐다. 첫째는 시내 일반 유명 서점들에서 주문이 쇄도하여 불과 며칠 사이에 2,500부가 팔려 나가고 남은 것은 500부에 불과하다는 사실이었다. 이처럼 좋은 호응은 이 책의 좋은 제본과 함께 훌륭한 내용이 오늘 우리 사회 실정에 부합하고 있다는 증거이기 때문이다.

---

11) 「경향잡지」, 1948년 3월 (제 996호), pp.34-35.

일반인들의 관심은 가톨릭교회가 세계 종교로서 공산주의와 자본주의를 다 함께 비판하고 있는데, 그렇다면 가톨릭의 입장은 어떤 것인지 특히 지성인들의 궁금증이었다고 짐작된다. 즉 가톨릭 노선에 대한 일반인들의 높은 이해와 호응에 「경향잡지」는 놀랐고 놀라면서 동시에 기쁘고 보람을 느꼈다고 고백한다.

그런데 더욱 놀라운 사실은 이 책의 출판 사실이 알려진 후 교회의 반응은 오히려 잠잠하다는 것이다. 단지 26부만이 소화되었을 뿐이다. 경향잡지 담당자들은 정말 놀랐다. 그리고 격분할 뿐이라고 술회하고 있다.

지금 국내외적으로 격심한 사상적 소용돌이에 휩싸여 있는데 회보를 통해 소식을 알렸음에도 지금의 실상을 알아보지 못하고 가톨릭 신자로서의 책임의 막중함을 깨닫지 못하고 있다는 것에 놀랄 뿐이며, 교회의 지도급 인사나 평신도 다 함께 이 같은 형편임에 놀랐다고 말하고 있다.

교황 비오 12세께서는 "우리는 지금 생각할 때도 아니요 계획할 때도 아니다. 오직 행동할 때다"라고 전 세계 가톨릭 신자들에게 실천을 촉구하고 계신다.

그런데도 우리 교회는 '행동'은 그만두고 '계획'도 하고 있지 않은 것 같다. 아마 '생각'조차 하고 있지 않은 것 같다. 그저 대부분 '한가한 구경꾼'들뿐인 것 같다. 말만 하면 책임을 다하는 것으로 착각하고 있는 '공허한 이론가'들뿐이다. 이러한 지도자의 지휘를 받는 대중이 불쌍하기 그지없다는 사실에 정말 놀랐다. 모든 지도자들의 맹성이 절실하다고 절규하고 있다.12)

이어서 "교황 레오 13세와 비오 11세의 사회문제에 대한 희칙을 번역하여 「사회질서 대헌장」이란 이름으로 총 3000부를 발행하였던 바, 사회 각 층의 좋은 반향을 일으키면서 지난 4월 중순 드디어 절판되었다"라는 후속 기사가 실려 있다.13)

자본주의, 사회주의, 공산주의에 대한 가톨릭교회의 입장을 간추린 내용으로 사회문제 전반에 대한 교회의 가르침과 원리를 정리한, 즉 48년 발행된 「사회질서 대헌장」의 핵심 요약 편으로 「가톨릭 사회관」이 최석호 신부의 저술로 발간된다.14)

---

12) "사설 우리는 정말 놀랐다!", 「경향잡지」, 1948년 4월(제 997호), pp.49-53.
13) "사회질서 대헌장" 절판, 「경향잡지」, 1948년 5월(제 998호), p.77.
14) 「경향잡지」, 1949년 2월(제1007호), p.26.

6·25전쟁이 일어나기 바로 전 경향잡지는 대한민국 국민과 가톨릭 신자들 모두에게 보편 교회가 가르치고 있는 사회질서와 사회문제에 대한 기본 원칙을 천명하고 있다. 대한 천주교 주교 일동은 "사회질서 재건에 대하여 교도와 동포에게 고함"15)에서 ㉮종교를 아편이라고 악의적 선전을 하는 사람들도 있지만 교회는 복음에서 부자와 낙타 바늘귀에 대한 비유를 통해 가르치고 있다. 그리고 여기서 교회의 사회문제에 대한 권위를 밝히고 있다. ㉯불안한 현실의 진정한 구제책은 이념적 거짓 약속이 아니라 진리, 도덕, 사랑임을 천명하고 있다. ㉰가족은 모든 사회 조직의 기준으로 도의의 기본 바탕 역시 가정이므로 가족 질서의 확립은 모든 문제의 참된 해결책이다. ㉱인간의 절대적 존엄성은 하느님의 모상대로 지음을 받았다는 데서 비롯한다. 따라서 자연적 초자연적 생명에 대한 입체적 교육이 절실하다. ㉲재산의 소유권과 사용권은 자연 질서에 바탕을 둔 경제의 기본 조정 원리이다. ㉳사회 정의의 법칙과 노동자, 자본가의 상호 의존성을 고려한 부의 공정한 분배 원리는 사회 경제 질서의 근간이다. ㉴농업의 중요성을 강조하고 농촌 문제의 해결과 생산성 향상을 위한 수단으로 협동 조직의 결성을 권장하는 등 구체적으로 한국 사회와 교회에 기본 원칙들을 제시하고 있다.

나아가 주교단은 한국 민족이 직면하고 있는 문제는 단지 지리상 38선만이 아니라, 태도나 인식 등 마음의 38선이라고 정곡을 찌르고 있다. 즉 공산주의 독재는 그처럼 비난하면서 도처의 수많은 독선, 독재가 도사리고 있음을 지적하고 있다.

이러한 난제의 해결책으로는 비오 11세께서 말씀하신 대로 성직 자원자들은 사회과학의 내용을 숙지하고 연구하고 탐구함으로써 사회문제 해결에 우선적으로 투신할 준비를 해야 한다. 사제의 일차적 사명은 사회정의와 사회 애덕의 실천을 통해 사회 평화를 확립하는 것이기 때문이다. 이와 함께 사랑의 실천이 모자라는 신자들은 복음 전파에 지장이 될 뿐이니 모든 신자들은 총궐기하여 정의와 사랑에 입각한 사회질서 재건의 역군이 되라는 주문을 하고 있다.

---

15) 경향잡지, 1950년 4월(제1021호), pp.49-62.

2) 문화 분야

출판물의 중요성과 사명에 대해 교회는 거듭 강조하고 있지만, 교회 안의 모든 교우들에게 주의를 환기시키면서 민족의 정기를 되살림에 있어 문화 차원의 투신이 필수적임을 적시하고 있었고,16) 「새로운 사태」와 「사십주년」 회칙을 함께 묶어 번역한 「사회질서 대헌장」이라는 단행본의 발간 소식을 알리고 있는데, 교황 13세와 비오 11세께서 직접 사회문제에 대해 보편 교회의 가르침을 요약 정리하신 회칙들로 구미 각국에 지대한 영향을 주고 있으며, 교회 밖의 일반인들로부터 열렬한 호응을 받고 있다는 내용과 함께 극심한 사회적 혼란을 겪고 있는 한국 사회에서도 널리 알리고 연구 실천해야 할 문헌으로 소개하고 있다.17)

한편 각박한 경제 사정으로 교우들의 생활이 어려운 것은 사실이지만 출판물 미수 대금이 37만원에 이르니 교회 형편의 어려움을 생각하여 보다 적극적 협력을 요청하고 있다. 구체적으로 「사회질서 대헌장」의 미수금 10만원, 「가톨릭 청년」 잡지 대금의 미수금이 27만원이라는 부연 설명과 함께,18) 이 같은 미수금의 상환 독려만이 아니라 교회 출판물의 적극 홍보도 권장하고 있다. 당시 교우 15만 명이라면 가구당 5인을 기준으로 3만 가구에 이르는데, 이 가운데 가톨릭 출판물의 독자는 5천 가구(약 17%)에 불과할 뿐이므로, 출판물 구독 확장에 더욱 적극적으로 주력할 것을 강조하고 있다. 왜냐하면 우리 교회는 전교 지방에 속하므로 다른 지역보다 더 열심히 분별 노력해야 하기 때문이다.19)

한편 가톨릭 신자의 사명으로 "가톨릭 액션"을 소개하고 그 내용을 정리하여 교우들의 사회문제에 대한 적극적 투신의 원칙과 방법을 제시하고 있는 「가톨릭 교인의 사명」20)이 유봉구 신부 저술로 출간되었다는 기사를 싣고 있다. 여기서 저자는 모든 가톨릭 운동은 교회 안에서 교회와 함께 벌여야 함을 강조하면서, 「가톨릭 액

---

16) "모든 남녀 회장, 단체 지도자, 유지 교우에게 고함", 「경향잡지」, 1948년 1월(제994호), pp.1-7.
17) 「경향잡지」, 1948년 3월(제996호) p.45.
18) "교중 출판물에 좀 더 협력을", 「경향잡지」, 1948년 7월(제1000호). p.109.
19) "조선은 서양과 다르다, 본 잡지의 보급에 주력하라!", 「경향잡지」, 1948년 12월(제1005호), pp. 185-188.
20) "가톨릭 교인의 사명", 「경향잡지」, 1949년 2월(제1007호), p.25.

선」이 어떤 정신에서 출발하여 어떤 방법으로 실천되어야 하는지에 대하여 성서와 역대 교황들의 사회 회칙을 바탕으로 엮고 있다. 부연하여 회장과 각종 단체 임원들은 반드시 필독해야 하며, 특히 청년회 간부들은 시류에 편승할 것이 아니라 반드시 이 책을 숙독하고 이 정신에 입각하여 활동할 것을 강조하고 있다.

3) 정치 분야

사회 교리에 바탕을 두고 교회는 정부 수립과 선거 참여 등 교우들의 적극적인 건국 과정 참여를 독려하고 있다. 이와 함께 민족 모두에게 무신론적 공산주의의 오류를 적시하고 경각심을 제고하는 데 노력하고 있었다. 다음은 독립을 위한 총선거 실시와 행정부 수립 그리고 헌법의 제정 과정을 자세하게 그 절차와 계획을 중심으로 주지시키는 내용을 기사를 통해 확인 할 수 있었다.

> "우리나라의 완전한 독립을 위하여 국제 연합 조선 위원단이 지난 달 서울에 들어와 업무를 시작하였다. 독립을 위해 우선 총선거를 실시하고 이를 통해 국민의 대표를 선출하여 국회를 구성하고 이렇게 선출된 국회의원들이 대통령을 선출함으로써 행정부를 구성하고 헌법을 제정하여 독립된 국가를 수립하도록 하는 것이 입국 목적이요 그들의 맡은 바 임무이다."[21]

선거란 이처럼 중요한 일이므로 종교와 정치는 비록 그 관장 영역이 다르다고 하더라도 교회로서 무관심할 수는 없다. 그 이유는 국민과 신자는 결국 동일인이기 때문이며 교황께서도 사회 교리를 통해 투표 참여를 거룩한 의무라고 격려하시기에 더욱 그러하다. 그리고 정치에 적극적 태도로 임하고 있는 세계적 추세도 그 이유는 여기에 있다고 사설에서 강조하고 있다. 이러한 배경을 설명하면서 가톨릭교회는 총선거를 앞두고 교우와 민족이 선거에 적극적으로 임할 것을 진심으로 권장하고 있다. 나아가 교우 가운데 적임자가 있으면 출마를 권유함으로써 조국과 교회를 위한

---

21) "각 지방 교회는 시국 대책을 세우라", 「경향잡지」 사설, 1948년 2월(제995호), pp.17-19.

성스러운 임무를 완수케 하고, 이러한 적임자가 없을 경우 인격, 사상, 품행 등을 고려하여 가톨릭 가르침에 가장 가까운 사람을 선택 모두 일치하여 투표함으로써 당선시켜야 하는데, 유의할 점은 선거 기간의 품행은 꾸밀 수도 있으니 평소의 인품, 사상을 바탕으로 선택하여야 한다는 것도 아울러 주지시키고 있다.

특히 교우들에게 교황 비오 12세께서 이태리 부인회에 당부하신 "선거에 있어 양심적 책임을 다하라. 먼저 모범을 보이라. 그리고 누구를 뽑아야 옳은지를 모르는 사람에게 빛이 되어라. 이러한 활동은 가정에서 가정으로, 가족에서 가족으로, 마을에서 마을로 옮겨가면서 실천하라…"는 말씀을 인용하면서 바로 이 말씀은 총선거를 앞두고 있는 한국 교회 교우들에게 하신 말씀으로 알아듣고 그대로 실천해야 한다고 강조하고 있다. 덧붙여 "천주와 종교의 정당성을 인정하는 사람에게만 투표하라. 선거는 거룩한 의무이다. 민족을 보존하고 가톨릭문화의 옹호를 위하여 선거의 의미는 더욱 깊다"라고 총선거를 앞둔 전국 교회에 거듭 독려하고 있다.

이와 함께 같은 호에서「경향잡지」는 연길교구의 박해 현황을 자세히 보도하면서 이 배후의 원인에 대해 교우와 국민에게 경계할 것을 환기시키고도 있다.22) 이어서 총선에 출마한 교우 10명 가운데 유일하게 종로구에서 장면 요안이 당선되었다는 소식을 "국회의원에 당선된 교우"라는 후속 기사로 싣고 있다.23)

그 밖에도 대한민국의 독립을 축하하는 교황의 축전 소식과24) 바티칸 교황청이 대한민국을 공식적으로 독립국가로 인정하여 교황사절을 교황대사로 승격시킨다는 소식도 있었다.25)

한편 1948년 UN에서 대한민국이 48대 6의 독립 가결을 획득한 후 처음으로 완전 독립국가로서 맞게 되는 새해의 감격을 연두사에서 밝히고 있어 보편 교회의 사회 교리에 충실하게 현 사회의 제반 문제와 종교 신앙의 문제를 별개로 취급하던 과거의 전통에서 벗어나고 있다.26)

---

22)「경향잡지」, 제 996호, pp.22-25.
23)「경향잡지」, 1948년 6월(제999호), p.93.
24) 1948년 9월(제1002호), p.140.
25) 1949년 5월(제1010호), p.65.
26) 1949년 1월(제1006호), 연두사, pp.1-3.

4) 경제 분야

생산 장려, 사유재산제도, 노동자 보호 등의 관련 주제들은 기본적으로 이미 사회 교리 일반에서 언급되었고, 여기서는 해외에서 거두고 있는 경제 노동 분야에서의 사회 교리 업적 사례만을 언급한다. 과거 빈민촌에서 활동하던 이른바 프랑스의 노동 사제들이 이룬 업적을 소개하고 있는데, 프랑스 파리에서는 150여 명의 노동 사제들의 적극적 활약에 힘입어 과거에는 공산당 소굴로 접근도 자유롭지 못하던 지역에 성당이 건립되고 주일미사가 거행되고 있으며 급증하는 노동자들의 참여로 붐비고 있다는 소식을 "신부 노동자들의 활약"[27]이라는 기사로 전하고 있다.

5) 가정 분야

마지막으로 가톨릭 사회 교리는 모든 문제의 해결책을 원천적으로 인간 그리고 가정에서 찾고 있다. 따라서 거듭 가정이라는 자연 공동체를 최우선적 공동체로 강조하고 있다. 「경향잡지」는 지속적으로[28] 가정교육과 인격의 존엄성 그리고 태교 등 구체적 내용에 이르기까지 자세히 다루고 있다.

지금까지 「경향잡지」를 검토하고 정리한 내용을 요약하면 다음과 같은 특징들이 드러난다. 지금까지도 가톨릭교회가 지니고 있는 소극성의 냄새는 사회 교리 분야에서도 찾아볼 수 있는데, 부분적으로는 박해 순교의 시기를 경험하면서 굳어진 하나의 부정적인 성향이기도 하지만 일제강점기를 거치면서 더욱 깊이 각인된 결과로서 세속적인 것 또는 현세적 현실에 외면함에 익숙하고 길들여졌다는 설명도 가능하다.

보편 교회의 가르침은 일반 사회에 대한 적극적인 태도 열림의 자세를 이웃 사랑의 교리에 입각한 사회 교리로 가르치고 있었으나, 위와 같은 한국적 특수 경험을 오히려 무관심, 또는 냉담한 반응으로 표출된 것으로 보인다. 경향잡지 제997호(1948년 4월)에 실린 사설 "우리는 정말 놀랐다!"로서 당시 교회 밖으로부터의 열렬한 호응과는 달리 교회 안의 외면은—3,000부 발행에 교회안의 소비는 겨우 26부였다는 사실—가장 적절한 예인 것 같다.

---

27) 1950년 5월(제1022호), p.85.
28) 1948년 6월, pp.81-83; 1948년 10월, pp.146-147; 1948년 11월, pp.161-163.

한편 "사회질서 재건에 대하여 교도와 동포에게 고함"이라는 1950년 4월(제1021호)의 권두사는 대한 천주교 주교 일동이 민족과 교우들에게 보낸 공동 교서의 선언으로 뒤에 「한국 주교단 공동 선언」인 "우리의 사회 신조"(1967년 6월 30일과 1972년 3월 24일)에 비견할 만한 내용으로 우리 사회와 교회에 커다란 반향을 불러일으키고 있다. 민족의 대변혁기인 6·25동란 발발 직전에 한국 가톨릭이 사회 교리를 요약하여 발표한 기념비적 족적으로 길이 기억해야 할 사건이다.

3. 가톨릭 청년

「경향잡지」와 「경향신문」의 내용과 달리 「가톨릭 청년」이 다루고 있는 기사나 기획은 일반적 수준의 내용이 아니라 전문적이고 특수한 내용을 담고 있다. 일반인, 시민을 대상을 하고 있는 일간신문이 취급해야 하는 내용과 논조가 교회 안의 독자를 대상으로 하고 있는 「경향잡지」의 글들의 내용과 다르듯 「가톨릭 청년」이 다루고 있는 논조나 기획 기사들은 보다 전문적이며 이론적이고 원리적 내용들로 이루어져 있음은 쉽게 이해된다.

일반 상식적 차원의 지식이나 식견의 전달 보급 기능과는 차별되는 고급 원리적 전문 지식적 주관의 확립을 위한 지성적 수준의 글들이 대종을 이룰 수밖에 없는 것이 한국 사회의 역군이며 주도 세력을 점하는 젊은 세대를 겨냥한 출판문화사업의 기본으로 등장하고 있음은 지극히 당연하다.

따라서 이미 앞에서 정리 검토한 「경향신문」이나 「경향잡지」가 취급하고 있는 논조나 기사 내용과 많은 부분 중복되기는 하지만 동일한 사건을 취급하더라도 해석에 있어 많은 부분 결론을 유보하여 독자에게 스스로 해석하도록 인식 능력을 북돋으려는 의미에서 「가톨릭 청년」의 기사들은 배경이나 해석의 실마리가 되는 원리 문제, 각국의 사례들을 제공하고 있다. 이와 함께 문화, 정치, 경제, 가정 등 대분류의 구분 영역에 익숙했던 「경향신문」이나 「경향잡지」와는 달리, 보다 세분하여 주제 영역을 나누고 있다. 예를 들면, 문화의 경우, 음악, 언론, 미술, 교육 등으로 사회의 경우 부인, 여성, 직장인, 학생 등으로 세분하여 교회의 가르침을 구체적으로 적시하고 있다.

그러나 「가톨릭 청년」의 분석을 위한 주제 영역별 구분은 「경향잡지」와 같이 한다. 사회 교리 일반, 문화, 정치, 경제, 사회로 나누는 이유는 같은 구분 영역을 적용할 때 교회 잡지라는 공통성이 있는 「경향잡지」와의 비교 검토를 쉽게 하기 때문이다. 즉 두 잡지의 성격과 취급 내용의 차이를 극명하게 볼 수 있기 때문이다. 1947년 4월(제44호)에서 1955년 12월(제80호)까지 그리고 1956년 1월(제10권 제1호)에서 1960년 6월(제14권 제6호)까지 「가톨릭 청년」이 다루고 있는 사회 교리 영역에서의 글은—사설, 기획 기사 등—총 109편이었고, 이는 사회 교리 일반 42편, 문화 14편, 정치 18편, 경제 21편, 사회 14편으로 세분된다.

1) 사회 교리 일반

해방과 건국 과정에서의 가톨릭 청년들의 역할과 사명, 국내외의 시사적 사건의 소개와 해설, 가톨릭 액션에 대한 해설과 소개, 한국 사회문제 전반에 대한 이해와 해석을 위한 기본 소양, 현대 사회의 제문제들과 올바른 판단의 기초, 인간과 사회 본성에 대한 교회 가르침과 이를 바탕으로 한 투신 등의 총 42편의 글들로 나누어 볼 수 있다.

이 가운데 하나의 대표적인 예로 박무림의 글을 정리하면 다음과 같다. 박무림은 해방을 맞은 한국 사회가 지향해야 할 방향과 당시의 현실 좌표를 설명하고 바람직한 발전에 장애가 되는 이념적 허위에 대하여 해설하고 있다. 이를 위해 조선 문제의 시간적 공간적 좌표에 대하여 논의를 시작, 「신탁 통치」라는 제2차 세계대전 후 UN의 결정과 그의 잘못을 지적하고, 미·소 양 진영의 영향을 벗어나지 못하고 있는 조선의 현 상황에 대해 분명한 이해를 촉구하고 있다. 민족의 자주와 독립은 교회의 사회 교리의 원칙에 충실할 때 비로소 가능함을 젊은이들에게 역설하고 있다.[29]

2) 문화

「가톨릭 청년」을 통해 가장 강조되고 있는 이 분야에서의 논문들은 교육에 관한

---

29) 박무림, "해방 조선의 운명—현하 조선 문제와 국제 여론의 방향", 제49호, 1947년 9월, pp.43-47.

글들로 가톨릭의 교육관, 교육의 본질, 고등교육 특히 가톨릭교회와 대학 등 다양하고 깊이 있게 접근하고 있다. 다음에는 문화 예술에 대한 교회의 입장에 대한 해설 논문들이었는데, 원론적인 글로 교회와 문화, 교회와 예술에 대한 해설과 출판 문화 운동의 중요성이 강조되고 있고 언론 자유와 관련에서 일간지 「경향신문」의 폐간과 복간에 대한 해설 기사들도 무게가 실린 글들이었다. 한편 보편 교회의 문화 양식과 동양 문화의 특성 그리고 그 가운데서도 조선 문화의 특성, 조선적인 것의 탐구도 비중을 가지고 「가톨릭 청년」이 다루고 있는 분야들이었다.30)

3) 정치

이 분야의 논문들은 모두 18편이었는데, 정치에 대한 보편 교회의 가르침, 민주주의에 대한 해설과 각국의 실례들, 교회와 민주정당의 관계, 선거와 정치 제도에 대한 해설, 공산주의와 그 실상에 대한 해설 그리고 국외의 실상에 대한 소개와 해설이 실려 있었다.

김약망은 보편 교회의 동정과 명시적으로 밝히고 있는 가톨릭 정치 질서에 대한 가르침을 다루고 있다. 정치 인권 분야에서의 사회 교리 가르침은 전체주의 국가들이 주장하고 실현시키고자 하는 정책들이 가톨릭교회의 가르침과 정면 배치됨을 공동선의 원리와 인격성의 원리를 통해 분명하게 밝히고 있다. 그리고 이 점에서 교황 비오 12세는 독일의 나치, 소련의 공산주의, 이탈리아의 무솔리니나 스페인의 프랑코가 똑같이 잘못된 정치 형태임을 주장하고 그 내용을 알리고 시정을 위해 평생 노력하신 분이다.

제2차 세계대전 후 교황 비오 12세는 교회의 사회적 사명에 대하여 25회나 대중 강연을 하셨다. 특히 정치 분야에서의 역할을 강조하고 계신데, 한 예로 이탈리아의 총선을 앞두고 부인회에 행한 강연은 유명하다. "선거는 신성한 의무이다. 민족과 문화를 위해서 선거의 의의는 깊다"라고 가르치고 있다.31)

---

30) 정욱진, "가톨릭 교육관 ① ② ③", 제66호(1949년 8, 9월), 제67호(1949년 10월), 제68호(1949년 11월)이 기획 기사.
31) 김약망, "비오 12세와 정치", 제44호(1947년 4월), pp.16-19.

한편 최득인은 민주주의와 보편 교회의 입장에 대해 해설하고 있다. 민주주의는 인간의 인식이며 생활 태도이고 사회의 정부 형태이다. 민주주의를 인간의 인식으로 접근한다면 개인이 사회 집단에 대해 책임을 져야 함을 의미한다. 생활 태도로 접근한다면 법적으로 평등사상의 구현을 뜻하며, 정부 형태로 민주주의를 파악한다면 구성원의 자유를 바탕으로 선거를 통해 대의원들이 선출되고 선출된 대표들이 조직한 정부를 가리킨다. 어느 경우에 해당하던 민주주의의 근간은 자유와 평등 그리고 권리와 의무라는 기본 개념을 바탕으로 하며 인간의 이 같은 본질은 하느님의 모상대로 지음을 받았다는, 인간의 존엄성에서 비롯된다는 가르침이 교회의 사회 교리의 내용이다.32)

나아가 이완성은 민주주의의 핵심을 이루고 있는 정당과 교회의 관계를 자세히 해설하고 있다. 이 글에서 이완성은 민주정당의 내용과 성립과정 그리고 구체적으로 교회의 사회 교리가 밝히는 원칙을 해설하고 있다. 이른바 그리스도교 신자가 다수를 차지하는 국가에서도 정치 지도자들이 반드시 신자들만으로 이루어지는 것은 아니다. 때로는 교회의 가르침에 배치되는 인사들 또는 거리가 있는 사람들이 집권하는 경우도 적지 않다. 그리고 이 같은 왜곡은 여러 가지 경로를 통해 시정되어 종국에는 정의의 확립으로 마감되곤 한다. 이처럼 유럽의 여러 나라에서 보듯 오늘 조선의 경우도 반드시 신자가 집권해야 한다는 가르침이 사회 교리의 내용이 아니라 그 핵심은 선거와 정의를 바탕으로 엮어진 정당이 나라 살림을 맡으면 교회의 가르침에 어긋나는 것은 아니며, 단지 국민 모두의 공동선과 인격성을 무시할 때 그 같은 정치인은 연대성의 바탕에서, 즉 선거를 통해 교체되어야 한다는 것이 교회의 가르침이다.33)

마지막으로 안민효는 공산주의라는 정치 체제에 대해 그 실체를 자세히 정리하여 해설하고 있다. 공산주의 실체에 대한 명확한 잘못을 적시하고 그 같은 식별의 원천은 교회의 사회 교리에서 밝히고 있는 잣대가 그 기준임을 설명하고 있다. 첫째 인간의 본성이 물질로만 이루어져 있다는 억지는 우리의 정신적 능력을 무시하는 폭력이

---

32) 최득인, "그리스도교와 민주주의", 제44호(1947년 4월), pp.32-34.
33) 이완성, "그리스도교와 민주정당", 제45호(1947년 5월), pp.2-9.

다. 둘째 현세는 다양성의 결과이며, 이 같은 다름 본질임에도 이러한 본성을 무시하고 있다. 따라서 젊은이들의 올바른 판단을 위한 지침서의 내용이라 할 수 있다.34)

이요왕은 민주주의에 대한 상세한 해설을 통해 역사와 이론 그리고 실상에 대해 민주주의를 식별할 수 있는 능력의 함양을 위한 계몽 성격의 글을 쓰고 있다. 참다운 민주주의의 의미를 민족주의 역사와 내용, 민주 사회 건설의 과정과 더불어 상세하게 해설함으로써 사이비 민주주의나 명목적 민주주의를 식별할 수 있는 능력을 젊은 세대에게 가르치고 있다. 그리고 올바른 민주주의는 교회의 사회 교리의 내용을 그대로 반영하는 체계일 때 가능하므로 젊은이들은 여기저기서 주장되는 해괴한 논리에 현혹되지 말고 교회만이 진정한 민주주의의 원천임에 확신을 가지라는 계몽 성격의 글이다.35)

4) 경제

경제 분야의 논지를 담은 글은 모두 21편이었는데, 경제 일반에 대한 시각의 정립을 위한 성격의 글, 노동·자본·교회의 관계를 해설하고 있는 원론 성격의 글, 일과 사람, 노동의 종교적 이해, 노동조합의 실제적 노선과 이에 대한 판단, 생산과 분배 원리 그리고 재산에 대한 보편 교회의 가르침 등이 여기에 수록되어 있었다.

최득인은 인간과 노동에 대한 원론적 접근을 하고 있다. 즉 인간의 현세적 존재 양식으로 노동을 이해하고 이 바탕에서 교회의 경제관과 노동관을 설명하고 있다. 인간이 노동하는 이유는 단순히 현세적 생활 유지를 위한 것이 아니라 일이라는 과정을 통해 인간의 전인적 성숙을 이루기 위해서이다. 교회는 단지 생계유지만을 위한 노동이라면, 이는 노예적 차원의 이해일 뿐 자유인의 노동 이해와는 근본적으로 다른 태도라고 가르친다. 왜냐하면 노동의 목적이 단순히 부의 획득에 국한될 때 부의 획득 과정의 공정성 여부는 소홀히 되기 쉽고 이기적 충동에 쉽게 기울게 되고, 나아가서 인간은 윤리적으로 타락하게 되고 사회에는 해악이 될 뿐이기 때문이다. 이처럼 교회의 사회 교리는 인간과 노동에 대해 거듭 인간의 근본적 자세를 설파하

---

34) 안민효, "공산주의의 신조", 제48호(1947년 8월), pp.71-75.
35) 이요왕, "민주주의는 어디서?", 제46호(1947년 6월), pp.33-38.

고 있다.36)

한편 오육도는 사회 회칙의 효시인 「새로운 사태」를 알기 쉽게 풀이함으로써 경제 전반에 대한 해설을 하고 있다. 즉 당시 현안인 노동·자본·교회의 관계를 정리하고 있다.

「레룸·노바룸(새로운 사태)」을 발표하신 레오 13세 교황 이후 현 교황을 포함 모든 역대 교황들은 인간의 현세적 삶과 경제, 사회문제에 관하여 명시적으로 원칙과 실천 방안을 밝히고 있다. 그럼에도 노동자에 대한 교회의 관심은 단지 사탕발림에 불과하며 자신들의 노선만이 진정 무신자 대중의 편에 서 있다고 주장하는 사람이 있다.

교회에 몸 담고 있거나 호의를 가지고 있는 사람들 가운데 적지 않은 사람들이 교회가 가난한 사람들에게 관심을 기울이는 것은 부정을 퇴치함으로써 현세적 평화와 번영을 이룩할 수 있다는 선에서 교회의 이 같은 투신 때문이라고 평가한다.

그러나 진정 교회가 현세적 문제에 개입하여 인간 생활의 모든 측면에—즉 물질적 경제적 상태의 개선까지 포함한—관심을 기울이는 이유를 영신적 성화와 구제를 소홀히 하거나 외면하고 오로지 육신적 현세적 행복의 추구에만 전념한다고 오해해서는 안 된다.

사회 교리는 구체적으로 「새로운 사태」 회칙에서부터 적정 임금, 단결권, 사유재산제도 등에 대해서 가르치고 있다. 그러나 그 내용의 차원은 단순히 현세적 차원에 그치는 것이 아니라 정당한 임금을 주고받지 못하는 사회는 근본적으로 정의와 진리가 외면당하는 사회라는 뚜렷한 표시이기에, 노동자의 기본 인권을 허용하지 않은 사회는 하느님의 모상대로 지음을 받은 인간 존엄성을 무시하는 불의의 사회이기에 그리고 인간 존엄성의 현세적 징표로 소유에 대한 그 사회의 인식이 직결되기에 교회의 사회 교리는 이러한 구체적 내용을 지속적으로 강조하고 있는 것이다. 즉 현세적 공정성·진실성은 절대적 차원인 하느님의 공의와 직결되기에, 현세적 평화, 사랑을 통해 하느님의 평화, 사랑을 우리가 나름대로 체험할 수 있기에 경제 사회

---

36) 최득인, "일과 사람", 제44호(1947년 4월), pp.30-32.

적 문제에 투신하고 있는 것이다.

이처럼 교회의 사회 교리 본분은 현세적 이데올로기로서 좌익이나 우익의 지도이념과 다른데, 그 다름은 이런 노선들과 같은 차원의 것이 아니다. 즉 제3의 길이 아니라, 근본적으로 다른 차원에 속하는 영역임을 밝히고 있다.[37]

사회 교리는 특히 노동에 자세하게 가르치고 있는데, 김약망은 노동의 종교적 바탕에 대해 외국에서 발표된 글을 번역 소개하고 있다. 한편 편집자는 해방과 건국 공간에서 빚어진 한국 사회의 노동 운동에 대한 올바른 노선 정립을 위해 미국의 노동조합 운동사를 번역 소개하고 있다. 노동에 대한 글로 두 편을 선택한 이유는 불모지 한국 사회에 올바른 사회운동으로서 노동자 운동의 성격과 역할 그리고 노선을 요약 소개하고 있기 때문이다. 그리고 소개는 참다운 노동 운동의 착근을 위해 필수적이라는 해설을 곁들여 싣고 있었다.

즉 교회는 노사 간의 대립 마찰은 인간 노동에 대한 쌍방의 이해 부족에서 비롯된다고 가르치고 있다. 즉 노사는 절대적 존엄성을 지닌 동등한 인간으로 서로 간의 공동선 증진을 위해 연대성에 의해 기업체라는 집단을 구성하며, 보조성에 따라 그 집단을 운영하는 관계에 있다는 사회 교리의 내용만 제대로 이해한다면 불필요한 다툼은 차단될 수 있다. 오늘날 심각한 노동 문제, 실업 문제, 노사 문제들의 해결 실마리는 자기만을 내세우는 이기적 동기가 아니라 공동선 추구라는 바탕에서 찾아야 한다는 것이 교회의 가르침이다.[38]

해방과 건국 과정 기간 우리 사회는 노동조합 운동의 두 갈래가 노동계를 주도하였다. 이 같은 노동 운동의 평가 기준은 미국 노동 운동사를 참고로 할 때 올바른 평가의 결정적인 단서를 마련할 수 있다. 따라서 J. 챔버레인의 「미국 노동조합 운동의 편모―CIO를 중심으로」는 조선의 경제 노동 현장에 훌륭한 지침서라 믿어 번역하여 소개한다.[39]

---

37) 오윤도, 「노동·자본·교회」, 제144호(1947년 4월), pp.2-6.
38) 필립·무레이 저, 김약망 역, 「노동의 종교적 근저」, 제45호(1947년 5월), pp.18-22.
39) J. 챔버레인 저, 편집자 역, 「미국 노동조합 운동의 편모―CIO를 중심으로」, 제46호(1947년 6월), pp.26-30.

가톨릭교회는 현세의 물적 소유에 대해—교회의 재산관—사유재산제도에 대한 사회 교리의 가르침으로 대신하고 있다. 사회 교리는 세 부분으로 나누어 사유재산제도를 다루고 있다. 첫째는 재산의 의미와 기능에 대해서, 둘째는 공동선 증진을 위해 재산은 어떤 책임이 있으며 그러한 책임완수를 위해 어떻게 제한되고 있는지, 마지막으로 사회적 책임을 수행하기 위해 그러한 책임을 수행하기 위해 사유재산제도의 내용은 어떻게 구성되어야 하는지에 대해 논의가 이루어진다.

모든 경제 문제는 반드시 사유재산제도와 직결되어 있다. 조세 제도, 국민 소득, 생산과 소비, 고용과 실업, 시장과 독점 등 현안의 문제들은 재산의 공유냐 사유냐에 따라 근본적으로 상이한 의미와 양상으로 그 모습을 드러내게 되기 때문이다.

인간의 현세적 삶은 물적 수단에 의존하므로 경제적 효율성은 중요한 의미를 가진다. 그리고 경험과 이성을 통해 인간은 물적 수단의 효율성은 재산의 사유가 전제될 때 가능하다는 것을 알고 있다. 따라서 재산의 사유는 그것이 소비재이건 생산재이건 올바른 경제 질서의 합리적 전제이다. 바로 이것이 재산 제도의 의미와 역할이라는 것이 사회 교리의 가르침이다.

그러나 효율적인 부의 축적은 창세기에 의도대로 인류 보편 목적을 위해 사용되어야 한다. 이기심 때문에 이 같은 의도가 훼손되어서는 안 된다. 즉 공동선 증진을 위해 축적한 부는 사용되어야 한다. 이것이 가진 사람의 의무이며 재산의 본분인 것이다. 여기서 사유재산의 소유는 사유이지만 사유재산의 사용은 공동선 추구라는 목적을 위해야 한다는 교회의 사유재산 제도에 대한 원칙이 확립된다.

이러한 가르침의 내용은 창세기에서부터 이어진 교회의 전통적 교리이며, 특히 사회 교리를 통해서 보다 구체화된 가르침이기도 하다. 부의 축적이 효율적이기 위해서는 부의 소유가 개인에게 속하는 제도가 합리적이며 인류의 보편 목적을 위해 부가 활용되기 위해서는 부의 사용은 공동선을 위한 제도가 합리적이라는 것이 사유재산제도에 대한 일관된 교회의 가르침이다.[40]

---

[40] J. A. 러안 신부 저, 황종율 역, "그리스도교의 재산관" 1.제46호(1947년 6월) pp.16-25, 2.제47호(1947년 7월) pp.11-19, 3.제48호(1947년 8월) pp.21-27의 3회에 거쳐 싣고 있다.

이처럼 가톨릭 사회 교리의 내용은 어느 분야보다도 경제 노동 분야에 집중되고 있는데, 사회 회칙이 「새로운 사태」에서 비롯하고 있고 이 첫 번 사회 회칙이 주제로 담고 있는 영역이 노동과 경제 영역이었다는 데서 그 편린을 찾을 수 있겠다.

5) 사회

교회는 우리가 세속 사회를 올바로 이해하고 투신하도록 사회 교리에서 기본 원리들을 제시하고 있다. 즉 사회운동의 기본 지침이 마련되고 이를 숙지하여 실천함이 모든 교우들의 기본 사명임을 강조하고 있다.

교회가 사회를 이해하고 바람직한 상태를 유지할 수 있는 원칙으로는 레오 교황에서부터 밝히고 있는 사회 교리가 있다. 1903년 비오 10세 교황은 레오 13세의 노동 문제에 대한 회칙의 핵심을 다음과 같이 요약하여 가톨릭교회의 사회운동 지침으로 제시하고 있다. 주로 "평등성"의 내용에 대한 교회의 입장을 밝히고 있다.

> 1. 사회는 각기 다른 부분으로 이루어져 있는데, 이 같은 다른 부분들이 모두 평등한 내용으로 이루어져야 한다는 주장은 결국 다양성을 바탕으로 하는 사회 자체를 부인하는 것이다.
> 2. 사회의 구성 부분은 각기 자기가 맡고 있는 역할에 따라 평가되며, 맡은 바 역할의 수행 여부에 따라 해당 부분은 각기 다르게 평가되어야 한다.
> 3. 사회의 구성 부분 간에는 항상 대립 상충되는 관계에 있는 부분들이 있다. 이 같은 관계는 상호 타도할 대상이 아니라 보완해야 할 관계로, 사회 본질이며 정상적인 사회질서이다.
> 4. 정당한 사유재산의 형성은 근면과 절약의 결과로서 존중되어야 하며, 소유자의 처분권 역시 보장되어야 한다.
> 5. "상대 관계에 있는 경우 일방의 불의가 상대방의 불의를 탓할 수 없다"라는 내용이 기본 원칙들이다.[41]

---

41) L.D. Grandmaion 저, 박예오 역, "우리의 사회관", 제45호(1947년 5월), pp.10-17.

이러한 원칙 위에서 여성 운동, 학생 운동 그리고 모든 사회운동의 평등성이 세분되어 구체적으로 설명되고 계몽 선도를 통해 한국 사회에서의 실천을 위해 강조되고 있었다.

「가톨릭 청년」에 실려 있는 글들을 분석 정리한 결과, 첫째 내용의 수준은 일반 상식의 수준이 아니라 전문 원리적인 해설 중심이었으며, 둘째 평가나 결론이 아니라 스스로의 판단을 유도하기 위한 각종 자료나 배경의 글이 중심이었고, 셋째 이 같은 편집 방향은 단순히 교회 안의 잡지로만 머물지 않고 민족과 사회 일반을 대상으로 방향 제시와 계몽을 함축하고 있었으며 실제로 한국 사회 모두 젊은이들의 교양, 실천 잡지의 구실을 「가톨릭 청년」이 하고 있었다. 지속이고 집중적인 교육 훈련의 강조와 실천 지침에 대한 사회 교리의 가르침은 마지막 3차년도 기간에 한국 사회를 이끌어 가는 원동력의 주축을 이룬다.

III. 결론

제2차년도 연구 기간에 속하는 1945~1960년 기간에 교회의 사회 교리는 중심 역할을 담당하였으며, 동시에 가장 뚜렷한 족적을 남기고 있다.

첫째, 백지 상태의 국가와 민족의 진로와 방향에 있어 사회 교리는 기본 원칙과 정책을 제시하고 있고 실제로 채택되고 있으며 괄목할 만한 결과를 나타내고 있다.

둘째, 일제강점기를 거치면서 말살되었거나 소홀하여진 민족문화와 정기를 회복하기 위해 교회는 교육 장려와 출판물 보급 등 헌신적인 투신을 하고 있었고 높이 평가되고 있다.

셋째, 국가 건설을 위한 실제적 과정에서 사회 교리의 정치 영역은 결정적 역할을 하는데, 구체적으로 총선에 적극적 참여, 민주주의의 확립, 자조 자립의 가르침은 이론과 실천에서 주도적 기능을 담당하고 있다.

넷째, 생산 확대와 산업 혁신을 위한 기본 질서로 부의 공평한 분배, 재산에 대한 가르침, 적정 임금, 결사권의 자유 등 사회 교리의 가르침은 널리 보급 활용되고 있다. 다른 분야보다 경제 노동 분야에서의 성과는 지대하다. 다른 영역과 함께 이 분야는 특히 3차년도 연구 내용의 중심 분야로 자타가 공인한다.

마지막으로 교회는 모든 현세적 문제의 해결의 실마리를 가정과 가정교육에서 찾고 있는데, 기본 인권에 대한 국민적 태도, 민주 질서에 대한 신뢰, 인격성이 존중되고 공동선이 증진되는 평화의 상태는 건전한 가정 제도와 건실한 가정교육이라는 것이 사회 교리의 핵심이고, 이를 계몽 보급하고 있다.

가톨릭교회와 근대적 사회사업의 도입과 발전
— 해방에서 1975년 주교회의 인성회 출범까지 —

박문수
(가톨릭대 전임연구원·실천신학)

  I. 들어가는 말
  II. 한국 사회복지의 전개 과정
  III. 이웃 종교의 사회복지 전개 과정
  IV. 가톨릭 사회복지의 전개 과정
  V. 가톨릭 사회복지와 근대화
  VI. 맺음말

I. 들어가는 말

본 연구의 해당 시기는 해방 공간, 한국전쟁, 4·19, 5·16, 10월 유신으로 이어지는 격동의 한국 현대사와 궤를 같이하고 있다. 이 시기에 한국 가톨릭교회는 해방 당시 신자 수 183,666명에서 1975년 1,052,691명으로 교세가 무려 5.73배나 성장하였고,[1] 해방 직전 전시 동원 체제에서 무력하게 굴종하던 모습은 불의한 국가권력에 저항하는 현실 참여적인 모습으로 변모하였다. 사회복지 측면에서도 근대 사회사업의 효시 역할에서 근대적 사회사업 방식을 도입, 발전시키는 단계에까지 이르렀다.

이 시기 가톨릭 사회복지의 성격을 결정한 요소에는 한국전쟁에서부터 1960년대 초반까지, 외원 기관에 따라서는 1970년대 이후까지 계속되었던 해외 원조와 1962년

---

1) 한국교회사연구소, 『한국 가톨릭 대사전 부록』, 한국교회사연구소, 1985, pp.326-327.

에서 1965년까지 바티칸에서 열렸던 제2차 바티칸 공의회, 한국 주교회의 인성회(仁成會)2)의 설립 등이 있다. 그리고 전재 복구와 선교를 목적으로 설립된 방인(邦人) 수도회와 교황청립 수도회들의 진출, 교세 증가도 중요한 요소 가운데 하나이다. 가톨릭 해외 원조 기구, 교황청립 수도회를 통한 자원 동원과 근대적 사회사업 기법의 도입 그리고 급격한 교세 증가를 통한 교회 내부 자원 동원의 증가로 이전 시기보다 기여 범위가 훨씬 넓어졌기 때문이다. 실제 이 시기에 한국 사회를 위한 가톨릭 사회 복지의 기여는 전체 100년사3) 안에서 가장 범위가 넓고, 영향력 면에서도 큰 것이었다.4) 그러나 어느 정도 전후 복구가 이루어지고, 개발독재 시기를 거치면서 국가의 사회복지에 대한 관심과 투자도 늘어나 종교 영역의 기여에도 불구하고, 전체 복지에서 차지하는 종교 복지의 비중은 점차 줄어들게 된다. 본 연구는 이러한 성격을 갖는 이 시기의 특징을 전체 주제인 한국 사회의 근대화와 상관관계의 측면에서 살펴보고자 한다.

본고의 시기를 인성회 출범까지로 정한 것은 사회복지의 관점에서 인성회가 다음과 같이 중요한 계기를 제공하게 되기 때문이다. 먼저 인성회의 출범을 전후로 해외 원조가 중단되거나 감소한 반면, 한국 교회의 자립 능력이 커져 사회복지가 양적으로 확대되었다.5) 두 번째로, 인성회의 접근 방법이 이전 시기에 비하여 가난의 원인과 원인 제거에 대하여 구조적 접근 방식을 선택하는 경향이 강해지고, 활동 대

---

2) 1975년 6월 26일 '한국 천주교 주교회의 인성회'로 출범하였으나 1991년 11월 한국 천주교 주교회의 사회복지 위원회로 개칭하여 오늘에 이르고 있다. 최재선, "한국 천주교 사회복지 현황", 『종교 사회복지』, 동국대학교출판부, 2003, p.274; 심흥보, 『한국 천주교 사회복지사』, 한국천주교중앙협의회, 2001, 231-232; 『한국가톨릭대사전』 제6권, pp.4078-4079.
3) "일제 말까지 우리나라는 사회발전이 지지부진했던 것과 마찬가지로 사회발전의 한 영역인 사회복지에서도 뚜렷한 발전을 찾아보기 힘들다. 오히려 이 시기까지 기능해오던 공공복지와 상부상조 등의 사회복지 제도와 관행들이 소멸하거나 대폭 약화된 것에서 보듯 단절과 지체를 경험하였다. … 19세기 말부터 20세기 중반까지 우리나라의 사회복지는 제국주의의 영향력과 식민주의라는 외적 동인에 의한 단절과 지체로 특징지어진다고 할 수 있다." 감정기·최원규·전재문 외, 『사회복지의 역사』, 나남출판, 2002, p.362. 이러한 사정이었기 때문에 해방 전까지는 그리스도교의 기여에도 불구하고 한국의 사회복지 수준은 나아질 수 없었던 것이다.
4) 박문수, 「사회복지학」, 김재득·박문수·박일영 외, 『천주교와 한국 근·현대의 사회문화적 변동―평가와 미래 전망을 위한 전문가 조사 보고서』, 한울출판사, 2004, pp.212-213. 본 보고서에서 사회복지 전문가들은 가톨릭교회가 20세기 100년간 한국 사회복지 발전에 가장 기여한 시기를 1950년대에서 70년대까지로, 가톨릭교회의 근대적 사회복지에 대한 기여 여부에 대하여도 긍정적인 평가를 내렸다.
5) 최재선, 앞의 책, p.274.

상과 방식에서도 종교, 사상, 이념을 초월함으로써 본격적인 근대적 사회복지 단계에 진입하였다.6) 세 번째로, 그동안 산발적으로 진행되던 교회 복지 활동의 조정, 자원 개발, 동원, 배분의 총괄 역할을 인성회가 수행하게 됨으로써 가톨릭교회의 사회복지 활동을 보다 체계적으로 수행할 수 있게 되었다. 마지막으로 인성회 출범을 전후로 가톨릭교회의 인권, 정의, 민주화를 위한 적극적인 참여가 시작되고, 사회복지의 영역도 넓어졌다. 이처럼 인성회를 기점으로 이전 시기와 이후가 확연히 구별되고, 무엇보다 가톨릭교회의 사회복지가 본격적으로 근대적 성격을 띠게 되었기에 20세기 가톨릭 사회복지사에서 인성회 출범은 전환점이라 부를 만하다.

본고에서 필자는 이 시기에 가톨릭 사회복지가 근대적 사회사업의 소개에 머무르지 않고 실제 토대를 놓았다고 평가되는 영역과 그 이유를 밝힘으로써 가톨릭과 한국의 근대화의 상관관계를 고찰할 것이다. 그리고 이 시기에 해외 가톨릭 원조 기관과 교황청립 수도회 진출이 전체 가톨릭 사회복지와 한국의 근대적 사회복지 발전에 기여한 측면에 대한 평가를 시도하고, 전 시기와 구별되는 가톨릭 사회복지의 성격 차이, 20세기 전체 100년사 안에서 이 시기의 가톨릭 사회복지가 갖는 의미를 고찰하고자 한다. 이를 입체적으로 드러내기 위하여 본 연구는 비교복지사적 접근 방법을 시도하고자 한다.

II. 한국 사회복지의 전개 과정

본 고에서 다루고자 하는 시기는 20세기 전체를 놓고 볼 때는 근대적 사회복지 제도의 도입기에서 확립기의 중반에 걸쳐 있다.7) 본고의 대상 시기를 20세기 마지

---

6) 심흥보, 앞의 책, pp.231-233.
7) 남세진·조흥식은 한국 사회복지의 사적 전개 과정을 4단계로 구분하였다. 해방 이전의 전(全) 시기를 제1단계 전사(前史)의 시기로, 단독정부 수립 이후 1961년 군사 쿠데타 이전까지를 제2단계 사회복지 제도 도입기로, 제3공화국에서 5공화국까지를 제3단계 사회복지 제도의 확립기로, 이후 1987년을 시점으로 하여 현재까지의 시기를 제4단계 사회복지 제도의 확대기로, 남세진·조흥식, 『한국사회복지론』, 나남출판, 1996, pp.84-100. 이들의 구분법에 따르면 본고의 시기는 2단계에서 3단계 중반에 걸쳐 있다.

막까지로 확장하면 한국 정치 경제 상황, 사회복지 제도의 성격을 기준으로 세 시기로 구분이 가능하다. 첫 번째 시기는 해방과 미 군정 및 정부 수립을 거쳐 박정희 군사 정권이 실권을 장악한 1961년까지, 두 번째 시기는 박정희 군사 정권 집권에서부터 5공화국을 거쳐 정치적 민주화의 새 전기를 이룬 1987년 말까지 세 번째 시기는 1988년 이후이다.8) 이 구분법에 따르면 본고의 대상 시기는 첫 번째 시기와 두 번째 시기의 중간까지로 20세기 전체를 대상으로 한 구분과 대체로 일치한다.

이 시기의 특징을 개괄해 보면, 첫 번째 시기에는 공적 사회보장제도가 부분적으로 도입되었는데, 외원에 의존한 구호사업이 중심이 된 외원 시대라 평가해도 무방할 정도로9) "이때의 사회 정책이나 사회사업은 외원 물자의 분배 업무와 고아 및 무의탁자들의 수용 보호사업인 사회복지 시설사업의 뒷바라지 정도밖에는 할 수 없었다."10) 두 번째 시기에는 국가의 공적 사회보장제도의 기초가 비교적 폭넓게 형성되면서 점진적으로 확장되었고, 세 번째 시기에는 사회보장제도가 보편주의적 성격을 더욱 강하게 띠면서 복지국가의 기반을 구축해 나갔다.11) 그럼 이제부터 공적 사회복지의 시기별 특징을 간략하게 살펴보기로 한다.

1. 미 군정기에서 남한 단독정부 수립까지

미 군정기 사회복지 정책의 특징을 살펴본다. 미 군정은 빈민 구제에 적극적 관심을 가지기보다는 정치적 불안의 해소 수단으로 최소한의 대책만을 시행하였다. 대체로 미 군정은 식민 유제에 기반을 두고, 임시방편적인 성격이 두드러지는 정책을 집행하여 식민 유제를 온존시키는 것은 물론 통제 목적으로 복지를 이용하여 사회정책의 저(低)개발에 영향을 미쳤다.12)

---

8) 감정기 · 최원규 · 전재문 외, 앞의 책, pp.365-366.
9) 권오구, 『社會福祉發達史』, 홍익재, 2000, pp.319-320.
10) 권오구, 같은 책, p.282.
11) 감정기 · 최원규 · 전재문 외, 앞의 책, pp.365-366.
12) 하상락 편, 『韓國社會福祉史論』, 박영사, 1995, p.465; 최명순, 『한국 사회복지 이념』, 백산출판사, 1997, p.160.

미 군정은 1946년 1월에서 2월에 걸쳐 발표한 후생 국보(厚生局報)를 통하여 대부분 노동 능력이 없고 무의무탁한 빈민들에게만 제한적으로 구호를 제공하였다.13) 물론 미 군정 당국도 선진국의 현대 사회복지 이념을 파악하고 있기는 하였다. 하지만 구호사업이 더 절실했기 때문에 여기에 초점을 맞추고, 이를 해결하기 위해 선진국 해외 원조를 통하여 사회사업을 전개하였다.14) 그 덕분에 민간 및 정부 차원의 구호 정책이 빈곤 문제를 근본적으로 해결하는 데는 실패했지만, 일시적으로 빈곤 상황을 완화시키는 것에는 어느 정도 기여했다. 반면 미 군정의 정책 자체가 전반적인 경제 파탄과 빈곤의 유지·창출 과정에 직·간접적으로 적지 않은 영향을 주었으며, 구호 정책 역시 통제적인 목적으로 시행됨으로써 문제 해결을 더욱 어렵게 한 측면이 있다. "실제 구호 정책의 성격 자체가 기본적으로 억압적 측면을 가지고 있었기에 사회 정책적인 측면에 있어 만연된 미 군정 및 미국에 대한 시혜적 이미지는 불식되어야 한다"15)는 평가도 받는다.

2. 남한 단독정부 수립에서 5·16까지

정부 수립 이후의 남한 정부는 사회복지 정책을 추진할 적극적 의사는 물론 능력도 없었다. 이 때문에 정부는 체계적 사회복지 정책을 수립하지 못한 채 임시방편적 구빈 행정으로 일관할 수밖에 없었다. 전쟁이 끝난 뒤에는 전 재민에 대한 단순 구호나 일제 시대의 '조선 구호령'을 차용한 생활보호사업을 시행하는 정도에 불과하였다.16) 이 시기에 사회복지 관련법으로, 1950년 4월에 군사 원호법, 1951년에 경찰 원호법 등에 의한 국가 유공자 보상 관련법, 사회 보험적 성격을 지녔던 '국민생명 보험법'과 1952년 12월에 우편 연금법, 1953년 5월에 최초의 노동 입법인 근로기준법, 1960년 1월에 최초의 사회보험법 제도라 할 수 있는 공무원 연금법 등

---

13) 감정기·최원규·전재문 외, 앞의 책, p.369.
14) 권오구, 앞의 책, p.278.
15) 하상락, 앞의 책, pp.464-465.
16) 한국전쟁 때문에 발생한 요구호자의 수는 1951~1953년에 천만 명, 1954~1957년 기간에 삼백만 명 정도였던 것으로 추산된다. 하상락, 앞의 책, p.446.

이 제정되었다.

그러나 이러한 특수 직역 연금제도인 공무원 연금을 제외한 나머지는 대체로 실효성이 없었다.17) 이처럼 단독정부 수립 이후부터 제2공화국까지의 기간은 시혜적 차원의 제한적 공공 부조 제도와 특수직역 연금인 공무원 연금제도만이 도입된 시기로, 사회보장제도를 비롯한 공적 사회복지 제도의 기초만이 마련되었을 뿐 본격적인 사회보장제도는 도입되지 않았다.18)

이 시기는 외원(外援) 시대로도 불린다. 1950년대와 1960년대에 내한한 해외 원조 기관이 모두 96개로 전체의 65%를 넘었을 정도로 이 시기에 진출한 기관의 숫자는 물론 이 기관을 통하여 동원된 자원의 양이 막대하였던 까닭이다.19) 이 기관들이 경제적인 면에서 그 어느 기관보다 선구적인 역할을 담당하였다는 사실은 대부분의 사회복지 학자들이 인정하는 바이다.20) 이들의 활약이 두드러질 수밖에 없었던 이유는 한국전쟁으로 고아와 미망인 등의 요보호자와 빈민이 일시에 발생하였고, 이들을 위한 정부나 민간의 적절한 제도적 대응책이 마련될 수 없는 상황이었기 때문이다. 게다가 서방 여러 선진국의 민간 원조 기관들이 구제와 개발 지원 혹은 선교 등을 목적으로 제3세계 진출에 적극적 관심을 보였다.

이들 외국 민간 원조 기관들은 단순히 빈민을 포함한 요구호자를 보호하는 데 기여하였을 뿐 아니라, 구호 활동의 방법과 기술 및 관련 지식 등을 전파함으로써 이 영역의 변화를 가져오는 데도 중요한 역할을 하였다.21) 특히 미국식 전문 사회사업

---

17) 권오구, 앞의 책, p.286.
18) 감정기·최원규·전재문 외, 앞의 책, pp.369-370.
19) 최원규, "한국 사회복지의 변천과 외원 기관의 역할", 『한국 사회복지의 선택』, 나남출판, 1996, pp.94-95.

내한시기	기관수	백분율
해방전	22	15.0
해방-한국전쟁 전	10	6.8
1950년대	51	34.7
1960년대	45	30.6
1970년대	15	10.2
1980년대 이후	4	2.7
계	147	100.0

20) 권오구, 앞의 책, p.293.
21) 최명순, 앞의 책, p.161.

실천 방법과 관련 이론을 전파하는 데에 결정적 역할을 하였다. 그 예가 사회사업 전문 인력 배출을 위하여 사회사업학과를 여러 대학에 설치하도록 영향력을 행사한 것이다.22) 이들은 1960년대 말까지 활동 규모나 영향력 면에서 우리나라 민간 사회복지사업 영역에서 적지 않은 비중을 차지하다가 1970년대를 전후하여 남한이 지속적 경제 성장으로 국민소득 수준이 향상되고 사회의 각 부문이 개선됨에 따라 대부분 떠나가나 활동 방식을 변경하였다. 한때 보건 사회부 예산을 능가하기도 하였던 외원 기관의 지원액이 차츰 감소하여 1974년이 지나면 정부 보조비가 이들의 지원금 규모를 추월하게 된 사실을 통해 이들이 떠나게 된 간접적인 이유를 파악할 수 있다.23)

3. 권위주의적 군사정권 시기

박정희 정권 초기, 특히 1961년부터 1963년까지는 해방 이후 한국에서 사회복지제도가 가장 급속하게 도입된 시기이다. 특수 직역에 관련된 복지 제도를 도입한 이승만 정권 때와 달리 군사정권은 일반 국민 대상의 사회복지 관련법을 대량으로 입법하였다. 물론 정권 초기의 복지 입법은 민정 이양 후 치러질 대통령 선거(1963년 10월), 총선(1963년 11월)에서 승리하기 위한 목적에서였다. 이른바 정권의 정당성 확보를 위한 정치적 선택의 성격을 띠고 있었던 바, 입법 후 거의 이행되지 않은 데서 그 본질이 잘 드

---

22) 이 과정에서 사회복지학과를 설치한 대학은 이화여대(1947), 중앙신학대(1953 현 강남대학), 서울대대학원(1956), 한국사회사업대학(현 대구대, 1961), 1962년에 중앙대, 1964년 성심여자대학, 1968년에 서울여대, 1969년 숭전대학, 부산대 등이다. 권오구, 앞의 책, p.308.
23) 감정기·최원규·전재문 외, 앞의 책, p.379.

연도	외부지원액 ÷ 보사부예산(%)	아동복지시설 운영재원 구성		
		정부보조	외원지원	자부담·기타
1958	36.2	28.3	36.5	35.2
1959	27.9	22.9	41.5	35.6
1961	216.3	21.1	53.3	25.6
1962	106.2	20.2	56.0	24.0
1965	165.9	15.5	64.0	20.5
1966	119.6	17.4	53.3	29.3
1967	76.5	19.8	50.3	29.9
1968	43.9	22.2	52.5	25.3
1969	65.8	26.2	51.0	22.8
1974	145.6	48.0	29.0	23.0
1975	34.7	49.1	25.9	25.0

러난다.24)

　　당시 입법된 사회보장 관련 법률들은 다음과 같다. 1961년의 '생활 보호법', '아동 복리법', '원호법'과 1963년의 '군인 연금법', '산업재해 보상 보험법', '의료보험법', '사회보장에 관한 법률' 등이다.25) 이 법들은 공무원, 군인, 경찰, 국가 유공자 등과 같이 국가를 위해 봉사하는 사람들을 포섭하기 위한 제도로 채택된 측면이 강하다.26) '생활 보호법'은 종전 '조선 구호령'의 구호 원칙을 사실상 답습한 성격이 강하고, '의료보험법'은 강제 가입이 아니라 임의 가입 원칙을 채택한 점, 1970년대 가서야 시행된 사실을 보더라도 본래 입법 목적을 가늠할 수 있다. 1970년대 초반에 들어서는 강한 국가를 기반으로 복지를 정치, 경제적인 목적으로 활용하게 된다.27) 대체로 이 시기는 경제 성장에 주력하여 전반적으로 사회복지가 주변적 관심사에 불과하였다.28)

　　이상에서 본고의 시기는 한국의 공적 복지가 근대적 사회복지 제도의 도입과 확립 과정에 걸쳐 있음을 살펴보았다. 30년간 격동의 시기를 거치면서 한국의 공적 사회복지 제도는 정치적 선택의 이유에서였든 자연스런 발전 과정이었든 점차 뿌리를 내리는 과정이었다고 평가할 수 있다. 원조 시기라고 부를 수 있는 미 군정기에서 2공화국 시기에는 정부, 민간 모두 동원할 수 있는 자원이 부족하여 사실상 의존적 성격을 띠었다면 군사정권 시기부터는 정부와 민간 모두가 자립의 기틀을 다져가기 시작했다.

III. 이웃 종교의 사회복지 전개 과정

　　이웃 종교는 여럿 있지만 이 시기에 의미 있는 사회복지사업을 전개하였다고 볼 수 있는 곳은 불교, 개신교에 불과하였다. 불교, 개신교의 사회복지 전개 과정을 살

---

24) 한국 사회복지연구소 사회복지연구실 편, 『세계의 사회복지』, 인간과 복지, 1999, pp.18-24.
25) 이 법률들이 사실상 한국에서 근대적 성격의 사회복지사업의 시작이라고 할 수 있으나, 이 시기는 사회복지사업의 핵심이 외원에 의존한 구호사업에 역점을 두고 있었기에 엄밀한 의미에서 근대적 성격의 사회보장제도의 형성은 1970년대 이후라고 보아야 할 것이다. 권오구, 앞의 책, p.319.
26) 하상락, 앞의 책, p.511.
27) 한국 사회복지연구소 사회복지연구실 편, 앞의 책, pp.22-23.
28) 감정기·최원규·전재문 외, 앞의 책, pp.375-376.

펴보려는 것은 본 고가 다루는 시기에 천주교가 한국 사회복지에 기여한 정도를 비교 복지사적으로 검토해 보기 위한 것이다.

1. 불교

일제 시대에 적은 규모지만 복지사업에 참여하였던 불교계는 본 고가 다루려는 시기에도 내부 갈등으로 미미한 활약을 하는 데 그쳤다. 불교계는 해방 후 1954년 이승만 대통령의 유시가 있기까지 비구·대처승 간 격렬한 갈등을 겪었고, 1960년대 후반 태고종이 분종을 선언하고 조계종과 결별하기까지 감정 대립은 물론 실력 행사로 얼룩진 정화 불사 과정을 거치면서[29] 내부 문제 해결에 치중하느라 그나마 운영하던 복지사업까지 포기하는 지경이었다.[30] 불교계의 복지사업이 대체로 80년대부터 시작되는 것을 보아도 이 기간의 사정을 짐작할 수 있다.[31] 그러나 이런 불교 내부의 어려움 속에서도 일부 사찰과 재가 불자들은 복지적 노력을 계속하였다.

불교계 복지사업 가운데 이 시기에 비교적 활발하였던 분야는 아동복지였다. 해방 후에도 여러 사찰들이 보육원이나 고아원을 운영하면서 아동복지 사업을 전개하였다. 1948년 천안 금수사에서 보육원인 자성원 설립, 1949년 용주사에서 자혜원 설립, 이에 앞서 1946년에는 재가 불자가 혜명보육원, 1947년에 대전 보육원(자혜원)을 설립하였다. 한국전쟁이 일어나면서 사찰에서 운영하던 복지시설들은 이후 운영여부를 알 수 없게 되었으나, 재가 불가들이 운영하던 보육 시설들은 계속 운영되었다. 1952년에 충주 혜능보육원과 부산의 자혜원(1965년 폐쇄), 1953년에 의정부 쌍암사 보육원과 경주 대자원, 1954년에 광명보육원, 1958년에 모자원(후에 주몽재활원으로 변경)과 부산 서애원, 1964년에 대각사 보육원(현 승암보육원), 1968년에 파

---

29) 정병조, "한국 불교의 성찰과 전망", 한국종교사회연구소 편, 『한국 종교의 성찰과 전망』, 민족문화사, 1989, pp.61-98.
30) "불교계는 정화 불사가 끝나는 60년대 후반까지 시설 복지사업을 제대로 전개하지 못하다가 뒤늦게 제도가 요구하는 시설 복지사업에 참여하게 되었다." 이남재, 『불교 사회복지사업의 회고와 전망』, 이혜숙 편저, 『종교 사회복지』, 동국대학교출판부, 2003, p.184.
31) 종교 사회복지 포럼, 『시민사회와 종교 사회복지』, 학지사, 2003, p 116.

평자애원, 1970년에 광주 향림사 보육원 등이 설립 운영되었다.[32]

청소년 복지 분야에서는 1966년 청소년 교화 연합회를 창립하는 정도였고, 실제 활동은 거의 없었다.[33] 노인복지사업은 1952년 부산에서 재가 불자가 불교계 최초로 정화양로원을 설립 불교 최초로 노인복지사업을 전개하였다. 이후 1953년 부산 영락 양로원(1970년 폐쇄), 1957년 제주 양로원(94년 관음사 인수), 1961년 대구 화성 양로원, 1972년 보문종 시자원 등이 설립되는 데 그쳤다.[34]

이처럼 불교계는 1980년대 이전까지 아동복지, 노인복지 분야에서만 미미하게 사업을 전개하였다. 그것도 교단 차원의 조직적인 노력이 뒷받침되지 않는 개별 사찰과 재가 불자 개인에 의한 것이었다. 불교 사회복지에 관한 연구도 80년대 이후에나 시작되었고, 현재 운영되는 불교 사회복지 시설 가운데 47.7%가 1995~1998년 사이에 설립·위탁 운영되기 시작한 것을 보아도 불교계가 이 시기에 사회복지에 기여한다는 것이 얼마나 어려운 일이었는지를 알 수 있다.

2. 개신교

개신교회는 해방 후 활발한 재건 활동을 통하여 교회, 각종 선교 기구와 조직, 신학교 재건, 출판 분야 사업을 재개할 수 있었다. 그러나 "밖으로부터의 정치적 위협, 38선의 분단과 북한 공산주의자들의 교회 말살 정책, 일제 말기 신사참배 강요의 굴복 여부로부터 출발한 신앙의 내적 시비 문제, 신학 사조와 조선신학교를 둘러싼 신학 방법론의 문제 등 해방 이후의 교회의 역사는 통일보다는 분열, 협조보다는 대립"[35]으로 순탄하지만은 않은 시기였다.

해방 후 1960년대까지 남한은 정부 수립 및 한국전쟁으로 인한 혼란과 빈곤으로 인해 사회문제가 심각하였다. 특히 전쟁으로 인한 고아, 미망인 등의 요보호자가 급

---

32) 이남재, 앞의 책, pp.185-186.
33) 이남재, 같은 책, p.187.
34) 이남재, 같은 책, p.188.
35) 전택부, 『한국 교회 발전사』, 대한기독교출판사, p.269.

증하고 많은 사람들이 가난으로 고통을 받았으나, 체계적인 복지 제도는 거의 전무한 상태였다. 이 기간 동안 외국 선교 단체를 중심으로 펼쳐진 고아원과 같은 시설 보호, 물자 구호 및 민간 차원의 자선 활동은 당시 한국 사회복지에서 중요한 역할을 수행하였다.36)

개신교회의 구제사업은 기존의 수용 시설을 활용하는 한편, 새로운 시설을 계속 확장하는 형태로 전개되었다.37) 이 외에도 전상자를 위한 의수족 및 재활사업, 구라 사업, 대구 맹아학교, 농아사업, 불우 청소년들에 대학 교육사업, 농촌 계몽, 정화 운동도 전개하였다. 이러한 활약상은 해방 10년 사이 개신교에서 운영하던 고아원 560개, 모자원 49개, 나환자 수용소 25개, 노인관 25개, 영아관 14개, 결핵 요양원 4개, 전쟁 미망인 직업 보도소 17개, 총 694개의 시설 규모가 잘 보여준다.38)

교육 분야에서도 활약이 두드러진다. 일제 시대에 폐교되거나 정통성을 상실했던 기독교 학교들이 재건되고, 북한 지역에 소재하던 기독교 학교들도 남한으로 옮겨 재건되는 등 한국 교회의 주력 사업이었던 교육 활동이 다시 활기를 띠게 되었다. 해방에서 70년대까지는 기독교 재단과 신자 개인이 각급 학교들을 상당 수 설립하여 한국 진출에서 일제 시대까지 종교계 교육 기관 수에서 최대 규모를 자랑했던 명성을 이어 갔다.39)

그 일단을 살펴보면 일제 시대에 폐교되지 않고 정비, 재건한 학교가 대학 3곳(연희 대학교, 세브란스 의과대학, 이화여대), 배재중·고를 비롯한 12개 중·고교, 일제 말기 폐교되었다가 재건된 학교가 대학 1곳(숭실대, 1954), 숭일중·고를 비롯한 13개 중·고교, 해방 후 설립된 학교가 대학 6곳(국제대, 계명대, 한성여자전문대, 대전대, 서울여대, 대

---

36) 박영호, 『기독교과 사회사업』, 예수문서선교회, 1979, pp.22-48.
37) 전택부, 앞의 책, p.315.
38) 김양선, 『한국 기독교 해방 10년사』, 대한예수교장로회총회종교교육누, 1956, p.130. "한국 기독 교계에 대한 최초의 체계적인 연감이라 할 수 있는 『기독교 연감』1957년 판의 사회사업 단체 목록에는 543개의 사회복지 시설이 나온다. 보사부 통계에 따르면 1957년 547개, 1968년 615개 의 사회복지 시설이 있었던 것으로 나온다. 기독교 연감에 나오는 시설들 속에는 비인가 시설이 많이 있기 때문에 인가 시설 중심의 보사부 통계를 단순히 비교할 수는 없지만 50년대 한국 기독교가 사회복지에서 차지하는 비중을 간접적으로 유추할 수는 있겠다"(노치준, 「사회복지를 향한 개신교의 사회봉사」, 이삼열 외, 『한국 사회 발전과 기독교의 역할』, 한울, 2000, p.167).
39) 전택부, 앞의 책, pp.283-284.

전보육초급대), 60개 중학교, 중·고등학교가 설립되었다.40)

기독교 의료 기관의 재건과 이에 발맞춘 의료 활동도 활발하게 진행되었다. '아사히의학전문학교' 부설 병원으로 전락하였던 세브란스병원이 1947년 대학 승격과 함께 한국 굴지의 병원으로 승격하였고, 감리교 동대문병원은 1945년 이화여대 의학부 창설과 함께 부속병원으로,41) 대구 동산기독병원, 안동병원, 전주 예수병원, 광주병원, 원주 기독병원, 인천 기독병원, 기독병원이 설립 또는 재건, 여수(애양원), 대구(애락원), 부산(상애원) 등의 나병원 등의 재건, 구세군 영동병원도 확장 발전하였다.42)

이러한 개신교계의 활발한 구제사업은 한국인에 의한 것이 없었던 것은 아니지만, 한국전쟁에서 1960년대 초반까지는 주로 외원에 의존하였다. 1950년대에 한국에 진출한 외원 기관 147개(해방 이전에 들어온 22개 포함) 가운데 개신교 배경을 가진 기관이 73개(49.7%), 가톨릭이 40개(27.2%), 무종교나 미상이 33개(22.4%), 불교가 1개(0.7%)로43) 개신교가 절반 이상을 차지하고 있었던 데서 그 규모를 가늠할 수 있다.44)

무엇보다 이 시기에 한국 사회복지 발전에 긍정적인 의미를 부여할 수 있는 일은 본격적인 사회복지 인력의 양성 필요성을 절감하고, 개신교대학에 사회복지학과를 설립한 것이다. 1947년 이화여대에 최초의 사회사업학과가 '기독교 사회사업학과'라는 이름으로 설립되고, 1953년에 중앙신학교(강남대 전신)에 사회사업학과가 설립된 후 서울대학교대학원에 1958년 사회사업학과가 설치되는 등 이후에도 개신교 계통의 대

---

40) 이봉구, 『기독교학교 교육사』, 대한기독교교육협회, 1974, pp.86-87.
41) 이화 80년사 편찬위원회, 『이화팔십년사』, 이대출판부, 1967, pp.564-567; 김두종, 『韓國醫學史全』, 탐구당, 1981, p.552.
42) 전택부, 앞의 책, pp.285-286.
43) 최원규, 앞의 책, pp.95-96.
44) 김양선은 기독교세계봉사회(CWS)에 속한 한 단체가 6·25를 전후하여 한국의 빈곤자 지원사업의 내역을 의류 37,329점, 분유 122,017섬, 밀가루 12,510포, 쌀 16,326식, 식용기름 3,382상자, 현금 1억 달러라고 밝히고 있다(김양선, 앞의 책, p.130). 이 수치는 구자헌이 1953년부터 1968년 까지 외원 기관 전체가 도입한 물자들을 금액으로 환산하여 약 2억 3,364만 달러 정도 될 것이라고 한 것과 비교할 때 매우 큰 비중을 차지하는 수치이다(구자헌, 『한국 사회복지사』, 홍익재, 1984, pp.208-209). 이러한 수치는 통계를 낸 기관마다 차이가 있어서 정확한 판단을 내리기 어렵지만, 개신교계 외원단체의 지원 규모가 그만큼 큰 비중을 차지하고 있었다는 것을 추정하는 근거로 볼 수는 있을 것이다. 선명회(World Vision) 한 단체만도 1953년에서 1975년까지(1963년 자료 유실) 2,600만 달러를 도입하였다(민경배 대표집필, 『월드비전 한국 50년 운동사』, 월드비전, 2001, p.629).

학에서 사회복지학과가 설치되어 사회복지 인력을 양성·충원하는 데 기여하였다.45)

그러나 50년대 외원 시대가 지나고, 점차 외원이 줄면서 개신교계의 사회복지 활동은 점차 위축된다. 게다가 1960년대에 개신교가 급속한 신도의 양적 증가를 경험하면서 교회 확장에 일차적인 관심을 기울이게 됨으로써 사회복지에 소원해지는 결과가 나타났다.46) 그러나 이 시기에 많은 기독교인들이 사회복지 분야에 진출하였고, 이 기간에 양산된 개신교 복지 인력과 신자 개인의 참여는 각종의 사회복지 기관과 복지 활동에서 중요한 역할을 담당하였다.

IV. 가톨릭 사회복지의 전개 과정

이 시기의 가톨릭 사회복지 전개 과정은 외원 기관과 교황청립 수도회들의 진출을 빼놓고는 이야기할 수 없다. 이 두 집단 가운데 특히 외원 기관을 통해 동원된 막대한 물적 자원이 당시 한국인의 생존에 절대적인 영향을 행사하였을 뿐 아니라, 이후 가톨릭 사회복지 발전의 토대를 구축하였기 때문이다.47) 실제 가톨릭 사회복지가 이 시기에 20세기 중 가장 큰 발전을 하였다는 평가는 과언이 아니다. 아울러 이 시기는 신자의 양적 증가는 물론 후반으로 가면서 교회의 자립 능력이 커지고 인권·사회정의에 대한 관심이 증가하였으며, 산업화 도시화 한국 사회 발전 단계에 발맞춰 노동 복지·교정 복지·청소년 복지 등의 분야로 범위도 확장되었다. 그럼 가톨릭계 외원 기관의 기여에서부터 가톨릭 사회복지의 기여 분야 전체를 조망해 보고자 한다.

---

45) 노치준, 앞의 책, p.167.
46) 노치준, 앞의 책, p.168.
47) 1953년부터 1960년까지 우리나라에 대한 외국의 원조는 약 17억 4500만 달러로 남한 GNP의 약 8%, 수입의 약 70%에 달하였다. 1957년부터 1961년까지 5년 동안 원조액수가 전체 정부 세입에서 차지하는 비중이 45.5%로 제1의 세입원이었고, GNP의 12.3%를 차지한 것이 이를 잘 보여준다. 장정란, "한국전쟁과 선교 실상", 『한국 천주교회사의 성찰과 전망 2』, 한국천주교중앙협의회, 2001, p.247.

1. 가톨릭계 외원 기관의 기여[48]

가톨릭계 외원 기관은 미국 NCWC[49] 산하의 CRS,[50] 오스트리아의 가톨릭 부인회, 독일의 미세레오르가 대표적이다. 이 가운데 가장 원조 범위와 액수가 많았던 CRS부터 살펴보도록 한다.[51]

---

48) 외국 가톨릭교회의 구호 활동을 시기적으로 구별하면 다음과 같이 3기로 나눌 수 있다. 기아, 한파, 질병 등 직접적인 생존의 위협에 대하여 생명을 지키는 활동에 치중한 1950년 한국전쟁 발발에서부터 휴전 협정이 조인된 1953년 7월까지 제1기. 이 시기에는 식량, 의류, 의약품의 공급이 가장 중요하였다. 수많은 피난민, 고아, 전쟁미망인, 상이군인들의 정착, 자활사업이 중요해지는 휴전에서부터 1950년대 말까지인 제2기. 이때는 토지개간사업, 주택건설사업, 직업 교육 등에 대한 원조가 중심이 되었다. 마지막 제3기인 1960년대에는 가톨릭 구제회의 지원 속에 한국 천주교회의 사회사업이 본격적으로 시작되면서 외국 원조 단체의 활동이 한국 교회와 한국 정부로 이관되는 시기이다. 이때는 무상 구호에서 특정 자활사업과 관련된 재정 지원으로 지원 방식이 변화된다. 장정란, 같은 책, p.248.
49) NCWC(National Catholic Welfare Conference, 가톨릭 복지 협의회)는 미국 가톨릭교회의 복지 활동 전반을 조직·통합·연계 조정하는 미국 주교단의 기구이다. 1917년 8월 기본스(Gibbons) 추기경이 주도하여 설립하였다. 장정란, 같은 책, p.194; 유홍렬, 『增補 한국천주교회사 下』, 가톨릭출판사, 1992, pp.450-451.
50) CRS(Catholic Relief Services, 가톨릭구제회)는 NCWC 산하의 공식적 해외 원조기관이다. "제2차 세계대전으로 세계 각지에 산재한 난민, 전쟁 희생자, 빈민들 돕고 각국의 사회사업 단체들을 물품과 금품으로 지원해주기 위하여 1943년에 조직되었다. 제2차 세계대전 후에는 유럽의 프랑스, 이탈리아, 네덜란드, 독일, 벨기에의 전 재민과 우리나라를 비롯하여 중국, 필리핀, 일본 등지에 전후 가장 긴급한 의류, 식량, 의료품 등을 다량으로 공급하였다. 원조 재원은 1950년대부터 공여된 미국 정부의 잉여농산물, 미국 가톨릭 주교회의가 해마다 추수감사절에 수집한 의류, 주교단의 구제 기금, 미국 난민 프로그램(United States Escapee Program), 유럽 이민을 위한 정부 간 위원회(Intergovernmental Committee for European Migration), 유엔 난민 고등 판무관(United Nations High Commissioner for Refugees) 등이 지원한 재정을 기반으로 하였다. … 한국이 경제적으로 성장하고 국민소득이 점차 높아짐에 따라 1974년 한국에서 철수하고, 미국 가톨릭 여성 연합회가 주관하던 양친사업(Help a Child Program)을 구제회 명의로 계속하다가, 1975년 가톨릭 구제회의 재산 일체인 서울 장충동 소재 대지 269평과 지상 건물과 그 활동을 한국 인성회에 양도하였다." 장정란, 앞의 책, pp.195-197; 박석돈, "가톨릭 복지사업", 『한국 가톨릭 대사전』 1권, 한국교회사연구소, 1995, p.140.
51) 이 기구의 활동과 원조 내역에 대하여는 장정란이 앞의 글에서 가장 상세하게 기록하고 있다. 장정란은 CRS 고문서 자료실의 자료를 토대로 1950년부터 1961년까지 가톨릭 구제회의 원조 내역과 사업 내용을 정리하였다. 장정란, 같은 책, pp.198-204. 이외에 다른 가톨릭교회 사가들은 원조 사실만을 단순히 언급하고 있을 뿐이다. 조광, 『한국 천주교 200년』, 햇빛출판사, 1989, pp.98-99; 최근에 가톨릭 사회복지사를 펴낸 심흥보도 단편적인 사실만을 전하고 있다. 심흥보, 앞의 책, pp.130-132.

1) 가톨릭 구제회(CRS)

한국전쟁이 발발하자 미국 가톨릭 복지 협의회(NCWC)는 곧바로 한국 전 재민에 대한 구호 활동을 시작하였다. 1950년 당시 주 미 대사이던 장면이 1950년 7월 초 NCWC 정보부 요청으로 미국 가톨릭 신자들에게 기도와 원즈를 청하자 NCWC는 신속하게 1950년 8월 분유, 동절기 의류, 구두, 저장용 식품, 255파운드의 의약품 등의 구호물자를 보냈다.[52]

가톨릭 구제회는 1963년 당시 아시아에서 가장 사업 규모가 큰 가톨릭 구호 기관으로, 한국을 이 기구의 5대 피원조국 중의 하나로 삼아 지원하였다.[53] 1958년 보건사회부 통계에 따르면 이 지부가 활동을 시작한 1947년 이래, 74개 외국 구호 단체에서 도입한 구호물자 총수의 72%를 이 기구가 담당한 것에서 그들이 한국을 얼마나 중요하게 생각하였는지를 알 수 있다. 이 단체들의 물자 도입 비율은 NCWC 72%, 기독교 세계 봉사회(CWS) 12%, 국제 아동 구호 기구(CARE) 6%, 기타 71개 단체가 10%였다.[54] 이 기구는 1950년대에 급선무였던 전시와 전후 긴급 구호와 의료사업에 치중하였고, 1960년대 이후부터는 좀 더 구조적이고 근본적인 해결책 중심으로 방향을 전환하면서 지역사회 개발사업 등을 지원하였다. 1950년대 이 기구는 주력사업으로 미공법 480호(PL 480)로 도입한 미국 잉여농산물, 주로 옥수수 가루, 밀가루, 기름, 우유 가루를 가지고 모자보건, 급식, 학교급식, 근로지원사업, 극빈자 구호 등을 하였다.[55] 그러나 이후에도 극빈자를 위한 구상 급식, 나환자와 빈민층을 위한 의료사업 등을 상당 기간 계속하였다.

이외에도 한국 내에서 가톨릭 구제회의 사업을 도운 단체에 미국 가톨릭 여성 연합회, 미국 가톨릭 딸회, 미군 민간 원조 기구 등이 있었다. 미국 가톨릭 여성 연합회는 1952년부터 메리놀수녀회와 부산가톨릭부인회를 통해 식품 배분, 급식소 운영, 부산

---

52) 장정란, 같은 책, pp.192-193.
53) 미국 가톨릭 신자들이 전쟁 후 가톨릭 구제회를 통해 원조한 구호 둘품의 연도별 도입량은 1950~1953년 동안에 1,670만 파운드(1,525만 달러 상당), 1952~1955년 동안에 2,936만 1,858톤(1,885만 9,894 달러 상당), 1956~1961년 동안에는 5억 3천만 파운드였다. 「가톨릭 시보」(1963. 6. 9).
54) 「경향잡지」, 1958년 영인본, p.217.
55) 장정란, 앞의 책, pp.197-198; 심홍보, 앞의 책, p.131.

지역 학교급식을 지원하였고, 가톨릭 여성회는 목포 지역에 식품 배급, 광주교구 골롬 반수도회 지원을 담당하였다. 미군 민간 원조 기구(American Forces Aid for Korea, AFAK)는 1953년부터 의료, 보육, 교육기관 설립과 파괴된 각 성당의 신축 등에 건설자재를 포함한 현물과 현금으로 가톨릭 구제회의 전재 복구 사업을 지원하였다.[56]

2) 오스트리아가톨릭부인회(Katholishce Frauenbewegung Österreichs, KFBÖ)[57]

우리나라에서는 통상 오지리부인회로 부른다. 오지리부인회는 우리나라에 1958년 8만 달러 원조를 시작으로 1959년에 16만 7천 달러, 1960년에 24만 달러 등 1964년까지 한국을 집중적으로 지원하였다. 오지리부인회의 지원은 액수는 물론 그 내용에서도 건설복구사업, 의료사업, 정착사업에서 학생 장학금에 이르기까지 단일 민간단체의 구호 활동으로는 매우 다양하고 광범위하였다. 1964년부터는 다른 아시아의 빈곤한 국가들도 지원하였으나 1970년대 들어서도 한국의 신청사업 대부분을 승인하였으며 지원 액수도 총 신청 액의 4.1배로 한국에 대하여 어느 원조 기관보다 관대하였다.[58]

장정란은 오지리 부인회의 1968년 "10 Jahre Familienfasttag 1958~1966"을 자료로 분야별, 지방별 지원사업 내역과 원조 총액을 추계하였는데, 내역은 다음과 같다. 농업 개발사업 총 21개 사업 262,550 달러(단위 미국 달러), 노동자를 위한 사회사업 10개 사업 176,450 달러, 교육사업(교사와 학생 기숙사 건설, 장학금) 11개 사업과 450명의 학생과 직업 훈련생 장학금 129,000 달러를 포함한 560,150 달러, 의료사업(병원

---

56) 장정란, 같은 책, p.196.
57) "오스트리아 가톨릭 부인들의 복지 향상과 선교를 목적으로 조직된 여성 활동 단체로, 회원은 혼인 여부와 관계없이 가입이 가능하였고, 비엔나에 본부를 두고 오스트리아 각 교구에 지부가 있다. 1955~1956년에 걸쳐 가톨릭 여성 기구 세계 연합회(Weltunion der Katholischen Frauenorganisation)가 전 세계의 기아 문제에 대해 주의를 환기시키며 산하 기구들이 이 문제 해결에 동참하는 방법을 모색할 것을 호소하였다. 이에 오스트리아가톨릭부인회에서도 1957년부터 가족 단식일 운동을 전국적으로 개시하였는데 놀랍게도 가난한 계층에게 더 호응을 받아 280만 실링(Schilling)을 모금할 수 있었다. 그 이듬해부터는 부활절 전 40일 봉재 기간 중 대잿날 하루 한 끼를 금식하고 거기서 얻은 각 가정의 절약 금액을 구호금으로 보내는 방법을 채택하였다. 이 단식을 통한 모금의 정신과 목적은 모든 가톨릭 신자는 민족과 국경을 초월하여 그리스도 안에 한 형제와 자매이므로 함께 배고픈 괴로움을 나누며 절제와 희생으로 돕자는 것이었다." 장정란, 같은 책, p.205.
58) 장정란, 같은 책, p.205; 한국 천주교 인성회 보고문, 4면.

건립, 간호사 교육) 10개 사업 총 431,000 달러, 구라사업 5건에 376,170 달러, 피난민 주택 건설 234,500 달러, 고아원과 고아를 위한 직업훈련소 5건 132,800 달러, 기타 오스트리아 봉사원을 돕기 위한 장비, 교통비, 설비 지원에 18,500 달러 등이다.[59]

3) 독일 미세레오르(Misereor)[60]

미세레오르는 가톨릭계 원조 기관 중에는 비교적 늦은 60년대부터 이른바 경제 개발 시기에 원조에 참여하였다. 1970년대에도 원조를 계속하여 우리 교회가 주요 선진국 교회에 신청한 개발 원조 사업 중 신청 액수별로는 87%, 실제 지원액은 1,538만 달러로 총 지원액의 66.5%를 점하고 있어 단일 기구로는 최대의 원조를 하였다.[61] 이 기구는 대부분 10만 마르크 미만의 금액으로 직접 도움이 될 수 있는 원조를 하였는데 나환자 요양원, 병원, 약국, 빈민구호 식당 등 사회복지시설과 자선사업기관의 설립, 또한 농어민과 도시 빈민의 자립운동을 지원하였다. 또한 자립은 장기적인 교육을 통해 가능하다고 보아 직업교육, 여성교육, 문맹 퇴치 등에도 주력하였다. 원조규모를 살펴보면 1959년에 총 4개 부문 사업 지원에 154,008 마르크, 1960년 총 13개 부문에 1,441,720 마르크, 1961년에 21개 부문 사업지원에 총액 2,157,800 마르크를 지원하였다.[62]

---

59) 장정란, 같은 책, pp.206-210. 오지리 부인회의 원조금은 평범한 신자들이 헌신적으로 절약하여 모은 돈이어서 다른 어떤 지원금보다 가치가 있다고 한다.
60) "미세레오르는 독일 주교들이 아시아, 아프리카, 남아메리카, 오세아니아 등 제3 세계 국가들을 돕기 위하여 1958년에 설립한 독일 주교회의 산하 개발 원조 기구로서 독일 아헨에 본부를 두고 있다. 설립 당시에는 이웃 돕기 운동의 성격이었으나 1967년 이후 지속적인 개발 원조기구로 발전하였다. 가톨릭 사회론에 기초한 개발 원조로써 사회 정의와 이웃 사랑을 실천하는 데 두고 있는데, 독일 가톨릭 신자들의 사순 시기 특별 헌금과 독일 교회 재정의 개발 원조 지원금, 그리고 독일 정부와 유럽 공동체의 개발 원조금을 원조 기금으로 하고 있다." 장정란, 같은 책, p.210.
61) 장정란, 같은 책, p.211.
62) 장정란, 같은 책, p.213.

2. 교육복지

천주교회도 1951년부터 파괴된 시설의 복구, 재건사업을 시작하여, 1953년부터 본격적으로 추진하였다. 1956년에 유치원 31개, 초등학교 6개교,[63] 중학교 18개교, 고등학교 18개교, 대학교 2개교가 있었다. 그러다 초등학교는 1970년 14개교 교에 이르다가 1975년에 9개교로 감소 이후 점차 줄어들었다. 중학교는 1969년 43개로 정점을 이루다가 그 이후로 계속 감소하였다. 고등학교는 75년 37개교로 중학교에 비하여 크게 성장하였다.[64] 대학교는 75년 8개교로 4배가 늘어 가장 높은 증가세를 기록하였다.[65] 유치원은 가장 증가세가 높아 75년경에 200여 개에 육박하였다.[66]

학교 복구와 교육 재건 사업은 주로 원조에 의존한 것이었다. 원조 사업 내용을 보면 원조가 주로 학교 설립, 교사 신·증축에 지원되었음을 알 수 있다. 그러나 일반 원조와 가톨릭교회가 받은 원조 사이에는 다소 차이가 있었던 바, 교회는 이왕이면 고아, 미망인, 빈곤한 계층에 더 관심을 기울이고자 하였다.[67] 오지리 부인회가 간호학교, 기술학교 등의 설립을 지원한 경우가 그러한 예이다. 이는 가톨릭교회가 같은 시기에 똑같이 원조를 받았으면서도 사회적 약자들에 더 많은 관심을 기울였다는 것을 보여준다.[68] 아울러 장기적으로 가톨릭 지성인과 인재 양성의 필요성을 인지하고 해외 가톨릭교회에서 장학금을 제공하여 유학을 시킨 경우도 특기할 만하다. 1954년 7월 1일 한국 천주교회가 공식적으로 유학생을 파견하게 된 것을 필두

---

63) 가톨릭계 초등학교의 전체 초등학교와 사립 초등학교 안에서의 비율은 각각 0.1%, 10% 수준에 불과하였다. 『문교부 통계 연보』 1975.
64) 1972년 말 전국 중·고등학교수는 중학교가 1,866개교, 중학교 942개교로 사립중이 718개교, 사립고가 441개교였다. 이 가운데 가톨릭계 중학교가 43개교(전체 사립의 6%), 고등학교가 35개교(전체 사립의 8%)인데 반하여, 개신교계 중학교는 82개교(전체 사립의 11.4%), 고등학교는 69개교(15.6%)로 가톨릭의 두 배에 달하였다. 서강대학교 사회문제연구소, 『한국 가톨릭 사회경제사업평가 조사서』, 1974, p.22.
65) 김병상, "해방 후 한국 천주교회와 교육 운동", 『한국 천주교회 창설 200주년 기념 한국 교회사 논문집 II』, 한국교회사연구소, 1985, pp.835-836.
66) 김병상, 같은 책, p.835.
67) 장정란, 앞의 책, p.236.
68) 1950년 이후 설립된 각급 학교와 기술학교, 외국 가톨릭 기관이 제공한 유학 장학금에 대한 상세 내역은 역시 장정란이 잘 파악 정리해 놓았다. 장정란, 같은 책, pp.237-243.

로,69) 고등교육, 간호, 약제, 양재, 방직 등 다양한 분야에 유학생이 여비와 체류 비용 일체를 제공받으며 유학길에 올랐다.70)

3. 의료복지

천주교의 의료사업은 "일제 시대에 시약소에서 진료소로, 의원에서 병원으로 확대되고, 비전문 의료인에서 자격을 가진 전문 의료인을 가지는 형태로 발전해 왔다."71) 그러나 해방 이후 북한 지역에서는 가톨릭이 운영하던 의료사업이 중지되어 남한 지역에서만 계속되어 오다가 한국전쟁을 맞아 그나마도 파괴되기에 이르렀다. 그러다 전쟁이 끝나면서 외원에 의존하여 병원을 설립하는 방향으로 서서히 전개해 왔다. 양적으로나 질적으로 현재가 가톨릭 의료사업이 가장 발전한 시기이지만, 지난 100년을 놓고 보면 본고의 시기가 특히 한국 천주교회의 의료사업이 가장 질적으로 성장 발전한 시기이다. 의료사업의 대상을 신자에 국한하지 않았고, 영세민이나 불구, 폐질자, 의료 혜택 소외 지역민들을 주 대상으로 하여 박애 정신을 모든 시기 가운데 가장 잘 드러냈으며, 의과대나 간호전문대를 통해 자체 가톨릭 의료인을 양성하기 시작했기 때문이다.72)

한국전쟁이 끝난 뒤 가톨릭교회는 1959년까지 병원 10거소, 의원 4개소, 의과대학과 간호학교를 설립하여 의료인 양성사업을, 의료사업의 연장선에서 구라사업도 시작하였다. 1960년대는 외원과 국제 수도회의 파견 관구 혹은 총원의 지원을 받아 수도회 자체에서 병원을 설립하는 시대였는데, 대구교구 자선 진료소를 제외하고 나머지 15개의 병, 의원이 수도회에 의해 설립, 운영한 데서 그 규모가 잘 드러난다.

---

69) 「가톨릭신보」(1954. 7. 11)
70) 장정란, 앞의 책, pp.242-243.
71) 조규상, "한국 가톨릭교회의 의료 활동", 『성농 최석우 신부 고희 기념 한국 가톨릭 문화 활동과 교회사』, 한국교회사연구소, 1991, p.295.
72) 박태봉, "한국 천주교회와 의료사업의 전개 과정", 『한국 천주교회 창설 200주년 기념 한국 교회사 논문집 II』, 한국교회사연구소, 1985, p.865.

수도회가 하는 의료사업은 1950년대의 연장선에서 낮은 곳을 지향하였다. 수도회들이 주로 농촌이나 소도시에 개원함으로써 의료 혜택 소외 지역민들에게 혜택을 주고자 하였으니 말이다. 1970년대에는 산업화 과정에서 필연적으로 발생하는 산업재해와 근래 들어 우리나라에서 날로 증가하기 시작한 정신 질환자를 치료하기 위해 직업병과 정신병 치료를 전담하는 병원을 설립 시대적 의료 요구에 대처하고자 하였다.73)

본고의 해당 시기에 국한하여 보면 각주의 <표 1>74)과 같이 의료 인력 양성기

---

73) 박태봉, 같은 책, pp.865-875.

번호	연대	기관명	소속	사업명	규모	창설연도	소재지(교구)	원조기관
1	1950	대전 성모병원	대전교구	진료	병원	1950	대전(대전)	대전교구
2		성 라자로 의원	수원교구	나사업	의원	1950	시흥(수원)	서독구리회, 미국, 일본, 캐나다
3		메리놀병원	부산교구	진료	병원	1950	부산(부산)	메리놀수녀회
4		성 분도병원	올리베따노 성베네딕도수녀회	진료	병원	1951	부산(부산)	스위스 성 십자가 수녀회
5		동혜원	작은 자매 선교 수녀회	나사업	요양소	1953	고창(전주)	작은 자매 선교수녀회
6		가톨릭 의과대학	서울 대교구	교육		1954	서울(서울)	서울교구
7		가톨릭 간호학교	서울 대교구	교육		1954	서울(서울)	서울교구
8		성모지애학교	한국 순교 복자 수녀회	진료	병원	1955	부평(인천)	한미재단, 가톨릭구제회
9		성 골롬반 병원	성 골롬반 수녀회	진료	병원	1955	목포(광주)	성 골롬반 수녀회
10		장수 성모병원	전주 교구	진료	병원	1955	장수(전주)	전주교구
11		성 골롬반 의원	성 골롬반 수녀회	진료	의원	1956	춘천(춘천)	성 골롬반 수녀회
12		증평 수녀의원	메리놀수녀회	진료	의원	1956	증평(청주)	메리놀 외방 전교회
13		대구 파티마병원	포교 성베네딕도수녀회	진료	병원	1956	대구(대구)	미제레올, 오지리부인회, 서독정부
14		성 요셉병원	대전교구	진료	병원	1957	부여(대전)	대전교구
15		의정부 성모병원	서울대교구	진료	병원	1957	의정부(서울)	서울교구, 가톨릭중앙의료원
16		전주 성모병원	전주 교구	진료	병원	1959	장수(전주)	미제레올
17	1960년대	천주의 성요한의원	천주의 성 요한 의료 봉사 수도회	진료	의원	1960	광주(광주)	천주의 성 요한 의료봉사수도회
18		영원한 도움의 성모병원	영원한도움의성모수녀회	진료	병원	1960	서울(서울)	1980년 2월 폐지
19		성 바오로 병원	샬트르성바오로수녀회	진료	병원	1961	서울(서울)	샬트르성바오로수녀회
20		성 요셉의원	성 골롬반 수녀회	영세민간보건	의원	1961	삼척(원주)	성 골롬반 수녀회
21		가톨릭피부과의원	대구교구	나사업	의원	1961	대구(대구)	오지리 부인회
22		성심 인애병원	대구교구	나사업	병원	1961	산청(마산)	작은 형제회, 미라회
23		성가병원	성가회	진료	병원	1962	서울(서울)	미제레올
24		성심의원	성베네딕도수녀회	나 결핵	의원	1962	성주(대구)	베네딕도 수도원
25		가톨릭중앙의료원	서울대교구	교육진료	병원	1962	서울(서울)	서울대교구
26		그리스도 왕 의원	천주 섭리 수녀회	진료	의원	1963	강화(인천)	메리놀
27		옥천 성모의원	포항 예수 성심 수녀회	진료	병원	1964	옥천(청주)	가톨릭 중앙 의료원, 정부, 미군, 미제레올, 아이젠하위 재단, 부산교구
28		지산 간호전문대학	부산교구	교육	전문대	1964	부산(부산)	부산교구
29		자선진료소	서울대교구	자선 진료	진료소	1964	서울(서울)	서울대교구
30		성 빈첸트 병원	성 빈첸시오 수녀회	진료	병원	1965	수원(수원)	성 빈첸시오 독일 관구
31		갈바리의원	마리아의 작은 자매회	진료	의원	1965	강릉(춘천)	마리아의 작은 자매회(호주관구)
32		보은 성모병원	동정 성모수녀회	진료	병원	1966	보은(청주)	미제레올, 아산재단, 동정성모회
33		성 프란치스꼬의원	마리아 전교자 프란치스코 수녀회	진료	의원	1967	가리봉(서울)	
34		성신 간호전문대학	성 골롬반 수녀회	교육	전문대	1967	목포(광주)	
35		마산 파티마 병원	포교 성베네딕도수녀회	진료	병원	1969	마산(마산)	
36		성 분도 치과의원	올리베따노 성베네딕도수녀회	진료	의원	1969	부산(부산)	올리베따노 성베네딕도수녀회
37	1969	성 이시돌 의원	성 골롬반 수녀회	결핵	의원	1970	제주(제주)	미제레올 이시돌 협회
38		마리아수녀회구호병원	마리아 수녀회	결핵	병원	1970	부산(부산)	한국 자선회

관75)을 포함한 병·의원의 설립 개수는 47개에 달한다. 이전 시대와 확연히 구별되는 양적, 질적 성장이 아닐 수 없다.

4. 구라(救癩)사업

일제 시대, 해방 공간, 한국전쟁으로 이어지는 격동의 시기에 빈곤으로 인한 영양섭취 부족, 비위생적 환경과 전염병 등으로 많은 한국인들이 정신적 육체적으로 피폐하였다. 그 가운데서도 나환자들은 사회적 편견까지 더해져 더 큰 고통을 받았다.76) 가톨릭교회는 이 시대에 가장 낮은 자였던 이들 나환자에 대하여 일찌감치 관심을 기울였다.

최초의 나사업은 1952년 미국 NCWC가 시작한 성 라자로 마을이다.77) 1954년 메리놀회 스위니 신부(Joseph A. Sweeney)는 천주교 구라회를 창설, 재가 환자들을 위한 외래 진료소와 나이동 진료반을 만들어 전국적인 조직을 가지고 관리를 전개

39	7 0 년 대	성바오로병원원주분원	샬트르성바오로수녀회	진료	의원	1970	원주(칙주)	샬트르성바오로수녀회
40		성 가롤로 병원	까리따스 수도회	진료	병원	1970	순천(광주)	독일 가롤로 보로메오 수도회
41		산업재해병원	서울대교구	직업병	병원	1971	서울(서울)	서울대교구
42		다미안 피부과 의원	미리스타 교육 수도회	나사업	의원	1971	영주(안동)	별기에 다미안 재단
43		이리 성모의원	동정성모수녀회	나사업	의원	1972	이래(전주)	오지리부인회,서독구러회,유럽동정성모회
44		평화의 모친 의원	마리아의 작은 자매회	진료	의원	1973	포천(춘천)	마리아의 작은 자매회
45		성모 조산소	성체회 수녀원	조산업	조산원	1973	성남(수원)	미세레올
46		전북 의료협동조합	전주교구	의료	협동회	1973	전주(전주)	오지리 부인회
47		여의도성모병원	서울대교구	정신과	병원	1974	서울(서울)	

74) <표 1> 본고 해당 시기의 가톨릭의료기관 설립 현황(1945~1974).
75) 50년대 가톨릭교회 계통의 병원들이 가장 절실하였던 것은 가톨릭 의료인들이었다. 개신교처럼 독자적인 의과대학을 갖지 못하였었기에 자체 인력 양성이 불가능하였기 때문이다. 이 필요에 부응하기 위하여 1954년 가톨릭대학 의학부(전 교명 성신대학 의학부)와 요셉 간호학교(후에 가톨릭대학 의학부 간호학과)를 설립하게 되었다. 간호사 교육기관으로는 1954년 부산 메리놀 병원에 메리놀간호전문학교(후에 지산간호보건전문대학), 1967년 목포 성골롬반병원부설로 성신간호전문대학이 설립되었다. 조규상, 앞의 책, pp.300-301.
76) 당시 구라회에 등록된 환자수는 13,000명에 이르렀다.
77) 1959년 6월 2일 미국 메리놀회 안 캐롤 주교가 가톨릭 구제회 한국 총책임자로 있을 때 나환자들을 모아 오류동에 모여 살도록 하였고, 6·25 이후 흩어진 이들을 1951년 7월 5일 현재의 의왕 성 라자로 마을로 옮겨 살게 하였다. 최시룡, "현대 한국 천주교회와 구라사업의 전개", 「한국 천주교회 창설 200주년 기념 한국 교회사 논문집 II」, 한국교회사연구소, 1985, p.916.

하였다. 이 활동에 예수성심시녀회[78]를 위시하여 여러 수녀회들이 참여하였다.[79]

작은형제회 콘스탄시오(G. Constantius) 신부는 진주 현남동 소재 구생원을 근거지로 부랑 걸식하던 나환자 60명을 인수, 현 위치인 경남 산청으로 이주시켜 1959년에 성심원을 설립하였다.[80] 1961년 8월 25일에는 '성심인애병원'을 설립하여 나환우 치료를 도왔다.[81]

1960년 1월 대구대교구는 구라사업부를 신설하여 초대 대표에 루다 신부를 임명하고, 의성 신락원, 고령 은양원을 설립, 농지 매입과 주택 건립을 통해 유랑 걸식 환자를 정착시키고 생계 보조와 의료 지원을 계속하였다.[82] 같은 해 성베네딕도회는 미세레오르와 서독 구라회(DAHW)[83] 지원으로 성신원(현 성신 농장) 내에 연건평 135평의 성심의원을 건립, 내과, 외과, 산부인과 등 의료 시설을 갖추고, 1962년 3월에 개원한 이후 나환자 진료를 담당하였다.

1961년 엠마(F. Emma) 여사는 오지리 부인회 원조로 대구시 남구 봉덕동 임야 15,000여 평을 매입, 아동 기숙사를 신설하고 전염 우려가 있는 양성 환자 자녀를 격리 보호하는 한편, 1963년 2월에는 현 소재지인 대구시 북구 읍내동에 대지 2,000평을 매입, 아동 기숙사를 신설하고 전염 우려가 있는 양성 환자 자녀를 격리 보호하였다.[84]

1966년 11월 27일 나병 관리사업에 헌신하던 서 요셉 신부의 선종을 계기로 1967년 10월 10일 '한국 가톨릭 나사업가 연합회'가 발족하여 103개 나환자 정착

---

78) 포항예수성심시녀회는 1953년 창설자 남 루이데랑드 신부와 당시 정녀들을 중심으로 포항 송정리에 성모자애원 마을을 건설하고, 여기에 나환자 무료 진료소를 설립하였다. 예수성심시녀회 60년사 편찬위원회, 『주님 손안의 연장』, 예수성심시녀회, 1996, pp.115-117.
79) 포항예수성심시녀회는 구라사업에 각별한 관심을 가지고 많은 수녀들을 외래 진료소와 이동 진료팀에 파견하여 간호 수녀의 역할을 담당토록 하였다. 최시룡, 앞의 책, p.911.
80) 최시룡, 같은 책, p.921.
81) 작은형제회 한국순교성인관구, 『작은형제회 한국 60년사』, 2000. pp.157-159.
82) 최시룡, 앞의 책, p.921.
83) 원 명칭은 German Leprosy Relief Association. 민간원조 단체로, 본부는 서독 뷔르츠부르그에 있으며, 이디오피아에서 처음으로 구라사업을 시작한 페론(Feron) 박사의 헌신적인 봉사 정신을 기념하기 위하여 1958년 창설되었다. 이 단체는 1959년부터 1981년까지 23년간 우리나라의 구라사업에 32억 5천 4백여만 원을 지원하였다. 최시룡, 같은 책, pp.935-936.
84) 최시룡, 같은 책, p.921.

마을 가운데 40여 개소를 관리하였다.[85] 1973년 동정성모회(현 예수수도회)는 이리에 성모병원을 설립 나환자 진료를 도왔고, 1971년 안동교구에서는 다미안 재단의 지원을 얻어 다미안 피부과 의원을 개설 나환자를 위한 외래 진료와 이동 진료를 실시하였다.[86]

5. 아동복지

한국전쟁은 미증유의 전쟁고아를 양산하여 교회의 우선적인 관심이 필요하였다. 해방 이전부터 존재하던 아동복지사업을 중심으로 살펴본다.

1915년 대구교구에서 설립 운영해 오던 '백백합 보육원'은 1967년 이래 성장한 여아들을 해마다 사회로 복귀시켰다. 1915년 매스트르 신부가 설립한 영해회 고아원은 1950년 한국전쟁 발발 후 피난 생활을 하다 1952년 9월 1일 대구시 대봉동에 원사를 신축하여 이사하였다. 1966년 9월 24일에 명칭을 '천주교 성바오로보육원'으로 변경하고, 1969년 9월 23일에 샛뽈 유지 재단으로 명의 이전하였다가 1977년 9월 6일 폐원하였다.[87]

1946년 2월 10일 부산교구 범일동본당 정재석 주임신부가 해방 후 후견인 없는 어린이들을 본당 근처 30평짜리 한옥에서 수용하던 '소화 보육원'이 '소화 영아 재활원'으로 개칭되고 샬트르성바오로수녀회가 운영을 맡게 되었다.[88] 같은 해 서울대교구는 불우 아동 및 부상 아동을 보호하기 위하여 서울 강남구 잠원동에 성심원을 설립하여 그 운영을 파티마성모수녀원에 맡겼다.[89] 1947년 8월 25일 강릉본당 주임신부 성골롬반회 제프라티 신부(Brain Geraphty, 池)는 성심보육원을 세우고 60여 명 고아들을 양육하기 위해 샬트르성바오로수녀회를 초청하여 운영하다 1962년 원

---

85) 최시룡, 같은 책, p.937.
86) 조규상, 앞의 책, p.305.
87) 샬트르성바오로수녀회 100년사 편찬위원회, 『한국 샬트르성바오로수녀회 100년사』, 샬트르성바오로수녀회, 1991. p.902, 995.
88) 심흥보, 앞의 책, p.153.
89) 윤선자, 『이우철 신부의 생애와 활동』, 파티마의성모프란치스코수녀희, 2002, pp.26-39.

아 수가 줄어 폐원하였다.90) 1951년 3월 윤을수 신부는 1·4 후퇴 때 경기도 안양 보육원에서 아이들을 돌보다가 샬트르성바오로수녀회를 초청하여 청평고아원을 맡겼다.91)

1952년 충남 예산 덕산면에는 사회복지 법인인 덕산 신생원이 설립되어 요보호 아동을 수용, 보호하고 원생을 초·중·고등학교에 진학시키고 졸업 후에는 기술을 가르쳤다.92) 1952년 김영식 베드로 신부가 '연백성모원'을 설립하였고, 1955년 6월 27일에는 한국순교복자수녀회가 보육원을, 1954년 8월에는 김기봉 신부가 영도에 성모건설원이란 이름의 고아원을, 1954년 9월 1일에는 영원한도움의성모수녀회가 부산 동대신동에 성모보육원을, 1955년 전쟁 후 인천교구 소사 본당의 신성우 신부가 성가 보육원을, 1963년 5월에 대구에서는 한국 SOS 어린이 마을을, 1973년 1월에는 부산 송도에서는 메리놀 회원이었던 소 알로이시오 신부가 부산 소년의 집을 설립하였다.93)

6. 노인복지

서울 성가소비녀회는 창설자 성재덕 신부(Perre Singer, 1910~1992년)의 특별한 관심사에 힘입어 창설 이후 현재까지 양로원을 통한 노인복지사업에 많은 관심을 기울여 왔다. 본회는 1953년 1월 서울교구로부터 '천주교 양로원'을 인수하여 1979년 경기도 부천에 건물을 증축 성가양로원으로 개칭하여 운영해 왔고, 현재도 본원과 전국에서 양로원을 직접 혹은 위탁 운영하고 있다.94) 1959년 인천교구 소사성당 신성우 주임신부가 성가양로원을 설립하였다.95) 1966년 5월 3일에는 샬트르성바오로수녀회가

---

90) 샬트르성바오로수녀회 100년사 편찬위원회, 앞의 책, p.967.
91) 샬트르성바오로수녀회 100년사 편찬위원회, 같은 책, p.988.
92) 심흥보, 앞의 책, p.155.
93) 심흥보, 같은 책, pp.156-162.
94) 서울성가소비녀회 역사 자료실 편, 『초창기 수도 생활과 고유 사도직』, 서울성가소비녀회, 1994, p.98.
95) 심흥보, 앞의 책, p.192.

수녀원 내에 노인들을 위한 '베타니아의 집'을 설립하였다.96) 1970년 12월 1일 모 안스가리오 신부는 경북 구미에 '성심양로원'을 설립하였다. 1970년 왜관 성베네딕도수도회에서 선산성심양로원을 설립하여 노인들을 돌보다가 1992년 그리스도교육수녀회에 인계하였고, 1973년 7월 경로수녀회가 청주교구에서 성심원을 인수하였다.97)

7. 노동복지·청소년 복지·교정복지

1960년대 산업화 시기에 접어들면서 교회의 사회복지 영역도 점차 넓어지기 시작하였다. 가장 대표적인 것이 노동자를 위한 복지사업을 시작하게 된 것이다. 1963년 수원교구가 안양 근로자 회관을 설립한 것이 최초이고, 이어 1966년 6월 서강대학교 부설 '산업 문제 연구소'가 설립되었다.98) 1968년에는 노틀담수녀회에서 여대생을 위한 기숙사업을 비롯하여 버스 안내양들을 위한 교양교육사업을 진행하였고,99) 1970년 살레시오 수녀회에서는 '마자렐로 센터'를 설립하고 버스 안내양들에게 숙박시설을 제공하고자 하였다. 1973년 왜관성베네딕도수도회에서는 경북 구미시 송정에 '근로 여성 복지관'을 건립하여 구미 공단 여성들의 교육을 담당하였다.100)

청소년 복지도 한국 사회의 발전 단계에 부응하여 시작되었다. 1955년 성베네딕도수도회는 왜관의 순심중·고등학교를 인수하고, 성바오로 기숙사를 운영함으로써 청소년 교육에 진력하였다. 이후 청소년 복지는 1970년대 이후 전문 수도회의 본격적인 활동이 시작되면서 활발해진다. 재소자 복지는 1970년 4월 서울대교구 교도소 후원회(교도사목회)가 발족하여 교도소 사목 본부를 설치하여 수감자들을 사목하면서 시작되었다.101)

---

96) 샬트르성바오로수녀회 100년사 편찬위원회, 앞의 책, p.808.
97) 심흥보, 앞의 책, p.193.
98) 『가톨릭 대사전』, 1985, p.565.
99) 노틀담수녀회, 「수도회 연혁」 참조.
100) 심흥보, 앞의 책, pp.189-190.
101) 『한국 가톨릭 대사전』 제1권, pp.585-589.

8. 인권복지

공의회 이후 한국 교회는 정통성이 결여된 국가권력과 갈등 관계에 놓이게 된다. 1950~1960년대에도 천주교회는 활발하게 사회참여를 하였으나 국가권력의 정통성을 비정당화하고, 낮은 자의 위치에서 그들을 대변하여 발언하고 행동한 것은 역사상 처음 있는 일이었다. 이렇게 가난한 이들과 주변화한 이들을 위한 교회의 예언직 수행은 교회 안팎에서 커다란 호응을 얻음과 동시에 교세 확장에도 커다란 기여를 하였다.102) 그런데 한국 교회가 이러한 방향으로 나설 수 있었던 데는 제2차 바티칸 공의회의 영향이 지대하였다. 일례로, 이러한 사회참여를 주도한 소장 사제층이 그들의 이념적 동기를 제2차 바티칸 공의회의 정신과 가톨릭 사회론이라고 주장한 사실을 들 수 있다. 이것은 공의회의 동기와도 밀접한 관련을 맺는 것이거니와 지역 교회에 대한 공의회의 실질적인 영향이라고 평가할 수 있는 것이다.103)

교회의 예언직 수행이라고 불리는 사회참여는 "1967년에 가톨릭 노동 청년회104)가 깊이 개입했던 강화도 심도 직물 사건에 관한 한국 주교단의 공동성명(1968년 2월 9일)으로 시작되었고, 1970년 10월 5일 원주 문화방송 사건으로 인한 원주교구의 부정부패 규탄 시위와 주교단의 공동 교서 '오늘의 부조리를 극복하자' 뿐 아니라, 1974년 7월 10일 지학순 주교의 구속으로 발단된 시국 기도회를 통해서 본격적인 단계에 진입했다."105) 사회참여는 크게 가톨릭 노동운동, 가톨릭 농민운동, 도시 빈민 운동 등 세 가지 형태로 전개되었다.

---

102) 拙稿, "제2차 바티칸 공의회와 한국 교회", 한국교회사연구소, 『민족사와 교회사』, 한국교회사연구소, p.662.
103) 함세웅, "천주교 정의구현 전국 사제단의 역사와 증언", 『종교신학 연구』 1집, 서강대학교종교신학연구소, 1988, pp.268-294.
104) 가톨릭노동청년회(JOC)는 1958년 6월에 발족되었으나 실질적인 활동은 1958년 11월 14~18일에 JOC 창설자인 요셉 까르댕 추기경이 한국을 방문, 투사식을 거행하고 한국 지부 창설 위원회가 발족된 후에 활발해졌다. 가톨릭정의평화연구소, 『한국 가톨릭교회와 소외층 그리고 사회운동』, 빛고을출판사, 1990, p.30.
105) 오경환, "공의회 이후의 한국 교회", 『한국 가톨릭 대사전』 제1권, p.491.

1) 가톨릭 노동운동

가톨릭 노동운동은 가톨릭 노동 청년회의 결성과 활동에서 시작되었다. 가톨릭 노동 청년회는 1960년대에 수원교구 선면 공업 주식회사 노조 결성, 서울대교구 드레스 미싱 노조 결성, 전주교구 제지 공업 임금 인상 사건 등에 관여했다. 교회 전체로는 1968년 강화도 심도 직물에서 JOC 회원이 주도적으로 노조를 결성하여 탄압을 받게 되면서 구체적인 노동 문제에 관심을 갖기 시작하였다. 그러나 1970년 전태일의 분신 사건을 계기로 교회뿐 아니라 전 사회에 노동 문제가 본격적인 관심사가 되었다. 1970년대 이후 JOC의 구성원이 생산직 노동자들이 다수를 이루게 되면서 주된 활동이 임금, 근로 조건, 인격적인 대우 등의 노동 현실에 대한 문제 제기로까지 나아가게 된다. 그리고 1970년대에는 연대 활동으로 프로테스탄트의 도시 산업 선교회와 함께 활발한 현장 활동을 하게 된다. 이 결과로 JOC와 도시 산업 선교회는 유신 정권의 주목을 받게 되었다.106)

2) 가톨릭 농민운동

가톨릭 농민운동은 가톨릭 농민회의 결성과 함께 시작되었다. 가톨릭 농민회는 처음 한국 가톨릭 노동 청년회 농촌 청년부로 시작 1966년 10월 17일에 '한국 가톨릭 청년회'로 창립하였다. 이때에는 가톨릭 농촌 청년이 중심이 되어 착한 사람, 착한 생활, 모범 농사 등을 통한 마을의 환경 변화를 추구했으며, 주로 종교, 기술, 생활 교육에 의한 계몽 활동에 주력하였다.

그러나 이러한 운동만으로는 한계가 있다는 것을 절감하고 1971년 11월 조직 강화 위원회에서 '농민 권익 옹호, 사회정의 실현'을 활동 목표로 설정했다. 이것이 가톨릭 농민운동의 첫걸음이 되었고, 가톨릭 농민 국제 연맹에 가입하는 계기가 되었다. 한국 가톨릭 농민회로 거듭나면서 1974년 민간단체로서 최초의 '농지 임차 관계 조사'를 통해 토지 문제를 제기했고, 1975년부터 '쌀 생산비 조사'를 통한 가격 보장 활동을 하였다. 현장 또는 전국 단위로 외국 곡물 수입 반대, 강제 농정 시정, 부

---
106) 拙稿, pp.663-665.

당 농지세 시정, 농협 민주화 등의 활동을 끈질기게 추진하였다.107)

3) 도시 빈민 운동

도시 빈민들이 겪는 부당한 대우에 대해 교회가 관심을 가지기 시작한 것은 1968년 연세대 '도시 문제 연구소' 내에 도시 선교 위원회에서 하는 실무자 교육에 참여하면서부터이다. 당시에는 가톨릭 노동 청년회 회원들이 여기에 관심을 가지고 참여하였다. 이때 조직가가 주민들과 함께 주민 조직을 만들고 그들이 스스로의 조직을 통해 문제를 해결하도록 하는 알린스키의 지역사회 조직 방식을 검토하였다. 그 후에는 '인성회' 안에 있는 '인간 개발 사무국'을 중심으로 빈민 지역에서 함께 살고 있는 이들 간에 유대가 이루어졌다. 이들은 빈민 지역에서 빈민들과 함께 살면서 그들과의 인간관계를 통해 공동체를 만들어 나가려고 노력하였다. 천주교 도시 빈민 사목 협의회의 설립의 바탕이 된 복음자리 공동체의 형성 과정도 이와 같은 방식으로 이루어졌다.108)

4) 민주화 운동

민주화 운동은 시기별로 운동 주체에서 차이가 난다. 1970년대에는 비교적 정권에 대해서 자율성을 갖는 개신교, 가톨릭과 같은 국제적인 기반을 가진 종교들이 저항운동의 주체가 될 수 있었다. 그 가운데서도 자율적인 영역에 속하는 사제 운동이 중심이 되었다. 그래서 형태상으로는 예언자적이고, 내용적으로는 고발의 성격이 강한 것이 특징이었다. 평신도들의 참여가 없었던 것은 아니나 일반 신자들에게는 위협적인 상황이었기 때문에 사제들이 주축이 될 수밖에 없었다. 그러다가 1980년대 들어서면서 운동의 주체는 운동의 대중화와 기층 운동의 성장 결과로 평신도 가운데 가톨릭 학생운동이 커다란 부분을 차지하게 되었고, 평신도 성인들의 참여도 확장 일로에 놓이게 되었다.109)

---

107) 拙稿, "가톨릭 사회운동", 『한국 가톨릭 대사전』 제1권, pp.160-162.
108) 拙稿, 앞의 책, pp.666-668.
109) 이 주제에 관하여는, 김녕, 『한국 정치와 교회-국가 갈등』 소나무, 1996. 김녕(1996) 참조.

5) 사회정의 실현 운동110)

1971년 10월에 원주교구를 중심으로 전개된 부정부패 추방 운동은 1970년대에 한국 교회가 사회정의를 위해 구조적 모순을 지적하고, 이의 과감한 개선을 주장함으로써 새로운 장을 열었다. 이 사건을 계기로 1974년 8월 6일 지학순 주교가 구속되었고, 지 주교의 구속은 1974년 9월 24일 천주교정의구현전국사제단과 1975년 한국 천주교 정의 평화 위원회의 결성으로 이어졌다.111) 이때부터 한국 교회는 유신 체제 철폐 운동뿐만 아니라 인권유린에 대한 항의는 물론 민중의 창의와 참여가 보장되는 민주 사회 실현을 위한 사제단과 기타 평신도 단체의 활동이 주류를 이루었다. 그 사례로 유신헌법과 긴급 조치 반대 운동(1974~1975년), 민주 회복 국민회의 결성과 운영(1974년 11월 27일~1975년 2월 4일) 그리고 각종 민주 연합체의 결성과 참여, 원주 선언과 3·1 민주 구국 선언(1975년), 자유 언론 실천 운동(1974년 10월~1975년 3월)에 대한 지원, 동아일보 광고 탄압에 대한 대응, 언론통제의 실상인 보도지침 공개, 민주 통일 민중 운동 연합의 결성과 개헌 서명운동을 주도한 사건 등이 있다. 인권 운동으로는 기도회 개최를 비롯하여 김지하 구명 운동(1975-1981년), 인혁당 사건 진상 조사와 구명 운동, 서울법대 최종길 교수의 고문치사 사건 조사(1975년), 양심선언 운동(1974~1975년)을 전개하였다.112)

9. 수도회 복지 활동의 전개 과정과 기여

앞에서 살펴본 대부분의 활동은 일제 시대 그리고 해방 이후 본고의 시기에 진출한 국제 수도회와 창설된 방인수도회가 아니었다면 불가능한 것들이었다. 숫자로는 전체 신자 수에서 차지하는 비중이 낮았지만, 어려운 시기에 자신을 전적으로 하느

---

110) 한용희, "현대 한국 천주교회의 정의·인권운동사", 『한국 천주교회 창설 200주년 기념 한국 교회사 논문집 I』, 한국교회사연구소, 1984, pp.825-848; 명동천주교회, 『한국 가톨릭 인권 운동사』, 명동천주교회, 1984 참조.
111) 가톨릭정의평화연구소, 앞의 책, pp.32-33; 문규현, 『민족과 함께 쓰는 한국 천주교회사』, 빛두레, 1994, pp.352-359.
112) 拙稿, "가톨릭 사회운동", 『가톨릭 대사전』 제1권, 1995, pp.163-164.

님께 봉헌한 자로서의 헌신성과 신앙으로 수도회도 어려운 처지에 한국 사회와 교회에 많은 혜택을 베풀었다.[113]

다음에서 살펴볼 수 있는 바와 같이 해방 전에는 사도 생활단 4(여자 1 포함), 활동 수도회인 국제회가 5, 관상회가 1, 사도 생활단 소속의 외국 사제들에 의하여 창설된 방인 활동 수도회가 3, 총 13개였던 데 반하여,[114] 해방 후에는 방인 수도회 8개 창설, 국제회 31(사도 생활단 남여 각 1개), 총 39개회가 창설 또는 진출하여 무려 전 시기에 비하여 3배가 된 것을 통해서도 이들의 진출 이유를 가늠할 수 있다.[115] 이처럼 수도회의 창설과 진출이 활발하였던 것은 크게 두 가지 목적을 위한 것이다. 먼저, 한국 교회에 전후 복구가 시급하여 이를 돕기 위한 목적이 가장 컸다.[116] 두

---

[113] 방인수도회들은 교회 자체 안에서 자원 동원이 어려웠기 때문에 자급자족이 불가피하였다. 따라서 당시 한국인 다수가 처해 있던 상황과 그들의 상황이 거의 다르지 않았다. 오히려 자신의 생계 외에 다른 이들을 섬기기 위하여 극도의 노동과 희생을 감수해야 했다. 서울성가소비녀회, 예수 성심시녀회가 대표적인 예이다. 다른 방인회들도 사정이 거의 비슷하였다.

[114] 진출 혹은 창설을 시기별로 살펴보면, 1831년 파리외방전교회, 1885년 샬트르성바오로수녀회, 1909년 성오틸리엔베네딕도회, 1923년 메리놀회(남자), 1924년 메리놀수녀회, 1925년 포교성베네딕도수녀회, 1931년 올리베따노성베네딕도수녀회, 1932년 영원한도움의성모수녀회(창설), 1933년 성골롬반외방전교회, 1935년 포항예수성심시녀회(창설), 1937년 작은형제회(정동 프란치스코회), 1939년 가르멜봉쇄수도회, 1943년 성가소비녀회(창설) 등이다. 김옥희, "한국 천주교 수도회사", 『한국 천주교회 창설 200주년 기념 한국 교회사 논문집 II』, 한국교회사연구소, 1985, pp.307-350; 윤선자, "한국 교회의 남자 선교회와 수도회", 『사목』 257(2000. 6.), 한국천주교중앙협의회; 장상연합회양성위원회, 『오늘의 수도자들』, 분도출판사, 1983의 각 수도회 연혁 및 수도회사 참조.

[115] 해방에서 본고의 시기가 끝나는 1975년까지의 창설과 진출을 시기별로 살펴보자. 먼저 방인회 창설은 1946년 한국순교복자수녀회, 1953년 한국순교복자남자수도회, 1956년 샤미스트, 1958년 성체회, 1960년 서울의 복되신동정마리아의영보수녀회(현 성모영보수녀회), 1964년 거룩한말씀의 회, 1974년 성모성심수도회, 1974년 가르멜산의복되신동정마리아의맨발형제회 등이고, 국제회 진출은 1954년 살레시오수녀회, 1955년 예수의작은자매들의우애회, 1955년 성골롬반수녀회, 1956년 성심회, 1956년 미야사끼까리따스수녀회, 1956년 예수회, 1957년 도움이신마리아의딸수녀회, 1958년 마리아의전교자프란치스코수녀회, 1958년 성골롬반수녀회, 1958년 꼰벤뚜알성프란치스코회, 1960년 마리아회, 1960년 사랑의시튼수녀회, 1960년 성빈첸시오수녀회, 1960년 바오로딸수도회, 1962년 성바오로수도회, 1962년 과달루페외방선교회, 1963년 작은자매전교회, 1963년 마리아의작은자매회, 1964년 예수고난회, 1964년 동정성모회(현 예수수도회), 1964년 천주섭리수녀회, 1965년 스승예수의제자수녀회, 1965년 3월 예수성심전교수녀회, 1966년 그리스도교육수녀회, 1966년 착한목자회, 1967년 노틀담수녀회, 1969년 예수의작은형제회, 1971년 마리스타교육수사회, 1971년 경노수녀회, 1972년 글라라수녀회, 1974년 가르멜수도회 등이다. 출처는 각주 111의 문헌 참조.

[116] 필자가 2001년 마리아의작은자매회 호주 관구 행정팀 수녀들을 인터뷰하였을 때, 그들은 강릉에 진출하면서 한국 정부로부터 매년 일정 액수의 달러와 그에 상응하는 물품을 지원하는 조건

번째로, 급격하게 양적 팽창이 이루어지고 있는 한국 교회에 사목 지원과 전교가 필요하였다. 사실 이 두 가지 목적은 불가분리적으로 연결된 것이다. 시기별로 보면 1950년대에서 1960년대 초반까지는 구호와 재건이 일차적인 활동 내용을 이루었고, 후반으로 가면서 교회 내 사목 지원 업무로 분화되기 시작하였다.

이 시기 국제 수도회의 진출이 갖는 의미는 두 가지인데, 하나는 이들 수도회를 통하여 추가 원조와 서구 활동 수도회의 발전된 사회사업 기술을 도입할 수 있었고, 다른 하나는 한국 자체 내에서 단시일 안에 수도자와 같은 종교적 엘리트 집단을 양성할 수 없었기 때문에 필요한 인력을 수혈하는 성격이 강하였다.[117] 방인회도 사도 생활단 소속 외국 사제나, 교구사제에 의하여 창설되었는데, 애초의 창립 카리스마와는 다르게 거의 대부분 복지 활동이나 전교에 매진하게 된다. 이러한 한국 교회의 특수한 사정이 현재 한국 수도회의 활동과 성격을 규정짓는 배경이 된다.

V. 가톨릭 사회복지와 근대화

1. 가톨릭 사회복지 전개 과정의 특징

가톨릭 사회복지는 본고의 시기에 내용적으로 두 단계의 과정을 거쳐 전개되었다. 해방 후에서 제3공화국 이전 외원 시대까지는 가톨릭계 원조 기관들의 구호 물품을 수령, 전달하는 소극적인 역할을, 후반에는 한국 교회의 자립 기반이 갖춰지면서 자체 자원 동원을 통한 복지사업을 확대하고, 무엇보다 이 시기의 큰 특징 가운데 하나인 인권 복지를 시작하는 단계로 이행해 왔다.

을 제시받았고, 실제 이를 따랐다고 하였다.
117) 1945, 1955, 1965년 10년 단위의 교세 추이를 보면 이들의 기여 정도를 가늠할 수 있다. 우선 성직자 수는 통계 기록이 남은 1949년에 전체 202명 가운데 58명이 외국 신부였고, 1965년에는 624명 가운데 278명, 1970년에 363명으로 정점을 이루다 감소세에 접어든다. 수녀도 역시 통계가 남아 있는 1949년을 기점으로 전체 401명 가운데 16명이다가, 1960년 110명, 1965년에 183명, 1969년 205명으로 점점을 이루며 이후 감소하게 된다. 수도회의 진출 시기와 이들의 입국이 상관관계에 있음이 드러난다. 「가톨릭 대사전 부록」 pp.324-327.

이 시기에는 원조의 성격 문제가 대두되는데, 외원 시대에는 원조가 없었더라면 너 나없이 생존이 불가능했을 정도였으므로, 원조의 성격 여하를 막론하고 그 공로를 인정하는 것이 마땅해 보인다. 특히 가톨릭 신자들이 선의로 모금 혹은 수집하여 원조한 내용들은 자본주의 확장을 의도한 기획적 원조와는 구별하여 공로를 인정해야 하리라 본다. 게다가 외원 시기에는 구호 물품 외에도 근대적 사회사업 기법의 전수라는 긍정적인 측면이 있었다. 이 때문에 원조는 이후 가톨릭 사회복지의 실질적 기반을 제공할 수 있었던 것이다. 따라서 이러한 공은 충분히 인정할 수 있어야 할 것이다.

가톨릭 사회복지 주체의 입장에서 보면 거의 대부분의 기간동안 수도회가 절대적인 역할을 담당하였다. 특히 국제 수도회는 원조의 매개 역할은 물론, 진출 조건으로 의무적으로 외자(현금이나 물자)를 도입해야 한다는 정부 요청으로 외원이 끝나 갈 무렵에 한국 교회의 복지 활동과 선교에 기여하게 될 물적 자원의 동원 역할을 감당하였다. 이 자원은 대부분 천주교 자체의 사회복지 사업에 쓰였기 때문에 동기와 배경을 떠나서 천주교 선교에 기여하였다. 이 시기에 수도회가 중심적인 역할을 하게 된 것은 가톨릭 내 다른 집단이 전 재민들과 같은 처지였기 때문이다. 그리고 원조 물품의 배분과 같은 역할에는 수도자들의 투명성이 요구되었기에 더욱 역할이 클 수밖에 없었던 것이다. 그러나 수도회에 이러한 상황이 항상 기회가 된 것은 아니다. 비슷한 시기에 수도회들이 대거 진출 혹은 창설되었기에 현재와 같이 수도회의 역할이 조정되어야 하는 상황에서도 과거와 비슷한 진로를 선택해야 하는 문제가 있는 까닭이다. 그럼에도 이 시기의 가톨릭 사회복지에서 수도회의 역할은 절대적이다. 수도회의 역할은 후반으로 올수록 급속도로 성장하는 교회를 위하여 선교와 사목에도 역량을 배분하게 됨으로써 복지에서 차지하는 비중이 줄어들게 된다.[118]

2. 가톨릭 사회복지의 근대성 여부

이 시기 가톨릭 사회복지의 근대성[119] 여부에 대하여는 다음과 같은 면에서 긍정

---

118) 윤선자, 앞의 책 참조.
119) 근대적 사회복지의 도입은 복지국가와 같이 국가의 관여 정도와 자원 할당의 수준과 방식이 기

적 평가가 가능하다. 우선 선진국에 본부를 둔 국제 수도회들은 유럽에서 통용되고 있던 사회사업 방식이나 기법을 익혀 실제 사도직 수행 과정에 적용하고, 외원 기관은 자원 동원, 배분, 조직 운영 등에 대한 노하우를 제공하는 방식으로 근대적 사회사업의 기틀을 제공하였다. 외원 기관이 실질적인 영향을 행사하여 사회사업 인력을 양성하는 사회사업학과를 설치하도록 한 것도 단순히 사회복지사의 양성기관 설립 이상의 의미를 가지고 있다. 대학을 통하여 선진 이론, 기법, 정보 등을 효과적으로 전달하고 자체에서 이를 재생산할 수 있는 체계를 구축함으로써 장기적으로는 이 기관을 통하여 양성된 인재들이 정부 정책을 생산하고, 현장에도 선진 기법을 도입할 수 있는 여건을 조성하는 효과가 있는 까닭이다. 본고의 해당 시기 초기에 그리스도교 계통의 대학에 주로 이 학과가 설립되는 것에서 그 의의를 찾아볼 수 있을 것이다.

무엇보다 가톨릭을 포함한 그리스도교의 기여는 인간의 권리, 이른바 인권 의식의[120] 성장의 매개 또는 촉진 역할을 한 데 있다고 할 것이다. 1960년대 말부터 시작된 정당성이 결여된 국가권력에 대한 저항과 그리스도교의 평등주의적 복음은 지난 20세기 한국인의 사고방식을 근대화하는 데 가장 큰 기여를 한 측면 가운데 하나이다. 이러한 기여에 대하여는 한국 사회에서 높은 공감대를 형성하고 있다 해도 과언이 아니다.[121]

3. 가톨릭 사회복지와 타 종교의 기여 정도 비교

이미 앞서 살펴본 바이지만, 개신교를 제외하고는 사회복지의 근대화에 기여한

준이 되기 때문에 종교 사회복지와 근대화는 주로 사회사업 방식의 측면에서 논의된다. 필자도 이 기준을 따르고 있다. 실제 근대성이 하나의 기호가 된 것은 아시아적 현상이지 서구의 현상은 아니었기에 근대화와 종교의 사회복지를 직접 연결하기는 곤란하다.
120) 근대와 중세를 가르는 중요한 기준 가운데 하나가 바로 인간의 권리에 대한 인식 여부이다. 사람보다 우선하는 가치가 없다는 이러한 의식이 집단주의 방식으로 살아온 한국 사회에서 근대성의 한 기호인 것은 분명하다. 양명수, 『근대성과 종교』, 이화여자대학교출판부, 2001 참조.
121) 한신대학교학술원신학연구소, 『한국 개신교와 한국 근현대의 사회·문화적 변동』, 한울아카데미, 2003; 김재득·박문수·박일영 외, 앞의 책의 결과들이 지난 100년간 그리스도교의 기여에 대한 긍정적 평가의 존재 여부를 잘 보여준다.

종교들이 거의 없었다. 천도교, 원불교 등도 나름의 노력을 하였지만 실질적인 기여는 개신교와 천주교의 몫이었다. 물론 이렇게 두 종교가 기여하게 된 것은 지난 100년간 그리스도교가 한국 사회에서 문명의 기호로 받아들여져 불교나 민족종교들보다 정당성이 높았던 점, 해방 이후 미 군정의 등장으로 그리스도교에 호의적인 분위기가 조성된 점, 그리스도교 계통의 원조 기관이 다수를 이룬 점 그리고 이 기관들이 그리스도교를 매개로 원조사업을 진행하였기 때문이다.122) 그리고 이 두 종교가 공통적으로 1960년대 후반부터 사회참여에 나서게 된 것도 상당 부분 이와 같은 국제적 네트워크의 덕이라고 할 수 있다. 이러한 외재적인 요인들 덕택에 복지 분야에서 가톨릭의 기여가 컸던 것이다. 개신교가 가톨릭을 다소 앞선 것은 교세와 무관하지 않다. 그러나 본 고의 시기 후기에 개신교가 상대적으로 대내적인 역할에 치중하여 복지의 비중을 낮춘 반면, 천주교는 활동 수도회와 교구를 통한 사회복지적 역할을 지속적으로 확장시켜 옴으로써 긍정적인 역할을 하였다는 평가를 내릴 수 있다.

이상에서 가톨릭 사회복지는 사회사업 방식의 측면에서 충분하게 근대성을 띠고 있었고 전후 복구 과정에서 원조를 통한 것이기는 하였지만, 한국 사회의 일차적 필요에 부응하면서 이후 복지국가의 기틀을 마련해주었기 때문에 한국 사회복지의 근대적 발전에 일익을 담당하였다고 평가할 수 있다. 그리고 인성회 설립에서 보는 것처럼 가톨릭 사회복지는 국가의 복지적 역할이 감당할 수 없는 영적 복지에서부터, 국가가 복지적 영역에 추가 자원 할당을 할 수 있도록 압력을 가하는 방식으로 실질적인 기여를 해 왔다고 할 수 있다.

VI. 맺음말

가톨릭 사회복지와 한국의 근대화의 관계에서 이 시기가 갖는 의미를 한 마디로 20세기 100년 가운데 가장 큰 기여를 한 시기라고 평가할 수 있을 것이다. 분단 상황에서 자본주의 진영에 속하였다는 것이 이러한 기여를 가능하게 한 요인 가운데

---

122) 강인철, 『한국 기독교회와 국가·시민사회: 1945~1960』, 한국기독교역사연구소, 1996. 참조.

하나였다는 것은 부인하기 어렵다. 그리스도교에 우호적인 미 군정과 친미 개신교 정권 덕택에 그리스도교 계통의 원조 기관들이 인도적 목적이든 선교적 목적이든 우리를 돕게 된 것이고, 그 덕에 우리가 빈궁한 시기를 극복할 수 있었으니 말이다. 이 기관을 통한 원조 물자와 비용; 이후 사회개발 방식으로 전환하면서 근대적 사회 발전의 토대를 놓는 데 기여하게 만든 것은 긍정적인 기여임에 틀림없다. 따라서 이 시기가 외원에 의한 가톨릭 사회복지의 토대를 놓는 때였다는 점에서 그리고 이후 사회복지의 양적 확대와 질적 심화를 도모할 수 있는 환경을 조성할 수 있었다는 면에서 매우 긍정적인 시기라고 할 것이다. 그리고 인권, 사회정의에 대한 기여는 이후 시민사회 발전의 토대를 놓았기에 100년 기간 중 가장 기여도가 높은 시기라고 평가할 수 있을 것이다.

그러나 이 시기의 기여는 한국 교회 자체의 노력으로 이루어지기 보다는 외생적 변수들에 의하여 발전하였기 때문에 자립의 토대가 빈약하고, 수도회 중심으로 되어 평신도들이 수동적인 역할에 머물게 된 것은 아쉬움으로 남는다.[123] 그리고 이 시기 이후로 가톨릭교회가 대내적 발전에 치중하게 되어 이후 복지 발전에 소홀해지는 것도 아쉬운 부분이다. 그럼에도 이 시기는 가톨릭교회가 한국인의 복지증진과 한국 사회복지의 발전의 토대를 제공하였다는 점에서 긍정적인 평가를 받아 마땅하다. 복지의 영역도 전재 복구나 긴급 구호의 성격을 떠나 구조적인 접근을 시도하게 되고, 시민사회의 구축과 성숙에 일익을 담당하는 데까지 넓어짐으로써 가톨릭이 한국 사회의 정신적 구심이 되도록 기여하였다는 면에서도 긍정적인 평가가 가능하다.

---

[123] 대부분의 복지시설(미인가 일부 제외)을 교구나 수도회가 운영하고 자원 동원을 거의 독점하는 까닭에 평신도들은 수동적으로 자원 봉사나 후원금 제공과 같은 수동적인 역할에 머물게 되었던 까닭이다.

일제 시대 가톨릭 여성 운동
― 1910~1930년을 중심으로 ―

강영옥
(가톨릭대학교 전임연구원·교의신학)

I. 서론
  1. 문제 제기
  2. 자료 및 연구 방법
II. 일제 시기 가톨릭 여성 운동
  1. 가톨릭교회의 시대 인식
  2. 여성 평신도의 활동
  3. 여성 수도자의 활동
III. 결론

I. 서론

1. 문제 제기

근대사회로 전환되면서 여성 운동과 여성의 사회 진출은 하나의 중요한 사회적 지표로 나타난다. 근대를 통하여 집단 속에 매몰된 인간이 독립된 개인으로 부각되고, 근대사회는 개인의 자유와 평등 위에 성립하게 되었다. 서구의 경우 신분제 사회에서 근대사회로 전환하기 시작한 18세기 무렵 자유주의 사상이 여성들에게 많은 영향을 미쳤으며, 인간으로서의 권리를 주장할 수 있는 토대를 마련해주었다. 자유주의 사상에 기반을 둔 서구 여성 운동은 개인의 자유와 권리를 주장하였고, 여성의 교육 기회와 정치적 참여를 주장하는 방향으로 나아갔다.

반면 한국의 근대화 과정은 일제의 식민지화 과정과 함께 진행되었다. 따라서 한국 여성 운동은 서구 여성 운동과는 다른 양상으로 나타났다. 한국 여성들은 성 차별뿐만 아니라 민족 차별까지 받는 이중적인 억압 구조 속에 놓여 있었다. 그리하여 한국 여성 운동은 민족 구국 운동과 결부되어 발전하였다. 일제 시기 여성 운동에 대한 선행 연구들은 한국 여성 운동의 이러한 특성을 강조하거나 아니면 전제하고 있다.

> "한국의 여성 운동처럼 민족과 시대적 배경에 밀착된 경우도 없을 것이다. … 한국 여성들은 권리 신장을 위한 투쟁에 앞서 민족을 구하고 독립을 유지하기 위한 운동에 동참하게 되었던 것이다."[1]

여성 운동은 여성이 사회, 경제, 문화적으로 차별과 억압을 받고 있다는 여성 문제 인식에서 시작되고, 여성의 차별을 극복하기 위한 실천적 운동으로 나아간다. 여성 운동은 여성이 주체가 되어 여성을 억압하는 사회질서에 대항하며, 남녀평등 사회의 구현이라는 궁극적인 목적을 달성하기 위해 조직적인 활동을 전개하는 사회 활동이다.[2] 한국 여성 운동은 개화기를 거치면서 여성의 권리와 평등을 주장하는 방향으로 나아갔고, 1894년 갑오개혁 이래 재가 금지, 조혼, 내외법 등을 폐지하는 실천 운동으로 나타났다. 이후 여성 단체들이 결성되면서 애국 계몽운동이 전개되었다. 1898년 9월 우리나라 최초의 근대적 여성 단체인 '찬양회'가 서울의 북촌 양반부인 400여 명을 중심으로 조직되었다. 그녀들은 여성의 교육을 받을 권리, 정치에 참여할 권리, 직업을 가질 권리를 주장하였다. 찬양회는 여권의 획득은 오로지 교육을 통해서만 가능하다고 보아 관립 여학교의 설립을 위한 상소문을 정부에 올리기도 하였다.[3]

---

1) 김영정, "한국 근대 여성 운동", 『여성학』, 이대출판부, 한국여성연구소편, 1983, p.206.
2) 조형, "한국 여성 운동의 비판적 고찰", 『이화』 38, 1984, p.204.
3) 찬양회는 養成院, 承洞婦人會, 順成會 등의 명칭으로도 불렸으며 교육권, 직업권, 남녀평등권을 내세웠다. 윤정빈, 「한국 근대 여성 운동과 그 사회 교육적 의의에 관한 연구」, 고려대학교 교육대학원 석사 학위논문, 1988, pp.5-8.

일제 시대 가톨릭 여성 운동

1905년부터 1910년에 걸쳐 일본이 대한 침략 정책을 노골적으로 드러내자 여성 운동은 자주 국권을 회복하기 위한 방향으로 나아갔다. 일제의 침략에 맞서서 여성 운동은 일제의 억압으로부터 벗어나기 위한 항일 독립운동과 결부되어 전개되었다.4) 그것은 식민지 지배라는 상황 안에서 여성들의 사회적 참여와 정치적 역량을 넓혀 간 것으로 볼 수 있다. 일제 시기 민족 차별, 성 차별, 계급 차별이 내재된 상황에서 여성들은 인간으로서 기본권을 찾기 위해 노력하였으며, 그것은 민족 해방과 여성 해방을 아우르는 방식으로 전개되었다. 한국 사회 전반에 걸친 이러한 여성 운동의 흐름을 염두에 두면서 이 논문은 가톨릭 여성 운동에 초점을 맞추어 살펴보고자 한다.

일제 시대 여성 운동은 일제의 정책 변화에 따라 시기별로 구분될 수 있다. 1910년 한일합방부터 1919년 3·1운동 시기까지 일제 무단통치가 있었고, 이에 대항하는 항일 독립 여성 운동이 있었다. 1920년부터 1930년까지 일제의 소위 문화정치가 있었는데, 이 시기 여성 운동은 민족주의 계열과 사회주의 계열로 서로 나누어져 있었다. 개신교 여성들은 민족주의 계열에 서 있었고 마르크스주의에 기반한 여성들은 사회주의 여성 운동으로 기울었다. 1931년 만주사변을 기점으로 일제의 황국신민화 정책이 있었고, 이후 1945년까지 다양한 여성 운동들이 병존하였다.

1910년대와 1920년대 한국 가톨릭교회의 상황을 보면, 서구에서 진출한 국제 여자 수도회들이 가톨릭 여성들에게 영향을 많이 끼치던 시기였다. 그러다가 1930년 이후 한국인 수녀들의 수가 증가하고 1932년에 처음으로 한국인 수도회인 '영원한도움의성모수녀회'가 설립되었다. 이러한 정황에 따라 이 논문의 시기 설정을 일제 시대 전반기에 해당하는 1910년부터 1930년까지로 범위를 한정하였다. 일제 시대 후반기에 해당하는 1930년대 이후 가톨릭 여성 운동에 관한 연구는 후속 과제로 삼겠다.

가톨릭 전래 시기부터 1910년까지 가톨릭 여성 운동에 관한 필자의 연구 결과에

---

4) Margolis는 여성 운동에 대해 식민 지배를 받거나 자치권 침해를 받고 있는 제3세계 국가에서는 여성 운동이 약화된다는 가설을 내세우고 있다. Diane R. Margolis, "Women's Movements Around the World: Cross-Cultural Comparisions," *Gender and Society*, Vol.7, No.3, September 1993, p.389. 그러나 박진숙은 이 가설이 한국의 경우 정반대로 일어났음을 지적한다. 박진숙,「미국 여성 운동과 한국 여성 운동의 비교시론」, 1999, p.86. 식민 지배하에서 여성의 권리 주장을 내세우는 여성 운동은 약화되는 경향이 있지만, 생존을 위한 여성 운동이 독립운동의 기저에 깔려 있으며 정치적 참여에의 요구가 독립운동으로 나타난 것으로 볼 수 있을 것이다.

의하면, 가톨릭은 조선 시대의 유교적 여성관을 송두리째 흔들어 놓을 만큼 매우 새로운 사상이었다. 가톨릭 신앙을 받아들인 여성들은 가족공동체의 결속보다는 개인의 신앙 의식을 더 강하게 나타냈고, 가부장적 사회질서를 파기하는 근대적 여성 의식과 삶의 양태들을 보여주었다. 가톨릭이 전해준 남녀평등 사상과 일부일처제 결혼관은 한국이 근대사회로 이행하는 과정에 촉진제 역할을 하였다. 또한 가톨릭교회는 근대 여성 교육을 시행함으로써 여성들의 의식을 일깨웠고 여성들의 사회 진출의 길을 열어주었다.5) 그러다가 국운이 기울어지는 시점에서부터 가톨릭 여성 운동의 흐름은 역사 속에서 점차 사라져 갔다. 일제 시기 한국 여성 운동의 과정 안에서 가톨릭 여성들의 활동은 역사적으로 거의 드러나지 않는다. "가톨릭교회 안에 과연 제대로 된 '여성 운동'이 있었는가?"라는 의문이 제기될 정도이다.

반면 같은 그리스도교 사상을 지닌 개신교 여성 운동은 매우 활발하게 전개되었다. 개신교 측에서는 성서에 근거한 신앙으로 독립운동에 투신한 여성들이 많았다. 그녀들은 이스라엘 백성이 다시 회개하고 돌아설 때 하느님께서 그 민족과 백성을 돌보셨음을 역사적 사실로 믿었고, '구국은 복음화'라는 기치 아래 애국 신앙을 키워 갔다. 이스라엘 민족을 구원하는 데 중요한 역할을 하였던 에스더와 드보라를 추앙하면서 교회 여성으로서의 역할을 다짐하였다.6) 이후 국권이 상실되자 개신교 여성들은 구국 운동으로 이어 갔으며, 1910년 일제에게 강점된 이후에는 민족 독립운동으로 계승시켜 나갔다. 평양 지역에서는 1913년부터 개신교계 여학생들로 조직된 송죽회가 비밀결사로서 독립운동에 참여하였다. 그리고 3·1운동 직후에는 평양의 장로교와 감리교 여신도들이 합동하여 '대한 애국 부인회'를 조직하였고, 배일사상을 고취하며 군자금 모금 등으로 독립운동을 이끌어 갔다.7) 1920년대 이후 여성 운동은 크게 민족주의 여성 운동과 사회주의 여성 운동으로 나누어지는데, 개신교 여성들은 민족주의 여성 계열을 대표하고 있다. 1923년에는 전국 기독교 여성 단체인 YWCA가 창설되어 문맹 퇴치를 위한 여성 의식 개혁 운동, 축첩, 조혼, 공창

---

5) 강영옥, "한국 가톨릭 여성 운동의 흐름—가톨릭 전래 시기부터 1910년까지", 근·현대한국가톨릭연구단, 『한국 근·현대 100년 속의 가톨릭교회 상』, 가톨릭출판사, 2003, pp.353-385.
6) 이효재, 『한국의 여성 운동 어제와 오늘』, 증보판, 정우사, 1996, p.155.
7) 같은 책, p.157; 전미영, 「일제 시대 여성 운동론에 관한 연구」, 서울대학교대학원 석사 학위논문, 1989.

폐지 등을 통한 여성의 권위 회복 운동, 위생법, 육아법 등을 통한 여성 생활 개선 운동 등으로 여성 운동을 활발하게 전개해 나갔다.8)

일제 시기 이러한 역사적 과정 속에서 가톨릭 여성들의 발자취는 거의 드러나지 않는다. 한국 여성 운동에 대한 연구가 1920년대를 중심으로 학계에서 활발하게 진행되었지만,9) 같은 시기 가톨릭 여성 운동에 대한 연구는 거의 없다. 또한 한국 교회 초기 가톨릭 여성에 대한 연구에 비해서도 일제 시기 가톨릭 여성에 대한 연구는 극히 적은 편이다.10) 왜 그럴까? 이 논문에서는 이러한 문제의식을 가지고 일제 시기 가톨릭 여성들의 의식과 활동을 살펴보고자 한다.

2. 자료 및 연구 방법

가톨릭 여성에 대해 여성 수도자와 여성 평신도로 구분하여 살펴볼 것이다. 여성 수도자와 여성 평신도는 같은 여성이지만 서로 다른 삶의 양태와 신앙생활을 영위하기 때문이다. 여성 수도자는 하느님의 뜻을 실현하기 위해 독신으로 지내면서 종

---

8) 윤정란, 「일제 시대 한국 기독교 여성 운동 연구」, 숭실대학교대학원 박사 학위논문, 1999.
9) 尹貞蘭, 「日帝時代 韓國 基督敎 女性運動 硏究」, 숭실대학교 박사 학위논문, 1999; 이윤희, 「日帝下 韓國女性運動에 관한 硏究」, 원광대학교 박사 학위논문, 1994; 丁暻淑, 「大韓帝國末期 女性運動의 性格硏究」, 이화여자대학교 박사 학위논문, 1989; 吳壽敬, 「日帝下 韓國女性運動 硏究」, 경북대학교 교육대학원 석사 학위논문, 1983; 김정희, 「韓末 日帝下 女性運動 硏究」, 효성여자대학교 석사 학위논문, 1984; 羅瓊喜, 「日帝下 韓國新聞에 나타난 女性運動觀─東亞日報와 朝鮮日報의 社說內容을 中心으로」, 고려대학교교육대학원 석사 학위논문, 1987; 全美英, 「日帝時代 女性運動論에 관한 硏究」, 서울대학교 석사 학위논문, 1989; 오숙희, 「한국 여성 운동에 관한 연구—1920년대를 중심으로」 이화여자대학교 여성학과 석사 학위논문, 1987; 안종숙, 「1920년대 여성 운동에 관한 일고찰」, 감리교신학대학교 석사 학위논문, 1987; 양미강, 「일제하 한국 기독교 여성 운동에 관한 연구─1920~1930년대를 중심으로」 한신대신학대학원 석사 학위논문, 1988; 吳燕洙, 「3·1운동과 女性運動에 관한 硏究」, 동아대 교육대학원, 석사 학위논문, 1988; 南和淑, 「1920년대 여성 운동에서의 協同戰線論과 權友會」, 서울대학교 역사학과 석사 학위논문, 1989; 박혜란, 「1920년대 사회주의 여성 운동의 조직과 활동」, 이화여자대학교 사학과 석사 학위논문, 1993; 이소영, 「1920년대 社會主義 女性運動의 理念的 性格에 관한 硏究」, 연세대학교 석사 학위논문, 1992.
10) 일제 시기 가톨릭 여성에 대한 연구는 두 편 정도 발견된다. 신영숙의 "일제 시기 천주교회의 여성 인식과 여성 교육", 한국 교회사 연구소 심포지엄 자료집, 『한국 천주교회와 여성』, 한국교회사연구소, 2002, pp.46-57; 같은 저자, "일제 시기 가톨릭 여성의 신앙생활과 사회적 역할", 『이화사학 연구』 제30집, 이화사학연구소, 2003년 12월 pp.412-432.

교적 수행과 봉헌된 삶을 살고 공동체 생활을 영위한다. 여성 평신도는 대부분 결혼한 여성들이며, 세속생활 안에서 하느님의 뜻을 실현하기 위해 노력한다.

1910~1930년 사이에 활동했던 수도회는 1888년에 이미 한국에 진출해 있던 '샬트르성바오로수녀회'와 1925년 원산교구에 진출한 '포교성베네딕도회', 1926년 평양교구에 진출한 '메리놀수녀회'가 있다. 이 수녀회들의 활동을 통해 가톨릭 여성운동과 맥이 닿을 수 있는 부분이 있는지 살펴보겠고, 한국 여성들을 위해 한 활동이나 한국 여성들에게 미친 영향을 분석해 보고자 한다.

여성 수도자에 관한 자료는 기록된 수도회사들을 통해 접근하기가 비교적 용이하였지만, 여성 평신도에 대한 자료는 기록으로 남아 있는 경우가 드물어서 자료 발굴에 어려움이 많았다.11) 『한국 샬트르성바오로수녀회 100년사』와 『포교성베네딕도수녀회 원산수녀원사』를 이 연구에 이용할 수 있었으며, 그 밖에 수도회에 발간한 회지나 자료들을 이용하였고 인터뷰도 병행하였다. 또한 「서울교구 연보 (II)」(1904~1938년)와 『뮈텔 주교 일기 5』(1911~1915년), 『뮈텔 주교 일기 6』(1916~1920년)을 기초 자료로 이용하였고, 1911년부터 발간된 「경향잡지」와 1927년부터 발간된 「별」도 참조하였다. 그 밖의 가톨릭 관계 문헌 등을 통해 여성들의 의식과 활동을 추적해 보았다. 그런데 수도회사를 제외한 자료들은 대부분 여성의 주체적 관점에서 서술되지 않았고 주교와 신부 등 교회 내 남성 지도자들에 의해 쓰여진 자료라는 한계를 지닌다.12) 이러한 자료들에서는 교회 지도층이 바라보는 여성에 대한 시각과 태도를 살펴볼 수 있으나, 여성들 자신의 의식이나 활동은 직접적으로 드러나지 않는다. 그러므로 해석학적 순환 관계 안에서 해석학적 방법으로 접근을 시도해 보려 한다. 역사 속에서 침묵당한 여성들의 목소리에 귀를 기울이면서 "발설되지 않은 의미의 지평"13)을 찾아 역사를 이해하는 방식으로 접근하겠다.

---

11) Mary Malone에 의하면 여성들의 역사가 기록에 남아 있지 않아서 대부분의 여성들의 삶을 우리가 잘 모른다고 지적한다. Mary Malone, *Women and Christianity*, Canada: Novalis, 2000, pp.31-32.
12) 남성 역사가들은 남성 중심적 시각을 가지고 있으며, 여자를 경시하는 경향이 있다. 그리하여 역사 서술에 있어서 공적으로 나서는 일은 남자의 역할로 서술하고, 여자들은 그 뒤에서 조용히 남자들을 도와주는 역할로 그려 놓는다. Mary Malone, *Women and Christianity*, p.33.
13) Gadamer에 의하면 체험이 말로 표현되는 과정 안에는 "발설되지 않는 의미의 지평"이 포함되어 있다. 말은 체험 자체에 속해 있으며 체험은 표현하려는 말을 찾는다. 그러나 체험을 온전히 말로

II. 일제 시기 가톨릭 여성 운동

1. 가톨릭교회의 시대 인식

1905년 을사조약이 체결되고 1910년 한일합방이 되면서 일본의 식민지정책은 점차 강화되었다. 일본은 조선에 통감부 대신 총독부를 설치하였고, 총독은 입법권, 행정권, 사법권 및 군대 통수권을 쥐게 되었다. 일본은 토지조사 사업을 실시하여 전 국토의 40%를 총독부의 소유로 만들었고 조선을 철저하게 식민지화해 나갔다. 일제의 식민지정책이 노골화되면서 한민족(韓民族)의 과제는 국권을 회복하기 위한 항일 구국 운동으로 나타났다. 여성들도 거기에 합류하였는데, 집회가 허용되는 학교와 교회를 중심으로 활동이 전개되었다. 당시의 여성 지도자들은 대부분 개신교 선교사들이 세운 사립학교 출신의 개신교 여성들이 많았다. 개신교 여성들은 여성 단체들을 결성하였고 항일 독립운동을 펼쳐 나갔다.

한국 가톨릭교회는 1836년부터 파리외방전교회 선교사들이 관할하고 있었다. 1910~1920년대 가톨릭교회를 이끌어 가던 조선대목구장은 뮈텔(Gustave Mutel) 주교였다.[14] 1911년 서울대목구와 대구대목구가 분리되면서 서울 지역은 뮈텔 주교가, 대구 지역은 드망즈(Florian Demange) 주교가 책임을 맡게 되었다.

뮈텔 주교는 평안도 지방의 적극적인 포교 활동을 위해 상트오틸리엔의베네딕도수도회(Congregation of St. Ottillien, O.S.B)가 이 지역을 담당하도록 사우어(Bonifatius Sauer, 1877~1950년) 대수도원장에게 제의하였다. 그러나 이미 평안도 지방으로 진출하여 나름대로 큰 성과를 거두고 있는 개신교와 경쟁하는 것은 무리라고 판단한 상트오틸리엔의베네딕도수도회는 평안도를 포기하고 함경도 지방의 전교를 택하였다. 그리하여 원

다 표현해 낼 수는 없다. 체험을 언어로 나타내는 표현 사이에는 실제적이지만 측량할 수 없는 거리가 놓여 있다. H. G. Gadamer, *Wahrheit und Methode, Grurdzüge einer philosophischen Hermeneutik*, Tübingen, 1986, pp.421-422.

14) 뮈텔 주교(1854~1933년)는 제8대 조선교구장으로서 1891년 2월부터 1911년 3월까지는 조선교구장으로, 대구교구가 분리된 1911년 4월 8일부터 1933년 1월까지는 서울교구장으로 재임하였다. 42년간 한국 가톨릭교회를 이끌어 간 지도자로서 그의 영향력은 매우 컸다.

산대목구가 독일 포교성베네딕도회 신부들의 관할 지역으로 되었다. 1920년 8월 5일, 원산대목구가 설정되고 사우어 신부가 초대 대목으로 임명되었다.

1922년 뮈텔 주교는 평안도 지방의 전교 문제를 개신교 선교사들과 국적이 같은 메리놀회에 맡기면 좋겠다고 교황청 포교성성(布敎聖省)에 의뢰하였다. 중국에 진출해 활동하고 있던 메리놀회는 한국 진출의 기회를 기다리고 있던 중 1922년 11월 교황청 포교성성으로부터 평안도 지방의 포교권을 위임받자, 그해 11월 27일자로 번(方, Patrick J. Byrne) 신부를 지부장으로 선출하였다. 1923년 5월 10일 번 신부가 평양지목구 설정 준비 책임자로 입국하였고, 같은 해 10월 22일 클리어리(P. Clerry) 신부, 11월 24일 모리스(J. Morris) 신부가 도착함으로써 한국 지부가 공식 출범하였다. 1927년 3월 17일 서울교구에서 분리된 평안도 지방이 로마 포교성성으로부터 감목대리구인 평양교구로 설정되고 초대 교구장에 번 신부가 임명되었다. 번 교구장이 1929년 8월 메리놀외방전교회 부총장으로 피선됨에 따라 1930년 4월 목(睦, John E. Morris) 신부가 제2대 지목구장으로 임명되었다.

1910년대까지 한국 가톨릭교회의 주도 세력은 파리외방전교회 선교사들이었으며, 이후 독일 포교성베네딕도수도회와 미국 메리놀수도회가 한국에 진출하여 함경도 지방과 평안도 지방에서 각각 포교하였다. 이러한 역사적 맥락 안에서 한국 여성들에게 영향을 미치게 될 여자 수도회들의 한국 진출도 이루어졌다. 드망즈 주교의 요청으로 샬트르성바오로수녀회의 프랑스 수녀들이 가장 먼저 한국에 입국하였고(1888년), 1920년대에는 독일에서 파견된 포교성베네딕도수녀회(1925년)와 미국에서 파견된 메리놀수녀회(1926년)가 한국에 진출하였다.

1910~1930년에 가톨릭 교계를 대표하는 뮈텔 주교와 드망즈 주교는 일제의 식민 통치가 한국 선교에 유리할 것으로 판단하였고 일본에 의한 조선의 개화를 긍정적으로 받아들였다.

"조선은 일본인들의 지도 아래 발전을 향해 나가고 있습니다. 개화되기 위해 바지를 입고 어깨에 양복을 걸치는 것으로 충분하다면 조선인들 중에도 훌륭한 지도자들이 있을 수 있습니다. 그러나 진정한 개화 문명이라는 것은 윤리적 덕행의 실천에 있으므로, 현재는 스승의 입장에 있는 사람들이 생도들에게 별로 가르쳐줄 것이 없습니다."15)

뮈텔 주교는 개화 문명을 서구문물의 외적인 모방이 아니라 윤리적 덕행의 실천이라고 말하면서도 실은 일본의 조선 식민지를 용인하는 입장을 취하였다. 대구교구장 드망즈 주교도 한일 합병이 한국에 안정을 가져온 것으로 보고하였다.16) 뮈텔 주교와 드망즈 주교는 조선왕조의 전제적 통치보다 일본제국의 헌법에 따른 합법적인 통치가 한국인에게 더 유리하리라고 생각하였다.17) 뮈텔 주교의 관심은 선교의 자유를 누리는 것이었고, 한민족의 독립에는 관심이 없었다. 도리어 신자들에게 일제의 지배에 순종할 것을 권하였다.18)

1919년에 한민족의 역량이 결집되어 일제에 항거하는 3·1독립운동이 일어났다. 3·1운동에 대해서 교회 지도자들은 매우 비판적인 태도를 취하였다. 대구 성유스티노신학교 학생들이 독립운동에 가담하자, 드망즈 주교는 "신학교의 문을 닫을 터이니 너희들은 모두 자기 집으로 돌아가라" 하면서 휴교령을 내렸다. 뮈텔 주교는 용산의 예수성심신학교 학생들이 독립운동에 가담하자 "불행한 망동"19)이라고 평하면서 주동 학생들을 퇴학시켰고, 징계처분으로 그해 서품식을 거행하지 않았다.20) 뮈텔 주교는 한국의 독립이 불가능한 것으로 보았고, 가톨릭 신자들이 만세 운동에 가담하지 않음으로써 일제에 충성의 모범을 보였다고 생각하였다.21) 드망즈 주교는

---

15) 『서울교구 연보 II』, 1908년 보고서, p.58.
16) *Compte Rendu-de la société des Missoins Etrangeres de Paris de Taikou*, 1912.
17) 조광, 『한국 천주교 200년』, 햇빛출판사, 1989, p.64. 한일 합병문 제5조에 따르면, "종교의 자유가 보장된다. 종교가 정치에 간여하지 않는다면, 불교, 유교, 기독교는 행정부와 대립하지 않을 것이다. 오히려 행정부는 종교사업을 돕고 모든 종교에 합법적인 선고를 할 수 있는 권한을 부여해주고 보호해줄 것이다"라고 되어 있다.
18) "천주십계 중 나라 권리에 순명하라신 제4계가 있은즉, 이에 대하여 우리 교우들이 다른 사람보다 열심히 순명하여야 할지라", 1911, 『경향잡지』 p.19.
19) 『뮈텔 주교 일기』 1919년 3월 23일.
20) "올해 용산신학교에서는 독립운동 때문에 온갖 주의를 기울였음에도 불구하고 몇몇 학생들이 거기에 가담한 것으로 인해 좀 어려웠습니다. 철학과 및 신학과 학생들은 이 때문에 그들의 성소를 잃은 것 같았고 신학교를 떠났습니다. 그래서 징계처분으로 올해에는 서품식을 거행하지 않았습니다"(1919년 보고서), 『서울교구 연보』 p.153.
21) 1919년 보고서.

"일본 정부는 합법적인 정부이므로 우리 천주교는 카이사르의 것은 카이사르에게 돌려주라는 말씀을 지켰다. 그래서 우리 신자들은 이 운동에 참여하지 않았다"22)라고 말하였다. 이러한 가톨릭교회의 태도는 일제의 침략에 협조하는 결과를 낳았고, 가톨릭교회가 친일적인 모습으로 비춰지게 되었다. 일제 시대 가톨릭교회는 역사의식이나 민족의식이 희박하였다고 말할 수 있겠다.

일제는 식민 통치의 일환으로 정교분리 정책을 추진하였고 외국인 선교사들에게 종교 및 신앙의 자유를 보장하겠다며 회유정책을 펼쳤다. 이는 일본이 서구 열강의 지원 아래 한국의 식민지화를 추진하고 있었으므로 외국인 선교사들의 세력을 무시할 수 없었기 때문이었다.23) 그러다가 일제는 점차 종교를 규제해 나가기 시작하였다. 1908년 사립학교 규칙(칙령 제62호)을 내세워 교육에서 종교를 분리시키고 학교 설립에 학부 대신의 인가를 요구하는가 하면, 1915년 개정 사립학교 규칙(총독부령 24호)에서는 교과목에서 성서를 제외시키고, 5년 내 교사들에게 일본어 학습을 의무화하며 고등보통학교로 교명을 변경하도록 요구하였다. 그리하여 고등보통학교로 승인받지 못한 학교는 무자격 학교로 되어 진학 자격이 인정되지 않았다. 같은 해 제정된 포교 규칙은 기독교 자체에 대한 규제를 목표로 하고 있다. 교회를 설립하려면 총독부의 허가를 얻어야 했고 설립 이유와 유지 방법이 충분하다고 인정되어야 했다.24)

가톨릭 측에서는 이러한 기독교 규제 법령을 수용하는 입장이었다. 선교사들은 한민족의 운명보다는 선교 활동의 자유와 권리에 더 관심이 많았기에 일제의 침략을 묵인하였고, 동시에 한국의 독립운동에 대해 비판적인 태도를 취하였다. 한일 합병 이후 선교사들은 교권으로써 한국 신자들의 민족운동 참여를 금지하였다. 교회의 이러한 정책으로 말미암아 가톨릭 신자들은 드러내 놓고 항일 독립운동에 참여할 수가 없었다.

---

22) C-R-Taikou, 1919.
23) 윤선자, 『일제의 종교 정책과 천주교회』, 고려사학연구총서 8, 2001, p.35.
24) 같은 책, pp.329-330.

2. 여성 평신도의 활동

1910~1920년대 『서울교구 연보』25)를 살펴보면 여성들에 관한 기록들이 많이 등장하지만, 그 활동이 전교 중심으로 기술되고 있음을 알 수 있다. 프로테스탄트 여성이 가톨릭으로 개종한 사례,26) 남편의 폭력에도 불구하고 가톨릭 신자가 되었다는 사례,27) 학교의 예비자 교리반을 거쳐 여학생들이 영세를 받으면 결혼 후 가족들에게도 영향을 미치게 될 것이라는 이야기,28) 종교로 말미암아 가족 안에 불화를 겪다가 가톨릭에 귀의한 사례들,29) 신앙으로 말미암아 기적적으로 치유된 사례들30) 등이 실려 있다. 가톨릭교회의 지도자들이 여성들에 대해 관심을 가지는 경우는 세례를 통한 신자 양성의 측면과 개신교보다 우월한 측면을 부각시키는 것으로 한정된다. 프랑스 선교사들은 전반적으로 양적 선교에 관심이 집중되어 있다. 그러나 일제의 지배와 수탈로 말미암아 현실적으로 신자들이 겪는 고통에 대해서는 이해가 적은 것으로 나타난다.

"금년에 상당수의 한국인이 간도로 이민하였습니다. 퀴를리에(Curlier) 신부에 따르면 적어도 현재 이러한 이민이 10만 명에 이르고 있다고 합니다. 그들 중 신자가 2,800명이고, 열심한 예비 교우도 700명이나 됩니다. 금년 한 해에도 22명의 임종 대세를 제외하고 300명의 성인 영세자가 있었습니다. 공소 교우들도 경작지를 찾아 이주하고 있어서 가톨릭 신앙이 미신자들 가운데 전파되고 있습니다. 한국인들은 국경선 너머 본래의 간도 밖, 더 동쪽에 있는 중국 영토의 간석지로 이민을 하였습니다"(1910년 보고서).31)

---

25) 『서울교구 연보』는 『파리외방전교회 연보』(Compte Rendu) 중에서 한국 교회에 관한 것만을 발췌하여 번역한 자료이다. 외방전교회 파리 본부에서는 1841년부터 해마다 각 포교지로부터 접수한 교세 보고를 한데 묶어 『파리외방전교회 연보』를 발행하였다.
26) 『서울교구 연보 (II)』(1910년 보고서), pp.85-86.
27) 같은 책, (1910년 보고서) pp.86-87.
28) 같은 책, (1910년 보고서) pp.90-91.
29) 같은 책, (1914년 보고서) pp.124-125, (1915년 보고서) pp.132-134, (1916년 보고서), pp.139-140, (1917년 보고서) pp.142-143.
30) 같은 책, (1913년 보고서), p.120, (1919년 보고서) pp.152-153.
31) 같은 책, pp.81-82.

이 보고서에는 일제의 수탈로 말미암아 먹고살기 어려워진 사람들이 멀리 간도로 이주할 수밖에 없는 절박한 상황이 그려져 있다. 공소 신자들의 이주는 굶주림 때문으로 추측할 수 있다. 그러나 프랑스 선교사들은 그들의 현실적 어려움을 이해하거나 그 원인에 대해 고민하기보다 선교의 측면에서 객관적으로 서술하고 있다.

"대도시의 교우들은 다른 곳보다 새로운 생활 조건으로 더 영향을 받고 있습니다. 산업의 발달과 생활비의 등귀는 많은 부녀자들과 어린이들을 공장으로 이끌고 있는데, 이것은 신앙생활을 유지하거나 발전시키는 데 조금도 도움이 되지 않습니다. 그래서 자주 성사를 받음으로써 열심을 유지하는 교우들 외에 슬프게도 냉담자들이 증가하는 것을 보게 됩니다. 신앙을 잃은 것이 아니고 어느 정도는 신자의 본분까지도 지키지만 물질적인 궁핍이 그들로 하여금 성당에 나가고 자주 성사를 받게 하는 것을 잊도록 합니다"(1919년 보고서).32)

1919년경에는 부녀자와 어린이들도 공장에서 일해야 하는 상황으로 내몰리고 있었다. 선교사들은 한민족이 겪는 식민지하의 고통을 보기보다는 현실과 동떨어진 신앙생활을 강조하고 있다. 그들은 세상과는 무관한 이원론적 신앙관을 지니고 있었다. 그들은 영혼 구령을 위한 직접 선교에만 관심을 가졌지 일제의 불의한 통치 아래 신음하는 한민족의 외침에는 귀를 기울이지 못했다. 프랑스 선교사들은 정치와 종교를 엄격하게 구분하였고 신앙 행위는 종교적 영역 안의 일로 한정시켰다. 여기서 민족의 문제는 신앙과 별개의 것으로 되고 만다. 뮈텔 주교는 "천주교는 정치 문제에 무관심하고 일본 정부를 합법적인 정부로 인정하며, 이것은 모든 신부들의 공통된 생각일 뿐 아니라 신도들에게도 그렇게 가르치고 있다"라고 일본 정부에 공식적으로 표명하기에 이른다. 샤르쥬뵈프(S. Chargeboeuf) 대구성유스티노신학교 교장 신부도 3·1운동에 가담한 신학생들에게 "너희들이 왜 이러느냐… 나라가 독립되는 것은 좋은 일이다. 그러나 너희들의 소명은 따로 있다. 그것은 독립되는 너희 조국의 동포들의 영혼을 구하는 일이다. 독립운동은 너희들이 하지 않아도 잘될 것

---

32) 같은 책, pp.155-156.

이다. 너희들의 사명은 동포에게 복음을 전하고 구령 길로 인도하는 더 중요한 사명이 있음을 잊었느냐?"라면서 눈물로 호소하였다.33) 이처럼 가톨릭교회는 한민족이 처한 현실 문제에는 둔감하였고 영혼의 구령만을 내세웠다. 그럼으로써 가톨릭 신자들은 일제 식민지하에서의 민족적 모순과 한국의 침략을 묵인한 제도적 교회의 모순이라는 이중적 모순 아래 놓여 있었다.

가톨릭교회가 민족의 문제에 무관심함으로 인해 한국 사회에 미치는 영향력이 감소되었음은 교세 성장률의 둔화 현상으로 나타났다. 1900년 이전 개화기에 가톨릭은 연평균 신자 증가율이 7.87%에 이르렀지만, 일제 침략기인 1900년부터 1910년 사이에는 5.65%, 1910년부터 3·1운동이 일어날 시점에는 2.10%로 점차 낮아졌다. 3·1운동 이후 해방이 될 때까지 연평균 신자 증가율은 3% 내외에 머물고 있다. 같은 시기 개신교의 교세와 비교해 보면 일제 시기 한국 사회에 미치는 가톨릭의 영향력이 상당히 줄어든 것을 확인해 볼 수 있다.

1897년 통계에서 가톨릭 신자들은 3만 2천 명 정도이고 개신교 신자들은 6천 8백 명이었다. 그러다가 1907년 가톨릭 신자는 6만 3천 명이고 개신교 신자는 7만 3천 명으로 역전 현상이 일어난다. 그 격차는 시간이 갈수록 점점 벌어진다. 그 원인으로 여러 가지를 생각해 볼 수 있겠으나, 가장 큰 원인은 한민족의 고통에 무심하였던 가톨릭의 선교 정책에 있었다고 볼 수 있다.

<표> 그리스도교 신자 증가표(단위 : 명)
자료: 가톨릭은 C.R.에 의해, 개신교는 C.A.Clark, The Korean Church and The Nevius Method. p.268에 의해 작성됨.34)

연도	가톨릭	개신교
1897	32,217	6,800
1900	42,441	13,569
1905	64,070	34,407
1907	63,340	72,968
1910	73,517	140,470
1919	88,553	144,062

33) 윤광선, "三一運動과 大邱信者들", 『교회와 역사』 103호, 한국교회사연구소, 1984년 1월, pp.15-16.
34) 조광, 『한국 천주교 200년』, p.59에서 재인용.

이러한 교회의 상황에서 가톨릭 여성들은 신심 활동을 위한 단체 결성은 가능했지만, 항일 독립운동을 위한 어떤 조직이나 활동을 감행할 수 없었다. 교회 안에 단체를 세우기 위해서는 다음의 규정을 지켜야 했다.

"첫째, 교우들 가운데 자선 단체를 빙자하고 실상은 정치적인 이득을 도모하려고 하는 경우가 있는데, 이런 모임은 자선 단체라고 할 수도 없고 교우 단체도 아니며 교회와 관련되는 것도 아니다.
둘째, 어떤 단체는 자기들의 힘을 과시하며 그 권력으로 주교나 사제를 지도 감독하며 간섭하려고 하는 경우도 있는데, 교우들이 주교와 사제의 지도를 받는 것은 옳지만 주교와 사제를 지도할 수는 없는 것이다. 특히 구원 사업을 위해 주교나 사제를 도와드리는 것은 칭찬할 만하지만, 교우로서 주교나 사제의 권한에 저항하거나 더 나아가 주교와 사제에게 명령을 내릴 수는 없는 것이다.
그러므로 교우들이 어떤 자선 단체 같은 것을 세우려고 하면 먼저 본당신부와 상의해야 하며, 본당신부가 그에 대해 교구장 주교께 보고하면 주교께서 그 가부를 판단하실 것이므로 모든 것을 주교께서 결정하시는 대로 따라야 한다."35)

교회 안에 단체를 세울 때에는 먼저 본당신부의 승인을 얻고 나서 주교의 결정에 따라야만 했다. 항일 독립운동을 위한 단체 조직은 정치적 이득을 도모하는 단체로 비추어졌고, 주교의 의향과도 상반되었다. 따라서 가톨릭 여성 운동은 처음부터 가톨릭교회 안에서 싹을 틔우기 어려웠다. 일제 시기 여성 단체들은 주로 교회나 학교를 중심으로 결성되었는데, 가톨릭 계통의 학교들은 본당에서 경영하는 초등학교가 대부분이었기에 학교를 중심으로 여성 단체가 결성되기도 어려운 실정이었다. 가톨릭 여성들은 조직이나 운동의 기반을 형성할 수 없었기에 한국 여성 운동이라는 큰 흐름 속에서 점차 소외될 수밖에 없었다. 여성 평신도의 활동은 교회 안의 신심 활동으로 국한되었고, 한국 사회에 미치는 가톨릭 여성들의 영향력도 쇠퇴하고 말았다.

항일 독립운동에 대해 가톨릭교회의 지도자들과 평신도들 사이에는 서로 다른 시

---

35) 르 장드로 신부 지음, 뮈텔 주교 감수(1923), 이영춘 신부 역주, 『회장직분』, 가톨릭출판사, 1999, p.221.

각이 존재하였다. 윤선자는 가톨릭교회 지도층과 가톨릭 신자들의 의식이나 활동이 서로 달랐음을 지적하고, 안중근을 위시하여 적지 않은 가톨릭 신자들이 항일 독립운동에 적극적으로 가담하였음을 밝혀주었다. 윤선자는 교계의 손길이 덜 미치는 간도 지방이나 공소를 중심으로 천주교 신자들의 독립운동이 더 활발하였음을 세밀하게 고찰하였다. 독립운동에 가담한 가톨릭 신자들 중에는 물론 여성 신자들도 포함되어 있었다. 그럼에도 불구하고 그 여성들에 관한 구체적인 자료나 정보들은 별로 알려져 있지 않다.36) 그런데 3·1운동 관련 수감자의 종교별 현황을 살펴보면, 개신교를 제외한 타 종교와 비교할 때 가톨릭 여성의 참여는 주목할 만하다.

천도교의 경우 1,363명이 수감된 가운데 여성은 2명뿐이다. 개신교 여성들은 앞에서 보았듯이 여성 운동의 맥락 안에서 구국 운동에 매우 활발하게 동참하였기에 많은 여성들이 독립운동에 가담하였다. 그런데 제도 교회의 엄중한 금지에도 불구하고 가톨릭 신자 53명 중 여자가 8명 포함되어 있다는 사실은 여러 가지 의미를 내포하고 있다. 가톨릭교회 관련 자료에서는 그 여성들에 대해 부정적이든 긍정적이든 일체 언급하지 않는다. 구체적으로 그녀들의 이름이나 행적을 확인할 수는 없으나, 적어도 3·1운동의 주동자임을 감지할 수 있다. 또한 그녀들은 사회를 변혁시키기 위해 주체성을 가지고 과감하게 실천하였던 여성들이었음을 짐작할 수 있다.

가톨릭 여성들은 교회나 학교를 중심으로 항일운동을 위한 여성 단체를 결성할 수는 없었을 것이다. 그럼에도 불구하고 상당수의 여성들은 독립운동에 참여하고 있었던 것으로 여겨진다. 그 여성들은 역사의 기록에는 남아 있지 않지만, 한국 여성이면서 동시에 가톨릭 신자로서 항일 독립운동의 흐름에 동참하고 있었다. 그 여성들은 역사 속에 묻혀 버렸지만, 그렇다고 그 존재가 사라진 것은 아니다.37)

---

36) 윤선자는 교회 지도자 중심의 시각에서 벗어나 가톨릭 평신도 중심의 역사를 새롭게 고찰하였다. 일제 시대 가톨릭 신자들의 독립운동 현황에 대해 윤선자, 『일제의 종교 정책과 천주교회』, 제2장에서 자세하게 다루고 있다. 경인문화사, 2001, pp.93-143.
37) 역사에 대한 해석학적 접근 방식에서는 "개별적인 것은 전체적인 것 속에서 이해되고, 전체적인 것은 개별적인 것으로부터 이해된다"는 J. G. Droysen의 통찰이 기본 법칙으로 적용된다. H. G. Gadamer, *Wahrheit und Methode*, pp.215-222.

<표2> 3·1운동 관련 수감자의 종교별 현황
출전: 『每日申報』 1919년 6월 17일, 국사편찬위원회, 『日帝侵略下 韓國 三十八年史』 4. pp.981-984.[38]

구분		수감자수(명)			비율(%)	
		남자	여자	계		
천도교		1,361	2	1,363	15.0	15.06
시천교		5	-	5	0.06	
불교		105	1	106	1.2	1.2
유교		55	-	55	0.6	0.6
기독교	감리교	401	37	438	4.8	22.44
	장로교	1,322	119	1,441	15.9	
	조합교회	7	-	7	0.08	
	기타	81	16	97	1.07	
	천주교	45	8	53	0.59	
기타		7	-	7	0.1	0.1
무종교		5,455	31	5,486	60.6	60.6
미상		1	-	1	0.01	0.01
합계		8,845	214	9,059	100	100

3. 여성 수도자의 활동

1910년대에 활동한 여자 수도회는 '샬트르성바오로수녀회'이며 1920년대에 활동한 여자 수도회는 '메리놀수녀회'와 '포교성베네딕도수녀회'이다. 여자수도회는 가톨릭 신앙을 매개로 그 시대 복음을 실천하는 가톨릭 여성 단체이다. 따라서 여자 수도회는 가톨릭 여성 운동을 주도하는 세력으로 볼 수 있다.

1) 샬트르성바오로수녀회

1911년 당시 수도자로 살겠다고 샬트르성바오로수녀회에 서원한 한국 여성이 21명이었고 32명의 여성들이 수련과정에 있었다. 1920년에는 서원한 한국인 수녀가 42명이었으며, 그 후 꾸준히 증가하여 1945년에는 서원한 한국인 수녀가 224명에 이른다.

---

38) 같은 책, p.116에서 재인용.

<표 3> 여성 수도자 현황(1910~1920년)
한국 샬트르성바오로수녀회 통계 자료 연도별 수녀 현황 도표에서 발췌(공란은 미확인)[39]

연도	수련원			서원수녀 총수		
	지원자	청원자	수련자	한국수녀	외국수녀	합계
1911	9	14	9	21	12	33
1920	10	18	8	42	13	55
1930		6	7	94	17	111
1940		15	7	199	13	212
1945		10	6	224	12	234

샬트르성바오로수녀회는 블랑(Jean Blanc) 주교의 요청에 다라 고아원과 양로사업부터 시작하였다. 그러다가 1900년부터 제물포와 서울 등지에 여학교가 세워지고 수녀들은 그곳에서 여성 교육을 담당하게 되었다. 이후 10년간 수녀회의 교육사업은 크게 성장하였다.[40] 교육사업은 "가난한 이를 교육하고 돌보는" 샬트르성바오로수녀회의 창설 목적에 부합하는 것이었고, 수녀들의 교육 방법이 비신자에게도 호감을 줄 정도로 평가가 좋았다. 또한 빈곤한 재정으로 학교를 운영해야 했던 본당 사정상 일반 교사보다 월급이 낮은 수녀 교사들을 선호할 수밖에 없었고, 수녀들의 언행과 생활 모습은 밖으로 좋은 인상을 주어 전교에도 도움이 되었다.[41] 수녀들의 교육사업은 초등학교를 중심으로 대중을 위한 계몽 교육이었다. 일본의 탄압에도 불구하고 지방 빈민들의 문명 퇴치를 위한 교육사업을 통해 한국 사회의 근대화에 일조를 하였다. 수녀들은 여성 교육과 어린이 교육에 헌신적으로 참여하였다. 수녀회의 여성 교육 활동은 초등교육을 수행하는 데 그쳤지만, 평안도에서 제주도에 이르기까지 전국에 걸쳐 이루어졌고, 소외되고 가난한 여성들을 위한 교육이었다. 성바오로 수녀들은 교육사업, 고아 양육사업, 의료사업 등을 중심으로 활발하게 사도직 활동을 펼쳤다. 수녀들은 여아들을 가르치고 가난한 이와 병든 이들을 방문하고 돌봄으로써 사람들의 인간적, 영적 품위를 높이는 것을 사명으로 삼았다.

---

39) 『한국 샬트르성바오로수녀회 100년사』, p.1476.
40) 1900년에 본당 소속 여학교 3개, 총 여학생 수 60명이었던 것이 1911년에는 여학교 11개, 총 여학생 수 709명으로 증가하였다. 같은 책, p.199 <표 10> 참조.
41) 김혜선, 「개화기 샬트르성바오로수녀회의 교육 활동에 관한 연구」, 이화여자대학교교육대학원 석사 논문, 1989, pp.27-28.

<표 4> 사도직 활동 분포(단위명 : 사업체 수)[42]

연도	전교	교육				의료	사회사업	특수
		유치원	강습소	초등	중고등			
1910	6	1	3	5		3	3	1
1915	7	1	4	7		3	4	1
1919	7	2	3	9		3	4	1
1922	9	2	3	9		3	4	2
1925	8	2	4	10		3	7	4
1929	11	7	6	10	1	3	7	4

위 표에서 샬트르성바오로회 수녀들은 본당을 중심으로 하는 전교 사업에 많이 종사하였음을 알 수 있다. 또한 보육원, 양로원 등의 사회사업의 비중이 컸으며 시약소 운영 등을 통한 의료사업은 꾸준하게 이어졌다. 수녀회의 교육사업은 유치원이나 초등학교에서 가르치는 비율이 점차 증가하였다. 그러나 초등교육에 머물렀고 한국 근대사회에서 사회 활동을 할 수 있는 여성 인재들을 양성하는 데까지 나아가지는 못했다. 거기에는 여러 가지 요인이 작용하였다. 첫째, 일제의 정책을 들 수 있다. 「사립학교 규칙」으로 사립학교의 설립에 인가제를 도입하자 대부분 본당에서 학교를 운영하였기 때문에 재정이 취약한 상태에서 사립학교령의 요건을 구비하기가 어려웠다. 또한 일제는 「개정 사립학교 규칙」(1915년 3월 24일 총독부령 24호)으로 학교에서의 종교 교육에 규제를 가했는데, 고등보통학교로 승인받지 못한 학교는 무자격 학교로 되어 진학 자격이 인정되지 않았다. 1920년대까지 수녀들은 학교에서 자격증 없이 한글, 한문, 경문과 교리, 산수, 바느질, 예의 등을 가르칠 수 있었다. 그러나 일제의 사립학교령이 반포됨으로써 자격증 없는 수녀들은 학교를 떠나거나 자격증을 취득해야만 했다. 샬트르성바오로수녀회의 경우 1922년까지 양성한 교사는 20명이었으나, 사범학교 졸업자는 한 명도 없었고 이 교사들도 교사 자격증 소지자가 아니었다. 따라서 일제의 종교 규제로 말미암아 수녀들의 교육사업은 진전되기 어려웠다. 그 후 체계적인 교사 양성은 1927년에 시작되었고 1930년대부터 정식 자격을 갖춘 교사 수녀들이 배출되었다.

둘째, 가톨릭교회는 고등교육에 대한 인식이 부족하였고 재정적으로도 열세였다.

---

42) 사도직 분야별 통계 자료에서 발췌, 『한국 샬트르성바오로수녀회 100년사』, p.1479.

일제 시대 가톨릭 여성 운동

가톨릭교회는 언문을 깨쳐 신앙생활을 할 정도의 보통교육에만 치우쳤지 그 이상의 전문 지식을 통해 사회변혁을 주도하는 주체로서 신자들이나 수도자들을 성장시키지 않았다.43) 일제의 여러 제한 속에서도 개신교는 근대 한국 역사 발전에 주도적 역할을 할 수 있는 남녀 지도자 양성을 목표로 하는 고등교육을 추진하였다. 반면 가톨릭의 학교 교육은 전문가 양성이 목적이 아니라 전교가 우선적인 목적이었다. 그리하여 한국 근대사회를 이끌어 갈 인재 양성에 가톨릭교회는 기여하지 못하였다.

독립운동과 관련된 여성 수도자의 이야기는 『한국 샬트르성바오로수녀회 100년사』에서 일제 시대를 회고하는 수녀들의 증언을 통해 전해진다. 당시 숙명학교에 재학했던 손임녀 수녀는 다음과 같이 증언한다.

"일본 사람이 교무주임으로 온다고 했고, 그가 우리나라를 빼앗은 일본인임을 생각하고는 스트라이크에 합세했습니다. 모두들 등교를 거부했는데, 저는 수녀님들이 가라고 해서 하루만 갔다가 다음날부터 한 달 동안 가지 않았습니다. 그 후 학교에 가서도 그 선생님이 출석율을 부르면 우리는 대답을 하지 않았습니다. 그를 내쫓기 위해서였습니다. 담임선생님은 그렇게 하면 상급 학교에 못 간다고 하나씩 불러 주의를 주었지만, 그래도 우리는 계속 그렇게 했지요. 수녀원에서는 제가 사범학교로 진학을 해야만 교원 자격을 얻게 될 것이라고 걱정이었습니다. 결국 저는 사범학교에 갈 수 없게 되고 이듬해 경기 서울사범학교에 들어가게 되었습니다."44)

손임녀 수녀는 당시 교회의 정책과는 달리, 자신이 당할 불이익에도 불구하고 동료 급우들과 같은 방식으로 저항하였다. 아마 당시 한국 수녀들이 나라와 민족에 대해 가진 생각은 손임녀 수녀와 비슷하지 않았을까 짐작해 볼 수 있다. 강봉순 수녀의 증언을 들어보자.

"서울 우리 수녀원 옆에 일본 사람들이 많이 살았었습니다. 우리가 밭에 나가 일할

---

43) 김영희, "새로운 복음화와 샬트르성바오로수녀회 카리스마의 실현" 『샬트르성바오로수녀회 창설 300주년 기념 심포지엄 자료집』, 1996. p.38.
44) 손임녀 수녀의 증언, 1987. 5., 『한국 샬트르성바오로수녀회 100년사』, p.271.

때면 일본 아이들이 먹을 갈아서 하얀 코르넷에다 쏟아 붓곤 했어요. 그 어린 것들까지 한국인을 무시했지요. 일본 26위 성인 성당을 맡았던 프랑스인 신부님이 계셨는데, 그 신부님까지도 우릴 무시했습니다. 우린 그 신부님을 무척 싫어했습니다. 일본인 성당에 와서 영화 보라고 하면 가지도 않았고, 프랑스인 수녀님이 우리에게 그 신부님께 고맙다는 인사하고 오라고 해도 인사하지 않고 튀어나오곤 했답니다."45)

일본의 지배뿐만 아니라 프랑스인 신부에 대해서도 한국 수녀들은 마음속으로 저항하고 있었다. 한국인 수녀들의 그러한 생각이나 말이 당시 교회 안의 어떤 자료에도 기록되어 있지 않다. 당시에는 그런 생각을 말이나 글로 표현할 수 없었고, 70년이 지난 다음에야 비로소 증언할 수 있었던 것이다.46) 한국 수녀원은 창립 초기부터 일본 관구에 속해 있었고 일본 관구장이나 한국 수녀원의 장상들은 모두 프랑스인 수녀들이었다. 프랑스인 수녀 장상들은 일본 정부 및 일본 사람들과 우호적인 관계를 맺고 있었다. 고아원 운영이 재정적으로 어려워 바자회를 개최하곤 했는데, 그때마다 수녀회는 일본인 고위 인사 부인들로부터 도움을 받기도 하였다.47) 뮈텔 주교는 수녀들이 만든 화환을 이토 히로부미 장례식에 보내기까지 하였다.48)

수도자는 정결, 청빈, 순명이라는 복음 삼덕을 수행하는 것을 수도 생활의 목적으로 삼는다. 교회 지도자나 수녀원 장상에게 절대적으로 순명하는 것을 수도 생활의 최고 덕목으로 내세웠기에 한국인 수녀들은 장상들의 지침에 따라야만 했다. 한국인 수녀들은 일제 식민지 치하의 피압박 민족으로서의 설움을 겪어야 했고, 프랑

---

45) 강봉순 수녀의 증언, 1988. 7., 같은 곳.
46) 해석학적 방법으로 역사를 이해할 때, 시간적 거리는 대상의 진정한 의미를 떠올리게 해주는 긍정적 요소로 작용한다. H. G. Gadamer, *Wahrheit und Methode*, pp.302-305.
47) 『뮈텔 주교 일기』에 다음과 같이 기록되어 있다. "사이토 남작 부인이 성탄 선물로 수녀원에 100원을 보내 왔다"(1920년 12월 25일자). "사이토 남작 부인이 왔는데 … 제일 아름다운 작품 몇 장을 골랐다. 남작 부인은 어린이들을 위하여 100원을 기부했다"(1921년 6월 27일자). "일본 애국 부인 연맹 회장 시모츠 부인이 모토노 자작 부인과 여러 일본 부인들을 대동하고 방문했다. … 시와다 부인이 어린이들을 위하여 50원이 든 봉투를 주기에 즉시 가밀 수녀에게 전달하였다"(1921년 10월 7일자). "수녀원에서 자선 바자 첫 날 사이토 자작 부인, 총독부의 부인들이 신문을 피하고자 오전 10시에 왔다. 나는 수녀원으로 가 그들과 인사를 하고 1층과 2층의 바자 장소 홀 두 군데를 둘러보았다"(1926년 5월 15일자).
48) 『뮈텔 주교 일기』 1909년 11월 4일자.

스인 교회 지도자들로부터 문화적 억압을 동시에 경험해야만 했다. 특히 일본 관구에 기거하면서 학업을 했던 수녀들은 더욱 고초가 컸다고 한다.[49] 한국인 수녀들은 일상의 기도와 사도직에 충실하면서 그 시기를 견뎠고, 교육이 정진하면서 미래를 준비하였다.[50] 이러한 정황을 『한국 샬트르성바오로수녀회 100년사』에는 다음과 같이 기술하고 있다.

"당시의 엄격한 양성과 정적(靜的)인 영적 생활과 함께 일제의 식민 통치와 프랑스 수녀들과 한국 수녀들과의 문화적 갈등 등 여러 가지 요소들이 작용하여 활동 수도회로서 세상을 향해 활짝 열린 초창기의 사도적 활력과 대담성을 많이 위축시켰고 당시 수녀들은 준봉쇄 관상수도회처럼 살았음을 부정할 수가 없다. 이것은 트리엔트 공의회 이후 제2차 바티칸 공의회까지 교회 전체의 영성이 이원론적인 사고에 기반을 두고 자아 부정, 극기, 희생의 방향으로 흐르고 있었고, 그리스도인 생활에서 세상으로부터 은둔적인 면이 강하게 작용하고 있었기 때문이다."[51]

여성 수도자들은 제국주의적 식민지 경험을 이중적으로 겪었는데, 일제의 정치적 억압과 프랑스의 문화적 억압이라 할 수 있다. 그러나 그러한 억압에 직접적으로 항거하는 길을 택하지 않고 수도자로서 인내와 극기, 희생의 방식으로 극복해 나갔다. 이 시기 수도 생활은 완덕을 닦기 위한 길로 표현되었고 완덕은 바로 애덕이었다. 일제 치하 프랑스 수녀들과 어려운 관계 속에서도 한국인 수녀들은 수도 생활의 내적인 힘을 기도를 통해 얻었다.[52] 그리고 한국인의 더 나은 삶을 위해 다양한 사도직 활동을 헌신적으로 전개하였다. 수도회를 중심으로 하는 가톨릭 여성 운동은 사회변혁을 주도하면서 외적으로 표출되는 형태가 아니라 신앙을 매개로 안으로 삭이는 형태였다.

수녀들의 본당 사도직은 의료, 교육, 고아 사업 등의 방법을 통한 간접 선교의

---

49) 김영희, 「새로운 복음화와 샬트르성바오로수녀회 카리스마의 실현」, p.23.
50) 같은 곳.
51) 『한국 샬트르성바오로수녀회 100년사』, p.26.
52) 김영희, 「새로운 복음화와 샬트르성바오로수녀회 카리스마의 실현」, p.25.

성격을 띤 것이었다. 수녀들은 불우하고 가난한 계층에 대해 봉사하는 삶을 살았고, 민족정신의 고양과 문맹 퇴치를 위한 교육을 실시하였다. 이러한 수녀들의 활동은 구국 운동의 차원에서 이해될 수 있는데, 본당에서의 교육 활동을 통해 민족의식을 고취시키고 민중을 계몽하면서 개화 문명의 저변을 확대시킨 활동이었다. 국가가 설립한 교육기관이나 개신교 선교사들이 설립한 교육 기관들이 대체로 사회적 엘리트들을 양성하는 데 중점을 두었던 것에 비해 가톨릭 본당에서 운영한 교육 기관에서는 일반 대중의 자녀들을 대상으로 하는 대중 교육이었다는 특징을 지닌다.53) 여성 수도자들의 존재와 삶, 활동은 남녀평등 의식과 새로운 가치를 실현하는 근대 여성으로서의 면모를 드러내주었다.

2) 포교성베네딕도수녀회

1909년 한국에 진출한 포교성베네딕도(남자)수도회는 원산교구를 위임받고 덕원을 중심으로 새로운 선교 활동을 시도하였다. 그런데 포교성베네딕도회의 창설자 암라인(J. G. Amrhein, 1844~1927년) 신부는 선교 원칙에서 다음과 같이 말하였다.

> "우리 수족이 선교 지역에 세워지고 거기서 수많은 인구를 상대로 남성들을 개종, 교육 등의 선교 사업이 성공적으로 이루어질 희망이 있는 곳마다 즉시, 또는 될 수 있는 대로 선교 수녀들을 위한 수녀원을 세워서 그들로 하여금 여성 교육을 담당케 하고 그리스도교적으로 개화된 생활을 하도록 시도하게 할 것이다. 이렇게 함으로써만이 개종이 균일하게 되어 착한 크리스천 부부, 좋은 가정의 기본을 이루는 것이다."54)

포교성베네딕도수녀회는 창설 이념에서부터 남성과 여성의 평등한 관계를 설정해 놓고 있다. 그리하여 독일 툿칭에서 4명의 독일 수녀가 1925년 11월 18일 한국에 입국하였다. 툿칭 포교성베네딕도수녀회의 총장 수녀는 보니파시오 사우어 주교와 계약을 체결하면서 "학교 수업과 선교 지역의 본방인 젊은 여성 교육에 종사하

---

53) 『한국 샬트르성바오로수녀회 100년사』, pp.219-221.
54) 포교성베네딕도수녀회, 『포교성베네딕도수녀회 원산수녀원사』, pp.34-35.

는 것을 첫째 목적"으로 내세웠다. 그 밖에 수녀회 회헌이 허용하는 범위 안에서 병원 내의 간호, 외래환자 진료 등을 할 수 있다고 되어 있다.55) 따라서 수도회의 진출은 한국 여성을 위한 교육에 우선적인 목적이 있었다. 당시 원산에는 개신교에서 운영하는 학교가 중등부까지 있었으나 가톨릭에서 운영하는 학교는 1921년에 세운 해성학교에서 보통교육 과정을 교육하는 정도였다. 의료 기관으로는 도립병원과 구세병원이 있었는데, 개신교에서 경영하는 구세병원에서는 미국인 의사가 최신식 시설을 갖추어 봉사하며 선교에 활기를 띠었지만 가톨릭의 선교 사업은 초라한 정도였다.56) 1911년 2월에 한국을 방문하였던 쌍트오틸리엔의 노르베르트 베버 신부는 한국 가톨릭교회의 교육사업이 이미 때가 늦어서 장래성이 희박함을 지적하고 있다. 또한 가톨릭교회가 개신교에 의해 추월당한 원인은 무엇보다 프랑스 선교사들이 종교 자유 시기에 와서도 박해 시대의 선교 정책을 고수하고 있다는 사실에 있다고 지적하기도 하였다.57)

교육 수도회가 들어오자, 베네딕도수녀원에 입회하려는 한국 여성들은 점점 늘어났다. 1927년 원산수녀원에는 외국인 수녀 10명과 한국인 지원자 16명이 함께 생활하였다. 1929년에는 22명의 예비 수녀들이 수련 준비를 하고 있었다. 원장 수녀는 전문 인력 양성에 투자를 아끼지 않았고 많은 예비 수녀들을 서울, 일본 등지로 유학시켰다. 수녀들은 수련기 동안 사범학교를 졸업하고 교사 자격증을 취득하는가 하면(원 데레사, 고 요안나), 일본 국가고시에 합격하여 자격증을 받기도 하였다(김윤숙, 최 살로메). 박정덕은 동경에서 간호원 자격시험에 합격하였다. 박 아가비타와 최 리오바는 일본 나고야에서 간호 공부를 하였다. 윤검원, 장 멕틸디스는 일본 사범과에 1년 연수를 다녀와서 국가고시 교사 자격증을 취득하였고, 김 심포로사는 4년제 고등여학교를 졸업하고 해성학교 교사로 일하였다. 또한 양 안나와 김 안나는 일본 나고야 보육학교를 수학하고 나서 보모 자격증을 취득하였다.58) 손 골롬바와 일본인

---

55) 같은 책, pp.78-79.
56) 같은 책, p.89.
57) Norbert Weber, *Im Lande der Morgenstille*, 朝鮮, St. Ottilien, Oberbayern, 1923, pp.153-154; 노르베르트 베버, 1980 "조선", 『교회와 역사』 60호, 한국교회사연구소, p.1.
58) 같은 책, pp.108-109.

소피아 무로는 동경 근교 가톨릭 보육 전문학교에서 1년간 수료 과정을 마쳤으며, 노 아녜스와 이 아나다시아도 나고야에서 보육학을 공부한 후 자격시험에 합격하였다. 포교성베네딕도수녀회는 이처럼 인재 양성에 적극적이었고 교사 자격증이나 간호원 자격증, 보모 자격증을 취득할 수 있도록 배려해주었다. 이러한 전문교육과 자격증 취득은 여성 수도자들이 한국 사회 안에서 활발하게 활동할 수 있는 기반을 다지는 일이었다. 그러나 수녀원에서 교육을 받은 여성들이 모두 서원한 것은 아닌 듯하다. 1931년에 처음으로 한국 수녀들이 서원하게 되는데, 최 리오바, 박 아가비타, 임 마리아, 장 멕틸디스, 백 베네딕다 등 5명이었다.

포교성베네딕도수녀회는 교육 활동에 중점을 두고, 빈민 아동들을 위한 호수천신학교와 4년제 보통학교인 해성학교 그리고 해성유치원을 운영하였다. 일제하 한국 아동들은 국민학교에 입학하는 비율이 매우 낮았고, 한국 거주 일본인의 1/6에 불과하였다. 수녀들은 교육받기 어려운 어린이들을 위하여 호수천신학교를 열었고 이 학교는 한글 교육과 교리 교육을 실시하였다. 호수천신학교에는 남학생보다 여학생 수가 많았다. 호수천신학교는 1926년 발족하여 1941년 정식으로 국민학교 인가를 받았다. 원산 본당의 해성학교 외에도 덕원수도원에서 운영하는 모든 본당에 선교의 중요 수단으로서 초등 교육기관이 설치되었다. 그곳에서 수녀들은 교사로서, 교리 지도자로서 일하였다. 수녀회는 신고산, 회령, 청진, 등지에 분원을 설립하였고 교육계몽운동에 앞장섰다.

포교성베네딕도수녀회는 설립 초기부터 여성 교육을 강조하였다. 서구 근대 여성 운동이 교육의 기회와 정치의 참여라는 두 가지 과제를 성취해 나가는 과정이라고 할 때 포교성베네딕도수녀회는 여성 교육에 큰 비중을 두고 있음을 알 수 있다.

3) 메리놀수녀회

메리놀수녀회는 1912년에 미국 호손(Hawthorne, NY)에서 여섯 명의 여성 모임으로 출발하였다. 그녀들은 처음에 아시아 지역의 전교를 목적으로 창설된 메리놀회를 도왔다. 메리놀회는 1911년 6월 29일 월시(J. A. Walsh, 1867~1936년) 신부와 프라이스(T. F. Price) 신부에 의해 창설된 미국 최초의 외방전교회(Catholic Foreign

Misson Society of America)이다. 메리놀수녀회는 메리놀외방전교회의 부속사업을 돕는 여성 단체였다가 1912년 수도회로 창설되어 1920년 교황청으로부터 '성도미니코외방전교수녀회'라는 명칭으로 인준되었다. 메리놀수녀회는 조세핀 로저스(Mary Josephine Rogers)의 지도 아래 공동체 생활을 시작하였고, 미국 최초의 선교 수녀회가 되었다.[59]

1923년 평안도 지방의 선교를 위해 메리놀회가 한국에 진출하였고, 1924년 10월 19일에는 메리놀회 신부 3명과 메리놀회 수녀 6명이 함께 입국하여 의주(義州)에 정착하였다.[60] 이미 당시에 미국 개신교 선교사들이 평안도 지방에 진출하여 튼튼한 재정적 기반 위에 교육과 의료 시설을 통한 선교를 활발하게 전개하고 있었다.

메리놀수녀회 수녀들은 평북 의주에서 본당사업 및 의료사업을 시작하였다. 메리놀회는 본당을 신설하고 발전시키며 그 본당이 자립하면 교구에 이양하고 다른 곳으로 가서 다시 새로운 본당을 시작하는 방식으로 선교 활동을 펼쳐 나간다. 그리하여 1926년 5월부터 은산(殷山), 마산(馬山), 비현(批峴), 중화(中和) 등에 본당을 신설하였다. 메리놀수녀회 수녀들은 본당을 중심으로 전교 사업을 돕고, 시약서(施藥所)를 설치하여 가난한 사람들에게 진료의 혜택을 제공하며 고아원을 설립하기도 하였다.

1926년 평북 영유에 수녀원을 신축하여 메리놀수녀회 한국 지부로 되었다. 새로 지은 수녀원 1층에 있는 세 개의 방을 사용하여 40명의 소녀들을 교육하기 시작하였다. 이 학교는 여자 기예학원(技藝學院, Industrial Arts School for Girls)으로 15세 전후의 소녀들에게 자수 등을 통한 손일을 가르치면서 반나절은 공부하고 반나절은 일하는 공업학교였다. 이 학교는 초등교육 과정을 3년간 가르쳤고 보통 공립학교를 졸업한 것과 같은 자격을 인정받았다. 이 학교는 일제에 의해 1940년 폐쇄당할 때까지 운영되었다. 그러다가 1941년 제2차 세계대전의 발발로 메리놀 수녀들의 사업은 모두 중지되고 1942년 6월 미국으로 철수당하였다.

---

59) 한국여자수도회장상연합회 엮음, 『수도자의 길』, 바오로딸출판사, 1999, p.119.
60) 처음 입국한 여섯 명의 수녀는 다음과 같다: Sr. Mary Lucy Leduc, Sr. Mary Juliana Bedier, Sr. Mary Eugenia Gorman, Sr. Mary Andrew Smith, Sr. Mary Sylvester Collins, Sr Mary Augustine Kuper; "Brief History of the Maryknoll sisters in North Korea, October 1924 to October 1950", (July 15, 1959. 타자본 원고), p.2.

메리놀수녀회는 문화적 배경, 지역적 제한, 경제, 사회, 종교적인 범주를 벗어나 모든 국가 간의 평화와 정의와 우정을 도모하고자 노력하였다. 메리놀 수녀들은 국경과 문화를 초월하여 사랑의 선교를 펼쳤고, 일본과 한국 사이를 가로막았던 경계를 허물기 위해 노력하였다. 그러한 메리놀수녀회의 이념을 보여주는 실례가 있다. 평안도 지역에 살았던 일본 관리의 딸이 메리놀 수녀들의 영향을 받고 영세를 받았다. 그녀는 후에 뉴욕에 있는 메리놀수녀회에 입회하여 메리 사비나(Sr. Mary Sabina)라는 수도명을 받았다. 사비나 수녀는 한국으로 돌아와 일본 사람뿐만 아니라 한국 사람들에게 선교 활동을 펼쳤다.61) 또한 메리놀수녀회는 가난한 사람들과 함께하는 선교를 우선적으로 선택하였고 선교 지역의 전통, 문화, 영성에 따라 각 지역 교회 안에서 활동하였다. 다른 민족의 문화를 있는 그대로 인정하고 받아들이면서 사랑으로써 그들과 함께 동화되려고 노력하였다.

메리놀회는 한국 교회의 자립을 위하여 무엇보다 방인 사제와 수녀 양성에 심혈을 기울였다. 한국 교회에 있어서 방인 수녀회의 설립이 시급함을 강조한 모리스 신부에 의해 1932년 '영원한도움의성모수녀회'가 설립되었는데, 초창기 이 수녀회의 양성은 메리놀수녀회에서 담당하였다. 2차 입국한 메리놀회 수녀 6명 중에는 한국인 수녀 2명이 포함되어 있었는데,62) 장정온과 김교임이었다.63) 장정온은 최초의 국내 수도회인 '영원한도움의성모수녀회'(1932년)가 태동할 때 많은 도움을 주었다. 메리놀수녀회가 가톨릭 여성 운동에 기여한 측면은 여성 교육뿐만 아니라, 문화와 민족의 경계를 넘어 사랑의 실천을 보여준 점이었다. 또한 자립적인 한국인 수녀회를 세울 수 있도록 도와주어 서구의 문화 식민주의에 종속되지 않도록 도와준 점도 특기할 만하다.

---

61) Ibid, p.3.
62) 2차 입국한 메리놀회 수녀 중에 Sr. Mary Teresa, Sr. Mary Ursula는 Sr. Mary Juliana, Sr. Mary Eugenia, Sr. Mary Sylvester와 함께 만주로 떠났고, Sr. Mary Gemma, Sr. Mary Andrew, Sr, Mary Augustine는 한국에서 선교 활동을 하였다. Ibid, p.4.
63) 『영원한도움의성모수녀회 50년사』, pp.40-41.

III. 결론

　여성 운동은 개인의 자유와 권리를 중시하는 '근대성'과 더불어 시작되었다. 여성 운동이란, 여성이 주체가 되어 여성을 억압하는 사회질서에 대항하고, 남녀평등 사회를 구현하기 위해 조직적인 활동을 전개하는 사회 활동이다. 서구 여성 운동은 여성의 자유와 권리 신장을 추구하는 방향으로 나아갔지만, 한국 여성 운동은 일제의 식민지화 과정 안에서 항일 독립운동과 결부되어 전개되었다. 일제의 침략과 더불어 식민지 정책에 따른 민족 차별이 한국 여성들의 삶을 억압하고 있었기 때문이다. 따라서 일제의 지배하에서 한국 여성들은 개인의 권리 주장보다는 나라의 독립을 우선적 과제로 삼았다.

　이러한 한국 여성 운동의 큰 틀 안에서 가톨릭 여성들의 활동은 역사적으로 크게 드러나지 않는다. 일제 시기 가톨릭 여성 운동이 성장하지 못했던 원인들을 다음과 같이 정리할 수 있겠다. 첫째, 당시 가톨릭교회를 대표하는 지도자들이 한국인이 아니라 프랑스 선교사였던 점이다. 프랑스 선교사들은 일제의 식민 제국주의에 대해 비판 의식이 없었다. 그들은 한국이 선진 일본의 문물을 받아들임으로써 더 진보할 것으로 생각했고 일제하에서 선교의 자유를 보장받는 일만을 그들의 관심사로 삼았다. 그들은 일제의 침략으로 말미암아 고통받던 한민족의 아픔을 헤아리지 못했고, 항일 독립운동을 신앙의 이름으로 단죄하였다. 따라서 가톨릭교회 안에 항일 독립운동과 연계될 수 있는 여성 조직이나 여성 단체가 결성될 수 없었다.

　둘째, 가톨릭교회 안에 단체를 세울 때는 먼저 본당신부의 승인이 있어야 하고 주교의 결정이 따라야만 하는 규정이 있었다. 그런데 자선이나 신심 활동을 목적으로 하지 않는 여성 단체들은 정치적 의도를 지닌 것으로 보아 허가되지 않았다. 그러므로 가톨릭 여성 운동은 처음부터 가톨릭교회 안에서 싹을 틔우기 어려웠다. 물론 3·1운동을 비롯하여 항일 독립운동에 참여한 가톨릭 신자들이 없었던 것은 아니며 그중에 여성신자들도 포함되어 있었다. 그러나 가톨릭 신자라는 것을 드러내면서 독립운동에 참여하기 어려운 상황이었고 가톨릭교회를 중심으로 조직을 만들 수도 없었다. 가톨릭 교계를 대표하던 뮈텔 주교와 드망즈 주교는 일본 정부에 대해 교회와 국가는 서로 간섭하지 않는다는 정치 불간섭주의를 표명했다. 그에 따라 가톨릭교회는 세상일에 관여하지 않는 정교분리의 원칙을 고수하였고 성속 이원론적 사고와 내세 지향적 태도를 취하였다. 프랑스 선교사들은 한국인의 영혼만을 구하려 하였지 영혼과 육신이 포함된 온전한 인간을 구원하지 못하였다. 영혼 구령을 위해 프랑스 선교사들이 주력한 일은 세례 주는 일과 성사 집행이었다. 이에 가톨릭 여성들은 세례의 대상으로만 비춰졌고 세례자 수를 불리는 일에서만 의미가 있었다. 여성 평신도들의 활동은 교회 안의 신심 활동으로 국한되었고 한국 사회에 미치는 가톨릭 여성들의 영향력도 쇠퇴하고 말았다.

셋째, 일제 시기 여성 단체들은 주로 교회나 학교를 중심으로 결성되었는데, 가톨릭 계통의 학교들은 본당에서 경영하는 초등학교가 대부분이었기에 학교를 중심으로 여성 단체가 결성되기 어려운 실정이었다. 또한 여성 운동을 이끌고 나갈 여성 인재들을 양성하지 못하였다. 평신도 여성들은 가톨릭교회를 중심으로 여성 운동을 위한 조직이나 기반을 형성할 수 없었고, 따라서 한국 여성 운동이라는 큰 흐름 속에서 점차 소외될 수밖에 없었다.

여성 수도자들은 가톨릭 여성 운동의 다른 측면을 보여준다. 여자 수도회는 가톨릭 신앙을 매개로 그 시대 복음을 실천하는 강력한 가톨릭 여성 단체이다. 1910년부터 1930년 사이 여자 수도회는 외국인 수녀들에 의해 주도된 시기였다. 한국에 가장 먼저 진출한 여자 수도회는 프랑스에 모원으로 둔 샬트르성바오로수녀회(1888년)였고, 이어서 1925년 독일에서 파견된 포교성베네딕도수녀회가 함경도 지방에 진출하였으며, 1926년에 미국에서 파견된 메리놀수녀회가 평안도 지방에 진출하였다. 한국에 진출한 외국인 선교사들의 시대 인식과 선교 방침은 출신국이나 소속 수도회에 따라 조금씩 다른 경향을 보여준다.

샬트르성바오로수녀회의 프랑스 수녀들은 프랑스 외방전교회 선교사들과 시대적 인식을 같이 하고 있었다. 샬트르성바오로수녀회는 한국 여성들에게 계몽 의식을 심어주고 근대 교육을 전했지만, 일제와 협력한 문화적 제국주의의 면모를 지니고 있었다. 따라서 한국인 수녀와 프랑스인 수녀 사이에 문화적 갈등과 일제에 대한 견해 차이가 있었다. 수도회 장상이었던 프랑스인 수녀들은 일제와 우호적인 관계를 맺고 있었고 독립운동에 무관심하였다. 한국인 수녀들은 교회 지도자나 수도원 장상에게 절대적으로 순명하는 것을 수도 생활의 덕목으로 삼았기에 장상들의 지침에 따라야만 했다. 그리하여 한국인 수녀들은 일제 식민지 치하의 피압박 민족으로서 설움을 겪어야 했고 프랑스인 수도자들로부터 문화적 억압을 동시에 경험하여야만 했다. 이러한 억압에 대해 한국인 수녀들은 직접 항거하는 길을 택하지 않았고, 수도자로서 인내와 극기, 희생의 방식으로 극복해 나갔다. 한국인 수녀들은 기도를 통해 내적인 힘을 얻었으며, 한국인의 더 나은 삶을 위해 다양한 사도직 활동을 헌신적으로 펼쳤다. 수도회를 중심으로 하는 가톨릭 여성 운동은 사회적 변혁을 시도하기보다는 가난한 이웃의 고통을 덜어주는 방향으로 나아갔다. 수녀들은 의료, 교육, 고아원사업 등을 통하여 불우하고 가난한 계층이 인간다운 삶을 살 수 있도록 도와주었다. 본당에서의 교육 활동을 통해 민족의식을 고취시키고 민중을 계몽하면서 개화 문명의 저변을 확대시키기도 하였다. 개신교에서 여성 운동이 사회적 엘리트들을 양성하는 교육에 무게를 두었다고 한다면, 가톨릭 여성 운동은 일반 대중의 자녀들을 대상으로 하는 대중교육으로서의 특징을 지닌다.

독일에서 진출한 포교성베네딕도수녀회는 선교 지역의 젊은 여성 교육에 종사하는 것을 첫째 목적으로 삼았다. 그리하여 전문 인력 양성에 힘을 기울였고 교사 자격증이나 간호원 자격증, 보모 자격증을 취득할 수 있도록 배려해주었다. 포교 성베네딕도수녀회는 교육 활동에 중점을 두고, 빈민 아동들을 위한 호수천신학교와 4년제 보통학교인 해성학교 그리고 해성유치원을 운영하면서 여성 교육을 위해 헌신적으로 노력하였다.

미국의 메리놀수녀회는 메리놀회를 도우면서 본당을 중심으로 활동을 펼쳤다. 메리놀회는 복음이 전파되지 않은 곳에 본당을 세우면서 특수 사목 활동을 펼쳤다. 메리놀회는 본당을 신설하고 발전시키며 그 본당이 자립하면 교구에 이양하고 다른 곳으로 가서 다시 새로운 본당을 시작하는 방식으로 사목 활동을 하였다. 또한 메리놀수녀회는 1926년 영유 수녀원 안에 여성들을 위한 기예학교를 만들어 여성들을 위한 교육에 힘을 많이 기울였다. 메리놀수녀회는 한국인 수녀 양성에 힘을 기울여 1932년 최초의 한국인 수녀회 '영원한도움의성모수녀회' 창설에 지대한 공헌을 하였다.

1910~1930년 한국에서 활동하였던 여자 수도회들은 프랑스, 독일, 미국으로부터 파견된 국제 수도회들이었다. 외국 여자 수도회들은 이미 서구 근대사상의 영향을 받아 여성교육의 중요성을 잘 알고 있었다. 샬트르성바오로수녀회는 본당에서 설립한 국민학교를 중심으로 여성 교육에 힘썼고, 포교성베네딕도수녀회는 수녀원에 지원한 한국 여성들에게 전문 교육과정을 거쳐 자격증을 취득할 수 있도록 해주었다. 메리놀수녀회는 여자 기예학원을 운영하면서 15세 전후의 가난한 여성들에게 교육받을 기회를 제공해주었다.

일제 시기 가톨릭 여성 운동의 특성을 살펴보면, 항일 독립운동의 선상에서 그녀들의 활동은 미비하다. 그러나 가톨릭 여성들은 제도 교회의 시대 인식을 넘어서서 한국인으로서의 저항 의식을 내면으로 삭이고 있었고 그 활동은 한국인의 더 나은 삶을 위한 헌신적인 활동으로 표현되었다. 수도회를 중심으로 하는 가톨릭 여성 운동은 사회변혁을 주도하면서 외적으로 표출되는 형태가 아니라 신앙을 매개로 안으로 삭이는 형태였다. 가톨릭 여성 운동은 가난한 여성들에게 계몽 의식을 심어주고 근대 교육을 보급하는 방식으로 전개되었다.

미 군정기-장면 정부, 종교 정책 변동과 가톨릭교회

— 법·제도 및 정부 개입을 중심으로 —

김재득
(가톨릭대학교 연구교수·행정학)

Ⅰ. 서론
Ⅱ. 종교 정책 변동 및 정부 개입에 대한 논의: 개념과 유형
   1. 종교 정책 변동의 개념 및 유형
   2. 정부 개입의 개념 및 찬반 논의
   3. 정부 개입의 유형론 및 종교계의 대응 자세
Ⅲ. 미 군정기의 종교 정책 변동 유형과 정부 개입
   1. 미 군정기의 종교 정책 기조
   2. 미 군정기의 종교 행정 조직 및 법규 변화 과정
   3. 미 군정기의 종교 정책 변동 및 정부 개입 유형
Ⅳ. 이승만 정부의 종교 정책 변동 유형과 정부 개입
   1. 이승만 정부의 종교 정책 기조
   2. 이승만 정부의 종교 행정 조직 및 법규 변화 과정
   3. 이승만 정부의 종교 정책 변동 및 정부 개입 유형
Ⅴ. 장면 정부의 종교 정책 변동 유형과 정부 개입
   1. 장면 정부의 종교 정책 기조
   2. 장면 정부의 종교 행정 조직 및 법규 변화 과정
   3. 장면 정부의 종교 정책 및 정부 개입 유형
Ⅵ. 평가와 결론

I. 서론

　해방 이후, 한국 사회는 급속한 변화를 겪게 되는데, 남북 분단, 미 군정기, 한국 전쟁의 발발, 군사 쿠데타의 발생 등 이른바 격동의 장(turbulent field)이 지배적인 정책 환경으로 되었다. 이와 더불어 종교적 환경은 종교 활동의 자유와 수많은 신종교의 출현으로 다종교 상황이 나타나면서, 종교적 가치 구현과 종교 시장에서 주도권 확보를 위한 종교들 간의 무한 경쟁 시대에 돌입하였다. 이와 같은 정치·행정·종교적 조직 환경은 정부 정책과 종교 간의 관계를 결정짓는 중요한 시대적 배경으로 작용하였다. 따라서 해방 이후 미 군정 시대, 이승만, 장면 정부 시대에 일어난 종교 관련 정책 문제는 사회적 이슈로 부각될 만하다.

　일제 잔재 청산을 위해서는 정책 혁신 및 정책 종결의 성격이 강했던 미 군정 시절은 정부 개입이 편파적 개입이었고, 그리스도교에 대해서는 보호 기능과 개발 기능 및 입법 기능을 통하여 재정적인 특혜를 준 반면에 불교와 민족 종교와 같은 타 종교의 경우는 규제 및 감독 기능이 강하게 작용하였다. 이승만 정부 역시 그리스도교에 대해서는 보호, 개발 및 입법 기능을 통한 재정적인 특혜를 준 상대적으로 직접적·적극적 개입의 성격을 띤 편파적 개입이었고, 미 군정의 정책을 승계·유지한 성격이 강하였다면, 장면 정부의 정부 개입의 수준은 종교 정책에 대한 기획, 조사, 입법, 보호 기능 등 정책 집행이 실행 단계에서 상실된 소극적 개입이면서 중립적, 충고적 개입이었고 가톨릭 국가 실현을 위한 종교 정책 혁신적 성격을 띤 정부였다.

　이처럼 정부 정책과 종교 단체 간의 관계는 양측의 이해 전략이 어떻게 작용하느냐에 따라 그 양상을 달라질 수 있는데, 본 연구에서 대상으로 하는 종교 문제는 정부 기관 내 존재하는 군종 제도, 성탄절 국가 공휴일 지정과 같은 종교 정책의 기조, 종교 행정 조직 및 법규의 변화 과정을 중심으로 연구하되 기존의 연구에서 상대적으로 소홀하게 취급되어 온 '종교 정책 변동'에 초점을 두었다. 환언하면, 해방 이후 미 군정, 이승만, 장면 정부 시기에 나타난 종교에 대한 정책적 대응과 변동 과정을 살펴보고, 그 과정에서 나타난 정부 개입의 유형을 통해서 종교 단체의 반응과 향후 종교 정책의 방향을 모색함이 이 논문의 주된 연구 목적이다. 본 연구에서 이 세 시기를 연구 대상으로 선정한 이유는, 이 시기가 한국 종교사에서 정책 변동(정부 개입)을 잘 보여주는 쟁점적 시기이며 이 쟁점들에 대한 정부의 장기간에 걸친 대응이 종교 정책 변화의 패턴을 잘 나타내고 있어서 연구의 취지에 부합한다고 판단했기 때문이다. 특히, 장면 정부의 경우는 집권 기간이 짧지만 집권하기까지 개신교와 가톨릭 간의 갈등이 잘 나타나고 최고 통치자가 가톨릭 신자였고 종교 정책의 경우 본인의 재량권 내에 있었다고 판단하여 포함시켰다. 아래의 제2장에서는 정책 변동과 정부 개입에 대한 이론적 자원을 살펴본 후, 가톨릭교회를 비롯한 종교 단체에 대한 정부 개입을 유형화시켜 본다.

제3장부터 제5장까지는 국가 개입의 유형론에 근거하여 미 군정, 이승만, 장면 정부의 종교 정책 변동과 정부 개입을 분석한다. 제6장에서는 미 군정기부터 장면 정부까지 나타난 종교 정책 변동 사례가 지니는 정책적 함의에 대해 종합적으로 성찰, 비교, 평가한다.

II. 종교 정책 변동 및 정부 개입에 대한 논의: 개념과 유형

미 군정기, 이승만 정부, 장면 정부의 세 시기의 종교 정책 사례를 분석하기에 앞서 종교 단체에 대한 정책 변동 및 정부 개입에 대한 기본적인 이론과 종교 단체에 대한 이론적 적용 관계를 살펴본다.

1. 종교 정책 변동의 개념 및 유형

1) 종교 정책 변동의 개념

현대사회에서 정책이라는 용어는 다양한 개념으로 정의되고 있어서 학자들 간에 통일된 견해가 있는 것은 아니다.[1] 개념 정의는 사회 현상을 독립된 분야로 연구하고

---

1) 예를 들면 라스웰(Lasswell)과 카플란(Caplan)은 정책을 "목적 가치의 실행을 투사한 계획"으로, 드로어(Dror)는 "정부 기관이 결정하는 미래 지향적 행동 지침이며, 최선의 수단에 의하여 공익을

있는 여러 사회 과학의 분야에서도 공통적으로 직면하고 있는 문제이기도 하다. 예컨대, 행정 현상을 연구하고 있는 행정학 분야에서 행정을 어떻게 개념 지을 것이냐에 대해서도 통일된 의견이 존재하지 않는 것과 마찬가지다. 이러한 문제는 실제 사회현상을 연구하는 학자들이 그 현상의 어느 측면에 초점을 두느냐에 따라 그 현상에 대한 의미의 강조점을 조금씩 달리하기 때문이다. 마찬가지로 정책 변동에 대한 개념 정의도 학자들마다 입장의 차이로 인하여 다양하게 정의되어 왔다. Hall은 1970년에서 1989년의 기간 동안 영국의 경제 정책을 분석하면서 정책 목표와 정책 수단에 있어서 급격한 변화를 가져오는 정책 변동을 패러다임의 변동(paradigm shift)이라는 관점에서 연구하였다.2) 그러나 이러한 기존의 연구는 이론적 완결성이나 현실의 다양성, 특히 종교라는 특수성을 포착하는 능력 면에서 한계를 지니고 있다. 해방 이후 그리스도교는 지속적인 외연적 확장을 거듭해 왔고 불교, 유교, 천도교 및 각종 종교에 대한 정부 정책의 변동은 활발히 이루어지고 있다고 가정할 수 있기 때문이다.

따라서 이러한 여러 학자들의 견해를 바탕으로 정책 변동(policy change)이란 '각종 정치적·행정적 과정을 통하여 결정된 정책 목표와 이를 달성하기 위한 핵심적인 정책 수단이 다른 것으로 변경되는 것'이라 할 수 있다. 그렇다면 '종교 정책 변동'이라 함은 '종교 정책 신념과 종교 정책 네트워크의 변동으로 종교 정책 패러다임이 변화하는 것'이라고 정의할 수 있을 것이다. 그러므로 본 연구에서는 종교 정책 변동을 "종교 정책 과정을 통하여 결정된 정부의 기본 목표와 혹은 이를 달성하는 추진 전략과 핵심 수단이 변경됨과 동시에 종교 정책의 실질적 변화로 인해 종교 정책 패러다임이 근본적으로 변동되는 것"이라고 정의한다.

달성할 것을 공식적인 목표로 하는 것"으로, 이스턴(Easton)은 "사회를 위하여 가치를 권위적으로 배분하는 활동"으로, 정정길은 "바람직한 사회 상태를 이룩하려는 목표와 이를 달성하기 위해 필요한 수단에 대하여 권위 있는 정부 기관이 공식적으로 결정한 기본 방침"으로 정의한다.
2) Hall은 정책 형성을 특정 분야의 정책을 지도하는 '정책 목표'와 이를 달성하기 위해 사용되는 '정책 수단' 또는 '기술' 그리고 '이들 수단에 대한 환경'의 3가지 변수를 포함하는 과정으로 간주했으며, 정책 형성가들은 정책 패러다임(policy paradigm)의 틀 안에서 활동한다고 보았다. Hall. P. "Policy Paradigms, Social learning and the state", *Comparative Politics* Vol. 25, No.3, 1993. pp.275-296.

2) 종교 정책 변동의 유형

정책 변동에 관한 연구는 정책 변화의 원인에 관한 연구에 비해 상대적으로 활발하지 못하다. 특히 종교에 대한 정책 변동 연구는 전무하다. 다만 행정학과 정책학에서 정책 과정의 단계 모형(stage model)[3]을 비판하면서 Hogwood와 Peters는 정책 변동의 유형을 정책 혁신(policy innovation), 정책 승계(policy succession), 정책 유지(policy maintenance), 정책 종결(policy termination)로 나누고 연구한 바 있다.[4]

먼저 정책 혁신이란 정부가 관여하지 않고 있던 분야에 정부가 개입하기 위해 새로운 정책을 결정하는 것을 의미한다. 이제까지 그 분야에 대한 정부 개입이 없었기 때문에 하나의 정책이 새로 만들어지는 것이기 때문에 엄격하게 보면 정책의 '변동'이 아니라 '새로운 정책을 처음으로 만드는 것'이다. 즉 새로운 활동 영역에 진입하는 것을 의미한다. 따라서 '종교 정책 혁신'은 사회문제가 종교 정책 문제로 전환되고, 이것을 해결하기 위해 정부가 종교 정책을 결정하는 것으로 현재 종교 정책이나 활동이 없고 이를 담당하는 종교 조직도 없으며, 예산이나 종교 관련 사업 활동도 없는 상태에서 새로운 것을 만드는 것이다.[5] 역사적 사례로는 1945년 미 태평양 육군 총사령관의 이름으로 한국 사회에 종교의 자유가 보장되기 시작한 것,[6] 미군정 시절 「종교 관련법」의 제정, 크리스마스의 공휴일 제정 등은 이와 같은 종교 정책 혁신의 구체적 사례에 해당한다.

둘째, 정책 승계는 기본 정책 목표는 그대로 이어받지만 현존하는 정책에 대해 근

---

[3] 정책 과정의 단계 모형은 '문제의 인지'로부터 시작해서 '평가'나 '종료'로 끝나는 전통적인 정책 과정론을 말한다. 이 단계 모형이 지니고 있는 약점 중의 하나는 실제의 공공 정책에 있어 부단히 발생하고 있는 장기간에 걸친 정책 변화를 제대로 다루지 못한다는 점이다. 이 모형과 이에 대한 비판적 논의는 Parsons(1995: pp.77-81)를 참조할 것.
[4] Hogwood and Peters, *Policy Dynamics*. New York: St, Martin's Press. 1983, pp.26-84. 김재득 외, 『현대 사회와 행정』, 대영문화사, 2004. p.215.
[5] 특정 사회문제를 취급하기 위한 정부의 최초의 정책이 항상 '행위'(action)의 형태로 나타나는 것은 아니다. 경우에 따라 정부는 아무런 행위를 취하지 않을 수 있으며(inaction), 이것 또한 하나의 정책으로 볼 수 있다. 따라서 '정책 창안'이라는 용어는 '정책 개시'(policy initiation)로 대체될 필요가 있으며, 이때 정책 개시는 정부의 '긍정적'인 반응뿐 아니라 '부정적'인 반응과 '무행위'(inaction)까지 포괄하는 폭넓은 개념이라 할 수 있다. 주재현, "정책 변화의 유형에 관한 연구: 저임금과 공해 피해 보상 문제에 대한 정책 대응의 변화", 『2002년 행정학회, 추계 학술대회』, 2002. pp.3-4.
[6] "조선 주민에게 포고함", 「포고령 제1호」, 1945. 9. 7.

본적으로 수정을 하는 것이지만, 기본 정책 목표는 변하지 않기 때문에 정책 승계라고 부르게 되고 정책 종결과는 차이가 있다. 따라서 '종교 정책 승계'란 종교 정책 수단인 종교 프로그램이나 종교사업을 담당하는 종무 조직, 종교 관련 예산 항목에서도 중대한 변화가 일어난다는 점에서 종교 정책 유지와는 다르다. 역사적 사례로는 유교에 '향교 재산 관리에 관한 건' 등이 이와 같은 종교 정책 승계에 해당한다.

셋째, 정책 유지는 현재의 정책 내용에 약간의 수정(예를 들어, 정책 수혜자의 수를 조정하거나 수혜의 수준을 조정하는 것)을 가하지만 그 기본 골격에는 변화가 없는 상황을 말한다. 종교 정책의 역사적 사례로는 미 군정 시절, 불교의 '사찰령' 등은 이와 같은 종교 정책 유지의 구체적 사례에 해당한다. 따라서 종교 정책 유지는 종교 관련 법률의 개정이 불필요한 경우이며 새로운 종교 문제의 등장이나 변질이 없는 상태라 할 수 있다.

넷째, 정책 종결은 현존하는 정책을 의도적으로 완전히 소멸하는 것으로서 정책 수단이 되는 프로그램, 이들을 지원하는 조직과 예산이 완전히 소멸되는 경우이다. 이는 역기능적이거나 중복되거나 낡고 불필요한 정책이나 사업을 종결하는 것이다. 따라서 종교 정책 종결이란 기존의 종교 관련 조직의 소멸과 종교 관련 법률의 폐지를 의미한다. 정책 종결의 원인이 되는 문제 소멸은 학자들에 의해서 많이 지적되고 있는데 이른바 정책의 정통성 상실(loss of legitimacy)이 가장 큰 원인이다. 따라서 광복 이후는 일제의 모든 정책이 정통성을 상실함과 동시에 종교적으로 새로운 체계를 갖추기 시작하던 시기였으며, 정치적으로는 제2차 세계대전 이후 새롭게 전개되는 세계 질서에 본격적으로 편입되는 한편 근대적인 국민 국가의 형성을 준비하던 시기였다. 그러므로 일제강점기 '조선 부동산 등기령', '포교 규칙', '종교 단체법', '조선 종교 보국회' 등 특정 정책과 관련된 법의 폐지, 조직의 폐쇄, 그리고 재정 지출의 완전한 종결 등은 이와 같은 종교 정책 종결의 역사적 사례에 해당한다.

이처럼 정책 변동 유형의 특징을 종교 정책 사례와 비교하여 정리하면 다음의 <표2-1>와 같이 정리할 수 있을 것이다.

<표 2-1> 정책 변동별로 본 종교 정책 사례

구 분	종교 정책혁신	종교 정책승계	종교 정책유지	종교 정책종결
변동 과정	의도적(purposive)	의도적	적응적(adaptive)	의도적
변동 원인	새로운 종교 문제의 등장	종교 문제의 변질	종교 문제의 지속	종교 문제 소멸 (problem depletion)
담당 조직	새로운 종교 조직 탄생	적어도 하나 이상의 조직이 변동	의도적인 조직 변동은 없다. 조직 관리상의 이유로 인한 결과론적 변화	기존 조직이 없어진다.
해당 법률	새로운 관련 종교 법률의 제정	관련 종교 법률 개정	일반적으로 법률의 개정이 불필요	관련 종교 법률의 폐지
정부 예산	새로운 정부 지출	기존 정부 지출 수준을 어느 정도 유지	상황에 따른 예산 책정(예산 과목에서는 변동 없음)	모든 정부 지출의 종결

자료: Hogwood and Peters, 앞의 책, 27쪽. 정정길, 정책학, 2001. pp.785-807 재구성

2. 정부 개입의 개념 및 찬반 논의

정부가 종교에 어느 정도 개입을 하는가에 대해서는 많은 논란이 있을 수 있다. 종교는 개인적인 활동 양식의 차원에서 그치지 않고 사회 전반적인 생활양식이기 때문이다. 어쩌면 종교에 대한 정부의 관심과 개입은 자연스러운 현상일 수도 있다. 물론 종교에 대한 과잉 개입이나 규제는 종교 탄압이라는 문제의 소지를 안고 있는 것이 한국적 상황이다. 우리나라의 경우 일제 시대에는 학무국 학무과에서 종교 정책을 담당하였고, 해방 이후 미 군정기에는 문교부(education) 학무국에서 담당하였고, 현재에는 문화관광부 종무실에서 종교 정책을 담당하면서 "종교문화를 보전하고 다종교 사회에서의 종교 간 이해와 화합을 위한 지원과 사회 발전에 기여하는 종교계의 역할 제고"에 정책 목표를 두고 있다.[7] 이러한 상황에서 우리의 경우 종교 정책에 대한 중요성에도 불구하고 정부의 종교 정책 및 역할에 대한 연구는 상대적으로 등한시되어 온 것이 사실이다.

---

7) 보다 자세한 내용은 김재득, "일제의 종교 정책과 가톨릭교회: 조선총독부의 법·제도 및 행정을 중심으로", 『한국 근·현대 100년 속의 가톨릭교회 (상)』, 가톨릭출판사, 2003., pp.394-395 참조할 것.

1) 정부 개입의 개념 및 특징

정부 개입의 개념을 한 마디로 규정하기란 어려운 일이다. 정부 개입(government intervention)은 국가 개입(state intervention)보다는 하위 개념으로, 환언하면 행정(public administration)이라고 할 수 있다. 또한 개입이라는 말은 역할(role), 기능(function), 관여(involvement), 규제(regulation) 등과도 밀접한 관련이 있기 때문에, 이들 용어 간에도 명확한 구분을 하는 것도 쉬운 일이 아니다. 따라서 정부 개입을 가장 단순하게 표현한다면, '종교에 대하여 정부가 직간접적으로 영향력을 행사하여 종교 간의 이해와 화합을 위하는 활동'이라고 할 수도 있다.

한편, 정보화 사회에 있어서 종교에 대한 정부 개입은 다음의 몇 가지 특징을 지니고 있음을 볼 수 있다. 첫째, 종교에 대한 정부 개입은 종교가 종래 민간 부문의 고유 영역으로 간주되어 왔으나, 종교 시장 질서의 불안정으로 인하여 소비자(국민)를 보호하기 위한 종교사업의 규제 활동이다. 둘째, 종교에 대한 행정 수요의 증가에 따라 이의 해결을 위한 바람직한 방안을 제시하는 정부의 체계적 활동을 말한다. 셋째, 종교 행정의 비중이 커짐에 따라 종교 발전을 위한 여건 조성뿐만 아니라 종교 발전을 위한 선도자로서의 역할까지도 담당하는 현상이다. 넷째, 현대의 종교가 순수 민간 서비스재(private service)적 성격에서 벗어나 공공 서비스재(public service)적 성격을 강하게 보임에 따라 정부가 국민 복지적 차원에서 국민의 종교 권리를 적극 보장하고 종교 기회의 형평성을 도모하려는 현상이다. 이상에서 정부 개입의 여러 의미에 대하여 살펴본 바와 같이, 종교에 대한 정부 개입은 다종교 사회에서 종교 행정이 중요한 역할을 행사하는 시점에서 나타난다. 따라서 본 연구에서 정부 개입이란 "종교가 공공 서비스재(public service)라는 인식하에 종교의 기능적 발전을 도모하고 종교 대상 및 종교사업을 이해와 화합을 위하여 적극적으로 조성하거나 규제하기 위하여 정부가 관여하는 현상"이라고 정의한다.

2) 종교 단체에 대한 정부 개입의 찬반론

사회 과학자들은 오랫동안 국가의 경제, 사회 그리고 정치적 현실에 대한 정부의 역할에 관심을 가져왔다. 그리고 그 역할의 본질과 범위를 둘러싼 논쟁을 계속 벌여

왔으며, 대부분의 학자들은 '시장 실패'의 경우처럼 적정 수준의 정부 개입은 필수적인 것으로 인정하고 있다. 하지만 그것이 종교 영역의 경우에는 문제가 복잡해진다. 따라서 정부의 적극적인 개입을 원하는 주장과 국가 개입을 금지하자는 주장 그리고 그 절충론을 소개하면 다음과 같다.

① 정부 개입 반대론

우선 반대측의 논리를 살펴보면 우리나라에서 종교의 본질과 특성을 분석하고 그에 맞는 종교 정책이 종합적으로 논의된 적이 거의 없으며, 정부 권력은 오히려 종교 문제 불간섭의 원칙을 고수해 왔다. 반면에 우리 사회에서 각 종교, 종교인, 종교 단체가 사회 구성원들에게 미치는 영향은 다른 어떤 영향력보다 광범하고 심대하다. 따라서 우리 사회에서 종교가 그 고유의 궁극적, 가치 중심적 영향력을 제대로 발휘하여 사회 경쟁력과 신뢰 사회를 제고시킬 수 있도록 정부의 적극적인 대책이 절실히 필요하다고 역설한다. 또한 종교는 민족의 가치관과 문화 형성에 중요한 역할을 해 왔고 해 오고 있다. 하지만 국가는 때에 따라 종교 다원주의라는 특성을 자신들의 입맛에 따라 교묘하게 이용하고 있다. 따라서 종교의 자유를 한층 더 확대하여야 하고, 국민 개개인이 신념을 갖고 임하는 종교를 획일적인 시각으로 이단과 비이단으로 분리한다는 것은 종교 차원의 문제이므로 국가는 개입하지 말아야 한다.[8]

② 정부 개입 찬성론

반면에 종교에 대하여 정부가 적극적으로 개입하여야 한다는 측의 논리를 보면 현행 헌법은 '제20조'에서 종교 자유의 보장과 정교분리의 원칙을 규정하고 있는데, 제헌 헌법 이래 약간의 자구상의 수정만을 거친 채 변함없이 유지되고 있다. 종교자유의 보장과 정교분리의 원칙은 서로 목적과 수단의 관계에 있다고 할 수 있는데, 종교의 자유가 보장되기 위해서 정교분리가 이루어지지 않으면 안 되며, 정교분리가 철저할수록 종교의 자유는 강하게 보장된다고 본다. 그러나 현대 국가에서

---

[8] 보다 자세한 내용은 김재득·박문수·박일영,『천주교와 한국 근·현대의 사회문화적 변동』, 2004. pp.209-210 참조 요망.

는 종교 다원주의가 점차 팽배하면서 이같이 확고부동한 듯했던 정교분리의 원칙을 사실상 극복해 보려는 시도들이 일어나고 있다. 즉 정교분리가 종교의 자유 행사에 도움이 된다고 여겼던 전통적 견해와는 달리, 오늘날은 종교의 자유를 중시하여 종교적 행위에 대한 법적 규제를 풀어주다 보면 특정 종교의 지원이라는 결과를 가져오기 쉽고, 반면에 종교에 대한 지원의 결과를 회피하는 데 역점을 두면 종교적 행위를 제한하는 결과를 가져오기 쉬운 것이 오늘날의 현실 일 것이다. 또한 종교 다원주의가 당연한 현상으로 생각되다 보니 많은 사람들이 종교를 오직 '개인의 문제'로 과소평가하고, 대부분 국가는 정교분리를 핑계로 종교 집단들과의 불필요한 갈등 관계를 피하기 위해 소극적인 종교 정책에만 관심을 갖거나, 정치·사회적 문제들에 대한 종교의 지나친 월권만을 두려워할 뿐 적극적인 국민의 영적 복지에는 관심이 없는 현상으로 나타날 수 있다. 종교의 자유란 무엇인가? 종교에 대한 국민 개개인이 외부의 압력이나 강제력 없는 자유로운 선택이라고 생각한다. 종교 조직과 정치 조직 간의 간섭과 대립은 한 국가 내에 국민들이 선택한 공식·공식 조직 간의 충돌로서, 당연한 사회 현상이라고 본다. 이에 대한 충돌을 막기 위해 어느 조직이 어느 조직에 간여할 수 있고 없고의 문제는 오늘날 자유 민주주의 국가의 이념과 어긋나는 원시 국가와 같은 구시대적 발상적 사고가 아닐까 한다. 조직은 체계적인 인간들의 집단으로서 국가에는 여러 모양의 비공식 집단이 존재할 수 있다. 그 조직은 조직의 의사를 외부에 표명할 수도 있을 것이고 때로는 그 의사가 국가 조직에 거슬리는 경우도 생길 수 있다. 이는 자유민주주의 국가에서 발생할 수 있는 언론, 집회의 자유로서 충분히 있을 수 있는 현상으로 받아들여야 한다고 본다. 따라서 종교 조직도 정치에 간섭으로 찬성 혹은 반대할 수 있고, 정치 조직도 종교에 대한 자유로운 선택을 할 수 있다.[9]

---

9) 김재득, 『행정 조직론』, 서울디지털대학교, 사이버 토론방 http://www.sdu.ac.kr/frameset.asp(2003. 9. 1.~10. 26)의 내용을 일부 정리한 것이다. 보다 자세한 내용은 김재득, 위의 책, pp.210-211 참조 요망.

③ 정부 개입 절충론

정치와 종교의 분리라는 말은 적합하지 않다고 본다. 넓은 의미의 종교 활동에는 정치도 포함되어 있다고 볼 수 있다. 그러나 교회와 국가는 다르다. 하느님은 세상을 다스리실 때 교회에는 교회에 해당하는 사명을 국가에는 국가에 해당하는 독특한 사명을 주셨다. 따라서 교회가 국가의 업무에 관여하는 것은 월권이고 반대로 정부가 교회 일에 관여하는 것도 월권이다. 정치와 종교는 분리할 수 없으나 국가와 교회는 분리해야 한다. 역사적으로는 국가의 수장이 교회의 수장이고 교회의 수장이 국가의 수장이었던 때가 있었다. 더 거슬러 올라가면 한 사람이 제사권(종교 신앙)과 국가의 권한(정치)을 다 가지고 있었던 시대가 있었다. 그러던 것이 점점 분업화되고 발달하면서 교회와 국가, 정치와 종교의 분리가 이루어졌다. 그런 후에도 중세 기독교 시대에는 교황이 황제에게 기름 부어 축복하는 관례가 남아 있었기에 교회와 국가의 분리 원칙이 나올 필요가 있었다.10) 국가가 한 교단의 목사 수급 문제까지 관여하는 것은 곤란하다. 국가와 교회의 역할을 혼동할 때 여러 가지 혼란이 일어날 것이다. 특히 국가에서 종교적 문제를 결정하거나 지시하는 것은 큰 문제이다. 이런 맥락에서 정교분리의 원칙을 존중해야 한다고 생각한다. 하지만 우리가 보통 말하는 정교분리의 원칙을 교회와 국가의 분리가 아니라 정치와 종교의 분리로 잘못 생각하는 사람들이 있는 것 같다. 가령 어떤 사람들은 정교분리의 원칙은, 종교는 정치에 대해 관심 갖지 말아야 하는 것으로 이해하는 것 같다. 그러나 이는 잘못된 생각이다. 정교분리의 원칙은 정부 권력이 종교 신앙의 자유를 침해할 수 없고, 또 어떤 특정 종교를 국교로 정하는 것을 금지하는 것이지, 정치가 잘못 되었을 때 이를 비판하는 것마저 금지하는 것이 아니다. 마찬가지로 국가 역시 종교가 잘못되었을 때에는 개입할 수 있는 것이다. 지금의 우리 사회는 다원 사회이며, 유교 국가도, 기독교나 불교 국가도 아닌 세속화된 사회이다. 그런 의미에서 국가와 종교의 분리는 당연하다. 그런데도 대선 때만 되면 대통령이 어느 종교에 속하는지를 문제 삼는 일이 많고 정치인들도 그것을 이용하기도 하는데, 이것은 물론 옳지 못하다.

---

10) 과거 한신대 신학과에서 너무 데모를 많이 해서 향후 몇 년간 신입생 모집을 금지하는 조치를 취했던 적이 있다. 국가권력이 종교를 간섭한 전형적 사례일 것이다.

대통령은 국민 전체의 대표자이지 어느 특정 종교의 대표가 아니다. 하지만 현실적으로는 국가 권력을 쥔 사람이 정치를 주도하기 때문에 정치와 종교의 분리는 물론이요 국가와 교회의 분리도 어려워진다.[11]

3. 정부 개입의 유형론 및 종교계의 대응 자세

Dean G, Pruitt와 Jeffrey Z. Rubin가 제시하고 있는 정부 개입의 유형을 근거로 종교 정책 과정에서의 정부 개입 유형에 도입하여 적용시켜 보았고, 본 연구의 기본 모델로 설정하여 평가하였다.[12]

1) 정부 개입의 유형
① 공식적 개입과 비공식적 개입

'공식적 개입'은 법률 및 종교 관련 제도 속에서 종교 문제가 해결되거나 또는 종교계로부터 공식적인 인정을 받아서 정부 개입이 이루어지는 경우이다. 이것은 체계적(systematic) 정책이라고 할 수 있는데, 해당 문제와 집단을 직접적인 대상으로 하는 특정 정책 수단이 정밀하면서도 포괄적인 규정에 기반을 두고 집행될 때 이를 체계적 정책이라 한다. 한편, '비공식적 개입'은 종교계들 사이에 의사 전달을 원활하게 하기 위해 또는 공식적인 접촉 외에 비밀스러운 교환이 필요할 때 주로 발생한다. 종교 문제가 심각한 수준으로 전개되어 공식적인 의사 전달이 불가능해졌을 때 공식적 개입보다는 비공식적인 개입이 선호되는 경우가 많을 수도 있다. 이것은 비체계적(unsystematic) 정책이라 할 수 있는데 정책 대상으로 하는 문제와 집단을 직접적으로 다루긴 하지만, 불완전하거나 불분명한 원칙하에서 수행될 때 이를 비체계적 정

---

11) 서울디지털대학교, 사이버 토론방. http://www.sdu.ac.kr/frameset.asp의 내용을 일부 정리한 것이다. 보다 자세한 내용은 김재득, 위의 책, pp.209-211 참조 요망.
12) Dean G, Pruitt와 Jeffrey Z. Rubin은 정부 개입의 유형으로 (1)공식적 개입과 비공식적 개입 (2)개인적 개입과 대표자에 의한 개입 (3)요구되어진 개입과 자동적 개입 (4)중립적 개입과 편파적 개입 (5)충고적 개입과 지시적 개입 (6)개인 간 갈등의 개입과 조직간 갈등의 개입 (7)내용지향적 개입과 절차지향적 개입 등으로 제시하였다.

책이라 부른다. 두 정책 유형 간의 주된 구분 기준은 그 직접적 정책이 법적 기반 위에서 집행되는가 아니면 임시적(ad-hoc) 기반 위에서 집행되는가 하는 것이다.

② 요청된 개입과 자동적 개입

종교계들의 요구에 의해 개입하는 '요청된 개입'은 종교계가 문제가 되고 있는 종교 문제를 해결하려는 의지가 있다는 것을 의미하므로 일단 개입 그 자체로서 효과적인 역할을 한다고 볼 수 있을 것이다. 종교계 스스로 정부가 종교 문제를 해결할 능력이 있고 정부 개입이 적절하다고 생각하므로 정부는 자신의 영향력과 권한을 적절하게 사용할 수 있다. 그러나 요청된 개입이라 하더라도 정부는 무시(disregard)와 관심(attention)을 나타낼 수 있을 것이다. 무시는 특정의 종교적 쟁점 및 이와 관련된 종교 문제가 명백히 존재함에도 불구하고 정부가 그 쟁점 및 문제에 대해 아무런 관심을 보이지 않는 반응의 형태를 말한다. 관심은 정부가 더 이상 그 쟁점 및 문제를 무시하지 않는 상태를 일컫는다. 그러나 그 관심이 반드시 긍정적인 형태를 취하는 것은 아니며, 특히 관심 표명의 초기에 그것은 부정적인 형태를 취할 수도 있을 것이다. 다만, 법이나 규정상 자동적으로 개입이 이루어지는 경우는 종교계들이 그러한 개입을 원하지 않는 경우도 있으므로 문제가 된다. 그러나 종교계에서 정부를 중립적이고 자신의 종교 문제에 대하여 도와줄 의지와 능력을 가지고 있다고 인정하면 정부 개입은 효과를 발휘할 수 있을 것이다.

③ 중립적 개입과 편파적 개입

이 구분은 정부가 종교 문제를 야기한 종교 간 혹은 종교 내부의 문제에 대하여 어느 편에 서서 개입하느냐에 관한 것이다. 다른 조건이 동일하다면 '중립적 개입'은 '편파적 개입'보다 성공할 확률이 높다고 할 수 있다. 그러나 편파적 개입이 효과를 발휘할 수도 있다. 즉 한쪽 종교계들의 이익을 대변하는 정부가 종교 문제를 해결하는 데 유리한 경우도 있다. 이것은 바로 힘의 균형과 관련된 것이다. 편파적 개입의 유용성은 종교 문제에 봉착한 종교계들이 해결점을 찾기 위한 공동의 행위에 앞서 자신과 상대방의 힘이 동일하기를 원한다는 가정에서 출발했다. 따라서 정부는 이러한 측면에서 상대적으로 세력이 약한 종교계의 입장에 섬으로써 종교계로 하여금 서로의 힘이 동일하다는 느낌을 가지게 할 수 있다. 그리고 이것은 문제 해결을 위한 종교계 상호 간의 협동을 가능하게 한다.13) 그러나 편파적 개입이라 하더라도 기존 세력 혹은 우위적 위치에 있던 세력에 대한 일방적이고 지속적인 개입은 또 다른 부작용을 잉태할 수 있다. 역사적 사례로는 일제강점기「보안법」,「집회 취체에 관한 건」에 의하여 엄중히 개입한 사건은 종교와 비종교의 기준이 지극히 정치적이며 편파적인 개입이라 할 수 있다. 그리고 이승만 정부 시절 국회의 결의나 법원의 결정에도 불구하고 초법적으로 개입하여 비구승을 지원한 사건 역시 편파적 개입의 사례이다. 예컨대 중립적 개입이던 편파적 개입이던 정부가 개입한다는 것은 관심을 가진다는 의미인데, 관심에는 긍정적 관심과 부정적 관심이 있다.14)

④ 충고적 개입과 지시적 개입

종교 문제가 불법이거나 서로에게 너무 적대적이라서 서로 간 합의에 도달할 수 없을 경우에는 '지시적 개입'이 효과를 발휘할 수 있다. 그러나 정부는 보통 종교 문제에 대한 이해관계를 그들 자신보다 잘 알지 못하는 경우가 대부분이므로 정부가 단독으로 결정할 해결책은 종교계들 간의 이해관계를 단순히 종합한 것에 지나지 않을 수가 있다.

또한 종교계가 처음부터 자신들의 문제를 해결하고자 하는 의지가 있었다면 지시적인 정부 개입은 그들을 만족시키지 못할 것이다. '충고적 개입' 또는 조정은 이에 반해 종교계들 스스로 자신들의 이해관계를 정의하고 해결책을 찾게 한다. 따라서 합의가 오래 지속 될 수 있고 학습 효과를 가지게 할 수 있다.

---

13) William P. Smith, "Effectiveness of the Biased Mediator", *Negotiation Journal*. Vol.1 No. 4 Oct. 1985
14) 그중에서도 '부정적 관심'에는 두 가지 형태가 있을 수 있다. 하나는 '억압'(repression)이고, 다른 하나는 '무의사 결정'(non-decisionmaking)이다. '억압'은 국가 엘리트의 기득권이나 그 기득권을 수호하는 제도에 도전하거나 도전할 가능성이 있는 사회 쟁점, 문제 및 사회집단을 억압적 법이나 물리적 강제력을 동원하여 억누르는 국가 반응의 형태이다. '무의사 결정'은 그러한 쟁점·문제·집단 등을 주로 '편견의 동원'을 통해 정부의 정책 의제에서 배제시키는 국가 개입의 형태이다.

2) 정부 개입에 따른 종교계의 대응 자세

Stewart는 권력을 행사했을 때 발생할 수 있는 피지배층의 반응을 몰입, 복종, 저항 등 크게 세 가지로 제시하였다.15) 이러한 반응은 일반적으로 권력의 원천, 권력을 행사하는 방법, 부하의 개인적인 특성에 의해 결정된다. 따라서 정부 개입의 유형에 따라 종교계의 반응 자세는 몰입, 복종, 저항의 형태로 나타날 수 있을 것이다. 몰입(commitment)은 종교 단체가 정부를 정부로 인정하고 종교 단체와 정부 정책을 동일시하는 경우에 보이는 반응이다. 몰입이 되어 있는 종교 단체는 정부가 중요시하는 업무를 본인이 수행하게 될 때 동기가 크게 유발된다. 예를 들어 정부의 재정(fiance)기능에서 나타난 바와 같이 세제상의 지원을 위해서 종교 단체에게 종교 시설에 대한 예산 지원 계획서가 빨리 제시되면 될수록 종교 조직에 이익이 된다고 설명했다고 하자. 이러한 경우 그 종교 단체가 몰입이 되어 있다면 야근을 해서라도 프로젝트 완수를 위해 열심히 일을 할 것이다. 복종(compliance)이란 종교 단체가 추가적인 노력을 하지 않는 범위에서 정부가 원하는 것을 수행하는 것을 말한다. 이러한 종교 단체는 적절한 속도로 업무를 수행하지만, 부과적인 노력은 거부할 수 있다. 정부의 일상적인 지시와 이러한 지시에 대한 종교 단체들의 반응은 이러한 복종인 경우가 많다. 저항(resistance)은 정부의 요구가 가장 성공을 거두지 못하는 경우로, 종교 단체가 정부의 제안이나 요구에 반대를 해서 그러한 제안이나 요구를 수행하지 않는 것이다. 이러한 종교 단체는 정부가 원하는 것이 완수되지 않게 하기 위해 고의로 관련 업무를 지연시키기도 한다. 본 연구에서는 이러한 Stewart의 연구를 바탕으로 정부 개입에 대한 종교계에서 나타날 수 있는 대응 자세를 <표 2-2>로 적용·정리하여 보았다.

---

15) 이 연구의 주된 과제는 역사적 분석 과정에서 종교 정책의 기조, 조직 및 법규 변화, 정책 변동과 정부 개입 유형을 찾는 것이지만, 종교계의 대응자세에 대한 최소한의 검토가 병행된다. Stewart, T., "New ways to exercise power", *Fortune*, November 6, 1989. pp.52-64.

<표 2-2> 정부 개입에 대한 종교계의 대응 자세

정부 개입의 유형	정부 개입에 대한 종교계의 대응자세		
	몰입	복종	저항
공식적 개입	정부의 요구가 정중하고 매우 적절한 경우 가능하다.	정부의 요구나 명령이 합법적으로 보이는 경우 가능성 높음	정부가 오만하게 요구를 하거나 부적절한 요구를 하는 경우 가능함
비공식적 개입	종교 단체에게 중요한 요구라고 생각하는 경우 가능하다.	종교 단체에게 별로 중요하지 않은 요구라고 생각하는 경우 가능함	종교 단체에게 어떤 해를 초래하는 요구인 경우 가능함
요청된 개입	매우 개인적으로 세심하게 사용하는 경우 가능하다.	기계적으로 공평하게 사용하는 경우 가능성 높음	오만하고 교묘하게 개입하는 경우 가능함
자동적 개입	정부의 요구가 정중하고 매우 적절한 경우 가능하다.	정부의 요구나 명령이 합법적으로 보이는 경우 가능성 높음	정부가 오만하게 요구를 하거나 부적절한 요구를 하는 경우 가능함
중립적 개입	정부의 요구가 설득력과 형평성에 문제가 없을 때 가능성 높음	정부의 요구나 명령이 형평성을 지닐 때 가능성 높음	정부가 오만하게 요구를 하거나 불공정한 요구를 하는 경우 가능함
편파적 개입	거의 가능성 없음 (단, 자신에 대한 배려일 경우 가능)	도움이 되고 가혹하지 않게 사용되는 경우 가능함	적대적이거나 교묘하게 사용하는 경우 가능함
충고적 개입	정부의 요구가 설득력이 있어서, 종교 단체와 정부가 종교 문제를 공유하는 경우 가능성 높음	정부의 요구가 설득력은 있으나, 종교 단체가 종교 문제에 무관심한 경우 가능함	정부가 오만하고 무례하거나 종교 단체가 종교 문제에 반대하는 경우 가능함
지시적 개입	거의 가능성 없음	도움이 되고 가혹하지 않게 사용되는 경우 가능함	적대적이거나 교묘하게 사용하는 경우 가능함

참고: Stewart, T., "New ways to exercise power", *Fortune*, November 6, 1989. pp.52-64 재구성.

III. 미 군정기의 종교 정책 변동 유형과 정부 개입

1. 미 군정기의 종교 정책 기조

해방 이후, 한국 사회는 정치적·종교적으로 신질서를 갖추기 시작하던 시기였다. 정치적으로는 제2차 세계대전 이후 새롭게 전개되는 세계 질서에 본격적으로 편입되는 한편 근대적인 국민 국가의 형성을 준비하던 시기였으며, 종교적으로는 종교의 자유와 종교 활동의 보장에 따라 각 종교들이 종교 시장에서 우위를 확보하기 위해 조직을 강화하면서 경쟁적 활동이 나타내기 시작하던 시기였다.[16] 이러한 상황에서 38선 이남에 진주하여 군정을 실시하기 시작한 미국의 통치 전략은 무엇보다도 미국을 중심으로 하는 세계 질서(Pax Americana)에 순응하는 정부를 38선 이남

---

16) 한국 사회에서 종교의 자유가 보장되기 시작한 것은 해방 직후 미군이 진주하면서 미태평양 육군 총사령관의 이름으로 "조선 점령의 목적이 일본 항복문서 조항의 이행과 조선인의 인권 및 종교상의 권리를 보장함에 있음"('조선 주민에게 포고함', 「포고령 제 1호」, 1945. 9. 7.)을 선언하면서부터였다. 노길명, "광복 이후 한국 종교와 정치 간의 관계", 『종교 연구』, p.1.

에 수립하는 것이었다. 이러한 미국의 한반도 통치 전략은 분단 상황을 기정사실화하고 반공이라는 특수 이데올로기 외에 보편적인 것으로는 자유민주주의와 자본주의를 표방하였다. 이들은 명목적인 측면도 있지만 오랜 왕정과 식민 통치를 겪은 신생국의 국가 이념으로 선언적·본질적인 성격을 동시에 지녀 국가 기구와 법·제도의 형성에 큰 영향을 주었다.17) 친미·반공 이데올로기를 관찰시키는 것으로 진행되었다. 격동의 미 군정 시기에 대한 정책 변동을 연구하고, 시대적 의미를 명확히 구분하기 위한 전제 작업으로 우선 일제의 종교 정책을 비교하면서 살펴보자.

일제 시기는 종교의 개화 및 암흑기로서 총독부의 국정 이념은 '국체 명징'(國體明徵), '내선 일체'(內鮮一體)이었고, 종교 정책의 목표는 '정교분리 정책', '동화 정책', '한민족 분열 정책'이었다. 전통문화를 왜곡하고 민족문화와 종교를 탄압하기 핵심 수단으로 그 역할 담당 부서는 학무국 '종무과'였다. 즉 총독의 나침반 바늘은 정교분리 정책, 황국신민화 정책, 국체(國體), 「포교 규칙」, 「종교 단체법」 등에 맞추어져 있었다. 모든 법·제도 및 행정의 중심적 사고는 정치적인 억압 정책, 경제적인 수탈 정책, 사회·문화적인 말살 정책, 교육적으로는 동화 정책이 조선 총독부의 정책 기조였기 때문에 조선민의 생존·번영에 관심을 두는 의식은 실종되어 있었다.18) 따라서 일제 당국은 종교와 비종교 혹은 유사 종교, 미신 등을 자의적으로 규정하고 분류하는 방식으로 종교 영역에 깊이 개입하면서, 종교 시장 자체를 합법의 영역과 비(非)합법(혹은 묵인)의 영역으로 갈라놓았다. 일제는 비종교 혹은 유사종교, 미신으로 분류된 종교 집단들에 대해 강력한 배제적 정책을 적용함으로써 이들은 법률의 보호 범위 밖에서 「보안법」과 「집회 취체에 관한 건」에 의해 엄중한 감시를 받아야만 했다.19) 종교와 비종교를 가르는 기준은 지극히 정치적이었으며, 종교로 인정받은 소수의 종교 단체는 그 대가로 강력한 통제에 따를 것을 요구했다.20)

---

17) 김석준, 『미 군정 시대의 국가와 행정』, 이화여자대학교출판부, 1996, pp.196-197.
18) 보다 자세한 내용은 김재득, 위의 책. pp.400-401, p.417. 참조 요망.
19) 한석희, 「전시하 시대의 신사참배 강요와 기독교도의 저항」, 최원규 편, 『일제 말기의 파시즘과 한국 사회』, 청아, 1988, p.72.
20) 불교와 유교에 대한 통제적인 법률의 제정은 대표적인 예이다. 또 그리스도교 분파들에 대한 통제는 교리적, 조직적, 인적 측면을 망라하는 전면적인 것이었으며, 1930년대 후반 이후 그 정도가 현저하게 강해졌다. 강인철, 「미 군정과 이승만 정권하의 교회와 국가」, 『교회와 국가』, p.615.

이러한 일제 시대와는 대조적으로 미 군정기의 종교 정책 기조는 종교의 자유를 전폭적으로 보장한다고 선포하였다. 특히 1945년 10월 9일 미 군정은 법령을 통해 신앙을 이유로 한 차별을 낳는 모든 조령과 명령을 폐지한다고 선언했다.21) 또한 역대 미 군정 장관들은 그리스도교 지도자들과의 공식적 만남에서 이 점을 특별히 강조하면서 자신들을 '종교 자유의 수호자'로 자처했다.22) 그리스도교 지도자들 역시 미 군정의 종교 정책을 적극적으로 환영했다. 예컨대 서울교구장인 노기남 주교는 이 시기를 "종교적 평화 시대"라고 표현했으며,23) 1946년 8월 15일에 수원읍 주최로 열린 '조선 해방 기념식'에서는 식이 끝난 후 가톨릭 신자들이 '종교 자유 만세'를 외치면서 행진하였다.24) 그래도 공영방송망을 통해 종교 방송이 계속된 것은 정교분리 원칙의 위반 시비를 불러올 수도 있는 사례라 할 만하다.25) 또한 미 군정 고위 관리들은 그리스도교 정신에 기초하여 건국을 추진해야 한다고 공공연하게 주장했는데, 예컨대 1947년 10월 9일에 열린 초대 교황사절에 대한 환영식에서 군정 장관 대리였던 헬맥은 "건국은 그리스도의 정신을 기초로 하여야" 한다고 역설했다.26) 이와 같은 양자 간의 친화성은 미 군정의 종교 정책에 그대로 반영되었다. 이처럼 친미·반공 이데올로기의 관철과 남한만의 단독정부 수립을 지지하거나 그것에 도움이 될 수 있는 종교들은 지원하고 그에 반대하거나 저해가 된다고 판단되는 종교들은 억제하는 것이 미 군정 당국의 기본적인 종교 정책 기조이었다. 그리하여 당시 그리스도교 인구는 전체 인구의 2~3%에 불과하였지만, 미 군정의 공인교적 정책에 힘입어 1960년대에는 전체 인구의 7.5%로 비약적으로 발전하였다.

---

21) 불교사학연구소, 『한국 현대 불교사 일지』, 중앙승가대학, 1995. p.11.
22) 「경향잡지」, 1946. 9.: pp.17-18.
23) 「경향잡지」, 1949. 2.: p.22.
24) 「경향잡지」, 1946. 10.: p.45.
25) 가톨릭의 경우에는 해방 직후부터 서울 중앙 방송국(HLKA)의 '종교 시간'을 통해 월 2회 각 15분간 선교를 위한 종교 방송을 계속할 수 있었다. 「경향잡지」, 1947. 3.: p.44.
26) 문규현, 『한국 천주교회사 II: 1945년부터』, 빛두레, 1994b., p.175.

2. 미 군정기의 종교 행정 조직 및 법규 변화 과정

　미 군정은 종교 행정 담당 조직을 조선총독부의 학무국을 인수한 후 종전의 학무국에서 1946년 3월 29일 미 군정 법령 제64호 "조선 정부 각 부서의 명칭"에 의하여 미 군정청의 각 '局'(Bureau)이 '部'(Department)로 개칭되고 '部'는 다시 '局', '課', '係'로 개편되면서 '학무국'도 '문교부'(Education)로 개칭되었다. 그리고 종교 관련 업무는 '敎化局'(Culture)에서 담당하였다.27) 그 당시 가톨릭과 미 군정과의 관계는 미 군정 당국의 접근을 계기로 양자 간의 관계가 친화 관계로 나타나기 시작하는데,28) 이와 같은 몰입과 복종 관계 속에서 미 군정부는 가톨릭이 조선 공산당으로부터 압수한 조선 정판사를 쉽게 불하 받아 「경향신문」을 복간하게 하는 등 종교 시장에서의 입지를 강화시켜준다.29) 따라서 가톨릭은 종교 관련 귀속 재산은 아니었지만 출판사를 불하받음으로써 「경향신문」을 발행할 수 있었다.30) 하지만 미 군정의 행정 조직 및 법규가 '종교의 자유'를 반드시 명실상부하게 보장한 것은 아니었다. 미 군정 당국은 1945년 10월 9일에 신앙을 이유로 차별을 발생케 하는 모든 조령과 명령을 폐지한다고 선언했지만, 같은 해 11월 2일에는 군정 법령에서 아직 폐지하지 않은 구법령들은 존속된다고 규정하였다.31) 이때 존속되는 구법령 가

---

27) 신상준, 『미 군정기의 남한 행정 체제』, 한국복지행정연구소, 1997, pp.412-413. 보다 자세한 종교 정책 담당 기관의 변천 과정은 김재득, 앞의 책, p.395 참조할 것.
28) 하지 미 군정 사령관의 정치 고문인 나이스터 준장은 미군이 서울에 입성 직후인 1945년 9월 12일 명동성당을 방문하여 서울교구장인 노기남 주교에게 미국이 한국으로 정권을 이양할 때 인수받기에 적합한 양심적인 정치 지도자를 추천해줄 것을 부탁하였고, 이에 따라 노 주교는 60명의 명단을 작성하여 전달하였다. 이후 미군 고위 장교들과 노 주교간의 관계는 급속히 가까워지기 시작하였다. 노기남, 『나의 회상록』, 서울: 가톨릭출판사, 1969, pp.312-318.
29) 일제 시대에 있던 近澤印刷所는 광복 직후 조선 공산당이 朝鮮精版社로 이름을 고치고 기관지 「해방일보」를 인쇄하는 데 사용하였다. 그러다가 1946년 여름에 조선공산당이 조선정판사에서 위조지폐를 인쇄하였다는 소위 '조선정판사 위조지폐 사건'이 발생하였다. 이에 우익을 표방하던 천주교는 군정청과 교섭하여 인쇄기계 일체를 포함하여 조선정판사를 접수, 大建印刷所로 명칭을 변경하고 그 해 10월부터 「경향신문」을 발행하였다.
30) 중립지를 표방한 「경향신문」은 1947년 9월 현재 서울에서 발간되는 일간지 중 61,300부라는 가장 많은 발행 부수를 차지하고 있었다. 이러한 사실에서 천주교가 그 당시 사회에 끼친 영향과 함께 「경향신문」이 천주교에 기여한 점이 적지 않았을 것이라는 사실을 알 수 있다.
31) 불교사학연구소, 위의 책, p.11.

운데는 일제에 의해 제정된 억압적이고 종교 차별적인 '사찰령'(寺刹令)과 '향교 재산 관리 규정'도 포함되었으며, 더욱이 이 법령은 불교와 유교계의 거듭난 폐지 요구에도 불구하고 존치되었던 것이다. 반면에 그리스도교에 대해서는 상당한 특혜가 주어졌다. 미 군정청은 군정 법령을 비롯한 종교 관련 법령의 제정과 크리스마스의 공휴일 제정을 비롯한 종교 정책을 통해 기독교 공인교적(公認敎的) 정책을 취했으며,32) 적산(敵産)의 처리 등과 같은 방법을 통해 개신교에 대한 우대 정책을 시행하였다. 미 군정의 기독교 공인교적 정책은 다른 종교를 공인하지 않는, 다시 말해서, 기독교 이외의 종교들에게는 제한적으로 '종교의 자유'를 인정하는 태도로 나타났다.33) 이와 같은 미 군정의 불공정한 법규 및 행정 조직에 따라 개신교는 다종교 상황에서 절대적으로 유리한 물적 토대를 닦게 되었다.34)

3. 미 군정기의 종교 정책 변동 및 정부 개입 유형

미 군정 시절 가장 대표적인 종교 관련 정부 개입은 성탄절을 공휴일로 지정한 것이었으며, 군정 사령관과 군정 장관은 성탄절 때마다 국민들에게 보내는 메시지를 발표하기도 했다. 공영방송망을 통한 종교 방송도 다분히 그리스도교 중심적이었는데, 특히 매년 성탄절 시기에는 더욱 그러했다.35) 적산(敵産)의 배분에서도 그리스도교(특히 개신교)는 다른 종교들보다 많은 혜택을 받았다. 특히 개신교의 경우, 1945년 12월부터 전국 형무소의 교무과장직에 목사들을 임명하여 재소자들의 교화를 담당하게 하는 이른바 '형목(刑牧) 제도'를 독점적으로 활용할 수 있었다.36) 그리스도교에 대해 거의 무제한의 자율과 각종 특혜를 제공하는 미 군정에 대해 그리스도교인들이 우호적이고 협조적인 태도를 취한 것은 당연한 귀결이었다. 한국의

---

32) 강돈구, "미 군정의 종교 정책", 『종교학 연구』 제12집(서울대종교학연구회), 1993, p.39.
33) 강돈구, 위의 책, p.39.
34) 보다 자세한 실태는 다음을 보라. 강인철, 「한국 개신교의 교회의 정치 사회적 기능에 관한 연구, 1945~1960」, 서울대학교 박사 학위논문, 1992, 제7장.
35) 『경향잡지』, 1947. 2.; 1948. 1.: p.13; 1948. 2.: p.27.
36) 안재정, "한국 감리교회 특수 선교사", 『한국 감리교회 성장 백년사 Ⅱ』, 기감본부교육국, 1987, pp.170-171.

국가는 조선 시대와 일제 통치하에서 이미 중앙집권적 성격을 지니고 있었을 뿐만 아니라 미 군정도 이러한 국가 관료제를 그대로 온존시켰기 때문에 매우 중앙집권적이었다. 따라서 입법부와 사법부와의 관계에서도 행정부의 위상과 권한은 매우 강력하여 행정부에 완전히 예속되어 있었다고 할 수 있다.[37]

따라서 종교 정책에 대한 정부 개입의 유형론 또한 공식적, 비공식적으로 편파적인 개입이었고 가톨릭 단체의 요청된 개입에 대해서만 긍정적인 개입의 형태를 취한 것이었다. 그러나 유교나 불교와 같은 전통 종교들이나 자생 민족 종교에 대한 정부 개입의 형태는 부정적인 형태로 편파적인 개입이었고, 지시적인 개입의 형태를 띠었다. 또한 미 군정기에는 종교 정책 혁신과 종교 정책 종결의 성격이 강하게 나타났다.

IV. 이승만 정부의 종교 정책 변동 유형과 정부 개입

1. 이승만 정부의 종교 정책 기조

이승만의 집권 초기 가장 시급한 현안은 해방 이후 피폐한 국내 경제와 행정력의 복원이었으며, 국토방위를 위한 군의 정비였다.[38] 이승만은 빠른 시일 내 행정력을 복원하기 위해 해방 후 대학 졸업생이 200명에 불과한 실정을 감안하여 미 군정으로부터 이양받은 일제의 일부 하부 관료와 경찰, 행정 인력들을 인계받아 통치를 함으로써, 반민 특위와 갈등을 빚는다. 오랜 동안의 해외 생활로 인해 국내의 정치적 기반이 취약했던 이승만은 권력 기반을 친미·반공 이데올로기와 경찰·관료에 의한 권위주의적 통치 구조를 통해 극복코자 하였고, 이러한 이승만 정부의 정치적

---

37) 김석준, 앞의 책, pp.205-206.
38) 미 군정은 좌우 합작 노선을 지지하며 노골적으로 자주 외교와 자주독립을 전개하는 이승만을 적대시한다. 당시 소련과 관계가 원만했던 미국에게 계속해서 이승만은 소련의 야욕을 경계해야 한다고 설득했다. 유엔 한국 위원단의 입국을 통해서 남북 총선거를 하려 했지만, 북한의 UN 입북 반대로 UN의 감시하에 1948년 5월 10일 남한에서만 총선거가 실시되었고 이승만은 초대 대통령으로 선출된다. CTN, 우남 이승만 <3부> 2003년 5월 23일 20시 방송.

취약성과 가부장적 권위주의적 통치 구조는 종교 정책에도 그대로 투영된다.[39] 즉 감리교 신자였던 이승만은 집권 초기부터 친미·반공 이데올로기를 채택하는 개신교와 가톨릭과는 친화 관계를 강화하면서, 미 군정의 기독교 공인교적 정책을 그대로 계승·유지해 나간다. 이승만의 종교 정책 기조는 대통령 취임식 선서를 기도로 시작하고, 국기에 대한 경례를 개신교의 반대에 따라 국기에 대한 주목으로 대체하며, 군종 제도에 장로교, 감리교, 성결교 등의 개신교와 가톨릭만이 참여토록 배려하고, 국가 의식을 기독교식으로 한 것에서 잘 나타나고 있다.[40]

반면에, 이승만 정부는 유교와 불교와 같이 친미·반공 이데올로기와는 상관관계가 적었던 전통 전교들에 대해서는 종단 분규를 조장하고 이용함으로써 정치적 대항력을 약화시키고 국가 권력에 종속되도록 만드는 소위 분할·통제 정책을 시행하였다. 이승만은 오랫동안 미국에서 활동한 개신교 신자였기 때문에 한국 사회에서 오랜 전통을 지니고 있는 전통 종교들로부터 정치적 지지를 획득하기보다는 이들 종교가 내재한 분절과 갈등을 심화시킴으로써 정권에 대한 저항력을 약화시켰고, 각 종단을 정치에 종속시키는 전략을 취하였던 것이다. 이러한 이승만의 종교 정책 기조는 자신의 정치적 도덕성이 손상되고 그에 따른 지지 기반이 약화될수록 더욱 견고해졌다.

따라서 철저한 친미·반공 이데올로기를 내세우는 이승만의 정책 기조는 강력한 민족주의 성향을 나타내는 천도교나 대종교와는 공고한 유대나 후원 관계를 맺기 어려웠다. 따라서 미 군정 아래서 급격히 약화된 민족 종교와 신종교들은 기존 정치 질서나 정부 권력에 도전할 수 있는 역량을 갖추지 못하였다. 그리고 그리스도교는 이승만 정부의 정부 권력에 저항하기보다는 오히려 정부 권력에 몰입 또는 협조하는 대응 자세를 취함과 동시에 종단의 사회적 인정과 성장에 필요한 지원을 받으려는 태도를 나타낸다.

---

39) 김영명, 『고쳐 쓴 한국 현대 정치사』, 을유문화사, 2000, pp.98-105.
40) 강돈구, 앞의 글, pp.38-39.

2. 이승만 정부의 종교 행정 조직 및 법규 변화 과정

제헌 헌법은 국가와 종교의 분리, 교육과 종교의 분리 그리고 종교의 자유를 명시하였고, 종교 행정 조직은 1948년 11월 4일 문교부의 문화국 산하 교도과(敎導課)에서 담당하게 된다. 그러나 이승만 정부는 헌법에 보장된 종교의 자유와 정교분리 원칙을 왜곡하고 침해하였다. 이승만 정부는 국가가 압도적인 조직적 기반으로 계급적으로나 조직적으로 미성숙한 민간 사회를 지배한 상황이었다. 오히려 국가가 사회 세력을 동원하고 조직화하여 지배의 수단으로 이용하였다. 첫째, 헌법은 이를 침해하는 하위 법률들에 의해 일차적으로 그 실현 의도가 차단되었는데, 특히 유교 및 불교와 관련된 하위 법률들이 더욱 그러하였다. 이러한 현상은 법체계의 불완전성이나 비일관성과 관련된 문제들이라고 할 수 있을 것이다. 일제에 의해 제정되고 미 군정에 의해 그대로 유지된 「사찰령」 그리고 일제에 의해 제정되고 미 군정에 의해 새로이 변형된 「향교 재산 관리에 관한 건」 등 불교와 유교에 대한 억압적이고 차별적인 법률들은 제1공화국 기간에도 여전히 상존하였다. 이 법률들은 이승만 정부에 의해 불교와 유교계의 인사나 재정 운용 등에까지 사사건건 개입할 수 있는 강력한 통제, 규제 감독 기능으로 작용하였다. 둘째, 이승만 정부는 그리스도교에 대한 국가의 특권적이고 편파적인 태도와 행동이 종교 간의 차별을 증폭시켜, 마치 '그리스도교 국가'처럼 운영되었다. 국회의장 이승만이 제헌 국회를 회순에도 없는 기도로 시작하여 논란을 일으켰던 것이나, 이승만의 대통령 취임식 또한 그리스도교식으로 거행했던 것은 그 전주곡이었다고 할 수 있다. 크리스마스 공휴일 제도는 그대로 유지되었으며, 이 대통령은 해마다 성탄절 메시지를 발표했다. 이 대통령은 1953년 11월에는 성탄절 크리스마스카드를 많이 만들어 내자는 담화를 발표하기도 했고[41] 1955년 12월에는 국회에서 성대한 성탄 파티가 열리기도 했다.[42] 서울중앙방송을 통한 종교 방송도 계속되었으며, 이를 통한 그리스도교 전교가 효율적으로 이루어질 수 있었다. 가톨릭교회도 미 군정 때와 마찬가지로 매월 2회 이상 종

---

41) 「동아일보」, 1953년 11월, p.12.
42) 「조선일보」, 1955년 12월, p.24.

교 방송 시간을 이용할 수 있었다.43) 그리스도교에 대한 특혜적 종교 정책 중 가장 대표적인 것은 군종 제도(軍宗制度)를 실시 정책으로서, 이러한 종교 행정을 통해서 이승만 정권의 친그리스도교적 성격이 분명하게 나타나고 있다고 볼 수 있다. 군종 제도에는 주요 개신교 교파들과 가톨릭만이 참여할 수 있었다.44) 아울러 전쟁 기간 중에 포로수용소에서 선교할 수 있는 특권도 가톨릭과 개신교 교회들만이 누릴 수 있었다. 이처럼 그리스도교 전체가 다른 종교들에 비해 특혜적인 지위에 있었지만, 이승만 정부는 가톨릭보다는 개신교에 더욱 많은 법률적·조직적 특혜를 제공하였다. 예컨대 '형목'(形牧制度)에는 여전히 개신교만이 참여할 수 있었고, 가톨릭의 참여는 배제되었다. 이 밖에도 일요일에 행해지는 국가 행사에 대한 반대, 국기 배례의 폐지 및 주목례로의 교체 요구, 기독교 교리에 위배되는 교과서 내용의 시정 요구, 교역자의 전시 근로 동원 반대 등 당시 개신교측이 제기한 다양한 요구들이 비교적 수월하게 관철되었다는 사실 등에서도 이승만 정권의 친개신교적 태도를 엿볼 수 있다. 반면에 1950년대 중반 이후에는 대구 매일신문사 피습 사건에 대한 묵인과 방조, 경향신문의 폐간, 노기남 주교의 교체 시도 등에서 국가의 반가톨릭적인 색채마저 나타나게 되었다.45) 이처럼 이승만 정부의 종교 행정 및 법규의 변화는 극명하게 양분되어 있었다.

---

43) 「가톨릭 청년」, 1955년 11월, p.75.
44) 군종제도는 캐롤(G.M.Carroll) 몬시뇰 등 개신교와 가톨릭의 미국인 선교사들이 결정적인 역할에 힘입어 1951년 2월 7일에는 대통령령에 의해 시행되었고, 1951년 2월 32명의 개신교 및 가톨릭 성직자가 육군에 입대함으로써 본격적으로 가동되었다. 애초에 군종 성직자의 신분은 '무보수 촉탁'으로 시작되었으나, '유급 문관'을 거쳐 1954년 12월에는 '현역 장교'로 다시 격상되었다. 정규 장교로 임명된 목사들로 군종단이 구성된 것은 미국의 피선교지 중 한국이 처음이었다. 물론 이 군종 제도에는 장로교, 감리교, 성결교 등 개신교와 천주교만이 참여 할 수 있었다. 군목 창설 당시 국군의 기독교인 비율이 5% 정도에 불과하였으나 1956년에는 15%까지 상승할 수 있었다. 그리고 17만에 달하는 공산군 포로에 대해 한·미 양국의 20명 목사의 활동으로 6만 여 명이 전도되었다. 이 통계를 보면 군종 제도가 기독교 선교에 얼마나 중요한 역할을 수행하였는지를 짐작할 수 있다. 군대라는 일종의 국가 단체 속에서 선교를 할 수 있는 기회를 잡을 수 있었던 것 역시 국가의 기독교 공인교적 정책 때문에 가능할 수 있었던 것이다. Rhodes, Harry A., and Achibald Campbell, ed., *History of the Korean Mission, Presbyterian Church in the U.S.A. : 1935~1959*(New York : Commission on Ecumenical Mission and Relations, United Presbyterian Church in U.S.A., 1965, p.345.
45) 강인철, 앞의 책, pp.628-629, p.654.

3. 이승만 정부의 종교 정책 변동 및 정부 개입 유형

이승만 정부는 개신교에 대한 편파적 개입으로 인하여 개신교 지도자들을 권력 구조에 충원시킴으로써 개신교를 사실상의 국가 종교로 만들어 갔다. 그는 이러한 친개신교 정책을 통해 미국과의 우호 관계를 강화하는 한편, 개신교를 자신의 지지 기반으로 삼고자 하였으며, 이에 따라 개신교는 지배 구조 안으로 순조롭게 편입되어 나아갔다.46)

이승만 정부는 정권의 초기부터 서울교구장인 노기남 주교와의 친화 관계를 강화함으로써 국내적으로는 물론 가톨릭 국가들로부터 지지를 얻고자 하였다.47) 그러나 이승만 정부와 가톨릭과의 친화 관계는 한국전쟁 이후 발생한 보도 연맹 사건(1950년)과 국민 방위군 사건(1951년), 거창 양민 학살 사건(1952년) 등을 거치면서 정책 변동이 시작되었다. 이때부터 가톨릭에서 운영하던 「경향신문」은 이승만 정부의 도덕성에 대해 비판적 입장을 나타내기 시작하였으며, 이에 따라 이승만 정부와 가톨릭과의 관계는 친화 관계로부터 대립과 갈등의 관계로 변화되기 시작하면서 이승만 정부의 종교 정책에 변동이 일어나고 정부 개입의 유형도 공정한 개입에서 편파적 개입으로 바뀌게 된다. 급기야 경행신문사에 테러를 자행하고 정간 처분과 폐간 처분을 내렸으며, 가톨릭 신자 공무원들을 먼 곳으로 좌천시키거나 파면하였고, 노 주교를 '야당 주교'라 하여 법무부 장관을 교황청에 보내 교회가 정치에 관여하지 말 것과 노 주교를 서울교구장에서 해임해줄 것을 요청하기까지 하였다.48) 당시 이 정권과 가톨릭 간의 대립 관계는 4·19 혁명 직후인 4월 21일 매카나기 주한 미국 대사가 경무대를 방문했

---

46) 예를 들면, 개신교계는 제2대 정·부통령 선거에서 한국 기독교 연합회의 이름으로 이승만 정권과 개신교의 유착 관계는 한국전쟁을 통한 반공 이데올로기의 내면화와 북한교회의 월남으로 더욱 강화되었다. 강인철, 위의 책, pp.162-163.
47) 이러한 그의 친화적 태도는 노 주교에게 정치 조언을 구하고 노 주교가 추천한 장면을 제2차 유엔 총회 파견 대한민국 대표단 수석대표(1948), 주미 특명 전권 대사(1948), 국무총리(1950)로 임명할 때마다 상의한 것에서도 잘 나타났다. 노기남, 『당신의 뜻대로』, 서울: 휘문출판사, 1978, pp.211-213 참조.
48) 노길명, "1950년대 한국 사회변동과 명동성당", 『민족사와 명동성당』, 명동성당 축성 100주년 기념 논문집, 서: 천주교서울교구주교좌명동교회, 2001, pp.175-185.

을 때 이승만이 "이 모든 사태는 장 부통령과 노 주교가 정치적 목적을 달성하려고 천주교 세력을 선동해 일어난 것"이라고 주장했던 것에서도 잘 나타나고 있다.[49]

반면에 불교와 유교, 무속 등에 대한 국가의 자의적이고 초법적인 정부 개입으로 종교의 자유와 정교분리의 원칙을 왜곡시켰다. 즉 이승만 혹은 자유당 간부들은 법적인 근거도 없이 불교와 유교에 대한 교묘한 분할 통치를 일삼았으며, 이에 따라 불교와 유교 내부에서는 심각한 분규가 발생했다.[50] 이승만 정부의 이러한 지시적·공식적 정부 개입은 정부의 종교에 대한 간섭은 위헌 조처라는 국회의 결의와 대처측의 법적 정당성을 인정하는 법원의 결정에도 개의치 않고 진행되는 초법적인 개입이며 부당한 개입이며 편파적 개입이었다. 또한 이승만 정부는 유교의 내부에도 깊이 개입하였다. 이승만은 1956년부터 자유당을 앞세워 반(反) 자유당의 입장이 분명한 김창숙 중심의 유교 교권 세력을 축출하기 위한 공작에 착수했고, 이로 인해 유교는 극심한 내분에 빠져들었다. 기존의 법률적인 통제 장치들에다 이 같은 초법적인 개입까지 결합됨으로써 불교와 유교에 대한 이승만 정권의 정책은 미 군정에 비해 훨씬 차별적인 것이 될 수밖에 없었다.

이러한 이승만 정부의 편파적 개입은 무속을 중심으로 한 민간신앙들에도 강력한 영향을 미쳤다. 1949년에는 신생활 풍토를 조성한다는 명분으로 사주관상(四柱觀相)을 미신 행위로 간주하여 이를 일체 엄단하겠다는 발표가 있었고, 1950년 1월에는 사회부 장관인 이윤영 목사가 무녀 금지령(巫女禁止令)을 준비 중이라는 담화를 발표했다. 1957년 3월에는 무당과 박수들을 일제 단속하였고, 1958년에는 문교부가 나서서 사이비 종교를 조사하여 이듬해 1월 33개의 종교 집단들을 사이비 종교로 규정하여 발표하기도 하였다.[51] 이런 사실에서 이승만 정부는 일제 시대의 식민 통치 체제와 미 군정기의 종교 정책 및 조직 구조를 많은 부분 그대로 답습하였으며,

---

49) 이용원, 『제2공화국과 장면』, 범우사, 1999, pp.115-116.
50) 먼저, 한국전쟁이 끝난 직후 이승만은 종전까지 비교적 원만한 관계를 유지해 왔던 대처승 중심의 총무원(總務院) 세력을 배제하는 반면, 소수파인 비구측을 지원하기 시작했다. 1954년부터 수년간에 걸쳐 이승만 정권은 비구측의 강력한 정치적 후원자로서 비구(比丘)-대처(帶妻) 간 분쟁을 자극하고 확대시켜 갔으며, 이승만은 이른바 '정화 유시'를 무려 8차례나 발표하여 비구측을 지원했다.
51) 강인철, 『한국 기독교회와 국가·시민 사회: 1945~1960』(한국기독교역사연구소, 1996a), pp.245-247.

새로 추가되거나 강화된 기능은 별로 없었던 정책 승계 및 정책 유지하는 성격이 강하게 나타났다.52)

V. 장면 정부의 종교 정책 변동 유형과 정부 개입

1. 장면 정부의 종교 정책 기조

장면 총리는 1960년 8월 19일부터 약 9개월 동안 제2공화국 국무총리로 국정을 운영하다가, 5·16 군사 쿠데타로 인해 실각함으로써 자신의 정치적 이상과 가톨릭적 이상 국가의 실현에 실패하였다. 따라서 그가 1948년 정계 진출 이후 보여준 많은 업적53)에도 불구하고 5·16 군사 쿠데타를 촉발하였다는 결과론적 인식들이 지배적이다. 따라서 정치가로서의 장면에 대한 우리나라 사람들의 종래의 평가는 대체로 부정적인 쪽으로 기울어져 있다.54)

그러나 장면 정부는 당시의 정치 및 종교 행정적 환경을 인식함에 있어서 미·소 양 강대국의 이데올로기 대립으로 인한 동서 냉전의 시대를 그리스도교적 견해에 입각한 민주주의와 전체주의적 물질주의, 즉 공산주의와의 싸움의 시대로 인식하였다. 장면의 종교 정책 기조는 다음의 인용문에 잘 나타난다.55)

---

52) 안병만, 『한국 정부론』, 다산출판사, 2002, p.164.
53) 예컨대, 한국에 대한 유엔의 승인과 한국 전쟁시 유엔군 참전을 이끌어 낸 외교적 성과 및 민주당 창당 이후 야당 지도자로서 보여준 반독재 투쟁 등이 있다.
54) 심지어 그의 주변 인물에게서 조차 4·19 이후 혼란기의 난국을 수습하기에는 적합하지 않은—정치적 역량이 결여된—인물이었다는 평가를 찾아볼 수 있다. 장면의 정계 진출에 결정적인 역할을 한 노기남 대주교는 "내가 보기에는 장 박사는 종교인이며 교육가이지 정치가의 소양은 없는 편이었다"라고 회고하였으며, 그의 지기(知己)였던 민의원 의장 곽상훈도 "운석은 난세(亂世)의 정치가로서 좀 어려운 성격의 소유자다"라고 평한 바 있다. 노기남, "거룩한 平信徒 張요안", 운석선생기념출판위원회편, 『한 알의 밀이 죽지 않고는: 증보판』, 가톨릭출판사, 1999, p.338. 곽상훈, 『自由의 高貴한 試鍊』, 같은 책, p.325.
55) 장면, 『우리는 무엇을 해야 할 것인가』, pp.142-143.

"가톨릭교도는 그 국민의 번영을 위하여 저마다 그 책임을 져야 한다. 그는 그리스도교 원리에 완전히 일치된 그의 개인적, 사회적, 정치 생활로써 공생활의 온 분위기를 안정시키고 높일 수 있으리라. 그는 힘을 다하여 가톨릭 신도로서 모범 생활을 보내야 한다. 그것은 모든 사도적 활동의 기초이다. 이와 같이 하여 그는 그의 가족 또는 그가 접하는 집단과 단체를 그리스도 교화함으로써 비그리스도교적인 그 환견에 감화를 줄 수 있는 것이다. 이 감화는 더 넓게 그 나라의 온 사회적 및 정치 생활에까지 미칠 것이다. 그리스도적 이상, 그리스도의 정신은 그 생활에, 그의 말에, 그의 모든 접촉, 혹은 감화의 기회에 구현되어야 한다. 그 사명은 사람과 사귀어 '땅을 가는 것이며, 씨앗을 뿌리는 것이며, 그리스도를 위하여 영속적인 수확을 바라고 싹 트게 하는 것'이다. 이것이야말로 어디에 있든 간에 모든 그리스도 신도가 해야 할 개인의 사명이다. 한 나라의 공생활에 대한 이 씨앗의 그리스도적 감화는 거의 눈에 보이지 않는 미미한 것이지만 철저하고도 결정적인 것이다."

이처럼 장면의 사상과 생애를 관통하는 기본 정신은 그리스도교 정신의 구현과 실천이었다. 그의 정치 사상의 기저에는 자연법과 그리스도교의 도덕에 대한 이해가 결여된 비그리스도교 국가인 한국에서 유물론과 공산주의의 그릇된 가치, 즉 '현대의 힘 있는 오류'가 침투하는 것을 막는 '힘' 내지 '해독제' 역할을 할 그리스도교 정신의 보급을 도모함으로써 국가의 번영을 담보할 수 있다는 복음주의적 정신이 관통하고 있다. 또한 그는 그리스도교 정신의 보급은 국제적인 입장과 공산주의에 대한 강력한 저항에서부터 커다란 인망(人望)을 얻고 있으며, 세계에 두루 퍼져 있는 영적, 또는 종교적인 큰 조직체로서의 가톨릭교회와 그 신도가 담당해야 한다고 보고 이들에게 주어진 사명을 다음과 같이 설파하였다. 나아가 장면은 그리스도교 정신의 구현을 위해 가톨릭 정치가에게 부여된 소명이 천부의 인권을 구현을 위해 가톨릭 정치가에게 부여된 소명은 천부의 인권을 옹호하고 종교와 언론의 자유를 보장하고 국임의 정치적·사회적·경제적 생활의 민주적 발달을 돕는 데 있음을 천명하였다. 그러나 장면 정부는 행정 및 정책 전반에 대한 개혁의 필요성을 모두 인식하고 있었음에도 불구하고 9개월 동안의 짧은 집권 기간으로 인해 제대로 집행되거나 그 효과를 나타내지 못하는 결과를 낳았다.

2. 장면 정부의 종교 행정 조직 및 법규 변화 과정

4·19는 이승만 정부의 퇴진을 성사시켰다는 점에서는 매우 고무적인 정치 변혁이었지만(4·19가 미완의 혁명이었는지 아니면 성공한 학생 혁명이었는지에 대한 성격 규정과는 관계없이), 정치 파벌화 경향과 정치적 인간들의 이기적 '욕망 사슬'을 완전히 끊어 버리지는 못했다. 정치인들의 자기중심적 사고 패턴은 권력을 장악한 장면 정부의 민주당 내에서 심각한 양상을 보인다. 민주주의 제도화라는 목표보다는 신·구 양파의 헤게모니 향배에 집중적인 관심을 나타냈다.56) 시민의 자각에 기반한 진정한 자유민주주의의 구현이라는 장면의 선각적 정책 기조는 5·16 군사 쿠데타에 의해 좌절되었지만, 가톨릭교회가 의지할 수 있는 유일한 정치적 기반인 장면의 정치적 운명이 직·간접적으로 가톨릭 제도 교회에 영향을 미치는 조직 및 인적 구조를 형성하고 있었다. 장면이 부통령에 당선된 이후 본격적으로 개신교와 가톨릭교회의 관계는 공공연하고 직접적인 대결의 양상을 띠면서 정부 개입이 가톨릭교회의 조직 이익을 직접적으로 침해하는 사례들이 빈발하였고 가톨릭 신자인 공무원들은 불이익을 당하지 않기 위해 신자라는 사실을 감추기에 급급해야 하였다.57) 하지만 장면 정부가 들어서면서 모든 종교 관련 법·제도 및 행정 조직은 가톨릭 이상 국가를 꿈꾸게 되었고, 종교 보국의 실현이 가능하게 되었다. 장면 정부의 가장 큰 자금원은 가톨릭교회였고, 노기남 주교를 보좌하던 월남자 김철규 신부는 장면 정부 내내 가장 커다란 후견인으로 영향력을 갖고 있었다.58)

하지만 장면 정부는 민주적 선거를 통해 출범한 정통성 있는 정부임에도 불구하고 사회의 변화 요구에 대응할 수 있는 행정 기구의 개편은 거의 찾아 볼 수가 없었다. 이는 신·구파 간의 내분으로 개혁의 시기를 놓쳤으며, 정치권 내의 혼란과 무질서로 행정 개혁에 필요한 역량 있는 주도 세력이 형성 될 수 없었기 때문인 것

---

56) 박종성, 『인맥으로 본 한국 정치』, 한울, 1997. pp.63-67.
57) 노길명 외, 1987 : p.182.
58) 1961년 1월 1일자 어느 신문의 만화는 장 총리 뒤에서 김철규 신부가 실 꾸러미를 들고 조종하는 그림이 있었다. 한국역사연구회현대사연구반, 「민주당 정권의 기반과 성격」, 『한국 현대사 2』, 풀빛, 1991. p.135.

으로 풀이된다.59)

3. 장면 정부의 종교 정책 변동 및 정부 개입 유형

　장면 정부는 가톨릭 신자인 장면이 국무총리가 되고 개신교인 윤보선이 대통령이 됨으로써 '천주교·개신교 연정 체제' 비슷하게 되었다. 과거 개신교인의 횡포에 시달렸던 가톨릭이 장면 총리가 국가 수반이 되어 승세를 보이자 개신교 세력의 질시가 나타나기도 한다. 그들은 후일 장면 사망 때 국장(國葬)으로 장의가 치러지는 것도 반대했을 정도로 해방 이후의 한국 정치사는 마치 신·구교 간의 권력 다툼사와도 같았다.60)

　정책 집행 조직의 약점은 정부 조직이 추진하는 종교 정책의 변동 원인이 되기도 한다. 따라서 정부 조직이 지니고 있는 대외적 이미지(image)의 약화나 취약성, 조직 지도층의 리더십의 약화, 내부적 갈등의 심화 등 정치적 취약성(political vulnerability)은 그 조직의 정책을 종결 또는 축소시키는 데 커다란 영향을 미친다.61) 장면 정부는 이러한 정치적 취약성을 지니고 있었다. 장면 정부는 환경의 요구에 대하여 저항할 수 있는 내적 능력이 매우 약하거나 불안정하여 정책 변동 과정 중 정책 종결로 빨리 나타나게 되었다. 장면 정부의 이러한 정치적 취약성은 정부 조직의 내적 갈등, 리더십의 약화, 전문성의 결여, 자신감의 결여, 짧은 존속 기간 등을 지적할 수 있다. 정부 조직은 사조직과는 달리 책임의 원인과 소재에 대한 불명확성으로 인하여 변화에 적절하게 대처하지 못하면 결국 정부 조직은 위축될 수밖에 없다. 이러한 맥락에서 장면 정부는 일관성 없고 왜곡된 유인책, 통합이 없는 분화, 역할 혼동, 자기 평가와 자기 개선 능력의 결여, 빈번한 교체 등으로 인하여 결국은 정부 조직이 위축되어 그 조직이 추진하던 정책은 변동하게 되어 정책 집행이 제대로 되지도 못한

---

59) 안병만, 앞의 책, p.166.
60) 조광, "휴전 이후의 한국 천주교회상(1953~1962)", 『교회와 역사』 제172호, pp.12-13.
61) 이 정치적 취약성은 조직의 역사가 오랜 것일수록 그 심각성이 훨씬 줄어들게 되고 조직이 담당하는 기능이 국민들에게 좋은 반응을 얻을수록 줄어들게 된다. 정정길, 앞의 책, p.798.

채 정책 종결로 이어졌다. 즉 장면 정부 시절 교회는 민주주의, 정의, 애국심, 양심을 외쳤지만, 신·구교 간의 권력 다툼의 성격이 엿보였고, 가톨릭교회는 장면 정부와 밀착 관계를 유지하였지만 친일과 관료 대거 등용으로 친일 내각이란 오명까지 듣게 된다. 그리고 종교 정책 측면에서는 가톨릭 우대 정책, 가톨릭적 이상 국가를 실현하고자 하였다. 이런 면에서 정부 개입의 수준은 안정과 화합을 촉구하는 간접적·적극적 개입이면서 중립적, 충고적 개입과 조정 역할을 수행하였다.

VI. 평가와 결론

미 군정기에서 장면 정부에 이르기까지 각 종교 단체는 종교 활동의 자유와 다종교 상황이 가져오는 종교 간의 경쟁에서 우위를 얻기 위해 정부 권력의 지원을 필요로 하였으며, 정치적으로 도덕성이 취약하였던 정책 결정자들은 종교적 지지를 통해 취약한 권력 기반을 강화하고자 하였다. 종교 단체와 정부 개입과의 관계는 기본적으로는 이와 같은 각자의 입지와 이해관계에 따라 형성되고 있었다. 그러나 이와 같은 상호 간의 이해가 종교 단체와 정부 권력 간의 몰입, 복종, 혹은 협조 관계로만 나타난 것은 아니었다. 그 관계는 정부 권력이 권력의 정당성을 위해 내세웠던 지배 이데올로기에 대한 각 종교들의 적응 능력과 정부 개입의 형태에 따라 결정되는 것으로 종교 단체와 정부 개입과의 관계는 고정적인 것이 아닌 것이다. 그것은 종교 단체와 정부 간의 이해관계에 따라 달라질 수밖에 없었다. 정책 결정이 공식적인 권한을 가진 기관이나 개인에 의해 결정된다고 하더라도 이들만의 배타적인 참여에 의해 이루어지는 것이 아니라 수많은 사회 집단 및 개인과 정부의 정책 결정자 간의 동태적 상호 작용을 통해서 이루어지기 때문이다.[62]

미 군정과 이승만 정부의 종교 정책은 종교의 자유를 비교적 폭넓게 보장했다는 면에서 일제 시대와 대조되는 것이었지만, 다른 종교를 공인하지 않는, 다시 말해서 기독교 이외의 종교들에게는 '종교의 자유'를 인정하지 않는 태도로 나타났다.

---

62) 정정길 외, 『한국 행정의 연구』, 박영사, 1997, p.434.

그리스도교에 대한 각종 특혜 제공과 비그리스도교적 종교들에 대한 통제[63]와 부당한 개입, 지시적 개입, 편파적 개입 등으로 인하여 왜곡되었다. 이러한 각 시기별 정부 개입의 유형을 정리하면 다음과 같다.

첫째, 미 군정기는 일제에 의해 제정된 억압적이고 종교 차별적인 불교 및 유교 관련 법률 체계를 고수했던 반면, 군정 고위 관리들의 공영방송망을 통한 그리스도교 중심의 종교 방송 실시, 적산의 배분, 성탄절의 공휴일화, 친그리스도교적 언행 등을 통해 그리스도교에 대해 특혜를 베풀었다. 이러한 편파적, 특혜적 개입의 대가로 미 군정 기간 내내 군정 지도자들과 교회 지도자들 사이에는 긴밀한 협력 체제가 구축되고 유지되면서 가톨릭과 개신교는 해방 직후 미 군정의 우호적인 관계 속에서 일제로부터 입은 피해를 쉽게 만회할 수 있었다. 미 군정기에 교회는 반공 체제 유지에 대한 질서 및 정교 유착적 성격이 강하였고, 정부는 일제 잔재 청산, 종교 관련법 개정, 종교 관련 귀속 재산 처리 과정에서 종교 간 차별이 증폭된 정책을 펼쳤다. 이것은 정부 개입이 편파적 개입이었다고 평가할 수 있다. 그리고 정부 개입의 기능 중 그리스도교에 대해서는 보호 기능과 개발 기능 및 입법 기능을 통하여 재정적인 특혜를 주었지만, 그 외 타 종교에 대해서는 규제 기능 및 감독 기능을 강화하였다고 평가할 수 있다.

둘째, 이승만 정부 역시 헌법을 통해 종교의 자유와 정교분리를 보장했지만, 이는 헌법 정신을 침해하는 하위 법률들의 존재와 같은 법체계의 불완전성이나 비일관성, 불교·유교·무속 등에 대한 국가의 자의적이고 초법적인 개입, 그리스도교에 대한 국가의 특권적이고 편파적인 태도와 행동 등에 의해 부단히 파괴되었다. 특히 크리스마스 공휴일 제도의 유지, 군종 제도의 설치, 포로수용소 전교 활동, 국가 행사의 그리스도교화, 대통령의 성탄절 메시지 발표, 공영방송을 통한 종교 방송의 계속적 실시 등은 그리스도교에 주어진 대표적인 특권들이었다.

그러나 이승만 정부는 형목 제도의 개신교 독점 보장 등을 통하여 가톨릭보다 개신교에 더욱 많은 특혜를 제공하였고, 이러한 종교 정책은 후일 가톨릭교회의 반정

---

63) 1947년 수도 경찰청은 서울의 경우 무당이 굿을 할 수 있는 15개 장소를 지정하였다. 서울신문, 1947년 11월 20일.

부 선회에 부분적으로 기여한 요인으로도 작용하였다. 가톨릭은 광복 직후에는 개신교와 마찬가지로 친미·반공 이데올로기에 대한 적응 능력을 바탕으로 정부 권력과 친화 관계를 형성하고 있었지만, 독재와 장기 집권 그리고 부정부패로 인해 정부 권력이 도덕성을 상실하자 곧 대립 관계로 바뀌기 시작하였다. 이러한 관계는 유신 말기까지 지속되었다. 따라서 이승만 정부 시절 역시 교회는 반공 체제 유지, 정교 유착의 성격이 짙었으며, 특히 개신교에 대한 특혜 정책으로 종교 공인교적 성향이 있었다. 이것은 정부 개입이 상대적으로 직접적·적극적 개입의 편파적 개입이었다. 그리고 이승만 정부 역시 정부 개입의 기능 중 그리스도교에 대해서는 보호 기능과 개발 기능 및 입법 기능을 통하여 재정적인 특혜를 주었지만 그 외 타 종교에 대해서는 규제 기능 및 감독 기능을 강화하였고 조정 기능을 등한시하였다. 당시 이승만 정부는 민간 사회에 대한 국가의 압도적인 힘의 우위를 지녔다. 그것은 국가가 일제와 미 군정에서 물려받은 경찰·관료 기구들을 중심으로 한국의 정치·경제를 좌우할 수 있었던 반면, 민간 사회는 산업화의 미숙과 그에 다른 계급 형성의 미약 그리고 각종 사회단체, 이익 단체의 미발달로 독자적인 힘을 형성할 수 없었기 때문이다.

셋째, 장면 정부 시절 교회는 민주주의, 정의, 애국심, 양심을 외쳤지만 신·구교 간의 권력 다툼의 성격이 엿보이며, 가톨릭교회는 장면 정부와 밀착 관계를 유지하였고 친일파 관료 대거 등용으로 친일 내각이란 오명까지 들었다. 그리고 종교 정책 측면에서는 가톨릭 우대 정책, 가톨릭적 이상 국가를 실현하고자 하였다. 이런 면에서 정부 개입의 수준은 간접적·적극적 개입이면서 중립적, 충고적 개입이었다. 그리고 장면 정부는 정부 개입의 기능 중 가톨릭교회에 대해서는 보호 기능과 개발 기능 및 입법 기능을 통하여 재정적인 특혜를 주었지만, 정책 집행에 대한 정책 평가와 정책 종결 단계로 순환되지도 못하고 장면 정부가 집권 한 지 9개월 만에 무너짐으로써 종교 정책에 대한 기획 기능, 조사 기능, 입법 기능, 보호 기능 등등이 상실되었다.

이상과 같은 평가를 '근·현대 100년 속의 가톨릭교회 평가와 미래 전망을 위한 전문가 보고서'에서 나타난 '종교 정책 포트폴리오'를 종교 정책 변동의 유형에 대비하고 정부별 정책 사례와 이를 바탕으로 종교 단체에 대한 시기별 정부 역할과

정부 개입 수준을 정리하면 <표 6-1>, <표 6-2>와 같이 정리할 수 있다.64)

<표 6-1> 영역별로 분류된 정책 변동 및 정책 유형

정책 변동별	정책 영역	현행 종교 정책 유형	역대 정부별 종교 정책 사례
정책 혁신 영역/정책 종결 영역	중점 개선 영역	▷ 헌금 파악 및 회계 투명성 ▷ 개발 정책과 종교 문화・환경 보호 ▷ 종교 단체의 법적 지위 문제	미 군정: <포교령 제1호> 종교 관련법 제정
정책 유지 영역	유지・관리지속 영역	▷ 법적 옹의 형평성 ▷ 국가 기관 내 종교 제도의 허용 ▷ 종교 단체의 사회복지 시설 운영 문제	미 군정: 불교: <사찰령>
정책 승계 영역	만족도 제고 영역	▷ 사제에 대한 세금 부과 ▷ 국가와 종교 언론 간의 문제 ▷ 종교 갈등에 대한 국가 개입 ▷ 종교 단체의 정책 관여(종교 권력)	이승만: 미 군정의 정책을 승계하여 기독교 이외 종교에 대한 제한적 정책
정책 유지 영역	현 수준 유지 영역	▷ 국가 공휴일과 종교 색채	미 군정: 일제, 학무국 폐지

재구성: 김재득, 위의 책, p.207 참조..

<표 6- 2> 종교 단체에 대한 시기별 정부 역할과 정부 개입의 수준 비교

시기별		교회 역할 및 성격	정부의 역할	정부 개입의 수준	
전래 초기		민중 계몽 인권 자각	종교에 직접적 역할	직접적, 적극적 개입(부정적), 억압	
일제 강점기		정교분리, 민중 계몽 국체 명징, 내선 일체	한민족 분열 정책 동화 정책	직접적, 적극적 개입(부정적), 무의사결정	
해방 이후	미 군정		반공 체제 유지 정교 유착	일제 잔재 청산 종교 관련법 개정 종교 관련 귀속 재산 처리 종교 간 차별 증폭	직접적, 적극적 개입 (편파적 개입)
	이승만 정부		반공 체제 유지 정교 유착	군종 제도의 설치, 국가 행사 그리스도교화 개신교 특혜 정책 종교 공인교적 정책	직접적, 적극적 개입 (편파적개입)
	장면 정부		민주주의, 정의, 애국심, 가톨릭, 장면 정부와 밀착 관계 신・구교 간의 권력 다툼	가톨릭 우대 정책 가톨릭적 이상 국가 실현	간접적, 적극적개입 (중립적, 충고적 개입)
1960년대			사회 통합 적극적 사회 참여	종교 통제 강화 정책 국가 종속화 정책	간접적, 소극적 개입
1970~80년 중반			사회복지 민주화 운동, 인권 운동	종교 통제 정책	비공식적, 요청된 개입
1990년대 이후			정치적 의미 약화 시민사회 형성 환경 운동, 생명 운동, 교회 정화, 개혁 정신	정부 역할 무의미 종교 간의 화합 종교 연대 및 협력	행정의 무개입 민간 유도, 민간 참여

---

64) 보다 자세한 내용은 김재득, 위의 책, pp.204-206 참조 요망.

미 군정기에서 장면 정부까지의 종교 정책 사례는 과거의 정책, 제도 및 관행의 유산이 현재의 정책과 제도에 얼마나 심대한 영향을 미치고 있는지를 보여준다. 미 군정 이후 장면 정부에 이르는 기간 동안 뿌린 권위주의의 유산 또는 종교 정책의 부재 현상은 한국 사회와 행정 전반에 견고히 자리 잡고 있다.65) 최근의 보다 민주적인 정부들도 기존의 정부에 의해 정립된 국가 종교 정책의 개입의 기본 틀은 여전히 유지하고 있고 정책 집행상의 관행을 답습하고 있다. 그리고 <표 6-2>처럼 역대 정부에서 보여준 종교 정책에서는 기존의 체제하에서 틀 지워진 제도적 배열을 넘어서기가 참으로 쉽지 않다는 것을 보여주었다. 다만 최근 종교 간의 이해와 화합을 위한 종교 연대 및 협력, 건전한 사회 여론의 조성, 종교 단체의 성숙한 자기 정비, 보다 체계적인 종교 학문 연구의 유도 등 종교계 전반에 대한 의견 수렴의 여건 마련을 위한 분위기가 조성되고 있음은 성숙한 종교 정책을 위한 전조로 보인다. 그러나 그동안 집행된 종교 정책들은 아직도 1990년대는 물론이고 21세기의 한국 종교사에 시사해주는 점이 많다. 우리나라에서의 종교 정책은 다종교 상황에서의 '동반자'라는 각성과 함께 '종합 문화 정책'을 지향하여야 한다. 즉 종교에 대한 정부 개입은 과거와 같은 정부의 일방적인 의사 결정과 집행에 의존하여 추진하는 종교 정책이 아니라 각 분야별, 주체별, 종교별로 정책 권한을 상호 공유하며 협력하는 거버넌스66)(Governance)의 형태로 추진되어야 함이 향후 종교 정책의 방향일 것이다.

---

65) 종교 정책의 부재 현상은 그 근본 원인이 정부가 개별 종교와 일 대 일의 관계에서 문제를 처리했기 때문에 야기된 것이다. 이런 경우 정부는 이른바 체제 반대에 속하는 것이 아닌 문제라면 강력한 동원력을 가진 개별 종교들의 요구를 모두 들어주는 방향으로 흘러가게 되었다. 이것은 다종교 상황에서 많은 문화적 혼선을 야기하는 원인이 되었다. 윤이흠, 앞의 책, p.298.
66) 본 연구에서는 '거버넌스'를 "기존의 의사 결정을 힘으로 밀어 붙이던 차원에서 정부와 종교 단체 시민 단체 등 각 단체의 특성을 고려하여 형성된 협력적 네트워크"라고 정의한다.

저자 소개

강영옥(姜永玉)
가톨릭대학교 인간학연구소 전임연구원, 가톨릭대학교 외래교수
이화여자대학교 영문학과 및 동 대학원 기독교학과 졸업, 스위스 프리부르(Fribourg) 대학교 졸업(신학석사), 서강대학교 대학원 졸업(문학박사)
전공: 교의신학, 세부전공: 여성신학
저서: 『고통. 신앙의 단초』(1999), 논문: 「한국 천주교회의 여성운동」(2000); 「한국 그리스도교와 여성 문화」(2000); 「현대신학에서의 신론 연구 동향」(1994) 외 다수

김녕(金寧)
서강대학교 교양과정부 교수
서강대학교 정치외교학과 졸업, 동 대학원 수료
미국 워싱턴대학교 정치학석사 및 박사
전공: 정치학, 세부전공: 한국정치, 종교와 정치, 정치발전론
저서: 『한국 정치와 교회-국가 갈등』(1996); 『교회와 국가』(공저, 1997); 『민족사와 명동성당』(공저, 2001); 『장면 총리와 제2공화국』(공저, 2003). 이외에 교회와 정치, 인권, 민주 시민교육, 민주화 관련 논문 다수

김수정(金受貞)

가톨릭대학교 인간학연구소 전임연구원, 수원대학교 외래교수
서울대학교 음악대학 작곡과 졸업, 이태리 로마 교황청립 성음악원 음학박사
전공: 음악학, 세부전공: 교회음악
저서: 『교황청 중앙도서관 성 베드로 고문서관 자료 B79(2권)』(1995), 논문: 「부속가 Petre summe pastor caeli claviger를 통해 재조명해 보는 이탈리아 남부 지역 부속가의 의미」(2000); 「전례 노래. 그 의미와 성서적 근거」(2002); 「한국 전통음악의 기보 체계에 대한 몇 가지 견해」(2003) 외 논문 다수

김어상(金漁相)

서강대학교 교양과정부 교수
서강대학교 경제학과 졸업, 미국 미네소타대학교 석사과정 수료, 독일 오스나부뤽 대학교 박사
전공: 경제학, 세부전공: 경제윤리
저서: 『노동과 인간화』(1981); 『사회교리』(I-III)(공저, 1996-1998), 역서: 『노동 헌장』(1982) 이외에 「노동과 종교」 등 논문 다수

김영수(金榮洙)

안양대 겸임교수, 가톨릭대학교 공동연구원
경희대학교 국어국문학과 및 동 대학원 졸업(문학박사)
전공: 고전문학 세부전공: 고소설.
저서: 『필사본 심청전 연구』(2001); 『천주가사 자료집』(2000-2001); 『고전명작이본총서 심청전』1-11(1997-2002); 『서사무가 심청』(공편, 2001); 『주해 박순집 증언록』(2001), 역서: 『황사영 백서』(1999)

김재득(金載得)
가톨릭대학교 인간학연구소 연구교수
경희대학교, 상명대학교, 서울디지털대학교 외래교수
경희대학교 행정학과 및 동 대학원 졸업(행정학박사)
전공: 행정학(행정조직론), 세부전공: 조직행태론
저서: 『인간과 조직』(2001); 『인간관계의 이해』(2002); 『행정조직론』(2002); 『정보사회의 인간관계』(2003); 『현대사회와 행정』(2003) 외 논문 다수

나정원(羅禎源)
강원대학교 정치외교학과 교수
고려대학교 정치외교학과 및 동 대학원 졸업, 프랑스 파리-소르본느대학(Paris IV) 철학과 졸업
전공: 정치학(정치철학), 세부전공: 고대 그리스, 프랑스 정치사상, 한국 정치사상, 정치와 환경, 문화, 종교
저서: 『플라톤의 정치사상』(1989); 『현대사회의 이해』(공저, 1996); 『세계화와 사회변동』(공저, 2002); 『북 강원도의 이해와 남북 강원도의 공동체 회복』(공저, 2002); 『인간과 정치사상』(공저, 2003), 역서: 『폭력과 정치』(1990); 『17세기 프랑스 정치사상』(1997); 『18세기 프랑스 정치사상』(2000); 『폴리테이아 - 고대 그리스 시민권론과 정치체제론』(2000), 이외에 동서양 정치사상 관련 논문 40여 편

노용필(盧鏞弼)
가톨릭대학교 인간학연구소 연구교수, 덕성여대 평생교육원 독학학위과정 주임교수, 서울대교구 순교자현양회 성지개발분과위원장
서강대학교 사학과 및 동 대학원 졸업(문학박사)
전공: 사학(한국사), 세부전공: 한국사상사
저서: 『新羅眞興王巡狩碑硏究』(1995); 『崔承老上書文硏究』(共著, 1993); 『'東學史'와 執綱所 硏究』(2001); 『조선시대 서울사람들』(1·2)(共著, 2003) 외 여럿

박문수(朴文洙)
가톨릭대학교 인간학연구소 전임연구원, 서강대학교 외래교수
연세대학교 신학과 졸업, 서강대학교 종교학과 대학원 석·박사 과정 졸업(문학박사)
전공: 신학, 세부전공: 사목신학
저서: 『정보사회와 가톨릭교회』(1998); 『한국의 종교 문화와 뉴 에이지 운동』(공저, 1998); 『가톨릭 신자의 종교의식과 신앙생활』(공저, 2000), 역서: John Paul II, 『희망의 문턱을 넘어』(1994). 이외에 신학 관련 논문 다수

박일영(朴日榮)
가톨릭대학교 문화영성대학원장 겸 종교학과 교수
가톨릭대학교 신학부 졸업(신학사), 스위스 프리부르(Fribourg)대학교 대학원 졸업(신학석사, 종교학박사)
전공: 종교학/종교신학, 세부전공: 비교종교학(샤머니즘, 한국 종교, 종교 간 대화)
저서: 『한국 무교의 이해』(1999); 『한국 무교와 그리스도교』(2003), 역서: 『현대의 선교, 선교인가 반선교인가』(1989); 『인간학』(전 3권, 1996). 이외에 신학/종교학 관련 논문 다수

이성우(李成雨)
가톨릭대학교 인간학연구소 연구교수
가톨릭대학교 신학과 졸업, 오스트리아 인스브룩(Innsbruck)대학교 졸업(신학석사), 독일 프라이부르크(Freiburg)대학교 졸업(신학박사)
전공: 신학(교의신학), 세부전공: 과학과 신학(종교)의 관계
저서: 『종교의 본질, 종교와 과학 및 윤리와의 관계』(1994); 『성서에 등장하는 여인들의 메시지』(2000); 『당신은 누구요? -모세의 소명과 열등감』(2002), 역서: 안셀름 그륀, 『마태오복음 해설』(2004); 같은 저자, 『내 나이 마흔』(2004) 이외에 신학 및 심리학 관련 논문 다수

장동하(張東河)

가톨릭대학교 교수
가톨릭대학교 신학과, 서강대학교 사학과, 파리 소르본느(Paris-Sorbonne, Paris IV) 대학 졸업(문학박사)
전공: 사학(한국 근·현대사), 세부전공: 한국교회사, 한불관계사
저서: 『한국 천주교회사의 성찰과 전망』(공저, 2000); 『민족사와 명동성당』(공저, 2001); 『병인양요의 역사적 재조명』(공저, 2001); 『한국 천주교회사의 성찰과 전망 2』(공저, 2001). 이외에 사학 관련 논문 다수

장정란(張貞蘭)

가톨릭대학교 인간학연구소 전임연구원
덕성여자대학교, 서강대학교, 이화여자대학교 외래교수
서강대학교 사학과 및 동 대학원 졸업(문학석사), 독일 본(Bonn)대학 박사과정 수료, 성신여자대학교 대학원 졸업(문학박사)
전공: 사학(동양사), 세부전공: 동서교류사
저서: 『그리스도교의 중국 전래와 동서문화의 대립』(1997); 『한국 천주교회사의 성찰과 전망-해방공간과 한국전쟁을 중심으로-』(공저, 2001), 역서: 마테오 리치, 『천주실의(天主實義)』(공역, 1999) 이외에 사학 관련 논문 다수

최경선(崔慶善)

가톨릭대학교 인간학연구소 전임연구원, 우리신학연구소 연구위원, 국제 마리아 학회 한국 대표
가톨릭대학교 신학과 졸업, 로마 마리아눔(Marianum)대학 석·박사과정 이수
전공: 교의신학, 세부전공: 마리아론
논문: 「가톨릭 신학과 마리아론」(2002); 「가톨릭 교회의 신자들에 대한 민족사적 교육」(2003); 「교회의 토착화 문헌과 한국 종교 안에서의 마리아」(2003) 등